유럽의 종교개혁

카터 린드버그 지음
조영천 옮김

기독교문서선교회

기독교문서선교회(Christian Literature Center: 약칭 CLC)는 1941년 영국 콜체스터에서 켄 아담스에 의해 시작되었으며 국제 본부는 미국 필라델피아에 있습니다.

국제 CLC는 59개 나라에서 180개의 본부를 두고, 약 650여 명의 선교사들이 이동도서차량 40대를 이용하여 문서 보급에 힘쓰고 있으며 이메일 주문을 통해 130여 국으로 책을 공급하고 있습니다.

한국 CLC는 청교도적 복음주의 신학과 신앙서적을 출판하는 문서선교 기관으로서, 한 영혼이라도 구원되길 소망하면서 주님이 오시는 그날까지 최선을 다할 것입니다.

The European Reformation

Written by

Carter Lindberg

translated by
Young Chun Cho

Copyright©2010 by Carter Lindberg

Originally published in UK under the title as

The European Reformations

by Carter Lindberg

Translated and used by the permission of

John Wiley & Sons Ltd,

The Atrium, Southern Gate, Chichester, West Sussex, PO19 8SQ, UK

All rights reserved

Korean Edition

Copyright©2012, 2018 by Christian Literature Center

Seoul, Korea

추천사

강웅산 박사
총신대학교신학대학원 조직신학 교수

　종교개혁사는 처음 접하는 사람 누구에게나 결코 쉬운 내용이 아니다. 나 자신도 신학생 시절 처음 종교개혁사를 접했을 때 힘들어 했던 일이 지금도 기억난다. 돌이켜 보면, 그럴 만한 이유가 있었다. 보통 우리가 부르는 종교개혁(The Reformation)은 비록 그 명칭은 하나이더라도 실제로 여러 개혁 운동으로 이루어져 있기 때문이다. 예를 들어 국가를 기준으로, 독일, 스위스, 프랑스, 스코틀랜드, 영국, 네덜란드 등 지역적 배경에 따라 나뉜다. 신학적 교회적(ecclesiastical) 관점으로는 루터란, 개혁파, 장로교, 성공회, 재세례파, 등으로 갈린다.

　그리 길지 않은 시간대의 역사임에도 불구하고 종교개혁 역사가 어렵게 느껴질 수밖에 없었던 것은 종교개혁을 소개하는 관점들이 다채로웠기 때문임을 지적할 수 있다. 어떤 저자는 종교개혁사를 지성적, 신학적 역사로 소개하기도 하고, 어떤 저자는 사회적, 경제적, 정치적 역사로 소개하기도 했다. 지금 기억해 볼 때, 대체로 이 다양한 관점이나 방법론이 하나로 어우러지지(integrated) 못했던 것 같다. 다양하지만 그것을 동시에 입체적으로 그래서 하나의 역사로 보는 것은 독자들의 몫이었던 경우가 많았다. 그러나 나의 경우도 그러했던 것처럼, 종합하는 능력이 흔히 학생에게는 아직 없었다.

그런 면에서 이제라도 카터 린드버그의 『유럽의 종교개혁』(*The European Reformations*)이 나온 것은 다행스런 일이다. 특히 한국 독자들을 위해서 번역이 된 것은 더더욱 그러하다. 린드버그의 접근법이 독자의 부담을 크게 더는 것은 종교개혁을 복수의(multiple) 개혁 운동의 총체로 제시하는 점이다. 왜 그때는 마치 종교개혁 역사 전체를 송두리째 알지 않으면 안 되는 것처럼 느꼈을까? 너무 조급한 방법이었던 것 같다. 이 책은 인물별로 또는 전통별로 떼어서 읽어도 가능한 방법을 취하고 있고, 그렇게 해도 저자의 의도에서 크게 벗어나지 않는다고 여겨진다. 개인적으로 가장 유익했다고 생각되는 부분은 지성사와 사회사가 잘 어우러져 마치 역사소설을 읽는 듯한 느낌을 주는 것이었다. 그리고 비교적 쉽게(user-friendly) 쓰여진 것도 독자의 부담을 크게 덜어주리라 생각된다.

이런 이유에서 린드버그의 『유럽의 종교개혁』(*The European Reformations*)은 종교개혁을 공부하는 모든 이들의 입문서로서 훌륭하다고 생각한다. 더욱 감사한 것은 번역이 읽기 쉽고 명쾌하게 저자의 생각을 전달해 준다는 점이다. 필라델피아 웨스트민스터신학교(Westminster Theological Seminary)에서 역사신학으로 박사과정에서 수학하고 있는 역자의 학문적 역량이 충분히 묻어나는 번역이라는 점에서 높은 치하를 드린다.

추천사

티모시 웽거트(Timothy J. Wengert)
루터교신학교 (The Lutheran Theological Seminary at Philadelphia)

근대 초기 유럽 역사의 여러 주제들을 일평생 연구해 온 린드버그 교수는 놀라울 정도로 쉬운 문체로 이 책을 썼다. 『유럽의 종교개혁』은 학생들과 학자들 모두를 16세기의 매력적인 세상으로 이끌 것이다. 린드버그는 16세기의 종교 운동들을 정치적이고 사회적인 상황과 연결시킨다. 당시의 신학 논쟁들에 관해 잘 이해하고 있는 저자는 다양한 '종교개혁들'(Reformations)의 발생에 영향을 끼쳤던 신학적 핵심을 간략하고 명쾌하게 설명한다.

랜달 자크만(Randall Zachman)
노틀담대학교 (University of Notre Dame)

카터 린드버그는 16세기의 다양한 '종교개혁들'의 생성과 발전에 관한 흥미로운 이야기를 제공한다. 하이코 오버만(Heiko Oberman), 브래드 그레고리(Brad Gregory) 등의 학자들과 더불어, 린드버그는 기본적으로 신학적이고 종교적인 관점에 입각하여 종교개혁들에 대한 흥미로운 관점을 제공하며, 이 관점들에 더하여 사회사가들의 연구 결과까지 보충해 놓았다. 특히 저자는

'죽은 자들을 위한 산 자들의 예식'이었던 예배, 즉 죽은 가족이나 친구들을 연옥으로부터 해방시키기 위해 존재했던 예배가 이제는 산 자들을 위한 예배, 특히 가난하고 병들고 궁핍한 사람들을 위한 예배로 개혁되었다는 점을 아주 잘 강조하고 있다. 린드버그는 또한 찬송가와 시편 노래들이 개혁 운동을 어떻게 강화하고 확산시켰는지를 보여준다. 이 책은 우리가 16세기의 '종교개혁들'이라고 부르는 복잡한 운동들을 통찰력 있고 설득력 있게 분석한다.

역자 서문

   종교개혁 연구의 대가인 카터 린드버그(Carter Lindberg)의 책을 번역하게 된 것은 개인적으로 큰 영광입니다. 이 책은 저자가 가르쳤던 Boston 대학교와 Lutheran 신학교는 물론이고, 역자가 공부했던 Reformed 신학교와 Westminster 신학교 등, 여러 곳에서 종교개혁 과목의 주교재로 사용되고 있는 중요한 책입니다. 이 책에서 저자는 유럽의 종교개혁이 하나의 단일한 운동이 아니라, 각 지역의 사회적, 정치적 상황에 따라 서로 다른 모습으로 형성된 다양한 운동이었음을 밝힙니다. 종교개혁을 다양한 견해와 입장이 공존했던 "복수형"(plural)으로 보자는 주장은 저자가 일관되게 강조하는 바입니다.

   저자는 중세 후기의 불안정한 사회·경제·정치·교회적 혼란에 주목하며 종교개혁이 일어나게 되었던 역사적 배경을 간략하면서도 통찰력 있게 설명합니다. 이어서, 루터로부터 시작된 종교개혁 운동이 독일, 스위스, 프랑스, 네덜란드, 영국 등의 지역에서 어떻게 발전되어 갔는지를 개관하고 있습니다. 이러한 역사적 개관에 있어, 린드버그 교수의 독특성은 지성사(intellectual history)와 사회사(social history)의 접근을 통합하고 있다는 것입니다. 주요 인물들의 사상적 배경과 신학적 주장에 주목함과 동시에, 각 인물들이 활동했던 사회적 상황을 하나로 연결시키는 저자의 통합적 설명은 이 책의 가장 큰 장점이라 할 수 있습니다. 뿐만 아니라, 종교개혁가들이 단순히 개인적인 칭의나 성화에만 관심을 가진 것이 아니라 사회의 구조 및 복지제도의 개혁까지 함께 추구했다는 저자의 주장은, 흔히 종교개혁을 개인적인 구원의 문제에만 국한되는 것으로 좁게 보았던 오해를 바로잡아 줄 것입니다. 이처럼 탁월한 종교개혁 입문서를 번역할 수 있도록 기회를 주신 기독교문서선교회(CLC)에 감사드립니다. 저자가 편집한 또 다른 종교개혁 연구서 『종교개혁과 신학자들』(The Reformation Theologians, CLC, 2012)과 더불어 이 책이 한국교회의 종교개혁 연구 및 이해에 기여하기를 소망합니다.

유학을 하면서 "서구신학"을 공부하고 "서구 기독교의 역사"를 배우는 것이 한국교회의 상황과 어떠한 관계가 있는지, 또 어떠한 기여를 할 수 있는지에 대해 자주 고민합니다. 하지만 이 책을 번역하는 내내, 종교개혁의 역사와 정신을 바르게 전달하는 일이야말로 한국 교회를 위해 가장 필요한 작업이라는 확신을 가졌습니다. 그 이유는 종교개혁을 초래했던 중세 후기 교회의 부패상이 오늘날 한국 교회의 모습과 너무나 닮아 있었기 때문이었고, 종교개혁의 신앙을 지키기 위해 영국, 프랑스, 독일, 네덜란드 등 유럽 전역에서 박해와 고난의 길을 묵묵히 걸었던 그리스도인들의 모습이 오늘날 교회의 모습과 너무 멀게 느껴졌기 때문이었습니다. 한국 교회 내에 자성의 목소리가 곳곳에서 강하게 들리는 이 시대에, 이 책 역시 교회를 향한 한 편의 애가(哀歌)이자 예언자적 경고로 사용되길 기대합니다. "교회는 성경이라는 근원으로(ad fontes) 돌아가 항상 개혁되어야 한다"(Ecclesia semper reformanda)는 종교개혁의 정신이 회복되기를 기도하는 마음으로 번역에 임했습니다.

『종교개혁과 신학자들』을 번역하고서 부모님께 감사의 인사를 드렸습니다. 『유럽의 종교개혁』(The European Reformations)의 번역을 끝마치며, 한결같은 사랑과 기도를 보내주시는 장인, 장모님께 감사의 마음을 전하고 싶습니다. 가까운 곳에서 함께 지내며 기쁨과 슬픔을 나누지 못했던 죄송한 마음을 이 책으로 조금이나마 갚고 싶습니다. 지루하게 계속된 번역작업을 기다리며 격려해 준 아내 임미정과 딸 조은율, 그리고 이 책과 비슷한 시기에 태어나 또 하나의 기쁨을 안겨준 둘째 조선율에게도 고마운 마음을 전합니다.

2012년 2월
조영천 목사

2판 서문

이 책을 개정하는 일은 특권인 동시에 매우 큰 도전이다. 먼저 이 일은, 내가 예상했던 것보다 훨씬 더 오랫동안 이 책이 출판될 수 있도록 만들어 준 모든 사람들, 즉 이 책을 구입해 준 모든 학생들과 동료들에게 감사의 마음을 전할 수 있는 기회이다. 하지만 개정판을 만드는 작업은 큰 도전이었다. 로빈 리버(Robin Leaver 2007:ix)의 의견에 동의하여, 나는 다음과 같이 말한 루터의 심정을 이제 더욱 깊이 이해한다.

> 글쓰는 일을 알지 못하는 사람은 글을 쓰는 데 아무런 노력이 요구되지 않는다고 생각한다. 하지만, 손가락 세 개가 글을 쓰지만, 몸 전체가 함께 활동한다(WA TR No.6438).

이 책의 초판에 대한 서문을 썼을 때, 나는 "통합적인 책을 저술함으로써 '더 나은 책을 쓰도록 도전해야 한다'"는 디킨스(A. G. Dickens)의 말을 인용했다. 그 당시에 나는 얼마나 많은 "더 나은 책들"이 나타날 것인지 생각하지 못했다. 영어로 된 책만 해도 스캇 헨드릭스(Scott Hendrix 2004a), 한스 힐러브란드(Hans J. Hillerbrand 2007), 포-치아 시아(R. Po-chia Hsia 2004), 디아메이드 맥쿨록(Diarmaid MacCulloch 2003), 피터 매티슨(Peter Matheson 2007), 앤드류 페테그리(Andrew Pettegree 2000; 2002a), 알렉 라이리(Alec Ryrie 2006a), 메리 위스너-

행크스(Merry Wiesner-Hanks 2006) 등의 학자들에 의해 다양한 관점들이 제시되었다. 분명코, 종교개혁 연구는 살아 있으며 잘 진행되고 있다! 독자들이 명백하게 알게 되겠지만, 16세기에 관한 폭발적인 학문 연구는 말할 것도 없고, 이러한 훌륭한 학자들과 충분히 대화할 만큼의 시간이나 공간이 나에게는 부족하다.

개정(改正)이라는 단어는 이 책을 설명하는 데 있어 아마도 너무 강한 표현일 것이다. 왜냐하면 나는 이 책의 이야기 흐름을 "다시-바로잡지" 않았기 때문이다. 하이코 오버만(Heiko Oberman 1994b:8)이 다음과 같이 너무나 간결하게 표현한 "자명한 원리"를 나는 여전히 확신한다.

> 종교개혁가들이 없었다면, 종교개혁 역시 없었을 것이다. 물론 사회적이고 정치적인 요소들이 개신교 설교의 확산과 영향력을 인도하고 촉진시키거나 혹은 제지했다. 하지만, 그 시대를 전체로 보았을 때, 그것들은 종교개혁의 원인이나 혹은 근본적인 전제조건 등으로 과대평가되어서는 안 된다.

따라서, 비록 내가 개정작업을 위해 초판의 서문부터 검토하기는 했지만, 내가 제시하는 이야기는 기본적으로 동일하게 남아 있다. 내가 한 일은 영국, 로마 가톨릭 개혁, 여성 등의 주제에 관하여 더 많은 자료를 제공함으로써 이야기를 확장시킨 것이다. 이 책의 초판이 나온 후 15년 동안 종교개혁 연구가 폭발적으로 증가했던 것에 비추어 볼 때, 이번 2판에서 확장된 내용은 매우 작은 분량이다.

메리 위스너-행크스(Merry Wiesner-Hanks 2008:397)는 여성과 종교개혁 분야만 해도 "새로 나온 모든 책을 읽는 것은 말할 것도 없고, 새로운 학자들에 대해서 다 아는 것만도 거의 불가능할 정도"라고 지적한다. 인터넷 웹사이트에 올라와 있는 자료들도 너무 많아서 그것들을 다 살펴보려면 평생을 들여도 모자라는 실정이다! 종교개혁 연구의 엄청난 증가는 물론 흥분되는 일이다. 하지만, 이와 동시에, 점점 더 미시적인 연구(microstudies)에 집중하는 경향은 나무 하나하나를 다 보다가 숲을 놓쳐버릴 위험을 가지고 있다. "그러한 상태에 처해 있는 주제를 어떻게 가르칠 수 있을까? 만일 종교개혁 연구가 계속해서 활력을 유지하고자 한다면, 어떤 지역의 중요한 교구민들의 금전 관계나 상속 관계를 세밀하게 조사하는 것 이상의 작업이 이루어져야 한다"(Collinson 1997:354).

하지만, 위에서 언급한 바와 같이, 수많은 책들이 우리를 이처럼 새롭게 성장한 숲으로 인도하며 이 분야의 상황에 대해 요약해 준다. 대표적으로, 데이비드 휫포드(David M. Whitford)의 『종교개혁과 근대 초기 유럽: 연구를 위한 안내』(*Reformation and Early Modern Europe: A Guide to Research*, 2008)는 참고문헌과 함께 인터넷 자료들을 소개한다. 내가 편집한 『유럽의 종교개혁 자료집』(*The European Reformations Sourcebook*, 2000a)과 (인문주의, 루터파, 개혁파, 로마 가톨릭, 급진 신학자들에 대해 다룬) 『종교개혁과 신학자들』(*The Reformation Theologians*, 2002)은 이 책의 이야기를 보충해 줄 것이다.

이 책의 제목은 여전히 "종교개혁들"(Reformations)을 말한다. 내가 아는 한, 이 책의 초판이 나올 당시 "종교개혁들"이라는 복수형의 사용은 독특한 일이었다. (Ryrie 2006a; Matheson 2007:7-부제: "종교개혁이 아니라 종교개혁들"[Reformations, Not Reformation]등과 같은) 최근의 몇몇 책들은 이러한 복수형을 계속 사용하는 반면, 다른 이들은 분명하게 문제를 제기한다. 힐러브란드(Hillerbrand 2003:547)는 이것을 "매우 잘못된" 것으로 이야기한다. 하지만, 나중에 쓴 책에서(2007:407) 그는 다음과 같이 말한다.

> 역사적으로 보나 신학적으로 보나, 하나의 단일한 종교개혁 운동이 존재했던 것이 아니다. 오히려 여러 운동들이 존재했으며, 이로 인해 최근의 학자들은 '종교개혁들'이라는 복수적 표현을 분명하게 사용한다.

헨드릭스(Hendrix 2000:558; 2004a:xv, xviii, 1) 역시 나의 책제목이 "유럽의 기독교화"라는 일관된 종교개혁 운동을 어둡게 만든다는 이유로 이에 반대한다. 이러한 논의가 말장난처럼 보일지도 모르나, 많은 역사가들이 최근에 이 문제를 다루었다. 한 예로, 1990년대 중반에 베른트 함(Berndt Hamm), 베른트 묄러(Bernd Moeller), 도로테아 벤데부르그(Dorothea Wendebourg) 등 영향력 있는 교회 역사가들이 이 문제를 두고 논쟁하였다(Hamm, et al., 1995:31-2; Lindberg

2002a:4-9). 벤데부르그는 17세기 초의 그림 "종교개혁가들이 다시 밝힌 복음의 빛"(The Light of the Gospel Rekindled by the Reformers, 이 책의 그림 15.4 참고)에 대해 언급했다. 그녀의 주장에 따르면, 이 그림은 종교개혁의 일치성에 대해 아름답게 묘사하지만, 종교개혁의 현실은 갈등이었다. 특히 이 그림에 소위 "급진적인" 개혁가들이 빠져 있다는 사실이 이를 단적으로 보여준다. 벤데부르그의 주장은 보다 최근에 브라이언 커밍스(Brian Cummings)에 의해 반복되었다. 커밍스는 종교개혁 연구에 관하여 다음과 같이 요약한다.

> 최근 몇 년간 종교개혁 연구의 주요 노력 중 하나는 '종교개혁'의 존재를 부정하는 것이었다. 어떤 역사가들은 보다 긴 연결 과정의 연속성들을 강조함으로써 역사적 결정주의(determinism)를 부인하려 시도했다. 다른 역사가들은 개신교와 가톨릭 모두에 있어서 다양한 종교개혁들을 구별하였다. 다른 학문 연구 분야에서와 마찬가지로, 그 문제를 해결하기 위해 복수 형태의 표현이 노련하게 사용되었다. 하지만 어떠한 종류의 수정된 역사서술이건 간에, 16세기 종교의 근본적인 당파성(dissentiousness)이 고려되어야 한다. 개신교에서건 가톨릭에서건, 이 시기의 종교적 문화는 분열을 통하여 자신의 정체성을 확인했다.

비록 논쟁이 끝나지 않았지만, 나는 종교개혁 시기를 계속해서 '복수적인 개혁 운동들'의 시기로 보고자 한다.

언제나와 같이, 나는 블랙웰 출판사의 편집자들에게 감사의 인사를 전한다. 특히 레베카 하르킨(Rebecca Harkin)은 내가 이러한 개정 작업을 할 수 있도록 격려해 주었다. 내가 이 책의 초판을 바쳤던 나의 자녀들이 엠마(Emma), 갈렙(Caleb), 나단(Nathan), 테디(Teddy), 클라우디아(Claudia) 등 다섯 명의 손자손녀를 낳아 준 것을 기뻐하며, 그들에게 또한 이 책을 바친다. 그들의 부모들은 자신들의 임신 기간이 이 책의 개정 기간보다 훨씬 짧았다는 사실에 감사하고 있다.

초판 서문

> 역사에 대한 지식이 결여된 인생은 영원한 유아상태,
> 아니, 영원한 모호함과 어둠의 상태나 다름없다.
>
> 필립 멜랑히톤

나는 이 책이 우리가 누구이며 어떻게 여기까지 왔는지를 발견하는 데 도움이 되기를 소망한다. 여기서 "우리"는 전 지구적인 의미이다. 물론 이러한 목표는 16세기의 종교개혁의 목표를 위대한 것으로 과대평가하는 듯한 인상을 준다. 하지만 어떠한 역사기도 과거를 "그 자체만을 위하여," 즉 우리 자신을 이해하는 데에 아무런 도움을 제공하지 않는 것처럼 연구하지는 않는다. 이는 두 명의 중심적인 종교개혁 역사가들을 인용하는 것으로 입증된다.

스티븐 오즈먼트(Steven Ozment 1992:217)는 종교개혁에 관해 쓴 자신의 책을 다음과 같은 말로 결론 내린다.

> 최초의 개신교도들은 모든 나라의 사람들에게 영적인 자유와 평등이라는 유산을 남겼다. 이러한 유산은 오늘날의 세상에서도 여전히 활동하고 있다.

윌리엄 부스마(William Bouwsma 1988:1)는 칼빈에 대해 연구한 자신의 책을

시작하면서 칼빈의 영향력을 길게 설명한다.

> 칼빈주의는 자본주의와 근대 과학, 서구의 복잡한 사회들의 규율 및 합리화, 혁명적인 정신과 민주주의, 세속화와 사회 활동주의, 개인주의, 공리주의, 경험주의 등, 매우 많은 부분에서 근대 세계의 특징을 형성한 것으로 널리 칭찬-혹은 비난-을 받아 왔다.

오즈먼트와 부스마의 주장이 어디에선가 진실에 가깝다고 한다면, 우리로서는 우리의 뿌리를 되돌아보는 일이 필요할 것이다.

종교개혁의 영향은 유럽-아메리카의 문화를 뛰어넘어 더 넓은 세상으로까지 확산되었다. 학자들은 칼빈주의가 남아프리카 공화국의 사회적 상황에 끼친 영향에 대해서, 또 루터주의가 독일의 근대적 발전 및 유대주의의 진전 과정에 끼친 영향을 연구해 왔다. 한때 유럽 중심적이었던 국제 루터 연구회의(International Congress for Luther Research)는 이제 '루터 신학의 교회적 영향 뿐 아니라 해방과 인권과의 연관성에 관심을 가진' 소위 "제3세계" 학자들을 포함하고 있다. 종교개혁가들의 작품들이 다양한 아시아 언어로 번역되고, 중국을 포함한 모든 나라의 학자들이 연구하고 있는 사실에서 명백히 나타나듯이, 종교개혁 연구는 전세계적인 특징을 보이고 있다. 그것은 또한 기독교인들 사이의 교회연합적 대화나 다른 종교의 신도들과의 대화에도 영향을 끼친다. 종교개혁은 오늘날의 삶에 너무나도 중요하게 여겨져서, 골동품 수집가들이나 칼라일(Carlyle)이 "무미건조한" 역사가들이라고 불렀던 사람들에게만 맡겨질 수 없다.

왜 또 한 권의 종교개혁 교과서를 출판하는가? 물론 여기에는 개인적인 이유도 있다. 거의 모든 교사들은 자신의 방식으로 이야기를 전해주고자 하는 바램을 가지고 있다. 나 역시 예외가 아니다. 이따금 학생들이 "교수님만의 교과서를 쓰시는 게 어때요?"라고 질문할 때, 나는 이 일을 추진해야겠다는 자극을 받았다. 그러한 질문의 실용적인 가치를 알 정도로 뛰어나고 영리한 학생들에게 이 책의 책임을 돌리는 것은 아니다. 더 많은 나무들을 희생시켜 또 한 권의 교과서를 출판하는 보다 근본적인 이유는 '종교개혁 연구 분야에서 발전하고 있는 여러 측면들을 통합하고, 그것들의 기여도를 역사적-신학적 관점에 근거하여 해석하기' 위해서이다. 따라서 '종교개혁가들과 그들의 메시지를 받아들인 사람들이 구원을 위해 반드시 믿어야 한다고 붙잡았던 내용들'에 관심이 집중될 것이다. 이러한 이야기 전체를 연결해주는 고리는 '복음의 자유와 권위를 이해하고 사회에 적용하기 위해 쏟았던 그들의 노력'이다.

이러한 관점이 이 책에 어떻게 나타날 것인가? 나는 앞에서 종교개혁이 오늘날의 정체성들에 끼친 전세계적인 영향을 언급한 바 있다. 종교개혁의 영향들에 대한 학자들의 관심이 너무도 증가하여, 이제는 주요 역사 연구들에 관한 역사가 필요할 정도이다. 역사와 역사서술에 대해 다룬 제1장은 종교개혁 연구에 헌신한 사람들이 교회 역사가나 신학자만이 아니라는 사실을 보여줄 것이다. 모든 역사가들은 또한 해석가들이다. 따라서, '당신이 신학적인(혹은 정치적인, 마르크스주의적인, 기타 등등) 신념들을 벗어던질 수만 있다면 당신의 해석은 과학적으로 "객관적"이거나 "가치중립적"일 것'이라는 모든 제안은 의심스럽다.

나는 종교개혁 시대를 여러 개혁 운동들이 나타난 시기로 본다. 이러한 접근은 이 책 전체에서 탐구될 해석과 정의에 있어 중요하다. 종교개혁을 단수가 아닌 복수의 의미로 사용함으로써 우리가 기억할 사실은 '일반적으로 사용되는 "종교개혁"이라는 용어조차 그 자체로 가치판단적인 의미를 내포한다'는 점이다.

나는 또한 최근에 사회사(social history)라는 이름으로 급성장하고 있는 연구를 이 책 안에 통합시키려고 시도할 것이다. (빈민이나 여성 등) 주변으로 밀려나 있었던 사람들, 소수파들, 일반 문화, (개인주의, 합리성, 세속화 등) 근대의 특성들, 고백주의화(confessionalization)로 불리는 근대의 국가 건설 과정 등의 내용에 구체적인 관심을 기울일 것이다. 통합이라는 작업에는 언제나 오해 및 너무나 많은 생략의 위험이 수반된다. 바라기는, 이러한 통합 과정에서 빠진 내용이나 동유럽 및 스칸디나비아 지역의 종교개혁에 대한 부족한 논의들을 이 책의 연표, 지도, 족보, 참고도서 목록 등이 보완해 주기를 기대한다. 교과서 저자들은 천사들이 삼가는 만용을 부린다. 이 경우에 나는 "담대하게 죄를 지으라"는 루터의 말이나 위대한 영국의 종교개혁 학자 디킨스(Dickens 1974:210)의 다음 말에서 격려를 얻는다.

> 요컨대, 통합은 책을 저술하는 것과 관계되어야 하며 더 나은 책을 쓰도록 도전해야 한다. 기존의 책들은 그것들을 딛고 올라선 다른 책들에 의해 필연적으로 지지를 받거나, 공격을 받거나, 교체될 것이다.

나의 자녀들과 결혼한 후에도 여전히 식탁에서 종교개혁에 관한 이야기들을 경청하며 이따금 뒤틀린 논평을 제공해 준 사위들과 며느리에게 이 책을 기쁘게 바친다. 수년간 나의 "종교개혁" 강의를 들으며 활발한 질문과 토론으로 "무미건조한" 수업을 개선시켜 주었던 많은 학생들에게도 감사를 전한다. 내 "육체의 가시 같은" 동료 폴 샘플리(Paul Sampley)는 교실 안팎에서 동일한 도움을 주었다. 마지막으로, 이 작업을 시작부터 끝까지 이끌었던 블랙웰(Blackwell) 출판사의 선임 편집인 앨리슨 머딧(Alison Mudditt), 많은 오류들을 예리하게 교정해 준 질리안 브로믈리(Gillian Bromley), 유용한 삽화를 찾아 준 사라 맥킨(Sarah McKean)에게도 감사드린다.

THE EUROPEAN REFORMATIONS

목차

추천사 / 5
역자 서문 / 9
2판 서문 / 11
초판 서문 / 15

제1장 역사, 역사서술, 종교개혁에 대한 해석 / 23
    1. 역사와 역사서술 / 23
    2. 종교개혁에 대한 여러 해석들 / 33

제2장 중세 후기: 종교개혁의 시초 및 발판 / 55
    1. 농경 사회의 위기, 기근 및 전염병 / 57
    2. 마을과 도시: 사상과 변화의 중심지 / 69
    3. 인쇄술의 발전 / 71
    4. 광산업과 무기산업 / 73
    5. 사회적 긴장 / 76
    6. 가치의 위기 / 80
    7. 반(反)-성직주의와 르네상스 교황 / 93

제3장 새로운 시대의 시작 / 99
    1. 마르틴 루터(1483-1546) / 100
    2. 불안정에 대한 신학적 목회적 반응 / 108
    3. 신학적 의미 / 119
    4. 면죄부: 낙원의 거래 / 123
    5. 찍찍거리는 생쥐 / 127
    6. 정치와 경건 / 131
    7. 보름스 의회로부터 새들의 땅에 이르기까지 / 134

제4장 그 누구도 기다리지 말라: 비텐베르그에서의 개혁의 실행 / 147

1. 새들의 땅에서 / 147
2. 멜랑히톤: 독일의 교사 / 149
3. 칼슈타트와 원시 청교도주의 / 150
4. 주교, 성직자의 결혼, 개혁을 위한 전략 / 154
5. 복음과 사회 질서 / 165

제5장 무화과 나무의 열매들: 사회복지와 교육 / 177

1. 중세 후기의 빈민 구제 / 178
2. 자선을 넘어서 / 181
3. 사회복지의 제도화 / 187
4. 부겐하겐과 복음주의 사회복지의 확산 / 192
5. 하나님과 이웃을 섬기기 위한 교육 / 198
6. 교리문답 및 기독교적 소명 / 200
7. 초창기 종교개혁은 실패했는가? / 204

제6장 보통 사람들의 종교개혁 / 209

1. "앤디 형제" / 209
2. 토마스 뮌처 / 219
3. 보통 사람들의 혁명(1524-1526) / 240

제7장 스위스와의 관계: 츠빙글리와 취리히에서의 종교개혁 / 255

1. 소세지 사건 / 255
2. 츠빙글리의 시작 / 256
3. 취리히의 시정부와 교회 / 261
4. 츠빙글리의 개혁 활동 / 262
5. 부연 설명: 중세의 성례 신학 / 271
6. 마부르그 회담(1529) / 285

제8장 목자들에게 맞선 양들: 급진 종교개혁 / 295

1. 재세례파 / 298
2. 부연 설명: 세례에 대한 종교개혁의 이해 / 302
3. 취리히에서의 시작 / 310
4. 재세례파의 다양성 / 319
5. 뮌스터 사태 / 324
6. 신령주의자들의 전복적인 경건 / 329

THE EUROPEAN REFORMATIONS

제9장 1530년의 아우구스부르그로부터 1555년의 아우구스부르그까지: 개혁과 정치 / 335
    1. 보름스의 발자취 / 336
    2. 보름스 의회 / 339
    3. 슈파이어 의회(1526) / 340
    4. 슈파이어 의회(1529) / 342
    5. 1530년의 아우구스부르그 의회 및 아우구스부르그 신앙고백서 / 344.
    6. 황제에 대한 저항권 / 350
    7. 종교개혁 교회연합주의, 전쟁, 그리고 아우구스부르그 평화협약 / 353

제10장 "그리스도의 가장 완벽한 학교": 제네바 종교개혁 / 361
    1. 존 칼빈 (1509-1564) / 362
    2. 제네바로의 여행 / 367
    3. 제네바에서의 종교개혁 / 370
    4. 스트라스부르그에서의 체류 / 373
    5. 칼빈이 다스린 제네바(1541-1564) / 381
    6. 칼빈의 권위가 강화됨 / 385
    7. 세르베투스 사건 / 389
    8. 개신교 선교와 복음전도: "국제적인 음모" / 396

제11장 하나님의 날개 그늘 아래에서: 프랑스에서의 종교개혁 / 401
    1. 인문주의의 방패 / 402
    2. 복음주의적 진보와 박해 / 406
    3. 칼빈이 프랑스에 끼친 영향 / 410
    4. 프와시 회담(1561) / 418
    5. 종교 전쟁(1562-1598) / 421
    6. 성 바돌로매 축일 대학살 / 423
    7. "파리는 미사를 드릴만한 도시로군" / 429

제12장 순교자들의 피: 네덜란드에서의 종교개혁 / 433
    1. "루터주의 분파" / 438
    2. 저항 운동 / 439
    3. 칼빈주의의 등장과 스페인의 대응 / 441
    4. 경건한 사회? / 447

제13장 영국과 스코틀랜드에서의 종교개혁 / 449

　　1. 반(反)-성직주의 및 루터파적인 출발 / 451
　　2. 국왕의 대사건 / 462
　　3. 정열, 정치, 그리고 경건 / 466
　　4. 에드워드 6세와 개신교의 전진 / 469
　　5. 메리 튜더와 개신교의 후퇴 / 472
　　6. 엘리자베스 1세와 중도 정책 / 475
　　7. 메리 스튜어트와 스코틀랜드에서의 종교개혁 / 484

제14장 가톨릭의 갱신과 반(反)-종교개혁 / 491

　　1. 중세 후기의 갱신 운동 / 492
　　2. 금서목록 및 이단재판소 / 503
　　3. 로욜라와 예수회 / 510
　　4. 트렌트 공의회(1545-1563) / 517

제15장 종교개혁의 유산 / 529

　　1. 고백주의 / 530
　　2. 정치 / 534
　　3. 문화 / 541
　　4. 종교개혁과 여성 / 541
　　5. 관용 및 타자 / 551
　　6. 경제, 교육 및 과학 / 558
　　7. 문학과 예술 / 562
　　8. 다시 미래를 향하여: 종교개혁과 근대성 / 572

연 대 표 / 577
계 보 / 585
지 도 / 590
용어 해설 / 596
부 록: 종교개혁 연구 보조자료 / 600
참고문헌 / 604
색 인 / 641

제1장

역사, 역사서술, 종교개혁에 대한 해석
(History, Historiography, Interpretations of the Reformations)

> 우리는 거인들의 어깨 위에 서 있는 난쟁이와 같다. 그들의 덕택으로, 우리는 그들이 본 것보다 더 멀리 본다. 고대인들이 저술해 놓은 논문들과 씨름하는 가운데, 우리는 세월과 인간의 부주의함으로 묻혀 있던 그들의 생각을 취하며, 마치 사망에서 새로운 생명으로 옮기는 것처럼 그들을 되살린다.
>
> 블루아의 피터(Peter of Blois, 1212년 사망)

1. 역사와 역사서술

루터의 "95개조 반박문"이 유럽을 뒤흔들기 거의 3세기 전, 블루아의 피터는 이 유명한 경구를 남겼다. 종교개혁의 역사서술에 대한 한 중요한 연구 (Dickens and Tonkin 1985:323)는 다음과 같이 결론을 맺는다. 종교개혁에 대한 연구는 "서구 세계를 들여다보는 창이며, 지난 5세기 동안 발전되었던 서양 정신에 접근하는 중요한 지점이다…요컨대, 종교개혁은 근대의 위대한 국제적 운동들 중 하나의 거인이었다." 이 거인의 어깨 위에 서서 우리는 양쪽 방향 모두를 더 멀리 그리고 더 깊게 바라볼 수 있다. 즉, 종교개혁을 통하여 우리는 중세의 세계와 근대의 세계 모두를 살펴볼 수 있는 것이다.

역사는 과거 뿐 아니라 현재와 미래를 보기 위한 지평(horizon)을 제공한다. 철학자 한스-게오르그 가다머(Hans-Georg Gadamer 1975:269, 272)에 따르면, 어떠한 지평을 가지지 못한 사람은 바로 이 순간의 현재를 과대평가하는 반면, 지평으로 인해 우리는 가까운 것이나 먼 것 혹은 큰 것이나 작은 것의 상대적 중요성을 이해할 수 있다. "하나의 지평은 '인간이 바로 앞에 가까이 놓여 있는 것을 뛰어넘어 바라볼 수 있다'는 것을 의미한다. 이는 현재로부터 떨어져서 보기 위함이 아니라, 더 넓은 전체에서 현재를 더 균형적으로 잘 보기 위함이다." 다시 말해서, "항해에서와 마찬가지로 역사에서도, 멀리 떨어져 있는 사실들이 가까이 있는 지식보다 진실을 더 효과적으로 보여 준다"(Murray 1974:285). 아무리 초보 항해사라 할지라도, 별이나 육지를 바라보기보다는 뱃머리를 바라보며 항해하는 것이 어리석은 일이라는 사실을 안다.

우리가 당연하게 여기는 것들을 뛰어넘는 초점을 제공함으로써, 역사적 거리는 오늘날을 이해하는 데 큰 도움을 제공할 수 있다. 외국의 도시에서 생활하는 것과의 비교를 통해서 이 점이 잘 설명될 것이다. 만일 당신이 1년간 외국의 어떤 도시에서 산다면, 당신은 그 도시에 대해서 그다지 많이 배우지 못할 것이다. 하지만 당신이 고국으로 돌아왔을 때, 당신은 당신의 고향이 가지고 있는 가장 심오하고 구별되는 특징들을 이전보다 훨씬 더 잘 이해하게 되었다는 사실로 인해 깜짝 놀랄 것이다. 당신은 이러한 특징들을 예전에는 "보지" 못했는데, 그 이유는 당신이 이러한 특징들과 너무 가까이 있었기 때문이다. 다시 말해서 당신이 그것들을 너무 잘 알았기 때문이다. 이와 마찬가지로, 과거를 방문하는 일은 현재를 잘 이해할 수 있는 거리와 이점을 제공한다 (Braudel 1972; Nygren 1948). 따라서 하틀리(L. P. Hartley)는 그의 소설『중개인』(*The Go-Between*)을 다음과 같이 기억에 남을 문장으로 시작했다. "과거는 또 다른 나라이다. 그들은 그곳에서 다르게 행동한다."

기억은 또한 관점을 보여준다. "기억은 개인의 정체성의 연결이자 공적인 정체성의 역사이다"(Hofstadter 1968:3; Leff 1971:115). 기억과 역사적 정체성은 서로 분리될 수 없다. 당신은 누군가를 소개하라는 부탁을 받은 후에 곧바로 그 사람의 이름을 잊어버린 적이 있는가? 최악의 경우라 하더라도 이러한 흔한 경험은 일시적인 당혹감으로 끝날 것이다. 하지만 당신이 기억을 완전히 잃어버렸을 경우 삶이 어떠할지 상상해 보라. 우리 모두는 기억상실증 환자에게 삶이 얼마나 힘든지, 또 알츠하이머(Alzheimer) 병이 그 환자와 가족들에게 얼마나 비극적인 결과를 초래하는지에 대해 들어 보았다. 기억을 상실한다는 것은 단순히 "사실들"이 사라지는 것이 아니다. 그것은 개인의 정체성, 가족, 친구 등, 정말로 삶의 의미 전체가 사라지는 것이다. 우리가 누구이며 어떻게 여기까지 이르렀는지를 알지 못한다면, 사회에서의 생활이 불가능하지는 않는다 하더라도, 삶이 매우 어려울 것이다. 우리의 기억은 우리의 개인적 정체성을 엮어 주는 실과도 같다. 우리의 기억은 루터의 동료였던 멜랑히톤(Melanchthon)이 영구적인 유아기라고 불렀던 것으로부터 우리를 해방시킨다. 과거가 없다면, 우리에게는 현재나 미래도 없다.

우리의 국가적이고 종교적인 공동체의 정체성은 어떠한가? 우리의 공동체들과 관련하여 우리가 누구인지를 인식하는 것에 있어서, 우리는 기억상실증 환자나 어린 아이인가? 우리가 우리 자신을 한 사람의 미국인이나 기독교인으로 확인해야 하는 경우라면 어떠한가? 누군가 당신에게 왜 개신교도이거나 로마 가톨릭교도인지를 물었다고 가정해 보라. 단순히 부모를 언급하거나 새로운 지역으로 이사했다는 이유 이상으로, 당신은 왜 당신이 성 마리아(St. Mary's) 성당 대신에 은혜 루터교회(Grace Lutheran)에 다니는지를 설명할 수 있는가?

언젠가 나는 프랑스 친구 한 명에게 독일-프랑스의 관계를 설명해달라고 부탁한 적이 있다. 그는 9세기에 발생한 샤를마뉴(Charlemagne) 제국의 분리를 언급하면서 설명을 시작했다! 우리 중 대부분은 오늘날의 문제들에 답하기 위해 그렇게 멀리까지 올라가지는 않는다. 하지만 그 친구의 대답이 보여주듯, 기억이 개인적 정체성을 연결하는 실이라면 역사는 공동체적 정체성을 연결하는 실이다. 이러한 공동체의 강력한 실들이 비판적으로 검토되지 않을 경우, 어두운 모습을 초래하기도 한다. 중동 뿐 아니라 구소련이나 유고슬라비아에서 폭발했던 인종 갈등들은 이러한 어두운 측면을 고통스럽게 보여준다. 만일 우리가 개인의 역사와 공동체의 역사를 알지 못한다면, 우리는 과거를 자신들만의 목적을 위해 이용하는 사람들에 의해 쉽게 조종되는 어린 아이와 같다.

역사와 기억은 우리의 정체성에 있어 필수적이다. 하지만 그것들은 그 원인과 목표와 관련하여 쉽게 개념화되지 않는다. 여기에서 나는 위대한 아프리카 신학자 성 어거스틴(St Augustine, 354-430)이 시간에 대해 논하며 했던 말로부터 위로를 얻는다.

> 그렇다면 시간은 무엇인가? 만일 아무도 나에게 묻지 않는다면, 나는 시간이 무엇인지 안다. 하지만 내가 나에게 질문한 누군가에게 그 의미를 설명하고자 한다면, 나는 그것을 알지 못한다(『고백록』[Confessions], 11권).

가장 큰 영향력을 끼친 이 서구 신학자는 '공동체의 정체성이 철학이나 윤리가 아니라 역사에 뿌리내린다'는 기독교 신념을 자신의 그리스-로마 문화와 연결시키려고 애썼다. 이 신념은 기독교 신조들의 역사적 요약에서 분명하게 진술되어 왔다. 이 신조들은 태어나시고 고난 받으시며 죽으셨던 예수라는 역사적 인물에 대한 신앙을 고백한다. 이 예수가 죽은 자들 가운데서 부활하셨고 역사를 종결하시기 위해 다시 오실 것이라고 또한 고백하는 가운데, 그리스도인들은 역사에 대한 독특한 변화를 부여했다. 이에 따라, 내부인의 관점에서 볼 때, 기독교 공동체의 정체성은 역사적 과거와 역사적 미래 모두에 의해 형성된다.

이러한 신학적 주장을 민감하게 이해하지 못할 경우, 우리는 역사에 대한 묵시적 관점을 가졌던 종교개혁들이나 혹은 존 폭스(John Foxe)의 『순교자 열전』(Acts and Monuments) 등이 보여준 힘을 완전히 깨닫기 어려울 것이다. 사도신경의 세 번째 항에서 "성도의 교통"이라는 문구로 표현된 이러한 교회의 역사적 과거, 현재, 미래의 정체성에 대한 이해가 중세인들에게 너무나 분명하였기 때문에, 영국의 로마 가톨릭 역사가 존 보시(John Bossy, 1985)는 이것을 자신의 종교개혁 연구의 주제로 삼았다. 우리가 앞으로 살펴보겠지만, 성도의 교제의 역사적 정체성은 종교개혁 시대에 핵심적인 논쟁 주제가 되었다.

사회학자들은 공동체에 뿌리내린 역사적 정체성에 대해 비슷한 내용을 주장한다. 역사적 정체성은 우리보다 앞서 살았던 어머니들과 아버지들과의 대화를 통해 우리에게 전해진다. 이러한 점에서 교회 역사가들은 "네 부모를 공경하라"는 십계명의 제4계명을 중요하게 여겨야 한다(저자는 루터교 신자로서 "네 부모를 공경하라"는 명령을 5계명이 아닌 4계명으로 말한다-역주). 물론 우리는, 제한된 가족 경험에 근거해서조차, '우리가 부모나 자녀와 더 이상 이야기하지 않는다면 우리가 누구인지를 잊기 시작할 것'이라는 사실을 안다. 이는 세대 간의 대화가 언제나 즐겁다는 말이 아니라, 그것이 우리가 어떻게 여기에 이르렀는지를 배우는 데 중요하다는 말이다. 그러한 대화가 없다면 우리는 "현재주의"(presentism), 즉 "나만을 주장하는 세대"(me generation)의 자기 탐닉(solipsism)에 빠지게 된다. 세계대전 후에 만들어진 독일어 표현 "아버지 없는 세상"(Welt ohne Vater)은, 전쟁으로 아버지를 잃은 세대가 겪었던 뿌리의 상실과 권위의 위기를 요약하는 말이다. 액튼 경(Lord Acton)은 이 점을 우아하게 표현했다.

> 역사는 우리의 구원자가 되어야 한다. 그것은 다른 시대의 부적절한 영향으로부터만이 아니라, 우리 시대의 부적절한 영향으로부터, 우리가 숨 쉬는 공기의 압력과 환경의 폭정으로부터도 우리를 구원해야 한다. 이를 위해서 모든 역사적 세력들은 자신들의 기록을 작성하고 제출하여 심판을 받아야 한다. 다른 시대들과 사상의 궤도들에 친숙해짐으로써 오늘날의 상황에 대한 저항력이 촉진되는 것이다(Pelikan 1971:150).

지금까지 기독교의 가족 대화를 수집하고 이야기한 사람들은 대부분 내부인들이었다. 그 결과 이러한 이야기의 주요 주제와 분파는 "교회사"라는 범주 안으로 들어왔다. 하지만 다양한 이유로 인해 오늘날에는 기독교 교회 바깥의 사람들 역시 기독교의 역사를 제시하는 데 관심을 갖는다. 오래된 격언을 빌려 표현해 보자면, 오늘날의 정체성에 영향을 끼친 기독교의 이야기를 설명하는 것은 너무나 중요한 일이어서 기독교인들에게만 맡겨질 수 없다. 종교개혁 연구는 이러한 최근의 발전을 분명하게 보여준다.

교회 역사가들과 기독교 역사가들의 구별된 관점들을 파악하는 일은 오늘날의 교과서들과 역사적 자료들 모두를 읽는 데 유용할 것이다. 우리는 다른 관점들을 뒤에서 다룰 것이다. 하지만 지금으로서는 과거에 대한 해석들이 가치중립적이지 않다는 사실을 기억할 필요가 있다. 하이젠베르그(Heisenberg)의 "불확정성의 원리," 즉 '관찰된 사실은 관찰자에 의해 영향을 받는다'는 원리는 분자물리학뿐 아니라 역사적 연구에도 적용된다. "인간이 자신들이 만들고 직접적으로 개입하는 역사보다 자연을 더 분명하게 이해하고 통제한다는 사실은 정말로 역설적이다"(Spitz 1962:vii). 영국의 역사가 엘튼(G. R. Elton, 1967:13)은 다음과 같이 표현했다.

> 실제로 역사가들은, 다른 사람들과 마찬가지로, 자신들만의 경험과 관습에 근거하여 자신들의 세계를 판단하는 경향이 있다. 심지어 저명한 사람들마저도 얼마나 협소한 관점을 가지고 있는지를 보는 것은 혼란스럽다.

사건들을 수집하고 해석하는 일을 통제하는 전제들 중 몇몇은 우리가 금방 알아차릴 수 있다. 어떤 것들은 보다 예민하고 복잡하다. 이것을 보여주는 실례는 "교회사의 아버지"로 불리는 가이사랴의 유세비우스(Eusebius of Caesarea, ca. 260–ca. 340)의 작품이다. 자신의 『교회사』(The History of the Church)의 서론에서 유세비우스는 "진리를 선전하는" 진술로 시작하는데, 오늘날의 역사 작품에서는 거의 볼 수 없을 정도로 솔직하게 자신의 의도를 이야기한다.

> 나는 내 이전의 사람들이 여기저기 암시적으로 뿌려 놓은 내용들 중 내가 수행하는 과업에 적절하다고 여겨지는 것이면 무엇이나 뽑아냈다. '글'이라는 목장에서 자란 꽃들을 뽑아내듯이, 나는 이전의 저자들이 남겨 놓은 작품들 중 내가 염두에 둔 이야기를 구체화시키는 데 도움이 되는 내용들을 선택해서 사용했다.

역사가들은 자료를 선택하는 데 있어서 선별적이다. 매우 최근까지 이러한 선별은 종교적이고 신학적인 헌신에 의해 좌우되었다. 교회 역사가들이 전통적으로 이중적인 전망을 가지고 작업했다는 점에서 볼 때 이는 놀랄만한 일이 아니다. 즉 교회 역사가들은 교회의 역사를 살펴보고 과거를 현대화함으로써 교회의 충실성을 비판적으로 점검했던 것이다. 이러한 이유에서 교회 역사가들의 초점은 '이미 존재하고 있으나 아직 완성되지 않은' 공동체이다. 신학적인 용어로 표현하자면, 교회 역사를 연구하는 일에는 종말론적인 차원이 있다. 왜냐하면 교회 역사가들의 연구 대상이 되는 그 공동체는 자신들이 예수의 역사적 활동과 약속이라는 "현재"와 예수 운동의 최종적인 실현이라는 "미래" 사이에 놓여 있다고 믿기 때문이다. 이로 인해 오늘날의 역사 연구법이 갖는 문제는, '역사 가운데 발생한다고 주장하는 동시에 또한 역사의 목적이라고 주장하는 대상의 역사를 어떻게 기록할 것인가' 하는 것이다. 역사의 과정과 목표에 통찰력을 부여할 수 있는 특별한 위치에 자신들이 있다고 주장하는 이러한 초(超)-역사적인 관점은 물론 신학자들에게만 해당되는 것은 아니다. 이러한 주장은 현대에도 다양한 방식으로 표현되었다. 예를 들자면, 헤겔은 절대 세계정신의 실현에 대한 이상주의적 신념을 가졌고, 마르크스는 계급 없는 사회의 실현을 유물론적으로 확신했으며, 미국인들은 민주주의의 승리를 믿는다.

16세기 종교개혁에 대한 신학적이고 교회사적인 연구의 주도권은 최근에 이르러서야 의심을 받고 있는데, 이러한 의심의 함축적인 의미들이 종교개혁 교과서들 안으로 들어가기 시작했다. 이러한 변화가 얼마나 근본적인 것인지는, 초창기 기독교 공동체를 "참된" 교회의 기준으로 보았던 유세비우스적 역사 기술 방식의 오랜 흐름을 살펴봄으로써 알게 될 것이다. 초대 교회를 기준으로 삼은 결과, 사도 시대 즉 기독교가 기원한 시기가 이상적인 시대로 그려졌고, 역사적 변화와 발전은 초창기 기독교의 불변하는 본질이 여러 방식으로 표현된 것으로 합리화되었다.

이러한 기준은 종교개혁 시대 모든 집단들 안에서 작용했다. 종교개혁가들은 자신들 각자가 초대 교회를 유일하게 잇고 있다는 점을 뒷받침하기 위해 성경과 사도적 신앙에 호소했다. 교황의 권위에 대해 반박한 라이프치히 논쟁(Leipzig debate, 1519)에서 루터는 교황의 수위권 주장이 상대적으로 최근에 일어난 일이라고 진술했다.

> 1100년의 교회 역사, 신적인 성경 본문, 모든 공의회들 중 가장 거룩했던 니케아 공의회(325)의 결정 등은 그들의 주장과 반대된다(LW 31:318).

비록 16세기의 종교개혁이 교회를 나누긴 했지만, 모든 집단들은 유세비우스적인 교회 역사 모델을 계속 유지하는 가운데 자신들만이 초대 교회를 충실하게 회복하며 지속한다고 주장했고 그밖의 다른 교회들을 혁신(innovation)이라는 죄로 즉 이단이라는 죄목으로 비난했다. 종교개혁가들은 사람들에게 모든 교리를 성경에 기초하여 판단하라고 촉구했다. 모든 교회들은 자신들이 각각 충실한 공동체라는 주장을 정당화하고 뒷받침하기 위해 역사로 눈을 돌렸다. 중세 교회가 초대 교회를 완전히 부패시켰다고 확신한 사람들은 '부패에도 불구하고 역사 내의 예수운동을 충실히 따른 사람들이 계속 있었다'는 자신들의 견해를 지지하기 위해 순교학(martyrologies)을 발전시켰다.

가까운 과거를 퇴보의 시기로 비판했던 종교개혁가들의 입장은 그 이전 세대의 인문주의자들에 의해 준비되었다. "중세"(media aetas, medium tempus, medium aevum)라는 용어를 처음으로 사용한 사람들은 15세기의 인문주의자들이었다. 그들은 자신들이 이상적으로 보며 칭송했던 고대와 자신들의 시대 즉 "현대" 사이에 중세기가 끼어 있었던 것으로 보았다. 인문주의자들은 고대와 고전적인 언어, 교육, 학문, 예술, 그리고 교회를 재생(Renaissance)시키려고 힘썼다. 인문주의자들은 중세를 야만적인 시대로 보았다. 대표적인 예로, 중세의 예술은 "고딕"(gothic, 즉 고트 족의 예술)으로 불렸다. 이러한 인문주의의 특징은 단순히 미적이고 문헌학적인 기준 뿐 아니라 신학적이고 종교적인 기준과도 관련 있다. 르네상스 시대의 사람들은 자신들이 미신적이고 협소한 것으로 보았던 당시 교회의 정통교리와 권위주의에 대항하였다. 이러한 인문주의적 관점은 오늘날까지도 영향을 끼쳐, 중세는 "암흑기"나 "스콜라주의"(scholastic) 등 경멸적인 의미로 불린다.

오늘날의 문화는 새로운 것이나 혁신적인 것에 매료되는 반면, 르네상스 문화의 표어는 '근원으로 돌아가자'(ad fontes)는 것이었다. 인문주의의 영향을 많이 받았던 종교개혁가들 역시 성경과 초대 교회로 돌아갈 것을 주장했다. 멜랑히톤은 종교개혁을 "하나님께서 교회를 그 근원으로 돌이키셨던" 시대로 묘사했다(Ferguson 1948:52). "옛 것이 더 낫다"는 관점은 종교개혁으로부터 유래한 교회 역사들의 특징이 되었다.

루터파 신학자 매튜 플라키우스 일리리쿠스(Matthew Flacius Illyricus, 1520-75)

의 지도하에, 일군의 학자들은 교회 역사를 그 기원부터 1400년까지 기록하고서 그 제목을 『그리스도 교회 역사』(Historia Ecclesiae Christi)라고 붙였다. 이 작품이 마그데부르그(Magdeburg) 시에서 시작되었기 때문에, 그것은 또한 "마그데부르그 연대기"(Magdeburg Centuries)로도 불린다. 유세비우스적인 모델은 "연대기"에도 여전히 나타난다. 플라키우스는 종교개혁이 초대 교회의 원래 순결성을 회복한 것이라고 주장했다. 루터파 변증가에게 있어서 당연한 일이겠지만, 교회가 얼마나 충실한지를 보여주는 핵심은 '오직 은혜로 말미암은 칭의' 교리였다. 교회의 원래 순결성은 약 300년까지, 몇 가지 유보적인 조건 하에서는 약 600년까지 지속되었다. 하지만 교황제가 확장됨으로 인해 교회는 신앙으로부터 멀어졌다. 시기구분과 관련하여 "마그데부르그 연대기"는 우리에게 익숙한 세 시대 구분을 제시한다. 4세기까지의 초대교회, 그 후 15세기까지 중세의 쇠퇴기, 그리고 복음을 회복한 새로운 시대. 역사를 이처럼 고대, 중세, 현대의 세 시기로 나누는 구분은 거의 의심받지 않았으며, 모든 역사를 나누는 구조로 확대되었다. 그 단적인 예로 17세기 말 크리스토프 켈라리우스(Christoph Cellarius)는 자신의 작품의 제목을 『세 부분의 역사』(Historia Tripartita, 1685)라고 붙였다.

이에 뒤쳐질세라, 로마 가톨릭교회 역시 "마그데부르그 연대기"에 대응하였다. 가톨릭교회의 노력을 대표한 인물은 카이사르 바로니우스(Caesar Baronius, 1538-1607)였다. 바티칸 고문서(古文書) 보관소에서 수년간 작업한 후, 바로니우스는 사신의 교회사 연구를 출판하기 시작했다. 그는 매해별로 역사를 정리했으며, 이러한 이유에서 그 작품을 『교회 연감』(Annales Ecclesiastici)으로 불렀다. 그가 죽을 때까지 이 작품은 1198년까지의 역사를 정리했다. 플라키우스가 루터파의 입장에서 역사를 기술했듯이 바로니우스는 로마 가톨릭의 입장에서 역사를 정리했으며, 역시 유세비우스적인 모델을 따라, 칭의 교리보다는 교황제도의 제정에 초점을 맞추었다. 플라키우스와 바로니우스의 두 작품은 루터파와 로마 가톨릭의 개혁 운동들이 각각 다르게 가졌던 상이한 이해를 보여준다. 루터파는 교리의 개혁을 강조했고, 로마 가톨릭은 제도로서의 교회의 갱신을 강조했다.

종교개혁 시기의 저항 운동들은 교리나 제도보다는 개인적인 갱신에 더 관심을 가졌다. 교회 역사 기술과 관련하여 이러한 경향은 고트프리트 아르놀트(Gottfried Arnold, 1666-1714)의 소위 "공평한" 역사에서 나타났다. 그가 쓴 역사책의 제목은 『신약 시대의 시작부터 1688년까지 교회와 이단에 관한 공평한 역사』(Unparteyische Kirchen und Ketzer Historien vom Anfang des Neuen Testaments biss auf das Jahr Christi 1688)였다. 아르놀트에게 있어서 기독교 신앙의 본질은 교리적이거나, 교회적이거나, 혹은 의식적인 것이 아니라, 개인적인 경건이었다. 이러한 관점에 입각해서 볼 때, (개신교와 가톨릭 모두에서) 이단으로 박해했던 사람들이 이제는 진정한 그리스도인들이 되었다. 박해받는 그리스도인들이야말로 기존의 교회와 세상이라는 "바벨"(Babel)에 맞서 예수를 충실히 따르는 사람들이었다. 교회 역사를 이해하는 핵심은 개인들의 "거듭남"으로 여겨졌다.

아르놀트가 말한 "공평한" 혹은 "편견 없는" 역사라는 개념이 오늘날 시도하는 "객관적" 역사와는 같지 않지만, 그것이 때때로 이러한 노력에 대한 전조로 간주되기도 한다. 더 나아가서, 개인들과 그들의 회심 경험에 대해 가졌던 이러한 관심은 오늘날 역사적 인물들에 대한 전기적이고 심리학적인 연구, 예를 들어 에릭 에릭슨(Erik H. Erikson)의 『청년 루터』(Young Man Luther)와 같은 작품들의 전조가 된다.

하지만 이러한 기여에도 불구하고, 저항 개혁운동들과 아르놀트 역시 유세비우스적인 교회사 모델에 여전히 빚을 졌다. 그들에게 있어서 교회의 절정의 시기는 처음 3세기로, 그들은 이 시기가 자유의 정신, 살아 있는 믿음, 거룩한 삶으로 가득 차 있었다고 보았다. 초대 교회의 부패와 쇠퇴는 최초의 기독교 황제인 콘스탄틴(Constantine, 337년 사망)이 로마 제국 내에서 교회를 공인하고 그 후 교회가 로마의 힘과 부에 관여하면서 시작되었다. 여기에서도 중세는 오랜 기간의 쇠퇴기로 여겨졌다.

유세비우스식의 교회사 모델은 다양한 종교개혁가들이 자신들의 상황을 이해할 무대를 마련해주었으며, '역사에 대한 사고는 가치 판단의 영향을 받는다'는 사실을 또한 보여준다. 오늘날 우리는 우리 앞에 살았던 사람들의 어깨에 서서, 그들이 오늘날 우리에게 자명해 보이는 사실들을 몰랐다고 너무 쉽게 비판하곤 한다. 하지만 모든 시대는 각각 그 시대에 자명해 보이며 당연하게 여겼던 것의 영향을 받는다. 이것은 오늘날 우리에게도 마찬가지의 사실이다. 이에 따라 20세기의 중세연구가들은 최근에 『중세의 발명』(Inventing the Middle Ages)이라는 연구서를 냈다. 필자는 오늘날 우리 자신의 걱정과 소망과 사랑과 실망 모두가 역사에 대한 우리의 이해와 기술에 상호 영향을 주고받는다고 주장한다.

> 뛰어난 중세 연구가들이 설명한 중세의 이상들은 본질적으로 다양하다. 그들이 작업한 대본이나 악보-즉 역사적 사실에 관한 자료-는 동일하다. 결국 진실은 본문상의 세부적인 내용들이 아니라 해석에 달려 있는 것이다(Cantor 1991:45).

2. 종교개혁에 대한 여러 해석들

칸토(Cantor 1991:367)의 말을 다시 인용해 본다.

> 우리는 우리가 찾으려 했던 과거를 발견하는 경향이 있다. 이것은 과거가 의도적으로 상상된 허구이기 때문이 아니라 그토록 복잡하고 다양한 현실이기 때문이다.

어떠한 관점, 어떠한 지평이 없다면, 역사적 자료를 선별하고 정리하고 해석하는 일은 혼란스러울 것이다. 해석의 다양성은 우리를 혼란스럽게 만들 뿐 아니라 우리의 이해를 도울 수도 있을 것이다. 역사가들 사이에 다양한 지평들이 존재한다는 점에서 볼 때, 그 지평이 무엇인지가 제시된다면 역사가나 청중 모두에게 도움이 될 것이다. 나의 해석적 지평은 '종교와 신학이 종교개혁들을 이해하는 데 필수적이다'라는 것이다. 나는 또한 그것들이 나타난 문화적 상황들을 고려해야 한다고 주장한다.

종교개혁이라는 복잡하고 다양한 현실을 통제하기 위한 우선적인 단계는 그 용어와 그것이 다루는 시기를 정의하는 일이다. 최근까지 이 일은 간단하고 단순하게 이루어져 왔다. 미국에서 한 세대 전에 대학 학부의 "르네상스-종교개혁" 과목에서 널리 사용되었던 교과서는 해롤드 그림(Harold J. Grimm)

의 『종교개혁 시대 1500-1650』(*The Reformation Era* 1500-1650)이었는데, 이 책은 정의의 문제와 다양한 변수들을 신속하게 처리했다.

> 이 책에서 "종교개혁"이라는 단어는 전통적인 의미로 사용된다. 즉 이 단어는 옛 신학과 교회 제도를 따를 수 없었던 복음주의 기독교 혹은 개신교주의의 발생을 의미한다(Grimm 1973:2; 참고 Cameron 1991:2).

최근의 학자들은 종교개혁에 대한 이러한 "전통적인 의미"를 탈피하였고, 서로 영향을 주고받았던 여러 종교개혁들(Reformations), 즉 루터파 종교개혁, 로마 가톨릭 종교개혁, 개혁파 종교개혁, 저항 운동 종교개혁 등을 인식했다. 각각의 역사적 정치적 사회적 경제적 배경과 영향들을 고려하지 않고 오직 종교적인 개혁으로만 설명할 경우, 이러한 다양한 개혁 운동들은 온전히 이해되지 않는다. 종교개혁의 복잡한 역사적 연결 관계들을 간과한다면, 종교개혁 신학 자체에 대한 우리의 이해와 평가는 지나치게 단순해질 것이다.

> 무엇보다, 이 신학이 역사 가운데 그토록 큰 영향을 끼쳤던 원인은 그것이 역사와 밀접하게 뒤얽혀 있었기 때문이다(Moeller 1982:7).

"종교개혁"이라는 단어는 오랜 역사를 가지고 있다. 한 편으로 이 단어는 고전 시대로 거슬러 올라가며(참고, Strauss 1995:1-28), 다른 한 편으로 오늘날 학부 과정에서 거의 언제나 "르네상스"와 관련하여 사용된다. 개혁(reformatio)이라는 단어의 중세적 사용은 일반적으로 '옛 것이 더 좋다'는 유세비우스적인 원리에 따라 이해될 수 있을 것이다. 전문적인 측면에서 볼 때, 이 단어는 대학들을 그 원래의 상태로 재건하는 것과 관련하여 사용되었다. 14세기의 공의회주의 운동은 "교회의 머리 및 구성원들의 개혁"(reformatio ecclesiae in capite et in membris)이라는 표현을 사용하여, 각 개인들에 의한 자기-개혁을 윤리적으로 호소했다. 이처럼 제도로서의 교회를 개혁하는 것보다 윤리적인 갱신이 더 중요해 보였다.

이러한 주제는 널리 알려져 있던 『지기스문트 황제의 개혁』(*The Reformation of*

the Emperor Sigismund, ca. 1438)에서도 지속되는데, 이 작품은 윤리적인 갱신과 하나님의 질서 재건을 통하여 올바른 질서를 회복할 것을 요구한다. 마찬가지로, "요한 리히텐베르거의 예언"(Prophecy of Johann Lichtenberger, 1488) 역시 새로운 개혁, 새로운 법, 새로운 왕국, 그리고 성직자와 일반인 모두의 변화에 대해 이야기했다. 그리스도의 법과 자연법을 준수함으로써 교회와 사회는 하나님께서 원래 의도하셨던 상태로 돌아가야 했다. 16세기에 "개혁"이라는 단어는 교회적인 사용이나 일반적인 사용 모두에 있어서 개선과 갱신을 점점 더 의미했다.

흥미롭게도 루터 자신은 비텐베르그 대학에서 새로운 교과 과정을 만드는 데 성공한 것을 제외하고는 "개혁"이라는 단어를 거의 쓰지 않았다. 그가 개혁을 위한 개요를 제시했던 중요한 논문 『기독교 영지의 개혁과 관련하여 독일의 기독교 귀족들에게 고함』(*Address to the Christian Nobility of the German Nation Concerning the Reform of the Christian Estate*, 1520)은 루터가 이 단어를 사용한 것으로 제시하지만, 독일어 원제목은 "개혁"이 아니라 "개선"(Besserung, improvement)이라는 단어를 사용한다. 루터가 정말로 "개혁"이라는 단어를 사용할 때는 거기에 새로운 의미를 부여한다. 즉 그는 이 단어를 윤리적 갱신보다는 교리와 결부시킨다. 루터는 초창기 설교에서 '진정한 개혁의 핵심은 오직 은혜의 복음을 선포하는 것'이라고 말했다. 이를 위해서는 신학과 설교의 개혁이 필수적이며, 이 일은 궁극적으로 하나님만 하시는 사역이다. 여기에서 루터는 소위 종교개혁의 "선구자"들이라고 불리는 다른 모든 사람들과 구별된다. "루터에게 있어서, 사람은 개혁될 수 없다-즉, 이전의 상태로 회복될 수 없다-사람은 오직 용서를 받을 뿐이다"(Bouwsma 1980:239).

종교개혁이라는 개념이 교회 역사에 적용된 것은 17세기 말에 이루어진 일이었다. 『마르틴 루터 박사의 지도하에 독일과 기타 지역에서 발생한 종교개혁 혹은 루터주의에 대한 역사적이고 변증적인 설명』(*Commentarius historicus et apologeticus de Lutheranismo sive de reformatione religionis ductu D. Martini Lutheri in magna Germaniae parte aliisque regionibus*, 1694)에서 바이트 루드비히 폰 젝켄도르프(Veit Ludwig von Seckendorff)는 "종교개혁"을 16세기 전반 독일에서 일어난 사건들을 이해하는 핵심 요소로 보았다. 종교에만 국한되고 루터의 죽음과 함께 끝났다는 점에서 볼 때, 그의 작품은 종합적인 의미에서의 종교개혁 역사서가 아니다. 그럼에도 불구하고, 어떤 한 시대 혹은 신기원(epoch)을 지칭하는 개념으로서의 종교개혁은 이 작품과 함께 역사 연구의 어휘와 개념들 속으로 들어왔다.

종교개혁을 한 시대나 신기원으로 보는 초창기의 설명에서는 종교개혁을 루터의 생애와 연결시켰다. 18세기의 사전들과 백과사전들은 종교개혁을 '신적인 자극을 받아 루터가 악습과 교리적 오류로부터 교회를 정화시킨 새시대'로 설명했다. 실제적인 모든 목적에서 종교개혁은 루터와 동일시되었다. 이로 인해 개신교주의는, 역설적이게도, 루터처럼 성인 숭배를 반대했던 사람들을 성인으로 만드는 경향을 보였다(Bouwsma 1988:2). 이에 따라 한 시대로서의 종교개혁은 "95개조 반박문"(1517)과 함께 시작되고 "아우구스부르그 평화협약"(Religious Peace of Augsburg, 1555)과 함께 끝난 것으로 이해되었다. "1517-1555년이라는 기간이 절대적인 시기로 결정됐다. 그 결과 15세기의 보헤미아 종교개혁은 간과되었고, 스위스, 프랑스, 영국의 개혁파 교회들과 급진주의 분파들은 평가절하 되는 경향이 나타났다"(Dickens and Tonkin 1985:9). 그와 같은 시기 구분은 비(非)교회적인 사건들 뿐 아니라 가톨릭주의 내부에서의 개혁 운동들 역시도 간과한다.

이 시기에 대한 종합적인 문화적 이해가 처음으로 나타난 것은 레오폴트 폰 랑케(Leopold von Ranke)의 『종교개혁 시대의 독일 역사』(*Deutscher Geschichte im Zeitalter der Reformation*, 1839-)였다. 이 작품은 역사적이고 정치적인 사건들과 교회가 분리될 수 없고 상호간에 영향을 주었다고 주장한다. "종교개혁 시대"(Zeitalter der Reformation)는 그의 연구의 후반부 제목인 "루터와 칼 5세의 시작"(Die Anfänge Luthers und Karls V)에서 예증적으로(paradigmatically) 표현되는데, 이 부분은 루터와 황제 찰스 5세를 나란히 놓고 설명한다.

랑케는 또한 "반(反)-종교개혁"(Counter-Reformation)이라는 용어를 일반화시켰다. 처음에 그는 이 단어를 "반-종교개혁들"이라는 복수 형태로 사용했다. 로마 가톨릭 역사가들은 이 용어를 불쾌히 여겼는데, 그 이유는 "반-종교개혁"이라는 용어가 '개신교 종교개혁이 역사적이고 신학적인 주도권을 가지고 있었고 가톨릭주의는 그에 대해 반응했을 뿐'이라는 의미를 내포하기 때문이었다. "이 용어는 가톨릭교회의 회복을 단순히 교회분열에 대한 반작용으로만 이해하는 것처럼 보였고, 그 의미를 종교적 사건들에만 국한시키는 것으로 보였다"(Iserloh et al. 1986:431).

가톨릭 학자 존 보시(John Bossy 1985:91)는 '종교개혁'이라는 용어마저도 제거하기를 주장했는데, 그 이유는 "나쁜 형태의 기독교가 좋은 형태로 교체되었다는 의미를 이 용어가 너무 쉽게 뜻하기" 때문이다. 초창기 로마 가톨릭 역사가들은 일반적으로 이 시기를 '종교개혁'보다는 "종교적 분열"(Glubensspaltung)이라는 용어로 불렀다. 요컨대, 용어들이 언제나 가치와 문제들로부터 자유로운 것은 아니다. 하지만 용어와 시기 구분이 없다면, 복잡한 변화들을 하나의 일관적인 이야기로 제시하기 힘들 것이다.

역사적 정확성뿐 아니라 최근의 교회연합적 관계들을 반영하면서, 보다 최근의 학자들은 '루터 이전이나 루터 이후에 나타난 가톨릭의 개혁 혹은 갱신운동들이 단순히 반작용적인 성격만을 가지지 않았다'는 점을 나타내기 위해 "가톨릭 종교개혁"이나 "가톨릭 개혁"이라는 용어를 사용한다. 그럼에도 불구하고, 신앙고백적 헌신을 배제해 놓는다 하더라도, "이미 존재하고 있었으며 신학적으로 보수적이었던 개혁운동으로부터 유래했고, 루터의 생애에 강력하게 나타났으며, 개신교적인 확장의 경계를 정했던 '가톨릭 반-종교개혁'"의 현실을 무시하는 일은 역사적 잘못이다(Dickens and Tonkin 1985:2; Jedin 1973:46-81). "반-종교개혁"은 이처럼 개신교주의에 대한 가톨릭교회적 반응의 많은 부분을 설명해 준다. 하지만 가톨릭주의에 있어서 종교개혁이라는 용어는…의식하지 못하는 가운데 교리의 본질적인 개혁을 의미하는데, 이는 트렌트 공의회가 정말로 반대했던 일이었다(Williams 1992:3, 5). 예수회 종교개혁 학자 존 오말리(John O'Malley 1991:177-93)는 이 기간의 가톨릭주의를 보여주는 것은 트렌트 공의회만이 아니었다고 주장한다. 비록 "가톨릭 개혁"과 "반-종교개혁"이 이 시기에 공존한다고 할지라도, 이 용어들은 '악습들과 제도들에 대한 개혁을 뛰어넘어 영혼을 돌보는 일에 관심을 가졌던 16세기 가톨릭주의에 대한 보다 종합적인 현실'을 우리가 보지 못하도록 만들 수 있다.

이러한 역사서술적 논쟁을 근본적으로 되돌아보는 가운데, 오말리(O'Malley 2000)는 이전의 용어들보다 "근대 초기 가톨릭주의"라는 용어가 변화와 연속성 모두를 더 잘 나타낸다고 설득력 있게 주장한다. 이뿐 아니라 "근대 초기 가톨릭주의"라는 용어는 당시에 다양했던 가톨릭주의의 모습들을 포괄하며, 이에 따라 '중세와 근대 초기 가톨릭주의는 하나의 획일적이고 권위주의적이며 교황적인 제도였다'는 오래된 편견을 제거해 준다. "보다 열린 용어로서 '근대 초기 가톨릭주의'는 평신도로서 종교적이었던 가톨릭 여성들이 수행했던 새로운 역할들이 들어갈 여지를 마련한다. 이 용어는 다른 용어들처럼 환원주의(reductionism)에 빠지지 않는다. 그렇기 때문에 이 용어는 '그러한 방식으로 종교와 교회에서 유래하지 않았음에도 불구하고 종교와 교회의 변화에 영향을 주었던' 중요한 영향력들이 근대 초기 문화에서 작용했다는 사실을 보다 쉽게 허용한다"(O'Malley 2000:142). 오말리를 기념하기 위해 만들어진 최근의 헌정 논문집은 이러한 관점을 더욱 발전시킨다(Comerford and Pabel 2001).

하지만, 힐러브란드(Hillerbrand 2007:461, n.5)가 진술한 바와 같이 논쟁은 계속된다. "[근대 초기 가톨릭주의]라는 용어를 선호하는 이유는 명백해 보인다. 그것은 16세기 가톨릭주의의 역사를 개신교 종교개혁과 분리시키고자 하는 것이다." 나는 "로마 가톨릭주의"라는 명칭을 사용할 것인데, 비록 이 명칭이 그 시기를 지칭하는 데 있어 시대착오적이기는 하지만, 그럼에도 불구하고 "옛 신앙의 지지자들," "새 신앙의 지지자들," "16세기 가톨릭주의," "근대 초기 가톨릭주의" 등과 같은 어색한 표현들보다는 낫기 때문이다. 또한, 종교개혁가들은 자신들이 가톨릭교회를 충실하게 대표한다고 믿었다. 전문적인 측면에서 볼 때, "로마"라는 수식어를 "가톨릭" 앞에 붙이는 일은 트렌트 공의회(1545-63) 이후에만 적절하다.

"종교개혁"이라는 용어에는 종종 "주류"(magisterial)나 "급진적인"(radical)이라는 수식어가 동반된다. 주류 종교개혁(Magisterial Reformation)은 왕이건 제후이건 혹은 시의회이건 간에 세속 지도자들의 뒷받침을 받아 가능해졌던 복음주의 개혁 운동들을 지칭한다. 예를 들어 루터는 선제후 작센(Electoral Saxony)의 군주의 후원을, 츠빙글리는 취리히 시의회의 후원을, 칼빈은 제네바 시의회의 후원을 받았다. 'Magisterial'이라는 용어는 또한 교사(magister)의 권위를 지칭하기도 한다. 교황과 공의회 내의 주교들이 가지고 있는 로마 가톨릭 교회의 교도권(敎導權)은 이러한 점에서 마기스테리움(Magisterium)이라고 명명된다. 개신교 중에서도 루터와 칼빈의 가르침의 권위가 매우 커서 개혁 운동들은 그들의 이름을 따 루터주의나 칼빈주의로 불린다. "따라서 고전적인 주류 종교개혁은, 일차적으로, '정부가 종교개혁을 시행하거나 교리적이고 예전적이고 교회론적인 문제들을 처리하는 데 주도적인 역할을 했다'는 사실을 의미하며, 이차적으로는 '개인적인 교사들이 특별한 권위를 행사했다'는 사실을 의미한다"(Williams 1992:1281).

소위 주류 종교개혁가들과 의견을 달리하여 정치권력으로부터의 독립을 강조했던 개혁 운동들은 종교개혁의 "좌파"나, 보다 최근에는 "급진 종교개혁"(radical Reformation)으로 불려 왔다. 비록 조지 윌리엄스(George H. Williams)의 주요 연구서 『급진 종교개혁』(*The Radical Reformation*) 이후 "급진 종교개혁"이라는 용어가 널리 사용되어 왔지만, "그 용어의 정확한 정의에 대해서는 상당한 모호함이 퍼져있었다"(Hillerbrand 1986:26). 단적으로, 루터 역시 기존의 가톨릭교회에 대해서는 "좌파"였으며, 1520년대 초에 이르기까지 루터의 입장은 "급진적"이었다. 이처럼 "급진 종교개혁"은 문제의 소지가 있는 용어로, "학자들의 기준에 의해 판결될 수 없는" 신학적 가치 판단들과 연결되어 있다(Hillerbrand 1993:416-17). 소위 급진주의자들을 지칭하는 다른 용어들로는 비국교도(nonconformists)나 저항자(dissidents) 등이 있다.

"급진적"(radical)이라는 단어가 근원(radix)으로 돌아간다는 기본적인 의미를 가지고 있다는 점에서 볼 때, '성경만이 기독교 신앙의 유일한 규범'이라는 루터의 신념에도 이 단어가 동일하게 적용된다. 지배적인 사회적 신화를 보관하고 사회적 구조와 정치적 조직을 정당화하며 많은 재산과 부를 통제했던 사람들이 바로 중세의 성직자였다는 사실을 깨달을 때, 이는 참된 주장이다. "따라서 성직자에 대한 도전은 유럽 사회의 혁명적인 변화를 요청하는 급진적인 도전이어야 했는데…개신교 종교개혁이 바로 그러한 도전이었다"(Kingdon 1974:57). "전통적으로 독일의 종교개혁은, 이탈리아 르네상스와 더불어, '근대 세계를 창조한 위대한 혁명들 중 첫 번째 혁명'으로 여겨져 왔다"(Ozment 1992:xiv). 하지만, 위에서 언급한 다른 용어들과 마찬가지로, 종교개혁을 "초창기 부르주아의 혁명"으로 본 마르크스주의를 포함하여 "혁명"을 이해하는 관점에는 많은 차이점들이 존재한다. 종교개혁이 "반(反)-성직주의적인"(anticlerical) 혁명으로 정당하게 불릴 수 있다"는 점에 있어서, 그것은 "대중의 종교개혁"이나 "보통 사람들의 종교개혁"으로 지칭될 수 있을 것이다(Kingdon 1974:60; Abray 1985; Blickle 1992).

종교개혁의 정의와 시기 구분에 대하여 간략히 개관하는 가운데, 우리는 루터와 관련하여 16세기 운동들을 판단했던 신학적 기준(즉, 우파-가톨릭주의, 좌파-급진주의)으로부터 사회적 역사로 넘어갔다. 최근에 발전한 사회사(社會史)적인 접근이 '인물과 신학에 관심을 보였던 이전의 지성사적 접근'과 반드시 충돌해야 하는 것은 아니다. "오히려 사회사는 16세기의 종교적 변화들이 유럽의 역사와 근대 세계를 형성하는 데 근본적으로 중요했다고 주장하며, 종교적 사상과 의식들이 일상적인 삶의 구조에 영향을 주었다고 강조한다"(Hsia 1988:8). 가톨릭 개혁 운동의 역할들에 대한 인식이 증가함으로 인해 종교개혁의 시기는 중세로까지 거슬러 올라가며, 종교개혁이 초래한 신앙고백적, 경제적, 사회적 결과들로 인해 그 시기는 18세기로까지 확장되었다. 몇몇 학자들은 이 세기들을 미국 혁명, 프랑스 혁명, 산업 혁명 등과 관련된 근대 시기와 구별하기 위해 "긴 16세기"나 "근대 초기"로 부른다. 종교개혁에 관한 최근 작품들의 제목은 이러한 유연성을 보여준다(참고, Ozment 1971, 1980; Bossy 1985; MacCulloch 2003; Wiesner-Hanks 2006). 『유럽의 역사 핸드북』(*Handbook of European History*)의 편집자들은(Brady, Oberman, Trady, 1994-5, 2:XIX; 또한 1:XIII-XXIV) 또 다른 이유를 제시한다.

> 1400-1600이라는 기간을 선정한 이유는, 중세 후기나 르네상스나 혹은 종교개혁 중 어느 하나를 특별히 선호하여 하나의 고립된 시기로 구별한 후 그 시기를 신앙고백적으로 정경화(confessional canonization)시키는 일을 지양하기 위해서이다.

요컨대, 여러 학자들이 종교개혁이라는 단어와 그것의 시기를 다양하게 정의하는 목적은 종교개혁에 대한 변화무쌍한 관점들을 초래하는 전제들과 가치 판단들을 분류하여 명확히 하기 위해서이다. 이제 우리는 이러한 종교개혁에 대한 다양한 해석의 역사를 살펴볼 차례이다.

16세기 종교개혁에 대한 해석들은 너무나 많아서, 이러한 해석들의 역사에 관해서만도 수많은 연구가 존재할 정도이다. 종교개혁에 관한 해석들을 단순화시킨다면 지성사(intellectual history)와 사회사(social history) 둘로 나눌 수 있을 것이다. 주로 교회 역사가들과 신학자들이 지성사적 연구에 참여하며, 사회 역사가들과 일반 역사가들은 사회사적 접근을 추구한다.

최근까지 지배적인 해석 입장은 독일인들이 정신사(Geistesgeschichte)라고 불렀던 지성사 혹은 문화사였다. 이러한 해석 경향의 주요 관심사는 종교개혁의 사상들이다. 어떤 경우에 이러한 사상들에 대한 연구는 종교개혁 신학들로 좁혀졌다. 다른 경우에는 전기, 심리역사(psychohistory), 정치 이데올로기, 특히 2차 바티칸 공의회 이후에는 교회연합적 신학, 등으로까지 해석이 확장되었다.

종교개혁에 대한 교회 역사적이고 신학적인 해석들에 있어서 핵심적인 인물은 여전히 마르틴 루터이다. 교회사의 다른 어떤 인물들보다도 더 많은 연구가 루터에 관해 이루어졌다. 심지어 오늘날에도 독일에서 루터는 더욱 주목받는다. 최근 독일의 공영 텔레비전이 조사한 바에 따르면, 루터는 전후(戰後) 수상이었던 콘라트 아데나우어(Konrad Adenauer)의 뒤를 이어 두 번째로 유명한 독일인으로 선정되었다. 루터는 칼 마르크스보다 더 앞섰다. 독일의 주요 주간지인 「슈피겔」(Spiegel)지는 2003년에 루터를 특집으로 다루었다. 주요 사건들에 대한 최근의 설명에서, 루터의 개혁은 신대륙의 발견과 함께 근대 초기 역사에서 가장 중요한 사건으로 묘사된다. 루터는 수많은 영화와 텔레비전 프로그램들의 주제가 되어 왔다(Fuchs 2006:171; Boettcher 2004; Hendrix 2004b; Jones 2004). 물론 전(前) 동독 공산정부는 루터를 상업적으로 이용하기도 했다. 비텐베르그 관광청은 루터가 보름스 회의에서 했던 유명한 말 "내가 여기 있습니다"라는 문구를 새겨 넣은 양말을 팔며, 비텐베르그 시는 루터의 결혼을 기념하는 연극을 매년 개최하고 "원조 루터 맥주"(Original Luther-Bier)를 판매한다(이 맥주는 "한 병의 맥주가 마귀를 물리친다"고 했던 루터의 말을 강조한다).

보다 중요한 맥락에서, 영문학자 커밍스(Cummings 2002:58)는 다음과 같이 언급한다.

오늘날 역사는 어느 한 개인의 영향을 과대평가하는 일을 경계한다. 하지만 서구의 근대 종교는 여전히 루터와 함께 시작한 것으로 보인다. 루터는 종교적 분리의 과정에 있어서나, 개신교와 가톨릭 양측을 포함한 모든 종교 운동과 동일시되는 종교적 내면화에 있어서나, 가장 눈에 띠는 인물이다. 이처럼 그는 근대적 정체성을 형성한 주요 인물들 중 하나로 여전히 자주 인용된다.

루터가 오랫동안 중심 무대에 있었기 때문에, 종교개혁에 대한 해석사는 루터 해석사와 연결하여 개관될 수 있을 것이다. 다른 종교개혁가들과 운동들에 대한 해석사는 이 책의 각 장에서 언급될 것이다.

우리가 한 인물에 대해서 그토록 많은 정보를 가지고 있을 경우 그 인물에 대한 묘사와 해석은 모호하지 않고 복잡하지 않을 것처럼 보일 수 있다. 하지만 실상은 그렇지 않다. 하인리히 뵈머(Heinrich Boehmer)가 1914년에 지적한 것처럼, "루터에 관한 책의 수만큼이나 많은 루터들이 존재한다." 한 편으로 루터는 반(反)-유대인주의와 관련하여 히틀러의 선조가 되는 마귀의 후손으로 불렸고, 다른 한 편으로는 (4복음서를 잇는) "다섯 번째 복음서 기자"로 불렸다. 이처럼 루터에 대한 양극단적인 평가는 종교개혁 직후의 세대부터 시작하여 오늘날에까지 계속되고 있다.

예를 들어, 유명한 하버드 대학교의 법학 교수인 앨런 더쇼비츠(Alan Dershowitz 1991:107)는 루터를 근대의 반(反)-유대인주의를 형성한 인물로 비난한다. "루터의 비천한 이름이 주류 개신교 교회들에 의해 영원토록 저주되기보다는 여전히 추앙받고 있다는 사실은 놀라운 일이다." 이에 반대되는 극단은 힐러브란드(Hillerbrand 1993:418)의 설명에서 요약되는데, 그에 따르면 종교개혁 연구는 "독일을 세상의 중심으로 보는 독일 숭배자들과, 루터의 신학을 기독교 완성의 요약으로 본 신학자들 특히 루터파 신학자들에 의해 주도되어 왔다."

루터에게 우호적이었던 동시대인들은 그를 엘리야, 예레미야, 세례 요한, 요한계시록 14장의 천사, 모세 등에 비유하였다. 루터의 동료 멜랑히톤은 그의 죽음을 다음과 같은 말로 알렸다.

아! 이스라엘의 전사이자 병거요. 이 종말의 시대에 교회를 이끌었던 인물이 세상을 떠났다. 죄 용서의 교리와 하나님의 아들의 약속은 인간의 지혜로 이해되지 못했으나, 하나님께서 바로 이 사람을 통하여 보여 주셨다(Vandiver et al. 2002:38-9).

하지만 급진 종교개혁가들은 루터가 권위주의적인 태도를 가지고 성령을 성경에만 제한하였으며 그의 개인적인 생활이 안이했다고 비판했다. 그들은 루터가 큰 집에서 생활하고, 동료들과 함께 웃고 마시는 일을 즐겼으며, 금반지를 끼었고, 설교에 대한 댓가로 돈을 받았다고 비난했다. 루터를 혹평했던 로마 가톨릭의 극단적인 예는 요한 코클라이우스(Johann Cochlaeus, 1479-1522)였는데, 그는 루터를 "악한 독"으로 기독교 세계를 분열시킨 머리 일곱 달린 괴물로 묘사했다(Vandiver et al. 2002:240). 뿐만 아니라 코클라이우스는 루터가 완전히 부도덕한 인물이었다고 주장했다. 그는 교만하고, 주제넘고, 오만하고, 속이는 거짓말쟁이였다.

코클라이우스가 쓴 "마르틴 루터의 행적과 작품에 대한 논평"(Commentaries on the Acts and Writings of Martin Luther)은 1549년에 마인츠(Mainz)에서 출판되었다. 코클라이우스는 그의 가톨릭 동료들에게 '루터의 신학이 확산되면, 마치 한 세기 전에 후스가 보헤미아 지역에서 혼란을 일으켰던 것처럼, 교회와 사회 모두를 혼란스럽게 만들 것'이라고 경고했다. 그에 따르면 이러한 사회적 혼란은 여성들의 뻔뻔함에서 이미 명백히 드러난다. "루터파 여인들은, 여성으로서의 부끄러움은 모두 제쳐 둔 채, 자신들이 교회 안에서 공적으로 가르칠 권리와 직분을 얻었다고 대담하게 주장했다…루터 자신이…여성들도 참된 기독교 사제들이라고 가르쳤다"(Vandiver et al. 2002:106-7). 코클라이우스는 루터가 당시의 도덕적 쇠퇴를 이끈 장본인이라고 보았다. 이러한 식으로 그는 루터의 "근친상간적인" 결혼("형제"인 수도사와 "자매"인 수녀의 결혼)과 관련하여 당시의 전설들을 전파하는 데 주저하지 않았다. 예를 들어, '루터가 악마와 계약을 맺었다'거나 '루터의 어머니가 악마와 간통하여 그를 낳았다'는 식의 전설 이야기들을 퍼트렸다(Dickens and Tonkin 1985:21-5). 루터를 정신병에 걸린 "왜곡자"요 반역자로 보며 그의 종교적 심리학을 설명하려는 관점은 20세기에 이르기까지 로마 가톨릭 학자들에게 지속적으로 영향을 끼쳤으며, 데니플(Denifle)과 그리자르(Grisar)의 작품들을 통해 새로운 활력을 얻었다(Stauffer 1967; Wiedermann 1983).

코클라이우스와 마찬가지로, 루터를 우상화했던 사람들 역시 종교개혁을 초자연적인 차원에서 설명하는 경향을 보였다. 역설적이게도, 성유물의 비판가였던 루터가 자신의 죽음 이후 성유물과 기적들의 원천이 되었다(Scribner 1987:312-13, 323-53). 루터의 지지자들에게 있어, 그를 통해 말씀하신 분은 하나님이셨다. 루터를 비난한 사람들은 마귀가 그를 통해 말했다고 주장했다. 하지만, 양자 모두에게 있어서 종교개혁은 초자연적인 혹은 영적인 힘에 의해 나타난 사건이었다.

요하네스 슐레이다누스(Johannes Sleidanus, 1506-66)만이 이러한 극단적인 당파심을 탈피했던 것으로 보인다. 그가 쓴 "황제 찰스 5세 치하의 종교와 상태에 관한 설명"(Commentaries on Religion and the State in the Reign of Emperor Charles V, 1555)은 개인적인 영감보다는 자료들에 집중하였는데, 이 점에서 그는 정치와 제도에 집중하면서 레오폴트 폰 랑케(Leopold von Ranke)가 시작했던 근대적 역사 접근법의 선구자였다.

하지만 슐레이다누스와 랑케 사이에, 교회 역사가들과 신학자들은 각각 자신들의 신학적 헌신에 비추어 종교개혁을 해석했다. 정통 루터파들은 가톨릭교도나 칼빈주의자 등 참된 신앙의 반대자들이 공격할 수 없는 진정으로 학문적인 교리 체계를 만들고자 했다. 이러한 건축물은 올바른 교리에 대한 광적인 관심의 지배를 받았다. 이에 따라 자신들이 세워 놓은 이 교리 체계가 또한 루터의 기본적인 관심사였다고 가정했다. 그리고 루터는 구원의 진리와 올바른 신앙에 대한 요약으로 여겨졌다. 이러한 신념들은 "하나님의 말씀과 루터의 가르침은 결코 쇠하지 않는다" 혹은 "루터는 삶에 있어서 위대했고, 말에 있어서는 더 위대했으나, 가르침에 있어서 가장 위대했다"는 문구로 표현되었다. 루터는 "예언자, 교사, 그리고 영웅"이 되었다(Kolb, 1999).

17세기 이후의 경건주의자들은, 올바른 교리 및 교실과 강단에서의 체계적인 교리 해설을 강조한 정통주의자들의 관심을 '성도들의 마음을 움츠리들게 만든' 이성적인 지적 사변으로 보았다. 경건주의자들에게 있어서, 루터의 가장 큰 기여는 하나님의 자비에 대한 신뢰로서의 신앙을 회복한 것이었다. 경건주의는 스스로를 종교개혁의 연속이나 혹은 제 2의 종교개혁, 즉 최초의 교리적 개혁에 뒤따른 삶의 개혁으로 보았다(Lindberg 1983:131-78; Lindberg 2005:1-20). 하지만 개인적인 영적 거듭남을 강조한 경건주의는 죄를 본성이나 "세상"과 연결시키는 경향을 보였다(그들은 죄에 대한 지속적인 싸움을 주장했다). 이와 관련하여, 성경에 대한 루터의 세속적인 해석 및 그의 개인적인 세속성은 경건주의자들에게 문제가 되었다. 그들은 루터의 즐거움을 하나님의 선물로 합리화했으며, 춤에 대한 관용을 그의 영원한 공로라는 구실로 감추었다. 하지만 그들은 '만일 하나님께서 유머 감각이 없으시다면 자신은 천국에 들어가고 싶지 않다'는 루터의 유명한 말에 대해서는 변명할 수 없었다.

많은 점에 있어서 경건주의를 이어받은 계몽주의는 주로 루터를 권위주의로부터 독립시킨 독일의 위대한 해방가로 보았다. 그는 단지 종교적인 영역뿐 아니라 삶의 모든 영역에 있어서 자유의 영웅으로 여겨졌다. 19세기 프랑스의 사회학자 루이 블랑(Louis Blanc)에 따르면, "교황에 대해 의심하라고 가르치는 사람들은 필연적으로 왕에 대해서도 의심하라고 이끈다." 인간의 자유에 끼친 루터의 기여가 단순히 국가적일 뿐 아니라 보편적으로 인식되었다는 점은 프러시아의 철학자 피히테(Fichte)가 1793년에 했던 다음의 기도문에 나타난다(1793년은 자코뱅[Jacobin]파가 파리를 장악한 해였다).

> 굴욕의 시대에 엄청난 권세로 인류의 결박을 깨트렸던 자유의 거룩한 수호성인인 예수와 루터여…이제 그 높은 곳에서 당신의 후손들을 내려다보시고, 싹튼 곡식들이 바람에 흔들리는 모습을 기뻐하소서(Brady 1987:234).

계몽주의 시대의 지배적인 이미지는 루터가 1521년의 보름스 의회에서 교황과 황제에게 저항하는 모습이었다. 루터의 신학은 루터 자신으로 대치되었는데, 이러한 교체는 '중심적인 개인들에 비추어 역사적 발전을 이해하는' "위인" 이론 및 회심 경험을 강조했던 경건주의적 관심사와 연결되었다. 이러한 모습이 우리 시대에는 심리사(心理史, psychohistory)의 형태로 나타났다. 이는 보다 과학적이고 복잡하기는 하지만, 기본적으로 루터와 종교개혁을 그의 정신세계에 기초하여 설명하려는 노력이다. 루터보다는 덜하지만, 칼빈(Bouwsma 1988; Selinger 1984:72-91), 칼슈타트(Bubenheimer 1981b), 로욜라 (Meissner 1992) 등의 종교개혁가들에게도 심리사적 접근법이 사용되었다.

심리사의 대표적인 예는 에릭 에릭슨(Erik H. Erikson)의 『청년 루터』(*Young Man Luther*, 1958)이다. 에릭슨에게 있어서, 한 개인의 발전을 이해하는 핵심 요소는 '그 사람이 근본적인 정체성 위기를 어떻게 해결하는가' 하는 것이다. 루터의 경우에 이는 아버지와의 관계와 관련된다. 아버지들이 너무나도 중요하기 때문에, 그리고 모든 사람은 한 명의 아버지를 가지고 있기 때문에, 에릭슨은 루터의 개인적인 문제들을 루터의 사회의 문제들과 연결시킨다. 양쪽 모두의 문제들은 동일한 "이념적 위기"에 관여했다. 이 위기는 "이 땅과 천국에서, 가정과 시장과 정치에서, 성(城)과 도시와 로마에서 아버지들에게 부여된 도덕적 권위의 힘과 책임, 이론과 실천"에 관계되었다(Erikson 1958:77). 루터와 종교개혁은 '아버지의 정의와 사랑에 대한 기본적인 의심들을 개인적으로 하나님께 투사시킨 결과'로 이해된다. 하나님에 대한 루터의 개념은 그가 초창기에 겪은 심리사회적인 위기들로부터 유추된다. 이와 같은 유추들을 역사가들이 받아들이기 어려운 이유는 역사적인 증거가 빈약할 뿐 아니라 모순적으로 나타나기 때문이다(Johnson 1977; Edwards 1983:6-9; Scharfenberg 1986:113-28).

종교개혁을 설명하는 훨씬 더 다채로운 노력은 노만 브라운(Norman O. Brown 1959:203)의 연구이다. 그는 루터를 항문기적 성격(anal personality)의 인물로 묘사하며, 루터가 화장실에서 경험한 것들이 "개신교 신학을 탄생시켰다"고 주장한다. 보다 노골적으로 표현하자면, (중세의 옥외 화장실에서 일어났다고 여겨지는) 루터의 회심 체험은 그의 신학적 변비를 제거한 엄청난 양의 신학적 설사약(laxative)에 비교될 수 있을 것이다.

이와 같은 신(新)-프로이드적인 해석은 존 오스본(John Osborne)의 연극 「루터」(Luther)에서 극적으로 표현되었다. 이 연극은 1961년에 노팅엄 (Nottingham) 왕립극장에서 초연되었고, 브로드웨이(Broadway)에서도 상연되었다. 첫 미사를 준비하는 가운데 루터는 믿음을 가지라고 권고하는 동료 사제에게 "나는 똥을 싸고 싶네. 오래된 토굴처럼 내 장은 꽉 막혀 있어"라고 대

그림 1.1 "영광스러워진 마르틴 루터 박사"(Dr Martin Luther's Glorification). 1806년 요한 험멜(Johann F. Hummell) 작품. 구름 위를 걷고 있는 루터를 뒤따라, 종교적 자유를 상징하는 비유적인 인물이 십자가를 들고 서 있으며, 그 위에는 프랑스 혁명의 상징인 소위 "자유의 모자"(Liberty Cap)가 얹혀 있다. 이 여인 곁에는 성경과 루터의 교리문답서를 들고 있는 여성 인물들이 서 있다. 루터는 자비(Mercy)를 상징하는 비유적 인물로부터 승리의 종려나무를 받고 있으며, 그 뒤에는 믿음과 소망과 사랑을 상징하는 여인들이 그리스 여신의 복장으로 서 있다. 가장자리에 있는 그림들은 루터 생애의 주요 사건들을 묘사한다.

자료 출처 : Lutherhalle, Wittenberg

답한다. 또한 화장실에서 겪은 자신의 회심 체험을 이야기하면서 루터는 다음과 같이 말한다. "그리고 내가 고통스럽게 앉아 있던 중, '의인은 믿음으로 말미암아 살리라'는 말이 터져 나왔다. 나의 고통은 사라졌고, 대변이 쏟아져 나왔으며, 나는 일어설 수 있었다. 잃어버렸던 생명을 나는 볼 수 있었다"

(Osborne 1963:32, 76).

에릭슨과 브라운은 종교개혁을 병리학으로 환원시켜 해석했으며, 각각 그 시초를 마르틴 루터로 보았다. 종교개혁 분야의 학자이자 가족 치료사인 스캇 헨드릭스(Scott Hendrix, 1994)는 상황적 가족 이론(contextual family theory)을 사용함으로써 종교개혁 연구에 보다 건설적이고 유익한 심리사적 접근을 제안한다. 헨드릭스는 역사적 인물들의 인간 행동을 역사적 정치적 경제적 가족적 체계에 비추어 분석하기 위해 상황적 가족 이론을 사용한다. 이로 인해 그는 다른 심리사적 방법들이 보여준 환원주의적이고 병리학적인 설명 경향을 피한다.

북부 독일의 뤼네부르그 공국(duchy of Lüneburg)의 사례를 연구하면서 헨드릭스는, 이 지역의 통치자 어네스트(Ernest) 백작이 종교개혁을 받아들인 데에는 복합적인 동기가 존재했는데 여기에는 종교적이고 정치적인 고결함과 그의 가족의 가치에 대한 충성스러운 헌신이 뒤섞였다고 주장한다. 요컨대, 어네스트 백작이 자신의 영토에서 종교개혁을 지지한 것은 정치적인 낙관주의나 개인적인 경건 중 어느 하나로만 환원될 수 없을 것이다.

가톨릭 학자들과 분석가들이 루터를 반역자로 이해하려고 시도하던 거의 같은 시기에, 성인숭배적 찬양과 마귀론적 비난 모두를 피하려 했던 연구가 발전되기 시작했다. 한 책의 제목을 빌리자면, 루터는 "이단자도 성인도 아니었으며"(Geisser et al. 1982), 진정으로 종교적인 인물이었다.

로마 가톨릭 학자들 중 조셉 로츠(Joseph Lortz)는 독일의 종교개혁에 대한 두 권으로 된 연구를 이끌었다. 로츠(Lortz 1968)에게 있어서, 루터는 오해로 말미암아 종교개혁을 일으킨 종교적 천재였다. 이러한 비극적인 오해가 발생한 원인은, 루터가 중세 후기에 토마스주의(Thomism)보다는 '새로운 방식'(via moderna)이라 불리는 유명론(nominalism)을 따랐기 때문이고, 중세 후기에 제도권 교회 내에 널리 퍼져 있던 부패상을 가톨릭 신앙 전체와 연결시켰기 때문이었다. 로츠는 다음과 같이 주장한다.

> 교황 교회에 대한 루터의 반대는 그 내용이나 강도에 있어서 가장 급진적인 것이었다. 하지만 이 '반대'는 진지하게 재검토될 필요가 있다. 루터가 반대했던

대상은 가장 강력한 정죄를 받아 마땅한 하부-기독교적(sub-Christian) 현실이었으며, 그는 바로 이러한 하부-기독교적 현실들을 교회의 본질로 보았던 것이다. 그의 종교적이고 목회적인 열정이 그를 이러한 방향으로 이끌 수밖에 없었던 것 같다(Lortz 1970:33).

비록 로츠가 역사적 상황과 발전에 대한 관심을 강조함으로써 로마 가톨릭 종교개혁 학계에서 근본적인 수정을 시작했지만, 그 자신도 여전히 초(超)-역사적 가톨릭 신학입장을 유지했으며 결국에는 신학적 규범으로 역사적 분석을 대치했다. 그럼에도 불구하고 로츠는 교회연합적인 대화에 헌신하고 종교개혁의 깊은 중세적 뿌리들을 인식함으로써 로마 가톨릭 종교개혁 학계의 발전에 크게 기여했다.

최근 몇십 년간 종교개혁 연구의 "최첨단"은 사회사였다. 지성사와 마찬가지로 사회사 역시 수많은 관점들을 포함한다. 하지만 지성사와는 달리, 사회사는 기본적으로 각 지역의 역사들, 사회 집단들, 경제적이고 도시적인 역사, 권력 관계, 문화 인류학, 일반 문화 등에 집중한다. 교회사적이고 신학적인 관점들은 '종교적인 문제에 관한 투쟁으로 사회적 정치적 변화가 일어났다'고 유럽 사회를 해석한다. 반면 사회사적 관점은 이러한 순서를 뒤집어서, '공동체의 정치적 사회적 목표가 우선적이었으며 그로 인해 집단적인 행동이 촉발되었다'고 강조한다. 신학은 현실을 사회적으로 구성하는 여러 역할들 중 하나의 역할에 불과할 뿐이다. 종교개혁에 관한 사회사를 주도하는 학자 토마스 브래디(Thomas A. Brady, Jr 1982:176; 1979:40-3)는 다음과 같이 주장한다.

새로운 접근을 위한 시대가 도래한 것 같다…종교개혁은 기독교가 유럽의 사회적 진화에 적응한 사건이다.

사상과 교회의 역사를 연구하는 학자들은 사회사에 대한 강조가 '마치 종교적 동기는 소위 현실적인 문제들과 관련 없는 개인적인 문제일 뿐'이라는 인상을 줄 수 있다고 경고한다. 종교개혁을 제후나 자치단체의 권력자들이 정치적으로 이용한 것으로 설명할 경우 놓치게 되는 사실은 '종교적 헌신이 사회적이고 정치적인 자기이익(self-interest)과 명백히 반대되는 결과를 초래할 수 있다'는 점이다. 예를 들어, 개신교 군주들의 상속 관례는 '가족의 모든 자녀들을 사랑하고 동등하게 돌보라'는 루터파의 가르침에 의해 형성되었다. 자신들의 재산을 모든 자녀들에게 공평하게 나누어 주는 가운데 개신교 군주들은 자신들의 땅과 권력을 분해시켰는데, 이는 모든 재산을 장자에게만 물려줌으로써 권력을 집중시켰던 가톨릭 군주들과는 대조되는 모습이다(Ozment 1992:28-9; Fichtner 1989:22-3; Hendrix 1994).

하지만 종교적 헌신은 상속권 이상으로까지 나아갔다. '종교적 헌신에 구원이 달려 있다'는 근대 초기의 깊은 신념을 이해하지 못할 경우, 우리는 여전히 근대 초기의 역사로 인해 좌절될 것이다(Gregory 1999:344-50). 서구 문화에서는-혹은 적어도 미국 문화에서는-한 사람의 생명을 하나님께 바치는 것보다는 "민주주의"에 바친다고 이해하는 것이 더 쉽다.

비록 종교개혁을 이해하는 데 있어 신학적인 접근과 사회적인 접근이 서로를 배제하는 것은 아니지만, 각각의 접근을 실행하는 사람들은 다른 쪽의 접근방식을 반대하는 경향을 보여 왔다. 이것은 루이스 스피츠(Lewis W. Spitz)의 종교개혁 교과서 『개신교 종교개혁 1517-1559』(*The Protestant Reformation* 1517-1559)에서 단적으로 나타난다. 이 책에서 스피츠는 다음과 같이 말했다.

> 통계적인 자료나 일반 대중들의 상태 외에는 모든 것을 경멸하는 사회역사가들은 인간의 역사보다는 영장류의 역사를 생산할 위험이 크다('세 종류의 거짓말, 곧 거짓말, 더 큰 거짓말, 그리고 통계가 있다'는 디즈레일리[Disraeli]의 말을 기억하라)(1985:2).

이 책에 대해 한 저명한 사회역사가는 다음과 같이 비평했다.

> 스피츠는 마치 어린 아이가 시금치를 역겨워하는 듯한 태도로 모든 사회적 경제적 주제들을 다룬다. 이러한 태도는 그가 '사건들과 구조들, 사상들과 사회적 영향들, 신학과 일반 종교 간의 상호보완성을 주장하는' 많은 지성사 학자들과 사회사 학자들로부터 멀리 떨어져 있다는 점을 보여준다(Brady 1985:411).

그림 1.2 뮌처(Müntzer)가 유명한 "제후들의 설교"를 행하였던 알슈테트 성(Allstedt Castle)외곽의 이 표지판은, 독일 인민 공화국의 설립으로부터 인용한 문장과 뮌처가 말한 문장을 병행시켜 놓음으로써 둘 사이의 직접적인 관계를 암시한다. 앞문장: "독일 인민 공화국의 모든 정치적 힘은 노동자에 의해 행사된다." 뒷문장: "힘은 보통 사람들에게 주어져야 한다."

자료 출처 : Carter Lindberg

실바나 멘치(Silvana Menchi 1994:183)는 사회 역사가들에 대하여 더 날카롭게 비판한다.

> 자신들의 가장 분명한 주장들에 있어서, 종교개혁에 관한 사회 역사가들은 종교적 인간(homo religiosus)이라는 개념을 하나의 허구로 없애 버린다…이 문제를 보다 단순화시켜 말하자면, 지난 30년 동안 세속 역사가들은 무신론자들을 청중으로 삼고서 종교개혁에 대한 신학적-종교적 해석을 무시하는 경향을 보여 왔다. 이러한 역사가들에게 있어서 종교는 사회적 영향력을 위한 이데올로기를 제공하는 수단일 뿐이다.

스티븐 오즈먼트(Steven Ozment 1989:4)는 다음과 같이 말한다.

여전히 종교개혁 연구는, 사회사와 지성사 사이의 현대적인 논쟁의 바다를 건너서, 그것의 역사적 경험을 형성한 모든 영향력들을 고려하는 역사서술로 이끌 모세와 같은 인물을 기다리고 있다.

"유럽 문명화의 문제들"(Problems in European Civilization) 연구 시리즈의 한 권인 스피츠(Spitz 1962)의 『종교개혁: 물질적인가 아니면 영적인가?』(*The Reformation: Material or Spiritual?*)라는 제목이 날카롭게 보여주는 이러한 이데올로기적인 당파심은, '기본적으로 물질적이고 경제적이었던 종교개혁의 원인들을 신학이 종교적으로 은폐했을 뿐'이라고 강조한 마르크스주의 역사가들의 관점으로부터 유래했다. 프리드리히 엥겔스(Friedrich Engels)의 『독일 농민전쟁의 역사』(*History of the German Peasant War*)는 종교개혁을 기본적으로 사회적인 현상으로 보는 마르크스주의적 모델을 제공했다. 엥겔스에 따르면, 종교개혁은 쇠퇴하는 봉건주의가 새로운 자본주의에 맞서 싸우는 가운데 동반되었던 종교적 태도와 표현이었다. 이 관점에 있어서 루터는 농민전쟁(1524-6)의 혁명적인 목표를 패배시킨 중심인물로 간주된다. 마르크스주의 역사가들은 급진 종교개혁가인 토마스 뮌처(Thomas Müntzer)야말로 이 시기의 진정한 영웅이라고 주장했다. 마르크스주의자들의 동기는 1525년과 1848년의 패배에도 불구하고 독일에 혁명적인 전통이 존재했으며, 이 전통은 1789년의 프랑스 혁명과 1917년의 러시아 10월 혁명과 연관될 수 있다는 점을 입증하는 것이었다. 1973-4년에 전(前) 동독 정부는 프랑켄하우젠(Frankenhausen)에서 패배한 농민들의 기념비를 세워 뮌처의 혁명적 사역을 기념하기로 결정했다. 1974년에 시작된 이 건축물에는 라이프치히(Leipzig)의 미술가 베르너 튑케(Werner Tübke)의 놀라운 파노라마 그림이 그려져 있다(참고, www.panorama-museum.de). 이 건축물은 동독 정부가 무너진 1989년에 완성되어 개관되었다. 공동체적 종교개혁에 대한 보다 최근의 주장(Blickle 1992)은 마르크스주의의 계급 분석을 교체하는 동시에 대중적이고-공동체적인 종교개혁에 대한 관심을 지속한다.

앞으로 이어질 종교개혁에 대한 연구는 이 시기를 어느 특정한 인물과 동일시하지는 않지만, 사건들과 결정들 뿐 아니라 특정한 인물들의 종교적 성격을 중요하게 다룬다. 종교와 문화 사이에는 상호성이 존재한다. 따라서 우리는, 예를 들어, '루터가 이신칭의 교리를 발견한 것은 그가 처한 역사적, 문화적, 언어적, 개인적 상황에서 일어났으며 그럼에도 불구하고 그러한 조건들이 전부는 아니었다'고 말할 수 있을 것이다. 부스마(Bouwsma 1988:4)의 표현을 빌리자면, 우리는 "그 시대를 이해하기 위해 그 사람을 조사해야 하는 만큼 그 사람을 이해하기 위해서도 그 시대를 조사해야 한다." 종교개혁가들이 자신들의 시대와 연결되어 상호작용을 하지 않았었다면, 그들은 물어보지 않은 질문들에 대해 답을 제공한 꼴이 되었을 것이다. 하지만 그들이 질문들을 어느 정도 바꾸어 말하지 않았다면, 종교개혁가들의 답변들은 그들 이전의 사람들이 제시한 답변들과 차이가 없었을 것이다.

이제 우리는 종교개혁가들이 어떻게 받아들여졌는지 뿐 아니라 그들이 제기한 질문과 답이 무엇이었는지를 "긴 16세기"의 맥락에서 다루어 볼 것이다. 이 책은 중세 후기의 상황으로부터 시작하여 개신교와 로마 가톨릭의 고백주의화(confessionalization) 과정까지를 설명할 것이다. 먼저 우리는 루터가 시작한 복음주의적 운동을 '기독교 세계'(corpus Christianum)라는 고대 어거스틴적 이상에 대한 중세 후기의 도전이라는 맥락에서 살펴볼 것이다. 그 후에는, 이 복음주의 운동이 일련의 내부적인 위기를 거치면서 어떻게 다양한 흐름으로 나뉘어졌으며 신앙고백적인 체계로 발전되었는지를 검토하는 순서로 이야기를 진행할 것이다.

Suggestions for Further Reading

Thomas A. Brady, Jr., with a comment by Heinz Schilling, *The Protestant Reformation In German History*. Washington, DC: German Historical Institute, 1998.

Norman Cantor, *Inventing the Middle Ages: The Lives, Works, and Ideas of the Great Medievalists of the Twentieth Century*. New York: Morrow, 1991.

A. G. Dickens and John Tonkin, *The Reformation in Historical Thought*. Cambridge, MA: Harvard University Press, 1985.

Wallace K. Ferguson, *The Renaissance in Historical Thought: Five Centuries of Interpretation*. Cambridge, MA: Houghton Mifflin, 1948.

Hans J. Hillerbrand, "Was There a Reformation in the Sixteenth Century?" *CH* 72/3 (2003), 525–52.

Roger Johnson, ed., *Psychohistory and Religion: The Case of "Young Man Luther"*. Philadelphia: Fortress, 1977.

Carter Lindberg, ed., "Introduction," *The Reformation Theologians*. Oxford: Blackwell, 2002, 1–15.

Bruce Mansfield, *Phoenix of His Age: Interpretations of Erasmus, c. 1550–1750*. Toronto: University of Toronto Press, 1979.

Bruce Mansfield, *Man on His Own: Interpretations of Erasmus, c. 1750–1920*. Buffalo: University of Toronto Press, 1992.

John O'Malley, SJ, *Trent and All That. Renaming Catholicism in the Early Modern Era*. Cambridge, MA: Harvard University Press, 2000.

R. W. Scribner, *The German Reformation*. Atlantic Highlands: Humanities Press International, 1986.

Robert Wilken, *The Myth of Christian Beginnings: History's Impact on Belief*. New York: Doubleday Anchor, 1972.

David M. Whitford, ed., *Reformation and Early Modern Europe: A Guide to Research*, Kirksville: Truman State University Press, 2008.

제 2 장

중세 후기: 종교개혁의 시초 및 발판
(The Late Middle Ages: Threshold and Foothold of the Reformations)

> 종말이 임박한 눈물과, 질투와, 고통의 시대…쇠락의 시대.
>
> 외스타슈 데샹 (Eustache Deschamps, 1346-1406)

영국과 프랑스 사이의 100년 전쟁, "교황청의 아비뇽(Avignon) 유수," 계속된 교회의 대분열, 흑사병의 발발 등의 어두운 시기를 살았다는 점에서 볼 때, 데샹의 우울함은 이해할 만하다. 비록 그가 암울한 시대를 산 사람들 중에서도 주도적인 비관론자였을지는 모르나(Huizinga 1956: 33, Delumeau 1984: 129, 131), 그의 우울함이 특별한 것은 아니었다. 15세기가 끝나갈 무렵, 장 메쉬노(Jean Meschinot) 역시 다음과 같이 고백했다.

> 오 비참하고 슬픈 삶이여…우리는 전쟁과, 죽음과 기근으로 고통 받는다. 차고 더움, 낮과 밤이 우리의 힘을 약하게 하며, 벼룩과 전염병 및 수많은 기생충이 우리를 괴롭히는구나. 주님, 삶이 매우 짧을 뿐인 우리 악한 인간들에게 자비를 베푸소서(Huizinga 1956:34).

뒤러(Dürer)나 루카스 크라나흐(Lucas Cranach the Elder)와 같은 화가의 작품

에 묘사된 이와 같은 "음울함"은 16세기와 그 이후까지도 계속되었다. 영국의 철학자 토마스 홉스(Thomas Hobbes, 1588-1679)에 따르면, 삶은 "더럽고, 잔인하며, 짧다."

이 시대에 팽배했던 불길하고 불안한 분위기는 신적인 심판에 대한 기대로 집중되었다.

> 오 세상이여, 지나간 옛 시대를 생각해 보라.
> 생각 없는 사람들이 진리와 정의를 부인했을 때,
> 사람들이 신실하지 못하며 악을 행했을 때,
> 하나님은 결코 오래 지체하지 않고 복수하셨음을(Strauss 1963: 18)

죄, 죽음, 악마 등은 중세 후기의 삶과 정신의 무대에 전반적으로 나타났다. 수많은 연구와 교과서들은 이 시기를 위기의 시대로 부른다(참고, Cunningham and Grell 2000). 이 장에서 "위기"라는 단어는 종교개혁의 배경을 이해하는 열쇠가 될 것이다. 물론, 종교개혁의 전야를 이와 같이 일반화시키는 데에는 세부적인 부분들이 상실되거나 왜곡될 위험이 존재한다. 역사가들은 재난이 일어난 후에도 세상을 정상적으로 묘사했던 당시의 자료들을 언제든 찾을 수 있을 것이다. 또한, 오늘날과 마찬가지로, 사람들은 위기의 상황에서 고통을 경험할 뿐 아니라 이익을 얻을 수도 있을 것이다. 그럼에도 불구하고, 나는 일반적으로 종교개혁을 중세 후기에 발생한 위기의 부분이자 그 결과로 제시하고자 한다(Oberman 1973: 31). 스티븐 오즈먼트(Steven Ozment)가 예리하게 표현한 것처럼, "중세 후기의 발전들은" 16세기 종교개혁을 위한 "시초이자 발판"이었다.

중세 후기 시대를 위기의 시대로 부르는 일은 주제넘게 보일 수도 있다. 왜냐하면 위기는 어떠한 한 시대에만 국한된 일이 아니기 때문이다. 랑케(Ranke)가 말한 바와 같이, "모든 시대는 하나님께 인접해 있다." 이 점에서 중세 시대는 우리가 살고 있는 시대보다 더 많이 위기를 독점한 것이 아니다. "하지만, 위기에 대한 인식이 모든 사회 계급에 미치고…서부 유럽의 그토록 광범위한 영역에까지 침투했던 적은 거의 없었다." 이제까지 알려지지 않은 영역이었던 "존재의 성스러운 기초"가 판단되며 고려되고 있었다. 이는 세대가 바뀔 때마다 반복적으로 기존의 전통에 의심을 품는 것 이상이었다. 그것은 "안전의 상징들과 관련된 위기"였다(Oberman 1973:20, 17). 전통적인 가치들과 확실성들은 위태로워졌으며, 새로운 것들은 아직 발견되지 않은 상태였다.

안전의 상징들과 관련된 위기는 어떠한 하나의 사건이나 즉각적인 원인으로 인해 발생한 것이 아니라, 긍정적이기도 하고 부정적이기도 했던 사건들과 발전들이 축적되는 가운데 나타났다. 이러한 위기가 발전하는 동안, 하나의 기독교 세계(corpus Christianum) 그리고 그 세계를 보증해주었던 교회에 대한 중세 시대의 확신과 안전 역시 흔들리기 시작했다. 오늘날처럼 종교와 삶이 분리될 수 없던 시기에, 기근이나 전염병 같은 자연적인 재해, 경제 및 도시의 발전과 관계된 급격한 사회적 변화, 그리고 교회의 분열과 부패로 인해 비롯된 종교적 불안 등은 세상의 일부로 여겨졌고, 세상의 중심이었던 교회는 이러한 현상들을 감당하지 못했다(Graus 1969, 1971, 1993; Lutz 1986).

1. 농경 사회의 위기, 기근 및 전염병

위기를 인식하게 만들어준 많은 사건들과 발전들은 동시에 일어났다. 이 점을 염두에 두면서, 편의상 우리는 14세기 중반에 농업, 기근, 전염병과 관련하여 발생했던 위기들을 먼저 살펴볼 것이다. 이러한 상황에 앞서서 혹은 그 결과로, 도시화가 뚜렷하게 이루어졌고, 생존자들은 도시로 몰려들었다. 도시의 성장 및 새로운 사회적 유동성은 자연 경제가 화폐 경제, 상업적인 생산, 기술적인 발전 등으로 전환하게 된 원인이자 결과이기도 했다. 새로운 삶을 찾아 도시로 모여든 사람들 중 대부분은 원하던 것을 찾지 못했다. 도시에 새로 온 대부분의 사람들은 공동조합(guilds)으로부터 제외되어 있었으며, 비록 빌어먹는 처지까지는 아니라 하더라도, 하루 벌어 하루 먹는 것이나 다름없는 일들에 의존하게 되었다. 르네상스가 장려한 개인주의에 대한 새로운 태도 역시 천년에 걸쳐 발전되어 온 기독교 공동체에 대한 의식을 뒤흔들었다.

　12세기와 13세기 동안 식품 생산이 증가되었고, 이로 인해 꾸준한 인구 성장이 이루어졌다. 그러나 점점 증가하는 인구는, 그것을 가능케 해 주었던 농경적인 기반을 뛰어넘었다. 1320년에 이르러, 특별히 좋지 않았던 날씨로 인해, 흉년이 계속되었으며, 그 결과 거의 모든 북부 유럽 지역에는 기근이 팽배해 있었다. 남부 프랑스에서는, 폭우로 인해 프로방스(Provence) 지역이 1307-8년과 1315년에 범람하였다. 성직자와 평신도 모두가 인류의 죄에 대한 하나님의 진노를 누그러뜨리기 위해 맨발로 행렬했지만, "하나님께서는 그들의 기도를 듣지 않으셨다." 강물은 끔찍할 정도로 규칙적으로 범람하여 다리와 곡식과 사람들을 쓸어버렸다. 매서운 겨울은 강과 포도원과 동물들을 얼렸다. 1355년, 아비뇽(Avignon)에는 거의 20일 동안 눈이 내렸다. 1439년에는 먹이를 찾기 위해 늑대들이 카르팡트라(Carpentras) 전역을 돌아다녔다. 여름에는 뜨거운 열이 곡식을 태웠고, 샘들이 말라갔다(Chiffoleau 1980:101-2). 독일 남동부에서는 1315-17년의 기근에 뒤이어 지진과 거대한 메뚜기 떼의 습격이 나타났다.

　황제 찰스 4세(Charles IV)는 자신이 어느 날 아침 "주인님, 일어나십시오. 최후의 심판이 임하여 온 세계가 메뚜기 떼로 가득 찼습니다"라고 외치는 기사의 목소리에 잠에서 깼다고 기록한 바 있다. 찰스는 메뚜기 떼로 뒤덮인 범위를 측정하기 위해 말의 안장에 올라탔다. 하루 종일 약 25 킬로미터 정도를 돌아다닌 후에도 여전히 그 끝을 알 수 없었고, 메뚜기들은 모든 채소를 먹어 치웠다(Boockmann 1987:228). 자연재해로 인해 가격이 폭등하였고, 먼 거리를 여행할 수 있는 수단이 부족했기 때문에 도시 사람들은 인접해 있는 시골에 의존하게 되었다(Cunningham and Grell 2000:200-46).

　제대로 영양을 공급받지 못해 약해진 사람들은 고열의 장티푸스의 습격을 받았고, 선(腺) 페스트, 폐 페스트, 패혈증 등의 형태로 나타난 끔찍한 흑사병이 발발하였다(Cunningham and Grell 2000:274-95). 흑사병이 유럽 지역에 확산된 데에는 이탈리아 상선들의 역할이 컸는데, 이 배들이 재빠르게 운반했던 많은 짐들에 전염병을 옮기는 벼룩과 쥐들이 득실댔기 때문이다. 극동(Far East)에서 유래한 흑사병은 1347년 10월 제노바(Genoese) 선박들을 통해 시실리(Sicily)에 이르렀고, 이탈리아 전역으로 급격히 확산되었으며, 1348년 봄에는 남부 독일까지 그리고 그 해 6월에는 영국에까지 퍼져나갔다. 인구밀도가 높고 지저분했던 도시들은 벼룩을 옮기는 쥐들이 살기에 이상적인 곳이었으며, 초가지붕과 더러운 거리는 벼룩이 사람들에게 옮아가기에 적합한 통로였다. 일단 감염이 되면, 사람들은 기침이나 재채기를 통해 다른 사람들에게 병균을 옮겼다. 만주 지역에서 20세기에 발생한 흑사병에 대한 현대의 연구에 근거하여 예상해 볼 때, 이러한 감염은 치사율이 거의 100퍼센트에 이르렀을 것이다(Boekl 2000:7-32; Gottfried, 1983; McNeill 1976; Ziegler 1969).

흑사병으로 인한 사망률이 정확히 어느 정도였는지를 측정하기란 불가능하지만, 당시 인구의 약 30 퍼센트가 이 질병으로 인해 사망한 것으로 추정된다. 물론, 지역마다 차이가 있었다. 어떤 지역은 전염병이 그냥 지나간 반면, 어떤 지역은 흑사병이 완전히 쓸어 버렸다.

이 질병으로 인해 나타나는 무시무시한 특징 때문에 공포는 더욱 증가했다. 고통스러운 종기가 온 몸에 넓게 퍼진다−선(腺, bubonic) 페스트라는 말은 사타구니를 의미하는 라틴어 단어 부바(buba)에서 유래한 것인데, 벼룩들이 주로 다리를 물기 때문에 사타구니의 림프선 혹이 가장 먼저 부어 올랐다. 곧이어 피부 아래에 출혈이 시작되면서 검은 반점과 검버섯이 나타났고, 그 후에는 마지막 단계로 피를 토하는 기침이 동반되었다. 오늘날의 묘사는 덜 임상적이다. "몸에서 모든 물질이 흘러나와 지독한 악취를 풍긴다. 땀, 배설물, 침, 숨에서 고약한 냄새가 난다. 소변은 탁하며, 검거나 붉은 빛을 띤다"(McKay et al. 1988:430). 보카치오(Boccaccio)가 자신의 『데카메론』(*Decameron*, 1353)의 서론에서 분명하게 밝힌 바와 같이, 가족들과 친구들은 병자를 내다 버렸으며, 그들은 홀로 고통 가운데 죽어갔다.

종교개혁 시기에 이를 때쯤 흑사병은 크게 사그라들었지만, 그럼에도 여전히 실재하는 위험으로 남아 있었다. 스위스 종교개혁가 울리히 츠빙글리(Ulrich Zwingli, 1484-1531)는 거의 죽을 뻔 했으며, 1527년에는 루터의 지역에까지 흑사병이 퍼졌다. 비텐베르그에서 사람들은 가능하다면 도망쳤고, 다른 사람들은 죽거나 혹은 루터의 집에서 돌봄을 받았는데, 루터의 집은 일종의 요양소로 바뀌었다. 『치명적인 흑사병으로부터 도망쳐야 하는가』(*Whether*

One May Flee From a Deadly Plague)라는 루터의 논문은 바로 이러한 배경에서 만들어졌다. 사랑조차도 삶 가운데 가득 차 있는 죽음에 눈을 감을 수 없었는데, 이는 15세기 말에 이르러 다른 큰 유행병과 마찬가지로 매독(syphilis)이 유럽 대륙에 나타났기 때문이다.

흑사병과 마찬가지로, 매독 역시 그 당시 사람들에게 공포와 절망감을 안겨 주었다. 매독은 모든 사람들을 동등하게 공포로 이끌었는데, 농민들이나 군인들 뿐 아니라 왕들과 교황들까지도 이 질병에 감염되었기 때문이다. "이 질병이 처음으로 발생했을 때, 그것은 공포스럽고 고통스러웠다. 이 질병에 감염된 사람들은 고통으로 인해 하루 종일, 심지어는 밤새 내내 소리질렀다"(Cunningham and Grell 2000:251). 죽음은 사람들의 생각으로부터 결코 멀리 있지 않았으며, 사람들은 '이러한 질병들이 죄악된 인류를 향한 하나님의 심판이다'라는 확신을 갖고 실존적으로 죽음을 경험했다.

흑사병이 생존자들에게 끼친 개인적이고 사회적인 깊은 충격을 오늘날의 우리가 깨닫기는 어렵다. 그것은 순식간에 일어난 설명 불가능의 질병이었다. 사람들은 이 질병이 언제 어디서 오는지도 알지 못했다. 흑사병은 건강한 사람을 수일 내에, 혹 박테리아가 혈관 안으로 침투하는 패혈증(septicaemic)의 경우에는 몇 시간 내에 쓰러트릴 수 있었다.

임박하고 공포스러운 죽음에 대한 만연해 있는 공포로 인해 관습과 규범도 깨트려졌다. 부모가 자녀를 내다 버렸으며, 자녀가 부모를 내다 버렸다. 공포는 화원으로까지 확장되어, "장미 곁에 둥글게"(Ring Around the Rosey)라는 동요가 나왔을 정도였다. "장미"(rosey)는 피부의 반점이 생기기 전에 나타났던 불그스레한 "고리"였다. "주머니 속에 꽃이 가득히"라는 노랫말은 악취를 가리고 아마도 감염을 막기 위해 꽃을 사용한 것을 언급한다. "재만이 남고, 재만이 남고"는 "재는 재로, 먼지는 먼지로"(영국의 장례식에서 쓰이는 말-역주)의 줄임말이며, "우리 모두 쓰러진다"는 피할 수 없는 결과를 가리킨다. 종종 공포스럽고 괴상한 행동도 나타났으며, 죄와 공포를 다른 사람들에게 투사하는 일도 있었다.

흑사병은 인간의 죄에 대한 하나님의 심판으로 널리 인식되었다. 개인적이고 공동체적인 죄에 대한 고행으로 피를 흘리기까지 스스로를 채찍질하는 운동들이 흑사병에 책임이 있는 것으로 여겨졌다. 스트라스부르크(Strasbourg)의 연대 기록자인 프릿췌 클로제너(Fritsche Closener)의 보고에 따르면, 1349년 200명의 채찍질 고행자들이 스트라스부르크에 도착했다. 그들은 값비싼 깃발과 초를 앞세우고 행렬하였으며, 그들이 가는 곳마다 마을과 도시에서는 종을 울려 그들의 도착을 알렸다. 그들의 의식에는 교회 안에서 무릎을 꿇고 노래하는 일과, 그에 뒤이어 자신들을 세 차례에 걸쳐 바닥에 던져서 십자가의 형태를 만드는 일 등이 포함되었다. 하루에 두 번씩 그들은 스스로를 채찍질했다. 종이 울리면 그들은 들판에 모여, 팬티만 남겨둔 채 모든 옷을 벗었고, 원을 만들어 무릎을 꿇으며 자신의 죄를 고백한 후, 영적인 노래를 부르거나 채찍질을 계속했다(Boockmann 1987:230-1; Cohn 1961:124-48). 역설적이게도, 그들의 행렬과 그 행렬을 따르는 수많은 무리들로 인해 전염병은 더욱 확산되었다.

흑사병으로부터 보호받기 위해서 성인들의 중보를 구하는 일도 있었는데, 특히 로쿠스(Rochus)와 세바스찬(Sebastian)의 도움을 구했다. 로쿠스는 흑사병 피해자들을 돕다가 그 자신도 병에 걸려 죽은 인물이었고, 세바스찬은 화살에 맞아 순교한 것으로 알려진 인물이었다. 하나님께서 흑사병이라는 화살로 죄악된 인류를 쏘셨다는 믿음 때문에, 화살에 맞아 죽음을 맞이했던 세바스찬은 고통 받는 자들에 대한 도움으로 여겨졌다. 사람들은 또한 마리아로부터도 도움을 구했다. 괴팅겐(Göttingen)에 있는 프란체스코 교회의 높은 제단에는 마리아가 보호 망토를 사용하여 흑사병 회살을 막는 그림이 걸려 있다. 마리아가 자신의 망토로 인간을 보호한다는 그림은 널리 퍼졌다.

어떤 사람들은 흑사병을 유대인들의 음모로 보았다. 공포가 편견으로 발전된 결과, 수천 명의 유대인들이 유럽에서 살해되었다. 유대인들 또한 흑사병에 걸렸다는 사실에도 불구하고, 사람들은 유대인들이 우물에 독을 탔다고 주장했다. 도미니크회 수도사 하인리히 폰 헤어포르트(Heinrich von Herford)는 다음과 같이 간략하게 묘사했다. "1349년에, 여인들과 아이들을 포함하여 유대인들은 독일 및 기타 여러 지역에서 잔인하고 비인간적으로 살해당했다." 하인리히와 같이 책임 있는 성직자와 합리적인 사람들은 유대인들이 흑사병을 야기했다는 비난을 거부하였으며, 이러한 유대인 학살의

그림 2.1 "레겐스부르크에 있는 '아름다운 마리아' 상을 향한 순례"(The Pilgrimage to the 'Beautiful Mary' in Regensburg). 1520년 미카엘 오스텐도르퍼(Michael Ostendorfer)의 작품. 이 목판화 그림은 종교개혁 전야에 지나치게 성행했던 성상 숭배의 모습을 보여준다. 전면에 위치한 '아름다운 마리아' 동상 앞에서 순례자들이 황홀경에 빠져 정신을 잃고 있으며, 기적을 행하는 '아름다운 마리아' 형상을 보기 위해 많은 사람들이 교회 안으로 들어온다(오른

쪽에 위치한 순례자들은 거대한 초를 들고 있다). 이 순례지는 1519년에 유대인들이 레겐스부르그에서 박해받은 사건과 직접적인 관련성을 갖고 있다. 유대인 회당이 서 있던 바로 그 장소에 임시적인 나무 예배당이 세워졌다. 얼마 전 파괴된 유대인 거주지의 흔적이 뒤쪽에 나타난다. 1519년 2월에 회당을 파괴하는 동안, 석수장이 야콥 케른(Jakob Kern)은 큰 부상을 입었지만, 마리아에게 간구함으로써 바로 그 다음날 기적적으로 회복했다. 대성당 설교자이자 재세례파 지도자였으며 유대인 학살을 조장했던 발타자르 후브마이어(Balthasar Hubmaier)의 영리한 활동을 통하여, 이 기적은 이 순례지를 유명하게 만들었고 그 결과 재정적인 수입을 이 도시에 안겼다. '아름다운 마리아' 조각상이 세워진지 한 달도 되지 않아 50,000명의 순례자들이 방문하여 예배했다. 크리스만(Creasman 2002:964)은 마리아 순례지역들이 반(反)-유대주의적 폭력과 관련되어 있었다는 사실에 주목한다. 1520년의 『기독교 귀족에게 고함』(*Address to the Christian Nobility*)에서 루터는 이 조각상 및 비슷한 성상들을 제거하라고 권유했다.

자료 출처 : ⓒ Elke Walford, Hamburg Kunsthalle

보다 큰 원인은 아마도 유대인들의 재산에 대한 탐욕이었을 것이라고 주장했다. 당시의 기록에 따르면, "유대인들을 죽인 진짜 이유는 돈이었다. 만일 그들이 가난했더라면, 그리고 영주들이 그들에게 빚을 지지 않았더라면, 유대인들은 죽지 않았을 것이다"(Marcus 1973:47).

흑사병은 사람들의 신앙을 가혹하게 시험했다. 계속된 비관주의는 문학과 예술에 영향을 주었다(Boeckl 2000). '죽음을 연상케 하는'이라는 뜻의 프랑스어 마카브르(macabre)가 처음으로 나타나서 죽음에 대한 끔찍하고 우울한 인상을 표현한 것은 바로 이 시기였다. 이러한 분위기는 죽음의 춤(프랑스어 danse macabre, 독일어 Totentanz)이라는 주제에 의해 시각적으로 잘 표현되었으며, 아비뇽의 추기경 장 드 라그랑쥬(Jean de Lagrange)의 묘비에 새겨진 다음의 글귀 역시 이를 잘 나타냈다.

> 우리 (죽은 자들은) 세상의 구경거리이다. 위대한 사람이든 비천한 사람이든지 간에, 우리의 본보기를 통해 모든 인간은 자신들의 조건과 성별과 나이에 상관없이 결국 우리처럼 될 것이라는 사실을 분명히 알게 된다. 그렇다면, 불쌍한 인간이여, 어찌하여 너는 자만으로 가득 차 있는가? 너는 재이며, 결국 재로 돌아갈 것이다. 냄새나는 시체, 기생충의 먹이가 될 것이다.

수천 개의 다른 비문들 역시 "죽음을 기억하라"(memento mori)는 주제를 되풀이했다. "너 역시 나와 같이 될 것이다."

이러한 이미지들은 개인적인 삶과 사회적인 삶의 단절을 반영했다. 죽음의 충격을 완화시켰던 오래된 애도의 원리는 대규모의 죽음이 발생한 이 시기 전까지는 거의 나타나지 않았다. 가족과 친구들을 내다버리는 모습은, 죽음이 새로운 삶에 이르는 길이라는 기존의 믿음을 흔들었다. 죽은 자들을 산 자들로부터 분리시키는 동시에 가족과 사회의 연속성을 상징적으로 재구성했던 죽음과 관련된 전통적인 종교 의식과 관례들, 장례 행렬 및 식사 등은 흑사병 앞에서 무너져버렸다. 설령 어떤 사람이 운 좋게 침대에서 죽어간다고 할지라도, 그 주변에는 어떠한 가족이나 친구들도 모이지 않았을 것이다. 죽음 후, 교회 뜰에 묻혀 있는 선조들 사이에서 안식하는 일 역시 없었을 것이다. 죽은 자들은 더 이상 자신들의 선조들과 연결되지 않았으며, 오직 어둠과만 연결될 뿐이었다. 생존자들은 점점 더 스스로를 고아처럼 보았고, 자신들에게 던져진 현실로 인해 고통스러워했다(참고, Gordon and Marshall 2000; Marshall 2007).

이처럼 자신의 죽음에 대한 혼란스러운 발견과 함께, 새로운 장례 관습과 유언 등도 발전하였다. 이 세상에서 다음 세상으로 옮기는 "통행 비용"에 대한 교회 기부금과 관련하여, 이제는 자기 자신의 죽음 이후를 위해 가능한 한 많은 미사를 기부하고자 하는 관심이 늘어남으로 인해 빈민 구제에 대한 이전의 강조는 줄어들었다. 삶의 질적인 경계가 무너지는 것을 지켜보면서, 사람들은 질서를 창조하는 수단으로 수와 크기에 관심을 돌렸다. "장부를 기록하는 정신"(book-keeping mentality)이 새롭게 등장하였고, 무질서 앞에서 형태를 부과하고 불안을 감소시키려 노력하는 가운데 질보다 양이 우선시되었다(Bouwsma 1980: 234-8). 이러한 "구원의 수학"(Chiffoleau 1980)은 죽은 자들을 천국으로 옮기기 위한 예전상의 중보(liturgical intercessions)를 증가시켰다. "중세 말 가톨릭주의는 대부분 죽은 자들을 섬기는 산 자들의 예배였다"(Galpern 1974:149). 전통적인 구제 사역으로부터 죽은 자들을 위한 미사로 바뀐 이러한 전환은 교회가 새로운 상황에 적응한 능력을 보여줄 뿐 아니라, 계산에 관심을 쏟는 시장 정신의 영향이 증가한 것을 또한 나타냈다. 이 경우, 칩폴루

제2장 중세 후기: 종교개혁의 시초 및 발판　65

그림 2.2 하이델베르그 죽음의 춤 시리즈(Heidelberg Dance of Death series)에 들어 있는 "죽음과 처녀"(Death and the Maiden) 그림. 죽음은 모든 사람이 결국 따라야 하는 무용가로 묘사된다. 이 목판화 그림 시리즈는 모든 계층의 사람들이 최후의 춤에 사로잡히는 모습을 그린다. 이 그림에서 여인은 하나님의 계명을 무시하면서까지 세상의 쾌락에 빠져 있던 자신의 모습을 고백한다. 개구리와 두꺼비는 죄를 상징하며, 벌레와 뱀은 정욕의 고통을 상징한다. 이러한 그림들은 출판물 뿐 아니라 유럽 전역의 교회 및 무덤벽에 널리 퍼져 있었다. 호이징가(Huizinga 1956:138)에 따르면, "죽음에 대한 생각이 중세 말처럼 강하게 강조되었던 시대는 없었다." 커닝햄과 그렐(Cunningham and Grell 2000:314-18)의 설명을 또한 참고하라.

자료 출처 : Archiv für Kunst und Geschichte

(Chiffoleau, 1980)의 책 제목이 보여주듯, 그것은 "이 세상 너머에 대한 회계 장부"(the account book of the beyond)였다. 미사는 죽음을 통하여 천국으로 향하는 여행의 필수적인 준비과정이 되었다. 의식과 관련하여 미사는 이 세

상과 다음 세상 사이의 강력한 유대를 형성하였으며, 이 관계는 연옥 교리와 면죄부를 통해 이용되었다.

연옥 교리의 발전은 죽은 자를 위한 미사의 발전을 보완하였다. 죽은 자를 위한 미사가 증가함으로 인해 연옥은, 죽음을 준비하거나 자신의 삶을 교정할 시간적 여유가 없이 갑작스럽게 죽은 사람들을 위한 장소로서 대중화되었다. 마치 "고아와 같은" 이 영혼들에게 있어 연옥은 새로운 "가족"들과 함께하는 일종의 피난처였다. 연옥은 또한 살아 있는 동안 범했던 죄를 깨끗이 씻을 기회를 제공하고, 살아 있는 자들이 구입한 미사와 면죄부를 통한 기도와 중보로부터 이익을 얻을 수 있는 가능성을 줌으로써, 저주의 공포를 누그러뜨리는 기능을 했다.

하지만 연옥은 결코 소풍이 아니었다! 토마스 모어(Thomas More, 1478-1535)는 『영혼들의 간구』(Supplication of Souls)에서 연옥의 공포를 다음과 같이 자세하게 묘사했다.

> 만일 당신이 고통 중에 있는 누군가에게 연민을 가졌다면, 그 고통은 결코 우리의 고통에 비교될 수 없는 것이다. 우리가 경험하는 이곳의 불은 세상에서 타올랐던 그 어떤 불꽃보다 훨씬 더 뜨겁다…만일 당신이 병상에 누워 밤이 너무 길다고 생각하며 날이 밝기를 고대한 적이 있다면, 이곳에서 우리 어리석은 영혼들은 수많은 시간이 함께 모여 합쳐진 길고 긴 하룻밤을 잠도 자지 못하고 안식도 취하지 못한 채 어두운 불 가운데서 뜨겁게 보내고 있다는 사실을 생각하라(Dickens 1991:29).

자연적인 재해만으로는 충분치 않은 듯, 인간 공동체 또한 스스로 전쟁의 재앙을 만들어 냈다. 이 재앙이 오랫동안 표현된 한 예는 프랑스와 영국의 왕들 사이에 진행된 100년 전쟁(1337-1453)이었다. 왕실간의 싸움이자 영주들의 싸움이기도 했던 이 전쟁은, 프랑스 왕 필립 6세(Philip VI, 재위 1328-50)가 영국령 아키텐(Aquitaine) 지역을 흡수하려 하면서 발발하였다. 주로 습격과 포위 공격으로 이루어진 이 전쟁은 지겨울 정도로 계속되었다. 싸움은 거의 프랑스 전역에서 진행되었으며, 일반적으로 잔다르크(Joan of Arc)와 관련하여 기억된다.

　농민반란 역시 많은 파괴를 초래했으며 경제적이고 사회적인 삶을 훼손했다. 16세기 대부분의 사람들은 해 뜰 때부터 해 질 때까지 땅에서 수고했던 농민들이었거나, 아니면 도시의 기업가들의 손에 달려 있던 일용 노동자들이었다. 그들의 노동의 삶은 주요 종교 축일 때나 혹은 결혼식이나 장례식으로 인한 경우에만 가끔 휴식을 얻었다. 몇몇 지역에서 농민은 사실상 노예나 다름없었다. 다른 지역들에서 농민은 소지주였다. 마찬가지로, 농민들의 식사나 주거 환경 역시 어떤 때는 적절했지만, 또 어떤 때는 열악했다. 다양한 조건들이 존재했기 때문에, 농민들의 삶을 일반화시키는 일은 쉽지 않다. 하지만 어떠한 경우였더라도, 농민들의 삶은 어려웠으며, 종종 더 거칠어졌다. 상류 계급에서는 농민들을 어리석고, 거칠며, 혐오스럽고, 신뢰할 수 없으며, 폭력적인 성향을 가진 계층으로 자주 묘사하였다. 물론, 이러한 귀족들에게 있어서는 그와 같은 성향의 농민들을 억압하는 것이 정당했다.

　모든 작가나 법률가들이 농민에 대한 이러한 편견을 지지한 것은 아니었다. 어떤 이들은 '참된 귀족은 피가 아니라 덕으로부터 유래한다'는 격언을 사용하여 평신도 귀족과 교회 귀족을 책망하였다. 그럼에도 불구하고, 종교개혁이 일어나기 오래 전에, 농민들의 불운한 경제적 사회적 지위는 그 피해자들을 비난함으로써 정당화되었다. 흥미롭게도, 미국에서 노예제도를 유지하려고 했던 경우와 마찬가지로, (창세기 9:20-27의) 노아 이야기는 '지배를 받는 백성들은 하나님의 저주를 받은 것'이라는 사실을 설명하기 위해 중세 유럽에서도 (잘못) 이용되었다.

　보통 때에는 보수적이던 농민들이, 극단적인 상황에 처하게 되면, 폭력적인 방식으로 반응할 수 있었다. 대체적으로 농민들은 자신들의 처지에 대한 분노를 서로에게 쏟았다. 하지만 이 시기에 만들어진 어떤 그림은 네 명의 농민들이 무장한 기사를 도끼로 학살하는 장면을 표현한다. 개인적인 폭력 행동보다 훨씬 더 심각한 것은 농민들이 집단적으로 자신들의 주인의 압제에 저항한 일이다.

　프랑스에서는 100년 전쟁을 치르기 위해 세금을 부과한 것이 농민들에게 무거운 짐이 되었고, 그 결과 농민들의 분노가 1358년에 폭발하였다. 귀족들은 농민들을 악하게 억압함으로써 직접 복수하였고, 죄가 있는 사람이건 없는 사람이건 동일하게 학살하였다. 1391년에 영국에서는 귀족과 고위 성직자들에 대한 경제적이고 종교적인 불만이 합쳐져서 농민반란이 일어났다. 사회적 평등을 주장한 혁명적인 정서는 인기 있는 설교자 존 볼(John Ball, d. 1381)이 했던 유명한 표현, "아담이 땅을 갈고 하와가 천을 만들 때, 도대체 누가 귀족이었는가?"라는 말을 통해 사라지지 않고 지속되었다. 영국에서도 반란은 잔인하게 진압 당했다. 비슷한 반란들이 이탈리아, 북부 독일의 몇몇 도시들, 스페인의 일부 등지에서도 발생했다. 1524-6년의 큰 농민전쟁이 일어나기 전, 제국에서는 1493, 1502, 1513, 1517년에 농민들이 들고 일어난 일이 있었다.

귀족들은 이러한 움직임의 배후에 조직적인 음모가 있었다고 믿었다. 하지만 이러한 일들은, 마치 1960년대에 미국의 도시들을 휩쓴 인종 폭동을 자극했던 것과 동일한 종류의 분노와 좌절로 인해 자발적으로 발생한 반란이었다. 오랜 억압 속에서 농민들은 큰 땅을 소유했던 교회의 귀족들을 포함한 영주들에 대하여 반감을 가지고 있었으며, 이러한 사실은 교회의 권위를 공격하고 그리스도인의 자유를 높였던 루터의 초기 작품들이 왜 그렇게 열광적으로 환영받았는지를 설명하는 데 도움이 된다.

전염병과 전쟁을 통한 인구의 감소로 인해 남아 있는 귀족들과 성직 계급들의 경제적 소유가 위태로워졌다. 농민들의 인구가 감소했다는 사실은 곧 고용 노동력의 비용이 증가했다는 것을 의미했다. 이와 동시에, 만일 풍작이 있었다 하더라도 수입은 줄어들었는데, 이는 가족을 부양하는 사람들이 줄어들었기 때문이었다. 도시 노동력의 부족으로 인해 마을에서 임금과 가격은 높아졌다. 영주들은 농노제도를 확립하거나 강화함으로써 농민들이 자신들의 땅에서 도망치는 것을 막으려 했다. 그에 따라, 농민들의 기회와 사회적 자유는 급격하게 줄어들었다. 자신들의 고정된 수입을 잠식하는 인플레이션을 처리하기 위해, 귀족과 성직자 영주들은 백성들의 전통에 대한 공동의 법이었던 "신적인 법"(divine law) 대신에 소유를 착취하는 사유재산의 원리에 근거한 로마법(Roman law)을 받아들이기 시작했다. 이러한 발전들 역시 농민들이 종교개혁을 수용하는 데 영향을 주었다. 그들은 로마법에 대한 신학적 비판이 가지고 있는 사회정치적인 의미를 알고 있었다.

2. 마을과 도시: 사상과 변화의 중심지

중세 후기의 도시는 "가정"이자 "온상"이라는 두 가지 의미에 있어서 변화의 중심지, 곧 "근대성의 입구"였다(Chiffoleau 1980: 430; Greyerz 1985:6-63). 종교개혁과 관련하여 이 점은 영국 학자인 디킨스(A. G. Dickens, 1974:182)가 한 말에 잘 요약되어 있다.

> 독일의 종교개혁은 문예적이고 기술적이며 수사학적인 도시의 사건이었다.

기껏해야 인구의 1/5이 도시와 마을에 살았던 것으로 측정된다. 그러나 독일과 네덜란드의 몇몇 지역에서는 도시의 인구 비율이 더 높았다. 루터의 지역인 작센(Saxony)에서는 20퍼센트의 인구가 여러 작은 마을에서 살고 있었다. 종교개혁 직전에 마을과 도시는 급격한 성장을 경험하고 있었으며, 그 중 몇몇은 크기가 두 배가 되기도 했다. 독일에서 가장 큰 도시였던 쾰른(Cologne)에는 약 40,000명의 인구가 있었고, 1500년에 이르러 뉘른베르그(Nuremberg)의 인구는 30,000여 명으로 성장하였다. 스트라스부르그(Strasbourg), 메츠(Metz), 아우구스부르그(Augsburg), 비엔나(Vienna), 프라하(Prague), 뤼벡(Lübeck), 마그데부르그(Magdeburg), 단치히(Danzig) 등의 주요 도시들 역시 20,000에서 30,000명의 인구를 가지고 있었다. 4,000여 개의 기타 독일의 마을들 대부분은 3,000명 이내의 사람들을 가졌다. 파리, 밀라노(Milan), 플로렌스(Florence) 등의 대도시를 제외하면, 유럽의 다른 곳에서도 그 수치가 비슷했다.

도시 지역에서의 인구 성장은 새로운 통화 경제와 새로운 사상에 의해 촉진되었다. 이로 인해 도시는 창조적인 변화와 기회의 중심지이자 동시에 사회적 충돌의 중심지가 되었다. 봉건 경제는 자본주의의 초기 형태로 대치되고 있었으며, 그로 인해 사회를 하나의 거룩한 집단, 즉 기독교 세계(corpus

Christianum)의 축소판으로 보며 그 안에서 각 개인은 모든 다른 사람들에게 도덕적으로 책임을 진다는 전통적인 관념이 무너지기 시작했다.

종교개혁이 중세 후기의 마을과 도시에 강력하게 호소했다는 사실에 대해서는 오늘날 의심의 여지가 없다. 하지만 종교개혁이 왜 마을과 도시에서 매력적으로 받아들여졌는지에 대해서는 여전히 논쟁되고 있다.

1972년에 출판된 자극적인 연구에서 베른트 묄러(Bernd Moeller)는, 종교개혁이 대륙의 수많은 도시들에서 호응을 얻었던 이유는 그것이 다양한 방면으로부터 공격받고 있던 중세 후기의 집단적인 가치를 지지했기 때문이라고 주장했다.

반면 스티븐 오즈먼트(Steven Ozment, 1975:9)는 종교개혁이 환영받은 이유는 거룩한 공동체의 이상을 강화했기 때문이 아니라 오히려 그 반대, 즉 "번거롭고 귀찮은 종교적 신념, 관습, 기관으로부터의" 해방을 주장했기 때문이었다고 지적했다. 오즈먼트에게 있어서 종교개혁가들은 신학적인 "자유 투쟁가"들이었으며, '오직 믿음으로만 의롭게 된다'는 그들의 설교는 사회적 변화를 반영한 것이 아니라 변화를 촉진한 것이었다.

토마스 브래디(Thomas Brady, 1978:9, 12)는 오즈먼트와 묄러 모두를 비판했다. 그에 따르면, 오즈먼트는 루터의 회심 경험을 따라 종교개혁의 호소를 심리화(psychologizing) 하였고, 묄러는 "도시 사회에 대한 낭만적인 개념, 즉 거룩한 집단이라는 이상을 추구했다." 브래디의 관점에서 볼 때, 종교개혁이 도시에서 진행된 과정을 이해하는 핵심은 계급투쟁이다. 이러한 계급투쟁 안에서 지배층들은 자신들의 기존의 이익을 유지하기 위해 종교개혁과 관련을 맺었다.

이러한 주장에 대하여 묄러는 브래디가 종교개혁의 종교적 차원을 무시한 채 사회화시키기만 했다고 비판했다. 오즈먼트 역시 이처럼 계급을 구분하고 경제적 투쟁을 강조하는 해석이 "인간의 동기를 밝히는 데 있어서, 종교개혁에 대한 협소한 신학적 논의나 소위 '공상적'이라 불리는 지성사보다 더 유용한지" 의문을 제기한다(Moeller 1979; Brady 1979; Ozment 1979).

중세의 도시 거주민들이 오늘날의 우리와 마찬가지로 이념적 사회적 관심사들의 충돌로 둘러 싸여 있었다는 주장에는 일리가 있다. 하지만 종교적 관심사가 중심적인 역할을 차지했다고 생각할 근거가 존재한다. 중세 사람들에게 있어, 종교는 개인주의적이고 사적인 문제가 아니라 공적이고 집단적인 문제였다. 따라서 종교는 과거를 보존하는 일과 과거로부터 해방하는 일 모두에 있어서 핵심이 되었다.

3. 인쇄술의 발전

새로운 사상의 중심지로서, 도시는 사상을 전달하며 평신도 교육을 확장하는 곳이 되었다. 종교개혁 직전에 이르러 유럽 대학의 수는 20개에서 70개로 증가하였는데, 이는 군주들, 제후들, 부유한 상인들의 노력 때문이었다. 한 예로, 비텐베르그 대학은 1502년 지혜자 프리드리히(Prince Frederick the Wise)에 의해 설립되었다. 교육 수준에 대한 신중한 연구에 따르면, 16세기가 시작될 무렵 전체 인구의 5퍼센트 그리고 도시 인구의 30퍼센트가 읽을 수 있었다. 하지만, 사상의 전달은 글을 읽는 능력에 제한되지 않았다는 사실을 기억해야 한다. 글을 읽을 수 있는 사람들이 글을 못 읽는 사람들에게 사상을 전달해 주었다. 이처럼, 수천 편에 이르는 종교개혁 소책자 및 설교는 글을 읽는 사람 뿐 아니라 글을 읽지 못하는 사람을 대상으로도 만들어졌다. 루터가 강조했듯이, "믿음은 들음을 통해 왔다"(로마서 10:17).

인쇄술의 발명을 통해 미디어 혁명이 이루어지기 전, 책을 짓는 데 들어가는 대부분의 비용은 그 책을 기록하는 재료값이었다. (나일강의 늪지로부터 생산된) 파피루스와 양피지의 가격은 비쌌다. 마르코 폴로(Marco Polo)가 중국으로부터 들여온 린넨(linen) 종이는 상대적으로 가격이 낮았으며, 이로 인해 인쇄술의 발전이 재정적으로 가능해졌다. 그 다음 단계는 먹과 기름을 섞은 좋은 잉크의 발전이었다. 가장 핵심적인 발명은, 잘 알려져 있듯이, 15세기 중반 라인(Rhineland) 지역에서 만들어진 움직이는 금속 활자였다. 이 활자는 내구성이 있고 움직임이 가능하여 배열 후 재배열될 수 있었고 따라서 반복적으로 사용할 수 있었다. 출판 산업은 처음에는 라인 강을 따라 독일에서 (마인츠의 구텐베르그를 중심으로) 발전하였으며, 곧이어 바젤과 저지대 국가들

(Low Countries)로 확산되었다. 초창기 출판 전문가들은 독일인들이었다.

새로운 인쇄 기술로 인하여 새로운 사상은 이제 신속하고 믿을 수 있게 퍼져갔다. 이러한 기술을 루터는 하나님의 선물로 보았다. 위클리프의 종교 사상이 필사본을 통해 매우 느리게 확산된 반면, 루터의 사상은 몇 달 이내에 유럽 전역을 덮었다. "15세기 말이 되기까지 200여개의 도시와 마을에 인쇄소가 있었다. 약 600만 권의 책이 인쇄되었고, 30,000권의 절반가량이 종교 관련 서적이었다. 1460년과 1500년 사이에는 인쇄된 책의 수는 중세 시대 전체를 통틀어 필사자들과 수도사들이 만든 책보다 더 많았다"(Ozment 1980: 199; Chrisman 1982; Eisenstein 1979; Edwards 1994).

종교개혁은 책 출판의 증가에 불을 지폈고, 도서 시장을 급격하게 확장시켰다. 이처럼 준비된 시장에서 출판업자들은 루터가 지은 모든 작품을 간절히 원했다. 페테그리(Pettegree 2005:134, 140)의 표현에 따르면, 비텐베르그는 "급성장도시"(boomtown)가 되었다. "출판업자들에게 있어서 이것은 출판산업의 역사에서 유례를 찾을 수 없는 경험이었다. 루터의 작품들은 성공을 보장해 주었을 뿐 아니라, 투자한 자본을 신속하게 회수해 주었다." 비텐베르그에서만 루터와 동료들의 작품을 출판하기 위해 7곳의 인쇄소가 생겼다. 1546년에 루터가 죽기까지, 3400판(版) 이상의 성경이 북부 독일에 나타났고, 남부 독일에는 약 430판의 성경이 출판되었다. 한 판에 2000권 정도가 출판된 것으로 추정하고 계산해 볼 때, 적어도 75만권의 성경이 독일 북부에 나타났고, 다 합치면 100만권 정도가 출판되었다. 당시 책의 가격이 증가하고 있던 것을 고려해 볼 때 이러한 사실은 훨씬 더 놀랍다. 현대 독일어가 루터의 성경 번역에 의해 형성되었다고 말한다면 과장일 것이나, 널리 사용된 루터의 번역이 그 언어의 표준화에 기여한 것은 사실이다. 그의 언어적 재능은 독일에서 루터의 성경이 계속 인기를 유지했다는 사실에서 명백해진다.

루터의 언어적 재능은 그가 지은 찬송가에도 동일하게 나타나는데, 이 중 많은 찬송가들은 오늘날에도 불리고 있다. 교회와 가정에서 널리 사용되는 가운데, "200만 개 이상의 찬송가, 악보, 그밖의 찬송가 관련 자료들이 16세기 독일에서 유통되고 있었다." 이러한 성공을 "루터의 반대자들은 우려하거나 질투했다"(Brown 2005:5, 8). 노래를 통하여 루터의 복음 메시지는 매우 널리 그리고 효과적으로 확산되었고, 그로 인해 공동체가 만들어졌다. "자국어를 사용함으로써, 이 노래들은 심지어 배우지 못한 사람들까지 모든 사람을 포함시켰다. 그 노래들은 물리적인 전달 수단에 의존하지 않았으며, 한 번 배우게 되면 결코 사라지거나 몰수될 수 없었다. 구전의 형태로 전해지는 가운데, 노래들은 어떠한 형태의 금전적 투자도 요구하지 않았다"(Oettinger 2001:208).

짧은 논문이나 팜플렛(Flugblätter 혹은 Flugschriften)의 형태로 만들어진 수 천 편의 다른 종교개혁 작품들도 제국 내에 넘쳐났다. 종교개혁의 선전은 인쇄된 글에만 제한된 것이 아니라, 시각적인 그림, 형상, 만화 등을 통해서도 전달되었다. 중세 시대와 대조되게, 심지어는 지식의 유지와 전달을 주된 목적으로 삼았던 최초의 인쇄 작업과도 반대되게, 종교개혁은 인쇄된 책에 새로운 기능을 부여했는데, 그것은 의견을 전달하는 것이었다. "몇십 장 밖에 되지 않는 16세기의 팜플렛 한 권은 엄청나게 선동적일 수 있었는데, 그 책은 정부의 반대자들을 자극하여 영웅적인 저항으로 이끌 수 있었으며, 이에 따라 체제의 전복에 대한 심각한 두려움을 불러 일으켰다"(Kingdon 1988:9). 이 새로운 도구를 사용한 핵심 선전가는 마르틴 루터였다. 에드워즈(Edwards 1994:xii)는 다음과 같이 말한다.

> 내가 알기로 루터는 그 이후에 나타난 어떤 인물보다도 핵심적인 선전과 대중 운동을 주도했던 사람이었다. 레닌(Lenin)도, 모택동(Mao Tse-tung)도, 토마스 제퍼슨(Thomas Jefferson)도, 존 아담스(John Adams)도 패트릭 헨리(Patrick Henry)도 루터를 따를 수 없었다.

4. 광산업과 무기산업

인쇄술의 발명과 더불어, 광산 및 무기 기술 또한 종교개혁에 영향을 주었다. 1450년부터 1530년까지 독일에서는 루터의 고향인 작센 지역을 중심으로 광산업이 발전했다. 종교개혁의 배경과 관련하여 특히 중요한 점은 은의 생산이었다. 은의 생산량에 대항할 만한 상대는 19세기 중반이 되기까지 나타나지 않았다. 이와 같은 은의 생산을 위해서는 탄광에서 물을 제거해야 하는 문제와 은을 다른 광물로부터 분리시켜야 하는 문제가 해결되어야 했다. 첫 번째 문제는 환기 체계와 배수펌프의 발전으로 해결되었으며, 이로 인해 탄광의 더 깊은 지점까지 개발이 가능해졌다. 두 번째 문제는 제련 기술의 발전으로 해결되었는데, 강력하고 뜨거운 용광로를 사용함으로써 여러 광물들을 각각 다른 녹는 온도에 따라 분리시키는 일이 이루어졌다. 이러한 작업을 위해서는 숯이 아니라 화학적인 촉매나 풀무나 석탄을 사용하여 용광로를 가열시켜야 했다. 당시의 기술자들은 더 높은 굴뚝을 사용함으로써 용광로를 개선하였고, 그에 따라 통풍을 증진시켰다. 이 모든 과정들이 모아져 원시적인 공장 체계가 형성되었다.

이러한 광산업 발전이 초래한 사회적 결과들은 다양하다. 대부분의 은은 동전을 만드는 데 사용되었으며, 이에 따라 통화 혁명이 촉진되었다. 물물교환에서 금전거래로 경제가 바뀜에 따라 독일에는 은행이 성장하였다. 따라서 아우구스부르그의 거대한 푸거(Fugger) 은행가문이 이탈리아의 교황청 은행인 메디치(Medici) 가문을 대체했다. 푸거가(家)는 정치를 포함한 모든 분야의 문화에 관여하였고, 합스부르그(Habsburg) 가문과 가까운 연합을 맺었다. 앞으로 살펴보겠지만, 그들의 돈은 면죄부 거래 뿐 아니라 찰스 5세(Charles V)를 황제로 선출한 선거에도 개입하였다.

광산업 발전은 작센의 선제후이자 훗날 루터의 보호자가 되는 지혜자 프리드리히(Frederick the Wise)에게 직접적인 이익을 안겨 주었다. 이러한 부로 인해 프리드리히는 제국 내에서 영향력 있는 세력으로 인정되었을 뿐 아니라, 자신의 꿈이었던 비텐베르그 대학의 설립을 이룰 수 있었다. 이 대학은 젊고 똑똑한 수도사 마르틴 루터가 교수가 된 곳이었다. 루터가 이 교수직을 얻기까지 필요한 교육을 받을 수 있었던 것 역시 광산업의 발전으로 가능했는데, 그 이유는 그의 아버지가 광산업으로 많은 돈을 벌어서 루터를 학교에 보낼 수 있었기 때문이었다.

이와 같은 광산업의 발전으로 인한 또 다른 결과는 인플레이션이었다. 탄광을 다스렸던 왕과 군주들은 자신들의 부를 증가시켰다. 은행 뿐 아니라 그들의 번영을 볼 수 있는 증거물은 이 시기에 만들어진 큰 건축물들과 기념물들이다. 하지만, 봉건적인 임대 즉 고정적인 수입에 의존해 있던 귀족들은 인플레이션으로 인해 어려움을 겪었으며, 노동자들과 장인들 역시 마찬가지였다. 사회 경제적 불만은 폭동을 일으켰다. 1523년에는 기사들의 반란(Knights' Revolt)이, 1524-6년에는 농민전쟁(Peasants' War)이 발생했다.

다른 기술적인 발전과 더불어, 금속 기술의 발전은 군사적인 분야에도 적용되었다. 포탄을 발사하는 데 사용되는 화약이 발견되었다면, 그 다음에 이루어져야 할 진보는 믿을만한 대포를 발전시키는 것이었다. 청동으로 만들어진 최초의 대포는 발사 후 즉시 분리되는 경향이 있었으며, 이 때문에 이 대포를 사용하는 것은 관련된 사람 모두를 조마조마하게 만들었다. 돌로 만들어진 포탄은 그 가장자리가 거칠어 대포 안에 걸리는 경우가 있었는데, 이 역시 대포를 사용하는 포병에게 문제가 되는 일이었다. 이처럼 열악한 초창기의 조건으로 인해 포병은 다른 어떤 군인들보다도 하나님을 두려워하고 높이며 사랑하라는 권면을 받았다.

대포가 중요한 역할을 수행했던 최초의 전쟁은 100년 전쟁이었다. 프랑스 왕은 뷰로(Bureau) 형제들에게 대포를 공격적으로 사용할 부서를 만들라고 지시했다(이것이 "관료제"[bureaucracy]의 시작이었다). 이후 대포는 후스파(Hussites)에 의해 효과적으로 사용되었다. 그들은 마차 위에 대포를 장착함으로써 이동하며 방어하는 전략을 사용했는데, 이로 인해 그들은 종교개혁 시대까지 생존할 수 있었다. 프랑스-이탈리아 전쟁(1494-1559)이 일어난 시기까지 프랑스인들은 말이 끄는 수백여 개의 청동 대포와 함께 숙련된 포병대를 가지게 되었다. 다빈치(Da Vinci)를 포함하여 당시의 최고의 지성인들은 대포를 개선하는 작업에 참여하였다. 라벤나 전투(Ravenna, 1512)에서 프랑스 포병대는 스페인 기병대를 물리쳤다.

안정된 화약과 믿을 만한 대포의 발전으로 인하여 중세 후기 사회가 흔들리기 시작했다. 중세인들의 가장 과격한 꿈을 뛰어넘어서 무차별적인 사망과 파괴가 이제 가능해졌다. 이러한 기술이 국가적이고 종교적인 열광주의와 결합하였을 때, 그 꿈은 잔인한 현실이 되었다. "(중세와) 비교해 볼 때 16세기와 17세기는 특별히 호전적이었다. 16세기 동안 완전히 평화로웠던 기간은 10년이 채 되지 않았으며, 17세기 전반에는 평화로운 시기가 1-2년도

되지 않았다"(Cunningham and Grell 2000:95). 하지만, 무기를 만드는 산업을 통해 돈을 벌게 된다는 사실 또한 분명해졌다. 이로 인해, 중세 후기에 떠오른 무기 산업은 그 치명적인 열매를 만들어 냈다. 그로 인해 나타난 사회적 결과 중 하나는 기사 계급이 통째로 사라지게 된 것이다. 이제 누구나 총만 있으면 기사를 무너뜨릴 수 있었다. 이는 기사들이 반란을 일으켰던 또 하나의 이유였다.

5. 사회적 긴장

통화 경제의 등장으로 인해 새로운 사회적이고 종교적인 쟁점 및 긴장이 발생했다. 종교개혁 시기가 되기까지 도시들은 불일치, 당파싸움, 상호 의심 등으로 인해 곤란을 겪었다. 이러한 현상은 도시의 크기가 증가하고 경제가 변화함으로 인해 사회적 긴장이 새로운 수준으로 야기되었기 때문이었다. 이익 경제와 정치적 중앙집권화가 도시 공동체를 일종의 거룩한 단체로 보았던 전통적인 이상과 충돌한다는 점은 점점 더 분명해졌다. 피지배층을 지배층에게 종속시켰던 봉건적인 주종 관계와는 대조적으로, 중세의 마을들은 동등한 서약을 통하여 그 구성원들을 수평적으로 조직하였다. 사회적 지위와 관계없이 각 개인들은 자신이 소속된 정치단체의 모든 구성원들에게 윤리적인 책임을 가졌다.

1500년이 되기까지, 르네상스의 지적인 자극으로 점점 더 널리 퍼진 교육과 출판의 협력으로 인해 개인성이 전례 없이 발전하였으며 개인적인 의식이 형성되었다. 개인들과 작은 집단들이 자신들의 노력으로 큰 부와 정치적 권력을 획득할 수 있게 된 능력과 더불어, 이러한 개인성 역시 새로운 가치와 정치적인 분쟁을 등장시켰으며 이전의 가치들에 도전하였다. 전통적인 윤리로는 도시와 화폐경제의 발전을 다룰 수 없었다. "기존의 전통은 사실상 새로운 경제의 모든 주요 요소들에 적대적인 입장이었다. 도시에 적대적이고, 돈에 적대적이며, 도시의 직업에 적대적이었다." 전통적인 윤리는 초대 교회 때부터 시작하여 교회법 안에 자리 잡았던 견해, 즉 "상인은 하나님을 거의 혹은 결코 기쁘게 할 수 없다"는 격언을 더 많이 반복할 뿐이었다(Little 1978:35, 38).

초창기 이익 경제의 근원이라 할 수 있는 고리대금업, 즉 이윤을 남기며 돈을 빌려주는 행위를 교회는 정죄하였는데, 흥미롭게도 이와 관련하여 연옥 교리가 유용하게 발전했다. 천국과 지옥은 닫혀 있었지만, 연옥은-비록 고통스러운 과정을 거쳐야 함에도 불구하고-천국으로 열려 있었다. 교회는 고리대금업을 정죄했던 오랜 역사를 바꿀 수 없었다. 하지만 자신들이 정죄했던 고리대금업을 통해 어떻게 이익을 남기는지를 교회는 배웠다. 천국과 지옥 사이의 제3자라 할 수 있는 연옥을 발전시킴으로써, 그리고 면죄부 구매를 통하여 연옥에서의 고통 감소를 조장함으로써, 교회는 교회법에 의해 정죄된 초창기 자본주의자들에게 소망을 제공했으며 그들의 이익을 떼어 갔다. 교회와 자본주의자들 모두가 연옥 교리를 통하여 공생할 수 있었던 것이다(Le Goff 1981:409-10; Le Goff 1988:76-84, 92-3; Prien 1992:175-7).

새로운 이익 경제는 사실상 모든 기관과 단체, 지역, 중세 사회의 개념에 영향을 끼쳤다. 그것은 공동체의 크기 및 그 내부에서 사람들이 맺는 관계에 영향을 주었다. 돈은 사람들이 행하는 일의 종류 및 그들이 어떻게 보상받는지에도 영향을 미쳤는데, 이는 종종 개인이나 기관이나 할 것 없이 모두에게 걱정거리를 안겼다. 전통적인 기독교 윤리는 더 이상 새로운 도시의 현실에 적절해 보이지 않았으며, 비인격주의, 돈, 도덕적 불확실성 등과 관련된 사회적이고 종교적인 문제에 해결책을 주지도 못했다. "인간의 본성을 이해하며 인간의 행동을 예측하고자 했던 옛 문화의 심리학적 경계는 사람들이 더 이상 전통적인 공동체의 압력 하에 살지 않게 되었을 때 쓸모가 없어졌다…인간은 내팽겨지고 방향을 상실하며, 혼란으로 되돌아간 것처럼 보였다…이러한 현상은 이 시기에 특별히 두드러졌던 불안을 즉시 설명해준다. 기존의 문화가 점점 더 경험에 의미를 부여할 수 없게 된 것은 피할 수 없는 결과였다"(Bouwsma 1980:230).

개신교 윤리가 아닌 자본주의의 윤리, 즉 축적과 이익과 성취라는 새로운 도덕성이 인간적인 관계와 종교적인 관계 모두를 감염시켰다. 이처럼 서서히 발전한 개인주의는 무모한 해방의식을 조장했고, 그와 같이 새롭게 확립된 자아가 죽음으로 상실되기 전에 경험하는 음울한 불안정성 및 공포를 촉진시켰다. 연옥의 공포는, 저주받은 자들이 자신들의 육체를 먹는 곳으로 묘사되는 지옥의 공포에 비교했을 때 아무 것도 아니었다. 지옥불의 불꽃 하나가 여인이 천 년 동안 해산의 아픔을 겪는 것보다도 더 고통스럽다.

외형적인 측면에서 볼 때 점점 더 도시들은, 평신도이건 성직자이건 관계없이 자신들의 경제와 소유로부터 이익을 추구할 뿐 아니라 더 높은 영토상의 혹은 국가적인 정책을 원했던 왕실 및 제후 세력의 대영주들에 맞서 투쟁하였다. 국가적인 의식이 자라고 있었고, 인쇄출판물의 도움을 받아 자국어 문학이 라틴어 문학을 대체하였으며, 기독교 세계(corpus Christianum)에 대한 어거스틴적인 이상은 사라지고 있었다. 국가를 세우는 과정은 이미 스페인과 프랑스에서 활발히 진전되었다. 비록 독일 국가의 신성 로마 제국이 수세기 동안 유럽의 나머지 지역에서 지속되기는 했지만, 독일인들에 의한 국가를 세우고자 하는 소망은 루터의 논문 『독일의 기독교 귀족들에게 고함』(*To The Christian Nobility of the German Nation*, 1520)이 인기를 얻었다는 점에서 분명하게 나타난다.

그러나 경쟁하는 이기적 관심사로 인하여 사회가 분열되고 비인격화되며 도덕적인 방향과 신뢰가 상실된 상황에서는 한 나라를 세우기가 어렵다. 마키아벨리(Machiavelli)가 나타나기 오래 전에, 여우 레이날드(Reynard the Fox)의 동물 서사시는 이익과 성공을 위하여 교활하고 잔인하게 자신의 유익을 추구하는 모습을 표현하였다. 레이날드는 자신의 조카인 오소리 그림버트(Grimbert the Badger)에게 다음과 같이 말한다.

> 작은 악인들은 처형당하지만, 큰 악인들은 우리의 땅과 도시를 다스린다. 조카야, 나는 오래 전에 이 지혜를 깨달았으며, 이 때문에 나는 살면서 나 자신의 이익을 추구한단다. 종종 나는, 모든 사람들이 이렇게 하기 때문에, 이것이 당연히 따라야 하는 방식이라고 생각한단다.

레이날드는 거짓말과 과장의 대가이다. 이 이야기는 교훈으로 끝을 맺는다.

레이날드의 가르침을 배우지 못한 사람은 이 세상을 위해 만들어진 사람이 아니며,

그의 조언에는 누구도 귀 기울이지 않는다. 하지만 레이날드의 가르침을 받는다면, 누구나 성공과 권력에 이를 수 있다. 이러한 이유에서 우리가 사는 세상은 수많은 레이날드들로 가득 차 있다. 그들은 황제의 궁전뿐 아니라 교황청에도 있다. (교회의 직분을 돈으로 사고팔았던) 시몬이 다스리는 자리에 올라 있다. 돈 이외에는 그 어떤 것도 중요치 않다. 돈이 있는 사람은 성직을 얻지만, 돈이 없는 사람은 성직을 얻지 못한다. 레이날드의 간교함을 잘 파악한 사람이라면 누구나 최고의 자리를 향해 나아간다(Strauss 1971:91, 95-6).

훗날 루터는 "큰 악인들이 작은 악인들을 처형하며, 큰 물고기가 작은 물고기를 잡아먹는다"는 냉소적인 격언을 다시 반복했다.

그림 2.3 "작은 물고기를 잡아먹은 큰 물고기"(The Big Fish Eat the Little Fish). 피터 브루겔(Pieter Bruegel the Elder, ca. 1525-69)이 보쉬(Bosch)의 스타일로 그린 동판화 그림. 그림의 오른쪽에 물고기가 의인화되어 있는데, 이는 이기적인 욕심을 채우기 위해 서로를 잡아먹었던 마을 사람들의 탐욕을 의미한다.

자료 출처 : 개인 소장 작품

6. 가치의 위기

이것은 우리를 이번 장의 핵심 요점으로 이끈다. 중세 후기의 중심적인 위기는 가치의 위기였다. 여기에는 여러 요인들이 기여했으며, 그 중 몇몇 요소들을 우리는 앞에서 설명하였다. 하지만 위기의 핵심은 안전의 상징들(symbols of security)이 흔들리는 것이었다. 중세 후기의 위기는 기본적으로 경제적이거나 정치적이거나 봉건적인 성격이 아니라, 안전의 상징들이 흔들리는 위기였다. 이것은 그러한 상징들을 보장해주었던 교회의 위기에서 전면으로 드러났다. "중세는 기본적으로 안전의 보장과 관련되었는데, 이것은 교회가 신자들에게 제공하는 것이었다"(Graus 1971:98). 바로 이러한 이유에서, 모든 요인들이 야기한 충격들은 서방교회의 분열과 반(反)-성직주의(anti-clericalism)로 대표되는 교회의 위기에서 최고도에 달했다.

1) 서방교회의 분열

서방교회 분열의 뿌리는 로마의 주교와 서유럽 제국의 초창기 관계에까지 내려간다. "피핀의 기증"(Donation of Pepin, 756) 및 샤를마뉴(Charlemagne)의 대관식(800)에서 확증되었던 "콘스탄틴의 기증"(Donation of Constantine)과 같은 창조적인 "문서"와 로마법을 능숙하게 사용함으로써, 교황은 서유럽 황제에게 왕위를 부여하는 것이 신적인 권리라는 자신의 주장을 정당화하였다. 만일 교황이 황제에게 왕위를 부여하는 권리가 있다면, 역으로 그 왕위를 취할 권리도 있다는 논리가 성립되었다. 이처럼 교황이 정치적 권위를 가지고 있다는 이데올로기는, 황제와는 달리 교황의 대관식에 근거하지 않고 왕위에 오른 국가적인 왕들의 등장과 함께 무너졌다. 14세기 초에, 교황 보니파스 8세(Boniface VIII)는 자신이 프랑스 왕을 "만들지" 못했다는 이유로 그를 통제할 수 없다는 사실을 슬퍼했다. 프랑스인들에 의해 보니파스와 그 후계자들이 굴욕을 당한 사건은 소위 "아비뇽(Avignon)의 바벨론 유수"(1309-78)로 이어졌다. 비록 교황이 여전히 독일 제국 안에 위치한 아비뇽을 돈으로 샀지만, 유럽 전역은 이제 교황청을 프랑스의 위성으로 보았다.

이러한 넓은 상황 속에서 교회와 그것의 신학적 법률적 근거에 대한 최초의 비평적인 연구가 나타나기 시작했다. 이미 프랑스 도미니크회 수도사인 파리의 요한(John of Paris, ca. 1250-1306)은 『교황과 왕실의 권력에 관하여』(On Papal and Royal Power)라는 논문에서 세속 정부는 자연적인 인간 공동체로부터 유래하였으며, 왕실의 권위는 교황으로부터 온 것이 아니기 때문에 교황에게는 왕을 폐위할 권한이 없다고 주장한 바 있다. 파두아의 마르실리오(ca. 1275-1342)는 『평화의 수호자』(The Defender of the Peace, 1324)에서 그러한 "세속주의"를 훨씬 더 급진적으로 표현했다. 한 때 파리 대학의 학장이었던 마르실리오는 교황이 세상의 평화를 파괴하고 있다고 주장했다. 이에 대한 해결책은 모든 공동체로부터 유래하여 인간의 모든 기관을 통치하는 법으로써 교황의 행정적인 권한을 제한하는 것이다. 마르실리오는 정당한 정부의 근거로 대중의 동의를 강조했을 뿐 아니라, 교황이 신적인 확립을 받았다는 주장도 거부했다.

교황권을 향한 이러한 공격은 하나의 기관으로서 그것의 정당성의 핵심에까지 이르렀고, 아리스토텔레스와 로마법의 논증을 사용하였다. 프란체스코 수도회 소속 옥캄의 윌리엄(William of Ockham, ca. 1285-1347)은 가난에 대한 프란체스코 수도회의 신학을 거부했다는 이유로 교황 요한 22세(John XXII)를 이단으로 결론지었다. 옥캄은 이단적인 교황을 폐위시킬 가능성과 관련한 교회법의 오래된 논증을 회복한 것을 뛰어넘어, 일반 공의회를 비롯하여 그 어떤 교회 기관도 교회의 신앙을 확신하게 정의할 수 없다는 주장을 제시했다. 옥캄에 따르면, 전체 교회가 오류를 범할 수 없다는 주장이 의미하는 바는 교황과 공의회가 진리를 부인하는 때조차도 익명의 개인들 안에서 참된 신앙이 보존될 것이라는 뜻이었다. 보니파스 8세의 반대자들을 지지했다는 죄목으로 1301년 플로렌스에서 추방당했었던 이탈리아의 시인 단테 알리기에리(Dante Alighieri, 1265-1321)는 자신의 『신곡』(Divine Comedy)에서 뿐 아니라 『군주론』(On Monarchy)에서도 교황권과 교황들을 공격하였다. 『군주론』에서 단테는, 교황은 모든 세속적인 권력과 소유를 포기해야 하며 세상의 평화를 위해서는 황제 아래에서 보편적인 군주가 다스려야 한다고 주장했다. 교황의 정죄나 파문은 더 이상 통치자들을 다스릴 수도 비판가들을 침묵시킬 수도 없었다. 기억해야 할 중요한 사실은, 교황권에 대한 이러한 날카로운 비판들이 제기되었을 때 중세의 비평가들이 교황권의 폐지가 아니라 개혁을 주장했으며 교회를 초대 교회의 모델에 일치시키고자 했다는 점이다.

하지만, 아비뇽의 교황청은 아비뇽에 화려한 궁전들과 기념물들을 짓는 일에 열광했으며 이 건축 비용을 마련하기 위해 신자들에게 무거운 세금을 부과함으로써 유럽 전역의 기독교인들과의 불화가 계속되었다. 아비뇽 주위에서 살았던 시인 프란체스코 페트라르카(Francesco Petrarch, 1304-74)는 교황청의 화려함과 세속적인 모습을 "세상의 시궁창"이라고 묘사했다. 관료주의적인 정신과 물질주의가 교황의 영적인 안목을 가렸다. 이에 대한 철학적, 신학적, 문학적 비판들에 반응하기는커녕, 교황은 더 많은 세금을 모을 효율적인 행정 조직을 점점 더 발전시켰으며, 성직 수여권과 면죄부 및 정치와 관련된 수많은 문서들을 작성하는 일에 몰두하였다. 더 푸르른 초원을 만들어내는 일로 인해 목회적인 사역은 뒷전으로 밀려나갔다. 비판가들은 예수님께서 베드로에게 "내 양을 먹이라"(요 21:15-17)고 말씀하셨지 양들의 털을 깎아 이익을 취하라고 말씀하지 않으셨다고 불평하기 시작했다.

많은 사람들은 교황의 위엄과 권위가 감소되고 있다는 점을 알아차렸고, 교황청을 로마로 되돌려야 한다는 주장이 점점 늘어갔다. 그레고리 11세(Gregory XI, 1370-8)는 1377년 이러한 주장에 귀를 기울였다. 역설적이게도, 교회의 바벨론 유수가 끝남과 거의 동시에 대분열이 시작되었다. 그레고리 11세는 1378년 3월 27일에 사망했다. 그의 시신이 차갑게 식기도 전에 길거리에서는 폭동이 일어나, 교황청이 로마에 남아 있어야 하며 로마인이나 혹은 적어도 이탈리아인이 교황으로 선출되어야 한다는 요구가 빗발쳤다.

추기경들은 아비뇽 교황청의 유능하고 근면한 행정관 바르톨로메오 프리냐노(Bartolomeo Prignano)를 교황으로 선출했다. 그는 로마인도, 이탈리아인도, 심지어는 프랑스인도 아니었으며, 나폴리(Neapolitan) 출신이었다(나폴리는 앙주 가문[House of Anjou]을 통하여 프랑스와 밀접한 관련을 맺고 있었다). 비록 존경받는 행정관이었지만, 그는 본질적으로 공무원으로서 정책을 만드는 일에 경험이 없었다. 그에게는 우르반 6세(Urban VI, 1378-89)라는 칭호가 부여되었다. 선거 과정에서 폭동적인 행동이 나타났음에도 불구하고, 추기경들이 폭도들에 의해 위축되었다는 징후는 없었다. 오히려, 프리냐노를 선출했다는 사실은 추기경들이 위협에 저항했다는 것을 보여줄 것이다.

이 점에 주목하는 것이 중요한데, 그 이유는 우르반이 교황의 자리에 오른 지 얼마 지나지 않아 추기경들은 자신들이 심각한 실수를 범했다고 결정을 내렸고, 폭도들의 압력이 있었다는 것을 근거로 그 선거의 부당성을 주장했기 때문이다. 우르반이 교황에 적합지 않다고 결론내린 후, 추기경들은 감금과 공포의 조건 속에서 교황 선거가 이루어졌다고 비난하였다. 한 사람씩 로마를 빠져나와 아나니(Anagni)에 모였고, 이곳에서 그들은 우르반이 정당하지 못한 과정으로 선출되었으며 따라서 새로운 교황을 뽑아야 한다고 선언했다.

9월에 그들은 제네바의 로버트 추기경(Cardinal Robert of Geneva)을 교황으로 선출했고, 그는 클레멘트 7세(Clement VII, 1378-94)가 되었다. 우르반은 교황직을 버리라는 추기경들의 요구를 받아들이지 않았고, 오히려 클레멘트를 파문하였다. 한 교황이 다른 교황을 파문하는 유감스러운 장면은 거의 40년 동안(1378-1417) 계속되었다.

교회사에 있어서 이전에도 반대-교황들(anti-popes)이 있었다. 하지만 동일한 추기경단이 수개월 이내에 두 명의 교황을 정당한 방식으로 선출한 것은 이번이 처음이었다. 우르반 6세와 그의 후계자들은 로마에 남았다. 클레멘트 7세와 그의 후계자들은 아비뇽에 남았다. 이러한 분열이 초래한 종교적 불안의 깊이와 비판의 강도를 오늘날 충분히 이해하기란 쉽지 않다. 만일, 보니파스 8세의 교서 「유일한 거룩」(Unam Sanctam, 1302)이 선언한 바와 같이 구원이 교황에 대한 순종에 달려 있다고 한다면, 이제 둘 중 어떤 교황이 그리스도의 참된 대리자인지를 알아야 했다. 하지만 이것을 어떻게 결정할 것인가? 이제 각자 자신이 그리스도의 유일한 대리자라고 주장하는 두 명의 교황이 존재했을 뿐 아니라, 두 명의 추기경단이 존재했고 그 아래로 몇몇 교구에는 두 명의 사제들이 존재했다. 유럽 자체가 충성과 관련하여 분열되었다. 클레멘트 7세는 프랑스, 스코틀랜드, 아라곤(Aragon), 카스티야(Castile), 나바르(Navarre) 등의 지지를 받은 반면, 우르반 6세는 이탈리아의 다수, 독일, 헝가리, 영국, 폴란드, 스칸디나비아의 지지를 받았다. 공적인 견해는 절망적일 정도로 혼란스러웠다. 학식 있는 사람들이나 성직자들조차도 누가 참된 교황인지를 놓고 충돌하였다.

시에나의 성 캐더린(St. Catherine of Siena)은 우르반 교황이 보편적으로 정당하다는 사실을 확고히 하기 위해 끊임없이 노력했다. 그녀는 클레멘트를 선출한 추기경들을 "바보, 거짓말쟁이, 인간의 형태로 나타난 마귀들"이라고 불렀다. 반면, 스페인 도미니크 수도회 소속의 저명한 설교자 빈센트 페라(Vincent Ferrar) 역시 아비뇽 교황을 열렬히 지지했으며, 우르반의 지지자들을 "마귀의 얼간이이자 이단"이라고 불렀다.

이처럼 분쟁이 지속되는 와중에 교황의 위신과 교회의 신뢰성은 아래로 곤두박질쳤다. 위클리프(Wyclif)의 지도하에 영국에서 그리고 후스(Hus)의 지도하에 보헤미아에서 일어난 갱신 운동들은 교회의 신뢰성을 회복하려는 노력들을 더 복잡하게 만들었다.

존 위클리프(ca. 1330-84)는 영국의 철학자이자 신학자였는데, 교회의 개혁에 대한 관심으로 인해 그는 영국 교회의 총회를 통하여 그리고 최종적으로는 1415년의 콘스탄스 공의회(council of Constance)에서 정죄되었다. 한동안 그는 영국의 왕실을 섬겼으며, 국가가 부패한 성직자들의 권한을 정당하게 박탈할 수 있다는 그의 주장은 물론 왕실의 관심을 얻었으나 교황 그레고리 11세에 의해 1377년에 정죄되었다. 위클리프는 더 나아가서 세속 권세에 대한 교황의 주장에는 성경적인 근거가 없다고 주장하며, 영국 정부가 영국의 모든 교회를 개혁해 달라고 호소했다. 성경에 근거한 기독교를 외침으로써 영국의 종교개혁의 토양을 준비한 것으로 추정되는 롤라드 운동(Lollard movement)에 위클리프가 어느 정도의 영향을 주었는지에 대해서는 여전히 논쟁되고 있다(Aston 1984; Hudson 1988).

위클리프의 사상은 낮은 계급의 영국 성직자 사이에서 널리 확산되었고, 1382년에 영국의 리차드 2세(Richard II)가 보헤미아의 왕 벤체슬라우스 4세(Wenceslaus IV)의 여동생 안네(Anne)와 결혼한 후 보헤미아에까지 전파되었다.

보헤미아의 개혁가 얀 후스(John Hus, ca. 1372-1415)는 위클리프의 작품 몇 편을 체코어로 번역했다. 프라하 대학의 학장이었던 후스는 교황의 부도덕성을 비난하는 불같은 설교자이자 고위 성직자였으며, 평신도들이 성찬에 있어서 빵뿐만 아니라 포도주도 받아야 한다고 주장하였다. 황제 지기스문트(Sigismund)로부터 안전한 통행권을 부여받았음에도 불구하고, 후스는 1415년 콘스탄스 공의회에서 정죄되었고 처형당했다. 그의 추종자였던 프라하의 제롬(Jerome of Prague) 역시 동일한 운명을 맞이했다.

후스의 재판에 대한 후스파의 기록은 그리스도의 십자가 처형과 유사한 이야기를 제공했다. "1415년 6월 7일-이 날은 그 주의 여섯 번째 날이었는데-제 11시, 태양이 완전히 사라졌고, 그 결과 촛불 없이는 미사가 시행될 수 없었다. 이것이 나타내는 바, 후스 선생이 공의회를 통하여 가능한 빨리 처형되어야 한다고 헐떡이며 갈망하던 많은 고위 성직자들의 마음에서 의의 태양이신 그리스도께서 사라지셨다." 그들의 기록은 다음과 같이 계속된다. 잘못된 고소를 받은 후스는 콘스탄스로부터 인도되어 기둥에 묶인 후 화형을 당했는데, 그는 평온하게 "살아계신 하나님의 아들 그리스도시여 내게 자비를 베푸소서"라고 노래하며 죽음을 맞이했다(Bujnoch 1988:45). 한 세기가 지난 후 루터는 후스에 비견되었으며, 뮌처(Müntzer)는 자신의 "프라하 선언"(Prague Manifesto)에서 후스파들에게 호소했다.

위클리프와 후스 모두 점증하는 국가적 의식 및 교회를 향한 비판을 나타내는 표시였다. 후스가 화형당한 후 프라하 대학은 그를 순교자이자 국가적 영웅으로 선포하였다. 원수들이 거위를 화형시켰지만("Hus"는 체코어로 거위를 의미했다) 그들이 불로 태울 수 없는 백조가 뒤따를 것이라는 후스의 예언은 1세기 후 루터에 의해 대중적으로 적용되었다(Pelikan 1964: 106-46).

2) 공의회주의(Conciliarism)

서방교회의 분열은 해결되어야 했다. 한 가지 제안은 새로운 교황을 선출하기 위해 기존의 두 교황이 모두 물러나는 것이었다. 로마측도 아비뇽측도 이 제안에 찬성하지 않았다. 다른 해결책으로는 하나의 재판소를 세워 각 교황이 그 재판소의 판결에 따르게 하자는 것과, 각 교황을 지지하는 세속 권력들이 동맹관계에서 물러남으로써 새로운 선거를 위한 길을 준비하자는 제안 등이 있었다. 대학들은 고대의 원리, 즉 이단적인 교황의 경우와 같은 비상시에는 일반 공의회가 결정을 내려야 한다는 원리를 선호했고 추진했다.

이와 같은 "고대 교회의 훌륭한 방식"은 분열이 시작되던 시기에 파리 대학의 두 독일인 교수, 랑겐슈타인의 헨리(Henry of Langenstein, d. 1397)와 겔른하우젠의 콘라드(Conrad of Gelnhausen, d. 1390)에 의해 이미 제안되었다. 이러한 해결책을 제안하는 그들의 책들은 당시 새로 설립된 많은 대학들의 다른 교수들의 동의를 받았다.

마침내 1408년 6월, 양쪽 교황의 추기경들이 만났고, 피사(Pisa)에서 일반 공의회를 열기로 결정하였다. 양쪽 교황 모두 참석하도록 초청받았지만 둘 다 거부하였다. 여하튼 피사 공의회(1409년 3월-7월)가 열렸고, 서유럽의 거의 모든 대표자들, 수백 명의 신학자들, 주교들, 추기경들이 참석하였다. 참석자들 중에는 파리 대학의 총장이던 피에르 다이(Pierre d'Ailly)와 그의 후계자 장 게르송(Jean Gerson)과 같이 공의회주의를 대표하는 저명한 학자들이 있었다. 교회의 최고 권한은 공의회에 있다는 그들의 주장이 받아들여졌다. 피사 공의회는 두 교황 모두를 악명 높은 분리주의자이자 이단으로 폐위시키기로 하고, 밀라노의 대주교이자 로마측의 추기경이었던 알렉산더 5세(Alexander V, 1409-10)를 새로운 교황으로 선출하였다. 하지만 폐위된 교황들은 피사 공의회의 타당성을 인정하지 않았다. 그 결과 이제는 세 명의 교황이 존재하게 되었다!

이처럼 불미스러운 상황은 알렉산더 5세가 죽은 후 피사 공의회가, 이전에 군사적인 활동을 하면서 해적 활동에 연루되었다는 평판을 가진 사람을 새로운 교황으로 선출하면서 더욱 악화되었다. 발다사르 코사(Baldassare Cossa)는 교황의 부대를 이끈 성공적인 장군이었으며, 보니파스 9세에 의해 1402년 추기경으로 임명되었고 그 후에는 교황의 특사로 활동하였다. 코사는 요한 23세(John XXIII)라는 칭호를 얻은 후 1410년부터 1415년까지 다스렸는데, 그는 결국 콘스탄스 공의회에 의해 투옥되어 폐위되었다. 콘스탄스 공의회를 조종하려던 노력과 그의 칭호는 약 450년이 지난 후 요한 23세(John XXIII)와 "공개적인" 제 2차 바티칸(Vatican II) 공의회를 통해 복구되었다. 과도한 수단을 사용하지 않았다면, 요한은 로마가 순종하는 교황을 로마로부터 쫓아내고자 했던 자신의 처음 목표를 이룰 수 있었을 것이다. 하지만 이탈리아 중부에서 발생한 정치적 군사적 사건들로 인해 그는 자신의 교황청과 함께 플로렌스에 피신하며 보호자를 찾아야 했다. 그는 독일의 왕이자 훗날(1433) 황제가 된 지기스문트(Sigismund)에게로 향했다.

이미 지기스문트는 피사 공의회가 세운 교황들을 승인했으며, 따라서 그는 요한 23세에게 있어서 자연스러운 도움의 손길이었다. 하지만 지기스문트는 또한 교회의 일치에 큰 관심을 가졌다. 그는 니엠의 디트리히(Dietrich of Niem, 1340-1418)를 비롯한 공의회주의자들의 주장, 즉 교회의 비상시에는 고대 기독교 황제들의 본을 따라 황제가 일반 공의회를 열어야 한다는 주장에 설득되었다. 디트리히는 더 나아가서, 일반 공의회는 교황을 폐위시키고 교회를 개혁하는 권리를 포함하여 완전한 권한을 가진다고 주장했다. 비록 당시에는 아직 황제가 아니었지만 지기스문트는, '일반 공의회가 교황보다 우위에 있으며 필요한 경우 기독교 세계의 제1 군주이자 교회의 수호자인 황제가 공의회를 소집할 의무를 가지고 있다'는 주장에 근거하여 행동하기로 결정하였다. 그는 독일 지역에 위치한 콘스탄스(Constance)에서 공의회가 열리도록 성공적으로 조직하였다.

콘스탄스 공의회(1414-17)는 교황 요한에 의해 1414년에 개최되었다. 이 공의회는 대분열, 이단의 근절, "지도자와 구성원 모두에 있어서" 교회의 개혁, 등 세 가지 쟁점을 가지고 있었다. 지기스문트의 활발한 참여는 많은 대표자들의 참석을 촉진했을 뿐 아니라, 그 공의회의 정당성에 대한 위협도 극복하였다. 1415년 초가 되기까지 이 공의회에는 29명의 추기경, 33명의 대주교, 3명의 총대주교, 300명 이상의 주교, 수많은 수도원장, 신학자, 교회법학자, 통치자들의 대표자 등이 참석하였다. 이 공의회는 공의회주의를 옹호하였으며, 교황의 성직정치(hierocratic) 체계를 물리쳤다.

교황 요한은 콘스탄스 공의회가 로마와 아비뇽의 교황을 폐위시키고 자신을 정당화해 줄 것이라고 기대했다. 하지만 그는 세 명의 교황 모두가 물러나야 한다는 동의가 이 공의회에서 이루어졌다는 사실을 곧 알게 되었다. 요한 자신의 계획은 투표가 개인들에 의해서가 아니라 국가들에 의해서, 즉 각 국가가 한 표를 행사하는 방식으로 진행된다는 공의회의 결정으로 인해 더욱 위태로워졌다. 이러한 절차는 요한이 의지했던 이탈리아 사절단의 수적 우세를 다른 나라와 동등하게 만들어버렸기 때문이다.

국가별로 투표한다는 결정은 공의회의 승인을 얻으려 노력했던 요한의 즉각적인 정치를 뛰어넘는 의미를 가졌다. 그것은 민주화의 사건이었다. 왜냐하면 국가별로 따로따로 의견을 모으는 과정 속에서 이제는 고위 성직자 뿐 아니라 성당과 대학의 대표자, 신학자, 교회법학자, 제후들의 대표자 역시도 목소리를 낼 수 있었기 때문이다. 더 나아가서 대학들은 국가를 하나의 단위로 보는 개념을 제안했는데, 이러한 개념은 교황이 다스리는 보편적인 기독교 세계라는 오래된 개념을 잠식하였으며 이미 발전하고 있던 국가주의(nationalism)에 대한 의식을 더욱 성장시켰다. 이러한 국가주의의 결과로 국가적 교회와 종교개혁이 등장했다.

콘스탄스 공의회가 발표한 유명한 교서 「거룩한 이것들」(Haec sancta, 1415)은 공의회의 권위를 교황의 권위보다 우위에 두었고, 공의회 이론을 교황의 공식적인 가르침으로 규정했다. 일반 공의회의 특성은 정당한 총회로 설명되었다. 일반 공의회는 보편적인 교회를 대표하며, 그 권한은 그리스도로부터 직접 유래하고, 따라서 그 권위는 교황을 포함하여 교회 내에서 직책을 가지고 있는 모든 사람들에게까지 확장된다. 콘스탄스 공의회는 경쟁하는 교황들을 폐위시켰고, 1417년 11월 11일에는 공의회에 참석한 5개국 각각을 대표하는 여섯 명의 대표자와 추기경단에 의해 오도 콜로나 추기경(Cardinal Odo Colonna)이 교황으로 선출되었다. 그는 이 날의 성인을 기념하여 마르틴 5세(Martin V)라는 칭호를 얻었다. 서방교회의 대분열이 끝났다.

공의회의 지시와 후원 없이는 교회의 개혁이 흔들릴 것이라고 염려하여, 콘스탄스 공의회는 1417년에 「충만」(Frequens)이라는 교서를 통과시켰다. 분명한 언어로 이 공의회는 다음과 같이 선언했다.

> [일반 공의회를 자주 개최하는 것이] 주님의 들판을 경작하는 중심 수단이다. 왜냐하면 이러한 공의회가 이단과 오류와 분열이라는 가시나무와 엉겅퀴를 제거하고, 부적절한 개혁과 지나친 남용을 바로잡으며, 주님의 포도원을 풍성하고 비옥한 곳으로 회복시키기 때문이다(Kidd 1941:210-11).

이 교서에 따르면 다음 공의회는 5년 후, 그 다음 공의회는 7년 후, 그 후에는 매 10년마다 "영구적으로" 공의회가 열려야 한다. 이 교서는 교황이 "그 기간을 단축시키는 것은 정당하지만 어떠한 경우라도 공의회의 개최를 미뤄서는 안 된다"고 결론을 맺었다.

마르틴 5세는 1418년 4월에 콘스탄스 공의회를 폐회했다. 하지만 그는 이 공의회를 확증하지도 승인하지도 않았는데, 이것은 대분열의 문제를 해결했다는 큰 안도감 때문에 아마도 거의 알아차리지 못한 생략이었다. 그의 후계자인 유진 6세(Eugene IV, 1431-47)는 1446년에 이 공의회가 교황의 권리와 위엄과 수위권에 반대하지 않는다는 조건으로 그것을 승인했다. 하지만 피우 2세(Pius II, 1458-64)는 자신의 교서 「파문」(Execrabilis, 1460)에서 교황을 뛰어넘어 공의회에 호소하는 일을 이단과 분열의 행위로 간주하며 금지 명령을 내렸다. 이러한 금지령은 훗날 교회 공의회를 통한 교회 개혁을 요구했던 루터에게 적용되었다.

콘스탄스 공의회의 몇몇 단계들은 마르틴 5세와 특정 국가 사이의 특별한 일치를 이루었으며, 이제 최초로 "정교(政敎) 협약"(concordats)이 맺어졌다. 이러한 발전은 보편적인 기독교 세계라는 이상이 독립적인 개별 국가들로 대체되었음을 더욱 보여준다. 이제까지 모든 사람들에 대한 통치를 주장했던 교황권은 이제 계약을 맺은 여러 나라들에게만 구속력을 갖는 것으로 축소되었다. 이것 역시 1세기 후 종교개혁의 상황에서 중요성을 갖게 된다.

콘스탄스 공의회 직후의 상황은 아마도 전투 피로증이라는 용어로 가장 잘 설명될 수 있을 것이다. 오래 지속된 분열과 그것을 해결하기 위해 쏟았던 에너지로 인해 발생한 영적 육체적 불안과 스트레스는 혼란과 불안정을 유산으로 남겼다. 교회는 이제 새로운 전환기에 접어들었다. 오래도록 지속됐던 교황의 성직정치 체제는 아직 기억에서 사라지지 않았으며, 공의회 중심 체제는 여전히 새로운 혁신이었다. 기독교 세계의 개혁과 갱신은 아래로부터 이루어져야 하는가 아니면 위로부터 이루어져야 하는가?

교서 「충만」(Frequens)에 부합하여, 마르틴 5세는 1431년 바젤에서 공의회를 개최했다. 12월이 되기까지 소수의 참석자들만 도착했고, 마르틴은 2월에 죽었다. 그의 후계자 유진 6세는 처음부터 공의회에 반대했으며, 참석자가 적다는 것을 근거로 그리고 그리스인들과의 재결합을 논의하기 위한 적절한 장소는 이탈리아의 도시여야 한다는 것을 이유로 공의회를 해산했다. 유진과 공의회 사이의 적대감은 유진이 동방 교회와의 재결합을 추진하기 위해 공의회 장소를 페라라(Ferrara)로 옮기면서 더 커졌다. 공의회의 소수는 교황의 결정에 동의했다. 하지만 다수는 유진이 폐위되었다고 선언했다. 이에 맞서, 유진은 바젤에 남아 있는 참석자들을 이단 및 분리주의자로 선언했다. 펠릭스 5세(Felix V, 1439-49)가 반(反)-교황으로 선출된 사실은 별 중요성을 갖지 못했는데, 그 이유는 그가 국가들로부터 지지를 받지 못했기 때문이었다.

프랑스인들은 이미 바젤의 23개 교서들을 국가적 법으로 적용하여 "부르쥬(Bourges)의 실용적인 규약"으로 만들었는데(1438년 7월 7일), 이는 교황보다 프랑스 국가 교회를 우위에 두는 더 오래된 주장을 지지했다. 소위 프랑스 교회의 자유(libertés de l'Eglise gallicane)라는 표현에서 유래한 이러한 "프랑스주의"(Gallicanism, 혹은 갈리칸주의)는 제1차 바티칸 공의회(1869-70)에서 교황 무오성을 정의할 때까지 프랑스 교회의 자율성을 계속해서 주장했다.

반면, 바젤 공의회의 핵심적인 대변인들이 바젤 진영을 버리고 오히려 자신들이 강하게 공격했던 교황의 진영으로 전향하면서 이 공의회의 권위는 약해졌다. 이들 중 공의회의 서기를 맡았던 한 사람은 훗날 피우스 2세로 선출되었고, 공의회주의를 강력하게 반대하게 된다. 한때 공의회주의자였던 이들은 이제 통치자들의 대표자들이 공의회 운동 안에서 보았던 것을 감지했다. 즉, 통치를 받는 자들이 교황 뿐 아니라 왕과 군주들의 주인 행세를 할 것이라는 위험을 감지한 것이다.

교황의 권위가 여러 통치자들 중 한 사람의 지위로 떨어졌기 때문에, 다른 군주들 사이에서 공의회주의는 양날의 칼과 같다는 인식이 떠오르기 시작했다. 교황권을 억제하기 위해 발전되었던 수단이 오히려 자신들을 대적하는 무기가 될 수 있다는 사실을 깨닫게 되면서, 통치자들은 폭동과 무정부 상태를 우려했다. 따라서 이제 교황과 군주들은 서로 간에 정교(政敎)협약을 맺기로 결론 내렸다. 민주주의의 가능성을 우려한 가운데, 교황을 포함한 모든 신정(神政, theocratic) 군주들이 상호 보존을 위한 협력을 추구하게 된 것이다. 이에 따라 펠릭스 5세는 최후의 반(反)-교황이었으며, 그의 역할은 미미했다. 왜냐하면 군주들은 그를 지지함으로써 얻는 단기간의 유익보다는 그로 인해

제2장 중세 후기: 종교개혁의 시초 및 발판   91

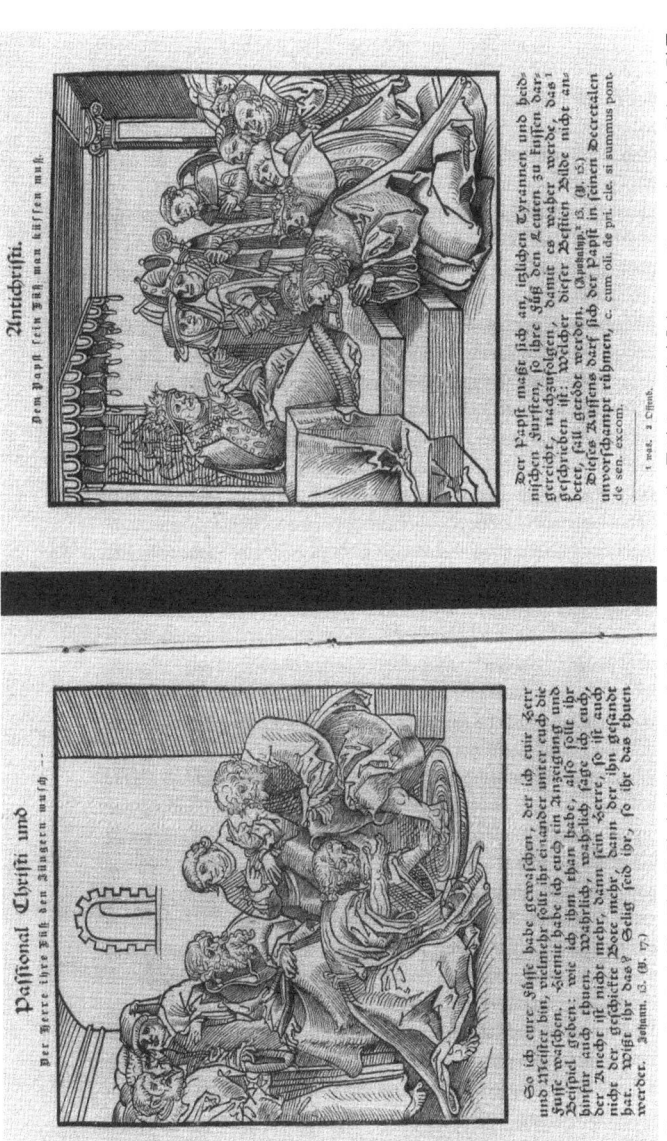

그림 2.4 "그리스도와 적그리스도의 수난"(Passional Christi et Antichristi). 루카스 크라나흐(Lucas Cranach the Elder) 작품. 제자들의 발을 씻는 예수의 모습과 자신의 발에 입맞추도록 요구하는 교황의 모습이 대조되어 있다. 이 대조는 1870년대에 빌헬름 황제(Kaiser Wilhelm)와 교황 피우 9세(Pius IX) 사이에서 일어난 문화투쟁(Kulturkampf) 기간에 다시 사용되었다.
자료 출처 : ⓒ British Museum

발생하는 장기간의 손실이 더 크다고 보았기 때문이다.

공의회주의의 도전을 극복하고 이탈리아에 있는 교회의 재산을 확고히 하려는 교황의 노력은 교회의 철저한 개혁을 외치던 목소리로부터 힘과 관심을 분산시켰다. 한 세기가 지나기도 전에 이러한 외침은 종교개혁의 거대한 고함으로 발전하였으며, 그 결과 기독교 세계라는 이상의 마지막 흔적들과 그리스도인들의 보편적인 지도자가 되려 했던 교황의 노력들은 사라져 버렸다. 종교개혁의 고함에는 여러 불협화음도 포함되었다. 가난과 이익 경제 및 도시의 성장에 대한 스트레스로 소외된 사람들, 기근과 전염병 및 전쟁의 공포로 두려워하던 사람들, 위클리프와 후스의 갱신 운동이 좌절된 것에 분노하던 사람들, 르네상스의 개인주의에 매혹된 사람들, 이 모두가 함께 소리를 질렀다. 모든 것이 합쳐진 결과, 중세가 막을 내릴 즈음 자신들의 기독교 세계를 지탱하던 외형적인 후원이 흔들림에 따라, 사람들은 어떠한 방식으로든 스스로를 의지해야 했다. "서방 교회의 분열, 그리고 피사와 콘스탄스로부터 바젤에 이르기까지 잇따른 해결책들의 실패로 인하여…실존의 거룩한 기초에 대한 의심이 전례 없을 정도로 제기되었다"(Oberman 1973:17).

이러한 위기가 얼마나 컸는지를 이해하는 실마리는 중세 사회 전체가 신국(神國, City of God)이라는 어거스틴의 비전을 이루기 위해 애썼다는 사실에 존재한다. 이러한 비전 안에서 교회는 하나님의 뜻에 복종된 모든 인간 사회를 에워쌌다. 교회는 믿을 수 없고 위태한 삶의 바다에서 구원의 방주로 존재했던 것이다. "하나님의 세상 안에서의 위치와 목적을 사람들에게 분명하게 제공한 것은 바로 교회의 회원자격이었다. 교회는 여럿 중 하나에 속하는 국가가 아니라 유일한 국가였으며, 여럿 중 하나에 속하는 사회가 아니라 유일한 사회-인간의 완벽한 사회(societas perfecta)였다"(Southern 1970:22).

사회학적인 관점은 이러한 위기의 깊이를 이해하는 데 도움을 주었다. 『거룩한 덮개』(The Sacred Canopy)에서 피터 버거(Peter Berger, 1969:28)는 모든 인간 사회가 지속적으로 그 자체를 위한 의미 있는 세계를 형성해 간다고 주장한다. 개인적인 삶과 사회적인 삶이 불안정해질 때, 사회는 혼동과 무질서와 무의미와 허무의 공포로부터 스스로를 보호하려고 노력하며 삶의 주변적인 상황들을 다룰 수 있는 의미를 만들어 낸다. 개인적이고 문화적인 붕괴의 가능성을 지속적으로 직면하면서, 언제나 인류는 세상 안에서 사회적 구조를 세웠으며 이를 통해 제도에 존재론적인 지위를 부여하였다. "달리 말해서, 종교는 세상이 인간의 관점에서 의미가 있다는 사실을 인식하기 위한 대담한 노력이다."

이러한 이론들의 관점에서 볼 때, 교황 보니파스 8세가 프랑스 왕 필립(Philip)을 복종시키려 했던 유명한 노력은-비록 그러한 측면이 없지는 않았지만-정치적인 힘을 과시하려는 것 이상이었다. 「유일한 거룩」(Unam sanctuam, 1302)이 주장하는 높은 교황론(papology)은 "새로운 것이 아니다. 그것은 그와 같은 존재의 위계질서가 가지는 정치적 결과에 대한 좋은 요약이다. 이 존재의 위계질서에 따르면, 세상의 평화와 공의는 거룩한 것으로부터, 즉 성례와 교회의 통치를 통한 성화 및 정당화로부터 유래한다"(Oberman 1973:27). 중세 사회에 있어서 교회는 "신적인 질서를 인간적인 질서로 옮기며, 신적인 법을 긍정적인 법률 조항으로 실행하는 대리인"이었다(Wilks 1963:163-4).

다시 말해서, 인간의 기관과 가치는 그것들이 하나님의 생각으로부터 비롯된다는 점에서 존재론적인 타당성을 갖는 것이다. 보다 간결하게 표현하면, "궁극적으로 종교의 힘은, 죽음 앞에서 혹은 보다 정확하게는 죽음을 향해 필연적으로 걸어가는 가운데 인간이 부여해 놓은 대의(大義)의 신뢰성에 달려 있다"(Berger 1969:51). 종교개혁 전야에 이러한 대의의 신뢰성은 전례가 없을 정도로 많은 의심을 받았나.

7. 반(反)-성직주의와 르네상스 교황

중세 후기 기독교의 대의에 대한 의심은 교리에 관한 것이 아니라, 교리를 가르치는 사람들의 삶에 관한 것이었다. "반(反)-성직주의"(anticlericalism)라는 용어는, 비록 그것이 19세기에 만들어진 것이기는 하지만, 예수와 사도들 그리고 성직자들 사이에 나타난 간격을 비난하는 유용한 표현으로, 당시에 널리 퍼진 언어적, 문학적, 신체적 비판을 잘 드러내 준다.

르네상스 교황(Renaissance papacy)의 개인적인 특성들은 문제를 해결하기보다는 오히려 더 많은 문제를 만들어냈다. 날카롭고 거친 생각을 가지고, 그들은 교황의 권위를 제한하려는 공의회 운동을 부수기 시작했다. 그들의 노력이 성공했다는 증거는, 트렌트 공의회(Trent, 1545-63)를 제외하면 제1차 바티칸 공의회(1869-70) 때까지 그 어떤 공의회도 열리지 않았다는 사실에서 나타난다. 교황의 수위권과 무오성을 선언한 제1차 바티칸 공의회는 콘스탄스 공의회에 대한 최종적인 답변이었다.

물론 중세 후기의 사람들은 그렇게 멀리까지 내다볼 수 없었다. 그들은 단지 천상의 도시로 양떼를 이끌어가는 목자에 대한 성경적인 이미지와 지상의 도시를 진전시키기 위해 양떼를 착취하는 일련의 르네상스 교황들 사이에 존재하는 큰 간격을 보았을 뿐이다. 교황청은 이탈리아 르네상스의 궁전이 되었으며, 점점 더 교황은 보편적이고 목회적이기보다는 지역적이고 자기중심적인 문제와 관심사를 가진 한 사람의 이탈리아 군주로만 여겨졌다. 특히 악명 높았던 두 명의 교황, 1492년부터 교황이었던 알렉산더 6세(Alexander VI, 1431-1503)와 1503년 이후 교황이었던 율리우스 2세(Julius II, 1443-1513)의 모습은 당시 교황청이 얼마나 깊은 바닥으로까지 내려갔는지를 보여준다.

스페인 출신의 로드리고 보르쟈(Rodrigo Borgia)는 자신의 삼촌인 교황 칼리스투스 3세(Callistus III)에 의해 1456년 추기경이 되었고, 주로 뇌물을 통하여 교황의 자리를 얻었다. 처음부터 친척 등용(nepotism)과 성직매매에 뿌리를 내렸다는 점에서 볼 때, 알렉산더 6세의 통치가 지속적인 가족 문제와 재정적인 관심사에 의해 결정되었다는 점은 놀랍지 않다. 그는 "아버지"(father)라는 칭호가 "거룩한"(holy)이라는 수식어 없이 문자 그대로 적용될 수 있는 교황이었다. 그는 많은 첩들 사이에서 알려진 것으로만 8명의 자녀를 낳았으며, 그들 중 가장 유명한 자녀는 체사레 보르쟈(Cesare Borgia)와 루크레치아 보르쟈(Lucrezia Borgia)였다. 체사레 보르쟈는 자신의 아버지의 군대 지도자로서 완전한 복종을 잔인하게 요구한 것으로 인해, 또 비도덕적이고 살인을 저지르며 아마도 그의 형제를 암살했던 것으로 인해 악명 높다. 그는 니콜로 마키아벨리(Niccolò Machiavelli)가 『군주론』(The Prince, 1513)에서 모델로 삼은 것으로 알려진 인물이다. 루크레치아는 야심에 찬 정치적 결혼을 여러 차례 행함으로써 자신의 아버지의 계획을 도왔으며, 바티칸 궁전에서 벌어진 화려한 결혼 파티로 유명했다. 그녀의 남편들 중 하나는 그녀의 오빠인 체사레의 명령으로 살해당했다. 군대의 출정을 위하여 잠시 로마를 비웠을 때, 알렉산더는 자신의 딸을 교황청의 섭정으로 임명하기도 했다.

알렉산더 자신이 아마도 중독적인 난잡한 성관계와 음모에 개입한 것으로 인해 보르쟈(Borgia)라는 이름은 부패의 동의어가 되었다. 그는 당시에 영향력 있고 불같았던 도미니크 수도회의 설교자 지롤라모 사보나롤라(Girolamo Savonarola, 1452-98)로부터 강한 비난을 받았다. 알렉산더는 사보나롤라에게 추기경 자리를 제시하면서 자신에 대한 공격을 멈추도록 설득하려 하였지만, 이 계획이 성공하지 못하자 그에 대한 핍박을 시작했고 사보나롤라가 플로렌스에서 처형당하는 일에 적어도 부분적으로나마 관여했다. 교황의 통치를 강화하려는 알렉산더의 정치적 노력은 프랑스로 하여금 북부 이탈리아에 개입하도록 부추겼으며, 이로 인해 이탈리아는 국제적인 충돌의 중심지가 되었다.

역설적이게도, 알렉산더의 세속적인 삶은 또한 위대한 예술가들을 후원하기도 했다. 로마를 방문하는 사람들은 그들이 남겨놓은 예술적 유산을 여전히 즐길 수 있을 것이다. 하지만 당시의 냉소가들은 교회를 구원의 방주로 묘사한 전통적인 이미지를 이용하여 교회를 화장실이 없는 지저분한 노아의 방주에 비유하였다. 그 당시 일반적인 견해에 따르면, 어떤 사람이 로마에 더 가까이 갈수록 더 나쁜 그리스도인이 되며, 로마에서는 모든 것이 판매되고 있었다. 르네상스 교황들의 야심과 탐욕은 로마(ROMA)라는 단어의 첫 글자를 따서 만들어진 "탐욕은 모든 악의 근원이다"(Radix Omnia Malorum Avaritia)라는 문구를 통해 표현되었다.

율리우스 2세는 라파엘로(Raphael), 미켈란젤로(Michelangelo), 브라만테(Bramante) 등을 후원하며 예술의 후견인 역할을 계속했다. 성 베드로(St. Peter) 성당을 재건하고자 한 그의 열심은 면죄부의 판매로 이어졌고, 이로 인해 훗날 마르틴 루터는 "95개조 반박문"(Ninety-Five Theses)을 발표하게 되었다. 하지만 당시에 율리우스를 유명하게 만든 기술은 전쟁술이었다. 라파엘로는 무장하고 말에 탄 율리우스를 그렸다. 율리우스는 교황의 국가들을 통제하며 모든 외국인들을 이탈리아로부터 쫓아내기 위해 보르쟈의 정치적이고 군사적인 노력을 계속했다. 그 자신이 친히 강력한 부대를 이끌었으며, 이로 인해 그는 무서운 사람(terribilita)으로 알려졌다. 그의 통치의 많은 부분은 전쟁으로 특징 지워졌으며, 이로 인해 점점 더 많은 평신도들은 이 교황이 평화의 왕(Prince of Peace)과 어떤 관계가 있는지를 경멸하며 궁금해 했다.

율리우스가 승전군을 이끌고 볼로냐(Bologna)에 입성한 장면을 목격했던 위대한 인문주의자 에라스무스(Erasmus, 1469-1536)는 분노하며 비판했고, 자신의 책 『우신예찬』(The Praise of Folly, 1511), 『평화의 불평』(The Complaint of Peace, 1517), 『제외된 율리우스』(Julius Exclusus, 1517) 등에서 율리우스를 풍자했다. 대화의 형태로 이루어진 『제외된 율리우스』는 유럽 전역에 빠르게 퍼져나갔는데, 이 작품에서 율리우스는 죽음 후 천국 문 앞에 이르게 된다. 모든 위협과 과장에도 불구하고, 율리우스는 천국에 들어갈 수가 없다. 베드로가 자신을 교황으로 알아볼 것이라고 주장한 율리우스를 향하여 베드로는 다음과 같이 말한다.

> 내가 보는 이 사람은 그리스도의 옆에, 사실은 그리스도와 동등한 존재로 간주되고 싶어 한다. 너는 너 자신의 악행은 말할 것도 없고 돈, 권력, 군대, 전쟁, 동맹 등 모든 추악한 일에 파묻혀 있다. 하지만 이처럼 그리스도로부터 가능한 멀리 떨어져 살면서도, 너는 너 자신의 오만한 목적을 위해 그리스도의 이름을 잘못 사용한다. 세상을 경멸하셨던 그분의 이름을 빙자하여, 너는 세상의 폭군으로 행동한다. 그리고 그리스도의 진정한 원수임에도 불구하고, 너는 그분께 돌려야 할 명예를 취한다. 너는 다른 사람들을 축복하지만, 너 자신은 저주를 받았다. 다른 사람들에게는 천국을 열어주지만, 너 자신에게는 그 문이 닫혀 있다. 너는 축성(祝聖)을 하지만, 너 자신은 저주되었다. 너는 다른 사람을 파문하면서도, 성도들과는 어떠한 교제도 하지 않는다(Erasmus 1968:87-8).

종교개혁 전야에, 사람들의 질문은 '교회가 개혁되어야 하는가'가 아니라 '언제 개혁될 것인가'였다. 율리우스 2세의 후계자는 유명한 플로렌스의 정치적 은행 가문인 메디치(Medici) 가(家)의 아들이었다. 그는 레오 10세(Leo X, 1513-21)의 칭호를 얻었으며, 종교개혁 초창기 기간 동안 교황의 자리에 있었다. 그는 자신의 통치를 시작하면서 "이제 하나님께서 우리에게 교황청을 주셨으니, 다같이 그것을 즐기자"라고 말했다고 알려지는데, 이 말은 당시에 널리 퍼져 있던 교회의 개혁을 향한 갈망에 그가 얼마나 잘 준비되었는지를 보여준다.

Suggestions for Further Reading

Andrew Cunningham and Ole Peter Grell, *The Four Horsemen of the Apocalypse: Religion, War, Famine and Death in Reformation Europe*. Cambridge: Cambridge University Press, 2000.
A. G. Dickens, *The German Nation and Martin Luther*. New York: Harper & Row, 1974.
Eamon Duffy, *Saints & Sinners. A History of the Popes*. New Haven: Yale University Press, 1997.
Peter A. Dykema and Heiko A. Oberman, eds, *Anticlericalism in Late Medieval and Early Modern Europe*. Leiden: E. J. Brill, 1993.
Mark U. Edwards, Jr, *Printing, Propaganda and Martin Luther*. Berkeley: University of California Press, 1994.
Johan Huizinga, *The Waning of the Middle Ages: A Study of the Forms of life, Thought and Art in France and the Netherlands in the Dawn of the Renaissance*. Garden City: Doubleday Anchor, 1956.
Jacques Le Goff, *Medieval Civilization 400–1500*. Oxford: Blackwell, 1988.
Bernd Moeller, *Imperial Cities and the Reformation: Three Essays*, ed. and tr. H. C. Erik Midelfort and Mark U. Edwards, Jr. Durham: Labyrinth, 1982.
Heiko A. Oberman, ed., *Forerunners of the Reformation: The Shape of Late Medieval Thought Illustrated by Key Documents*. New York: Holt, Rinehart and Winston, 1966.
Steven Ozment, ed., *The Reformation in Medieval Perspective*. Chicago: Quadrangle, 1971.
Steven Ozment, *The Reformation in the Cities: The Appeal of Protestantism to Sixteenth-Century Germany and Switzerland*. New Haven: Yale University Press, 1975.
Andrew Pettegree, "Books, Pamphlets and Polemic," in Pettegree 2000: 109–26.
R. W. Scribner, *For the Sake of Simple Folk: Popular Propaganda for the German Reformation*. Cambridge: Cambridge University Press, 1981.
R. W. Southern, *Western Society and the Church in the Middle Ages*. Baltimore: Penguin, 1970.

Electronic resources

Dance of Death images: http://commons.wikimedia.org/wiki/Category:Totentanz_blockbook http://www.dodedans.com/Epest.htm

THE EUROPEAN REFORMATIONS

Martin Luther
1483년 11월 10일~1546년 2월 18일

제3장

새로운 시대의 시작
(The Dawn of a New Era)

> 한 사람이 신학자가 되는 것은 읽고 이해하고 추론하는 활동을 통해서가 아니라 삶을 통해서 그리고 진실로 죽음과 저주를 통해서 이루어진다.
>
> 마르틴 루터

자신에게 주어진 교황청을 즐기려고 준비하는 동안 레오 10세는, 이 교황청이 1505년에 번개(lightning bolt) 앞에서 벌벌 떨었던 한 젊은 학생이 시작한 개혁 운동의 피뢰침(lightning rod)이 될 거라는 사실을 알지 못했다. 마르틴 루터로 하여금 수도사가 되게 만든 천둥번개는 조만간 중세 후기 유럽을 뿌리까지 뒤흔들어 서방 기독교를 영구적으로 바꾸어 놓을 폭풍에 대한 전조에 불과했다. 중세 후기의 하늘을 가로질렀던 섬광들은 다가올 폭풍의 강력함을 이미 보여주었으며, 이 폭풍은 종교개혁 전야에 최고로 충전되었다. 이제 갑작스럽고 재빠르게 쏟아진 번갯불이 종교개혁의 새벽을 밝혔다. 자신의 구원에 대한 개인적인 불안감을 해결하고 자신의 교구민들에 대한 목회적 관심을 가졌던 루터를 통해, 위기의 구름들이 유럽에 쏟아졌다.

1. 마르틴 루터(1483-1546)

　루터는 상승해 가는 집안에서 태어났다. 그의 할아버지는 소작농이었지만, 야심 많고 확고한 그의 아버지는 광산 산업에서 성공하여 작은 고용주의 지위에 올랐다. 루터는 자신의 집안에서 처음으로 정식 교육을 받아 대학 교수가 된 인물이었다. 인상적인 점은 멜랑히톤, 츠빙글리, 부처, 칼빈 등 다른 주요 종교개혁가들 역시 비슷한 배경 출신이라는 사실이다.

　아버지의 광산 산업이 성공함에 따라, 루터의 젊은 시절의 환경은 점점 좋아졌다. 광물 제련 전문가였던 한스 루터(Hans Luther)는 마르틴에게 대학 교육을 제공할 수 있을 정도로 충분한 수입을 얻었다. 마르틴 루터가 결혼한 후, 그의 군주는 그에게 비텐베르그에 있는 어거스틴수도회의 수도원을 거처로 제공했다. 루터와 그의 가족들은 중세 시대 주된 음식이었던 빵뿐 아니라 고기와 생선과 과일도 가졌으며, 루터의 아내는-그의 설명에 따르면-가장 훌륭한 맥주를 만들었다.

　루터가 젊은 시절 경험했던 교육 체계는 효과적이었음에 틀림없다. 비록 그는 그것이 전혀 도움이 되지 않는다고 생각했지만 말이다. 학생들은 문자 그대로 매를 맞으면서 지식을 습득했다. 루터는 아마도 7살에 처음으로 학교에 입학했던 것으로 보인다. 훗날의 연구에 기초가 되었던 라틴어를 배우는 과정에 있어서, 루터는 강압과 조롱을 통해 라틴어 지식을 습득했다. 준비를 못해 온 학생들은 당나귀 탈을 써야 했으며 바보라고 불렸다. 수업 시간에 라틴어가 아닌 독일어를 쓰는 학생은 매를 맞았다. 루터가 좋아했던 과목인 음악수업조차도 학생들을 교회 성가대로 훈련시킨다는 실용주의적인 방식으로 이루어졌다. 요컨대, 아이들에 대한 교육은 기껏해야 지루하고 야만적이었다. 훗날 루터는 자신이 라틴어 문법표를 암기하지 못한 것 때문에 회초리로 열다섯 대를 맞은 적도 있었다고 회상했다.

　라틴어를 배운 학생들은 상급 교육을 계속할 수 있었다. 14살 때 루터는 마그데부르그(Magdeburg)로 갔고, 이곳에서 공동생활 형제단(Brethren of the Common Life)이라는 경건한 평신도 종교 기관이 운영하는 학교를 다녔다. 그 후 그는 아이제나흐(Eisenach)에서 공부를 계속했다. 모든 학생들은 말 그대로 저녁 식사를 위해 노래했는데, 수업이 끝나면 그들은 어린이 합창단으로 거리를 돌아다니며 음식을 구걸했다. 아이제나흐 학교에서의 공부를 마칠 무렵, 운 좋게도 루터는 자신의 재능을 알아보고 후원해주는 선생님들을 만났다. 그들은 루터에게 라틴어 고전과 역사를 소개해 주었으며, 이것은 루터에게 평생 지속될 깊은 인상과 큰 즐거움을 주었다. 훗날 루터는 이솝(Aesop) 우화를 독일어로 옮겼으며, 모든 사람들이 고전과 역사를 배워야 한다고 역설했다. 하지만, 보통 사람들로 하여금 의학이나 법률이나 교회 등의 분야에서 경력을 쌓을 수 있도록 문을 열어주는 것은 대학 교육이었다. 한 세대 후 칼빈의 아버지가 그러했듯이, 루터의 아버지 역시 마르틴이 대학에 진학하고 법률가가 됨으로써 가정의 지위와 부를 높여 주기를 기대했다. 이에 따라 루터는 에어푸르트(Erfurt) 대학에 입학하여, 문학사 학위와 문학 석사 학위를 취득했다.

중세의 대학은 인문학부와 의학, 법률, 신학 등 세 가지의 직업 학부로 구성되었다. 수업을 가르치는 언어는 라틴어였으며, 학생들은 유일한 권위였던 아리스토텔레스와 그의 논리학 작품들에 특별히 집중하면서 본문을 깊이 연구하며 주석하는 훈련을 받았다.

이러한 과정에 있어 핵심이 되었던 논쟁(disputations) 및 논박은 지적인 기술을 드러내게 해 주었을 뿐 아니라, 진리를 탐구하는 데에도 도움이 되었다. 논쟁자는 논제(theses)의 형태로 자신의 입장에 대한 증거를 제시했으며, 이를 반박하는 사람은 자신의 입장을 뒷받침하는 반대 증거를 제시했다. 모든 교수는 이것이 어떻게 이루어졌는지를 보여주는 공개적인 논쟁을 의무적으로 수행해야 했으며, 교수와 학생들 모두가 특정한 주제에 대해 매주 열리는 논쟁에 참여해야 했다. 논쟁은 학생들에게 논리적 사고를 가르쳤다. 교사는 학생에게 일련의 논제들을 할당하였고, 그러면 학생은 논리의 규칙에 따라 그 논제들을 변호했다. 이것은 또한 학위를 받기 전 그 학생을 마지막으로 검사하는 형태이기도 했다. 오늘날 박사 과정 학생들이 최종적인 구두시험을 통하여 자신의 논문이나 주장을 변호하는 형태는 중세 대학에서 일반적이었던 엄격한 학문적 훈련을 희미하게나마 보여준다. 이러한 논쟁은 루터가 "95개조 반박문"을 비롯하여 다른 많은 종교개혁 저술들을 남기면서 사용했던 방식이었다. 이러한 점에서 볼 때, 종교개혁은 대학 내에서 시작된 운동이었다.
   대학 내로부터의 운동이었기 때문에, 종교개혁은 인문주의로 알려진 접근방법을 통해 큰 유익을 얻었다. 인문주의는 고대의 자료를 비판적이고 지적으로 회복한 후 그것을 교육과 교회와 사회 전체에 적용하고자 힘썼다. 개혁의 참여자로서 인문주의가 가졌던 중요성에 대해서 베른트 묄러(Bernd Moeller, 1982:36)는 "인문주의가 없었다면 종교개혁도 없었다"라고 간결하게 표현했다. 인문주의를 위한 자료와 규범에는 성경과 교부들의 글이 포함되어 있었는데, 헬라어와 히브리어와 라틴어에 대한 지식의 발전으로 인해 이제 이 작품들을 새롭게 읽을 수 있었다. 보름스 칙령(edict of Worms, 1521)이 발표기 전까지 인문주의자들이 루터를 "우리의 마르틴"이라고 널리 인정했다는 사실은, 인문주의자들이 루터를 자신들의 공동의 적, 즉 종교와 권력을 학문적이고 교회적으로 남용하는 현실에 반대했던 새로운 학문의 유능한 대표자로 보았다는 점을 보여준다(Grane 1994).
   루터가 법학을 공부하다가 수도원의 삶으로 바꾸어 신학을 공부하게 되는 일은 그 당시의 경건이라는 배경에서 발생했다. 2장에서 살펴본 바와 같이, 중세 후기는 물리적인 어려움 뿐 아니라 급격한 사회적 변화로 인해 전통적인 가치와 진리들이 의심되던 위기와 불안의 시기였다. 교회는 사람들로 하여금 자신들의 구원에 대해 확신하지 못하며 그에 따라 교회의 중보에 더 의존하도록 만드는 종류의 목회적 돌봄을 제공했고, 이로 인해 이러한 불안은 더 심해졌다. 천상의 도시를 향한 그리스도인들의 순례는 두려움과 소망 사이를 적절히 오가는 행동이었다. 중세 시대의 성당과 교회를 방문한 사람들이라면 그리스도께서 심판의 보좌에 앉아 계시되 그 입으로 한쪽으로는 칼을 다른 한 쪽으로는 백합을 물고 계시는 모습을 여전히 볼 수 있을 것이다. 백합은 천국을 향한 부활을 나타냈다. 하지만 대부분의 사람들에게 더 생생하게 다가온 이미지는 영원한 고통을 상징하는 심판의 칼이었다. 비텐베르그 교구의 교회 뜰에 있는 조각상은 무지개 위에 앉아서 "은혜를 베푸시는" 그리스도를 이러한 일반적인 방식으로 묘사했는데, 이것이 너무 두려운 모습이어서 루터는 그 조각상을 보지 않았다.
   매일의 일상에서 어느 곳에서나 중세 사람들은 그들에게 영원을 떠올리며

제3장 새로운 시대의 시작   103

그림 3.1 무지개 위에 심판자로 앉아 계시는 그리스도. 1400년 경, 비텐베르그 교구 교회에서 만들어진 부조 작품. 1955년에 교회 내부로 이동하였다. 검의 이미지는 이사야 49:2("내 입을 날카로운 칼같이 만드시고")과 요한계시록 1:16("그의 입에서 좌우에 날선 검이 나오고")을 나타낸다.

자료 출처 : Foto Kirsch, Lutherhalle, Wittenberg

어떻게 해서 영원을 얻을 수 있는지를 상기시키는 성상(聖像, images)들로 둘러싸여 있었다. 중세 초기의 교황 그레고리 1세(Gregory the Great, d. 604)는 "성상은 평신도를 위한 책"이라고 말했다. 중세 교회는 성경과 성인들의 삶을 돌과 스테인드글라스와 나무에 새겨놓았다. 중세인들은 삶을 거룩한 영역과 세속적인 영역으로 구분해 놓지 않았다. 따라서 "평신도를 위한 책"은 마을의 우물이나 마을 회관에서도 볼 수 있었으며, 출입구에 새겨져 있거나 가정이나 공공건물의 벽에 그려져 있었다. 사람들이 걸어 다니고, 일하며, 뉴스나 소문을 듣기 위해 모여 있는 곳 어디에서나, 그들은 자신들의 근원에 대해서 그리고 천국 아니면 지옥 둘 중 하나인 그들의 종착지에 대해서 상기시켜 주는 종교적 기념물들을 접했다.

지옥은 선호되는 곳이 아니었기 때문에, 교회와 신학자들은 사람들로 하여금 지옥을 피하게 하는 전체적인 관례와 훈련들을 발전시켰다. 역설적이게도, 불안정한 세상에서 안정을 제공하려고 시도하는 가운데, 교회는 인간의 불안을 심화시켰던 새로운 도시와 경제적 발전들을 일반적으로 반영했다. 소망과 두려움 사이에서 개인들은 보상(報償)적인 예배(quid pro quo services)라는 전체 체계를 통하여 자신의 목표를 성취해야 했는데, 이는 이익 경제가 발전하는 과정 속에서 도시인들이 흡수했던 새로운 계산 정신과 유사한 것이었다. 전체적으로 봤을 때, 중세 말 기독교 세계는 그 당시의 새로운 기업 정신과 비슷하게 행동-지향적인 모습을 띠었다.

중세 후기의 신학과 목회가 안정을 제공하려고 할수록, 불안정한 세상은 오히려 구원에 대해 더 불안해지고 더 불확실해졌다. 구원에 대한 이같은 불확실을 초래한 핵심적인 스콜라주의 개념 중 하나는 '당신 안에 있는 것을 행하라(facere quod in se est), 혹은 당신의 최선을 다하라'라는 구절로 표현된다. 다시 말해서, 자신이 가지고 있는 최선의 능력을 다하여 하나님을 사랑하려고 애쓰는 일은-비록 그것이 아무리 작다 할지라도-하나님으로 하여금 그 노력에 대한 보상으로 훨씬 더 나아지게 도와주는 은혜를 내리시도록 촉구할 것이다. 천상의 도시를 향한 그리스도인의 순례의 삶은 점점 더, 단순히 신학적으로가 아니라 문자 그대로, 구원의 경제(economy of salvation)로 인식되었다.

앞에서 언급한 바와 같이, 이러한 "구원의 수학"은 하나님의 보상을 이끌어내기 위해 가능한 많은 선행을 행하는 것으로 집중되었다. 초창기 자본주의에서와 마찬가지로 종교에서도, 계약된 행위가 보상을 이끌어내는 공로가 되었다. 개인들은 하나님께서 규정하신 한계 내에서 그리고 그 한계에 근거하여 자신의 삶과 사회와 세상에 대하여 책임을 졌다. 목회적인 돌봄의 목표는 인간으로 하여금 구원의 과정에 참여케 함으로써 안정의 수단을 제공하는 것이었다. 그러나 이러한 신학은 오히려 위기를 심화시켰다. 왜냐하면 그것은 사람들로 하여금 자신들만의 자원을 의지하도록 되돌려 놓았기 때문이다. 다시 말해서, 아무리 은혜가 그들의 선한 행위를 도와준다고 할지라도, 선한 행위를 증명해야 할 부담은 사람들 자신에게 되돌아 왔으며, 사람들은 '내가 최선을 다했는지 그렇지 않은지를 어떻게 알 수 있는가'에 대해서 점점 더 예민하게 질문하기 시작했다.

그럼에도 불구하고, 대부분의 사람들은 그들이 구원을 추구하면서 받았던 도움들에 감사했다. 성인들의 유골 및 다른 유물들은 열광적으로 수집되었다. 그것들은 심판을 연옥으로 감소시키는 데 효력이 있다는 확신으로 인해 더욱 숭배되었다. 이에 따라 비텐베르그 성(城) 교회는 모든 성인들에게 봉헌되었다. 그리고 루터의 군주였던 지혜자 프리드리히(Frederick the Wise)는 그 교회 안에 그 지역에서 가장 많은 유물들을 모아 놓았다. 여기에는 19,000개의 유물들이 있었는데, 이는 1,900,000일의 면죄부에 해당하는 양이었다. 숫자에 대한 이러한 경건한 흥분은 미사가 열린 횟수에도 여실히 나타났다. 1517년에 비텐베르그 성 교회에서는 9,000번 이상의 미사가 드려졌고 40,932개의 촛불이 소모되었다. 이는 7,000 파운드의 무게이자 1,112굴덴(gulden)의 가치에 해당하는 양이었다(Brecht 1985:118). 프리드리히가 수집한 유물에는 불타는 떨기나무 한 조각, 불타는 용광로에서 나온 숯, 마리아의 젖, 예수님이 어렸을 때 누우셨던 유아용 침대 한 부분 등이 들어 있었으며, 그는 비싼 값을 치르고 이러한 보물들을 모아서 값비싼 용기 안에 화려하게 진열해 놓았다(Hillerbrand 1964:47-9). 루터의 동시대인이었던 알브레히트(Albrecht) 추기경은 자신이 수집해 놓은 유물이 39,245,120일의 면죄부에 해당하는 가치라고 믿었다(Swanson 1995:217-25).

면죄부 장사가 특별하게 성공했던 요인에는 신자들의 갈망만큼이나 교회의 재정적 관심이 있었다. 이것이 놀랍게 느껴진다면, 오늘날 대중매체의 복음전도자들이 하나님을 조종하고 불안을 정복하고자 원하는 현대인들의 갈망을 채워주겠다고 약속하면서 유사한 호소와 성공을 이루는 모습을 생각해 보라.

중세 후기 기독교 세계는 "신적인 것에 대한 엄청난 욕구"를 가지고 있던 것으로 묘사되어 왔다. 때때로 학자들은 중세 후기에 그토록 크게 대중적인 경건이 상승한 사실에 대해 의아해 했다. 중세 후기만큼 많은 종교적 축일과 행렬을 기념하고, 또 그토록 온 마음을 다해 교회 건축에 힘썼던 시기는 찾아볼 수 없다. 대개 성찬과 연관하여 기적으로 인식된 몇몇 현상들로 인해 수많은 성지순례가 산불처럼 활발히 일어났다. 이러한 경건의 어두운 측면은 마녀로 생각된 사람들이나 유대인들에 대한 집단적인 공격으로 폭발했다. 유럽 어디에서나 기적들이 늘어나는 것처럼 보였다. 성인들에 대한 숭배는 절정에 이르러 그 형태가 바뀌었다. 성인들은 실물 크기로 그려졌고, 개인화되었으며, 당시의 옷에도 표현되었다. 성인들은 이제 사회의 배치와 연결되었으며, 모든 인간적인 긴급 상황에 대한 수호자가 되었다. 아이들에게 성인들의 이름을 붙여주는 관습이 너무 확산되어 전통적인 독일식 이름들은 거의 사라져버렸다. 구원에 대해 불확실한 가운데, 사람들은 자신들과 하나님 사이의 중보자들을 붙잡음으로써 구원을 보장하려 했다.

왜 사람들은 그와 같은 성취지향적인 경건에 자신들을 던졌을까? 왜 종교적인 행위를 반복하는 것이 구원의 보장과 확실성에 이르는 길로 여겨졌을까? 이는 아마도 위기의 시기에는 사람들이 "좋았던 예전 시절"을 갈망하며 그것을 모방하려고 더 열심히 노력하는 경향이 있기 때문일 것이다. 중세 후기에 경건이 급증한 현상의 배후에는 "구원의 확신을 갈망하면서도 동시에 그것에 대한 확신을 갖지 못하는 답답함이 존재했다. 자신들과 하나님 사이에서 중재할 사람들을 붙잡음으로써 사람들은 구원의 보증을 확보하려고 애썼다. 이 시기만큼 사람들이 죽음을 실제적인 것으로 여기며 그것을 근심스럽게 두려워했던 적은 없었다"(Moeller 1971:55). 심지어 오늘날까지도 우리는 히에로니무스 보쉬(Hieronymous Bosch, ca. 1450-1516)가 그린 괴기스러운 그림들,

즉 색욕과 다산(多産)과 연결되지만 결국에는 불임과 죽음을 상징하는 이상하고 급속도로 번식하는 생물체를 보며 놀라워한다. 죽음의 예술에 대한 대중적인 지침서들, 죽음의 춤에 대한 묘사들, 그리고 그리스도의 수난에 대한 매우 인상적인 묘사들 등에서 예술적 사실주의가 꽃피웠다.

종교적이고 심리적인 불안은 사람들에게 부과된 성직자적인 도덕 및 행동 기준들로 인해 더 커졌던 것으로 보인다. 성직자적인 기준에 미치지 못하거나 혹은 미치지 못했다고 생각될 때마다 고해성사가 이루어졌다. 평신도들은 고해성사를 자주 하도록 기대되었다. 그곳에서 사제들은 평신도들의 삶의 모든 영역, 특히 그들의 성적인 생활을 꼬치꼬치 캐물었다. 고해성사 지침 안에는 성적인 죄에 대한 목록이 완전하게 정리되어 있어서, 심지어 성적인 생각을 하는 것조차도 처벌을 받을 수 있는 범주에 속해 있었다. 결혼 관계 내에서의 성관계가 심각한 죄인지 아닌지에 대해서는 논쟁이 있었다. 하지만, 적어도 원리상 그것이 죄라는 사실에 대해서는 모두가 동의했다. 1494년에 만들어진 한 교리문답은 생식을 위한 목적이 아니라 즐기기 위한 목적에서 이루어지는 성관계를 죄로 규정했다. 이러한 현상의 반대 측면에서, 독신과 수도원생활은 하나님을 기쁘시게 하는 최고의 삶의 형태로 높여졌다. 결혼과 가정은 공동체의 보존을 위한 필요악으로 천시되었다. 종교개혁가들이 성직자의 의무적인 독신생활을 공격하며 또 결혼 관계 내에서 성을 즐기는 것을 긍정했을 때, 평신도들이 이러한 주장을 매우 환영했던 것은 당연한 모습이었다(Ozment 1992:152-3; 1983:12; Tentler 1977:162-232).

종교개혁이 일어나기 직전 일상의 삶에는 오늘날 우리가 미신이라고 생각하는 요소들, 즉 마녀에 대한 믿음, 마술, 점성술 등이 포함되어 있었다. 하지만 그와 같은 중세 후기의 미신적인 요소들을 현대적인 눈으로 경멸하기 이전에, 오늘날 우리가 읽는 일간지의 대부분이 별자리 운세를 포함하고 있으며 대중매체를 활용한 "기복적인"(health and wealth) 복음이 넘쳐난다는 사실을 기억해야 할 것이다. 이러한 현상은 중세인들로 하여금 초자연적인 치유자들과 미래에 대한 점쟁이들을 찾도록 이끌었던 동일한 두려움과 기대에 기초한다.

루터의 개혁 운동은 미신적인 모습이나 르네상스 교황들의 부패에 대해 반대했던 에라스무스나 사보나롤라의 정의롭고 도덕적인 분노로부터 시작된 것이 아니었다. 루터의 운동은 구원에 대한 그 자신의 개인적인 불안으로부터 출발하였다. 일반적인 사람들의 반응이 보여주듯이, 이 불안감은 유럽 전체에 널리 퍼져 있었다. 이러한 불안은 앞에서 살펴보았던 중세 후기의 위기들로 인해 영향을 받았지만, 그것의 핵심적인 원인은 교회의 메시지 안에 들어 있는 구원의 불확실성이었다.

2. 불안정에 대한 신학적 목회적 반응

토마스 아퀴나스에 따르면, 은혜는 자연을 없애는 것이 아니라 자연을 완성한다. 따라서, "당신 안에 있는 것을 행하라"(facere quod in se est)는 유명한 구절은, 구원이 우리가 우리 자신을 완성해감에 따라 우리 안에서(within) 일어나는 과정이라는 점을 의미한다. 달리 표현하자면, 우리는 우리가 의로운 행동을 하고 선한 일을 함으로써 하나님 앞에서 의로워진다. 하지만 불안하고 확실치 않은 시대에는 다음과 같은 질문이 제기되었다. "내가 최선을 다했는지 않은지를 어떻게 알 수 있는가?"

이 질문에 대한 답변은 기본적으로 교구 사제들로부터 왔는데, 그들 중 대부분은 학문적인 신학의 세밀함에 숙련되지 못했다. 가장 흔한 대답은 "더 열심히 노력하라"는 것이었다. 이것은 앞에서 언급한 대중적인 경건의 급성장을 이해하는 실마리가 될 것이다. 당신의 구원에 대한 의심이 생길 때, 당신이 최선을 다해 노력했는지 스스로를 검토해 보고, 최선을 다하도록 더 많은 노력을 행하라. 더 많은 노력을 격려하기 위해서, 성직자들은 전도서 9:1에 대한 교회의 번역, 즉 "그 누구도 자신이 하나님의 사랑을 받는 자인지 미움을 받는 자인지를 알 수 없다"는 구절을 인용함으로써 불안과 내적 성찰을 의식적으로 부추겼다. 교회의 목회 신학은 사람들을 소망과 두려움 사이에 걸어 두었는데, 이는 일종의 영적인 측면에서의 '당근과 채찍'이었다.

교리문답은 사람들과 하위 성직자들의 종교적 민감성을 볼 수 있는 단서를 제공한다. 매일매일의 목회 활동에 있어서 사제들은, 질문과 대답의 형태로 기초적인 신학을 단순하게 설명해 놓은 이같은 교리문답서를 사용하였다. 널리 인기 있었던 이러한 교리문답서들은 라틴어에서 자국어로 번역되었고, 이 과정에서 사람들의 영적인 필요들을 보여주었다. 디트리히 콜데(Dietrich Kolde)의 『한 그리스도인의 거울』(*Mirror of a Christian Man*)은 종교개혁 전야에 이르기까지 사람들이 깊이 가졌던 종교적 두려움과 불안을 드러내며, 이를 통해 루터의 개혁 운동을 이해하는 데 하나의 단서를 제공해 준다.

콜데의 『한 그리스도인의 거울』은 매우 인기가 높았다. 1470년에 처음으로 출판된 이 책은 종교개혁 전에 19판이나 찍혔으며, 종교개혁 이후에도 계속 거듭 출판되었다. 다양한 유럽의 언어로 번역된 콜데의 작품은 종교개혁 전이나 종교개혁 초창기 기간 동안 가장 널리 사용되었던 가톨릭 교리문답서였을 것이다. 이 교리문답이 보여주는 의미심장한 내용은 저자가 그 당시 사람들에게 구원에 대한 확신이 부족했다는 점을 표현하는 부분이다. 콜데는 이러한 불안감을 다음과 같이 요약했다.

> 내 마음을 자주 무겁게 만드는 세 가지 사실이 있다. 첫 번째 사실은 나의 영혼을 고통스럽게 하는데, 그것은 내가 죽는다는 것이다. 두 번째 사실은 나의 마음을 괴롭게 하는데, 이는 내가 언제 죽을지를 모른다는 것이다. 그 중에서도 세 번째 사실이 나를 가장 괴롭게 하는데, 그것은 내가 죽은 후에 어디로 갈 것인지를 알지 못한다는 것이다(Janz 1982:182).

하나님과의 관계에 있어서 확실성을 찾기 위해 루터가 내렸던 첫 번째 결정은, 그 이전의 많은 사람들과 그 이후의 많은 사람들이 비슷하게 행하였던 것으로, "신학교"에 입학하는 것이었다. 루터의 경우 이 신학교는 에어푸르트(Erfurt)에 있는 어거스틴 수도회였다. 과거와 현재의 무수한 신학생들이 동일하게 경험했듯, 루터의 결정으로 인해 그의 아버지는 크게 노했다. 이 시기에 이르러 한스 루터는 꽤 유복한 삶을 살고 있었다. 그는 마르틴을 에어푸르트 대학에 보내면서, 그가 법학 학위를 마친 후 고향인 만스펠트(Mansfeld)로 돌아와 결국에는 아마도 시장이 될 것이라는 기대를 가지고 있었다. 하지만, 법학 공부를 거의 시작도 하기 전, 마르틴 루터는 집을 방문한 후 에어푸르트로 돌아가던 중 번개를 만나 땅바닥에 쓰러졌고, 그 순간 그의 아버지가 가졌던 꿈은 산산조각 났다. 두려움 가운데 마르틴은 광부들의 수호성인이었던 성 안나(St. Anne)의 도움을 구하며, "수도사가 되겠습니다"라고 소리쳤다.

그리고 그는 정말로 수도사가 되었다. 1505년 7월, 그는 에어푸르트에 있는 엄격한 어거스틴 수도회의 검은 수도원(Black Cloister)에 들어갔다(이 수도원의 이름은 수도사들이 검은 옷을 입은 데서 비롯되었다). 이 검은 수도원의 어거스틴파 수도사들은, 루터의 아버지나 그밖의 새로 떠오르는 기업가들이 물질적인 이익을 추구했던 것보다 훨씬 더 강하게 영적인 이익을 추구했던 것으로 유명했다. 초기의 자본주의자들이 물질적인 화폐를 벌려고 했던 것만큼, 수도사들은 자신들과 다른 사람들을 위해서 영적인 화폐를 벌려고 노력했다.

수도원에서 루터는 구원을 얻기 위한 노력에 자신을 완전히 던졌다. 아침 2시부터 시작되는 여섯 차례의 예배 사이에, 루터는 기도와 명상과 영적인 훈련 등에 힘썼다. 하지만 이러한 일들은 루터가 자신의 정욕을 죽이고 자신을 하나님께서 받으시도록 열정적으로 노력했던 과정에 있어서 일상적인 일에 불과했다. "나는 기도와 금식과 철야와 추위 등으로 나 자신을 고통스럽게 만들었다. 얼어붙는 추위만이 나를 죽일 수 있었을 것이다"(LW 24:24). 루터가 남은 생애 동안 육체적으로 고통을 겪은 원인은 돌로 만들어진 독방에서 이불도 없이 오랫동안 금식하고, 스스로를 채찍질하며, 철야로 밤을 지새우는 수도원 생활 때문이었다는 주장이 제기될 정도였다. 훗날 루터는 다음과 같이 고백했다.

> 나는 거의 죽을 정도로 금식한 후, 또다시 사흘간 물 한 방울 빵 한 조각 먹지 않았다. 나는 금식을 매우 열심히 행하였다(LW 54:339-40).

실제로 루터는 하나님의 호의를 얻기 위해서 스스로를 완벽하게 만드는 일에 매우 열심이었고, 이 때문에 그는 동료 수도사들에게 골칫거리가 되었다. 수도원에서는 스스로를 내적으로 성찰하며 검토하는 실천이 중요했는데, 수도사들은 양심을 검사하며 "내가 하나님을 위해 진정으로 최선을 다했는가?" "하나님께서 주신 능력을 내가 완전히 사용하였는가?"라는 질문을 던졌다. 하나님 앞에서 의를 획득한다는 그러한 자기성찰의 압력 하에서, 예민한 사람이라면 결코 이러한 질문에 긍정적으로 대답할 수 없었다. 루터 역시 자신의 의로움과 관련하여 지속적으로 불안 상태에 있었다. 그는 끊임없이 영적인 지도를 구했고 고해 신부들을 찾아다녔다. 수년 후 루터는 이 모든 것에 대해 다음과 같이 말했다.

> 때때로 나의 고해를 들은 신부는, 내가 어리석은 죄악들을 그에게 반복적으로 털어놓을 때, 이렇게 말했다. "자네는 어리석군…하나님이 자네에게 화가 나신 것이 아니라, 자네가 하나님께 화가 나 있네"(LW 54:15).

역설적이게도, 루터는 구원에 대한 자신의 불확실을 극복하기 위해 수도원에 들어갔지만, 강도 높게 스스로를 성찰할수록 오히려 하나님 앞에서의 불안이 더욱 심화되었다.

루터의 수도원 선배였던 요한 슈타우피츠(Johann von Staupitz)는 그에게 신학 공부를 계속하여 박사 학위를 따라고 권유하였다. 루터는 자신이 너무 연약하고, 무가치하며, 적합지 않다는 이유로 반대하였지만, 슈타우피츠는 흔들리지 않았다. 1512년 루터는 "성경 분야의 서약 박사(sworn Doctor)"가 되었으며, 비텐베르그(Wittenberg)에서 자신의 평생의 직업이 된 성경 연구 교수로서의 일을 시작하였다. 훗날 교회와 논쟁할 때, 루터는 성경을 설명하고 변호하겠다고 맹세했던 자신의 박사 서약(doctoral oath)에 호소했다. 그는 자신이 교회로부터 명령을 받았으며, 따라서 개혁을 위한 자신의 노력은 개인적인 투쟁이 아니라고 믿었다.

이 시점에서 루터의 비텐베르그의 상황에 대한 간단한 설명이 필요하다. 약 2,500명이 살고 있던 이 작은 마을은 선제후 작센(Electoral Saxony)의 수도였다. 작센 공국은 13세기 후반에 나누어졌고, 1356년에는 비텐베르그를 포함한 지역이 제국의 선거를 규정하는 칙령 황금칙서(Golden Bull)에 의해 선제후에게 주어졌다. 루터가 이 지역에 도착하던 당시 선제후 작센의 군주는

"지혜자"(the Wise)로 알려졌던 프리드리히 3세(Frederick III, 1463-1525)였다. 프리드리히는 부유했을 뿐 아니라 정치적으로도 강력하고 지혜로웠다. 합스부르그(Hapsburg) 왕가에 충성하면서도, 그는 작센과 브란덴부르그(Brandenburg) 공국 주변의 세력들과 제국의 세력이 확장되는 것에 반대하였다. 프리드리히는 또한 자주 여행을 하며 자신이 다스리는 백성들과 땅과 교회와 교육의 유익에 관심을 가졌다. 세기가 바뀔 때까지, 그는 비텐베르그 성과 올 세인츠 교회(All Saints Foundation)의 재건 및 대학 설립에 관여하였다.

작센은 1485년 이후 공작령 영토와 선제후령 영토로 나누어져 있었는데, 라이프치히(Leipzig) 대학이 공작령 작센에 있는 반면, 선제후 작센에는 대학이 없었다. 1503년이 될 때까지 프리드리히는 새로운 대학의 설립을 위한 교황의 허락을 받았으며, 이 대학의 주된 재정적인 후원은 올 세인츠 교회가 맡기로 했다. 프리드리히 역시 자신의 재산을 이 대학에 쏟아 부었고, 1508년 대학의 법령을 발표했다. 슈타우피츠에 의해 1502년에 비텐베르그에 세워진 어거스틴파 수도원은 이 대학에 많은 교수진을 공급하였고, 바로 이러한 상황 속에서 루터가 이 대학에 오게 되었다. 처음에는 매년 200명의 학생들이 등록했다. 하지만 1517년 루터가 악명을 떨치게 된 이후, 학생들의 숫자가 폭발적으로 늘었다. 당시의 한 학생은 '즐거움을 찾는다면 어디나 가도 좋지만 배움을 원한다면 비텐베르그로 가라'고 제안했다. 이 대학은 프리드리히의 자랑이자 기쁨이었다. 아마도 그는 자신이 자랑하는 교수가 화형을 당하는 것을 허락하고 싶지 않았을 것이다! 뿐만 아니라, 프리드리히는 루터가 일평생 성경을 가르치는 교수로 섬길 것이라는 약속에 근거하여 그가 박사 학위를 받는 데 상당한 물질을 투자하였다. 루터의 삶이 갑작스럽게 끝나버리도록 허락한다면 그것은 어리석은 투자가 되었을 것이다.

루터는 1513-14년 겨울학기부터 이 대학에서 가르치기 시작했다. 그의 정확한 강의 기간은 확실치 않다. 하지만 면죄부 논쟁에 이르기까지 그는 시편(1513-15), 로마서(1515-16), 갈라디아서(1516-17), 히브리서(1517) 등을 연속적으로 강의했다. 어떠한 내용을 다른 사람들에게 가르쳐야 하는 상황이야말로 그 내용에 대해 깊이 연구할 수 있는 최고의 방법이다. 루터는 다양한 성경 주석과 성경 번역, 그리고 1516년 이후에는 에라스무스가 새롭게 편집한 헬라어 신약 성경을 사용할 수 있었다. 하지만 루터의 지적인 관심은 구원의 확신에 대한 그 자신의 개인적인 추구로 인해 더욱 예리해졌다. 이 문제에 대한 해결은 이와 같은 학문적인 상황에서 발생했다. 그의 회심 체험은, 게하르트 에벨링(Gerhard Ebeling, 1970)의 표현에 따르면, 하나의 언어 사건(Sprachereignis)이었다.

성경의 언어와 문법에 대한 루터의 집중적인 연구는 르네상스 인문주의가 제공한 언어적 도구의 도움을 받아 이루어졌으며, 그 결과 구원에 대한 자신의 이해를 바꾸어 놓았다. 그는 하나님의 의가 성취해야 할 요구가 아니라 믿음에 의해 받아들이는 선물이라는 사실을 깨달았다. 루터의 회심 체험은 중세적 경건을 뒤집었다. 그는 구원이 더 이상 삶의 목표가 아니라 삶의 토대라는 사실을 알게 되었다. 이러한 발견에 기초하여, 비텐베르그 대학의 신학 교수진은 중세의 스콜라주의 신학을 성경 연구로 대체하는 교과 과정의 개혁을 시작했다. 1517년 봄, 루터는 에어푸르트에 있는 한 친구에게 다음과 같이 편지했다.

> 우리의 신학과 어거스틴은 잘 진행되고 있으며, 하나님의 도움으로 이 대학을 주도하고 있네. 아리스토텔레스는 점점 힘을 잃고 있으며, 이제 그 운명은 시간문제일 뿐이네…성경이나 어거스틴이나 혹은 교회의 또 다른 훌륭한 교사에 대해서 가르치지 않으려 한다면, 이제는 그 누구도 학생들을 얻지 못할걸세(LW 48:42).

아리스토텔레스의 권위는 성경의 권위로 대체되었다.

루터가 발견했던 것 그리고 루터의 동료 교수들과 학생들에게 큰 영향을 주었던 것은 하나님과 구원에 대한 이해였다. 이러한 이해는 콜데(Kolde)와 같은 사제들이 행하였던 불안에 지배된 교리문답적 가르침을 무너뜨렸다. 성경 연구를 통하여 루터는, 인간의 삶의 위기를 극복하는 길은 우리의 행함을 통하여 안전을 얻으려고 애쓰는 것이 아니라, 우리의 행함에도 불구하고 우리를 받아주시는 하나님의 호의를 확신하는 것이라고 믿게 되었다. 루터에 따르면, 복음은 다음과 같다.

[복음은] 교황의 온 왕국이 가지고 있는 악한 생각, 즉 그리스도인은 자신을 향한 하나님의 은혜에 대해 확신할 수 없다는 생각을 물리친다. 만일 이러한 생각이 유지된다면, 그리스도는 완전히 쓸모없는 분이 되신다…따라서 교황청은 정말로 양심을 괴롭게 하며, 마귀의 왕국이다.

이제 루터는 구원을 입증해야 하는 부담이 한 개인의 행위가 아니라 하나님의 행동에 달려 있다는 점을 계속해서 선언하였다. 이러한 신념은 양심으로 하여금 자신의 구원을 의심하게끔 남겨 두는 "불확신이라는 괴물"로부터 루터를 구해주었다. 루터에게 있어서 신학이 확실해지는 순간은 "그것이 우리를 우리 자신으로부터 빼내어 우리 바깥에 놓아둘 때이다. 그때에 우리는 우리 자신의 힘, 양심, 경험, 인격 혹은 행위 등을 의지하지 않고, 우리 바깥에 존재하는 것 즉 속일 수 없는 하나님의 약속과 진리를 의지한다"(LW 26:386-7).

중세의 신학과 목회는 우리가 언약적 신학이라고 부를 수 있는 것, 즉 우리가 우리의 최선을 다한다면 하나님께서 은혜 가운데 우리를 부인하지 않으실 것이라는 가르침을 통하여 종교적 안전을 제공하려 했었다. 비록 신학자들이 수없이 많고 세부적인 조건들을 덧붙였지만, "당신 안에 있는 것을 행하라"(facere quod in se est)는 보편적인 주제의 핵심은 사람들이 자신들의 구원을 적어도 시작할 수는 있다는 내용이었다. 다시 말해서, 만약 당신이 가지고 있는 최선의 노력을 다하여 하나님을 사랑하려고 힘쓴다면, 그것이 아무리 미약하다고 할지라도, 하나님께서는 은혜로 당신에게 보상해 주셔서 그것을 더 잘 하도록 도와주실 것이다.

중세 신학자들의 주장에 따르면, 하나님은 창조와 구원 가운데 우리의 계약 파트너가 되신다는 언약을 맺으셨다. 삶의 다른 부분에서와 마찬가지로 종교에 있어서도 행위는 보상을 위한 공로가 되었다. 하나님의 언약이 규정한 한계와 기초에 따라, 개인들은 자기 자신의 삶과 사회와 세상에 대하여 책임을 져야 했다. 여기에서 신학과 목회가 의도했던 일은 '구원의 과정에 참여함을 통하여 안전의 길을 제공하는 것'이었다. 그러나 이러한 신학의 결과로 오히려 불안과 불확실성만 더 커졌는데, 그 이유는 이 신학이 사람들을 그들 자신의 자원으로 되돌렸기 때문이었다.

아마도 이러한 언약 신학을 이해하기 위해서 하나의 예가 도움이 될 것이다. 부모들은 종종 자녀들에게 절대적인 요구를 하는 일을 꺼려한다. 무엇보다도, 대중적인 책들은 부모가 그렇게 절대적인 요구를 할 경우 자녀들이 숨막혀서 "고집스러워진다"고 경고한다. 부모의 역할은 자녀들이 "자아를 실현하도록" 도와주는 것이다. 이와 동시에 부모들은, 어떠한 제한이나 기대가 없으면 삶이 망가질 것이라는 사실을 또한 인정한다. 이에 따라 부모들은 공통적으로 자녀에게 다음과 같이 말한다. "우리는 네가 모든 것에서 최고가 되기를 기대하지는 않는다. 단지 네가 할 수 있는 최선을 다한다면, 우리는 설령 네가 모든 과목에서 A를 받지 못하고, 반장이 되지 못하고, 훌륭한 운동선수가 되지 못한다 하더라도 너를 사랑할 것이다." 이러한 말의 의도는 지나친 압력을 주지 않으면서도 일정한 지침을 제공하는 것이다.

어떤 사람들에게는 그와 같은 접근 방법이 잘 먹힐 수도 있다. 하지만 이처럼 기대를 상대화하게 되면, 성취를 입증하는 부담이 그 사람 자신에게로 되돌아간다. "내가 최선을 다했던 때가 언제인지를 어떻게 알 수 있는가?"라는 자기성찰의 질문이 제기되는 것이다. 그 무엇을 성취했다 할지라도, 사람들은 '조금만 더 노력했다면 더 많이 성취할 수 있었을 텐데'라고 생각할 것이다. A를 받은 학생이든, F를 받은 학생이든, 언제나 더 많은 것을 성취할 수 있다. "네 안에 있는 것을 행하라. 네가 할 수 있는 최선을 다하라." 이러한 접근은 단지 중세적이거나 아리스토텔레스적일 뿐 아니라, 현대적이기도 하며, 분명코 미국적인 접근인에 틀림없다. 너 자신의 잠재력을 이루어라. 충분한 정도로 열심히 노력한다면 그 누구나 성공할 수 있다. 너의 삶은 더 나아질 수 있다. 하지만, 이러한 개념이 중세의 신학과 예배에 어떻게 들어왔는가?

이 개념은 아리스토텔레스로부터 유래했다. 중세 신학자들이 아리스토텔레스의 단지 두 가지 사상들을 어떻게 적용했는지를 간단하게 살펴본다면, 우리는 아리스토텔레스의 영향력이 얼마나 컸는지를 볼 수 있다. 논리학과 관련하여 아리스토텔레스는 '비슷한 것은 비슷한 것에 의하여 알 수 있다'고 주장했다. 이 원리가 신학에 적용되면, 하나님과의 교제는 오직 죄인이 하나님과 유사한 상태(likeness with God)로 끌어올려질 때에 일어날 수 있을 뿐이다. 하나님은 거룩하시며 거룩하지 않은 존재와는 관계하지 않으시기 때문에, 죄인은 반드시 거룩해져야 한다. '하나님과의 교제가 어느 지점에서 이루어질 수 있는가'라는 질문에 대한 답은 언제나 '하나님의 수준에서'라는 것이다. 죄인은 하나님"처럼" 되어야 한다. 즉, 완벽해져서 하나님이 계시는 지점에까지 높아져야 한다. 이러한 이유에서 중세 신학에서는 사다리 비유가 인기를 끌었다.

널리 퍼졌던 천국에 이르는 사다리 비유에 따르면, 구원은 하나님이 계시는 지점까지 올라가는 것을 의미했다. 이에 따라 12세기의 "기쁨의 정원"(Hortus deliciarum)에는 이 땅에서부터 시작하여 천국에까지 이르는 "덕의 사다리"에 대한 그림이 포함되어 있었다. 사다리의 가장 높은 지점은 구름 안으로 들어가며, 여기에서 하나님은 마지막까지 올라온 사람에게 생명의 면류관을 수여하신다. 사다리의 각 난간들은 그것을 오르는 사람이 획득해야 하는 덕의 단계들을 제시한다. 발과 사다리 옆에는 이 사다리에 오르는 것을 방해하는 마귀들이 있다. 천사들은 칼을 사용하여 이 마귀들과 싸운다. 난간에 서 있는 사람들은 다양한 사회적 종교적 역할을 대표한다. 그 중에는 군인, 평신도 여성, 성직자, 수녀, 탁발 수도사, 수도원에 거주하는 수도사, 은둔자, 그리고 맨 위에는 "자선"(charity)이 있어서 이 사람만 유일하게 목표에 도달한다. 나머지 모든 사람들은 각각의 유혹에 빠져 사다리에서 떨어진다. 은둔자는 정원의 유혹을, 수도사는 침대의 유혹을, 탁발 수도사와 수녀는 돈의 유혹을, 성직자는 음식과 친구들의 유혹을, 군인과 평신도 여성은 세상의 재물의 유혹을 각각 받는다. 사다리에는 다음과 같은 글귀가 새겨져 있다.

> 누구든 여기에서 떨어진 사람은 고해성사라는 구제수단의 도움을 받아 다시 오르기 시작할 수 있다.

하지만, 죄인이 어떻게 이러한 공로를 성취할 수 있는가? 아리스토텔레스의 또 다른 개념이 바로 이 지점에서 중요한 역할을 한다. 아리스토텔레스는 자기 자신의 개선에 대해 이야기하면서 습관(habitus)이라는 용어를 사용했는데, 이는 습관적인 행동과 실천을 통하여 스스로를 개선해가는 것을 의미한다. 사람들은 훈련을 통하여 기술을 습득한다. 기타를 연습함으로써 기타리스트가 되고, 시민적인 덕을 실천함으로써 좋은 시민이 되며, 도덕적인 덕을 실천함으로써 윤리적인 사람이 된다. 그와 같은 습관 혹은 실천을 통하여 윤리가 일종의 제 2의 본성으로 자리를 잡는 것이다.

중세 신학자들은 이처럼 기본적으로 상식적인 개념을 취하여 그것을 하나님 앞에서 의로움을 성취하는 것에 적용하였다. 그들은 하나님께서 성례를 통하여 초자연적인 "습관"을 우리 안에 주입하신다고 말함으로써 아리스토텔레스의 철학에 "세례"를 베풀었다. 이러한 습관적인 은혜에 근거하여, 우리는 그것을 실현시켜야 할 책임을 가지고 있다. 즉 이제 우리 안에 주어진 것을 행할 책임이 있는 것이다. 하나님께서 우리에게 주신 은사들을 우리가 완성하는 한, 우리는 더 많은 은혜를 공로로 받는다.

토마스 아퀴나스(1225-74)는 은혜가 자연을 없애는 것이 아니라 완성한다고 말했다. 이처럼, "당신 안에 있는 것을 행하라"는 유명한 스콜라주의의 표어는, 구원이 우리가 우리 자신을 완성해 가는 가운데 우리 안에서 이루어지는 과정이라는 의미를 전달한다. 달리 말하자면, 우리는 의로운 행위를 하고 선한 일을 하는 가운데 하나님 앞에서 의로워진다. 하지만 다시 한 번 제기되는 질문은 "내가 구원을 공로로 얻을 만큼 충분히 선한 행위를 했는지 안 했는지 어떻게 알 수 있는가?"라는 것이다.

루터는 자신의 구원을 위해 최선의 노력을 다하는 것으로 하나님과 화목케 된다고 믿을 수 없었다. 자신의 생애 말년에 루터는 그가 이러한 언약 신학에 있어서 어떠한 노력을 쏟았는지를 되돌아보았다.

> 비록 책망 받을 것이 없는 수도사로 살았음에도 불구하고, 나는 내가 하나님 앞에서 극도로 불안한 양심을 가진 죄인처럼 느껴졌다…나는 죄인을 벌하시는 의로운 하나님을 싫어했다…그럼에도 불구하고 나는 그 지점에서 바울을 끈질기게 연구하며, 그가 말하고자 했던 바가 무엇이었는지를 알고자 원했다(LW 34:336-7).

루터가 말하는 "그 지점"은 바로 로마서 1:17("복음에는 하나님의 의가 나타나서 믿음으로 믿음에 이르게 하나니 기록된 바 오직 의인은 믿음으로 말미암아 살리라 함과 같으니라")이었다. 다른 많은 동시대인들과 마찬가지로, 루터 역시 이때까지 복음을 하나님의 의로우신 진노의 위협으로 듣고 이해했다. 왜냐하면 중세의 신학과 목회가 하나님의 의를 죄인들이 구원을 성취하기 위해 지켜야 할 기준으로 제시했기 때문이다.

이제 루터는 하나님의 의를 능동적인 의미로(즉 우리가 하나님처럼 의로워져야 한다는 의미로)가 아니라 수동적인 의미로 (즉 하나님께서 우리에게 그분의 의를 주신다는 의미로) 이해해야 한다는 사실을 깨달았다. 루터가 발견한 좋은 소식은 칭의가 죄인들이 성취한 것이 아니라 죄인들이 받은 것이라는 사실이다. 즉, 죄인들이 변화된 것이 아니라, 하나님 앞에서 죄인들의 지위가 바뀐 것이다. 요컨대, "의롭게 된다"는 말의 의미는 하나님께서 죄인들을 의롭다고 여기신다는 것이다(LW 34:167).

> 하나님은 우리 자신의 것을 통해서가 아니라 외부적인 의와 지혜를 통하여, 우리 안에서 유래하여 우리 안에서 자라는 것을 통해서가 아니라 외부로부터 온 것을 통하여, 이 곳 땅으로부터 유래한 것을 통해서가 아니라 하늘로부터 온 것을 통하여 우리를 구원하고자 하신다. 따라서 우리는 외부로부터 온 의를 배워야 한다(LW 25:136).

루터가 성경 전체에서 유일하게 대문자를 사용하여 강조한 부분은 로마서 3:25, "그가 죄를 용서하신다"는 구절이었다(Bayer 2007:216, n.12).

이처럼 루터는 중세의 성취 지향적인 경건을 완전히 뒤집었다. 우리는 하나님께 용납되기 위한 목적에서 선행을 하는 것이 아니다. 오히려 하나님께서 우리를 용납해 주시기 때문에 선행을 행하는 것이다. 오직 믿음을 통하여 은혜로만 말미암는 칭의는 따라서 변화된 신학적 선포이다. 그것은 신학의 언어를 "~을 행하라 그리하면"의 구조에서 "~이기 때문에 그러므로"의 구조로, 즉 약속된 것을 얻기 위해 성취해야 하는 조건적인 언어로부터 무조건적인 약속의 언어로 바꾸었다(Gritsch and Jenson 1976:42). 이것은 "기독교 역사에서 거의 비교가 안 될 정도의 패러다임 전환"이다(Brecht 1995:132). 종교개혁의 칭의교리는 중세의 교회론과 신학의 "틀을 깨트렸다"(Hamm 1999).

이러한 근본적인 변화를 분명하게 보여주는 한 예는 루터가 언약과 계약의 신학으로부터 유언의 신학으로 이동했다는 것이다. 만일 한 사람이 어떤 유언에서 상속자로 지명된다면, 그가 그 유업을 받기 위한 유일한 조건은 그 유언을 한 사람이 죽는 것뿐이다. 히브리서 9:17에 대해 설명하면서 루터는 다음과 같이 말했다. "당신의 권리를 입증해줄 수 있는 어떠한 편지나 도장도 가지고 있지 않을 경우, 당신은 아마도 유업을 얻기 위해 온갖 노력을 쏟아야 할 것이다. 하지만, 당신이 편지와 도장을 가지고 있다면, 그것을 믿고 갈망하며 구하라. 설령 당신이 야비하고 인색하며 가장 지저분하다고 할지라도, 그 유업이 당신에게 주어질 것임에 틀림없다"(LW 35:88; 참고 Hagen 1974).

유언의 언어는 무조건적인 약속이다. 하나님께서는 우리의 이름을 그분의 유언 안에 기록해 놓으셨으며, 그분이 십자가에서 죽으신 것과 동시에 그 유언은 효력을 발휘한다. 루터가 성경 연구를 통해 경험한 "언어 사건"은 그에게 "성경의 완전히 다른 측면"을 보여 주었다. "그 후 즉시 나는 기억을 통하여 성경 전체를 훑어보았다. 나는 이와 비슷한 다른 언어들을 발견했다. 즉 우리 안에서 행하시는 하나님의 역사, 우리를 강하게 만드시는 하나님의 능력, 우리를 지혜롭게 만드시는 하나님의 지혜, 하나님의 힘, 하나님의 구원, 하나님의 영광 등을 보게 되었다"(LW 34:337).

3. 신학적 의미

'하나님 앞에서 죄인들이 어떻게 의로워지는지'에 대한 루터의 이해를 이처럼 자세히 설명한 이유는, 이것이 루터가 자신의 회심 이후 말하고 행한 모든 것의 핵심이기 때문이다. 이 시점에서 우리는 루터의 신학의 다른 영역들이 이로 인해 어떻게 달라졌는지를 잠깐 살펴볼 필요가 있다.

종교개혁은 종종 "오직 은혜," "오직 성경," "오직 믿음"이라는 표어들로 묘사된다. 우리는 루터에게 있어서 '오직 은혜'가 무엇을 의미하는지를 살펴보았다. 그렇다면, 다른 두 가지는 무엇을 의미했는가? 그는 오늘날의 몇몇 개신교도들이 하는 것처럼 이 두 가지를 놓고 싸우지 않았다. 루터에 따르면,

하나님의 말씀은 기본적으로 그리스도시다. 다음으로, 하나님의 말씀은 선포된 말씀이다. 그는 하나님의 약속을 들음으로써 믿음이 온다고 강조하기를 좋아했는데, 이는 우리가 글로 기록된 말씀들로부터 시선을 돌릴 수는 있지만 선포된 말씀에 귀를 막기는 더 어렵기 때문이다. 세 번째 단계에서만 루터는 하나님의 말씀을 성경에 기록된 언어들과 연관시켰다.

> [성경은 오히려] 그리스도께서 누워 계시는 말구유와 포대기와 같다…이러한 포대기는 단순하고 비천하지만, 그 가운데 누워 계신 그리스도는 귀한 보물이시다(LW 35:236).

"루터의 주장에 있어서 정말로 혁명적인 내용은 '성경이 모든 전통들을 시험해야 한다'는 것과 '성경이 명백하게 규정하는 부분을 넘어서는 기독교적인 자유가 존재한다'는 것이었다"(Marshall 1996:62).

믿음은 용납될 수 없는 상태임에도 불구하고 용납해 주시는 하나님의 약속을 신뢰하고 확신하는 것이다. 믿음은 특정한 교리들을 믿는 것이 아니다. 믿음은 하나님에 대한 신뢰에 기초하여 맺어진 하나님과의 관계이다. 개신교도들이 "오직 믿음을 통한 구원"에 대해 이야기하는 가운데 믿음 자체를 하나의 성취로 오해할 수 있는 경향이 나타날 수 있다. 믿음을 특정한 교리나 성경 이야기에 대한 지식과 혼동하게 되면 "누가 더 많이 알고 있는지"에 대한 일종의 경쟁에 빠질 수 있으며, 이 경쟁에서는 가장 믿기 어려운 것들을 믿는 사람이 가장 신앙 좋은 그리스도인으로 여겨진다. 그렇게 될 때 믿음은 중세의 선행이 가지고 있던 의미에 대한 지적 혹은 심리적인 동의어가 된다. 이는 루터의 이해로부터 멀리 벗어난 것이다. "믿음은 사소하고 하찮은 것이 아니다…그것은 그리스도를 통하여 하나님을 믿는 것으로, 그리스도와 고난과 죽으심이 당신과 관련되며 당신의 것이 된다는 사실을 마음 깊이 확신하는 것이다"(LW 22:369).

칭의에 대한 루터의 급진적인 이해는 하나님 앞에서의 인간에 대한 급진적인 이해로 이어졌다. 루터는 육체와 영혼으로든, 몸과 혼과 영으로든, 육신적인 것과 영적인 것으로든, 아니면 내면적인 것과 외형적인 것으로든, 어떠한 방식으로든 인간을 나누는 온갖 종류의 종교적 인간론을 탈피했다. 루터에게 있어서 인간은 언제나 전인(全人)이었다. 루터는 전통적인 용어를 사용할 수 있었지만, 그것의 정의를 새롭게 했다. 따라서 육과 영의 구별은 더 이상 이원론적이거나 인간론적이지 않고, 성경적이며 신학적이다. 육과 영은 인간의 부분들을 규정하는 것이 아니라, 전인이 하나님과 맺는 관계를 나타낸다. 육에 따라 산다는 말은 전인이 하나님에 반역하는 것을 의미한다. 영을 따라 산다는 말은 전인이 하나님의 은혜를 확신하는 것을 의미한다.

> 육과 영을 이해할 때, 마치 육은 오직 순결치 못한 것에만 연관되고 영은 오로지 마음 안에 내적으로 있는 것에만 연관되는 것처럼 이해해서는 안 된다…고상하고 영적인 문제들에 대해서 많이 생각하고 가르치며 말하는 사람이라 하더라도 그가 은혜 없이 그렇게 하고 있다면 그는 "육적인" 사람이다(LW 35:371-2).

인간은 스스로 하나님과 관계를 맺을 수 있는 본래적인 능력을 가지고 있지 못하다. 인간이 가지고 있는 측면 중 어떠한 "낮은" 부분만이 아니라, 전인이 죄인이다. 루터는 죄를 윤리적으로보다는 신학적으로 이해했다. 죄는 나쁜 행동을 행하는 것이 아니라 하나님을 신뢰하지 않는 것이다. "불신앙은 모든 죄의 뿌리이자 핵심이며 가장 주요한 힘이다"(LW 35:369). 다시 말해서, 뱀이 하와에게 던졌던 질문을 모든 사람들이 듣는 것이다. 죄는 하나님에 맞서서 스스로의 의를 주장하고자 하는 자기중심적 충동이다. 그것은 하나님께서 하나님 되시는 것을 거부하는 것이다(LW 31:10, 17번 논제).

죄를 인정하고 하나님의 심판을 받아들임으로써 죄인은 자신의 죄에도 불구하고 의롭게 살 수 있게 된다. "하나님을 하나님 되시게" 함으로써, 즉 스스로가 하나님처럼 되려고 노력하는 것을 그만 둠으로써, 죄인은 그 자신이 원래 창조된 목적의 인간이 된다. 죄인은 그 자신의 인간성을 부인하고 하나님과 "같게 되기"를 추구하도록 부름 받지 않았다. 오히려 죄의 용서는 삶의 한 가운데에서 일어난다. 하나님 앞에서 그리스도인들은 죄인인 동시에 의롭다.

> 실제로는 죄인이지만, 하나님께서 그를 완전히 고치시는 순간까지 그를 죄로부터

계속 구하실 것이라는 하나님의 약속과 확실한 전가(imputation)를 통하여 의로운 사람이 된다. 이로 인해 그 사람은 소망 가운데 완전히 건강하지만, 현실에서는 여전히 죄인이다(LW 25:260).

칭의와 인간론과 연관된 신학적 주제는 율법과 복음의 변증법적 구분이다. 루터에게 있어서 이것은 신학적 사고의 본질이다. 신학자는 율법과 복음을 구분함으로써 비로소 신학자가 되는 것이다. "성경의 거의 모든 부분과 모든 신학의 지식은 율법과 복음을 올바로 구분하는 것에 달려 있다"(WA 7:502). 평생 동안 루터는 올바른 신학의 핵심으로서 율법과 복음의 구별을 늘 강조하였다. 이러한 구분이 없이는 하나님의 말씀이 인간의 판단과 혼동될 것이라고 루터는 생각했다.

율법과 복음의 구분은 두 가지 종류의 근본적인 언어를 구분하는 것이다. 율법은 요구와 조건을 전달하는 것으로, 그것은 언약의 언어이다. 율법은 "만일…을 한다면, 그 결과 ~하게 될 것이다"라는 구조를 삶에 부과한다. 율법의 종류에 해당하는 모든 메시지는 미래를 인간의 성취에 달려 있는 것으로 제시한다. "만일 당신이 당신의 몫을 행한다면, 나 역시 나의 몫을 행할 것이다." 반면 복음은 약속을 전달하는 것이다. 그것은 "~이기 때문에…하다"는 형태를 갖춘 유언의 언어이다. "내가 너를 사랑하기 때문에 나는 너에게 나 자신을 헌신할 것이다." 하지만 가장 좋은 인간관계 속에서라 하더라도 이러한 유비는 무너진다. 우리가 통제할 수 없는 온갖 종류의 우연성(contingencies)이 존재한다. 죽음은 가장 대표적인 실례이다. 우리는 우리 자녀들에게 헌신할 수 있지만, 죽음은 그들이 우리를 가장 필요로 할 때 우리를 빼앗아 갈 수도 있다.

하지만 루터가 말하는 요점은, 우리는 복음이 아니라는 사실이다. 복음은 하나님의 무조건적인 약속이다. 그것이 무조건적인 이유는 하나님께서 죽음을 포함하여 모든 조건들을 이미 만족시키셨기 때문이다. 이러한 의미에서, 칭의는 다른 것들 사이에 존재하는 하나의 특정한 교리가 아니다. 오히려 칭의는 언제나 무조건적인 약속인 유일한(the) 언어이다.

4. 면죄부: 낙원의 거래

성경을 강의하면서 기존의 전통을 뒤집는 급진적인 신학적 이해에 이르렀던 동일한 시기에, 루터는 또한 비텐베르그 교구 안에서 목회적인 직무들을 수행하고 있었다. "95개조 반박문"은 그 형태에 있어서는 학문적인 논쟁이었지만, 이 논쟁은 목회적인 상황에서 나타난 것이었다. 면죄부 증서를 사면 낙원을 구입할 수 있다고 믿었던 교구민들을 향한 관심 때문에 루터는 공적인 무대로 나서야만 했던 것이다. 훗날 루터는 다음과 같이 말했다.

> 나는 성경에 대한 서약 박사이며, 그 뿐 아니라 설교자이다. 설교자로서 내가 매일 해야 하는 직무는 거짓되고 부패하며 비기독교적인 교리를 물리치거나 혹은 적어도 그것을 경계하는 것이다(LW 31:383).

면죄부는 고해성사로부터 유래했다. 세례를 통하여 한 개인은 교회라는 순례 공동체, 즉 하나님께서 함께 계시는 진정한 천상의 본향을 향해 언제나 순례의 여행 중에 있는 공동체에 소속되었다. 성찬은 이 여행을 수행하는 순례자들에게 양식을 공급했다. 그러나 순례자들은 이 세상의 즐거움으로 인한 파선의 위험을 지속적으로 직면했다. 이러한 위험에 대한 교회의 대응은 고해성사를 제공하는 것이었고, 이것을 초대 교회는 "파선 후 의지하는 두 번째 판자"로 불렀다.

고해성사는 미사라는 객관적인 성례의 주관적인 측면이었다. 고해성사를 통하여 교회는 죄의 사면을 제공할 뿐 아니라, 사회적인 파열과 종교적인 훼손을 초래한 사람들의 행동에 대한 보상의 수단 또한 제공했다. 동등한 보상을 제공함으로써 범죄를 속죄한다는 개념은 독일적이고 봉건적인 근원으로부터 유래한 것이라는 주장이 제기되어 왔다. 세속적인 형벌 관습에 따라 처벌을 돈으로 "보상하는" 일이 허용되었다. 종교적 관습에 적용될 때 이것이 의미하는 바는, 식사의 값을 지불하는 것으로 금식이 대체되거나 여행의 경비를 지불하는 것으로 순례가 대체될 수 있다는 것이었다.

중세의 삶과 종교에 있어서 고해성사가 가졌던 의미는 간과될 수 없을 것이다. 그 용어 자체는 라틴어 포에나(poena)에서 유래하는데, 이 단어는 처벌뿐 아니라 보상, 만족, 속죄, 형벌 등을 의미한다. 어거스틴은 죄에 대한 처벌의 필요성에 대해 논하면서, 그것이 여기에서 인간의 행동을 통해 만족되거나 아니면 이후에 하나님에 의해 만족될 것이라고 말했다. 이러한 관점에 근거하여 연옥 및 연옥의 깨끗게 정화하는 불에 대한 교리, 교회의 목회적이고 권징적인 삶, 수도원 바깥에 사는 사람들이 완수하기에는 너무 무겁게 부과된 형벌을 대신 갚기 위한 면죄부 체계 등이 발전하였다(Le Goff 1981). 이에 따라, 11세기의 엄격한 개혁가였던 피터 다미안 추기경(Cardinal Peter Damian, 1007-72)은 성직매매의 죄에 대한 처벌로 밀라노의 대주교에게 100년의 참회를 부과했으며, 이와 동시에 매년의 참회를 위해 얼마의 돈을 갚아야 하는지도 지시했다. 면죄부 체계의 원래 의도는 변화하는 사회적 환경에 맞추어 죄에 대한 보상을 적용하는 것이었다(발전하는 도시의 상황으로 인해 고행이 어려워졌음에 분명하다). 하지만 중세 후기에 이르러 면죄부 체계는 성직자들이 사회를 통제하고 수입을 늘리는 수단으로 악용되었다.

12세기가 되기까지는, 통회(마음 깊은 회개)와 고백 및 고행으로 이루어진 개인적인 고해를 사제 앞에서 행하는 것이 원칙이었다. 하지만 종교개혁 전야에 이르러서는 통회와 고백과 보상에 대한 몇몇 흔들림이 일어났다! 고해성사를 쉽게 만들었던 발전에 따라 통회(contrition)는 (처벌에 대해 두려워하는) 약한 뉘우침(attrition)으로 대체되었다. 참회자에게 부과된 교회적인 배상을 경감해주기 위한 이론적 근거는 13세기에 발전된 은혜의 보고(寶庫, treasury of grace) 교리였다. 이러한 교회의 보고는 그리스도와 성인들(주로 수도원의 사역들)이 쌓아놓은 공로들(merits)을 포함하고 있었다. 그들의 공로는 그들이 원래 획득했던 것보다 더 많이 남았기 때문에, 교회 안에 있는 일반적인 죄인들도 그것을 이용할 수 있었다. 여기에서 다시 한 번 계산 정신, 즉 "이 세상 너머의 회계장부"와 관련하여 계산하는 구조가 나타난다. 그 결과, 자신의 죄를 속죄 행위로 갚아야 했던 참회자들의 빚을 교회의 보고에 근거한 면죄부가 갚을 수 있게 되었다.

이러한 면죄부 체계에 대한 자본주의적 해석의 가능성은 미래를 위해 투자하기로 결정한 한 귀족의 이야기에서 볼 수 있다. 테첼(Tetzel)이 라이프치히

(Leipzig)에서 면죄부를 사용하여 많은 돈을 번 후, 한 귀족이 그에게 다가와서는 미래에 지을 죄를 위하여 면죄부를 미리 구입할 수 있는지 물었다. 테첼은 즉각적인 지불에 근거하여 동의했다. 테첼이 라이프치히를 떠났을 때, 그 귀족은 테첼을 공격하여 그의 돈을 빼앗은 후, 이것이 내가 생각해 두었던 미래의 죄였다고 말했다(Hillerbrand 1964:44-5).

몇몇 설교자들에 의해 조장되어, 일반 사람들은 면죄부의 의미를 바꾸어 버렸다. 더 이상 면죄부는 죄의 결과로 부과된 일시적인 형벌에 대한 교회의 경감이 아니라 천국에 들어가는 입장권으로 그 의미가 왜곡되었다. 루터가 공격했던 테첼을 비롯한 중세의 면죄부 판매 전문가들은 이미 죽어서 연옥에 있는 사람들을 위해서까지 천국의 입장권을 제공했다. 테첼이 면죄부를 팔면서 반복적으로 했던 말은, "동전이 바구니에 떨어져 동전소리가 울리는 그 순간, 연옥에 있던 영혼이 천국으로 올라간다"는 것이었다. 당신이라면 이 사람으로부터 물건을 사겠는가? 글쎄, 그 당시 근심 가운데 있던 수많은 사람들은 테첼로부터 구원을 구매할 수 있을 것으로 믿었다. 그는 이 일에 능수능란했고, 이 일에 대해 꽤 많은 보상을 받았다.

테첼이 일상적으로 했던 방식은 오늘날 광고 전문가들의 부러움을 샀을 것이다. 그가 어떤 마을에 도착하기 몇 주 전, 사람들은 그의 도착을 미리 알렸다. 그들은 또한 그 마을 사람들에게 어느 정도의 돈을 부과할 수 있을지를 알기 위해 그 지역의 재정적 자원을 파악하여 특별한 자료를 만들었다. 테첼은 트럼펫과 북의 화려한 연주와 함께 마을에 입성하였고, 그를 뒤따라 교황청의 문양과 깃발들로 가득 찬 행렬이 이어졌다. 마을 광장에서 지옥과 그 공포에 대해 생생하게 설교한 후, 그는 그 지역에서 가장 큰 교회로 들어가 연옥에 대해서 그리고 죽은 친척들과 가족들이 겪고 있는 고통에 대해서 마찬가지로 생생하게 설교했다. 연옥에서 고통을 얼마나 오랫동안 겪어야 하는가를 결정하는 요소는 죽은 그 사람의 죄뿐만이 아니라 살아 있는 그의 친지들이 그에게 보이는 사랑이었다(Le Goff 1988b:77).

> 여러분들은 죽은 부모들과 다른 사람들이 "나를 불쌍히 여겨 다오. 나를 불쌍히 여겨 다오…하나님의 손이 나를 괴롭게 한다(욥 19:21). 네가 조금만이라도

기부하고자 한다면, 우리가 겪고 있는 이 무거운 형벌과 고통으로부터 구해낼 수 있단다"라고 외치는 소리를 듣지 못합니까? 여러분의 귀를 열고, 아버지가 아들에게 어머니가 딸에게 부르짖는 소리를 들으십시오(Oberman 1898b: 188).

천국을 묘사하는 그 다음 설교가 끝나게 되면, 청중들은 기꺼이 면죄부를 구입할 준비가 돼 있었다. 언제나 모든 사람이 이 일에 참여할 수 있었는데, 그 이유는 테첼이 각 사람의 경제적 수준에 따라 가격을 조정했기 때문이었다.

하지만 테첼은 비텐베르그에 들어오도록 허락받지 못했다. 왜냐하면 면죄부 판매와 자신의 유물 수집이 경쟁하기를 원치 않았던 프리드리히의 금지령 때문이었다. 하지만 루터의 교구 사람들은 이러한 불편을 극복하면서라도 테첼을 향해 갔다. 그들이 돌아온 후 자신들은 천국행 입장권을 가졌기 때문에 더 이상 고해도, 참회도, 미사도 필요치 않다고 말하는 소리를 들었을 때, 루터는 섬뜩해졌다. 진실로, 교황의 면죄부는 "심지어 하나님의 어머니를 겁탈한 사람의 죄라도 용서할 수 있다"는 말이 퍼졌다(LW 31:32). 하나님 앞에서 자신의 교구민들을 향한 책임을 가진 사제로서, 루터는 영적인 함정에 맞서서 그들을 경고해야 했다.

이것이 전통적으로 종교개혁이 시작된 날로 알려진 1517년 10월 31일에 루터가 "95개조 반박문"을 발표하기 직전의 상황이었다. 하지만, 루터가 당시의 면죄부 판매에 대해 비판한 것은 이 날이 처음은 아니었다. 이미 1514년 루터는 면죄부의 남용을 비난하였고, 1516년에 행한 설교에서는 자신의 군주가 열심을 보였던 성유물 수집을 비판했었다. 이 설교를 듣고 프리드리히는 언짢아했다. 루터는 자신의 군주의 경건한 신앙심에 문제를 제기했을 뿐 아니라, 자신이 속한 대학의 수입원 중 하나를 공격했던 것이다. "16세기의 복권"(Bainton 1957:54)이었던 면죄부는 다리를 건설하는 것부터 성당을 짓는 것에 이르기까지의 여러 건축 사업을 위한 수입원이었다.

"95개조 반박문"은 대학에서의 논쟁을 위한 전형적인 학문적 명제였다. 루터는 이 글을 라틴어로 썼으며, 대부분의 비텐베르그 사람들은 독일어조차도 읽지 못했다. 따라서 교회 대문에 선동적인 반박문을 못 박는 분노에 찬 젊은이로 루터를 그리는 대중적인 묘사는 사실보다는 허구에 가깝다. 실제로 "95개조 반박문"이 붙여졌는지(posted) 아니면 부쳐졌는지(posted), 즉 못을 박아서 붙인 것인지(nailed) 아니면 편지로 부쳐진 것인지(mailed)에 대한 집중적인 역사적 논의가 있어 왔다(Iserloh 1968; Aland 1965; Treu 2007; Leppin 2007). 그렇다면 학문적 토론을 위해 만들어진 문서가 어떻게 그와 같은 폭동을 일으켰을까?

루터는 테첼의 상관인 마인츠(Mainz)의 대주교 알브레히트(Albrecht)에게 이 문서를 보냈다. 그는 자신의 부하가 교회의 권위를 남용하고 있다는 사실을 알브레히트가 모르고 있을 것이라고 순진하게 생각하고서 이 문서를 보낸 것이다. 이후 이 문서는 로마로 보내졌다. 그 결과, 다른 어떤 사람뿐 아니라 루터 자신을 놀라게 하고 두렵게 만들었던 폭발이 일어났다. 루터는 교황의 권위 및 정치적이고 교회적인 음모와 관련된 매우 민감한 문제들을 자신도 모르는 사이 건드렸던 것이다.

5. 찍찍거리는 생쥐

교황 레오 10세는 처음에 루터를 도미니크 수도사들을 질투하는 또 한 명의 술 취한 수도사로 치부해 버렸다고 알려진다. 하지만 이 사건은 프리에리오(Prierio)에서 출생하여 프리에리아스(Prierias)라고도 알려진 교황청 신학사 실베스터 마쫄리니(Sylvester Mazzolini)에게로 넘어갔다. 도미니크 수도회 소속이었던 프리에리아스는 말 그대로 루터를 처음으로 반대했던 사람이었다(Lindberg 1972; Bagchi 1991:14-44; Hendrix 1981:46-52). 또 다른 도미니크 수도사 페퍼코른(Pfefferkorn)에 의해 유명한 인문주의 히브리어 학자 로이힐린(Reuchlin)이 이단으로 비난받은 악명 높은 재판에도 프리에리아스는 이미 관여했었다. 오래 지속된 이 재판으로 인해 성직자들에 대한 인문주의자들의 풍자 작품인 『세상에 알려지지 않은 사람들의 편지』(Letters of Obscure Men)가 나왔다(Rummel 2006:12-25).

로이힐린 사건 때문에 여전히 자존심 상해 있던 도미니크회 소속 수도사들은 면죄부 논쟁이 일어나고 도미니크 수도사 테첼이 공격받는 모습을 보았다. 그들은 이것을 대학의 개혁이라는 상황에서 도미니크회와 어거스틴회 사이에서 진행된 경쟁의 연속으로, 그리고 교황청의 대표자로서 자신들이 감당했던 역할에 대한 도전으로 여겼다. 도미니크 수도사들은 "면죄부의 발행에 있어 주도적인 위치를 차지했으며…자신들이 나누어 주는 면죄부로 인해 죽은 자들의 영혼이 유익을 얻는다고 주장했다…이 신학자들은 교회가 사후(死後)에도 관할권을 행사할 수 있다고 반드시 주장해야 했다"(Shaffern 1992:381). 비텐베르그 대학에서 이루어진 교과 과정의 개혁으로 인해 토마스주의와 스콜라주의 연구는 어거스틴 및 성경 연구로 교체되었다. 도미니크 수도회는 자신들이 가톨릭 교리 및 15세기 중반 이후에는 교황의 수위권과 권위를 지키기 위해 임명되었다고 생각했다. 레오 10세 치하에서 교황청은 수많은 도미니크회 수도사들을 포함하고 있었다. 따라서 면죄부에 대한 루터의 공격은 토마스주의-스콜라주의 신학, 교황의 권위, 이단에 대한 도미니크회의 지배를 겨냥한 공격으로 여겨졌다.

반면 루터는 면죄부에 대한 문제 제기를 자신이 박사로 서약할 때 부여받은 학문적인 논쟁으로 이해했다(LW 34:103). 자신의 위치를 박사라는 직책으로 교회를 섬기는 종으로 이해함에 따라, 루터는 자신이 주장하고 가르친 내용에 잘못된 부분이 있다면 그에 대해 설득력 있게 반박할 만한 증거를 제시하라고 요구했다. 이러한 행동은 도미니크 수도회에게 충격과 동시에 분노를 초래하였다.

프리에리아스는 신속히 루터에 대한 답변을 만들어 『교황의 권한에 관한 마르틴 루터의 오만한 논제들에 반대하는 대화』(*Dialogue Against the Arrogant Theses of Martin Luther Concerning the Power of the Pope*)를 출판했다. 이 "대화"는 면죄부 논쟁을 교황의 권위에 대한 도전으로 봄으로써 루터를 이단으로 고발하였다. 물론 "95개조 반박문"에서 루터는, "왜 교황은 돈이 아니라 사랑으로 연옥을 비우지 않는가? 왜 교황은 자신의 돈을 투자하여 성 베드로 성당을 건축하지 않는가?" 등과 같이 교황과 관련된 문제를 제기하였으며, 교회의 참된 보고는 복음이라는 점을 지적하기도 했다. 하지만 프리에리아스의 관점은 기본적으로 공의회주의에 반대하는 교황주의에 의해 형성되었다. 그는 이미 "95개조 반박문"이 나오기 이전에 본질적으로 만들어졌던 교황권에 대한 자신의 네 가지 근본 주장들을 선언함으로써, 대화가 시작되기도 전에 대화를 끝냈다. 그의 네 가지 근본 주장은 다음과 같다.

> 첫째, 비록 그리스도와는 다른 방식에서 이루어지기는 하지만, 사실상 교회의 머리는 교황이다. 둘째, 교황은 자신이 교황으로서 어떠한 결정을 내리는 경우 오류를 범할 수 없다. 셋째, 로마 교회와 교황의 가르침을, 심지어 성경조차도 그 능력과 권위를 의지하는, 신앙의 무오한 기준으로 받아들이지 않는 사람은 이단이다. 넷째, 로마 교회는 신앙과 윤리에 관련된 어떠한 것을 말을 통해서 뿐 아니라 행동을 통해서도 세울 수 있다…한 의미에서 관례는 법의 효력을 갖는다…따라서 신앙과 윤리에 관계되는 내용에 있어서 교회의 가르침과 행동을 잘못 해석하는 사람은 이단이다.

루터가 요점을 파악하지 못할 경우를 대비하여, 프리에리아스는 다음과 같이 결론 내린다. "면죄부와 관련해서 로마 교회가 실제로 행한 일이 잘못된 것이라고 말하는 자는 이단이다."『대화』에 대한 루터의 처음 반응은 충격과 공포였다. "그때 나는 생각했다. '선하신 하나님, 이것이 교황 앞에까지 가야 하는 문제입니까?' 그러나 우리 주 하나님께서는 나에게 은혜를 베푸셨고, 나는 그와 같은 바보가 쓴 내용들에 대해 웃을 수밖에 없었다. 그때 이후로 나는 결코 겁을 먹지 않았다"(LW 54:83). 훗날 루터는 프리에리아스가 처음에 자신에게 다가와서는 "생쥐처럼 찍찍거린 후 사라져버렸다"고 말했다. 하지만 이러한 "찍찍거림"은 카예탄(Cajetan)과 엑크(Eck)로 이어져 계속되는 공격에서 다시 나타났고, 앞으로의 논쟁에 영향을 주었다.

이 시기에(1518-21) 루터의 실존적인 인식론이 시편에 대한 두 번째 강의에서 다음과 같이 분명하게 표현된 것은 결코 우연이 아니었다.

> 한 사람이 신학자가 되는 것은 읽고 이해하고 추론하는 활동을 통해서가 아니라 삶을 통해서 그리고 진실로 죽음과 저주를 통해서 이루어진다(WA 5:163, 28-9).

이제 루터는, 면죄부라는 특정한 "남용"을 개혁하기 위해서는 교회의 자기

그림 3.2 "화폐주조인을 향한 질문"(A Question to a Minter). 1530년 경 외르그 브로이(Jörg Breu)의 작품. 이 목판화 그림은 '매일 찍어내는 돈이 모두 어디로 가는지'에 대한 화폐주조인의 답변을 보여준다. 교황교서와 면죄부를 들고 있는 교황(오른쪽), 속이는 추와 저울을 들고 있는 상인들(왼쪽), 그리고 변조된 화폐를 만드는 화폐주조인들(중앙), 이렇게 세 부류의 사람들에게 돈이 흘러간다. 이 셋 중, 교황의 면죄부가 가장 두드러지는 위치를 차지한다. 전면에서 한 주교가 면죄부를 크게 읽고 있으며, 그 뒤에는 면죄부 문서가 인장과 함께 십자가에 걸려 있다. 말을 타고 있는 추기경과 수도사는 교황청의 부유한 생활방식을 묘사한다. 이 그림은 가톨릭 성직자를 상인과 비교하여, 구원을 포함하여 모든 것을 파는 사람으로 표현한다. 오른쪽 구석에 있는 한 바보가, 성직자의 주목을 받지 못한 가운데, 그들을 조롱한다.

자료 출처 : Photo Jörg P. Anders. Staatliche Museen zu Berlin-Preussischer Kulturbesitz Kupferstichkabinett.

이해 및 신학이라는 더 큰 맥락을 다루어야 한다는 점을 인정할 수밖에 없었다. 이러한 점에 있어서, 종교개혁의 최초의 쟁점은 칭의가 아니라 교황의 권위였던 것으로 보인다(Bagchi 1991; Lindberg 1972; Headley 1987). 잇따라 일어나는 논쟁을 통해 루터의 사상은 더욱 분명하고 날카로워졌으며, 루터는 교회의 역사를 연구하는 가운데 장차 맞서게 될 카예탄과 엑크와의 논쟁을 준비하였다. 이러한 충돌은 루터가 1520년에 독일 귀족들에게 공의회를 개최하라고 호소했던 배경이 되는데, 그는 교황권을 적그리스도로 의심하였다.

6. 정치와 경건

프리에리아스의 『대화』에 근거하여 루터는 60일 이내에 로마에 나타나라고 소환되었다. 프리에리아스의 『대화』와 소환장 모두가 1518년 8월 7일 비텐베르그에 도착했다. 하지만 60일이라는 유예 기간이 끝나기도 전에 로마는 루터가 이단이며 따라서 당국자들에게로 보내져야 한다고 결정했다. 루터가 후스의 운명을 겪지 않았던 것은 지역적이고 제국적인 정치와 경건이 독특하게 뒤섞였던 상황 때문이었다. 이처럼 더 넓은 배경에는 두 가지 주요 쟁점이 관련되었다. 하나는 1519년에 이루어진 황제 선출 선거에 영향을 행사하려는 정치적 움직임이었고, 다른 하나는 율리우스 2세에 의해 시작된 성 베드로 성당의 건축을 완공함으로써 자신의 세속 경쟁자들에게 인상을 남기고자 했던 교황 레오 10세의 소망이었다. 이러한 관심사들이 뒤얽혀져서 생긴 구멍을 통하여 루터는 이단이 맞이해야 했던 일반적인 운명을 피했다.

콘스탄틴(Constantine) 황제가 325년에 니케아(Nicea) 공의회를 소집한 이래로 종교와 정치는 긴밀하게 연결되어 왔다. 중세가 되기까지 교황은 세속의 권력을 직접적으로 행사했으며, 이상적인 황제의 요건에는 교회와 참된 신앙을 보호하는 의무가 포함되었다. 비록 중세 후기에 교황과 독일의 황제들 사이에 잠재적일 뿐 아니라 표면적인 긴장들이 존재했지만, 합스부르크 가문 계통의 막시밀리안(Maximillian)과 찰스 5세(Charles V)는 황제로서의 종교적 의무를 중요하게 생각했다. 정밀로 찰스 5세의 통치는 한 편으로는 유럽에서의 주도권을 잡기 위한 노력으로, 다른 한 편으로는 이단에 맞서 싸우는 노력으로 특징 지워졌다. 가톨릭교회에 대한 깊은 충성심으로 인해 찰스 5세는 종교개혁에 맞서서 가톨릭교회를 보호하는 것을 자신의 사명으로 인식했다. 하지만 이는 아직 다루기에 너무 이른 내용이다.

1257년 이후, 특정한 제후들은 황제를 선출할 권리를 요구하였다. 이 모임은 작센의 공작, 브란덴부르그(Brandenburg) 후작, 보헤미아의 왕, 라인 강 유역의 팔라틴 백작(count palatinate), 쾰른(Cologne), 트리어(Trier), 마인츠(Mainz)의 대주교들 등으로 이루어졌다. 이 전통은 독일 개별주의(particularism)의 대헌장이라고도 불리는 1356년의 황금칙서(Golden Bull)에 집약되었는데, 이 문서는 연합체적인 기초에 근거하여 황제의 통치에 대한 질서 있는 절차를 제공했다. 이 문서에 따르면 일곱 명의 선제후들은 황제의 관할 구역으로부터 면제되며, 교황은 황제를 선출하는 선거에 참여할 수 없었다.

1438년 이래로 합스부르그 가문의 사람들이 황제가 되었지만, 그들의 선출이 자동적으로 이루어진 것은 아니었다. 그 당시 합스부르그 가문과 호헨촐레른 가문(Hohenzollerns)은 정치적 경쟁 관계에 있었다. 1517년 이후 황제 막시밀리안은 자신의 손자인 스페인의 찰스(Charles)를 후원하는 선제후들을 모으려고 힘을 쏟아 왔다. 종교개혁 및 새로운 황제의 선출 직전, 브란덴부르그의 선제후 요아킴(Joachim)은 호헨촐레른 가문 사람이었다. 1513년에는 세 가지 중요한 교회 직책, 즉 마그데부르그(Magdeburg)와 할버슈타트(Halberstadt)와 마인츠(Mainz)의 대주교 자리가 비어 있었다. 이 중 마지막 마인츠의 대주교는 독일을 관할하는 대주교로서, 선제후들의 모임에서 투표권을 가지고 있었다. 선제후 요아킴은 이러한 상황을 호헨촐레른 가문을 확장하고 일곱 명의 투표권 중 두 표를 확보함으로써 황제 선거에 영향력을 행사할 수 있는 기회로 보았다. 따라서 요아킴은 자신의 동생인 알브레히트(Albrecht)가 이 직책을 차지하도록 결심하였다.

요아킴의 계획에 있어서 문제는, 대주교가 될 수 있는 나이가 아직 안 된 알브레히트가 심지어 사제도 되지 않았으며, 한 가지 이상의 교회 직책을 갖는 것이 불법이었다는 사실이었다. 물론 이러한 방해조건에 대한 교황의 면제를 얻는 것이 가능했지만, 이처럼 중요한 문제들에 있어서 교황의 면제권을 얻기 위해서는 많은 비용을 치러야 했다. 하지만, 여우 레이날드(Reynard the Fox)가 말한 것처럼, 돈이면 모든 것이 해결됐다.

알브레히트는 로마와 협상하여 대주교 자리의 가격을 29,000 금화로 정했다. 분명코 이 액수는 요아킴과 알브레히트 모두의 재산보다 많은 것이었다. 하지만, 교황 레오는 합리적인 사람으로서 재정적인 조정을 기꺼이 받아들였다. 교황은 알브레히트에게 푸거(Fugger) 은행가로부터 대출을 받으라고 제안했다. 레오는 총액의 25퍼센트를 계약금으로 요구했으며, 알브레히트에게 그 나머지 금액을 모으기 위해 면죄부를 판매할 수 있는 권리를 부여했다. 돈이 모임에 따라, 그 절반은 교황청으로 들어가 성 베드로 성당의 건축에 사용되었고, 나머지 절반은 푸거가로부터 빌린 엄청난 액수의 대출금과 이자를 갚는 데 사용되었다. 알브레히트가 자신의 빚을 가능한 빨리 갚기 위해서 최고의 면죄부 판매인(테첼-역주)을 고용한 것은 놀랄 만한 일이 아니다.

1519년 6월 28일 프랑크푸르트 암 마인(Frankfurt am Main)에서 열린 황제 선거는 16세기 독일에서 가장 격렬히 논쟁되고 중요했던 정치적 사건 중 하나였다. 전통적으로 제국과 프랑스와 교황청 사이에서 이루어졌던 권력의 3각 구도는, 찰스가 황제로 선출될 경우 엄청난 권력이 합스부르그 가문의 손에 쥐어질 것을 프랑스와 교황청 모두가 염려함으로써 더욱 날카로워졌다. 찰스는 이미 부르군디(Burgundy)의 백작이었고 스페인과 나폴리-시실리(Naples-Sicily)의 왕이었으며, 그의 형제 페르디난드(Ferdinand)와 더불어 오스트리아의 땅을 상속받는 위치에 있었다. 그에 대항할 만한 후보자를 찾고 선전하며 뇌물을 주고받는 일이 막시밀리안이 죽기 전부터 시작되었다. 영국의 헨리 8세도 후보자로 잠깐 고려되었지만, 프랑스의 프란시스 1세가 더 믿을만한 지위를 가지고 있었음에 분명했다.

루터의 개인적인 유익 및 종교개혁의 진행에 있어 중요했던 또 다른 후보자는 그의 군주이자 작센의 선제후였던 프리드리히였다. 프리드리히가 합스부르그 가문의 권력에 맞서기 위한 후보자로 나서 주기를 원했기 때문에, 교황청은 프리드리히가 자랑스럽게 여기는 교수였던 루터에 대한 공격을 주저했다. 찰스의 여동생인 캐더린(Catherine)과 프리드리히의 조카인 요한 프리드리히(John Frederick) 사이의 결혼을 추진될 정도로 프리드리히의 지지를 얻으려고 애썼던 합스부르그 가문의 노력 역시 이단을 제거하려는 황제의 노력을 주춤하게 만들었다.

찰스가 황제로 선출되었다. 하지만 이러한 결과를 얻기 위해 사용된 계략들로 인해 선거가 끝난 후 정치적이고 재정적인 어려움이 초래되었다. 정치적인 면에서 볼 때, 찰스는 자신의 선출의 선행 조건으로 소위 "선거의 합의"라고 불리는 것을 받아들였다. 이 합의사항의 의도는 기존의 구조를 확증하고 유럽의 법률과 관습을 유지하는 것이었다. 황제의 중요한 결정들은 독일 제후들과의 상의 없이는 이루어질 수 없었고, 독일어와 라틴어가 공식적인 언어로 사용되어야 했으며, 외국인들은 독일의 제국 직책으로부터 제외되어야 했고, 외국의 군대는 독일 안에 허용되지 않았으며, 제국의 자원들은 왕실의 유익을 위해 사용될 수 없었다. 경제적인 면에서 볼 때, 합스부르그 가문이 이 선거에 투자한 비용은 백만 굴덴에 이를 정도였다. 푸거 은행가문은 이 자본의 많은 부분을 공급해 주었으며, 그 결과 훗날 야콥 푸거(Jacob Fugger)는 황제에게 돈을 갚으라고 요구하면서 "저의 도움이 없었다면 폐하가 황제의 자리에 오를 수 없었다는 사실은 너무나 잘 알려져 있어서 강조할 필요가 없습니다"라고 당당하게 말할 정도였다(Hillerbrand 1964:87).

찰스 5세는 황제가 되었지만, 전적으로 자유롭지는 않았다. 그의 제국은 지리적으로는 적어도 기독교 세계(corpus Christianum)라는 중세적인 이상에 근접했다. 하지만 그 자신은 독일의 "자유"를 인정해야만 했다. 황제와 제국은 더 이상 하나가 아니었으며 오히려 서로에 대한 반대가 되었다. 그의 신하 가티나라(Gattinara)는 제국의 안정을 위한 황제의 이데올로기를 주장했다. 하지만 제국의 주도권은 영구적인 문제였으며, 각 나라들의 등장 및 제국에 반대하는 프랑스와 교황의 세력으로 인해 이 문제는 더욱 깊어졌다. 찰스는 자신의 거대한 제국에 존재하는 수많은 문제들에 직면했다. 그는 모든 것을 물려받았지만 아무 것도 정복하지 못했다. 어느 곳에서나 그는 중세 봉건주의의 후기 단계에 발생한 복잡한 구조와 제도를 다루어야 했으며, 복잡해진 권리와 선례 및 면제 등의 문제를 또한 처리해야 했다. 이 군주는 이 모든 것을 함께 떠맡았으나, 이에 적응하기까지는 수개월이 걸렸다. 이 모든 것에 있어서 독일은 두 번째의 역할을 감당했다. 찰스 자신은 독일어를 거의 알지 못했으며, 주로 제국 바깥에 거주했다. 루터가 보름스 의회(diet of Worms)에서 황제와 교황을 직면해야 했을 당시의 정치 구도는 루터에게 유리했다.

7. 보름스 의회로부터 새들의 땅에 이르기까지

"95개조 반박문"이 출판된 후 사건은 급속도로 진행되었다. 루터는 자신의 군주이자 비텐베르그 대학을 설립하고 후원했던 프리드리히로부터 중요한 지지를 받았다. 이전에 프리드리히는 자신의 영토에 면죄부가 들어오는 것을 금지했었는데, 이는 단순히 자신이 수집해 놓은 성유물과의 경쟁 때문만이 아니라, 그의 경쟁자였던 브란덴부르그의 호헨촐레른 가문 특히 대주교 알브레히트에 대한 경계심 때문이었다. 뿐만 아니라, 프리드리히의 대학은 중요한 교과 과정의 개혁을 추진하고 있었으며, 루터와 그의 동료들은 스콜라주의를 대신하여 성경과 교부들에 대한 연구를 강조하였다.

프리드리히는 비텐베르그에서 이루어지고 있는 이러한 새로운 신학적 방향을 도미니크 수도회가 반대한다는 사실을 알았다. 그는 (대주교 알브레히트의) 정치와 (도미니크 수도회)의 교육 모두로부터 자신의 유능한 성경 교수를 보호하기 시작했다. 그는 루터를 이단으로 고소하는 그들의 공격을 비텐베르그와 비텐베르그 대학의 명예를 훼손하기 위한 전략이라고 생각하였다. 만일 프리드리히가 루터에 대하여 의심을 가졌었다고 한다면, 루터 사건에 대한 에라스무스의 답변 즉 "루터는 수도사들의 배를 공격하고 교황의 명예를 공격하는 등 큰 죄를 범했습니다"라는 답변으로 인해 둘 사이의 관계가 깨어졌을 것이다.

교수로서 루터는 선제후 작센의 공식적인 관리의 지위를 가졌다. 이에 근거하여, 프리드리히는 루터가 하이델베르그에서 열린 어거스틴 수도회의 총회에 참석하도록 "허락했다." 이곳에서 루터는 자신의 상급자에 의해 침묵되기는커녕, 도리어 자신의 신학을 설명하도록 격려를 받았다. 유명한 하이델베르그 논쟁(Heidelberg disputation)은 마르틴 부처(Martin Bucer, 1491-1551)를 비롯한 젊은 신학사들의 마음을 사로잡았고, 그들이 주요 개혁가들이 되도록 만들었다. 반면, 루터에 대한 프리에리아스의 보고는 루터를 교회의 심판 앞으로 공식적으로 고소하는 근거로 사용되었다. 루터는 이단이라는 고소에 답변하기 위해 60일 이내에 로마에 나타나도록 소환되었다.

로마로 출두하라는 소환장을 받았을 때, 루터는 당시 아우구스부르그(Augsburg)에서 열린 제국 회의에 참석했던 프리드리히에게 편지를 써서 자신을 대신하여 교황과 중재해 줄 것을 요청하였다. 루터의 요청은 독일 땅에서 공평한 재판관이나 대학 교수들 앞에서 자신에 대한 공청회를 열어달라는 것이었다. 교회적인 분쟁으로 인해 자신의 백성들이 너무나 자주 로마로 불려가는 것에 대해 통치자들이 우려를 표시했던 이 시기에, 루터의 요청은 특별한 것이 아니었다. 또한, 이 문제와 관련된 독일의 국가적인 자존심과 더불어, 이 문제가 비텐베르그 대학의 명성에 영향을 끼치는 학문적인 쟁점이라는 것 역시 그가 제기한 표면적인 주장이었다.

프리드리히는 레오 10세로부터 호의적인 공청회를 기대할 수도 있었다. 왜냐하면 당시 레오는 터키족에 맞서-많은 비용을 들여-십자군을 모으는 일을 위해 의회의 구성원들에게 호소하고 있었기 때문이다. 교황의 특사인 (도미니크 수도회 소속) 추기경 카예탄은 이 의회에 파견되어, 만일 크로아티아와 헝가리가 터키의 침략에 넘어간다면 종교의 미래 뿐 아니라 인류 자체의 미래까지도 위태해질 것이라고 주장했다. 독일 영주들은 최대 20퍼센트의 세금을 요청했던 이 일에 회의적이었으며, 교황에게 분명한 답변을 회피했다.

이러한 상황에서 프리드리히는 루터가 아우구스부르그에서 카예탄과 만나도록 자리를 마련했다. 이 시기에 카예탄은 루터가 자신의 주장을 철회하고 용서를 구하지 않는다면 그를 투옥시키고 심문하라는 교황청의 지시를 받았다. 그와 동시에 프리드리히에게 보내진 또 한 편의 교황의 편지는 훨씬 더 교묘한 어투로 협조를 요청했는데, 교황은 프리드리히처럼 강력한 군주의 도움을 필요로 하는 이 시기에 그의 기분을 상하게 하고 싶지 않다고 말했다. 교황은 이 편지에서, 비록 자신은 프리드리히가 이단자를 후원하고 있다는 온갖 추한 소문들을 믿지 않지만, 이 군주가 자신의 훌륭한 가문의 이름을 생각하기 원한다고 밝혔다.

프리드리히는 루터가 카예탄을 만나야 한다면 그의 안전을 보장해 달라고 요구했다. 더 나아가서, 이 비난에 대한 충분한 조사와 증거가 밝혀져야 했다. 루터는 자신의 입장을 변호할 수 있는 기회를 부여받아야 했고, 이 모임으로부터는 어떠한 확정적인 결정도 내려져서는 안 된다는 점을 그는 분명히 했다. 하지만 확정적인 결정이 내려졌다. 바로 이곳, 1518년 10월의 아우구스부르그는 "종교개혁과 가톨릭주의 사이의 대립이 처음으로 발생한 역사적 순간이었다…토마스주의자 카예탄이 면죄부에 대한 루터의 반박문을 읽었을 때, 그는 놀라울 정도로 민첩하게 루터의 주장이 교황 교회의 가장 큰 위협이 될 것이라는 사실을 인식했다. 신자의 주관적인 구원의 확신은 교회에 대한 순종을 대체할 수 있었다"(Hamm 1999:75-6). 멜랑히톤, 츠빙글리, 칼

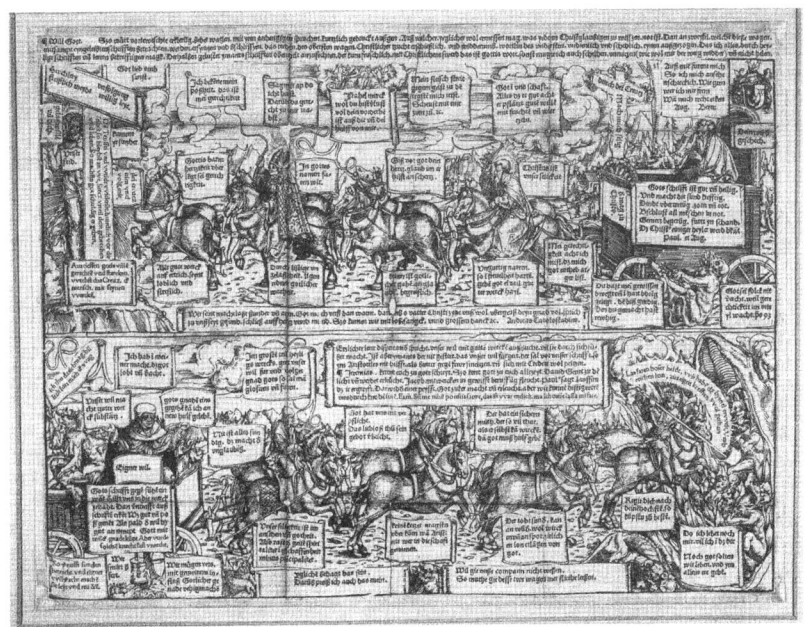

그림 3.3 "짐을 싣고 가는 마차"(The Fuhrwagon). 루카스 크라나흐(Lucas Cranach the Elder)의 1519년 작품. 이 만화는 종교개혁을 선전하는 최초의 중요한 표현물 중 하나이다. 1519년의 라이프치히 논쟁 직전에 그려진 이 그림은 스콜라 신학자들과 그들의 신학을 조롱한다. 윗 그림은, 바퀴를 멈추려는 마귀의 시도에도 불구하고 그리스도를 향해 "하나님의 이름으로" 나아가는 복음주의자들의 마차를 묘사한다. 아래 그림은 지옥을 향해 가는 스콜라주의자들의 마차를 보여주는데, 그 바퀴들은 "최선을 다하라"는 신학을 표현한다.

자료 출처 : ⓒ Elke Walford, Hamburger Kunsthalle

빈 등 다른 개혁가들도 '오직 믿음을 통하여 오직 은혜로 말미암아 의롭다함을 받는다'는 루터의 이해를(즉 '하나님께서 그리스도를 통하여 죄인들을 무조건적으로 용납하신다'는 이해를) 곧바로 공유했으며, 이로 인해 가톨릭 신학의 "틀이 무너졌다"(Hamm 1999).

카예탄과의 첫 번째 만남을 통해 루터는 대화라는 착각을 재빨리 버렸다. 추기경은 루터에게 다음 세 가지를 행하라고 말했다. 잘못을 회개하고 자신의 입장을 철회할 것, 다시는 그러한 가르침을 전하지 않겠다고 약속할 것, 앞으로 문제를 일으키는 활동을 삼갈 것. 그 후에 계속된 세 차례의 만남은 분쟁과 분노를 증가시켰을 뿐이었는데, 왜냐하면 루터가 이 문제들에 대한 신학적 토론을 주장했기 때문이다. 카예탄은 루터에게 철회할 준비가 되어 있지 않으면 돌아오지 말라고 말하면서 마지막 만남을 끝냈다. 조용한 가운데 며칠이 흘렀고, 루터가 사로잡혀서 투옥된 채 로마로 보내졌다는 소문이 퍼져 나갔다. 루터의 친구들은 겁을 먹었고, 그를 마을 밖으로 신속히 내보냈다. 훗날 루터는 자신이 아슬아슬하게 빠져 나왔다는 사실을 알게 되었다.

분노한 카예탄은 루터의 오만함에 대해 선제후에게 불평하였다. 프리드리히는 이러한 불평을 루터에게 전해 주었고, 루터는 카예탄이 약속된 토론을 하지 않았으며 자신이 기꺼이 선제후 작센을 떠나겠다고 말함으로써 대화가 끝났다고 답변했다. 그 후 루터는 떠날 준비를 했다. 12월 1일 루터가 마련한 작별 저녁 식사 때에, 두 통의 편지가 극적으로 도착했다. 첫 번째 편지는 루터가 아직까지 이곳에 있다는 사실에 대한 프리드리히의 놀라움을 표현한 것이고, 두 번째 편지는 루터가 남아 있어야 한다고 말하였다. 두 번째 편지는 아마도 교황의 대사인 밀티츠(Miltitz)가 임박한 황제 선거와 관련한 임무를 수행하기 위해 도착한 것으로 인해 촉발되었던 것으로 보인다. 12월 18일, 프리드리히는 루터가 정당한 조사를 받고 적절한 판결을 받기 전까지는 로마에 가거나 유배되지 말아야 한다고 결심했다. 1519년 1월 12일에 막시밀리안 황제가 사망했고, 교황과 제국의 정치로 인해 이단의 혐의를 받은 루터 사건은 뒤로 밀려났다.

그리고 잉골슈타트의 요한 엑크 박사(Dr Johann Eck of Ingolstadt)가 등장한다. 엑크는 1517년에 루터와 친분관계를 맺은 적이 있었기에, 루터는 그가 자신의 주장들을 공격하기 시작했을 때 상처를 입었고 분노했다. 엑크는 루터를 직접적으로 공격하지 않았다. 그 대신에 루터의 동료인 안드레아스 보덴슈타인 폰 칼슈타트(Andreas Bodenstein von Karlstadt, ca. 1480-1541)를 공개적인 논쟁으로 불러 들였다. 하지만 칼슈타트가 루터의 입장을 따랐다는 점은 분명했다. 논쟁의 협상 과정이 수개월 동안 지루하게 지연되었고, 그 과정에서 작은 팜플렛 전쟁(pamphlet war)이 일어났다. 칼슈타트는 자신의 친구였던 화가 루카스 크라나흐(Lucas Cranach)로 하여금, 두 개의 마차가 하나는 십자가를 지고 천국을 향해 가며 다른 하나는 스콜라주의의 책들을 싣고 지옥을 향해 가는 만화를 그리게 하였다. 라이프치히의 신학자들과 성직자들은 분노했으며, 심지어는 사람들에게 "마차 만화"를 보고 웃었는지 아닌지를 물어볼 정도로 민감하게 반응했다.

이제 루터는, 그레고리 1세(Gregory I, d. 604) 당시 로마 교회는 다른 모든 교회들보다 우위에 있지 않았다고 주장했다. 엑크는 이것을 자신의 공격의 핵심으로 삼았다(가톨릭 논쟁가들이 이 논쟁을 교황의 권위에 관련된 것으로 보았다는 점을 기억하라). 이전에는 프리에리아스에게 그리고 이제는 엑크에게 답변하면서, 루터는 교회의 역사와 교회법을 자세히 연구하기 시작했다. 엑크에 대항하여 작성한 13번 논제에서 루터는 다음과 같이 주장했다.

> 로마 교회가 모든 교회보다 우위에 있다는 주장은 지난 400년 동안 로마의 교황들이 발표한 억지스러운 교서들에 근거한 것이다. 하지만 이러한 교리는 1100년의 교회 역사와 성경의 분명한 가르침 및 모든 공의회들 중 가장 성스러웠던 니케아 공의회의 칙령에 위배된다.

루터는 자신의 논적들 뿐 아니라 동료들까지도 종종 겁을 먹게 만들었는데, 칼슈타트와 슈팔라틴(Spalatin)은 루터가 너무 많이 나갔다고 우려를 표했을 정도였다. 루터는 그들의 조심스러움 때문에 거의 뼛속까지 아플 지경이 되었다고 답했다.

라이프치히 논쟁(Leipzig debate)은 1519년 7월 초에 시작했다. 비텐베르그 교수들은 무장한 수많은 학생들의 호위를 받으며 마차를 타고 6월 24일에 도착했다. 칼슈타트는 자신이 소중히 여겼던 모든 책들을 가지고 첫 번째 마차를 탔다. 두 번째 마차에는 루터와 비텐베르그 대학의 학장이었던 멜랑히톤(Melanchthon)이 탔다. 그 행렬이 라이프치히 시의 정문에 이르렀을 때 칼슈타트가 탄 마차가 망가져서, 그가 쓰레기 더미 위로 곤두박질쳤다. 라이프치히 사람들은 기뻐했다. 엑크에게는 이것이 의심할 여지없이 좋은 징조로 보였는데, 왜냐하면 "마차 만화"로 악명이 높았던 자가 자신의 마차에서 떨어졌기 때문이다.

칼슈타트는 이 사고로 인해 자존심만 잃어버린 것이 아니라, 의학적인 치료를 받고 피를 두 번이나 흘릴 정도로 심한 부상을 입었다. 모든 점에 있어서 칼슈타트는 논쟁을 하기에 불리한 상황에 처했다. 그는 비텐베르그에서부터 라이프치히까지 피곤한 여행을 계속했고, 공개적인 수모를 당했으며, 두 차례나 피를 흘렸다. 악하고 교활한 논적들은 이미 칼슈타트와 루터를-지적으로 뿐 아니라 문자 그대로-불에 태울 기대를 가지고 있었다. 이 뿐 아니라 칼슈타트는 독립적으로 생각하고 말하는 일에 능숙하지 못했다. 그는 참고 자료를 필요로 했는데, 바로 이것이 그가 모든 책을 가지고 왔던 이유였다.

게오르그 공작(Duke George)은 라이프치히 대학을 논쟁의 장소로 허락했다. 하지만 그 자신은 신학적인 논쟁 때문에 자신이 준비하고 있는 계획이 방해받기를 원치 않았다. 그는 자신이 사냥 파티에 가야 하기 때문에 신학자들이 논쟁을 빨리 끝내야 한다고 불평했다. 그는 또한 루터에게, "하나님의 법이든 사람의 법이든 그게 무슨 상관이냐? 교황은 교황이다!"라고 말했다. 하지만 루터의 즉각적인 문제는 이 논쟁에 참여할 허락을 얻는 것이었는데, 이는 그가 원래 초대받지 못했기 때문이었다. 고함과 회유 끝에 비로소 루터는 허락을 얻었다.

논쟁은 그 자체로 긴 준비 과정을 가졌다. 그 날 그 날에 해당하는 미사를 아침 7시에 드렸고, 그 후에는 논쟁의 절차에 대한 지루하고 장황한 내용이 라틴어로 설명되었으며, 그 후에는 음악이 있은 후 마지막으로 점심 식사 시간이 되었다. 논쟁 자체는 점심 식사 후에 시작되었다. 엑크와 칼슈타트는 첫 번째 주를 은혜와 자유 의지의 문제에 쏟았다. 엑크는 청중들을 향하여 말하면서 그들의 지지를 얻어낸 반면, 칼슈타트는 자신이 가지고 온 많은 책들에서 참고 자료를 찾고 있었다. 하지만 이 논쟁은 문서로 기록되어 다른 대학 교수들의 심판을 받게 되었기 때문에, 엑크는 마침내 심판관을 설득하여 칼슈타트로 하여금 정보를 구하기 위해 자신의 책을 찾아보지 못하도록 금지했다.

평신도들에게 있어서는 이 논쟁이 지켜볼 만큼 흥미롭지 않다는 사실이 곧 명백해졌다. 심지어는 신학자들조차도 성대한 점심 식사 후 더운 오후 내내 앉아 있으면서 잠들기 일쑤였다. 한편, 민감한 문제들과 관련하여 나중에 질문을 받게 될 경우 낮잠을 핑계로 잘 모른다고 대답할 수 있도록 자는 척 하는 것이 더 안전했을 것이라는 주장도 제기되었다. 보다 활발한 토론은 학생들에 의해 선술집(taverns)에서 벌어졌다.

7월 4일, 루터는 논쟁 안으로 들어갔다. 엑크는 그를 "후스파"이며 "보헤미아 사람"이라고 공격했다. 이것은 1950년대에 어떤 사람을 공산주의자라고 낙인찍는 것에 해당하는 일이었다. 왜냐하면 라이프치히 지역은 많은 독일인들이 후스파의 반란이 일어난 시기에 보헤미아로부터 추방당했던 사실을 기억하고 있었기 때문이다. 루터는 엑크의 비난에 반대하였지만, 결국 도서관으로 가서 후스의 가르침을 찾아보았다. 다시 돌아왔을 때 루터는, 정죄된 후스의 많은 주장들이 진정 기독교적이고 복음적이며 교회는 이러한 주장들을 정죄하지 말아야 한다고 진술하였다. 놀람으로 인해 잠시간의 침묵이 흐른 후, 큰 소동이 일어났다. 엑크는 루터를 계속 다그쳐서 그로 하여금 교황과 공의회 모두가 오류를 범할 수 있다고 말하게 만들었다. 엑크가 보기에 이는 즉각적인 승리를 의미했다. 그 후, 칼슈타트가 다시 논쟁으로 되돌아왔지만, 게오르그 공작은 이 모든 일을 빨리 끝내고 싶었다.

엑크는 그 후 몇 주 동안 자신의 성공에 흡족해 하며, 추기경의 자리에 오르는 상상으로 즐거워했다. 이제 루터는 자신의 "95개조 반박문"의 의미들을 완전히 직면하게 되었다. 반대파들은 여러 질문들을 던짐으로써 루터로 하여금 그가 처음에 생각했던 것보다 더 멀리 나가게 만들었다. 역설적이게도, 이 논쟁에 있어서 루터는 스콜라주의 권위자들에 대해 과격하게 공격하지 않았다. 이 문제는 다음과 같이 주장하기 시작한 스콜라주의 신학자들에 의해 언급되었다.

> 거룩한 교사들과 기본적인 철학을 교만하게 무시하고서 성경을 자신들의 소수파적인 방법에 따라 해석하기로 결심함으로써, 루터와 칼슈타트는 자신들의 견해를 합리적으로 보이게 만들 모든 기회를 저버렸을 뿐 아니라 그들 자신을 교회의 역사적인 신앙으로부터 분리시켜 버렸다.

프리에리아스와 같은 이탈리아 논쟁가들은 "루터의 모든 오류가 아리스토텔레스와 아퀴나스를 거부한 결과로 발생했다"고 보았다(Bagchi 1991:73, 76).

파리 대학과 에어푸르트 대학의 교수들이 논쟁에 대한 재판관으로 선정되었지만, 그들은 자신들의 견해를 제시하는 데 주저하였다.

라이프치히 논쟁은 루터의 발전에 있어서 큰 의미를 가졌는데, 그 이유는 바로 이 논쟁에서 그가 교회에 대한 자신의 복음주의적인 생각을 공적이고 분명하게 밝혔으며 신앙의 문제에 있어서 유일한 권위가 성경이라는 점을 선언했기 때문이었다. 조금의 주저함도 없이 그는 교황뿐 아니라 교회 공의회도 오류를 범할 수 있다고 말했다. 이로 인해 로마 교회와의 화해는 사실상 불가능해졌고, 루터는 파문에 처하게 되었다.

라이프치히 논쟁이 끝난 후, 엑크는 로마로 가서 루터에 대한 정죄를 선언하는 교황의 교서 「주여 일어나소서」(Exsurge Domine, 1520년 6월 15일)의 작성을 도왔다. 엑크는 더 나아가서 이 교서를 독일 지역에 전파하는 책임을 맡았다. 하지만 그와 교황의 대사인 알레안더(Aleander)는 이내 곧, 자신들이 로마에서는 영웅일지 몰라도 독일에서는 각각 배신자와 외국인으로 격렬한 미움을 받고 있다는 사실을 발견했다.

"오 주님, 일어나셔서 당신의 사건을 판단하소서"라는 교서는 루터의 글에 나타난 41개의 오류를 밝히고 정죄하였다. 루터는 로마 교회로 60일 이내에 돌아오라는 요구를 받았다. 만일 루터가 자신의 입장을 철회하지 않는다면, 그의 기억은 완전히 사라질 것이었다. 하지만 이것이 말로는 쉬웠지만 행동으로 옮기기는 쉽지 않았는데, 그 이유는 이 시점에 이르러 독일의 많은 지역들이 루터의 편을 지지하고 있었기 때문이다. 많은 인문주의자들 뿐 아니라 여러 귀족들도 루터의 주장을 지지하였다. 실베스터 폰 샤움부르그(Sylvester von Schaumburg)는 루터에게 100명의 프랑코니아(Franconian) 귀족들의 보호를 제공했고, 훗날 기사들의 반란을 이끌었던 프란츠 폰 직켕겐(Franz von Sickengen)과 울리히 후텐(Ulrich Hutten)은 루터를 독일의 잠재적인 해방가로 칭송했다. 교황의 교서가 독일 지역에 붙었을 때, 그 문서는 자주 훼손되었다. 이단재판소의 심문관들이 루터의 모든 책을 불태우려고 했을 때, 학생들은 기쁜 마음으로 스콜라 신학자들의 책과 루터의 책을 바꾸어 놓았다. 엑크 자신은 이 교서에서 정죄한 사람들의 목록에 자신의 개인적인 적들의 이름을 추가해 놓음으로써 불에 기름을 부었다.

루터에게 주어진 60일간의 유예기간의 마지막 날이었던 1520년 12월 10일, 멜랑히톤은 비텐베르그 교수진과 학생들을 이끌고 엘베(Elbe) 강 근처의 둑으로 가서 자신들의 책 화형식을 벌였다. 고전적인 스콜라주의 책들과 법률 책들 및 엑크의 저서들과 함께, 루터는 교황의 교서「주여 일어나소서」와 중세 기독교 세계의 법적 기초였던『교회법 대전』(Corpus iuris canonica) 모두를 불태우도록 건네주었다. 이것은, 미국의 헌법을 불태우는 것에 비견될 만한, 혁명적인 행동임에 분명했다. 루터는 자신이 한 행동이 어떠한 의미를 가지고 있는지를 잘 알고 있었으며 이에 대해 자신의 수업에서 이야기했다 (LW 31:381-95). 테 데움(Te Deum, 감사찬송)과 데 프로푼디스(De Profundis, 탄식찬송)를 노래한 후, 교수들은 비텐베르그 대학으로 돌아왔다. 하지만 학생들은 마을 당국자들이 제지할 때까지 교황에 반대하는 데모를 이틀 동안 더 계속했다. 1521년 1월 3일, 최종적인 파문 교서인「로마 교황의 선언」(Decet Romanum Pontificem)이 발표되었다.

1) 보름스 의회

알레안더는 새로운 황제 찰스 5세에게 루터에 반대하는 명령을 독일 지역에 발표해 달라고 부탁했다. 하지만 찰스는 자신이 대관식 때 했던 서약, 즉 어떠한 독일인도 공정한 재판관들에 의하여 독일 땅에서 조사받기 전에는 정죄될 수 없다는 서약에 동의했다. 이러한 상황에서 찰스 5세는 세 가지 선택사항을 가지고 있었다. 첫째, 루터가 이미 교황의 정죄를 받은 상태였기 때문에, 찰스는 로마에 양보하면서 루터를 제국의 법으로 심판할 수 있었다. 둘째, 루터로 하여금 로마에 복종하라고 설득하는 협상을 벌이거나, 셋째, 곧 열리는 보름스 의회(diet of Worms)에 루터가 나타나 조사를 받도록 허락할 수 있었다. 찰스는 마지막 사항을 선택했는데, 부분적으로는 프리드리히의 주장 때문이었고, 부분적으로는 로마와의 정치적 힘겨루기를 위해서였다. 찰스는 루터의 의견을 직접 듣지 않고서는 그를 정죄하지 않겠다고 약속했고, 그에게 보름스까지 안전하게 올 수 있는 통행권을 주었다.

교황의 대사인 알레안더가 보름스에 도착했을 때 그가 많은 돈을 가지고 있음에도 불구하고 편안한 방을 구할 수 없었다는 사실에서 루터의 인기는 여실히 나타났다. 알레안더가 거리를 걸어다닐 때 사람들은 그를 위협했으며, 그는 서점이 루터의 책으로 가득 차 있다는 사실을 발견했다. 알레안더는 교황에게 다음과 같이 편지했다. "열 명 중 아홉 사람은 '루터'를 외치고 있고, 나머지 한 사람은 '교황을 몰아내자'라고 외치고 있습니다." 교황의 교서와 교회법 서적들을 불태운 루터의 반역적인 행동에 대해 들었을 때, 알레안더는 찰스에게 루터를 보름스에 오도록 허락한 조치를 취소하라고 설득했다. 하지만, 비록 루터의 발언 기회를 그가 입장을 취소할 것인지 아닌지의 문제에만 제한하기는 했지만, 다른 사람들은 찰스로 하여금 루터의 안전한 통행권을 유지하도록 설득했다.

 보름스로 향하는 동안 루터는 지나가는 마을마다 환호하는 군중들의 환영을 받았다. 그가 설교하는 예배는 사람들로 가득 차서, 한 곳에서는 교회 발코니가 무너질 뻔했다. 루터의 친구들은 그에게 후스가 통행권을 가지고 있었음에도 불구하고 화형 당했다는 사실을 기억하라고 주의를 주었다. 하지만 루터는 설령 지붕의 모든 기왓장들이 마귀로 바뀐다 하더라도 자신은 보름스에 가겠다고 맹세했다. 루터가 의회가 열리는 현관 안으로 들어가 세상의 지도자들 앞에 서게 되었을 때, 그러한 허세는 사라져 버렸다. 자신 앞에 쌓여 있는 책들의 주장을 취소하겠냐는 질문을 받았을 때, 루터는 하루 동안 생각할 시간을 달라고 간청했다. 다음날 루터는 회의 장소로 돌아왔다. 자신의 수도원 독방과 지저분한 교실과는 완전히 다른 세상인 이곳에서, 그리고 황제와 군주들과 영주들 앞에서, 루터는 자신이 기대했던 발언기회를 받지 못했다. 오히려 그 앞에는 그가 쓴 책들이 쌓여 있었고, 그는 그 책들의 잘못된 주장들을 취소할 것이냐는 질문을 받았을 뿐이다. 루터는 다음과 같은 유명한 문장으로 짧게 대답하였다.

> 성경이나 명확한 이성이 저를 설득하지 않는 한…저는 제가 인용한 성경을 따르며, 제 양심은 하나님의 말씀에 사로잡혀 있습니다. 이 자리에서 저는 아무것도 취소할 수 없고 또 취소하지도 않을 것입니다. 왜냐하면 그것은 위험한 행동이며, 양심에 거슬릴 뿐만 아니라, 저의 신념에도 어긋나기 때문입니다. 제가

여기 서 있습니다. 하나님이여, 도우소서. 아멘(LW 32:112-13).

대체적으로 독일 군주들은 세상의 권력자들 앞에서 꼿꼿이 서 있는 이 깡마른 수도사에게 깊은 인상을 받았다. 비록 신학적 문제를 제쳐 놓더라도, 그들은 그와 같은 용기를 이해할 수 있었다. 슐레스빅-홀스타인(Schleswig-Holstein)의 젊은 공작은 이 때 받은 인상을 잊지 않고서, 훗날 덴마크의 왕 크리스챤 3세(Christian III)가 되자마자 즉시 (노르웨이와 아이슬란드를 포함한) 자신의 백성들이 루터교도가 되어야 한다고 선언했다. 하지만, 스페인 군인들은 "그를 불에 집어 던져라!"라고 소리쳤다. 그리고 황제는 다음과 같이 선언했다. "그는 나를 이단으로 만들지 못할 것이다!"

루터의 정치적 지지자들이 의회를 떠난 후, 남아 있는 의회는 루터를 황제의 금지령 아래에 두기로 투표했다. 보름스 칙령은 루터와 그를 지지하는 모든 사람들을 불법자로 규정했다. 루터를 돕거나 심지어는 소식을 주고받는 일도 금지되었다. 루터와 관계를 맺는 모든 사람들은 구속되거나 소유를 몰수하는 처벌을 받게 되었다. 그의 모든 책들은 이단으로 정죄되었고 불로 태우라는 명령이 내려졌다. 이제 교회에서도 파문당하고 제국에서도 불법자로 규정된 루터로서는 자신의 양심과 신앙에 따라 교회와 제국 모두에 저항할 수밖에 없었다. 중세의 큰 세력들로부터의 도움을 박탈당했기 때문에, 루터는 이제 자신의 군주를 의지하며 사람들에게 직접 호소했다. 후자의 움직임을 가몰릭 논쟁가들은 이미 반역직인 행동으로 주목했다. 요컨대, 이제 루터는 혁명에 이르게 될 종교 운동의 지도자가 된 것이다.

비텐베르그로 돌아오는 길에 루터는 자신의 군주의 명령에 의해 납치되었고, 프리드리히의 바르트부르그 성(Wartburg Castle)에 은밀하게 숨겨졌다. 이곳에서 그는 (1521년 5월초부터 1522년 3월 초까지) 거의 일 년 동안 기사로 변장한 채 갇혀 지냈다. 주변의 언덕들보다 높은 곳에 위치한 이곳에서, 루터는 자신이 새들의 땅에 숨어 있었다고 말했다. 이곳은 뉘른베르그(Nuremberg)의 가수였던 한스 작스(Hans Sachs)가 "비텐베르그의 나이팅게일"(Wittenberg nightingale)이라고 불렀던 사람에게 어울리는 휴식처였다.

Suggestions for Further Reading

David V. N. Bagchi, *Luther's Earliest Opponents: Catholic Controversialists 1518–1525*. Minneapolis: Fortress, 1991.

Martin Brecht, *Martin Luther*, 3 vols. Minneapolis: Fortress, 1985–93.

Berndt Hamm, "What was the Reformation Doctrine of Justification?" in Dixon 1999: 53–90.

Leif Grane, *Martinus Noster: Luther in the German Reform Movement 1518–1521*. Mainz: Zabern, 1994.

H. G. Haile, *Luther: An Experiment in Biography*. Princeton: Princeton University Press, 1983.

James M. Kittelson, *Luther the Reformer: The Story of the Man and His Career*. Minneapolis: Augsburg, 1986.

Robert Kolb, *Martin Luther: Pastor, Professor, Confessor*. Oxford: Oxford University Press, 2008.

Jacques Le Goff, *Intellectuals in the Middle Ages*. Oxford: Blackwell, 1993.

Peter Matheson, "The Language of the Common Folk," in Matheson 2007: 259–83.

Donald K. McKim, ed., *The Cambridge Companion to Martin Luther*. Cambridge: Cambridge University Press, 2003.

Heiko A. Oberman, *The Dawn of the Reformation: Essays in Late Medieval and Early Reformation Thought*. Edinburgh: T. and T. Clark, 1986.

Heiko A. Oberman, *Luther: Man between God and the Devil*. New Haven: Yale University Press, 1989.

R. N. Swanson, *Religion and Devotion in Europe, c.1215–c.1515*. Cambridge: Cambridge University Press, 1995.

Thomas N. Tentler, *Sin and Confession on the Eve of the Reformation*. Princeton: Princeton University Press, 1977.

Jared Wicks, SJ, *Cajetan Responds: A Reader in Reformation Controversy*. Washington, DC: Catholic University of America Press, 1978.

Electronic resources

Richard C. Kessler Reformation Collection, Pitts Theological Library, Digital Image Archive (over 7,000 images by Cranach and contemporaries): www.pitts.emory.edu

"Ladder of Virtues": http://religious-studies.blogspot.com/ Also: http://bacm.creditmutual.fr/HORTUS_PLANCHE_9bas.html and "Other Women's Voices," Herrad of Hohenbourg: http://home.infionline.net/~ddisse/herrad.html

제 4 장

그 누구도 기다리지 말라: 비텐베르그에서의 개혁의 실행

(Wait for No One: Implementation of Reforms in Wittenberg)

> 작건 크건 간에 모든 회중들은 스스로 올바르고 유익한 행동을 취해야 하며 그 누구도 기다려서는 안 된다.
> 안드레아스 보덴슈타인 폰 칼슈타트(Andreas Bodenstein von Karlstadt)

1. 새들의 땅에서

바르트부르그 성에 안전하게 자리 잡고 "새들의 땅"을 내려 보면서, 루터는 사람들이 이용할 수 있는 복음에 대한 새로운 노래를 만들기 시작했다. 그가 신약 성경을 독일어로 번역한 일은, 비록 그것이 학문적인 노력이었음에도 불구하고, 그가 교황의 교서와 교회법 문서들을 불태운 것만큼이나 혁명적인 잠재력을 가지고 있었다. 두 행동 모두 개혁에 대한 공적인 선언이었다. 루터가 읽을 수 있고 정확하게 번역된 성경을 제공한 것은 보편적인 교육을 향한 자극이었다. 하나님의 말씀을 읽기 위해서는 모든 사람이 읽는 법을 배워야 했다. 보다 즉각적으로는, 그의 성경 번역으로 인해 말씀(Word) 뿐 아니라 사람의 말들(words)까지 독점적으로 통제하고 있던 성직자 계급 엘리트들의 특권이 사라졌다. 심지어 오늘날에도, 인문학이든 자연 과학이든 모든 학문 분야에 있어 "성직자 계급"이라 할 수 있는 학자들은 자신들의 전문 분야를 위한 독점적인 언어들을 발전시키곤 한다. 경험이 없는 사람들로 하여금 이와 같이 "전문가들"에게 의존하게 만드는 비밀스러운 경향을 루터는 반대했다.

그의 신약 성경 번역(3개월만에 완성된!)은 1522년 9월 비텐베르그에서 출판되었는데, 이 때문에 이 성경은 "9월 성경"으로 불린다. 처음에 출판한 3,000부는 얼마 지나지 않아 다 팔렸고, 12월에 새로운 인쇄판인 "12월 성경"이 출판되었다.

성경을 독일어로 번역한 것은 루터가 처음이 아니었다. 그 전에도 열 종류가 넘는 번역본이 있었다. 하지만 그것들은 히브리어나 헬라어 본문으로부터 번역한 것이 아니라 불가타(Vulgate) 성경으로부터 번역한 것, 즉 라틴어로 번역된 본문을 또다시 독일어로 옮긴 열악한 번역이었다. 하지만 루터의 관심은 가능한 원문에 가깝게 번역하는 것이었다. 문헌학적인 면에서나 문체상으로나 루터의 번역은 이전의 번역들보다 뛰어났고, 그 이후에 나온 많은 번역들보다도 뛰어났다. 헤르더(Herder), 괴테(Goethe), 니체(Nietzsche) 등과 같은 독일 문학가들은 "루터의 성경을 가장 뛰어난 것으로 인정했다"(Bluhm 1983:178). 루터의 번역은 스칸디나비아와 네덜란드에서 만들어진 번역본들뿐 아니라 틴데일(Tyndale)과 카버데일(Coverdale)에 의한 영어 번역에도 영향을 주었다. 평생 동안 루터는 번역을 통하여, 성경에 대한 해설을 통하여, 심지어는 시력이 좋지 않은 사람들을 위한 큰 활자판을 만드는 계획에 이르기까지, 평신도들이 성경에 더 가까이 갈 수 있도록 지속적으로 도왔다.

복음적인 자유에 대한 루터의 감각은 그가 "단어 대 단어가 아닌 의미 대 의미"의 번역 원리를 적용한 것에서 분명히 드러났다. 이러한 원리에 따라 그는 로마서 3:28을 작업하면서 "오직"이라는 단어를 첨가하여 "율법의 행위가 아니라 오직 믿음으로만(allein durch den Glauben) 의롭게 된다"고 번역했다. 『번역에 관하여』(*On Translating: An Open Letter*, 1530, LW 35:188-9)라는 논문에서 루터는 자신이 라틴어나 헬라어가 아니라 독일어를 분명하고 활발하게 말하고자 했다고 설명했다. 이처럼 그의 번역은 사람들이 집에서나 거리에서나 시장에서 말하는 방식에 따라 이루어졌다. 더 나아가서 루터는 본문의 신학적인 의미가 언어 자체의 본질보다 우선한다고 주장했다. 율법을 행함이 아니라 그리스도를 믿음으로써 의롭게 된다는 의미는 "기독교 교리의 핵심이다…이처럼 행위를 제거하는 것에 대해 분명하고 쉽게 말하고자 하는 사람이라면 '행위가 아니라 오직 믿음만이 우리를 의롭게 한다'고 이야기해야 할 것이다. 언어의 본질뿐 아니라 그 문제 자체가 이것을 요구한다"(LW 35:195).

루터가 바르트부르그에서 강제로 "안식년"을 보내는 동안, 비텐베르그에 있는 그의 동료들은 개혁을 실행해야 하는 압력과 혼란의 바람을 맞았다. 새로운 신학이 선포되었다. 따라서 이제는 그 신학이 실행되어야 한다고 몇몇 사람들이 외쳤다. 하지만 루터는 사라져 버렸다. 그는 죽었을까? 아니면 숨어 있을까? 자신의 주장을 포기했을까? 루터가 없는 동안 누가 교회의 개혁을 이끌 것인가? 루터와 함께 대학의 개혁을 추진했던 그의 동료 두 사람, 곧 필립 멜랑히톤(Philip Melanchthon, 1497-1560)과 안드레아스 보덴슈타인 폰 칼슈타트(Andreas Bodenstein von Karlstadt, ca. 1480-1541)가 자연스럽게 지도력을 넘겨받았다. 두 사람 모두 복음에 대한 새로운 이해를 실행으로 옮기기 시작했다. 하지만 개혁과 관련된 개인적이고 정치적인 지뢰밭을 통과하게 되었을 때, 야전 사령관의 역할을 감당하는 사람은 칼슈타트가 될 것이다.

2. 멜랑히톤: 독일의 교사

유명한 인문주의자 요한 로이힐린(Johann Reuchlin)의 조카 손자였던 멜랑히톤은 루터의 평생 협력자가 될 뿐 아니라 그 스스로도 유명한 인문주의자이자 신학자가 되었다. 매우 빨리 성장했던 멜랑히톤은 14살 때 하이델베르그(Heidelberg) 대학에서 2년 이내에 문학사 학위를 마쳤고, 1514년에는 튀빙겐(Tübingen) 대학에서 문학 석사 학위를 받았다. 인문주의와 헬라어 연구에 대한 그의 열심은, 당시 인문주의자들의 일반적인 관례에 따라, 자신의 독일식 이름 슈바르체르트(Schwarzerd)를 멜랑히톤이라는 그리스식 이름으로 바꾼 데서 명백히 드러난다("검은 땅"을 의미하는 헬라어 표현은 독일어에는 결여되어 있는 어떤 특징을 가지고 있다!). 21살이 될 때까지 그는 이후 수십 년 동안 사용된 헬라어 문법책을 출판했다. 독일 교육학에 대한 기여로 인해 그는 "독일의 교사"(Praeceptor Germaniae)라는 칭호를 받았다. 그가 종교개혁에 끼친 많은 기여들 중 대표적인 것으로는 최초의 조직신학 교과서인 『신학총론』(Loci communes rerum theologicarum, 1521)을 저술한 것과, 아우구스부르그 의회(diet of Augsburg, 1530)에서 황제 앞에서 낭독된 신앙고백서, 즉 오늘까지도 루터파 교회의 교리적 기초로 남아 있는 아우구스부르그 신앙고백서(Augsburg confession)를 작성한 것을 들 수 있다.

대학의 교과 과정을 스콜라주의 신학에서 성경 신학으로 바꾸는 가운데, 비텐베르그 교수회는 성경을 원어로 읽을 수 있는 능력을 발전시키기 위해 헬라어와 히브리어 과목을 교과 과정에 첨가하고자 했다. 루터의 "언어 사건"을 "조직화"하기 위해서는 학식 있는 사역이 필요했다. 바로 이러한 상황에서 멜랑히톤은 1518년에 최초의 헬라어 교수로 임명받았다. 루터는 멜랑히톤의 언어적 능력에 깊은 인상을 받고, 얼마 지나지 않아 그에게 로마서 강의를 맡겼다. 멜랑히톤 역시 곧 루터의 열렬한 지지자가 되었다. 두 사람은 여러 가지 면에서, 특히 기질상으로 달랐다. 비록 루터가 멜랑히톤의 조심스러움과 "우유부단함"을 참지 못했던 때도 있었고, 멜랑히톤이 루터의 격정에 화난 적도 있었지만, 그와 같은 기질상의 차이는 그들을 떼어놓지 못했다. 반면 루터의 다른 동료 칼슈타트의 경우에는 그렇지 않았다.

3. 칼슈타트와 원시 청교도주의(Proto-Puritanism)

칼슈타트는 1502년에 에어푸르트(Erfurt) 대학에서 문학사 학위를 받았고, 쾰른(Cologne)에서 토마스주의를 공부했다. 그는 1505년에 비텐베르그 대학으로 와서 1510년에 박사학위를 받았다. 이 대학의 부총장이자 토마스주의자이기도 했던 마르틴 폴리히(Martin Pollich)의 도움으로 칼슈타트의 경력은 급속히 성장했다. 1512년 루터가 도착하기까지 칼슈타트는 유망한 신학자로 여겨졌다. 그는 토마스주의 논리학에 대한 두 편의 연구를 출판했고, 올 세인츠(All Saints) 교회의 부감독, 신학 교수 및 신학부 학장으로 승진했다. 야심 있는 젊은 교수로서 그는 또한 법률을 공부했다. 아마도 그는 일반적으로 법률가들에게 돌아갔던 주임 사제의 직책을 바라보고 있었는지도 모른다. 어찌되었든, 그는 허락을 받아 1515년 가을 이탈리아로 향했다. 1516년 5월에 돌아왔을 때, 그는 교회법과 시민법 두 분야 모두에서 받은 박사 학위를 자랑했다. 그가 없는 동안 그의 직무를 대신했으며, 그가 자신의 서약을 지키기 위해 이탈리아를 짧은 기간 동안 순례하러 갔을 뿐이라고 들었던 동료 교수들이 보기에 이는 유쾌한 일이 아니었다. 교수들은 사소한 질투로 유명하기 때문에, 이와 관련하여 너무 확정적으로 말하는 것은 옳지 않을 것이다.

하지만 칼슈타트가 동료들과 관계를 잘 맺지 못했던 것은 사실로 보인다. 그는 열등감에 시달리면서 쉽게 흥분하고 변덕스러우며 교활한 사람으로 묘사되었다. 훗날 그가 루터와 멀어진 데에는 동료 신학자의 커져가는 명성에 대한 질투와 "경쟁심"이 영향을 끼쳤을 것이라는 주장도 제기되어 왔다(Sider 1974:11-15; Bubenheimer 1981a:110).

어떤 학자들은 칼슈타트와 루터 사이의 충돌의 원인이 비텐베르그의 개혁의 속도와 방향과 관련된 전략상의 차이로부터 비롯되었거나, 혹은 루터가 개혁 운동을 자신의 전유물로 주장한 것으로부터 유래했다고 주장했다. 이와 같은 관찰이 적절하기는 하지만, 그렇다고 해서 두 사람 사이에 존재했던 신학적 차이가 간과되어서는 안 될 것이다. 보름스 의회 이후 비텐베르그에서 일어났던 발전들은 개혁에 대한 서로 다른 신학들을 예고했다. 이 신학들은 머지않아 취리히(Zurich)에서 츠빙글리(Zwingli)를 중심으로 휘몰아칠 것이며 이 기간 내내 개혁 운동들을 괴롭힐 것이었다. 모든 곳에서 제기된 질문은 개혁의 시행에 있어서 그리스도인의 자유와 권위 사이의 관계에 대한 것이었다. 루터에 의해 시작된 종교개혁이 벌써부터 여러 종교개혁들(Reformations)이 되었다. 비텐베르그에서 진행된 개혁 운동 이야기에 대한 이러한 해석을 적용하기 위해서는 칼슈타트의 신학이 루터의 신학과 어떻게 다른지를 잠시 살펴볼 필요가 있다.

칼슈타트가 1516년 6월에 비텐베르그로 돌아왔을 때, 그는 이 대학이 루터의 영향으로 인해 교과 과정 및 방향에 있어서 변화되고 있는 모습을 보았다.

루터가 그 해 9월에 '스콜라주의자들은 성경도 어거스틴도 이해하지 못하고 있다'고 선언했을 때, 칼슈타트는 루터에게 격렬히 반대했으며, 자신감을 가지고 루터의 도전을 확인하기 위해 원자료들을 살펴보았다. 새롭게 출판된 어거스틴의 작품들을 구입한 후, 칼슈타트는 루터를 반박할 준비를 갖췄다.

하지만 그 과정에서 칼슈타트는 놀랍게도 루터가 옳았으며 자신은 "수많은 스콜라주의 견해들에 의해 속아 왔다"는 사실을 발견했다. 어거스틴을 읽음으로 인해 칼슈타트는 놀라울 정도로 재빨리 루터의 편에 서서 스콜라주의 신학을 반대하였다. 수개월 내에 칼슈타트는 신학적 회심을 경험했고, 이러한 변화는 그가 주로 어거스틴의 작품에서 발췌하여 발표했던 자연, 율법, 은혜에 대한 151개 논제에서 분명하게 나타났다. 루터와 함께, 칼슈타트는 구원에 협력하는 인간의 자유에 기초하여 발전되었던 스콜라주의의 성취 지향적 경건을 거부했다. 이제 칼슈타트는 인간이 자신의 구원에 그 어떤 것도 기여할 수 없다고 주장했다. 이와 관련하여 인간의 자유는 수동적이며 수용적일 뿐이고, 하나님만이 능동적으로 활동하신다. 이러한 논제들에 뒤이어 1517년 여름이 되기까지 그는 어거스틴의 『영과 문자에 관하여』(On the Spirit and the Letter)에 대한 일련의 강의를 진행했다.

루터는 칼슈타트가 개혁 진영으로 옮겨 온 것에 대해 매우 기뻐했다. 하지만 엑크에 맞서 벌였던 라이프치히 논쟁 때부터 둘 사이의 긴장이 나타나기 시작했다. 이러한 긴장은 성경과 어거스틴에 대한 이해의 차이에서 비롯되었다. 루터는 죄인들을 향한 하나님의 호의를 약속의 말씀(Word of promise), 즉 죄인들의 외부로부터 전달된 말씀으로 이해했다. 루터는 "우리 밖에서"(extra nos) 온 이 약속이 "우리를 위한"(pro nobis) 것이라고 강조했다. 루터에 따르면, 그리스도인은 언제나 죄인인 동시에 의인으로 남아 있어서, 그 자신이 하나님의 율법을 성취할 수는 없으며 그리스도께서 성취하신 것을 믿음으로 받아들일 뿐이다.

이와 반대로 칼슈타트의 신학은 토마스주의 사상으로부터 어거스틴주의 사상으로 옮긴 신학적 전환의 영향을 더 많이 받은 것처럼 보인다. 이것은 개인적으로나 종교적으로 칼슈타트에게 매우 중요했다. 그의 "신학적" 회심은 자신의 신학이 크게 바뀐 것을 의미했을 뿐 아니라, 지난 10년간 쏟았던 학문적 노력과 출판물들을 거부하는 것을 의미하기도 했다. 이러한 근본적인 변화를 기꺼이 수용하려 하는 교수는 거의 없을 것이다! 율법과 복음의 변증법이라는 루터의 신학적 주제와는 달리, 칼슈타트는 문자와 영의 대조를 강조했다. 그리스도인을 죄인인 동시에 의인인(simul iustus et peccator) 존재로 보았던 루터와는 반대로, 칼슈타트는 보다 윤리적인 용어를 사용하여 그리스도인을 선한 동시에 악한(simul bonus et malus) 존재로 이야기했다. 이에 따라 칼슈타트는 외부적인 수용(outer acceptance)보다는 내면적인 갱신(inner renewal)을, 칭의보다는 중생을, 그리고 "우리 안에"(in nobis) 계시는 그리스도에 대한 순종을 강조했다. 루터와 마찬가지로 칼슈타트 역시 그리스도의 속죄를 통한 죄 사함을 핵심적인 것으로 보았다. 하지만 루터와 달리 그는 자신을 죽이는 것과 내면적인 거듭남에 초점을 맞추었다. 이로 인해 칼슈타트는 성경을 교회와 개인을 다스리며 완전함을 요구하는 신적인 법으로 보았다.

20세기에 칼슈타트에 대한 중요한 전기를 썼던 헤르만 바르게(Herman Barge, 1968)는 그를 "평신도 기독교 청교도주의"의 "개척자" 혹은 "주창자"로 불렀다. 울리히 부벤하이머(Ulrich Bubenheimer, 1989:62-3)는 거듭남과 성화를 강조했던 칼슈타트의 신학이 18세기 경건주의의 발전에 어떠한 영향을 주었는지를 추적했다.

칼슈타트는 어거스틴의 신학과 더불어 독일 신비주의를 발견했다. 독일 신비주의는 그가 거듭남을 강조하며 성경을 영적으로 해석하는 데에 특별한 영향을 끼쳤다. 이러한 신비주의의 영향은 그가 1520년에 쓴 논문 『가장 높은 덕, 포기에 대한 공개서한』(Missive von der aller hochsten tugent gelassenheit)에 분명히 나타난다. 포기(Gelassenheit)라는 개념의 발전은 칼슈타트 신학의 중심이 될 것이다. 이와 관련해서도, 외부적인 말로부터 내면적이고 직접적인 하나님의 말씀으로 방향을 바꾸는 새로운 해석학이 시작된다. "그리스도의 성전으로서 포기하고 내려놓은 사람 안에서 그리스도의 말씀이 울리며, 이런 식으로 하나님이 태어난다"(Bubenheimer 1977:177).

겔라쎈하이트(Gelassenheit)라는 용어는 "체념," "복종," "포기," "하나님과의 연합을 추구하며 영혼을 포기하는 방식," "피조물로부터 영혼을 떼어 놓기," "환란 중에도 기쁘게 참고 견디는 것" 등으로 다양하게 정의되었다. 칼슈타트에게 있어서 이것은 기독교적인 삶의 시작, 즉 한 사람이 자신의 의지를 극복하고 하나님의 의지에 연합하여 고난 가운데서 그리스도를 닮아가는 과정의 시작을 의미했다. 내면의 거듭남을 위해 겉사람을 죽여야 했다.

칭의를 강조했던 루터와 거듭남(혹은 중생)을 강조했던 칼슈타트 사이에 잠재적으로 존재했던 충돌은 장차 두 개혁가들이 각각 다른 유형의 사역을 발전시키는 과정 속에서 현실이 되었다.

4. 주교, 성직자의 결혼, 개혁을 위한 전략

1521년 4월 루터가 보름스 의회를 향해 떠난 시간부터 1522년 3월 바르트부르그 성에서 돌아오기까지, 비텐베르그에서는 종교개혁의 진행 과정에 있어 중대한 영향을 미친 권력 투쟁이 일어났다. 바르트부르그로부터 루터는 개혁의 실행을 자신의 비텐베르그 동료들에게 맡겼다. 5월 초 그는 멜랑히톤에게 그들의 노력이 마태복음 21:19에 나오는 잎만 무성하고 열매는 없는 무화과나무처럼 끝나지 않도록 주의하라고 편지했다. "우리가 우리의 가르침에 따라 행동하지 않는 한, 잎만 가득하고 말만 무성한 일이 될 것이네"(LW 48:214).

하지만 개혁가들은 자신들의 가르침에 따라 어떻게 행동해야 하는가? 비텐베르그는 종교개혁을 처음으로 경험한 도시로서, 정치적이고 법률적이고 신학적인 문제들과 관련하여 어떠한 선례도 가지고 있지 못했다. 지도가 없는 이러한 길들을 통하여 누가 개혁을 진행시킬 것인가? 누가 교회법에 유능한가? 교회와 사회에 대한 새로운 법률이 제정되고 시행되어야 한다. 목사들과 설교자들은 훈련을 받고, 파송되며, 감독을 받아야 할 것이다. 교회의 재산을 관리해야 하고, 교회의 권징을 시행해야 할 것이다.

개혁의 시행을 위한 경쟁하는 가능성들이 존재했기 때문에, 지도력의 문제가 우선적으로 해결되어야 했다. 개혁을 시행하는 권한은 누구에게 있는가? 군주인가? 시의회인가? 자치단체인가? 이 뿐 아니라, 지역적인 관계를 가지고 있는 대학 역시도 위에서 언급한 당국자들과 함께 새로운 복음주의적 교회를 지도하는 기능을 맡았다. 교황과 감독의 권위 및 영적인 구조와 세속적인 구조 모두를 통치하는 그들의 지배를 비판하며 제거하는 일은 새롭고 불확실한 관계들을 초래했다. 그 결과, 거부된 이전의 구조를 대체하여 새로운 구조가 나타나지 않는 한, 권력의 진공 상태와 사회적 불안정이 야기될 것이었다. 중세의 문화에서 교회와 공동체는 분리되지 않았으며 함께 존재했다. 그리고 교회와 여러 권력 기관들 사이의 권력 투쟁은 어느 한 쪽이 약할 때마다 나타나던 특징이었다. 비텐베르그에서-군주, 시의회, 자치단체-등 각 당사자들은 각자 자신들의 영향력을 확대하여 그들 나름의 가치와 필요에 따라 교회를 다스리고 싶어 했다. 이에 따라, 신학자 전체와 다른 이익 집단들 사이에서 뿐 아니라, 각 개별 신학자들의 목표와 관계들 사이에서도 충돌이 일어났다.

교황 교서 「주여 일어나소서」(Exsurge Domini)가 발표된 후, 교황의 권위는 비텐베르그 사람들에게 있어 두드러지게 감소하였다. 감독 체제의 권위 역시 여러 사건들에 의해 그리고 교황의 파문 교서와 함께 크게 줄어들었으며, 보름스 칙령은 선제후 작센 지역에서 널리 파기되었다. 지역의 영주들은 이러한 틈새를 파고들어 자신들의 지역 교회를 만들 준비가 되어 있었으며, 그들은 1521년 말과 1522년 초에 비텐베르그에서 발생한 혼란으로 인해 더 큰 힘을 얻었다.

이러한 일에 앞서, 주교들과의 충돌에는 두 가지 쟁점이 있었다. 하나는 이세 추기경이 된 마인츠의 알브레히트가 계속해서 면죄부를 판매하고 있는 것이었고, 다른 하나는 성직자의 결혼 문제였다. 1521년 가을, 알브레히드는 할레(Halle) 지역에 수집해 놓은 자신의 성유물을 방문하는 사람들에게 면죄부를 판매하겠다는 계획을 발표했다. 루터가 바르트부르그에서 이 소식을 들었을 때, 그는 알브레히트에게 편지를 써서 이러한 잘못을 멈추라고 강력히 요구했다. 만일 알브레히트가 멈추지 않는다면, 루터는 "주교와 늑대 사이의 차이점을 온 세상에 보여주는" 논문을 써서 그를 공격하겠다고 위협했다 (LW 48:342). 몇 주 후 추기경은 사과했고 루터에게 이 일을 멈추겠다고 말했다. 루터가 교황과 황제로부터 정죄되었고 지금은 바르트부르그에 숨어 있다는 사실을 고려해 볼 때, 이는 놀라운 변화였다. 이것은 단순히 이전의 면죄부 논쟁을 되풀이한 것이 아니라, 추기경이자 대주교인 알브레히트 및 모든 주교들의 영적 권위에 대한 직접적인 도전이었다. 그리고 루터는 추기경보다도 더 큰 권한을 가진 것처럼 보였다!

성직자의 결혼은 특별히 감독 체제의 영적이고 법률적인 지배에 도전했으며, 감독의 주장들을 여전히 따라야 하는지에 대한 명확한 원칙을 요구했다. "교회의 결혼법은 서구의 많은 지역에서 결혼에 대한 최고의 법이었다. 결혼에 대한 세속법률들은…교회법에 종속되는 것으로 여겨졌다…하나의 성례로서, 결혼은 교회의 관할의 핵심에 놓여 있었으며, 결혼에 관한 교회법은 널리 퍼져서 강력한 영향을 끼쳤다"(Witte 1997:31-2). 루터는 『그리스도인 귀족에게 고함』(*Address To the Christian Nobility*, 1520)에서 독신 생활을 이미 비판했다. 모든 성직자는 결혼할 수 있는 자유를 가져야 하는데 이는 "하나님과 성경 앞에서 성직자의 결혼이 결코 죄가 아니기 때문이다." 성직자의 독신은 하나님의 법이 아니라 교황의 법이며, "그리스도께서는 인간이 만들어놓은 모든 법으로부터, 특히 하나님 및 영혼의 구원에 반대하는 법으로부터, 우리를 자유케 하셨다." 따라서 교황은 "그가 먹지 마라, 마시지 마라, 자연적인 소화운동을 하지 마라, 살찌지 마라"는 명령을 할 수 없는 것처럼 독신 생활을 명령할 수도 없다.

루터의 논문은 독신 생활을 유지하지 못함으로 인해 고통 받으며 자책하던 많은 성직자들에게 자유를 안겼다. 『세상에 알려지지 않은 사람들의 편지』(*Letters of Obscure Men*)와 같은 반(反)성직자적인 작품들은 성직자들의 성적 타락을 장황하게 묘사했으며, 사제들의 첩이나 자녀들을 창녀와 사생아로 조롱하는 일이 다반사였다. 당시의 한 성직자는 자신이 처한 딜레마를 다음과 같이 이야기했다. "나는 아내 없이 있을 수 없다. 내가 아내를 갖도록 허락받지 못한다면, 나는 공적으로 불명예스러운 삶에 처할 수밖에 없다. 이것은 나의 영혼과 명예를 손상하며, 나로 인해 상처받은 다른 사람들을 저주로 이끈다. 나의 매춘부가 버젓이 교회에 나오며 내가 낳은 사생아들이 내 앞에 앉아 있는 상황에서 어떻게 순결이나 간음에 대해서 설교할 수 있겠는가? 이러한 상황에서 내가 어떻게 미사를 집전하겠는가?"(Hendrix 1993:456). 성직자의 결혼을 허용한 복음주의의 승인은 양심이 눌려 있던 사제들에게 "자신들의 개인적 딜레마에 대한 해결책을 제공했고, 그에 따라 자책하던 성직자로 하여금 그러한 원인으로부터 자유로운 새로운 위엄을 얻을 수 있도록 도와주었다"(Scribner 1993:153-4).

1521년 5월, 루터의 학생이었던 바르톨로뮤 베른하르디(Bartholomew Bernhardi)를 포함하여 세 명이 루터의 논문을 실천에 옮겼다. 다른 사제들도 그 뒤를 따랐다. 이는 용기 있는 행동이었는데, 왜냐하면 성직자의 독신 의무는 제국법에서도 규정하고 있는 바, 그것을 어겼을 때에는 박해와 투옥을 받아야 했기 때문이다. 베른하르디의 주교 알브레히트는 선제후 프리드리히에게 그를 재판으로 넘기라고 요청했다. 프리드리히는 이를 거부했고, 이 사건을 법률학자들에게 넘겼다. 멜랑히톤은 그를 옹호하는 가운데, 성경과 초대교회의 관습 모두가 성직자의 결혼을 지지하며 독신의 서약은 육신의 연약함으로 인해 지키기 어렵다고 주장했다.

이러한 사건들은 활발한 논쟁을 촉발시켰으며, 이로 인해 칼슈타트는 독신에 대한 학문적인 논쟁을 제안하게 되었다. 자신의 논제와 『독신에 관하여』(On Celibacy)라는 논문에서 칼슈타트는 디모데전서 3:2과 5:9에 근거하여 모든 성직자가 결혼해야 한다고 주장했다. 60세 이전의 사람은 수도원에 들어가서는 안 되며, 60세가 안 된 수도사와 수녀에게는 수도원 안에서 결혼할 수 있는 자유가 주어져야 한다.

루터가 칼슈타트의 주장을 들었을 때, 그는 주석적인 근거에 대해 만족하지 못하였고 11월이 되기까지 자신만의 논문 『수도원 서약에 관하여』(On Monastic Vows)를 쓰기 시작했다. 루터에 따르면, 서약은 하나님께서 명령하신 것이 아닐 뿐 아니라 하나님의 말씀에 위배되는 것이다. 여기서 루터는 명령(commands)과 권고사항(counsels)을 나누었던 중세의 구별을 공격했다. 중세의 구별에 따르면, 모든 그리스도인들은 하나님의 명령을 지켜야 하는 반면, 가난과 독신과 순종 등의 권고사항을 지켰을 때는 추가적인 공로가 쌓인다. 이러한 권고사항들이 수도원주의의 근거였으며, 그것들의 구원적인 공로는 은혜의 보고(寶庫)에 쌓였다.

루터의 주장에 있어서 또 하나의 중요한 부분은 그러한 권고사항들을 지키는 사람들 즉 수도사들만이 종교적 소명을 가지고 있다는 주장을 거부한 것이다. 루터가 보기에 "종교적인" 삶과 "세속적인" 삶 사이에는 형식상의 차이만 있을 뿐 내용상의 차이는 없다. 그리스도인들 사이의 수준을 나누는 일을 폐지함으로써 루터는 '세례 받은 모든 그리스도인들이 하나님의 부르심 즉 세상 안에서의 소명을 가진다'는 만인제사장설을 주장하게 되었다. 하지만 루터가 수도원적인 생활을 다 폐지해야 한다고 주장한 것은 아니었다. 그는 단지 그것이 가지고 있는 강제성을 제거한 것이다. 만일 어떤 사람이 수도사가 되고자 한다면 그 선택은 다른 직업을 선택하는 것과 동일하게 자유로워야 하며, 수도사가 되겠다는 선택은 농부나 교사가 되겠다는 선택보다 결코 우월하지 않다는 점이 분명해야 한다. 믿음은 "위대한 평등가"(great equalizer)로서 이웃을 섬기는 일에 있어서 평신도 뿐 아니라 성직자도 자유롭게 만든다.

수도원 서약이 믿음과 충돌하는 이유는 그것이 하나님의 자비의 약속보다는 행위를 추구하기 때문이다. '구원에 있어서 필수적이지 않은 것은 자유롭다'는 점에서 볼 때, 서약은 복음적인 자유와 반대된다. 세례 가운데 하나님께서 우리에게 서약하셨지, 우리가 그분께 서약함으로써 하나님이 받으실만한 존재가 되는 것이 아니다. 세례는 인간으로 하여금 구원을 위해 행위에 의존하지 않도록 자유케 한다. 이러한 자유를 침해하는 모든 인간적인 명령들은 하나님께 위배된다. 브레히트(Brecht 1990:24)에 따르면, 이 논문은 "복음적인 자유에 관해 논한 루터의 가장 아름다운 작품 중 하나이다." 1월 6일, 어거스틴 수도회의 총회가 비텐베르그에서 열렸으며, 이 총회는 수도원을 떠나기 원하는 사람들에게 그렇게 할 수 있는 자유를 주기로 결의했다.

성직자의 결혼을 지지하는 비텐베르그 신학자들의 강력한 선전과 활동은 이제 그들 자신들에게 되돌아왔다. 그들은 다른 성직자들에게 결혼하라고 격려했지만, 그들 자신은 아직 이러한 조치를 취하지 않았었다. 이에 따라 그들의 신뢰성이 여기에 달려 있었다. 1521년 11월, 칼슈타트는 하나의 본보기를 제시하기로 제안했다. 크리스마스 다음날 그는 인접한 마을의 가난한 귀족의 딸 안나 폰 모카우(Anna von Mochau)와 약혼했다.

1522년 1월 19일에 열린 칼슈타트의 결혼식은 일종의 선전적인 행동만이 아니었다. 그 결혼식은 도시의 인구학(demography)과 시민적 법률적 사회적 관계들의 표준화(standardizations)에 있어서도 중요한 사실을 알려준다(Oehmig 2001:169-70). 이 결혼식에 대한 공개적인 초대가 분명히 보여주는 바와 같이, 그의 결혼은 다른 성직자들로 하여금 자신들의 "요리사들"(cooks)과 결혼하도록 권유하는 하나의 본보기였다. 그는 또한 선제후 및 대학 교수들과 시의회 모두를 결혼식에 초대했다. 그는 성대한 파티를 예상했고, 소시지와 음료수를 위해 50 플로린(florins) 이상을 지출했다. 그뿐 아니라 그의 하객 명단에는 마그데부르그(Magdeburg), 브란덴부르그(Brandenburg), 마이쎈(Meissen)의 주교들도 포함돼 있었다. 이러한 초대는 성직자의 결혼에 대한 칼슈타트의 자신감을 보여준다. 칼슈타트는 자신의 결혼식이 갖는 선전적이고 정치적인 중요성을 강조했으며, 주교들을 동등한 영적 권위를 가진 사람들로 대했다. 선제후를 초대한 것은 칼슈타트의 용기를 더 잘 보여주었다. 비텐베르그 신학자들은 이 문제에 있어서 선제후의 긍정적인 반응을 확신했지만, 그는 칼슈타트의 결혼식에 참석하지 않았다. 정치적인 이유에서 프리드리히는 자신의 결혼한 성직자들과 거리를 유지하고자 했다. 이에 따라, 부겐하겐(Bugenhagen)이 결혼했을 때, 궁정에서는 결혼식 파티를 위해 사슴고기를 제공하면서도 그것을 선제후의 고문이었던 슈팔라틴(Spalatin)의 선물로 기록했다(Brecht 1990:92).

칼슈타트의 결혼은 큰 화젯거리였다. 복음주의자들은 이 결혼을 높이 평가한 반면, 기존의 기관들은 이를 비난했다. 수개월 이내에 많은 수의 성직자들이 칼슈타트의 뒤를 따랐다. 오즈먼트(Ozment)는 다음과 같이 말했다.

> 종교개혁으로 인해 발생한 제도적인 변화를 가장 분명하게 보여준 사건, 개혁에 대한 중세 후기의 호소에 반응하며 새로운 사회적 태도에 이바지한 사건은 개신교 성직자의 결혼이었다(Ozment 1980:381).

최초의 성직자 결혼들은 당시의 교회 질서에 대한 공개적인 거부였다. 교황의 금지 명령 앞에서 종교개혁가들이 자신들의 신학을 실행으로 옮겼던 용기는 개혁 운동에 대한 중요한 선전이었다. 이러한 모범이 다른 성직자들에게 주어졌을 뿐 아니라, 그들의 회중들 역시 그 과정에 관여하였다. 베른하르디는 자신의 결혼과 관련하여 그의 교구로부터 동의를 얻었고, 자이들러(Seidler) 교구는 그가 게오르그 공작(Duke George)에 의해 구속되었을 때 그를 위한 중재에 나섰다. 성직자의 결혼을 옹호한 글들 역시 결혼 뿐 아니라 기독교적 자유와 소명과 관련해서도 성직자들에게 호소했다. 성직자의 결혼은 평신도에게 인기 있었으며, 결혼으로 인해 성직자들은 시민적 의무에 참여했다.

주교들 및 세속 관리들에 맞서 성직자의 결혼을 옹호하고 실행했던 신학자들과 사제들의 자신감은 놀라웠다. 이 과정에서 비텐베르그 신학자들과 그 외의 목사들 및 설교자들은 이제까지 주교들의 것으로 여겨져 왔던 영적인 권위를 자신들의 것으로 주장했다. 대주교 알브레히트는 이 문제에 대한 실질적인 논의에 참여하는 것을 거부하는 대신, 자신이 교회법 및 법적 관례에 근거하여 문제들을 판단할 권리를 가지고 있다고 주장했다. 하지만 종교개혁가들에게 있어서 유일한 규범은 성경이었다.

성직자의 결혼을 허락한 것은 복음주의 운동의 "가장 눈에 띠는 개혁들 중 하나"였다. "1520년대 초반에 성직자가 공개적으로 결혼하는 것은 악명 높은 교회법 위반 행위였다. 이 행위를 통하여 성직자는 자신이 종교개혁을 지지한다는 점을 분명히 알렸다. 이처럼 분명하게 독신을 거부하고 결혼을 수용하는 모습은 교회가 수세기 동안 발전시켰던 전통과 위배되는 것이었으며, 새로운 복음주의 성직자의 신학적 신념과 실천을 특징적으로 연합시켰다." 최초의 성직자 결혼은 첩과의 관계를 잠잠하게 합법시키는 정도가 아니라, 종교개혁 신학을 선전하고 실행하며 입증하는 사건이었다(Buckwalt 1996:167, 180).

베른하르디의 경우에서처럼 지역의 영주들이 주교에 대한 지지를 거부하는 곳마다, 영적인 관할권의 위기는 공적인 문제가 되었다. 프리드리히의 입장은 결혼한 사제들 혹은 종교적 불확실성에 대한 개인적인 동정으로 돌려질 수 있을지 모르나, 이와 관련하여 지역의 통치자들이 교회에 대한 자신들의 영향력을 확장하려고 했던 경향을 보는 것 역시 동일하게 정당하다. 주교들의 결정이 실행되는 것을 제지함으로써, 군주들은 이론적으로가 아니라 실제적인 측면에서 주교들의 관할권에 간섭하였다. 종교개혁에 있어 이는 새로운 일이 아니었다. 하지만 그것은 로마의 권력에 대한 또 다른 도전이었으며 세속 권력을 강화함으로써, 결과적으로는 개신교의 영역 교회(territorial church)의 발전에 기여했다.

  루터 자신은 1525년까지는 결혼하지 않았다. 루터가 그의 케이티(Katy), 즉 캐더린 폰 보라(Katherine von Bora, 1499-1552)를 만난 것은 그녀가 다른 수녀들과 함께 인근의 수녀원을 빠져나와 비텐베르그에 도착했던 1523년 4월의 일이었다. 몰락한 귀족 가문의 딸이었던 캐더린은 그녀가 9살이나 10살이 되었을 때에 아버지에 의해 님브쉔(Nimbschen)에 있는 시토(Cistercian) 수도원으로 보내졌다. 그녀는 16살이 되었을 때에 수녀로서 서약했다. 비록 이제 그녀가 부모의 집으로 돌아갈 수 없기는 했지만, 그녀의 수녀 서원은 강요된 것이 아니었던 것으로 보인다. 여기에는 그녀나 그녀의 가족 입장에서의 종교적 동기가 부족했던 것이 아니다. 그녀의 가족은 그녀가 집을 떠남으로 인해 경제적인 부담을 덜었을 뿐 아니라, 그녀는 이제 가족들을 위해 하나님께 중보하는 역할을 맡았다.

  캐더린 자신에게 있어서 수도원은 그녀가 세상에서 가질 수 없었던 기회들을 제공해 주었다. 그녀는 아버지나 남편의 가부장적인 감독을 받지 않고 자신의 삶을 이끌 수 있었다. 뿐만 아니라, 수도원에서 그녀는-특히 예배 찬송들과 관련하여 라틴어를-읽고 쓰는 법을 배웠으며, 수도원 영지와 소작인 농장을 관리하는 기술도 배웠다(Stjerna 2009:52-3; Akerboom 2005:88-9). 개인적인 종교적 헌신 뿐 아니라 이러한 기회들로 인해 어떤 이들은 그대로 수녀로 남기를 원했다. 그 중 대표적인 인물은 뉘른베르그(Nuremberg)에 있는 성 클라라(St Clara) 수도원의 여자 수녀원장 카리타스 피르크하이머(Caritas Pirckheimer)로, 그녀는 그 지역의 개혁 운동에 의해 수도원이 폐지되려는 상황을 성공적으로 막았다(Barker 1995; Wiesner-Hanks and Skocir 1996; Mackenzie 2006; Stjerna 2009:26-31).

  종교개혁가들은 캐더린을 제외한 모든 수녀들을 결혼시키는 데 성공했다(중세에 독신 여성에게는 가능성이 많지 않았다). 강한 의지를 가지고 있던 캐더린은 자신의 결혼상대로 제안된 남자가 마음에 들지 않으며 오히려 루터가 괜찮다는 의사를 표현했다. 당시에 루터는 다른 사람들로부터 결혼하라는 압력을 받고 있었다. 그의 추종자들은 루터가 결혼한 성직자들에 대한 지지를 실제로 표현해주기를 원했으며, 그의 아버지는 손자를 원했다. 1525년 6월

13일, 루터는 아버지를 기쁘게 하고 교황을 괴롭히려는 목적에서 케이티와 결혼했다(LW 29:21; Stjerna 2002; Karant-Nunn and Wiesner-Hanks 2003:186-201).

이제 루터는 이론뿐 아니라 경험에 근거하여 결혼을 긍정하였다. 사라진 에덴동산이 어떠한 모습이었을지를 희미하게나마 보여주는 것이 결혼이라고 그는 주장했다. 물론 그는 결혼이 신혼 생활이 오래 지속되는 것이 아니라는 사실을 알았으며, 우리가 우리 앞에 닥칠 일이 무엇인지 알았더라면 결혼하지 않을 것이라고 말하기도 했다. 하지만 독신은 남자와 여자를 이웃을 향한 섬김으로부터 제거하고, 신적인 명령을 거스르며, 성적인 관계의 선함을 부인하는 것이라고 루터는 믿었다. 결혼은 인간 공동체에 대한 새로운 인식을 제공했다. "결혼은 단순히 여자와 같이 자는 것만이 아니다-그것은 누구나 할 수 있는 일이다! 오히려 결혼은 가정을 지키고 자녀를 양육하는 것이다"(LW 54:441). 어리석은 자들은 냄새 나는 기저귀를 빨고 있는 아버지의 모습을 조롱할지 모르나, "하나님께서는 자신의 모든 천사들과 피조물들과 함께 그 모습을 지켜보며 웃으신다. 이는 그 아버지가 단순히 기저귀를 빨고 있기 때문이 아니라, 그가 이러한 일을 기독교 신앙 안에서 하고 있기 때문이다"(LW 45:40).

정말로 루터는 아이들을 키우는 가운데 하나님의 사랑을 생생하게 경험했다. "루터의 독일어에서, 죄는 '냄새나는 것'으로 불린다. 루터는 죄에 대한 분노감을 표현하는 하나의 방법으로 '그것은 높은 하늘에까지 냄새난다'(Das stinkt zum Himmel)라고 말한다. 아이의 똥기저귀에서 나는 냄새와 성인의 죄를 연결시키는 것은 그다지 억지스럽지 않았다. 루터는 이것을 반복적으로 강조했다. '부모가 자녀들의 똥냄새를 참는 것보다 성부 하나님께서는 인간의 악취를 훨씬 더 참으신다.' '어린 아이에게서 나는 냄새보다 훨씬 강한 우리의 악취와 중얼거림을 우리 주 하나님께서는 참으신다'"(Stolt 1994:391). 루터에게 있어서 하나님의 사랑이 가장 강조적으로 표현되는 부분은 '우리가 그분의 자녀'라고 말하는 것이다(WA 20:694, 27-33).

> 당신은 "우리가 매일 하나님께 죄를 짓기 때문에 우리는 거룩하지 않다"고 말한다. 나의 대답은 이것이다. "어머니의 사랑이 자녀의 배설물이나 더러움보다도

훨씬 더 강하듯이, 하나님의 사랑도 우리의 더러움보다 더 강하다"(WA TR 1:189, Nr. 437; Lindberg 2000b:133-4).

루터에게 있어 남편과 아내가 동반자로 살아가는 것은 놀라운 일이었다. 하지만 루터는 또한 자녀를 잃는 고통을 직접 경험하기도 했다. 엘리자베스(Elizabeth)가 유아기에 죽었고, 막달렌(Magdelene)은 불과 13살이었을 때 그의 품에서 세상을 떠났다. "이상한 일은 그녀가 분명히 평화 가운데 있는 것을 알면서도…너무나 마음이 아프다는 사실이다"(LW 54:432). 마르틴과 케이티는 사랑하고 아끼는 여섯 명의 자녀를 두었다. 케이티는 자신의 남편을 도우며 훈계했다. 25년 이상 지속되었던 그들의 결혼관계는 역사 가운데 가장 화제가 되었던 결혼 중 하나였음에 틀림없다. 루터는 하나님께서 서로에게 상대방을 주심으로써 자신의 도움이 되셨다고 확신했다.

케이티의 영향력은 단순히 가정을 세우고 유지하는 것에 그치지 않았다. 그녀는 루터에게 에라스무스의 신학적 공격에 대응하라고 격려했고, 루터의 신학 논쟁이나 학문적 토론이나 동료들과의 대화를 듣고 조언했다. 그녀는 루터로 하여금 인간 사이의 관계 특히 서로 간에 주고받는 사랑의 관계에 대한 자신의 신학을 발전시키도록 도움을 주었으며, 여성의 존엄성과 책임에 대한 새로운 관점이 형성되는 데에도 기여하였다. 이로 볼 때 루터가 케이티를 "나의 왕비"나 "나의 모세" 등 존경심을 담아서 불렀다는 사실은 전혀 놀랍지 않다(Scharffenorth 1983; Akerboom 2005).

오늘날의 개신교도들에게는 성직자의 결혼이 너무 일반적인 일이기 때문에, 이 일로 인해 루터의 반대자들이 얼마나 불안해했는지를 이해하기가 쉽지 않다. 성직자의 결혼은 교회의 감독적인-그리고 교황적인-권위를 침해하였을 뿐 아니라, '만인 제사장'이라는 새로운 신학과 더불어 교회 내에서의 여성의 공적인 활동이라는 유령을 일으켰다. 앞에서 언급했던 것처럼, 이미 1522년에 코클라이우스(Cochlaeus)는 다음과 같이 경종을 울렸다.

루터파 여인들은, 여성으로서의 부끄러움은 모두 제쳐 둔 채, 자신들이 교회 안에서 공적으로 가르칠 권리와 직분을 얻었다고 대담하게 주장했다…루터파

> 남자들도 이를 옹호했다…오래 전부터 루터 자신은…여성들도 참된 기독교 사제들이며, 더 나아가서 세례 받은 모든 사람들이 진실로 교황이요 주교요 사제라고 가르쳤다(Vandiver et al. 2002:106-7).

훗날 영국에서 일어난 앤 애스큐(Anne Askew) 사건에서와 같이, 어느 곳에서나 복음주의 여성들을 심문한 이단심문관들은 여성들이 통제력을 잃고서 "마리아의 겸손과 정숙함을 저버리고 음탕하고 문란한 삶에 빠져들 것"을 우려했다(Matheson 2008:9).

옛 체제를 수호하려던 사람들의 가장 큰 걱정은 요한 엑크(John Eck)와 잉골슈타트(Ingolstadt)의 거점인 바바리아(Bavaria)의 젊은 귀부인 아르굴라 폰 그룸바흐(Argula von Grumbach, 1492-1556/7)를 통해 즉시 현실화되었다. 루터의 저작으로부터 영향을 받은 후, 그녀와 그녀의 친지 및 친구들은 성경과 비텐베르그 종교개혁가들의 글을 연구하는 데 몰두했다. 아르굴라가 공적인 무대에 등장하게 된 사건은 1523년에 젊은 복음주의 학생 알사키우스 제호퍼(Arsacius Seehofer)가 투옥당하여 자신의 신앙을 철회하라고 강요받은 일이었다. 비텐베르그에서 공부했던 제호퍼는 그녀와 비텐베르그 종교개혁가들 사이에서 책과 서신을 전달했던 사람이었다. 제호퍼를 죽이겠다는 위협에 분노한 아르굴라는 엑크를 포함한 잉골슈타트의 신학자들에게 도전하여 독일어로 공개 토론을 하자고 요청했다. "'신약 성경을 독일어로 옮기고 단순히 성경을 따르려 했던 마르틴의 모든 글들을' 학생 제호퍼가 부인해야 한다는 사실은 부끄러운 일이지 않은가?" 바바리아의 권력자들은 격노했다. "그녀의 행동에 책임이 있다고 여겨진 그녀의 남편은 자신의 직분(시 행정관)으로부터 해임되었다. 그는 아르굴라의 견해를 공유하지 않았으며, 그 역시도 분노했다"(Matheson 2008:5).

제호퍼를 옹호하며 쓴 그녀의 수많은 편지들은 출판되어 널리 읽혔으며, 이 사건은 "그녀가 자신의 루터파적인 기독교 신앙을 고백하고, 자신의(그리고 다른 여성들의) 기독교적 권리를 변호하며, 자신의 인상적인 성경 지식을 드러내는 계기가 되었다"(Stjerna 2009:73). 그녀와 루터는 서로 서신을 교환했으며, 적어도 한 번 만났다(1530년 6월 2일). 그 전에 그녀는 지혜자 프리드리히

(Frederick the Wise)에게 편지를 써서 1524년의 뉘른베르그(Nuremberg) 의회에서 복음의 대의를 주장하라고 격려했다. 또한 1524년에, 아르굴라는 루터에게 결혼하라고 독려했다. "1523-4년 사이에 그녀의 글 약 29,000 부가 유통된 것으로 측정된다"(Matheson 2002:95). 그녀는 네 명의 자녀를 두었고, 그 중 세 자녀는 자신보다 먼저 죽었다. 남편이 죽은 후 3년째 되는 1530년, 그녀는 다시 결혼했지만 1535년에 다시 과부가 되었다. 그녀의 마지막 생애는 확실치 않다. 매티슨(Matheson 1995:56)은 그녀의 생애와 작품에 대한 최근의 재발견을 언급하면서 다음과 같이 주장했다.

> 우리는 그녀의 목소리를 들어야 하며, 여성의 역할에 대한 그녀의 주장 뿐 아니라 그녀의 사회 비판, 성경 해석, 혁신적인 로비 활동 및 출판 활동 등을 주류 종교개혁 연구 안으로 통합시켜야 한다.

복음주의 운동이 뿌리내린 곳이면 어디에서나 결혼법의 개혁이 신속히 진행되었다. "마르틴 루터, 필립 멜랑히톤, 토마스 크랜머, 윌리엄 틴데일, 마르틴 부처, 존 칼빈 등 주요 개신교 신학자들은 모두 자신들의 개혁 활동 초창기에 결혼에 관한 긴 논문들을 준비했다…개신교로 전향한 거의 모든 도시와 영토는 종교개혁을 받아들인 후 10년 이내에 새로운 결혼법들을 제정했다"(Witte 2007a:453; 참고, Witte 2002:177-256; Witte 1997:42-193). 이러한 결혼 규정들로 인해 결혼은 시민적인 문제가 되었으며, 이혼과 재혼이 가능해졌다.

5. 복음과 사회 질서

성직자의 결혼과 함께 일어난 일들은 미사의 개혁, 성상의 폐지, 그리고 빈민 구제의 개혁 등이다(이 셋 중에서 빈민 구제의 개혁은 다음 장에서 살펴볼 것이다). 우리는 이후에 미사에 대해서 자세하게 논의할 것이다. 하지만 이 시점에서 성찬이 중세 후기의 문화에 있어서 핵심적인 상징이자 현실이었다는 사실을 기억할 필요가 있다. 교회는 성찬을 모든 성례 체계와 성직자의 권력을 뒷받침하는 제1의 성례로 제시했다. 미사는 교회의 삶에 있어 중심적인 요소였다. 미사를 바꾸는 작업은 비텐베르그 회중들에게 깊은 충격을 줄 수밖에 없었다.

바르트부르그에서 루터는 멜랑히톤이 자신을 대신하여 시 교회의 설교자로 임명되기를 요청했다. 하지만 시의회는, 비록 멜랑히톤의 신학적 자질을 인정했지만, 이 결혼한 평신도를 그 자리에 임명하려 하지 않았다. 멜랑히톤이 이처럼 혼란스러운 시기를 안정시킬 수 있었을지에 대해서는 의심스럽다.

1521년 7월, 미사와 관련하여 칼슈타트는 "빵과 포도주에 참여하는 사람들은 보헤미아인들이 아니라 참된 그리스도인들이며, 빵만 받는 사람은 죄를 범하는 것"이라고 주장했다(Barge 1968: I, 291). 루터도 성찬에 있어 포도주를 일반 신도들에게 주지 않는 것에 반대한 바 있었지만, 성찬의 두 요소 모두를 받지 않으면 죄가 된다고 주장할 수는 없었다. 루터의 동료 어거스틴파 수도사 가브리엘 츠빌링(Gabriel Zwilling)은 이제 자신의 설교에서 개인적인 미사를 공격하였으며, 성체(聖體)를 축성(祝聖)하여 숭배하는 행위를 비난했다. 수도원장이 미사와 관련한 변화를 금지했을 때, 수도원에서는 미사가 완전히 중단되었다. 성 안토니의 은둔자들(hermits of St Anthony)이 10월 초 자신들의 연중 구걸 행사를 위해 나타났을 때, 학생들은 그들의 설교를 방해하며 그들을 향해 오물과 돌을 던졌다.

선제후는 미사에 있어서의 어떠한 변화도 거부하였다. 비텐베르그는 자신들만의 새로운 미사를 만들어서는 안 되었다. 물론 이로 인해 학생들은 보다 강하게 행동했으며, 수도사들을 어거스틴파 수도원으로부터 탈출시켰던 츠빌링은 학생들이 더 강력한 조치를 취하도록 촉구했다. 12월에는 반(反)-성직주의적인 폭력이 시작되었다. 위기가 임박했다. 칼슈타트는 처음에 신중함을 권고했지만, 곧 강제적인 개혁을 지지하였다. 몇 주 후 한 위원회에서는 새로운 신학에 일치하는 즉각적인 개혁의 실천을 선제후에게 요청했다. 12월에는 예전(liturgy)과 윤리에 관한 개혁 및 폭도들을 위한 특사를 요청하는 탄원서가 시의회에 제출됐다. 다시 한 번 선제후는 지금은 혁신을 위한 때가 아니라는 자신의 견해를 밝혔다.

12월 22일에 칼슈타트는 1월 1일로 예정되어 있는 자신의 다음 미사를 새로운 신학에 일치하는 방식으로 기념할 것이라고 광고했다. 선제후는 칼슈타트에게 그렇게 하지 말라고 알렸다. 칼슈타트는 그렇다면 크리스마스 날에 이 일을 행하겠다고 답변했다. 칼슈타트의 편에서 이는 또 다른 폭동을 앞지르려는 시도보다 덜 고집스러운 결정이었을 것이다. 또한, 어떠한 사건이 절정의 순간에 도달하기 시작할 때 지도자들은 때로 군중들보다 앞서 가기 위해 일을 신속하게 진행할 필요가 있다. 칼슈타트에게 있어서 분명 가장 중요했던 것은, 질서를 유지하고자 하는 군주의 관심사이든 아니면 자신의 신도들이 넘어지지 않기를 바라는 목사의 관심사이든 그 어떤 인간적인 관심사보다도 하나님의 명령이 우선되어야 한다는 원리였다. 칼슈타트가 보기에 은혜에는 희생이 따른다. 왜냐하면 은혜는 만연해 있는 문화보다도 예수와 성경의 규범을 따라야 하는 것을 의미하기 때문이다.

크리스마스 이브는 고요하지도 거룩하지도 않았다. 한 떼의 사람들이 거리를 돌아다니며 성직자들을 위협했고 예배를 방해했다. 다음날 칼슈타트는 성(城) 교회에서 성직자의 복장이 아니라 평신도처럼 옷을 입고 성찬을 인도했다. 그는 독일어로 축성(祝聖)을 선언했으며, 빵과 포도주 두 종류 모두를 나누어주었다. 멜랑히톤이 몇 달 전 자신의 학생들과 함께 개인적으로 행했던 것을 칼슈타트는 공개적으로 행하였다. 이것은 천년의 전통과 공적으로 단절하며 반(反)-성직주의를 알리는 "신호"였다. 공동체와 교회 지도자들을 포함하며 신도들은 금식이나 고해성사를 미리 하지 않고서 성찬에 임했다. 성찬에 참여하는 사람들이 포도주 잔을 자신의 손으로 들며, 성체가 바닥에 떨어지기도 하는 모습들은 당시의 사람들을 불쾌하게 만들었다. 칼슈타트는 다음 성찬은 1월 1일 시(市) 교회, 즉 자신의 관할 하에 있지 않는 교구에서, 동일한 복음주의적 방식으로 시행될 것이라고 발표했다. 이 크리스마스는 일종의 센세이션이었으며 전통에 대한 공적인 거부였다. 그것은 따르기 쉽지 않은 행동이었다. 하지만 이론을 실천으로 옮기고자 하는 열정으로 칼슈타트는 이 일을 시행했다. 다음날 그는 약혼했다.

이러한 일과 함께, "츠빅카우 예언자들"(Zwickau prophets)이라고 불리는 사람들의 도착은 이미 불이 붙은 상황에 기름을 부었다. 무역 및 의류 산업으로 잘 알려진 선제후령 남부의 도시 츠빅카우에는 부유한 상류 계급들과 옷을 팔며 돌아다니던 가난한 행상인들 사이에 사회적 긴장이 존재했었다. 종교개혁 이전에 발도파(Waldensian)와 후스파(Hussite)의 영향으로 이러한 긴장이 심화되었고, 이로 인해 루터에 동조하는 기반이 널리 마련되어 있었다.

1520년 5월 이후로 이 지역에서는 토마스 뮌처(Thomas Müntzer, 6장을 참고하라)가 대부분 낮은 계급의 기술자들이 소속되어 있던 성 캐더린(St. Catherine) 교회의 강단에서 사회적인 불만을 가진 사람들을 향해 설교하고 있었다. 비판적인 설교로 인해 그는 1521년 4월에 그 마을로부터 추방당했다. 츠빅카우에서 잠시 사역하는 동안 뮌처는 옷감 장수 니콜라스 쉬토르취(Nicholas Storch), 직공 토마스 드레히젤(Thomas Drechsel), 그리고 비텐베르그의 전(前) 학생이자 슈튀브너(Stübner)로 알려진 마르쿠스 토마이(Marcus Thomae) 등을 만났고 그들의 종교적 사상을 격려했다. 이 세 사람 "츠빅카우 예언자들"은 그 도시로부터 강제 추방당했는데, 그 이유는 유아 세례를 거부하고 성령으로부터의 직접적인 계시를 주장하는 등 급진적인 종교 사상을 제시했기 때문이었다. 크리스마스 직후 그들은 비텐베르그에 도착했으며, 터키족의 침입, 모든 사제들의 제거, 임박한 종말 등 신적으로 영감된 꿈과 환상을 주장했다. 더 나아가서 그들은 사람들이 그리스도와 성경과 상관없이 하나님의 영을 통해서만 가르침을 받아야 한다고 주장했다.

멜랑히톤은 이 사람들로 인해 겁을 먹었고 루터를 돌아오게 해 달라고 선제후에게 간청했다. 칼슈타트는 그들에게 영향을 받지 않은 것으로 보이며, 선제후는 루터를 돌려보내는 것이 현명하지 않다고 생각했다. 츠빅카우 예언자들은 얼마 후 더 푸른 초장을 찾으러 이동했으나, 멜랑히톤의 지도력을 손상시키는 영향을 끼쳤다.

1월 24일, 시의회는 성상의 파괴라는 칼슈타트의 또 다른 주장과 함께 미사에 있어서의 변화를 승인했다. 2주 전 츠빌링은 어거스틴파 수도원에 남아 있던 수도사들을 이끌고 성상을 제거하고, 조각상을 부쉈으며, 치유성사(extreme unction)에 사용하기 위해 구별해 놓은 기름을 포함하여 불에 타는 모든 것들을 태워 버렸다. 칼슈타트는 형상을 금지한 구약의 율법에 대해 설교하고 있었고, 시의회가 성상 제거를 위한 한 날을 지정하기까지 계속해서 압력을 행사했다. 그 결과 더 많은 폭력과 무질서가 초래되었다.

　개혁 운동의 소개와 함께 옛 신앙의 상징과 성상을 파괴하는 일이 널리 일어났다. 이러한 일은 단순한 정복적 만행(vandalism)이 아니라, 가톨릭주의를 해체하고 개신교주의를 세우는 일종의 의식적인 행동이었다. 이 일이 훨씬 더 강력했던 이유는 성상을 파괴하는 사람들이 최근까지는 성상을 만드는 사람들이었기 때문이다. 종교개혁의 "의식적 과정"(ritual process)은 새로운 확신에 따라 세상을 형이상학적으로 형성하는 일이었다. 성상을 파괴하거나 그것들을 이상하게 배치하거나 혹은 그것들에 소변을 눔으로써 성상의 가치를 떨어드리는 일은 "이 일에 참여한 사람들의 마음과 생각으로부터 교황과 가톨릭 신앙을 몰아냈다." 성상파괴자들은 성상들을 많은 재산을 집어삼키되 그에 대하여 아무 것도 생산해 내지 못하는 "탐욕스러운 우상"으로 보았다. 성상들과 제단들은 가난한 자들로부터 나온 자선을 생명 없는 물체로 교체한 것을 대표했다(Scribner 1987:103-22; Eire 1986; Wandel 1995).

　이러한 이해는 칼슈타트의 논문 『성상의 폐지에 관하여』(*On the Abolition of Images*)의 영향력을 설명하는 데 도움이 된다. 매 페이지마다 그는 성상은 제1계명에 위배된다는 사실을 강조했다. 어떠한 성상이-심지어는 십자가 상이라 하더라도-그 자체를 뛰어넘어 하나님을 가리킨다는 주장에는 어떠한 변명도 존재하지 않는다. 구약 시대에 우상에게 바쳐졌던 제단을 파괴하고 뒤집어엎었던 것처럼, 그리스도인들은 성상을 파괴해야 한다. 그리스도는 구약 율법의 연속이며, 하나님께서는 살인과 강도 및 간음 행위와 마찬가지로 성상을 금지하셨다.

　칼슈타트가 이러한 주장을 펼친 데에는 복음을 새로운 법으로 보았던 그의 이해 이상의 요인이 있었다. 토마스주의자로 훈련받을 때, 그는 실재를 형상에 부여하는 형이상학을 깊이 받아들였다. '눈은 수동적이며 형상에 따라 행동한다'고 주장함으로써 시각적인 물리학(physics of vision)은 형이상학을 강화했다(Scribner 1987:106; Wandel 1995:27). "젊었을 때부터 나의 마음은 형상들에 존경과 경배를 바치도록 훈련되었다. 파괴적인 공포가 내 안에 만들어졌고, 나는 간절히 그것을 제거하고 싶었지만 그렇게 할 수 없었다. 그에 따라 나는 두려움에 사로잡혀 어떠한 우상들도 태우지 않았다…비록 형상들이 아무런 영향을 가지고 있지 못한다는 성경 말씀을 알고 있었음에도 불구하고…두려움이 나를 사로잡았고 마귀의 그림 앞에서 내가 벌벌 떨게 만들었다"(Karlstadt 1522:19).

　사제들이 하나님의 율법을 왜곡함으로써 신자들을 방해하였기 때문에, 시의 관리들이 요시야 왕의 모범을 따라 교회의 개혁을 강제적으로 추진해야 한다고 칼슈타트는 주장했다. (유다 왕국에서 신당을 파괴하며 열정적으로 개혁을 추진했던 요시야 왕은, 그와 마찬가지로 어린 나이에 왕이 되었던 에드워드 6세의 통치 기간 동안 영국 종교개혁가들에게 있어서도 하나의 모델이 되었다. 참고 Bradshaw 1996) 그 며칠 전 1월 20일에 뉘른베르그(Nuremberg)에서 열린 제국 의회에서는 새로운 일들이 일어나고 있는 선제후 작센을 비판하며 종교적 관례와 관련된 모든 혁신들을 취소해야 한다는 명령을 발표했다. 말할 필요도 없이 선제후 프리드리히는 요시야 왕을 모방하려 하지 않았다. 멜랑히톤에게는 츠빌링을 침묵시키라는 명령이 떨어졌고, 칼슈타트는 설교를 멈추라는 요구를 직접적으로 받았다. 시의회는 개혁을 실행하는 프로그램에 있어 타협을 취해야 했다. 이때까지 멜랑히톤은 두려움을 경험하고 있었으며, 그는 루터에게 바르트부르그로부터 돌아와 질서를 회복해 달라고 부탁했다.

　비텐베르그의 요동 때문에 루터가 바르트부르그의 안전을 떠나려 한다는 소식은 선제후의 마음을 불편하게 했다. 그는 제멋대로 날뛰는 교수들이 눈에 띠지 않기를 원했다. 이에 따라, 루터를 바르트부르그에 감춰 놓은 직후, 프리드리히는 칼슈타트를 덴마크로 보내어 비텐베르그에 있지 않게 하였다. 하지만 칼슈타트는 2주만에 비텐베르그로 돌아왔고 그 후 더욱 휘젓고 다녔다. 프리드리히는 루터에게 그곳에 머물러 있으라고 편지했다. 이에 대한 루터의 답변은, 프리드리히의 성유물 수집에 대한 비판 뿐 아니라 그 자신의 신앙과 확신을 보여주었다. "나의 가장 은혜로운 주인, 작센의 선제후 프리드리히 공작에게…당신이 수집한 새로운 유물에 하나님 아버지의 은혜와 기쁨이 임하기를 바랍니다! 나의 존경심을 대신하여 이렇게 인사합니다. 오랫동안 당신은 모든 지역에서 유물들을 수집해 오셨습니다. 하지만 이제 하나님께서는, 못이나 창이나 채찍과 더불어서 십자가 전체를 모으려고 하는 당신의 노력 없이도, 당신의 요청을 들으셨고 은혜를 베푸셨습니다"(LW 48:387).

그림 4.1 (a) "불쌍하게 박해받은 우상들과 성전 형상들에 대한 애가"(Lament of the Poor Persecuted Idols and Temple Images). 1530년 경 에어하르트 쇤(Erhard Schön)이 그린 작품. 종교개혁 직후에 발생한 성상파괴주의에 관한 최초의 작품들 중 하나이다. 왼쪽은 성상들이 "깨끗하게 청소된" 교회이며, 오른쪽에는 성상들이 불태워지는 모습이 묘사된다. 오직 두 개의 초만 남아 있는 제단은 교회의 예술작품을 거부했던 스위스 개혁주의를 반영한다. 불 위쪽에는 부자 한 사람이 큰 돈주머니와 포도주 병을 곁에 두고 서 있다. 그는 성상파괴자들에게 무언가를 지시하며, 그의 눈에서는 들보가 나온다. 이는 '다른 사람의 눈에 있는 티는 보면서 자신의 눈에 있는 들보는 보지 못한다'는 비유(마 7:3, 눅 6:47)를 예시한다. 이 그림은 '성상을 파괴한다고 해서 우상, 즉 재물이 제거되는 것은 아니며' '우상은 성상들이 아니라 사람의 마음에 놓여 있다'는 루터의 주장을 보여준다. 성상파괴주의에 대한 이같은 풍자적 비판은 십자가를 들고 있는 사람-정복주의(vandalism)-의 모습에서도 보여진다.

(b) 사람들을 실패하게 만든 신들에 대한 분노는 종교적인 상황에만 국한되지 않았는데, 이는 소련이 해체된 후 공산주의의 상징물들이 파괴된 모습에서 널리 나타났다.

자료 출처 : (a) Germanisches Nationalmuseum, (b) Associated Press

뒤이어 루터는, 자신이 어떠한 세속 권세자보다도 하나님께 순종해야 하기 때문에, 선제후의 만류에도 불구하고 비텐베르그로 돌아가겠다고 알렸다. "이러한 문제에는 무력이 도움을 주어서도 안 되고 줄 수도 없습니다. 오직 하나님만이 도움을 주셔야 합니다"(LW 48:391). 뒤에서 우리는 루터가 종교의 증진을 위하여 강제력이나 정부의 도움을 거부했던 경우를 살펴볼 것이다. 지금으로서는 루터가 한결같이 붙잡았던 확신, 곧 법으로 복음을 강요하게 되면 복음이 율법으로 바뀌게 되어 결국 종교개혁을 왜곡하게 될 것이라는 확신에 주목하는 것이 중요하다. 자유로운 것은 강요될 수 없다.

1522년 3월 6일 금요일, 루터는 비텐베르그에 도착했다. 그 다음 일요일에 그는, 사순절의 첫 번째 일요일이었던 탄원(Invocavit) 일요일의 이름을 따 "탄원 설교"(Invocavit Sermons)라고 불려진 일련의 설교를 시작했다. 이 설교들의 주제는 복음적인 "해도 된다"(may)와 율법주의적인 "해야 한다"(must)를 구별하는 것이었다. 루터는 사람들을 죄로부터 해방시키고 그들로 하나님의 자녀가 되게 만드는 복음의 중심성을 강조했다. 이어서 그는 믿음과 사랑의 불가분의 관계에 대해 말했다. 사랑 안에서 역사하는 믿음은 아직 믿음에 있어서 동등한 수준만큼 강하지 못한 이웃을 향한 인내심을 제공한다. 비텐베르그의 몇몇 사람들은 개혁을 실행하는 일에 아직 준비되지 못했는데, 그들은 이러한 예전상의 혁신들이 불경건한 것이라고 보기 때문이다. 루터는 시작된 개혁이 아니라 오히려 개혁의 조급성과 강제성을 염려하였다. "그 주장은 선한 것이다. 하지만 너무나 많은 조급함이 보인다. 우리에게 속해 있지만 반대편에 서 있는 형제자매들이 여전히 있으며, 우리는 여전히 그들을 설득해서 우리 편으로 얻어야 한다"(LW 51:72).

루터가 보기에 칼슈타트는 "~을 반드시 해야 한다"는 식의 설교를 해 왔다. 즉, 질서가 어지럽혀지고 연약한 자들이 상처를 입게 된 원인은 자유로운 것을 "의무적인 것"으로 바꾸어 놓았기 때문이다. 믿음은 자유로운 선물로 그 누구도 제한받을 수 없다. 루터는 교황주의자들을 반대하되 강제력이 아니라 하나님의 말씀으로만 반대했다. 루터에 따르면, "내가 잠자는 동안이나 혹은 내 친구 필립(Philip)과 암스도르프(Amsdorf)와 함께 비텐베르그 맥주를 마시고 있는 동안에" 하나님의 말씀이 모든 것을 이루셨다. 루터는 자신이 제국 내에서 반란을 조장할 수도 있었으나 그렇게 하는 것은 "어리석은 장난"이 되었을 것이라는 점을 잘 알았다(LW 51:77).

강제적인 개혁은 좋은 소식을 나쁜 소식으로 즉 복음을 율법으로 바꾸어 버린다고 루터는 주장했다. 교회의 역사가 보여주는 바, 한 가지 율법은 수천 가지의 율법들로 이어진다. 뿐만 아니라, 제단을 부수고 성상을 파괴하려고 돌진하는 행위는 반작용을 불러일으켜서, 사람들의 마음에 성상들이 더 강하게 뿌리내리는 일을 초래할 뿐이다. 강압적인 열정은 연약한 자들의 마음을 상하게 할 뿐 아니라, '기독교적인 자유는 어떤 사람이 다른 사람들보다 더 나은 그리스도인이라는 것을 증명하기 위해 과시하는 것'이라는 의심을 불러일으킨다. "단지 성례를 당신의 손으로 취하고 성찬을 두 종류로 받는다는 이유로 다른 사람들보다 더 나은 그리스도인이라고 간주되기 원한다면, 내가 보기에 당신은 나쁜 그리스도인이다"(LW 51:91).

루터의 설교는 개혁주의(reformism)와 청교도주의(puritanism)를 구분했다. 남용되는 것들을 폐지하고 개혁을 강제적으로 시행하는 일은, 아무리 그 신학이 옳다고 하더라도, 무지하고 확신 없는 양심들에게 해를 입힌다. 연약한 자들은 어린 아이의 음식으로부터 시작하여 기독교인의 자유라는 딱딱한 고기로 점점 자라갈 필요가 있다(고전 3:2). 그와 반대로 하는 것은 오직 외형적인 일들과 외면상의 변화에만 연관될 뿐이다. 루터가 보기에 훨씬 더 악한 일은 권면을 선포로 바꾸어 놓는 것인데, 이는 그가 중세의 성취적인 경건에 대해서 비판했던 바로 그 오류였다. 루터에게 있어서 최초의 말은 언제나 하나님께서 인간을 위해 행하신 것이 될 것이다. 인간이 그에 대한 반응으로 무엇을 해야 하는가를 이야기하는 것은 오직 두 번째 말일 뿐이다. 이러한 설교들의 결과, 거의 즉각적으로 질서가 회복되었다. 혁신적인 조치들은 중단되었고, 폭력도 그쳤다.

자신의 설교에서 루터는 결코 칼슈타트의 이름을 언급하지 않았다. 하지만 내용상으로나 정황상으로나 두 개혁가가 서로 다른 사역의 모델을 가지고 있었다는 점은 명백했다. 두 사람 모두 자신의 모델을 교회의 역사적 신학적 자료들로부터 이끌어 냈고, 사회적, 정치적, 종교적 불안에 대해 건설적으로 반응하려고 노력했다. 두 사람 모두 자신의 모델이 상대방의 것과 양립할 수 없다고 믿었다. 이러한 긴장은 이후 분노에 찬 분리로 이어졌다. 칼슈타트는 선제후 작센에서 쫓겨났고, 루터는 『하늘의 예언자들에 반대함』(*Against the Heavenly Prophets*, 1525)에서 칼슈타트를 강하게 공격했다. 하지만 농민전쟁(Peasants' War) 이후 루터가 칼슈타트를 재앙으로부터 구해준 사실이 기억될 필요가 있는데, 루터는 칼슈타트와 그의 가족들을 자신의 집으로 데려왔으며, 칼슈타트가 잠잠히 있기로 한다면 그가 선제후 작센에 남아 있을 수 있도록 허락을 얻어냈다.

   종교개혁 연구에 있어서 종교개혁의 시작을 루터와 동일시하려는 경향이 끊임없이 있었다. 하지만 루터가 바르트부르그에 머무는 동안 새로운 신학을 실행하려고 노력했던 사람은 칼슈타트였다. 칼슈타트는 엄청난 압력에도 불구하고 자신의 중생 신학을 실천했는데, 그 중 가장 두드러진 것은 하나님의 영과 관련된 부분이었다. 훗날 루터는 칼슈타트가 성령을 완전히 삼켜버린 것처럼 보인다고 지적했다(LW 40:83).

   하지만 개혁의 실행이 지연되는 것을 참지 못했던 칼슈타트의 조급함 역시 성경적인 뿌리를 가지고 있었다(예, 마 7:21; 10:34-38). 그리고 이러한 조급함은 취리히와 같은 개혁의 다른 중심지에서도 명백하게 나타났다. 종교개혁이 소개되는 곳이면 어디든지, 신속하고 급진적인 개혁을 옹호하는 사람들과 점진적인 개혁을 지지하는 사람들 사이에 긴장이 존재했다. 『개혁을 천천히 진행해야 하는가』(*Whether One Should Proceed Slowly*, 1524)라는 논문에서 칼슈타트는 개혁의 실행을 촉진하고 점진주의를 반대하기 위해 다음과 같은 비유를 들었다. "만일 작고 순진한 아이가 날카로운 칼을 손에 들고서 그것을 계속 가지고 있으려 하는 모습을 본다면, 내가 형제간의 사랑을 보여주면서 그 아이가 계속 그 무시무시한 칼을 가지고 있도록 놔 둘 것인가…아니면 그 아이의 의지를 꺾고 칼을 빼앗아야 할 것인가? 그 아이를 상하게 만드는 칼을 빼앗는 것이 아버지로서의, 형제로서의, 혹은 그리스도를 닮은 행동이다"(Sider 1978:65; Baylor 1991:49-73). 칼슈타트에게 있어 진정한 형제 사랑은 "어리석은 자의 의지를 강제로 꺾는 것이었다." 따라서, 복음을 회복하는 상황에서, "모든 회중은, 그 모임이 작건 혹은 크건 관계없이, 스스로 올바르고 유익한 행동을 취해야 하며 그 누구도 기다려서는 안 된다"(Sider 1978:65, 56).

비텐베르그에서 발생한 사건들은 모든 개혁 운동에서 끊임없이 제기되는 질문을 던졌다. 일단 개혁이 시작된 후, 그것은 점진적이어야 하는가 아니면 급진적이어야 하는가? 그것은 어떻게 통제될 것인가? 누가 그것을 지도할 것인가? 개혁을 어디까지 진행하고 어디에서 멈춰야 할 것인가? 비텐베르그에서의 사건들과 함께 종교개혁은 사회적이고 정치적인 운동이 되었다. 군주와 시의회와 자치단체 모두와 연관된 사회적인 운동으로서, 종교개혁은 더 이상 복음에 대한 루터의 개인적인 깨달음과 동일시되지 않았다. 종교개혁은 이미 종교개혁들이 되었다. 이 점에 대한 루터의 인식은, 그가 1521년 12월 초에 비텐베르그를 은밀하게 방문한 후 바르트부르그에서 썼던 작품 『반란과 폭동을 주의하기 위해 마르틴 루터가 모든 그리스도인들에게 보내는 권면』(*Sincere Admonition by Martin Luther to All Christians to Guard against Insurrection and Rebellion*)에 드러났다.

> 나는 사람들에게 내 이름을 언급하지 말라고 부탁한다. 그들은 스스로를 루터파가 아니라 그리스도인으로 불러야 한다. 루터가 누구인가? 무엇보다도 그 가르침은 나의 것이 아니다(요 7:16). 나는 그 누구를 위해서도 십자가에 못 박히지 않았다(고전 1:13). 고린도전서 3장에서 사도 바울은 그 누구도 자신을 바울파나 베드로파로 부르지 못하게 하였고, 오직 그리스도인으로 부르라고 권면했다. 그렇다면—비천하고 냄새나는 구더기와 같은—내가 어떻게 사람들이 나의 비참한 이름을 가지고 그리스도의 자녀들을 부르도록 둘 수 있겠는가? 사랑하는 친구들이여, 결코 그럴 수 없다. 이제 모든 당파의 이름을 없애고, 우리 자신을 그리스도인으로 부르자. 우리가 붙잡는 가르침은 그리스도의 것일 뿐이다(LW 45:70-71).

이는 훌륭한 호소였다. 그럼에도 불구하고 사람들은 루터가 소중히 여겼던 성경을 루터와는 다르게 읽고 들었다. 마찬가지로 루터 역시 자신과 다른 주장을 펴는 사람들을, 마치 사도 바울과 다른 복음을 전했던 사람들처럼, "거짓된 형제들"이라고 보았다(Edwards 1975:112-26).

Suggestions for Further Reading

Mark U. Edwards, Jr, *Luther and the False Brethren*. Stanford: Stanford University Press, 1975.
Carlos M. N. Eire, *War Against the Idols: The Reformation of Worship from Erasmus to Calvin*. Cambridge: Cambridge University Press, 1986.
Peter Matheson, "Argula von Grumbach (ca. 1490–ca. 1564)," in Lindberg 2002a: 94–108.
Peter Matheson, "Martin Luther and Argula von Grumbach (1492–1556/7)," *LQ* 22/1 (2008), 1–15.
Susan C. Karant-Nunn and Merry E. Wiesner-Hanks, eds., *Luther on Women: A Sourcebook*. Cambridge: Cambridge University Press, 2003.
Calvin Pater, *Karlstadt as the Father of the Baptist Movements: The Emergence of Lay Protestantism*. Toronto: University of Toronto Press, 1984.
James S. Preus, *Carlstadt's "Ordinaciones" and Luther's Liberty: A Study of the Wittenberg Movement 1521–22*. Cambridge, MA: Harvard University Press, 1974.
Heinz Scheible, "Philip Melanchthon (1497–1560)" in Lindberg 2002a: 67–82.
Ronald J. Sider, *Andreas Bodenstein von Karlstadt: The Development of his Thought 1517–1525*. Leiden: E. J. Brill, 1974.
Ronald J. Sider, *Karlstadt's Battle with Luther: Documents in a Liberal – Radical Debate*. Philadelphia: Fortress, 1978.
Jeannette C. Smith, " Katharina von Bora through Five Centuries: A Historiography," *SCJ* 30/3 (1999), 745–74.
Kirsi Stjerna, *Women and the Reformation*, Oxford: Blackwell, 2009.
Lee Palmer Wandel, *Voracious Idols and Violent Hands: Iconoclasm in Reformation Zurich, Strasbourg, and Basel*. Cambridge: Cambridge University Press, 1995.
Alejandro Zorzin, "Andreas Bodenstein von Karlstadt (1486–1541)" in Lindberg 2002: 327–37.

제5장

무화과 나무의 열매들: 사회복지와 교육
(Fruits of the Fig Tree: Social Welfare and Education)

> 그리스도인들 중 그 누구도 구걸해서는 안 된다.
> 마르틴 루터

1522년 1월 22일의 비텐베르그 교회 규칙에는 빈민 구제의 개혁에 대한 주장이 포함되었다. 이 작업이 거대했던 이유는 단순히 봉건주의에서 자본주의로 전환하는 가운데 나타난 사회적 결과들 때문만이 아니라, 교회가 고대에 가난을 구원에 이르는 유리한 길로 인정했기 때문이었다. 거룩함에 가까운 것은-깨끗함이 아니라-비천함이었다. 힘과 전부를 고귀한 것으로 높였던 봉건적 관점에 대응하여 베네딕트회 수도사들(Benedictines)은 마태복음 5:3, "심령이 가난한 자는 복이 있나니 천국이 저희 것임이요"에 근거하여 영적인 가난 혹은 겸손을 강조했다. 훗날, 물질적인 성취를 높였던 이익 경제에 대응하여, 프란체스코회 수도사들(Franciscans)은 누가복음 6:20, "가난한 자들은 복이 있나니 천국이 저희 것임이요"에 근거하여 물질적인 가난을 강조하였다. 하지만 대부분의 사람들은 그것을 직접 실천하기보다는 다른 사람에게 나타난 덕을 칭송하기를 선호했다. 이에 따라 가난한 자들에게 자선을 베푸는 행위를 통해 사람들은 하나님께 가까이 나아가는 일을 대리적으로 참여했다.

천년 이상 동안 설교자들은 자선행위의 구원적 덕을 선포했고, 성 프란시스(St Francis)와 같은 두드러진 금욕주의자들은 거룩한 가난을 실천하면서 평신도들에게 자선의 모델을 보여주었다. 가난한 자들의 또 다른 자아로서 프란체스코회 수도사들은 부자와 빈민 사이의 중재자가 되었으며, 그 결과 가난한 자들을 가난한 상태로 유지시키는 동시에 부자들을 정당화하며 자선을 베풀게 하였다(Little 1994).

이러한 상황에서 사람들은 자선을 구원적인 행위로 믿었다. 정말로 중세 신학은 "자선에 의해 형성된 믿음"을 이야기했다. 하지만 중세 후기에 이르러 가난은 분명코 점증하는 사회적 문제가 되었다. 수도원의 자선, 교회가 후원하는 빈민 수용소, 프란체스코회 수도사들과 다른 탁발 수도사들이 세운 저이자 대출 은행 등의 조치에도 불구하고, 개인적인 구제와 자선이라는 중세의 전통으로는 이 문제를 건설적으로 처리할 수 없었다.

하나님과의 관계가 맺어지는 지점을 자선에서 믿음으로 옮김으로써, 비텐베르그 종교개혁가들은 가난과 연관된 새로운 사회 윤리를 구상할 수 있게 되었다. 사회의 개혁은 미사의 개혁으로부터 출발했다. 이러한 결합이 가져온 충격은 중세 후기 사회복지의 배경에 대한 반대로 보일 수 있을 것이다. 종교개혁이 근대 초기 사회복지의 발전에 어떻게 기여했는지에 대한 다음의 간략한 설명은 비텐베르그 개혁가들에 초점을 맞춘다. 이는 그들이 현재의 이야기의 흐름과 연대기적으로 일치하기 때문이다. 하지만 인문주의자들과 로마 가톨릭 신학자들 그리고 다른 주요 종교개혁가들 역시 자신들 각각의 신학에 기초하여 가난이라는 점증하는 사회적 문제를 해결하기 위해 동등하게 노력했다는 점을 기억해야 할 것이다(Lindberg 1993).

1. 중세 후기의 빈민 구제

중세 후기의 빈민 구제는 교회와 연관된 지정 기금, 재산, 기관들을 시행하는 문제를 놓고 도시의 평신도들과 성직자 사이에 나타났던 충돌로 묘사되었다. 그 논쟁은 "자선에 대한 국가와 교회 사이의 충돌이 아니라, 공적인 구제냐 사적인 구제냐, 혹은 중앙 집중화된 구제냐 그렇지 않은 구제냐 사이의 문제였다"(Jütte 1994:105). 근대 초기의 사회복지를 공적인 손에 맡김으로써 그것을 합리화하고 집중화하려 했던 노력은 종교개혁에 의해 새로운 틀로 구체화되고 정당화되었다.

근대 초기의 빈민 구제와 사회복지의 이론 및 실천을 최초로 다루었던 종교개혁가 루터는 자신의 신학에 기초하여 이것을 발전시켰다. 그의 신학은 가난을 이상적으로 여겼던 중세적 관점을 약화시켰을 뿐 아니라, 사회복지를 위한 신학적 근거를 제공하여 그것을 입법화시켰다. 루터는 "하나의 광범위한 분야를 창조했는데, 이 분야는 한 편에 놓여 있는 제도상의 실제 현실들과 다른 한 편에 놓여 있는 성경의 사상들을 하나로 끌어 모았다"(Wuthnow 1989:134). 사회복지의 발전을 위한 이러한 건설적인 자원은 예배에 기초하였다. 루터에게 있어서 사회복지는 예전(liturgy) 후에 이루어지는 예전, 예배로부터 시작된 사람들의 사역, 공식적인 예배 의식 후에 이어지는 다른 사람들을 위한 섬김에 대한 특별한 표현이었다. 한 마디로, 예배의 개혁은 사회적 삶의 갱신을 동반했다(Strohm 1989:183; Lindberg 1996).

종교개혁 직전에 이르러 예배와 복지는 "모든 것을 공유한"(행 4:32) 공동체의 불가분의 표현이 더 이상 아니었으며, 구원의 성취를 목적으로 돈이 만들어 놓은 구별된 수단이 되었다. 개인적인 구원에 대한 관심은 교회 기관, 미사, 자선 단체 등에 물질을 기부하는 것으로 표현되었다. 미사는 더 이상 교제(communion)가 아니었으며, 이 세상에서 다음 세상으로 옮기는 "통행료"를 맞추기 위해 쉽게 증가될 수 있는 수단이었다. 중세 후기에 종교와 경건과 관련하여 나타난 변화를 가장 분명하게 보여주는 표시는 "의심할 여지없이, 수학과 숫자와 계산과 축적 논리가 경건의 실천에 침투하게 된 것이다"(Chiffoleau 1980:434). 구원 사업은 당시의 큰 사업으로, 그 수입은 면죄부에 제한되지 않고 의식상의 구원을 지지하는 모든 예배를 포함했다. "빛나는 중세의 예배⋯수많은 수도원들과 기금들, 미사를 올리는 수많은 일반 사제들에 대한 후원⋯이 모든 것들은 많은 부분 연옥에 있는 영혼들을 도우려는 노력에서 비롯되었다. 종교개혁 이전 거의 모든 유언에는 죽은 자들을 위한 미사와 예배에 필요한 상당한 양의 재산을 남겨놓는 일이 포함되었다"(Meyer 1965:131).

마찬가지로, 빈민 구제는 집회서(Ecclesiasticus) 3:30, "자선은 죄를 속죄한다"는 구절에 근거하여 이해되었다. 주교들과 신학자들은, 하나님께서 모든 사람들을 부자로 만드실 수도 있었지만 부자들이 자선을 통하여 자신들의 죄를 속죄할 기회를 갖도록 하시기 위해서 세상에 가난한 자들을 남겨 두기 원하셨다는 오래된 주장을 인정하였다. 중세의 설교자들은 주저함 없이 이러한 관계를 상업적인 거래로 언급하였다. 가난한 자들은 부자들의 부를 등에 짊어지고 천국에 이른다. 이탈리아 도미니크회 수도사 지오다노 다 피사(Giordano da Pisa)가 행한 14세기 초의 설교 역시 불평등의 배후에 존재하는 하나님의 의도를 비슷하게 설명한다.

> 하나님께서는 부유한 자와 가난한 자가 함께 존재하게 하심으로써, 부유한 자는 가난한 자로부터 섬김을 받고 가난한 자는 부유한 자로부터 돌봄을 받게 정하셨다. 이것은 모든 사람들 사이의 공통적인 조직이다. 왜 어떤 사람들이 가난한 자리에 처해지는가? 그것은 부자로 하여금 그들을 통하여 영생을 얻게 하기 위해서이다(Lesnick 1989:126, 151).

이처럼 자선의 주된 목적은 가난한 자들의 어려움을 경감시키는 것이 아니라 하나님 앞에서 공로를 얻기 위한 것이었다(Chatellier 1989:133). 가난한 자를 하나님과의 중재자로 보았던 고대의 전통은 가난한 자를 선행의 대상이자 구원의 수단으로 제시하는 신학에 의해 보완되었다. 종교개혁 전야에, 이러한 "성취 지향적 경건"은 예배와 복지의 모든 측면에 침투해 있었다.

그러나 15세기에 이르러 가난은 더 이상 단순히 신학적 덕목이나 부자들에게 구원의 행위를 제공하는 기회만이 아니었다. 가난은 또한 발전하는 이익 경제, 일, 게으름, 구걸, 빈민 구제 등과 관련된 복잡한 쟁점들로 이루어진 큰 사회적 문제이기도 했다. 당시에 사람들이 낸 세금에 대한 통계적 연구에 따르면, 도시에서 재산을 가지고 있지 못한 인구의 비율은 30퍼센트에서 75퍼센트에 이르렀다. 뿐만 아니라 이처럼 널리 퍼진 가난은 심하게 요동하기도 했는데, 이는 수많은 일용직 노동자들이 위급한 상황을 대비하여 재산을 모아 놓을 수 없었고 하루하루 근근이 생존을 이어갔기 때문이었다. 따라서 그들은 언제라도 구걸의 위험을 직면하고 있었다. 구걸을 정당화시키고 자선을 높이 평가했던 신학에 의해서 그리고 가난의 사회적 문제들을 더 복잡하게 만들어 놓은 탁발 수도사들을 가지고 있던 교회에 의해서, 구걸을 억제하려는 실제적인 노력들은 실패했다.

『방랑자의 책』(Liber vagatorum)과 같이 거짓된 구걸자들을 드러내는 설교 및 문학 작품들은 가난과 구걸을 반대하는 목적으로 만들어진 것이 아니라, 사기꾼들에게 기부한 자선금이 하나님 대신에 마귀에게 전달되는 "천국의 횡령"을 염려했던 자비로운 시민들을 도우려는 목적으로 만들어졌다(Assion 1971/2:87). 종교적인 관점에서 볼 때, 구걸은 계속해서 하나의 소명으로서의 가치를 유지했다. 가난한 자들은 자선을 베푸는 사람들을 위한 중재자로서의 중요한 구원론적 기능을 가졌다. 동시에, 가난한 자들은 이익 경제를 확장시키기 위해 싼 가격으로 고용할 수 있는 인력 시장이었다.

2. 자선을 넘어서

루터는 인간의 행위와 관계없이 오직 은혜로만 의롭게 된다는 교리를 통하여 가난에 대한 위와 같은 중세의 종교적 관념을 약화시켰다. 하나님 앞에서의 의는 오직 은혜로만 얻어지기 때문에, 그리고 구원은 삶의 성취이기보다는 삶의 근원이기 때문에, 가난이나 빈민들의 어려움은 특별한 형태의 복으로 합리화될 수 없다. 가난한 처지에 있거나 혹은 자선을 베풀거나 그 어디에도 구원의 가치는 존재하지 않는다. 이 새로운 신학은 사회적이고 경제적인 가난의 문제들을 애매하게 만들고 사회복지의 발전을 저해했던 중세적인 접근을 탈-이념화시켰다(de-ideologized). 다시 말해서, "개혁가들이 선언했던 그와 같은 다양한 분야의 역할은 특정한 충돌과 불만이 표현되던 틀을 바꾸는 것이었다"(Wuthnow 1989:138).

"95개조 반박문"(1517)에서 루터는 "회개하고 복음을 믿으라"(막 1:15; 1번 논제)는 예수님의 말씀에 기초하여 고해성사를 비판했다. 참회는 자선과 같은 구별된 행동이 아니라 "신자들의 삶 전체"에 적용된다(LW 31:25). 이러한 주장

그림 5.1 "거지들의 온갖 속임수"(All Kinds of Beggars' Tricks). 히에로니무스 보쉬(Hieronymus Bosch) 작품. 이 작품은 "절름발이와 거지"(Cripples and Beggars)로도 알려져 있다. 보쉬가 그린 거지들의 모습은 "전문적인" 거지들이 동정심과 자선을 자극하기 위해 자신들의 몸을 어떻게 비틀었는지를 보여준다. 여기에서 보쉬는 중세 후기에 널리 퍼져 있던 태도를 드러낸다. 이 태도는 세바스찬 브란트(Sebastian Brant)의 시 『바보들의 배』(The Ship of Fools)에서 다음과 같이 표현되었다. "대담한 구걸이 많은 바보들을 홀린다 / 구걸이 관례가 되었으며 / 최고의 직업 중 하나로 등극했다."

자료 출처 : Albertina, Vienna

은 당시의 교회 권력의 핵심을 직접적으로 공격했는데, 왜냐하면 교회의 교리에 따라 사제는 죄인이 하나님의 은혜를 얻기 위해 필요한 참회의 단계와 조건을 결정했기 때문이다. 죽음과 하나님의 심판에 대한 불안은 선행의 필요성으로 충족되었다. 구걸하는 절름발이나, 굶주린 아이들이나, 가난한 자들이나, 탁발 수도사들을 향한 자선행위는 영원한 구원을 얻기 위한 노력에 있어서 환영할 만한 도움처럼 보였다. 하지만 그것은 자선 행위자의 양심을 자유케 하거나 혹은 가난의 상태를 개선하는 데에는 별 도움을 주지 못했다.

루터는 설교의 직분이 양심을 자유케 할 책임을 가지고 있을 뿐 아니라 빈민 구제와 같은 세상의 문제들을 다루어야 한다고 이해했다. 설교자는 "숨겨진 불의를 밝혀냄으로써, 쉽게 속는 그리스도인들의 영혼을 구원하며 세속 권세자들의 눈을 열어 시민적 정의를 확립할 의무를 알려 주어야 한다"(Oberman 1988:444). 더 나아가서, 사회적-윤리적 가르침과 활동에 참여해야 할 의무는 설교자에게만 있는 것이 아니라, 그리스도인 공동체에도 있다. 그리스도인 공동체의 예배 활동은 이웃에 대한 섬김의 근원이자 자원이었다. "95개조 반박문"에서 그는 다음과 같이 주장했다.

> 그리스도인이 마땅히 알아야 할 사실은 가난한 사람에게 주고 어려운 사람에게 꾸어주는 것이 면죄부를 사는 것보다 낫다는 것이다(43번 논제).
> 누구든지 어려운 사람을 보고 돕지 않고 그냥 지나가면서 면죄부를 산다면, 그는 교황의 면죄부를 사는 것이 아니라 하나님의 진노하심을 사는 것이다(45번 논제).

1519년이 되기까지 루터는 많은 논문과 설교를 통하여 신학과 예배와 사회적 윤리 사이의 이러한 관계를 발전시켰다. 『고리대금에 관한 짧은 설교』(*Short Sermon on Usury*)에서 그는 궁핍한 자들에게 해를 입히면서까지 교회 건축과 미사의 기부에 집중했던 자기들만의 이기적인 "예배"와 이웃을 섬기라는 하나님의 명령 사이를 대조했다. 평신도를 염두에 두고 독일어로 썼던 『거룩하고 참된 그리스도의 몸의 복된 성례 및 형제단체』(*The Blessed Sacrament of the Holy and True Body of Christ, and the Brotherhoods*)에서 그는 미사의 개혁과 사회 윤리를 구체적으로 연결시켰다.

이 성례의 의미나 결과는 모든 성도들의 교제이다…한 도시에서 사는 주민들이 하나의 공동체의 몸을 형성하여 각 사람이 다른 사람과 전체 도시의 구성원이 되는 것과 같이, 그리스도와 모든 성도들은 하나의 영적인 몸이다(LW 35:50).

성례와 사회 윤리의 관계를 시민의 유익과 책임으로 연결시킨 루터의 비유는 종교개혁과 도시들의 관계와 관련하여 주목할 만하다. 성례의 올바른 사용은 공동체를 세운다. 따라서 궁핍한 사람은, 마치 한 사람의 시민이 관리들과 동료 시민들에게 도움을 요청하는 것과 같이, "기쁜 마음으로 제단의 성례로 나아가 공동체 안에서 자신의 어려움을 내려놓고…공동체 전체로부터 도움을 구해야 한다"(LW 35:53-4).

요컨대, 이것은 "불행을 함께 공유하는" 사랑의 성례라고 루터는 주장한다. "사랑과 후원이 당신에게 주어진 것처럼, 당신 역시 궁핍한 자들 가운데 계시는 그리스도께 사랑과 후원을 돌려 드려야 한다." 진실로, 성례의 기초 위에서, 그리스도인들은 궁핍한 자들을 위해 "싸우고 일하며 기도해야 한다." 루터가 보기에 중세 후기의 교회는 예배와 복지 사이의 관계를 깨트려 양자 모두에게 해를 입혔다. "슬프게도 오늘날 우리는 많은 미사가 시행됨에도 불구하고, 그리스도의 모범에 따라 우리 앞에서 선포되고 실천되며 유지되어야 할 그리스도인들의 교제가 사실상 사라져 버린 현실을 보고 있다." 초대 교회를 언급하면서 루터는 계속해서 말한다.

> 하지만 과거에는 이 성례가 매우 적절히 사용되었고, 사람들 역시 이러한 교제를 잘 이해하도록 배웠다. 그 결과 그들은 교회 안에서 음식과 물질적인 재산을 모아서…필요한 사람들에게 나누어 주기까지 했다.

자신의 요점을 강조하기 위해, 루터는 미사에서 헌금을 "걷는" 일의 기원을 가난한 자들을 위한 일반적인 헌금과 기금을 마련하는 것으로 해석했다(LW 35:53-7).

루터에 따르면, 미사가 이웃 안에 계시는 하나님을 섬기는 것으로부터 자기 자신을 섬기는 것으로 전락한 사실은 "형제단체(brotherhoods) 안에서 이루어지는 악한 관행들"에 명백하게 나타났다. 원래 경건하고 자비로운 목적을 위해 세워졌던 형제단체나 자선단체(confraternities)들은 16세기가 되기까지 대개 구원의 전달수단으로 전락했다. 각각의 형제단체는 그 자신만의 사제, 제단, 예배당 및 축일 등을 가지고 있었다. 한 예로, 쾰른(Cologne) 지역의 11,000 처녀성인 조합(Brotherhood of 11,000 Virgins)은 참가자들에게 6,455회의 미사, 3,550번의 시편, 200,000개의 로자리오 묵주(rosaries), 200,000번의 찬송(Te Deum) 등을 약속했다. 한 단체가 가지고 있는 공덕들은 다른 단체들과의 "사업 연합"을 통해 증가되었다. 이러한 계산 정신은 이익을 추구하는 사업을 위한 공동투자라는 상업적인 의미를 가진 "협회"(societies)나 "조합"(consortiums) 등의 새로운 동의어에서도 분명하게 드러난다(Little 1988:68-9). 이에 따라, 선제후 작센의 의원이던 데겐하르트 페핑거(Degenhard Pfeffinger)는 1519년 자신이 죽을 때 비텐베르그에 있는 8개의 형제단체에 가입되어 있었고, 그 단체들을 통하여 27개의 외국 단체들의 구원적인 공로들을 누렸다. 1520년 비텐베르그에는 그와 같은 형제단체가 21개 있었다.

이러한 형제단체들은 미사의 증가 및 구원을 위한 공로를 성취하는 기타 종교적 관행들에 근거하였기 때문에, 루터는 이에 대해서 비판하는 가운데 성례를 설명했다. 선행을 집결시켜 놓은 것으로 여겨졌던 이러한 형제단체들로 인해 방탕한 삶이 초래되었다. "폭식, 술주정, 춤, 수다 등에 몰두하느라 돈과 시간을 흥청망청 쓰고 있는 너희 형제단체들과 성 안나(St. Anne), 성 세바스찬(St. Sebastian) 및 기타 성인들의 이름이 무슨 상관이 있느냐? 한 마리의 암퇘지라 하더라도 그러한 형제단체의 수호성인이 되는 것에 동의하지 않을 것이다"(LW 35:68).

진정한 기독교 형제사랑은 가난한 자들을 섬기는 것이라고 루터는 주장했다. 이 점에 대한 그의 초창기적인 설명은 훗날 복음주의 교회 내에서 이루어질 사회복지 제도의 발전을 예시했다.

> 만일 사람들이 형제사랑을 유지하고자 원한다면…그들이 술 마시는 데에 허비하려고 했던 돈을 모아서 그것으로 공동 기금을 만들어야 한다. 그렇게 하면, 어려운 환란의 때에 궁핍한 동료들이 그 기금으로부터 돈을 빌려서 도움을

받거나 혹은 같은 조합에 소속된 젊은 부부가 이 공동 기금으로부터 도움을 받아 살림을 시작할 수 있을 것이다(LW 35:68-9).

이러한 제안들은 루터가 1520년에 쓴 작품들, 『고리대금에 대한 긴 설교』(*Long Sermon on Usury*), 『선행론』(*Treatise on Good Works*), 『독일의 기독교 귀족들에게 고함』(*Address to the Christian Nobility of the German Nation*) 등에서 더욱 발전된다. 이 셋 중 마지막 작품은 루터의 칭의 교리에 근거하여 사회복지와 구제를 분명하고 강력하게 주장했다. 이 작품에서 루터는 모든 도시와 지역이 각각의 가난한 사람들을 돌봐야 하며, 구걸하는 행위는 어떠한 경우라도 금지되어야 한다고 주장했다. 그는 일할 수 없는 사람들의 최소생활을 보장하는 계획을 생각하면서도, 일할 수 있는 능력이 있는 사람들은 반드시 일해야 한다고 또한 강조했다. 이미 이 시기에 루터는 그 당시의 빈곤은 봉건 체제가 아니라 새로운 이익 경제로부터 비롯된 것이라고 주장했다.

> 그러므로 내가 이 시점에서 간청하며 기도하는 바는 모든 사람들이 자신의 눈을 열어 자신들의 자녀들과 상속자들이 처하게 될 파멸을 보는 것이다. 파멸이 문 앞에 닥친 것이 아니라, 이미 집 안에 들어와 있다. 나는 황제, 군주들, 영주들 및 시의회 의원들이 가능한 빨리 이러한 거래를 정죄하고 막아 주기를 요청한다… 이와 관련하여 우리는 푸거(Fugger) 가문과 기타 비슷한 회사들의 입에 재갈을 물려야 한다(LW 44:213).

이러한 주장은 말로 하기는 쉬웠지만 실행으로 옮기기에는 어려웠다. 왜냐하면, 앞에서 언급한 것처럼, 찰스 5세에게 자금을 지원하고 있던 푸거 가문이 은행 이자율을 통제하거나 억제하는 법률을 제정하지 못하도록 방해했기 때문이다. 그럼에도 불구하고, 일생동안 루터는 당시에 성행하던 이자놀이를 사회적 불의와 고통의 주요 원인으로 보고 비난하였다. 심지어 그는 목사들에게 과도한 이윤을 부과하는 사람들을 출교시키라고 권고하기까지 했다.

3. 사회복지의 제도화

루터의 도움을 받아 시의회는 1520년 말과 1521년 초 사이에 비텐베르그에서 복지를 제도화하려는 최초의 노력을 통과시켰는데, 이 법안은 자루 규칙(Beutelordnung)이라고 알려져 있다. 그 다음으로, 루터와 칼슈타트 모두로부터 영향을 받아, 시의회의 비텐베르그 규칙(Wittenberg Order)이 1522년 1월에 발표되었다. 이 법안은 핵심은 예배와 복지의 개혁이었다. 이 조치에 들어 있는 17개 조항들 중, 3개가 가난한 자들의 어려움을 경감시키는 것과 관련되었다. 빈민 구제를 위한 공동 금고가 설립되었고, 낮은 이자의 대출이 노동자들과 기술자들을 위해 제공되었으며, 가난한 계층의 아이들을 교육하고 훈련하기 위한 장려금이 지원되었다. 기금은 폐지된 종교 기관들 및 교회 재산의 기부를 통해 제공되었다. 기금이 부족할 경우, 11번 항은 "많은 빈민들의 생활비를 위하여" 성직자와 시민들에게 일종의 누진세를 부과한다. 수도사들의 구걸이건 일반 사람들의 구걸이건 간에 모든 구걸 행위는 금지되었다. 대출금을 갚을 수 없는 기술공들과 장인들은 대출금 상환으로부터 면제되었다. 가난한 계층의 딸들은 결혼 시 적절한 혼인 지참금을 제공받았다.

예배의 개혁과 복지의 제도화 사이의 관계에 대한 그 다음의 주요한 입법적인 표현은 1523년의 라이스니히 규칙(Leisnig Order)이었다. 이 규칙에 대한 "서문"에서 루터는 예배와 복지를 분명하게 하나로 묶었다.

> 궁핍한 이웃을 돕고 섬기면서 그리스도인의 사랑을 실천하는 것보다 하나님을 더 잘 섬기는(gottis dienst, 즉 예배하는) 것은 없다. 마태복음 25:31–46에서 가르치는 것처럼, 그리스도께서는 마지막 날 이에 따라 심판하실 것이다(LW 45:172).

고테스딘스트(Gottesdienst, '예배' 혹은 '섬김'을 의미하는 독일어–역주)는 하나님과 이웃을 향한 섬김을 예배와 연관시킨다.

1522년 9월 루터는 라이스니히 시의회의 요청에 답하여 그곳에서 한 주를 보내면서, 그 교구를 돕기 위해 포괄적인 복음주의 교회 규칙을 발전시키는 작업을 수행했는데, 이 규칙에는 빈민 구제를 위한 공동 기금에 관한 내용이 포함되었다. 1523년 1월, 시의회와 회중들은 두 명의 대표자를 비텐베르그로 보내 공식적인 편지를 전달하였고, 자신들이 제안한 규칙에 대한 루터의 추가적인 조언을 요청했다. 이 편지는 "하나님을 영화롭게 하고 동료 그리스도인들을 사랑하기 위한" 공동 금고의 설립을 언급하며, 루터에게 복음주의 목사들의 소명과 복음주의 예배 순서에 대한 성경적 근거를 제공해 달라고 부탁했다.

1523년 1월 29일, 루터는 라이스니히 시의회가 작성한 규칙에 대해 큰 기쁨과 즐거움을 표현하면서 답신을 보냈다. 그는 그들의 규칙이 "하나님께 영광을 돌릴 뿐 아니라 많은 사람들에게 기독교 신앙과 사랑의 좋은 모범을 보여줄 것"이라고 소망한다(WA Br 3:23). 초여름이 되기까지 루터는 라이스니히의 계획들에 대한 성경적 근거를 다음의 출판물들을 통해 밝혔다. 『공동 금고의 규칙: 서문』(Ordinance of a Common Chest: Preface), 『교회 재산 어떻게 사용할 것인가』(Suggestions on How to Deal with Ecclesiastical Property), 『기독교 회중은 모든 가르침을 판단하고 교사들을 세우거나 해고할 권리와 권한을 가지고 있다』(That a Christian Assembly or Congregation has the Right and Power to Judge all Teaching and to Call, Appoint, Dismiss Teachers, Established and Proven by Scripture), 『공적 예배의 순서』(Concerning the Order of Public Worship).

루터의 조언 및 만인 제사장 교리를 통한 그의 신학적 지지를 바탕으로, 라이스니히 교구는 예배의 개혁 및 사회복지를 위한 공동 금고의 설립을 추진했다. 공동 금고의 조직과 원리에는 매년 1월 13일 이후 첫 번째 일요일에 공동체가 열 명의 감독관 혹은 이사들을 선출하는 규정이 들어 있었다. "이 중 두 자리는 귀족이, 두 자리는 현직 시의회 의원이, 세 자리는 일반 시민이, 그리고 나머지 세 자리는 시골의 농민이 차지했다." 세 권의 중요하고 상세한 기록들이 금고 안에 보관되어야 하며, 이 금고는 네 개의 다른 열쇠로 잠근 후 교회 내 안전한 장소에 보관되어야 했다. 네 개의 다른 열쇠는 네 계층의 대표자들에게 맡겨진다. 감독관들은 3년에 한 번씩 전체 공동체에 보고해야 했다. 공동 금고에 들어 있는 기금은 또한 건물의 유지, 목사들의 월급, -소녀들을 위한 특별한 학교를 포함한- 학교의 지원에 사용되었다. 이렇게 사용처가 많음으로 인해 자금의 압박이 발생했고, 놀라운 교회 규칙 제정가였던

제5장 무화과 나무의 열매들: 사회 복지와 교육 189

그림 5.2 최초의 비텐베르그 공동 금고. 철로 만든 무거운 이 상자는 세 개의 독립적인 자물쇠를 기지고 있으며, 누군가 가져가지 못하도록 한 쪽 손잡이가 제거되었다. 이 금고는 사회 복지 기금을 위하여 교회 안에 보관되었다.

자료 출처 : Lutherhalle, Wittenberg

비텐베르그의 요한 부겐하겐(Johann Bugenhagen, 1485-1558)은 훗날 공동 금고의 기금과 교회 유지 및 교육을 위한 기금을 분리하였다.

비텐베르그의 규칙과 마찬가지로 라이스니히 규칙 역시 구걸을 금지하였다. 이는 중세 후기의 탁발 수도회의 전통으로부터 벗어나는 결정이었다. 중세 후기 탁발 수도회들의 목적은 구걸을 없애기보다는 구걸을 통제하는 것이었으며, 그들은 종교개혁의 사회 윤리와 같은 종교적인 동기에 의해서라기보다는 정치적이고 경제적인 동기에 의해 움직였다. 종교개혁 교회의 규칙들은 오직 진정으로 궁핍한 사람들만이 후원을 받아야 한다고 의무화시켰다. 그 외의 모든 사람들은 떠나거나 아니면 일해야 했다. '일하지 않는 자는 먹지도 말라'(살후 3:6-13)는 표어 아래 이 원리는 훗날 수많은 팜플렛을 통해 반복적으로 강조되었다.

공동 금고를 위한 최초의 기금은 몰수한 교회의 재산으로부터, 그리고 행위가 구원에 기여한다는 논리를 바탕으로 중세 교회가 장려했던 기부금으로부터 나왔다. 루터는 라이스니히 모범의 결과로 "기존의 교회 기금, 수도원의 재산, 예배당, 및 하나님을 섬긴다는 미명 하에 온 세상의 부를 살찌우는 데 지금까지 이용됐던 끔찍한 악행들이 크게 감소되기를" 기대했다(LW 45:169). 하지만 루터는 또한 교회의 재산을 약탈할 가능성에 대해서도 염려했다. "그와 같이 주인이 사라진 재산을 향하여 사람들이 미친 듯이 달려들어 그것을 가지고 도망치지 못하도록 깊은 주의를 기울일 필요가 있다"(LW 45:170). 수도원에 남아 있기를 원하는 사람들에게 재산을 제공하고, 수도원을 떠나기 원하는 사람들을 일시적으로 후원하며, 그 재산을 원래 기증했던 사람들의 가난한 가족들에게 어느 정도 돌려준 후, 모든 교회의 재산을 공동 금고에 넣어 두라고 루터는 조언했다. 남아 있는 자본은 여전히 주요한 재정적 자원이었다. 하지만 미래에 기금이 부족해질 상황을 대비하여, 교구 내의 각 사람들이 총회에서 필요하다고 생각한 액수를 "자신의 능력과 소득에 따라 (연간) 세금으로 내야 한다"고 공동체는 선언하였다(LW 45:192).

가난한 사람들을 위한 직접적인 구제와 관련하여, 이 규칙은 새로 이주한 사람들의 정착을 돕기 위해 그들에게 대출금을 주기로 규정했다. 자신이 통제할 수 없는 상황으로 인해 가난하게 된 사람들 중 집을 가지고 있고 공개적으로 구걸하지 않는 사람들을 위해서는 그들이 상업이나 직업을 시작할 수 있도록 도움을 주어야 했으며, 고아, 하인, 노약자들에게는 매일의 지원이 제공되어야 했다. 이 규칙은 다음과 같이 결론을 맺는다. 모든 거주민들을 위하여 이 규칙의 모든 규정들은 "하나님께 영광을 돌리고 동료 그리스도인들을 사랑하며 공동의 선을 추구하기 위한 목적으로 이 곳 라이스니히 교구에 의하여 언제나 거짓 없이 충실하게 적용되고 사용되며 시행되어야 한다"(LW 45:194).

예배와 복지의 개혁과 관련한 이와 같은 조치들은 놀라울 정도로 짧은 기간 내에 제국 전체의 유사한 노력을 위한 본보기가 되었다. 물론 루터 혼자서 이러한 발전을 이끌어낸 것은 아니었다. 그의 비텐베르그 동료 칼슈타트는 루터의 초창기 작품들을 바탕으로 자신만의 입장을 발전시켰다. 1522년 1월 말, 칼슈타트는 예배와 사회복지의 관계에 대한 자신의 이해를 『성상의 폐지 및 그리스도인 사이에 거지가 없어야 한다는 사실에 관하여』(*Von abtuhung der Bylder und das keyn Bedtler unther den Christen seyn sollen*)에서 밝혔다. 하지만 비텐베르그라는 무대에서 사라지고 루터와의 관계가 단절됨으로 인해, 칼슈타트는 신학을 사회복지의 분야에 적용하는 일에 있어 더 이상의 기여를 주지 못했다.

예전(禮典)이 사회적 변화를 촉진할 수 있다는 종교개혁의 신념은 부겐하겐과 기타 개혁가들이 작성한 효과적인 교회 규칙들에 널리 영향을 주었다. 예배의 개혁은 공동체적 삶의 갱신을 포함했다. 이는 스트라스부르그(Strasbourg)의 종교개혁가 마르틴 부처(Martin Bucer, 1491-1551)가 1523년에 쓴 논문의 제목에서 분명하게 드러난다. 『우리는 자기 자신만을 위해서가 아니라 다른 사람들을 위해서 살아야 한다. 이 일을 어떻게 행할 것인가』(*One Should Not Live for Oneself Alone but for Others, and How to Go About It*). 도시 내의 사회적 문제를 해결하고자 했던 노력은 츠빙글리와 칼빈이 또한 시작한 초창기 종교개혁의 구성 요소 중 하나였다. 하지만 이를 위한 결정적인 이론적 돌파구는 루터에 의해서 이루어졌다(Laube 1983:1003ff). 사회복지를 자치적으로 추진하려던 노력은 가톨릭 지역에서도 나타났다. "하지만 구제에 대한 루터의 원리 및 16세기에 나타난 결과들로 인해 근대 초기 독일에서 뿐 아니라 유럽 전 지역에서 중앙 집중화된 빈민 구제 체계가 형성되었다는 사실에는 의심이 있을 수 없다. 종교개혁은 빈민 구제의 세속적 체계를 지지하는 새로운 사회 정책이 발전할 수 있도록 길을 열었다"(Jütte 1994:108).

4. 부겐하겐과 복음주의 사회복지의 확산

신학을 사회적 입법화로 연결시켰던 칼슈타트와 루터의 노력을 가장 완전하게 실현시킨 사람은 요한 부겐하겐이었다. 포메라니아(Pomerania) 출신의 사제이자 교육가로서, 훗날 포메라누스(Pomeranus) 혹은 포메르 박사(Dr Pommer)로 불렸던 부겐하겐은 루터의 몇몇 작품들을 읽은 후 비텐베르그로 이주하여 1521년 4월에 비텐베르그 대학에 입학했다. 그는 곧 루터와 멜랑히톤 모두의 친구이자 동료가 되었다. 그의 주해 강의는 매우 높은 평가를 받았으나, 처음에는 그를 위한 교수직이 제공되지 않았다. 이러한 상황에서 그는 1523년에 시 교회의 목사로 선발되었다. 이 직책에 있으면서 그는 영적 조언자이자 루터의 목사로 사역했다. 그는 1533년에 신학 박사가 되었으며, 1535년에는 교수가 되었다. 그는 수많은 성경 주석과 신학 논문을 출판하였고, 성경 전체를 저지대 독일어(Low German)로 번역했으며, 4복음서에 대한 매우 인기 있는 강해서를 남겼다.

비록 종교개혁의 역사에서 자신의 친구이자 동료인 루터의 그늘에 가려져 왔지만, 부겐하겐의 조직적인 재능은 그의 복음주의 동시대인들로부터 매우 높은 평가를 받았다. 비텐베르그 시 교회의 목사가 되자마자 그는 1522년의 혼란 이후 비텐베르그의 교회를 재건하는 일에 중요한 영향을 끼쳤다. 이윽고 북부 유럽의 여러 도시, 지역 및 국가에서 종교개혁을 정착하는 일을 위해 그의 도움을 요청했다. 그는 브라운슈바이그(Braunschweig, 1528), 함부르그(Hamburg, 1529), 뤼벡(Lübeck, 1531), 포메라니아(Pomerania, 1535), 덴마크(Denmark, 1537), 슐레스빅-홀슈타인(Schleswig-Holstein, 1542), 브라운슈바이그-볼펜뷔텔(Braunschweig-Wolfenbüttel, 1543), 힐데스하임(Hildesheim, 1544) 등의 지역을 위하여 교회 규칙들을 직접 쓰거나 편집하였다.

부겐하겐이 덴마크에서 했던 활동은 종교개혁이 스칸디나비아 지역에 확산되는 데 중요했다. 그는 새로운 왕과 여왕에게 왕관을 씌워 주었고, 코펜하겐(Copenhagen) 대학에 복음주의적 개혁을 소개했으며, 덴마크와 노르웨이의 교회들을 다스리는 일곱 명의 새로운 복음주의적 감독관(주교에 상응하는 직책)을 임명함으로써 사도적 계승의 전통과 의도적으로 단절했다.

때때로 "북부 지역의 종교개혁가"로 불리는 부겐하겐은 신학자로서의 루터와 교육가로서의 멜랑히톤에 버금가는 인물이었다. 그의 구체적인 재능은 신학과 주해, 그리고 교회적인 실천과 성경의 적용을 하나로 묶는 것이었다. 독창성에 있어서나 역사적인 영향력에 있어서나 그는 위대한 남부 독일의 개혁가들, 즉 츠빙글리, 부처, 오시안더(Osiander) 및 브렌츠(Brenz) 등과 동등한 위치를 차지해야 한다.

부겐하겐은 종교개혁 신학을 입법화로 옮기는 일에 매우 유능했는데, 최근까지 대부분의 연구는 그가 이룬 실제적인 성취에는 집중하면서도 그것의 신학적인 기초에 대해서는 소홀했다. 하지만 부겐하겐이 빈민구제의 입법과 실행에 기여했던 일은 그가 루터로부터 배운 교리에 근거한 것이라는 사실을 강조해야 한다. 부겐하겐에게 있어 종교개혁 교리와 그것의 제도화는 종교개혁의 진보를 위해 떼어 놓을 수 없는 필수 요소들이었다.

부겐하겐은 함부르그 시에 장문의 편지를 썼는데, 이 편지에는 그의 근본적인 신학적 방향이 분명하고 실제적으로 표현되어 있다. 1525년, 그는 함부르그에 있는 성 니콜라스(St. Nicholas) 교회의 목사가 되어 달라는 요청을 받았다. 하지만 비텐베르그의 성도들이 그를 보내려 하지 않았고, 또한 복음주의 운동에 대한 함부르그 시의회의 태도가 바뀜으로 인해, 그는 이 청빙을 수락할 수 없었다. 이에 따라, 사도들과 루터의 방식이 그러했듯, 부겐하겐도 함부르그에 다음 제목의 편지를 썼다. "거짓된 신앙과 허구적인 선행에 맞서 기독교 신앙과 참된 선행에 관하여, 그리고 선한 설교자들이 그와 같은 참된 신앙과 선행을 어떻게 설교할 것인지에 관하여, 존경하는 함부르그 시에 보내는 편지."

성경이 분명하게 밝히는 바와 같이 구원은 행위나 공로가 아닌 오직 하나님의 은혜로 말미암으며 신앙을 떠나서는 인간의 모든 행위가 죄악일 뿐이라고 부겐하겐은 선언했다. 함부르그에 보내는 편지에서 그는 마태복음 25:40에 대한 중세의 관점을 복음주의적으로 바꾸었다. 선행을 하는 목적은 하나님의 나라의 공로를 이루기 위해서가 아니라, 그리스도께 영광을 돌리고 이웃을 섬기기 위해서이다. 계속해서 부겐하겐은 구원이 오직 하나님의 은혜로 말미암으며, 이웃을 향한 섬김은 구원의 선물에 대한 인간의 반응이라고 반복적으로 강조했다.

빈민 구제와 관련하여 부겐하겐은 루터가 1519년 이후로 주장했던 제안들을 반복했다.

> 성직록과 기타 자선 기금들로부터 모든 재산을 다 모으라…(이 재산들을 가지고) 과부, 고아, 가난한 자, 병든 자, 궁핍한 자, 가난한 하녀 등을 위한 공동 금고를 만들라. 그리하면 정직한 시민들이 각 사람의 필요에 근거하여 거저 줄 것인지 빌려 줄 것인지를 분별하며 그들을 어떻게 돕는 것이 적절한 방법인지를 결정할 수 있을 것이다(Vogt 1867:261).

함부르그에 보낸 부겐하겐의 1526년 편지는 그가 1528년에 작성한 브라운슈바이그 교회 규칙의 신학적 근거였는데, 이 규칙은 그가 이후에 만든 교회 규칙들을 형성하는 모델이 되었다. 그에게 있어서, 책임 있는 교회 규칙은 그것의 신학적 본질로부터 분리될 수 없다. 이에 따라 브라운슈바이그 규칙의 서론은 그가 이전에 쓴 글의 주제를 반복한다.

> 우리가 그리스도인이 되기를 원한다면 우리는 그 결과에 대해서 알고 있어야 한다. 하나님께서 우리를 비웃지 않으시도록 하기 위해서 우리는 수도사들의 속임수나 참회 예식들을 피해야 한다. 하나님께서는 우리에게 이러한 것들 중 어떤 것도 행하라고 명령하지 않으셨다. 우리는 하나님을 향한 참된 예배, 즉 그리스도께서 우리에게 가장 먼저 명령하셨던 믿음의 참된 선행을 행하여야 한다. "너희가 언제나 서로 사랑하면 이로써 모든 사람들이 너희가 나의 제자임을 알리라"(요 13:35)고 하셨던 예수님의 말씀처럼, 우리는 우리 이웃들의 필요의 짐을 져야 한다(Lietzmann 1912:135).

부겐하겐은 선행이 구원의 선행 조건이 아니라 구원의 결과라는 사실을 강조했다. 따라서 기독교 사회 윤리를 "예배 후의 예배"라고 묘사하는 것은 루터에게서와 마찬가지로 부겐하겐에게 있어서도 적절하다. 부겐하겐은 종교개혁이 복음을 회복한 것과 복음이 중세 후기에 어떻게 사용되었는지를 대조했다. 중세 후기에는 자선을 통하여 공로를 획득하려는 노력으로 인해 예배가 왜곡되었다. 이와 같이 잘못된 예배 및 공로와 돈을 교환하는 "선행"은 참된 예배와 가난한 자들을 돕는 선행으로 대체되어야 한다.

루터의 라이스니히 규칙의 영향을 받아 부겐하겐이 1529년에 만든 함부르그 교회 규칙 역시 행위를 통한 구원 대신에 이웃을 사랑하라는 복음주의적인 명령을 제시한다. 새로운 구제 체계는 빈민 구제를 개인적인 구원의 수단이 아니라 모든 궁핍한 자들을 차별 없이 도와야 하는 교구의 기독교적 책임으로 끌어 올렸다. 부겐하겐은 궁핍한 자들을 돕는 노력이 복음주의적 가르침에 상응할 뿐 아니라(마 10:10, 20:1-16, 25:14-30, 눅 10:7, 엡 4:28, 살전 4:11-12, 살후 3:6-12, 딤전 5:18 등), 경제적인 측면에서도 합리적이라고 믿었다. 하지만 무엇보다도 먼저, 도움을 받는 사람들은 선행을 위해 이용되는 비인격적인 대상이 아니라 교구의 독립적인 구성원들로 여겨져야 한다는 사실이 전제되어야 했다. 이처럼 새로운 빈민 구제는 공동체적인 측면을 가졌다.

뤼벡(Lübeck) 지역을 위한 부겐하겐의 교회 규칙(1531) 역시 이전에 만든 작품의 형식을 따랐다. 그는 바울이 디모데전서 5:8과 5:16에서 명령한 바에 따라 그리스도인들은 자기 자신과 가족들을 부양해야 한다는 점을 지적함으로써 논의를 시작했다. 능력이 되는 사람들이라면 또한 자신들의 가난한 종들과 친척들과 이웃들과 기타 자신들이 아는 가난한 사람들을 도와야 한다(딤전 6:9, 17; 마 6:24). 설교자들은, 바울이 가르친 바와 같이(엡 4:28), 부자들 뿐 아니라 많은 돈을 번 장인들에게도 가난한 사람들을 도우라고 권고해야 한다. "복음과 구원의 교리가 아니라 자신들에게 이득이 되는 교리만을 설교하는 돈-설교자들(money-preachers)을 우리는 더 이상 용납하지 않을 것이다. 이들은 연옥의 미사를 주장했으며 우리에게 면죄부를 팔았다"(Hauschild 1981: 10*). 설교자들은 담대하게 사회의 복지를 호소할 수 있다. 왜냐하면 사람들은 설교자들이 올바르게 봉급을 받고 있으며 따라서 설교자 자신들의 주머니를 채우려고 호소하는 것이 아님을 알 것이기 때문이다. 이와 관련하여 부겐하겐의 천재성은 빈민 구제를 위한 기금과 학교, 목사들의 봉급, 교회의 유지를 위한 기금을 분리시킨 것이다. 이러한 분리로 인해 교회의 독립적인 재정이 확보되었고, 그 결과 정치 권력자들과 관련하여 설교자의 독립성을 지키려는 노력이 이루어졌다.

부겐하겐은 또한, 선량하고 훌륭한 사람들이 자신의 잘못 때문이 아니라 불행이나 실업, 혹은 불완전 고용(underemployment)으로 인해 경제적인 궁핍을 겪고 있다는 사실을 인정했다.

> 우리가 궁핍할 때 다른 사람들이 와서 우리에게 도움을 주는 것과 같이, 우리는 훌륭하면서도 가난한 사람들을 돌보아야 한다…비록 우리는 이미 그들을 잊어버렸을지 몰라도, 그리스도께서는 진실로 마지막 날에 이러한 일들을 기억하실 것이다…이것이 마태복음 25:31-46의 의미이다(Hauschild 1981: 12*).

부겐하겐의 요지는 다음과 같다. 지금까지 모든 사람들은 교회 안의 여러 아름다운 목적들과 하나님 앞에서 공로를 획득하기 위한 수많은 수단들, 즉 면죄부, 미사, 특별한 성지순례, 형제단체 등을 비롯하여 수도원과 수도회에서 일어나는 온갖 선행에 참여하는 방법들에 의해 사로잡혀 있었다. 자기 자신의 복을 더하기 위해 특별한 것을 찾으려는 이 모든 노력들은 하나님의 말씀에 들어 있지 않을 뿐 아니라 하나님의 말씀에 위배된다. 이제, 복음의 빛 안에서 "우리는 가난한 자들을 부지런히 돌보며 하나님을 향한 참된 예배를 고쳐시켜야 한다. 이것이야말로 그리스도께서 심판 날에 가치 있게 보시는 예배이다. 고결함을 망각하지 않는다면 그 누구도 이것에 반대할 수 없을 것이며, 교황과 공의회는 이것을 거스르지 말아야 한다"(Hauschild 1981: 15*).

이와 같은 설교가 사회적인 영향을 끼쳤다는 사실은 안나 뷔링(Anna Büring)의 유언에서 입증된다. 함부르크 시장의 과부이자 부유한 노인이었던 그녀는 자신이 1503년에 작성했던 유언의 내용을 1535년에 바꾸었다. 처음에 작성한 유언에서 그녀는, 자신의 영혼을 위한 철야 기도와 미사를 구입하기 위해 그리고 연옥의 고통을 피하기 위한 수많은 다른 선행들을 구입하기 위해 돈을 남겨 놓겠다고 밝혔다. 하지만 하나님의 말씀과 그분의 거룩한 복음을 들은 후, 그녀는 이전의 유언을 취소하였다. 이제 자신이 오직 은혜로 구원받았다는 사실을 믿었기 때문에, 그녀는 자신의 가족들을 부양하며 남은 재산을 병자들과 궁핍한 자들을 위해 남겨 두기로 결정했다. 여기에는 가난한 자들을 위한 집과 기독교 대학에서의 5년 장학금을 세우는 일 등이 포함되었다. 교회는 건축을 위해서 그리고 시는 공동의 선을 위해서 더 작은 액수의 유산을 받았다.

"유언은 개인의 신념을 특별히 진지하고 생동감 있게 증언한다. 상대적으로 넓은 전통이 보여주는 바, 안나 뷔링은 종교개혁과 함께 발생했던 변화를 대표한다. 동시에 그것은 종교개혁의 몇몇 사회-역사적 차원들을 보여준다" (Postel 1980:63-4). 그럼에도 불구하고, 이 이야기는 반쪽의 그림밖에 보여주지 않는다. 다시 비텐베르그의 상황으로 돌아가 보면, 루터는 사회복지와 사역과 교육을 위한 공동체의 후원이 부족한 것에 대해 강하게 비판했다. 여러 차례에 걸쳐 루터는 사람들이 자신들의 삶을 개혁하지 않는다면 더 이상 그들의 목사가 되지 않겠다고 맹세했다.

교회 규칙을 공식화하기 위해 부겐하겐이 가졌던 기본적인 원리는 신학적인 주장과 그것의 실제적이고 법률적인 결과를 연결하는 것이었다. 그의 신학적 근거는 설교의 형식으로 표현되었으며, 공동체로 하여금 교회 규칙을 납득하게 만드는 목적으로 의도되었다. 부겐하겐에게 있어서 교회의 개혁은 단순히 위로부터 법령을 하달하는 것이 아니라, 전체 도시 공동체가 참여하여 예배를 개혁하고 학교를 발전시키며 새로운 사회복지 프로그램을 만들어내는 것이었다. 이 모든 일은 기독교적 책임의 핵심이자 전체 도시의 의무로 여겨졌다. 부겐하겐은 루터의 글들을 일상의 삶 전체에 적용하는 한편, 종교예식에 집중했던 중세 후기의 관행을 없앴다. 교회를 정의하고 조직하는 주체는 더 이상 사제의 직분이 아니라 하나님의 말씀 아래와 그리스도의 성례 주위에 모여 있는 공동체였다. 빈민 구제는 사랑 안에서 활동하는 믿음을 통하여 이러한 공동체적 연대를 표현했다. 그것은 정말로 예배의 행동이자 하나님을 섬기는 행동이었다.

5. 하나님과 이웃을 섬기기 위한 교육

교회를 재조직하는 일에는 학교의 발전이 포함되었다. 중세의 교육은 수도원과 대성당의 학교들에 밀접하게 연결되었으며, 장학금은 주로 교회의 성직록으로부터 나왔다. 종교개혁 전야에 이르기까지 교회가 교육을 장악함으로써 두 가지 기본적인 태도가 나타났다. 하나는 교육을 교회나 직업에 들어가는 사람들에게만 제한시킴으로써 교회가 사회적 불평등에 기여했다는 것이었다. 어떤 점에서 사회는 교육을 받은 사람들과 "보통 사람들"로 구분되었다. 또 다른 하나는, 교회나 법률이나 의학 관련 직업을 갖지 않는 한 교육은 시간 낭비라는 태도였다. 이러한 태도는 "배운 사람들은 어리석다"라는 대중적인 표현에 요약되었다. 루터는 두 가지 태도 모두에 반대했으며, 하나님과 이웃을 섬기기 위해서는 교육이 필요하다고 주장했다.

이미 『독일의 기독교 귀족에게 고함』(Address to the Christian Nobility, 1520)에서 루터는 남자 아이들과 여자 아이들 모두를 위한 보편적인 교육을 주장했다. 이러한 주장은 『기독교 학교를 설립하고 유지해야 할 필요성과 관련하여 독일 내 모든 도시의 시의원들에게 보내는 글』(To the Councilmen of all Cities in Germany that they Establish and Maintain Christian Schools, 1524)에서 분명하게 발전되었다. 교육이 비싸다는 계속되는 불평에 대하여 루터는 이렇게 답변했다.

> 친애하는 의원들이여. 만일 우리가 일시적인 평화와 번영을 보증하기 위해 매년 그토록 많은 액수를 무기와 도로와 다리와 댐 및 수많은 유사 항목들에 사용해야 한다면, 불쌍하게도 무시된 젊은이들을 위해 더 많은 돈이-적어도 한 두 명의 유능한 사람들이 학교에서 가르칠 수 있을 정도의 충분한 돈이-사용되어야 하지 않겠는가?(LW 45:350).

교육 받은 지도자들과 시민들이 없다면 정부와 사회는 지속될 수 없을 것이다. 젊은이들은 세상에 유익을 끼치고 세상을 섬기기 위하여 역사와 예술과 언어와 수학과 과학을 배워야 한다. "사람들이 이 땅에서 뛰어나지 못하도록, 마귀는 서투른 바보와 매사에 무능한 자를 매우 선호한다"(LW 45:371). 학교들은 공적으로 운영되는 도서관을 가지고 있어야 한다. "만일 복음과 모든 예술을 보존하고자 한다면, 그것들을 책과 글 안에 확실하게 남겨 두어야 할 것이다"(LW 45:373).

이러한 호소의 결과, 수많은 도시와 지역에서 교회 교칙들을 통하여 학교가 세워졌다. 이제 문제는 부모들에게 자녀 교육의 중요성을 설득하는 것이었다. 『자녀를 학교에 보내는 것에 대한 설교』(*A Sermon on Keeping Children in School*, 1530)에서 루터는 복음주의 교회가 학식 있는 사역을 요구한다고 주장했다. 하나님께서 부모들에게 자녀를 주신 목적은 그들을 단순히 세상에서 앞서 나가는 사람으로 훈련시키려는 것이 아니다. "여러분들은 여러분의 자녀들을 하나님을 섬기는 목적을 위해 양육하라는 요구를 받아 왔습니다…하지만 설교의 직분과 영적인 상태가 잊혀진다면, 어떻게 해서 자녀들을 하나님의 섬김을 위해 양육할 수 있겠습니까?"(LW 46:222).

이것은 모든 자녀들을 기독교적인 사역으로 이끌어야 한다는 말이 아니다. 세상 역시 유능한 지도자들을 필요로 하기 때문이다. "만일 세상의 정부가 없다면, 한 사람은 다른 사람 앞에 설 수 없을 것이다. 마치 이성이 없는 야수들이 하는 것처럼, 각 사람은 필연적으로 다른 사람을 집어 삼키려 할 것이다. 죄인들을 성도로 만들고, 죽은 사람들을 살리며, 저주 받은 사람들을 구원받게 하고, 마귀의 자녀를 하나님의 자녀로 바꾸는 것이 설교의 기능이자 명예인 것처럼, 사람들로 하여금 야생의 짐승이 되지 않도록 막는 것이 세속 정부의 기능이자 명예이다." 능력 있고 지혜로운 정부가 없다면, 사회는 적자생존의 전투장이 될 것이다. "사람들이 오직 주먹으로만 다스리려 한다면, 그 결과는 짐승과 같은 실존이 될 것임에 틀림없다. 사람들은 자기보다 열등한 다른 사람들을 단순히 쓰레기 더미로 던져 버릴 것이다." 따라서 힘이 아니라 지혜가 통치해야 한다. "모든 경험과 역사가 증명하는 것처럼, 이성이나 지혜가 없는 무력은 그 어떤 것도 이루지 못했다"(LW 46:237-8).

따라서 "세상의 통치자에게는 자신이 다스리는 백성들로 하여금 그 자녀들을 학교에 보내도록 해야 할 의무가 있다…그렇게 할 때 설교자, 법률가, 목사, 작가, 의사, 교사 등의 사람들이 항상 나타날 것이다. 그러한 사람들이 없다면 우리는 아무 것도 할 수 없다"(LW 46:256-7). 이처럼 교육은 하나님을 섬기며 이웃의 필요를 채우는 이중적인 목표를 가지고 있다.

6. 교리문답 및 기독교적 소명

교회와 사회 안에서 책임 있는 기독교적 시민을 교육하기 위해 루터는 교리문답 혹은 "평신도 성경"을 만들었다(참고, Wengert 1997:47-75; 148-53; Peters 1991-1995). 작센 지역의 교구들을 방문할 때 그는 사람들의 무지함을 접하고 실망했으며, 이로 인해 일상의 삶과 관련된 신앙을 간단하게 가르쳐야겠다는 필요를 느꼈다.

교리문답의 목적은 기독교 신앙의 근본 내용을 간단한 표현으로 제시하는 것이다. 마지막 심판에 비추어 매일의 일상을 바라본다. "죽음이 우리 모두를 소환하며, 그 누구도 다른 사람을 위해 죽어 줄 수 없다. 모든 사람은 혼자서 죽음과 싸워야 한다. 우리가 다른 사람의 귀에 대고 소리칠 수는 있어도, 죽음의 때를 준비하는 것은 모든 사람이 스스로 해야 할 몫이다. 그때에는 내가 당신과 함께 있을 수 없고, 당신도 나와 함께 있을 수 없다. 그러므로 모든 사람들은 한 사람의 그리스도인과 관련된 주요 내용들을 배워 그 지식으로 스스로를 무장시켜야한다"(LW 51:70). 이러한 "주요 내용"에는 10계명, 사도신경, 주기도문이 포함되었다. 교리문답에는 또한 세례와 성찬에 대한 간략한 해설, 죄의 고백을 위한 지침, 아침과 저녁의 기도, 식사기도 등의 내용도 포함되었다. 소교리문답은 가정에서 사용하기 위해 만들어졌고, 대교리문답은 교회 안에서 성직자를 대상으로 가르치기 위해 만들어졌다. 두 교리문답 모두 1529년에 출판되었다.

예측되는 바와 같이, 오직 은혜로 말미암은 칭의라는 주제가 교리문답을 지배한다. 이에 따라 루터는 사도신경의 첫 번째 항목인 창조를 다음과 같이 설명한다. 하나님께서 나를 비롯하여 존재하는 모든 것을 창조하시는 일은 "내 편에서의 어떠한 공로나 가치 때문이 아니라, 그분의 순전한, 아버지와 같은, 신적인 선하심과 자비로 말미암아" 이루어진다. 두 번째 항목은 구속을 "잃어버린 바 되고 정죄받은 피조물"의 구속으로 설명한다. 세 번째 항목 역시 다음과 같이 고백한다. "나는 나의 이성이나 힘으로는 예수 그리스도를 믿을 수 없으며…성령께서 복음을 통해 나를 부르셨다는 것을 믿는다."

루터의 교육적인 방법은 교리문답이 가지고 있는 질문-대답의 형식에서, 그리고 이 교리문답을 가르침의 도구로 사용하라는 그의 지시에서 분명하게 드러난다. 이러한 형식을 통하여 그는 매일의 삶에 대한 지침을 제공하고자 했다. 이에 따라 10계명의 내용은 금지조항으로서 뿐 아니라 긍정적인 권면으로도 제시된다. 예를 들면 다음과 같다.

> 질문: "도적질하지 말지니라"는 명령은 무엇을 의미하는가?
> 대답: 우리는 하나님을 경외하고 사랑해야 하며, 따라서 이웃의 돈이나 소유를 빼앗지 말아야 하고, 부정직한 거래나 가짜 상품들을 통하여 그를 속이지 말아야 하며, 오히려 우리의 이웃이 자신의 소득과 재산을 개선하고 보호하도록 도와주어야 한다(Kolb and Wengert 2000:353).

특히 교리문답은 일상의 삶에서 기독교 신앙의 기본 요소들이 열매 맺도록 시도했다. 루터는 『그리스도인의 자유』(*The Freedom of a Christian*, 1520)에서 기독교적인 삶의 본질을 두 개의 명제로 선언하였다. "그리스도인은 모든 사람으로부터 완벽하게 자유로운 주인이며 그 누구에게도 예속되지 않는다. 그리스도인은 모든 사람에게 완벽하게 충실한 종이며, 모든 사람에게 예속된다"(LW 31:344). 기독교적인 삶은 하나의 소명이다. 소명(vocation)이라는 단어는 부르다, 초청하다, 환영하다, 이름을 부르다 등의 의미를 갖는 라틴어 단어에서 유래한다. 따라서, 루터에게 있어, 기독교적인 소명은 구원을 위해 공로를 쌓는 일이 아니라, 하나님께서 부르시고 환영해서서 창조의 지속적인 사역에 참여케 하시는 것으로 이해된다.

소명에 대한 루터의 접근은 중세의 전통과의 분명한 단절을 보여주었다. 루터 이전에 "소명"이라는 단어는 사제나 수도사나 수녀들이 행하는 특정한 종교적 삶을 의미하는 데 사용되었다. 모든 그리스도인이 만인 제사장에 속한다는 루터의 강조는 소명을 그 협소한 종교적 의미로부터 해방하였다. 소명은 일상의 영역 바깥이 아니라, 정확히 일상의 삶 한 가운데에 있다. 그리스도인들은 다른 세상을 위해서가 아니라 이 세상을 섬기는 일에 부름 받는다. 우리의 가치는 우리가 무엇을 하느냐가 아니라 우리가 어떤 존재이냐에 달려 있기 때문에, 중세의 그리스도인들이 종교에 쏟았던 모든 에너지가 이제는 이웃을 위한 세상에서의 활동으로 확장된다고 루터는 선언했다.

이러한 메시지가 중세인들에게 끼쳤던 해방의 힘은 오늘날 문화와의 비교를 통해서 이해될 수 있을 것이다. 중세인들이 종교적인 일의 성취로부터 자기의 가치(self-worth)를 찾았던 것과 마찬가지로, 현대인들은 물질적인 성취로부터 자기의 가치를 찾는다. 예를 들어, 오늘날에는 "당신이 무엇을 먹느냐가 당신을 보여준다," "당신이 무엇을 하고, 어떠한 옷을 입고, 어떻게 보이느냐가 당신을 보여준다" 등의 원리가 성립되는 것이다. 오늘날의 다이어트 산업이 사라진다면 어떠한 인간적이고 물질적인 자원들이 해방될 것인지 상상해 보라.

루터는, 그리고 그 다음 세대에 칼빈은, 하나님께서 그리스도인들을 세상 밖으로가 아니라 세상 안으로 부르신다고 주장했다. 하나님께서는 인간적인 수준에서 받아들이시기 때문에, 사람들은 특별한 일을 위해서가 아니라 일반적인 일을 위해 부름 받는다. 그 결과 일반적인 일이 종교적으로 재평가되었다. 이 점은 아마도 영어보다는 독일어에서 더 쉽게 이해될 것이다. 독일어에서는 종교적인 것과 세상적인 것을 의미하는 어휘가 서로 연관된다. "선물"과 "말"을 의미하는 단어들이 "의무"와 "책임"을 나타내는 단어들로 통합된다. 가베(Gabe)는 선물을 의미하며, 아우프가베(Aufgabe)는 의무를 뜻한다. 이처럼 의무는 그 안에 선물의 요소를 가지고 있는 것이다. 세상에서의 소명은 하나님의 선물을 나타낸다. 이와 마찬가지로, 독일어 보르트(Wort)는 말, 안트보르트(Antwort)는 대답, 페어안트보르퉁(Verantwortung)은 책임을 의미한다. 세 단어 모두에 "말"을 의미하는 wort가 들어 있다. 하나님의 말씀은 인간의 대답을 불러일으키며, 여기에는 매일의 책임들이 포함된다. 이렇기 때문에 신학자들이 독일어를 즐겨 사용하는 것이다! 요컨대, 믿음은 사랑 안에서 활동해야 한다.

소명에 대한 종교개혁적인 이해로 인하여 소명은 더 이상 종교적인 엘리트의 전유물이 아니라 삶의 모든 영역으로 확장된다. 한 사람이 동시에 딸, 엄마, 아내, 시민, 노동자, 학생 등 다양한 위치에 있을 수 있다는 점에서 볼 때, 소명은 모든 인간관계들을 둘러싼다. 루터에게 있어, 인간의 삶은 관계의 그물망이며, 그러한 관계들의 핵심은 죄의 용서에 기초했다. 소명은 이러한 삶의 관계들 안에서 실행된다. 다시 말해서, 각 사람이 가지고 있는 재능들과 특정한 관계들은 "하나님께서 주신 것"(God-givenness)이다.

가까이 있는 것을 천하게 보고 무언가 특별한 것을 하려고 애쓰는 인간의 경향이야말로 루터가 비판했던 중세의 소명 이해였다. 사람들은 하나님께서 주신 일반적인 일, 예를 들어 부모가 되는 것과 같은 평범한 일을 완수하고자 하지 않았다. 오히려 사람들은 독신과 같은 자신들만의 과업들을 만들어 놓고, 그러한 일들이 하나님을 기쁘시게 하는 거룩한 일이라고 생각했다. 이러한 목표 지향적인 모습으로 인해 가까이 있는 과업들이 무시되었다. 바로 이러한 이유에서 루터는 소명에 대해 이야기할 때 언제나 일상의 삶으로부터, 즉 냄새 나는 기저귀를 빠는 아버지, 바닥을 닦는 하녀, 훌륭한 맥주를 만드는 양조자 등의 모습으로부터 예를 들었다. 이러한 활동들이야말로 이웃을 섬기는 구체적인 모습이다. 루터가 말하고자 했던 핵심은, 자신의 재능을 뛰어넘는 일을 하는 것이 아니라 단순히 자신에게 주어진 일에 충실하는 것이 소명이라는 것이다.

루터는 그리스도인들이 세상으로부터 도피하는 것을 결코 용납지 않았다. 그가 이해한 복음의 핵심은, 구원이 삶의 목표가 아니라 기초이기 때문에 그리스도인들은 이전에 구원을 성취하기 위해 쏟았던 힘과 시간을 이제는 이웃을 섬기는 데 사용하도록 자유케 되었다는 것이다. 대담하게 표현한다면, 루터는 일종의 "종교적이지 않은 기독교"(religionless Christianity)를 옹호했다고 할 수 있다.

그리스도인들은 세상 안에서 섬기기 위해 "부름 받은" 존재이기 때문에, 루터는 하나님의 나라와 세상의 나라를 철저하게 구별했다. 그가 이 구별을 한결같이 강조했던 이유는, 기본적으로 종교를 세상으로부터 물러나는 것으로 여기던 시대에 그리스도인들이 정치적인 영역에 참여하기를 원했기 때문이었다. 황제 찰스 5세를 포함하여 왕들조차도 자신의 마지막 생애를 수도원에서 보내면서 종교적인 환경 속에서 삶을 마무리하기를 선호했다. 중세인들은 세상 안에서 소명을 가진다는 개념을 생각할 수 없었다. 그들에게 있어서 소명은 협소한 종교적인 의미만을 가졌고, 정치는 "더러운" 것으로 여겨졌기 때문이다. 성취를 요구하는 인간의 의 및 시민법과 거저 받은 선물인 하나님 앞에서의 의를 구별함으로써, 루터는 정치적이고 윤리적인 모호함으로 항상 둘러싸여 있는 세상 안에서 그리스도인들이 자유롭게 섬기기를 소망했다.

7. 초창기 종교개혁은 실패했는가?

루터는 교회가 신뢰받는 기관이 되기 위해서는 반드시 교육적이고 윤리적인 책임을 중요하게 생각해야 한다고 확신했다. 이미 언급한 바와 같이 루터는 여러 교구들을 방문하면서 발견했던 낮은 수준의 기독교적인 삶에 놀라고 실망한 이후 자신의 교리문답을 만들었다. 비텐베르그 역시 루터를 실망시켰다. 사람들은 공동 금고에 기부하거나 성직자 및 학교를 후원하는 일을 정기적으로 수행하지 않았다. 루터는 여러 설교에서 다음과 같이 분노했다. 사람들은 "감사하지 않는 짐승들과 같으며 복음에 합당한 자가 아니다. 사람들이 회개하지 않는다면 나는 더 이상 설교하지 않겠다." 복음주의의 설교는 원하던 열매를 맺지 못하고 있었다. 너무나 많은 사람들은 기독교의 자유를 남용하고 있었으며, 루터는 더 이상 "그와 같은 돼지 무리들의 목자"로 있는 것을 원치 않았다. 실제로 한동안 그는 설교하는 일을 멈추기까지 했다. 다른 교구들에서도 비슷한 문제들이 나타났다(Brecht 1990:287-90).

최근의 학자들 특히 제랄드 스트라우스(Gerald Strauss, 1978:307)는, 교육을 통해 개혁을 정착하고자 했던 루터파의 노력이 사실상 실패했다고 주장했다. 시찰 기록들에 대한 꼼꼼한 검토를 바탕으로 스트라우스는, 만일 종교개혁의 중심 목적이 "사람들-모든 사람들-로 하여금 그리스도인으로서 생각하고 느끼며 행동하게 만들고, 그들로 하여금 기독교적인 관점과 동기와 삶의 방식을 갖게 하는 것이었다면, 그 계획은 실패했다"고 결론 내린다.

또 다른 역사가 제임스 키텔슨(James Kittelson, 1985:100)은 이러한 평가에 동의하지 않으며, 스트라스부르그(Strasbourg)의 지역적인 상황을 예로 들었다.

"개신교 목사들은 그들이 만들어내고자 했던 종교적인 분위기를 창조하는 일에 놀라울 정도로 성공했다. 적어도 문서가 보여주는 증거에 따르면 이는 확실하다." 자료들을 잘 알지 못하는 사람들은 이 문제를 평가하는 데 어려움을 겪을 것이라는 점을 지적하면서 키텔슨은, 종교개혁가들 자신의 목표들을 그들의 역사적이고 지역적인 상황에서 평가하지 않는다면 대중적인 종교 문화에 대한 일반적인 평가들은 문제가 될 것이라고 주장한다.

루터의 신학적인 관점에서 볼 때, 특히 사회를 윤리적으로 갱신하는 것과 관련하여 성공과 실패를 논하는 것은 잘못된 질문이다. 루터가 개혁된 교회들의 상태에 대해 실망감을 가졌던 것은 분명한 사실이다. 하지만 오직 은혜로 말미암은 칭의론의 핵심은 제자도(discipleship)가 그것의 결과에 달려 있지 않다는 점이다. 그리스도인들은 충실하기 위해 부름 받았지 성공하기 위해 부름 받은 것이 아니다. 루터는 복음이 하나님의 약속을 선포하는 것이지 사회의 윤리적인 갱신을 권고하는 것이 아니라는 점을 매우 잘 알았다. 이러한 신념 때문에 루터는 위클리프나 후스와 구별되었다.

> 교리와 삶은 구별되어야 한다. 삶은 우리들이나 교황주의자들이나 매한가지로 악하다. 따라서 우리는 그들의 악한 삶 때문에 그들과 싸우고 정죄하는 것이 아니다. 삶의 도덕적인 질을 놓고 싸웠던 위클리프와 후스는 이 점을 이해하지 못했다…비록 삶의 질이 실망스럽다 할지라도, 하나님의 말씀이 순결하게 남아 있을 때, 삶은 그것이 마땅히 되어야 하는 위치에 놓이게 된다. 그렇기 때문에 모든 것은 말씀의 순전함에 달려 있는 것이다. 내가 올바르게 가르쳤던 경우에만 나는 성공하였다(WA TR 1:624; LW 54:110).

교회의 개혁을 포함하여 인간의 모든 노력의 결과는 하나님의 손에 달려 있다. 따라서 루터는 "나라가 임하옵시며"라는 간구를 이렇게 설명했다.

> 분명히 하나님의 나라는 우리의 기도 없이도 스스로 임한다. 하지만 우리는 이 기도를 통하여 그 나라가 우리에게 임하기를 또한 구하는 것이다(Kolb and Wengert 2000:356).

루터와 뮌처를 구별하는 것은 바로 이러한 관점이다(6장을 참고하라).

하나님께서 모든 일들을 홀로 행하신다는 확신을 가졌다고 해서 루터가 개인적 혹은 사회적 정적(靜寂)주의(quietism)에 이른 것은 아니다. 이 점은 여러 측면에서 입증될 수 있는데, 한 예로 빈민구제에 대한 관심으로 인해 그는 사회 구조를 변화하는 일에 참여하였다. 또한 선한 행위를 향한 헌신으로 인해 그는 노령의 나이와 좋지 않은 건강 상태 중에도 만스펠트(Mansfeld) 백작들 사이의 분쟁을 조정하기 위해 마지막 여행을 떠났었다. 흥미롭게도, 인간의 의지에 대한 논쟁에서, 기독교적인 자유를 강조했던 루터는 의지의 속박을 주장한 반면, 의지의 자유를 주장했던 에라스무스는 도덕주의(moralism)를 강조했다.

종교개혁가들이 성공했느냐 실패했느냐의 문제를 이해하려는 오늘날의 노력은 그들의 종말론에 비추어 볼 때 대부분 무너질 것이다. 다른 사람들 가운데 루터는 세상의 종말이 임박했다고 확신했다. 그는 세상과 관련하여 어떠한 낙관론도 가지고 있지 않았으며, 심판의 날을 간절히 사모했다. 이러한 사모함은 그의 칭의 교리에 의해 나타나는 바, 루터는 진노의 날(dies irae)에 대한 중세적인 두려움을 더 이상 갖지 않고 오히려 새 하늘과 새 땅을 창조하실 구속주의 도래를 기쁜 마음으로 기대했다.

동시에, 이는 역사적인 관점일 뿐 아니라 실존적인 관점이다. 심판과 은혜는 미래의 일일 뿐 아니라 현재의 현실이다. 여기에는 이중적인 관점이 존재한다. 역사의 종말에 대한 준비는 모든 실패와 실망의 종말에 대한 준비이며, 따라서 행동을 위한 자유를 창출한다. 역설적이게도, 마지막 날의 완성과 성취를 확신함으로 인해 루터는 창조를 누리게 되며, 쇠퇴해 가고 있음에도 불구하고 이미 새 창조가 드러나 있는 옛 창조를 감사하는 마음으로 책임 있게 사용하게 되었다. 이처럼 창조에 찍혀 있는 종말론적인 인상은 루터가 말했다고 여겨지는 다음 표현에 분명히 나타난다.

> 내일 종말이 온다는 것을 안다고 하더라도, 나는 오늘 여전히 한 그루의 사과나무를 심을 것이다.

Suggestions for Further Reading

Ole Peter Grell and Andrew Cunningham, eds., *Health Care and Poor Relief in Protestant Europe 1500–1700*. London: Routledge, 1997.

Robert Jütte, *Poverty and Deviance in Early Modern Europe*. Cambridge: Cambridge University Press, 1994.

James Kittelson, "Luther the Educational Reformer," in Marilyn J. Harran, ed., *Luther and Learning: The Wittenberg University Luther Symposium*, 95–114. Selinsgrove: Susquehanna University Press, 1985.

Carter Lindberg, *Beyond Charity: Reformation Initiatives for the Poor*. Minneapolis: Fortress, 1993.

Lester K. Little, *Religious Poverty and the Profit Economy in Medieval Europe*. Ithaca: Cornell University Press, 1978.

Elsie Anne McKee, *John Calvin on the Diaconate and Liturgical Almsgiving*, Geneva: Droz, 1984.

Michel Mollat, *The Poor in the Middle Ages: An Essay in Social History*, trans. Arthur Goldhammer. New Haven: Yale University Press, 1986.

Jeannine Olson, *Calvin and Social Welfare: Deacons and the "Bourse Française"*. Selinsgrove: Susquehanna University Press, 1989.

Lee Palmer Wandel, *Always Among Us: Images of the Poor in Zwingli's Zurich*. Cambridge: Cambridge University Press, 1990.

THE EUROPEAN REFORMATIONS

Ulrich Zwingli
1484년 1월 1일 - 1531년 10월 11일

제 6 장

보통 사람들의 종교개혁
(The Reformation of the Common Man)

> 사람들은 자유롭게 갈 것이며 하나님만이 그들의 주님이 되실 것이다.
> 토마스 뮌처(Thomas Müntzer)

1. "앤디 형제"(Brother Andy)

루터가 바르트부르그에서 비텐베르그로 돌아옴으로 인해 칼슈타트가 신속하게 시행했던 개혁은 멈췄고 그의 지도력은 사라졌다. 칼슈타트는 루터가 없는 동안 자신이 바꾸어 놓았던 가톨릭 의식의 여러 측면들로 복귀함으로써, 예를 들면 성찬의 두 요소 모두를 평신도에게 주지 않고 라틴어를 사용하여 예전을 진행하는 등의 모습을 보임으로써, 사태의 변화에 대한 자신의 분노를 표출하였다. 이러한 공격이 루터의 "탄원 설교"(Invocavit Sermons) 이후에 발생한 최근의 사건들과 충돌한다는 사실로 인해, 루터와 비텐베르그 대학은 칼슈타트의 글을 몰수하고 그 글의 출판을 금지했다. 비록 멜랑히톤은 칼슈타트가 개인적인 분노 때문에 복음주의의 대의를 위태롭게 할 것이라고 우려했지만, 처음에 칼슈타트는 자신의 분노를 참았다.

칼슈타트가 열등감 콤플렉스를 바탕으로 성공과 높은 지위를 추구했든지 아니든지 간에, 그는 자신의 개혁 노력이 좌절된 현실을 자신이 명예와 지위를 추구한 것에 대한 하나님의 징계로 이해했다. 급진적인 성향의 학생들의 마음을 움직일 만큼 극적인 모습으로, 칼슈타트는 자신의 학문적인 업적들을 포기하였으며 더 이상 교수로서 학위를 수여하는 일에 참여하지 않겠다고 선언했다. 신학과 시민법과 교회법 분야에 여러 박사 학위를 가지고 있었으며 정교수와 부감독의 지위에 올랐던 사람에게 있어서 이는 결코 작은 결단이 아니었다. 이에 따라 1523년 2월 3일에 자신의 두 학생을 진급시킨 후, 칼슈타트는 "지도자라 칭함을 받지 말라 너희 지도자는 하나이니 곧 그리스도니라"(마 23:10)라는 구절에 호소하며 자신의 결정을 알렸다. 좀처럼 당황하지 않는 루터조차도 이 말을 듣고 너무 놀라 입을 다물었을 정도였다.

이 일이 일어난 후 얼마 지나지 않아 칼슈타트는, 자신이 예전에는 박수를 받기 위해 공부하고 글을 썼지만 이제는 자신이 얼마나 자기중심적인 존재였는지 그리고 학위를 받고 지적인 엘리트가 되며 영광을 추구하는 학문적인 활동이 얼마나 교만하고 자신을 섬기는 일인지를 진실로 깨달았다고 고백했다. 그는 이후로 한 사람의 평범한 평신도가 되겠다고 말했다. 그는 자신의 작품들에 "새로운 평신도 안드레아스 칼슈타트"라고 서명했고, 교수의 복장 대신 농부의 복장을 입었다. 마치 옷이 사람을 만든 것처럼-그리스도가 좋은 옷으로 자신을 치장하셨는가?-칼슈타트는 자신을 "앤디 형제"로 불러달라고 요청했고, 아마도 농사일을 시작했던 것으로 보인다.

훗날 그는 다른 사람들이 행한 수고의 결과를 누리는 직업상의 특혜보다 직접 정직하게 노동하며 손이 지저분해지는 것을 더 선호했다고 말했다. 그는 한 때 자신이 누리던 직업상의 특권에 대해 죄책감을 느꼈다. 농부나 기술자는 하나님의 명령에 따라 직접 땀을 흘리며 살아가는 반면, 학자들이나 기타 유력자들은 그들을 착취한다. 하지만 루터는 이와 같이 육신을 참되게 죽이는 일을 망각했다. "루터, 자네는 무슨 생각을 하는 것인가? 손에 잡힌 물집들이 금반지보다 더 명예롭지 않겠는가?"(Hertzsch 1957:II, 95-6).

자신의 신념에 충실하게, 칼슈타트는 1523년 초여름에 비텐베르그를 떠나, 잘레(Saale) 강에서 멀지 않은 작은 마을 올라뮌데(Orlamünde)의 교구 목사가 되었다. 이러한 변화와 그 결과에 대한 이야기는 복잡하고 역사적인 논쟁을 수반하는데, 그 이유는 칼슈타트의 양심뿐 아니라 재정적이고 법률적인 문제들이 여기에 관여되었기 때문이다. 봉급을 받았던 루터나 멜랑히톤과 달리 칼슈타트는 모든 종교개혁가들이 비난했던 성직록(benefices)과 미사 기부금(mass endowments)에 여전히 재정적으로 의존했다. 그의 수입에는 올라뮌데 교구로부터의 성직록이 포함되어 있었는데, 그는 이 성직록을 올 세인츠(All Saints) 교회의 부감독으로서 받았다. 올라뮌데 교구의 목사가 됨으로써 칼슈타트는, 강한 비판을 받은 교회의 악습이자 비텐베르그에서 자신에게 제공했던 수입으로부터 스스로를 해방시켰다. 더욱이 당시의 목사였던 글리취(Glitzsch)는 칼슈타트의 수입을 제공했던 올 세인츠 교회에 지불해야 할 돈을 갚지 못했고, 그 지역의 교구는 파산될 지경에 이르렀다. 글리취가 자신의 책임을 다하지 못함으로 인해 법적으로 떠나게 되었을 때, 칼슈타트는 자신이 그 자리를 대신하도록 허락해 달라고 요청했다. 선제후 프리드리히는 이 요청을 수락했다. 하지만 복잡한 문제들이 여전히 잠재적으로 남아 있었다. 부감독이었던 칼슈타트는 자신이 받은 수입에 대한 의무로서 대학에서 가르쳐야 했으며, 대학은 올라뮌데 지역의 교구 목사를 지명할 권리를 가지고 있었다.

비텐베르그에서 중단된 변화들을 칼슈타트가 올라뮌데에서 추진하려고 움직이자, 잠재적인 문제들이 현실화되었다. 교회에서 성상이 제거되고, 유아 세례가 중단되었으며, 성만찬은 그리스도의 죽음에 대한 하나의 기념으로 해석되었고, 칼슈타트는 교회의 개혁에 대한 자신의 생각들을 출판하기 시작했다. 성례와 관련된 변화들이 어떻게 여러 진영을 분열시켰는지에 대해서는 다음 장에서 살펴볼 것이다.

하지만 루터와 그의 비텐베르그 동료들이 칼슈타트의 입장을 인정하지 않았다는 점은 분명했다. 그들은 칼슈타트가 합법적인 절차에 따라 올라뮌데로 부름 받지 않았으며 그가 대학에서 해야 할 의무를 수행하지 않았다는 것을 근거로 하여 그를 올라뮌데 교구로부터 쫓아내려는 법적인 움직임을 시작했다. 칼슈타트를 침묵시키려는 움직임에는 또 다른 이유들이 있었다. 뉘른베르그(Nuremberg) 의회는 새로운 변화를 금지하는 결정을 내렸고, 토마스 뮌처(Thomas Müntzer)의 혁명적인 설교로부터 자극을 받은 농민들의 동요가 잘레(Saale) 계곡에 걸쳐 확산되고 있었던 바, 칼슈타트는 뮌처와 부당하게 연결되었다. 칼슈타트를 원했던 올라뮌데 교구의 반응은 영리하고 역설적이었다. 그들은 칼슈타트를 자신들의 목사로 선택하였는데, 이러한 회중의 권리는 루터가 라이스니히(Leisnig)의 교구를 위해 쓴 논문에서 강조했던 사항이었다(LW 39:303-14).

1524년 7월에 이르러, 루터는 뮌처가 설교한 폭력을 칼슈타트가 지지하고 있다고 확신했다(그 해 3월에 뮌처의 추종자들은 알슈테트[Allstedt] 성문 외곽의 한 예배당을 불태웠다). 뮌처는 실제로 칼슈타트에게 정치적인 지지를 요청했다. 하지만 칼슈타트와 그의 교구는 성경적인 금지 명령에 기초하여 이러한 폭력적인 개혁을 거부했다.

> 우리는 무력에 의한 저항을 추구하는 당신을 도울 수 없습니다…왜냐하면 그리스도께서 베드로에게 검을 집어넣으라고 하셨듯이 성경이 이를 금지하기 때문입니다(Baylor 1991:33-4).

"칼슈타트는 종교적인 변화를 갈망한 만큼이나 사회적 무질서를 두려워했던 복잡하고 보수적인 루터와 급진적인 뮌처 사이에서 난처해졌다"(Sider 1974:196). 선제후 작센의 군주들은 이제 루터를 보내 잘레 계곡을 시찰하여 상황을 살펴보고 폭력적인 움직임에 반대하도록 조치를 취했다.

예나(Jena), 칼라(Kahla), 노이슈타트(Neustadt), 올라뮌데 등의 지역에서 루터는 따뜻한 환영을 받았다. 때로는 지나치게 따뜻한 환영을 받아, 종종 욕과 돌세례를 함께 받기도 했다. 칼슈타트를 지지하는 목사가 사역하던 칼라에서, 루터는 부서진 십자가를 딛고 설교단에 오른 후 성상을 관용하라는 설교를 해야 했다. 8월 22일에 예나에서 설교하면서 루터는 성상의 파괴, 유아 세례와 성찬의 중지, 폭동으로 이끄는 신령주의(spiritualist) 신학의 악한 열매들을 공격하였다. 당시 칼슈타트는 자신을 알아채지 못하게 하려고 모자를 깊이 눌러쓴 채 교회의 뒤 쪽에 구부정하게 앉아 있었다. 비록 루터가 설교 중에 특정한 이름을 언급하지는 않았지만, 칼슈타트는 이 설교로 인해 분노하였고 루터가 자신을 개인적으로 공격하고 있다고 확신했다. 설교가 끝난 후,

칼슈타트는 루터에게 쪽지를 보내 만남을 요청했다.

그 날 오후, 이 두 개혁가는 루터의 숙소였던 예나의 흑곰 여관(Black Bear Inn)에서 만났다. 두 사람은 신학적이고 개인적인 비난과 공격들을 주고받았다. 이 유쾌하지 못한 논쟁을 끝내면서 루터는 칼슈타트에게 자신을 반대하는 글을 쓰라고 도전했고, 그에게 1굴덴(gulden)을 주면서 자신이 기꺼이 논쟁에 참여하겠다고 서약했다. 결국 이것은 신학적인 전쟁의 선전포고였다.

루터는 이틀 후 올라뮌데에 있는 교구를 만났는데, 상황은 전혀 나아지지 않았다. 올라뮌데 교회는 칼슈타트를 자신들의 목사로 원했으며, 이러한 자신들의 선택을 루터 자신의 글이 지지한다고 주장했다. 루터는 칼슈타트가 올 세인츠 교회와 비텐베르그 대학에 대한 의무를 이행하지 않았다고 주장하며 이에 맞섰다. 성상의 폐지에 관한 논쟁에서, 올라뮌데 회중들은 성상에 대한 관용을 주장하는 루터의 입장이 비성경적이며 그리스도의 몸으로부터 떨어질 수 있는 위험스러운 견해라고 비판했다. 그리고서 루터는 대화를 끝냈다. 곧이어 칼슈타트가 루터를 반대하는 설교를 했는데, 칼슈타트는 루터를 하나님의 충실치 못한 종이자 성경의 왜곡자라고 불렀다.

얼마 후 칼슈타트는 루터의 도전에 응하여, 믿음이 연약한 자들에 대한 루터의 관심에 반대하는 논문 뿐 아니라 성찬에 대한 일련의 논문들을 저술했다. 성찬에 관한 다섯 편의 논문들에 나타나듯이, 그는 신비주의의 용어를 사용하고 신령주의적 성향을 보이며 주님께 순종하는 거듭난 삶을 열심히 강조했다. 루터에 대한 직접적인 공격이자 최초로 표현된 상징적 성찬 해석이었던 이 성찬론 논문들은 칼슈타트의 처남이었던 쾰른의 게하르트 베스터부르그 박사(Dr Gerhard Westerburg of Cologne)를 통해 1524년 가을에 스위스로 보내졌다. 이 시기에 이르러 칼슈타트는 선제후 작센에서 추방되었다. 칼슈타트는 복음을 힘으로 지키고자 했던 루터의 선동으로 인해 자신이 재판이나 판결 과정 없이 쫓겨났다고 불평했다.

루터와 칼슈타트 사이의 논쟁의 핵심은 개혁의 시간표가 아니라 개혁 자체에 대한 이해였다. 이 논쟁을 되돌아보는 가운데 학자들은 루터의 칭의신학과 칼슈타트의 중생신학을 대조했다. 이러한 차이점은 이미 비텐베르그에서부터 얼핏 보였지만, 칼슈타트의 성찬 논문의 출판으로 인해 널리 공개적으로 알려졌다. 칼슈타트가 하나님의 영의 내적 증언을 강조함으로 인해, 루터는 뮌처와 칼슈타트 사이의 연관성을 이끌어냈다. 이러한 신령주의(spiritualism)는 아마도 성찬에 관한 칼슈타트의 "대화록"(Dialogue)에서 분명하게 진술되었다.

이 글에서 칼슈타트는 자신의 주인공인 평신도 피터(Peter the layman)의 입을 통해 성령의 내적 증언을 다음과 같이 이야기했다. "나는 나 자신을 위한 외적인 증언을 필요로 하지 않는데, 그 이유는 그리스도께서 약속하신 성령의 내적인 증언을 사모하기 때문이다." 누구로부터 그러한 해석을 배웠느냐는 질문을 받았을 때, 피터는 "내가 보지 못하지만 음성을 들은 분, 나에게 어떻게 오시고 또 떠나셨는지 알지 못하는 분…즉 하늘에 계시는 우리 아버지"라고 대답한다. 그의 견해를 왜 이전에 설명하지 않았냐는 다그침에 대해서, 피터는 다음과 같이 말한다. "성령께서 나에게 그렇게 급하게 재촉하지 않으셨기 때문이다…때로 우리는 그분의 명예를 위해 성령님을 감추어야 하며, 때로는 외형적으로 받은 증언과 싸워야 한다. 내가 이전에 이러한 생각을 표현했다면, 당신과 온 세상이, 특히 '성경에 대해 지혜로운 사람들'이 나를 비웃으며 '그가 헛소리를 한다'고 무시했을 것이라는 사실을 나는 알았다"(Lindberg 1979:50-1).

하나님의 약속에 대한 외형적인 말씀을 강조했던 루터와는 대조적으로, 칼슈타트는 성령의 내적 증언이 배우지 못한 평신도들로 하여금 학식 있는 신학자들로부터 독립하도록 만들어준다고 보았다. 회중의 사회적 구조와 공동체적인 개혁에 대한 칼슈타트의 이상이 바로 여기에 나타난다. 즉 평신도들은 "평신도 피터"가 되어야 한다. 민주적이고-회의적인 공동체적 교회정치, 복음적인 미사, 성상과 죄의 고백 및 금식의 폐지, 복음적인 빈민구제의 발전 등을 추진함으로써, 칼슈타트는 이러한 이상적인 갱신 모델을 올라뮌데에서 구현하려고 힘썼다.

성령의 내적 증언을 통하여, 일반 사람들에게 힘이 주어진다. 비록 칼슈타트가 강제적인 개혁을 권고하는 뮌처를 거부했지만, 그와 올라뮌데 교구의 사람들은 수동적인 불순종을 얻었다. 그에게 있어서 교회의 개혁은 교회 회중이나 도시 권세자의 관할에 속했다. 따라서 칼슈타트는 루터가 주장한 영토적인(territorial) 교회를 반대하여 회중적인 교회 혹은 도시 교회를 지향했다. 교회론에 있어서 그는 회중교회주의의 선조였다. 비록 눈에 드러난 혁명적인 정치 활동이 없었음에도 불구하고 이러한 칼슈타트의 교회관이, 종교개혁의 지각변동을 사용하여 자신들의 권력을 확장시키고자 했던 영토의 군주들과 충돌하게 된 것은 피할 수 없는 현실이었다.

1524년 9월에 선제후 작센 지역으로부터 추방당한 후, 칼슈타트는 남서부 독일을 돌아다녔다. 이제 간략하게 개관할 칼슈타트의 여행 경로 및 그가 접촉했던 사람들에 대한 설명은 그의 영향력이 얼마나 널리 퍼졌는가를 보여줄 것이다. 스트라스부르그에서 그는 개혁가 볼프강 카피토(Wolfgang Capito)로부터 많은 지지를 받았으며, 『안드레아스 칼슈타트가 작센에서 쫓겨난 이유들』(*Ursachen derhalben Andreas Karlstadt aus den Landen zu Sachsen vertreiben*)을 출판할 수 있었다. 취리히와 바젤에서 그는 재세례파 집단들과 교제했다. 그의 처남이자 예나(Jena)에서 추방된 베스터부르그(Westerburg) 및 취리히 출신의 펠릭스 만츠(Felix Manz)는 유아 세례에 대한 칼슈타트의 논문들과 (지금은 소실되고 없는 작품) "하나님의 살아 있는 음성에 관하여"를 바젤에서 출판하려 하였다. 요하네스 오이코람파디우스(Johannes Oecolampadius)는 유아 세례에 관한 작품이 바젤에서 출판되는 것을 제지했다. 하지만 이 작품은 1527년에 익명으로 출판되었다. 유아 세례를 거부한 이 논문에서 칼슈타트는 후견인들에 의해 신앙이 대표된다는 루터의 가르침을 부인했을 뿐 아니라 성령의 세례가 물세례보다 우월하다고 선언했다. 하지만 칼슈타트는 재세례를 요구하지는 않았다.

바젤에서 칼슈타트의 작품 일곱 편이 출판되었는데, 그 중 다섯 편은 루터의 성찬 교리를 겨냥한 것이었다. 뉘른베르그(Nuremberg)에서 칼슈타트는 일군의 추종자들을 얻었는데, 이 중에는 한스 그라이펜베르거(Hans Greifenberger), 한스 뎅크(Hans Denck), 그리고 소위 "세 명의 불경한 화가들"로 불리는 사람들이 포함되었다. 이곳에서도 그의 작품 두 편이 출판업자 히에로니무스 횔첼(Hieronymus Höltzel)에 의해 출판되었다. 다섯 편의 논문에서 칼슈타트는 그리스도께서 빵과 포도주 가운데 실제로 임재하신다는 루터의 교리를 공격했다. 오히려 빵과 포도주는 주님의 영적인 임재를 상징하는 표지이다. "대화록"에서 칼슈타트는 주석적인 논증을 발전시켜, "이것은 나의 몸이다"라고 말씀하실 때 예수께서 빵이 아니라 그분 자신의 몸을 가리키셨다고 주장했다.

이것은 13세기 이후부터 발전되었고 보헤미아의 발도파(Bohemian Waldensians)를 통해 전달된 것으로 보이는 주장이다. 이러한 주장은 칼슈타트의 논문이 나오기 반 년 전에 츠빅카우(Zwickau) 지역의 반대파 사이에서도 발전되었다. 칼슈타트에게 있어서 성찬의 중심은 예수의 십자가를 기억하는 것이었다.

하이델베르그, 슈바인푸르트(Schweinfurt), 키칭겐(Kitzingen) 등의 지역을 여행한 후, 칼슈타트는 1524년 12월, 타우버(Tauber) 강 유역의 로텐부르그(Rothenburg)에 도착했고, 이 지역에 잠시 정착하면서 개혁 운동의 확산에 힘을 쏟았다. 농민전쟁이 발발한 후, 그는 1525년 5월말 경에 이 도시를 떠났다.

칼슈타트는 농민전쟁을 이끈 투링기아(Thuringian)의 지도자 토마스 뮌처와 가깝게 지냈으며, 그들은 서로 영향을 주고받았다. 하지만, 『안드레아스 칼슈타트가 잠시 침묵하고 있는 이유』(*Ursachen dass Andreas Karlstadt ein Zeit stillgeschwiegen*, 1523)에서 이미 칼슈타트는 '계시에 있어서 꿈과 환상이 중요한 역할을 차지한다'는 뮌처의 견해로부터 신중하게 물러서 있었다. 하지만, 뮌처의 혁명적인 노력을 분명하게 거부했음에도 불구하고, 칼슈타트는 자신이 농민전쟁 기간에 두 진영 사이에 놓여 있다는 사실을 발견했다. 한 편으로 루터는 칼슈타트에게서 부당하게 혁명의 냄새를 맡았다. 다른 한 편으로 칼슈타트는 프랑크족(Frankish) 농민들의 불침략을 이끌어 내려고 애썼지만 성공하지 못했다.

1525년 성령강림절 기간 동안 자신의 어머니와 함께 한 주간 피신한 후, 칼슈타트는 보호를 얻기 위해 루터에게 갔다. 루터는 칼슈타트에게 글을 쓰지 않겠다는 약속을 요구했다. 칼슈타트의 『폭동과 관련한 잘못된 비난에 대한 변명』(*Apology Regarding the False Charge of Insurrection*)에 서문을 쓰면서 루터는 칼슈타트가 반역자라는 비난을 철회했다. 하지만 칼슈타트가 자신의 성찬론을 철회한 것은 강요된 타협이었으며, 이후에 이어진 논쟁들의 씨앗이 되었다. 처음에 칼슈타트는 비텐베르그 근처의 마을들에서 피난처를 얻었다. 이곳에서 그는 농부와 상인으로 일하며 근근히 생활을 이어갔다.

하지만 그의 영향력은 사라지지 않았으며, 비록 어렵긴 했지만, 편지와 방문을 통해 그는 사람들과의 관계를 유지했다. 카스파르 슈벵크펠트(Kaspar Schwenkfeld)에게 보냈으나 중간에 빼앗긴 편지에서, 칼슈타트는 성찬에 대한 자신의 신념을 여전히 고수했다. 그는 울리히 츠빙글리에 반대하는 글을 쓰지 않았다. 1529년 초, 그는 평신도 설교자이자 모피 상인이었던 멜키오르 호프만(Melchior Hoffman)의 부름을 받고 억압적인 환경에서 키엘(Kiel) 지역으로 도망쳤다. 칼슈타트는 호프만을 도와 성찬에 관한 플렌스부르그(Flensburg) 논쟁(1529년 4월)을 준비했다. 비록 그가 공동저자였지만, 이 논쟁에는 직접 참여하지 않았다. 한편 칼슈타트는 호프만의 환상적이고-묵시적인 사상들을 좋아하지 않았다.

1529년 4월 키엘로부터 추방당한 후, 그리고 동부 프리슬란드(Friesland)에서 순회 설교자로 활동한 후, 칼슈타트는 1529년 8월부터 1530년 1월까지 엠덴(Emden) 남부의 올더숨(Oldersum) 근방에 머물렀다. 올더숨으로부터 도망친 후 그는 스트라스부르그와 바젤과 취리히 등의 지역에서 자리를 찾았다. 츠빙글리의 도움으로 칼슈타트는 취리히에서 대성당의 집사와 병원 원목이 되었다. 레오 주드(Leo Jud)가 출판한 츠빙글리의 빌립보서 강해의 서문에서 (1530년 12월 10일), 칼슈타트는 공개적으로 자신을 취리히 종교개혁과 동일시했다. 한때 비텐베르그 종교개혁의 두 번째 위치에 있던 그가 이제는 스위스의 개혁주의 개신교의 창시자들과 함께 창조적인 11년을 보내게 되었다.

이 기간 동안 칼슈타트는 비텐베르그 신학자들과의 논쟁을 계속했다. 1530년 초에 그는 멜랑히톤에게 답변하였으며, 1532년에는 뮌처와 츠빙글리와 칼슈타트가 하나님의 심판을 받았다는 루터의 비난을 반박했다. 1534년, 그는 바젤에 있는 성 베드로 교회(St Peter's)의 목사이자 구약 교수가 되었다. 이곳에서 그는 바젤의 동료들 및 스트라스부르그의 마르틴 부처(Martin Bucer)와 함께 종교개혁가들 사이의 연합을 위해 노력했다. 그는 바젤 대표단의 일원이 되어 마르틴 부처와 함께 성찬에 관한 비텐베르그 협약(Wittenberg Concord)에 대해 논의했다. 그는 비텐베르그 협약을 지지했다. 바젤에서 칼슈타트와 변호사 보니파치우스 아머바흐(Bonifazius Amerbach)는 대학의 개혁을 위해 함게 일했는데, 그들은 신학 분과에 진급과 논쟁을 재도입했다. 1535년 1월에 칼슈타트는 직접 취임 논쟁을 발표함으로써 자신의 신학을 체계적으로 제시했다.

칼슈타트의 인문주의적 관심사들 역시 이제 전면으로 부각되었다. 그는 역사와 자연을 성경의 이해를 위한 중요한 전제조건으로 높이 평가했다. 구약 성경에 대한 강의와 연결하여 그는 히브리어를 가르치기 시작했다. 잠시간 그는 신약성경과 철학도 가르쳤다. 그는 자신이 일생동안 경험했던 다양한 영향력들을 총망라하는 일종의 백과사전적인 신학을 계획했다. 하지만 칼슈타트는 1541년 12월 24일에 흑사병으로 사망했고, 자신이 이제 막 시작했던 미간행 원고들을 죽기 전 의도적으로 폐기하였다.

90여 권의 작품을 출판하고 그 작품들이 213여 차례나 판을 거듭한 것에서 볼 수 있듯이, 칼슈타트는 종교개혁 시기에 가장 왕성하게 글을 썼던 사람들 중 하나였다. 1518년부터 1525년까지 독일어로 출판된 그의 작품들은 루터 다음으로 많았다. 비텐베르그에서부터 바젤까지 여행하는 동안, 칼슈타트는 루터파, 재세례파, 신령주의파(Spiritualists), 스위스 개혁가 등 가장 다양한 개혁 진영이 형성되는 데에 영향을 주었다. 한 편으로는 널리 지적인 영향을 끼쳤지만, 다른 한 편으로는, 아마도 그가 맞섰던 상대들의 변화로 인해, 교회적인 형성에는 지속적인 영향을 끼치지 못했다.

종교개혁의 전(全)과정에 끼친 칼슈타트의 효과적인 영향력은 성상을 반대했던 그의 투쟁과 루터의 성찬교리를 반대했던 그의 논쟁으로부터 나왔다. 성상을 즉시 제거하는 일은 여러 도시들에서, 심지어는 보다 루터파적인 형태의 개혁을 추구했던 도시들에서도, 종교개혁의 하나의 외적인 상징이 되었다. 루터와 벌인 성찬 논쟁은 츠빙글리에게 이어져 종교개혁 내부에서 교회를 나누는 요소가 되었다.

잠시 동안 "칼슈타트파"로 불려진 학생들과 추종자들의 운동은 1523년과 1530년 사이에 최고조에 이르렀다. 칼슈타트의 영향력은 투링기아(Thuringia), 프랑켄(Franken), 북부 독일 도시들에 집중되었다. 하지만 그의 영향력은 레발(Reval)로부터 동부 프리슬란드까지, 그리고 홀슈타인(Holstein)으로부터 티롤(Tyrol)에서까지 느껴졌다. 사회적인 관점에서 볼 때, 그의 추종자들은 그와 비슷한 계층 즉 교육받은 도시 시민에 속했다. 한편, 올라뮌데에서 사역한 이후로 그는 장인들과 농민들을 목표로 삼았다고 말했으며, 자신을 한 사람의 "새로운 평신도"나 "앤디 형제"로 불렀다. 칼슈타트가 스위스 도시들의 고백적인 진영에 외적으로 합류함으로 인해, 급진적인 칼슈타트파 사람들은 자신들의 본보기를 잃었으며, 재세례파의 잠재적인 동료로서 그를 배제시켰다. 그럼에도 불구하고, 훗날 출판된 루터파의 논쟁적 작품들은 그의 지속적인 영향력을 보여준다. 또한, 호프만, 덴크, 슈벵크펠트, 세바스찬 프랑크(Sebastian Franck) 등과 같은 당대의 중요한 신령주의자들은 칼슈타트의 사상, 특히 1523-5년의 작품들에서 강하게 나타난 그의 신비주의적인 사상으로부터 다양한 방식으로 영향을 받았다.

칼슈타트의 행로는 비밀-저항주의(crypto-dissidentism)로 이어졌다. 그와 마찬가지로 그의 많은 추종자들 역시 외적인 적응과 내적인 이주의 길을 택한 것으로 보인다. 만인 제사장주의로부터 유래한 실천 및 가정에서의 성경 공부는, 종교개혁 내의 다른 저항주의자들의 전통과 더불어 칼슈타트의 정신을 은밀하게 지속시켰다. 칼슈타트의 작품들은 계속해서 비밀리에 읽혔다.

중생과 성화를 강조했던 칼슈타트의 신학은 경건주의(Pietism)의 선구자였다. 그와 경건주의 사이에는 실질적인 동의가 있을 뿐 아니라 역사적인 연결 관계도 존재한다. 종교개혁과 경건주의 사이에서 칼슈타트의 유산을 전달한 가장 중요한 인물은 신비주의자이며 비밀-저항주의자였던 발렌틴 바이겔(Valentin Weigel, 1533-88)이었다.

2. 토마스 뮌처

토마스 뮌처(Thomas Müntzer, ca. 1489-1525)는 신령주의의 정치적 종교적 결과를 칼슈타트보다 훨씬 더 발전시켰다. 뮌처와 함께 성령의 내적 질서가 세상의 외적 질서를 직접적으로 변화하였다. 신비주의가 혁명을 위한 신학적 기초로 작용한 것이다.

처음에 뮌처는 루터를 동료 전우로 보았지만, 비텐베르그에서 칼슈타트가 시행한 혁신들을 루터가 뒤집었다는 사실을 알게 된 후 그를 군주의 아첨꾼으로 보았다. 『비텐베르그에 있는 영적이지 못하고 유약한 사람들, 성경의 왜곡과 착취를 통해 우리의 가엾은 교회를 더욱 오염시킨 사람들에 대한 논박 및 도발적인 변증』(*A Highly Provoked Vindication and a Refutation of the Unspiritual Soft-living Flesh in Wittenberg whose Robbery and Distortion of Scripture has so Grievously Polluted our Wretched Christian Church*, 1524)에서 뮌처는 루터를 썩은 까마귀, 기회주의자, 거짓말쟁이 박사, 비텐베르그 교황, 고상한 바벨론 총각, 마귀의 대장, 포악한 여우 등으로 비난했다. 용맹심을 감추는 것은 결코 뮌처의 장점이 아니었다!

루터 역시 뮌처를 향해 욕설을 퍼부었다. 그는 뮌처를 교회와 국가를 파괴하는 일에 혈안이 되어 있는 마귀에 사로잡힌 피에 굶주린 폭도, "이단과 분열을 위해 태어난 사람"으로 불렀다. 뮌처에 대한, 그리고 그 연결선상에서 소위 모든 "급진주의" 개혁가들에 대한 개신교의 역사 서술은 이렇게 시작되었다. 내적인 변화와 중생을 주장하는 모든 신학에 대한 루터의 의심은 칼슈타트와 뮌처를 겪음으로써 더욱 강화되었고, 그 결과 루터는 신령주의적인 견해를 지지하는 것처럼 보이는 모든 사람들을 격렬하게 반대했다. 루터에게 있어서 뮌처는, 농민전쟁과 뮌스터(Münster) 시의 재앙(1534-5)의 공포로 귀결되는 이단과 반대의 대표적인 상징이었다.

뮌처에 대한 연구가 오늘날 촉진된 데에는 뮌처를 사회적이고 정치적인 압제로부터의 해방을 외친 신학자로 재해석한 프리드리히 엥겔스(Friedrich Engels)를 비롯한 마르크스주의 역사가들의 영향이 컸다. 그의 500주년 생일을 기념하기 위해 준비된 1989년의 팜플렛에서, 전(前) 동독의 위원회는 다음과 같이 썼다. "독일 인민 공화국(GDR)은…'보통 사람들에게 힘이 주어져야 한다'는 토마스 뮌처의 사상을 국가의 기본적인 신념으로 이해해 왔다. 보통 사람들의 이익을 위해 새로운 사회를 건설하고자 자신을 희생하기까지 투쟁한 뮌처의 모범은…사회주의의 기초를 세운 윤리적이고 도덕적인 가치들을 보여준다."

뮌처는 마귀 대장이었는가 아니면 사회주의의 영웅이었는가? 피에 굶주린 살인자였는가 신령한 목사였는가? 진정한 토마스 뮌처가 일어나기를! 루터와는 달리, 뮌처의 개혁 활동은 1521년부터 1525년까지의 몇 년 사이에 집약되어 있는데, 이 시기는 논쟁적이고 물리적인 폭력으로 점철되고 그의 처형으로 절정에 이른 기간이었다. 농민전쟁을 포함하여 이 시간적 틀 안에서 발생한 사건들로 인해, 그리고 그의 인격과 사역과 연관된 온갖 논쟁적 특성으로 인해, 뮌처에 대한 평가는 쉽지 않다.

1) 뮌처의 기원과 신학

"진정한" 뮌처를 학문적으로 찾기 위해서는 그에 대한 수 세기의 논쟁적인 역사 서술뿐 아니라 그의 기원과 사상에 대한 소량의 연구 자료들도 다루어야 한다. 그의 어린 시절과 학창 시절에 대한 자료는 사실상 거의 없다. 그의 출생 연도에 대한 주장은 1470년부터 1495년에까지 걸쳐 있는데, 현재는 그가 1489년경에 태어났을 것이라는 견해가 지배적이다. 그의 부모는 도시 출신이었으며, 뮌처라는 그의 성(姓)이 보여주듯이 그들은 어느 순간엔가 화폐 제조업에 종사했던 것으로 보인다. 뮌처는 자신의 고향을 슈톨베르그(Stolberg)로 밝혔으며, 그의 성은 이 곳과 그 근처의 크베들린부르그(Quedlinburg), 아셰르슬레벤(Aschersleben), 할버슈타트(Halberstadt) 등지에 기록되어 있다.

그의 가족의 기원에 대한 직접적인 분석이 불가능하기 때문에, 울리히 부벤하이머(Ulrich Bubenheimer)는 최근 뮌처의 기원에 대한 단서로서 그의 사회적 관계들을 탐구했다. 그가 브라운슈바이그(Braunschweig, 1514-17)에서 보낸 시간으로부터 1522년까지 그가 교제했던 사람들에 대한 자료들에 따르면, 그는 국제 상인, 금 세공인, 화폐 제조업자 등의 직업을 가진 사람들과 관계를 맺었다. 이러한 사람들과의 관계는, 그가 대도시에서 교육을 받고 정치적으로 영향력을 행사하는 시민 계급처럼 상대적으로 유복한 사회 환경 출신이었다는 사실을 암시한다. 뮌처의 기원과 개인적인 관계들은 하르츠(Harz)와 투링기아(Thuringian) 지역의 초기 자본주의적 광산 산업과 관련되었으며, 이 점에 있어 루터와 비슷한 환경 출신이었다(Bubenheimer 1989:11-40).

뮌처는 라이프치히, 프랑크푸르트, 비텐베르그(1517-18, 1519)를 포함하여 그밖의 여러 대학에서도 공부했다. 그는 문학사, 문학석사, 성경학사 학위를 받았다. 그는 아마도 브라운슈바이그에 있는 성 미가엘(St Michael) 교회의 유급 성직자로 임명된 1514년 5월 6일 이전에 사제 서품을 받았을 것이다. 그가 보낸 서신에 따르면, 1515년 7월과 1516년 8월 사이에는 프로제(Frose)의 수녀회에서 사역했다. 이 지역에는 순교자 성 키리아쿠스(St Cyriacus)에게 봉헌된 교회가 있었으며, 이로 인해 뮌처는 성 키리아쿠스의 예배에 따른 예전(禮典) 활동을 시행하였다. 그의 작품 『성 키리아쿠스의 성무(聖務)』(*Officium Sancti Cyriaci*)는 그가 1515-16년 이전에 교육과 직업상의 발전을 위한 예전적이고 음악적인 훈련을 받았다는 사실을 보여준다.

순교자 키리아쿠스의 예전은 뮌처가 초창기에 가졌던 예전상의 관심 뿐 아니라, 그의 경건의 특징이 된 순교에 대한 존경심을 또한 보여준다. 그리스도의 제자도는 순교로 이어진다. 뮌처와 그의 추종자들이 가장 즐겨 인용했던 성경 구절은 "제자가 그 선생보다 높지 못하다"(마 10:24)였다. 이 구절은 "종이 주인보다 더 크지 못하나니, 만일 그들이 나를 핍박하였은즉 너희도 핍박할 것이라"(요 15:20)는 말씀에 비추어 해석되었다(Bubenheimer 1989:94). 교회의 개혁을 위해서는 순교가 요구될 것이라는 신념은 뮌처의 핵심 사상이었다.

이 시기에 이루어진 뮌처의 종교적 발전은 "순결함을 열정적으로 사랑하며"라는 서명과 함께 그에게 보내진 한 편지를 통해 더 깊이 알 수 있다. 이 편지에는 그리스도 및 그분의 수난을 닮고자 추구하는 신비주의적 요소가 나타난다. 이 편지는 "불의의 박해자"라는 제목과 함께 뮌처에게 말하고 있다. 이 제목은 어떤 특정한 의도를 가지고 있는 것으로 보이나, 불행히도 이 편지가 기록된 역사적 상황은 파악하기 어렵다. 그럼에도 불구하고 이 편지는, 뮌처가 자신의 상황을 비판적으로 직면하였으며, 그가 어떠한 의미로 이 단어를 사용했든지 간에 "공의"를 세우는 것이 처음부터 그의 핵심적인 목표였다는 사실을 보여준다.

공의에 대한 관심은 2년 후에 나타나는데, 뮌처는 브라운슈바이그에서 성행되는 면죄부에 대한 견해를 밝혀달라는 요청을 받았다. 부벤하이머(Bubenheimer 1989:96, 106)에 따르면, 이처럼 루터의 "95개조 반박문"이 나오기 이전부터 뮌처가 면죄부 논쟁에 관여했을 것이라는 가능성은 그가 루터의 자극을 받아서 교회의 비판가가 된 것이 아니라 종교개혁이 일어나기 전부터 그와 같은 뿌리를 가지고 있었다는 사실을 보여준다.

브라운슈바이그 지역에서 뮌처가 어울렸던 친구들과 친척들은 인문주의에만 관심을 가진 것이 아니었다. 초창기 자본주의 시대를 살았던 그들 중 몇몇은, 세상에서의 성공으로 인해 하나님의 음성을 듣는 귀가 둔감해질 것이라는 염려 하에, 일종의 자기-포기의 모습을 또한 보여주었다. 금욕적인 삶에 대한 뮌처의 요구는 성장과 확장 및 자본의 축적이 핵심 요소가 된 이러한 사회 경제적 상황에서 발달하였다.

뮌처는 자신의 반(反)-봉건적 투쟁에 헌신한 사람들과 개인적으로 뿐 아니라 영적으로도 결속되어 있었다. 뮌처와 상인들 사이의 긴밀한 관계는 『도발적인 변증』(*Highly Provoked Vindication*)에 나타나는데, 이 책에서 그는 루터가 1524년 여름에 쓴 논문 『장사와 고리대금업』(*Trade and Usury*)에서 상인들을 비난한 것에 대해 반대한다. 루터는 프랑크푸르트 시장에서부터 발전하고 있던 국제 무역 및 초기 자본주의 상업을 혹독하게 비난했다. 루터에 따르면, 거의 예외 없이 상인들은 이윤을 극대화시키려고 하는 경향을 가지고 있다는 점에서 도둑이나 다름없다. 그는 세속 권력자들이 상인들의 고리대금업을 제한해야 한다고 요청했다. 반면 뮌처에 따르면, 고리대금, 도둑질, 강도질을 하는 주범은 상인들을 억압하는 군주들이었다. 뮌처는 루터가 오히려 모든 사람들보다 더 큰 죄를 범한 군주들을 향해 심판을 선언해야 한다고 주장했다. 뮌처가 상인들과 교제하며 그들을 옹호했던 모습은, 그가 뉘른베르그에서 『도발직인 변증』을 출판할 당시 그 지역의 광산협회 회원이었던 크리스토프 퓌러(*Christoph Fürer*)와 가까이 지냈다는 사실에서도 나타난다. 루터는 그러한 단체들을 독점협회로 보며 전적으로 반대했었다.

루터에 맞서 상업 활동을 지지했던 뮌처의 주장은 하나의 중요한 통찰을 전달하는데, 그것은 1524년 가을 이후로 그가 봉건주의에 맞서서 "경건치 않은 통치자들"에 대항해 투쟁했다는 사실이다. 초창기 자본주의적 경제 형태와 관련된 도시의 인구는 금욕적인 생활 기준을 향한 갈망을 배제하지 않았다. 뮌처는 분명 초기 자본주의적 활동에서 나타난 착취의 형태를 알아볼 수 있었다. 하지만 브라운슈바이그 지역에서 그가 맺고 있던 관계들로 인해, 뮌처는 경제를 주도하던 도시 계급들과 대치하기보다는 봉건 영주들에 맞서 싸우면서 그들과 협력했다.

뮌처가 비텐베르그에서 공부했다고 해서 그가 루터의 신학을 배우기 위해 그곳으로 갔다고 단언할 수는 없다. 왜냐하면 그가 비텐베르그에 도착한 것이 루터의 면죄부 논쟁 이전의 일이었는지 이후의 일이었는지 알 수 없기 때문이다. 뿐만 아니라 이 시기 비텐베르그에는 인문주의적인 연구와 신학적 연구가 혼합되어 있어서, 초기 종교개혁 신학이 아직 명확하게 구별되지 않은 상황이었다. 하지만 분명코 뮌처는 이 시기를 통해 루터, 칼슈타트, 멜랑히톤 등과 어느 정도 알고 지냈으며, 1519년에는 라이프치히 논쟁에 참석하기도 했다.

1517-18년의 겨울 학기에 비텐베르그에서 그는 인문주의자 요하네스 라기우스 아이스티캄파니우스(Johannes Rhagius Aesticampanius)가 행한 성 제롬(St. Jerome) 강의를 들었다. 그가 남긴 노트에 따르면, 그가 이 강의에 참석한 목적은 인문주의 연구를 추구하기 위해서였다. 수사학에 대한 라기우스의 관심, 그리고 성(性)을 비롯한 영역에서 금욕적인 삶을 가르쳤던 윤리적 교육 등은 뮌처의 흥미를 불러일으켰음에 분명하다. 뮌처는 또한 살아 있는 음성을 위한 선생을 가지는 것이 글로 기록된 말보다 훨씬 더 효과적이라고 강조한 제롬의 주장에 관심을 보였다. 뮌처는 또한 인문주의자들이 여행을 하나의 배움의 수단으로뿐 아니라 고난의 학습으로도 강조한 것에 깊은 인상을 받았다. 수도원적 금욕주의에 대한 이러한 인문주의적 형태에는 독신 및 한 곳에 정착하지 않는 생활 등이 포함되었다. 이러한 내용들이 뮌처의 고통의 신학과 가깝다는 점은 명백하며, 아마도 이러한 배경에서 그는 성직자의 결혼을 옹호한 비텐베르그의 입장을 비판했을 수도 있다. 뮌처에게 있어서 결혼 관계 내에서 성행위가 정당화되는 유일한 경우는 선택된 후손들을 남기라는 하나님의 명령일 뿐이다(CTM 44-5).

뮌처는 에라스무스, 그리고 특히 플라톤의 작품을 출판한 피치노(Ficino) 등과 같은 동시대 인문주의자들로부터 영향을 받았을 뿐 아니라, 교부들이 쓴 신앙에 대한 고전작품들을 통해서도 영향을 받았다. 그는 제롬, 어거스틴, 키프리안(Cyprian), 유세비우스(Eusebius), 터툴리안(Tertullian), 카시오도루스(Cassiodorus), 바질(Basil) 등의 교부들을 연구했다. 키프리안으로부터 그는 "백성들의 동의 없이는 아무 것도 아니다"라는 개념을 배웠으며, 훗날 이 개념은 세속 통치자들이 백성들의 결정에 의존한다는 주장으로 발전되었다. 유세비우스를 통해 뮌처는 사도 시대의 순결한 교회가 타락했다는 생각을 받아들였다. 한 때 순결했던 교회는, 이제 자신만의 유익을 위해 일하는 학자들과 불성실한 사제들로 인한 영적 간음을 통하여 창녀가 되고 말았다. 따라서 이제는 평신도, 즉 일반 백성들이 새로운 제사장이 되어야 한다. 택함 받은 자들과 경건치 못한 자들이 분리될 때까지 공동체는 정화되어야 한다 (CTM 377-8).

1519년 봄에 뮌처는 약 한 달간 올라뮌데(Orlamünde)를 방문했다. 아마도 뮌처와 가까워진 칼슈타트가 그를 초청했을 것이다. 이곳에서 뮌처는 중세 독일의 신비주의가 타울러(Tauler)에 대한 연구에 깊이 빠졌다. 영혼의 깊은 곳에서 성령을 받아들여야 한다는 타울러의 강조는 뮌처의 성숙한 신학을 이루는 기초가 되었다. 이 시기 타울러에 대한 뮌처의 연구가 올라뮌데 교구의 요리사였던 한 사람의 경건한 보통 여인을 통해 이루어졌다는 사실 역시 흥미롭다. 그는 이미 비텐베르그에서 칼슈타트와 함께 타울러를 공부하기 시작했을지도 모른다. 하지만 올라뮌데에서의 타울러 연구는, "학자들"의 지혜보다 학식 없는 보통 사람들의 지혜에 더욱 귀를 기울였던 뮌처의 성향을 보여준다.

인문주의자들의 수사학 역시 뮌처에게 "사물의 질서"(ordo rerum)라는 범주를 제공해주었으며, 그는 이를 바탕으로 자신의 신학을 체계화시켰다. "시작"과 "끝" 사이의 올바른 관계를 강조한 이 수사학적 개념은 뮌처의 신학에서 하나의 기본적인 해석학적 범주로 사용되었다. 수사학적인 측면에서 이것은 창조라는 내재적인 질서로부터 창조주의 말씀의 구조로 향하는 계시의 과정을 내포한다. 하나님을 아는 지식은 가르칠 수 있는 것이 아니라, 오직 경험으로 가득 찬 영적인 믿음을 통하여 얻어질 뿐이다. 이러한 영적 갱신을 행할 수 없는 교회의 비참한 무능력으로 인해 하나님 안에서와 모든 피조물 안에서의 올바른 "사물의 질서"가 무너졌다. 이에 따라 뮌처는 외형적인 질서로부터 시작하여 내면적인 질서로 향했던 전통적인 움직임을 뒤집어야 한다고 요청했다. 우리는 하나님의 살아 있는 말씀을 어떠한 책들이나 심지어는 성경으로부터가 아니라 하나님 자신의 입으로부터 들어야 한다. 신플라톤주의에 대한 인문주의적 표현 뿐 아니라 신비주의 전통 역시 내면의 들음을 우선시했던 뮌처의 주장에 도움을 주었다. 사람들은 피조물에 얽매어 있는 모습으로부터 벗어나 하나님 안에서 신적인 모습으로 바뀌어가는 과정을 경험해야 한다.

신학적인 측면에서, 하나님께서 말씀하신 살아 있는 말씀은 모든 시기에 존재하며 창조는 일종의 수사학적인 구성과 유사하다. 따라서 성경은 이러한 계시의 과정과 관련하여 역사적으로 제한되어 있으며, "전체" 계시의 "일부"일 뿐이다. 성경을 뛰어넘어, 하나님의 살아있는 음성, 자연, 역사 등 다른 영역의 신적 계시가 존재한다. 계시를 성경에 제한하는 신학자들은 서기관들에 불과할 뿐이다.

고대의 수사학을 수용한 뮌처의 사상이 가지고 있는 특징은 루터와의 비교를 통해서 보다 분명하게 드러날 것이다. 루터 역시 고전 수사학을 회복시킨 인문주의의 영향을 받았다. 하지만 루터에게 있어서 수사학의 역할은 일종의 문헌학적인 도구로서 본문의 이해를 돕는 것, 즉 성경 언어를 이해하기 위한 주석적인 도움을 제공하는 것이다. 반면 뮌처에게 있어서, 수사학의 사용은 주해를 돕는 기능에 그치지 않고 더 나아간다. 다시 말해서, 루터는 해석된 본문의 "말의 질서"(ordo verborum)를 위한 주석적-해석학적 의미에 관심이 있었던 반면, 뮌처는 "사물의 질서"의 조직적-해석학적 의미에 관심이 있었던 것이다. 글로 기록된 성경의 "말의 질서"는 살아 있는 하나님의 음성을 실제로 지금 여기에서 듣는 것 다음의 일일 뿐이다. 다시 한 번, 뮌처에게 있어서, 성경은 중요하지만 역사적인 제한성을 가지고 있는 계시의 표현이자 전체 계시의 한 부분이다.

2) 뮌처의 역사적 발전

1520년 5월, 뮌처는 요하네스 에그라누스(Johannes Egranus)를 대신하여 츠빅카우(Zwickau) 시의 가장 중요한 교회인 성 마리아 교회(St. Mary's)의 설교자로 부름 받았다. 츠빅카우는 7,500 여명의 인구를 가진 성장하는 마을이었는데, 이곳의 주민들은 직물 산업과 광산업에 종사하였으며 이로 인해 부유한 귀족들, 상인들, 장인들이 많았다. 선제후 프리드리히(Frederick)는 츠빅카우를 작센의 "진주"로 불렀을 정도였다. 이 도시가 번영함으로 인해, 여덟 개의 교회, 여섯 개의 대성당, 프란체스코 수도회의 큰 수도원, 카르투지오(Carthusian) 수도회, 도미니크 수도회, 베긴(Beguine) 수녀회, 그밖의 많은 종교 단체 등 수많은 기관들이 세워졌다.

하지만 이러한 번영은 또한 새로운 사회적 긴장을 초래하기도 했다. 상인들과 제조업자들은 중세의 동업조합들(guilds)의 힘을 깨트렸으며 그들과 낮은 계층의 시민들 사이의 경제적 사회적 격차도 점점 벌어졌다. 시의회는 부유층에게로 기울어졌고 전통적인 공동체적 원리들로부터 멀어졌으며, 그 결과 이 도시의 "보통 사람들"이 소외되었다. 뮌처가 도착할 즈음에는, 특히 서민들 사이에서 교회적인 충돌과 반(反)성직자적인 분노감도 증가하고 있었다. 1516년에 직공조합은 도시 지도자들의 통치에 도전했으며, 그들은 1521년에 뮌처를 지지하는 중심 세력이 되었다.

이 도시에 도착하자마자 뮌처는 빈민들을 착취한 프란체스코회 수도사들을 격렬하게 비난하는 설교를 함으로써 사회적 분쟁에 뛰어들었다. 그는 (성직자와 수도원의 탐욕, 위선, 복음 선포 대신 외적인 형식주의에 사로잡혀 있는 것 등) 반(反)-성직주의의 기본적인 주제들을 반복했을 뿐 아니라, '수도사들은 너무나 많은 입을 가지고 있어서, 당신이 그들의 입을 어느 정도 베어버린다 할지라도, 여전히 다른 입으로 탐욕을 채울 것이다'라는 유명한 표현을 통해 자신의 주장을 강화하였다(Held and Hoyer 2004:57).

프란체스코 수도회는 기뻐하지 않았다. 수도사들은 뮌처를 나움베르그(Naumberg)의 주교와 프란체스코 대교구에 고소했을 뿐 아니라, 직접 거리로 나가 시민들로 하여금 뮌처를 반대하도록 조장했다. 시의회는 뮌처에게 루터의 조언을 구하라고 요청했다. 왜냐하면 뮌처를 이 지역에 추천한 사람이 루터였기 때문이다. 루터에게 쓴 편지에서 뮌처는 자신을 향한 비난들을 이야기한 후 루터의 지지와 조언을 구했다. "주 예수 안에서 당신은 나의 변호자입니다. 나를 비난하는 사람들의 목소리에 당신이 귀를 기울이지 않으시기를 부탁합니다…내가 하고 있는 일은 나의 사역이 아니라 주님의 사역입니다." 뮌처는 루터를 "복음으로 자신에게 생명을 준" 사람이자 "하나님의 친구들을 위한 모범이며 안내자"라고 부른다(CTM 18-22). 하나님의 뜻과 자신을 강하게 동일시하는 뮌처의 모습은 그의 사역 전체에 지속된다. 하지만 루터에 대한 그의 존경심은 곧 사라졌다.

시의회는 여러 사건들로 인해 크게 동요하지 않았음에 분명하다. 왜냐하면 에그라누스가 돌아온 후, 뮌처에게 성 캐더린(St Catherine's) 교회의 설교자 직책을 제공했기 때문이다. 하지만 얼마 지나지 않아 에그라누스와 뮌처 사이에 격렬한 논쟁이 벌어졌다. 에그라누스는 신학과 목회보다는 인문주의 연구에 더 큰 관심이 있었다. 루터는 그를 "신학적인 문제에 대하여 가장 학식이 없는 인물"로 불렀다. 뮌처는 에그라누스가 깊이 헌신하지 않는다고 공격했으며, 학식이 있는 사람이 아니라 믿음 안에서 경험한 사람이 구원을 받는다고 주장했다. 뮌처에게 있어서 '믿음 안에서 경험한다'라는 말은, 하나님의 인도하심을 받아 절망과 고난을 거쳐 성령께서 형성하시고 채우시는 참된 경험적 신앙에 이르는 것을 의미했다. 신학의 역사라는 관점에서 볼 때, 이 논쟁은 루터와 에라스무스가 의지의 자유 문제를 놓고 벌였던 논쟁을 예고하며, 훗날 경건주의와 개신교 자유주의(Protestant liberalism) 모두에서 경험의 해석학이 발전한 것의 전조가 된다. 하나님의 고난의 경험을 강조하는 뮌처의 메시지는 성 캐더린 교회의 가난한 직공들과 일용 노동자들 사이에서 긍정적인 호응을 얻었는데, 그들의 경건은 자신들의 사회-경제적 조건과 연관되어 있었다. 이러한 경건은 물질적이고 영적인 고난을 믿음의 전제조건으로 보았으며, 배우지 못한 평신도들의 신비주의적인 깨달음에 대해 말했다. 이러한 교구민들 중에는 니콜라스 슈토르취(Nicholas Storch)가 속해 있었는데, 그는 1522년 초에 비텐베르그에서 불안을 초래했던 츠빅카우 예언자들 중 한 사람이었다.

뮌처는 에그라누스에 반대하는 설교를 계속했고, 여전히 가톨릭주의를 고수하고 있는 사제들과 수도사들을 더욱 강하게 비난했다. 비텐베르그와 그밖의 지역에서 일어났던 것과 비슷하게, 반(反)-성직주의적인 활동이 나타나기 시작했다. 그 결과 뮌처 자신은 비난을 받기 시작했으며, 점점 더 큰 규모로 사회적 무질서가 확대되었다. 1521년 4월 16일, 루터가 황제 앞에 서기 위해 보름스(Worms)에 입성했던 바로 그 날, 시의회는 뮌처의 설교자 직분을 박탈했다. 무장한 직공들의 큰 무리가 그를 지키기 위해 왔지만, 그 중 50 여명이 즉시 체포되었다. 나중에 뮌처는 자신은 그 순간 목욕하고 있었으며, 따라서 그 폭동을 기획하지 않았다고 주장했다. 바로 그 날 밤 뮌처는 이 도시로부터 도망쳤다.

3) 후스(Hus)의 땅으로

츠빅카우를 떠나 뮌처는 프라하(Prague)로 향했으며, 이곳에서 1521년 12월까지 머물렀다. 츠빅카우에서의 경험은 고난의 경험이라는 자신의 신학을 손상하지 않았으며 오히려 확증했다. 온건한 방식으로 개혁을 지속하기 위해 츠빅카우로 부름 받은 설교자 니콜라스 하우스만(Nicholas Hausmann)에게 편지하면서, 츠빙글리는 "내가 바라는 유일한 일은 나 자신의 박해를 통하여 모든 사람들이 유익을 얻고 회심하는 것"이라고 말했다(CTM 35). 뮌처로 인하여 그리고 참된 교회는 언제나 핍박받는 교회라고 고백한 재세례파로 인하여, 개신교와 가톨릭의 권력자들은 외견상 난처해 보이는 문제에 직면했다. 그와 같이 이단으로 인식된 집단이 확산되는 것을 허용할 것인가, 아니면 그들을 박해함으로써 그들이 가지고 있는 신념을 더 확증해 줄 것인가? 뮌처가 보기에는 마지막 때의 고난이 시작되었으며, 박해는 참된 설교에 있어 필수적인 요소였다.

프라하는 "뮌처의 예루살렘"이었던 것 같다(CTM 352). 뮌처는 이곳에서 자신이 호의적으로 받아들여지기를 바라는 만큼이나 순교될 것을 기대했던 것으로 보인다. 그는 루터가 라이프치히 논쟁에서 '모든 진정한 그리스도인들은 후스파이다'라고 했던 말을 기억했을런지도 모른다. 어찌되었든 간에 그는 자신이 계속해서 루터의 추종자라고 이야기했지만, 그가 11월에 작성한 소위 『프라하 선언문』(Prague Manifesto)은 루터와의 단절을 보여주었다.

많은 보헤미아인들은 뮌처가 비텐베르그의 개혁 운동을 대표한다고 생각하고서 처음에 따뜻하게 환영했다. 하지만 그의 선동적인 설교로 인해, 보헤미아 사람들의 반응은 점점 차가워졌다. 『프라하 선언문』은 사람들을 속이고 개혁을 가로막았던 불경한 성직자들에 대한 뮌처의 긴 설교였다. 그는 보헤미아인들이 인간이 세운 신학이 아니라 하나님의 입으로부터 직접 나오는 그분의 살아있는 말씀을 향하여 부름 받았다고 역설했다.

> (하나님께서 나의 진실됨을 아시거니와) 나는 살면서 그 어떤 수도사나 사제로부터도 참된 신앙의 실천에 대해 배우지 않았습니다. 하나님에 대한 두려움에도 불구하고 믿음을 분명하게 드러내주며, 택함 받은 사람이 성령의 일곱 가지 은사를 가져야 할 필요성을 보여주는 유익한 고난의 때와 관련해서도, 나는 그 누구로부터 배우지 않았습니다. 모든 피조물 가운데 심겨있는 하나님의 질서에 대해서 가르치거나, 혹은 그것에 대해서 조금이라도 말하는 학자를 나는 한 사람도 보지 못했습니다. 저주받은 사제들은 말할 것도 없고, 자기가 그리스도인이라고 주장하는 사람들조차 모든 부분들의 통일성을 전체적으로 이해하는 일에는 너무나 부족했습니다…어떤 사람이 자기 자신 안에서 그리스도의 영을 느끼지 못한다면, 혹은 자신이 그리스도의 영을 가지고 있다는 사실을 확신하지 못한다면, 그 사람은 그리스도가 아니라 마귀에 속한 사람입니다(CTM 357-8).

뮌처는 하나님께서 바로 이 곳 보헤미아에서 새로운 교회를 창조하실 것이며 그 교회가 "온 세상을 위한 거울"이 될 것이라고 선포하면서 마무리했다. 그는 보헤미아인들을 향해 하나님의 말씀을 지키는 일을 도우라고 요청했으며, 만일 그들이 그렇게 하지 않는다면 내년에 이 지역이 터키 민족에 의해 점령될 것이라고 주장했다.

뮌처와 루터 사이의 신학적 차이가 분명해졌다. 오직 경험(sola experientia)이 오직 성경을 대신했다. 성경에 의존하는 신앙은 말 못하는 일종의 벙어리 하나님을 예배하는 죽은 신앙이다. 말씀하시는 하나님은 마음에서 직접 경험되는 하나님이시다. 1522년 3월 29일에 멜랑히톤에게 쓴 편지에서, 뮌처는 다음과 같이 썼다.

> 내가 인정하지 않는 부분은 바로 이것, 곧 당신이 벙어리 하나님을 예배한다는 것입니다…사람은 떡으로만 사는 것이 아니라, 하나님의 입으로부터 나오는 모든

말씀으로 사는 것입니다. 말씀이 하나님의 입으로부터 나오는 것이지 책으로부터 나오는 것이 아님을 명심하십시오.

뮌처는 루터의 "탄원 설교"(Invocavit Sermons)가 잘못되었다고 지적하며 결론을 맺는다.

우리의 형제 마르틴이 연약한 자들을 넘어뜨리고 싶지 않다는 이유로 무지하게 행하고 있습니다…그리스도인들의 고난이 이미 문 앞에 가까이 와 있는데, 왜 당신네들은 그것이 앞으로 닥칠 일이라고 생각하는지 나는 모르겠습니다(CTM 43-6).

12월 초가 될 때까지 뮌처는 일종의 가택 연금 상태에 처해 있었던 것으로 보인다. 얼마 지나지 않아 그는 프라하에서 쫓겨났다. 그 후 몇 개월 동안 그는 독일 여기저기를 떠돌아다녔다. 이 시기에 그의 친구들인 츠빅카우 예언자들은 비텐베르그로 떠났으며, 비텐베르그에 있는 그의 지인들은 뮌처를 지지하는 일에 조심스러워했다. 12월에 칼슈타트는 흥미로운 편지 한 통을 뮌처에게 썼는데, 이 편지에서 그는 뮌처가 새로운 자리를 찾는 것과 관련하여 주저하는 모습과 기꺼이 돕겠다는 모습 두 가지 모두를 표현했다. 칼슈타트는 뮌처가 "하나님의 뜻의 깊은 곳까지 올라가고자 열망하는 모습"에 기뻐하면서도, 그에게 자신을 방문할 때 "혼자서 오라"고 주의를 준다. "그렇게 한다면, 나는 글로 쓰기 어려운 내용들을 말할 수 있을 것입니다." 칼슈타트는 자기가 가지고 있는 신령주의적인 모습을 보여주며 편지를 마친다. "하나님이 내 마음의 주인이십니다. 나는 그분의 능력과 강한 손을 경험으로 배웠습니다. 그렇기 때문에 나는 그 어떤 교수들보다도 꿈과 환상에 대해 더 많이 말했던 것입니다"(CTM 52-3).

뮌처의 비참한 유랑생활은 선제후 작센의 알슈테트(Allstedt) 지역에 있는 성 요한 교회의 설교자 직책을 얻음으로써 끝났다. 그가 어떻게 이 직책을 얻었는지는 분명치 않으나, 알슈테트 시의회는 이 직책을 수여할 수 있는 유일한 권위를 가진 선제후를 무시하고 자신들만의 권위로 이 일을 결정했다. "마치 몽유병자(sleep-walker)처럼, 뮌처는 다른 어떤 지역과는 달리 자신의 개혁 프로그램을 한 번 더 숙고하며 그것을 하나씩 실행으로 옮길 기회를 준 이 지역으로 발걸음을 옮겼다"(Goertz 1993b: 97-8). "알슈테트의 예언자"는 믿을 수 없을 정도로 바빴다. 그는 작센 지역 최초로 철저한 예전상의 실험을 발전시켜 갔다. "그는 창조적인 개척자들 가운데 하나였을 뿐 아니라, 그가 강조한 내용들은…매우 현대적이이었는데, 특히 예배를 하나님의 모든 백성들이 행하는 공동 활동으로 강조한 것이 그러했다"(Rupp 1969:305. 리버[Leaver 2007:294] 에 따르면, 루터는 뮌처가 "예배의 본질적인 음악적 특성을 이해하지 못했다"고 비판했다). 뮌처는 또한 시편을 자국어로 번역했으며 여러 찬송가를 지었다.

그의 새로운 예전과 설교를 통하여, 뮌처는 근처에 있는 만스펠트의 어네스트 백작(Count Ernest of Mansfeld)을 불안하게 만들 정도로 큰 무리들을 끌어 모았다. 어네스트 백작은 자신의 백성들에게 뮌처의 설교를 듣지 말라고 금지하려 했으며, 뮌처는 이에 분노하여 백작을 향해 주교와 신학자들을 데리고 와서 자신의 가르침을 검증해보라고 도전했다. 이 요청은 일 년 후에 이루어졌다. 그 사이에 뮌처의 말과 글은 계속해서 활동했다. 『거짓된 신앙에 관하여』(*Of False Faith*)에서 그는 고난과 "쓰디쓴 그리스도"를 경험하는 참된 신앙의 필요성을 강조했다. 『토마스 뮌처의 항의 혹은 변호』(*Protestation or Defence of Thomas Müntzer*)와 『시편 19편 해설』(*Exposition of Psalm Nineteen*)에서 그는 오직 믿음으로만 의롭게 된다는 비텐베르그 신학이 "새롭게 발명된 교리"라고 분명히 주장했다. 그리스도께서는 율법을 성취하기 위해 오셨으며, 죄인들 역시 이와 동일한 일을 행하기 위해 하나님께서 원하시는 도구로 바뀌어야 한다.

이제 뮌처는 스스로를 경건치 않은 자들을 심판하는 하나님의 망치와 낫으로 언급했다. 그는 자신의 견해를 실행으로 옮겨 비밀 군사 동맹을 조직하였고, 1524년 3월 24일에 알슈테트 외곽에 위치한 작은 말러바흐(Mallerbach) 예배당을 파괴했다. 선제후의 동생 요한 공(Duke John)에 의해 이루어진 이 사건에 대한 조사는 단호하지 못했다. 왜냐하면, 범인에 대한 처벌을 주장하는 동시에, 프리드리히와 요한 모두다 뮌처의 영향력을 평가절하하는 루터의 목소리에 귀를 기울였기 때문이었다. 루터가 파악한 것은 "단지 뮌처가 나무와 돌을 훼손하고 파괴하고 싶어한다는 사실 뿐이었다. 사랑, 평화, 인내, 선, 온유 등의 모습은 이제까지 거의 증거로 나타나지 않았다." 하지만 루터는 여전히 이것이 말씀의 싸움이지 군주가 강제력을 사용할 성격이 아니라고 생각했으며, "적그리스도는 인간의 노력 없이도 정복될 것"이라고 확신했다(LW 40:56-8).

요한 공(公)은 직접 알슈테트를 방문해서 뮌처에 대해 확인해보기로 결심했다. 이러한 배경에서 유명한 "제후들의 설교"(Princes' Sermon, 1524년 7월 13일)가 탄생했다. 알슈테트 근처의 선제후 성(城)에서 요한 공과 그의 자문관들에게 설교하는 가운데, 뮌처는 칼슈타트가 요시야 왕을 통치자의 모범으로 제시했듯이 느부갓네살 왕을 설교의 예화로 사용했다. 느부갓네살 왕이 다니엘을 자신의 자문관으로 삼았듯이, 작센의 제후들 역시 뮌처에게 새로운 세상의 질서를 선도하는 일을 맡겨야 한다. "그러므로 새로운 다니엘이 일어나 당신이 꾼 꿈을 당신에게 설명해 주어야 하며…선봉에 서서 길을 이끌어야 합니다"(CTM 246). 통치자들을 향한 호소에 있어서, 뮌처는 보호와 지지를 요구하며 시민적 순종이라는 고전적 틀 안에 머물러 있었다. 하지만 그는 독특하게 로마서 13:4, "(통치자는) 하나님의 사자가 되어 악을 행하는 자에게 진노하심을 위하여 보응하는 자니라"에 초점을 맞추었다. 반면 루터는 로마서 13장 1절("각 사람은 위에 있는 권세들에게 굴복하라. 권세는 하나님께로 나지 않음이 없나니")을 강조했으며, 이 구절은 모든 주류 개혁가들에게 고전적인 본문이 되었다. 뮌처는 다음과 같이 설교했다.

> 그러므로, 하나님으로부터 우리를 떠나게 이끄는 악한 사람들이 계속해서 살아있도록 허락하지 마십시오. 신명기 13장이 말씀하듯이, 경건한 이들을 훼방하는 악인은 살 권리를 갖고 있지 않기 때문입니다. 하지만 여러 학자들은 이 점에 있어서, 자신들의 위선을 감추기 위해, 그리스도의 온유함을 언급하며 저를 비난할 것입니다…오늘날의 학자들은-경건치 못하고 부정한 방식으로-다니엘이 '적그리스도는 인간의 노력 없이도 파괴될 것'이라고 말했다고 해석합니다… 하지만, 이 일이 공정하고 올바른 방식으로 이루어지는 것을 보증하기 위해서는, 우리와 함께 그리스도를 고백하는 존경하는 제후들께서 그 일을 시행하셔야 합니다. 만일 통치자들이 이 일을 시행하지 않는다면, 그들로부터 칼을 빼앗길

것입니다…택함 받는 자들이 관용해주는 경우가 아니라면, 불경한 자들에게는 살 권리가 없습니다(CTM 248-51).

뮌처에게 있어서 계시는 사회의 혁명적 변화를 위한 근원이다. "이 설교를 통해 뮌처는 모든 '기존의 관례적인 개념들'을 무너트렸고, '당시의 구전적(oral)이고 법률적인 체계들'을 폭발시켰으며, 더 나아가서 옛 교회의 통치에 맞서서 개입해야 할 신앙적 권리를 선포하였다. 이로 인해 '법의 통치 및 공적인 평화의 법률과 충돌하였다.' 뮌처는 자신의 제후들이 혁명적인 입장을 받아들여야 한다고 요구했다"(Goertz 1993b:129).

이 놀라운 설교가 제후들에게 즉각적인 영향을 끼쳤는지와 관련해서는 어떠한 증거도 남아 있지 않다. 하지만 뮌처와 그의 몇몇 추종자들이 바이마르(Weimar)로 소환되는 데에는 긴 시간이 걸리지 않았다. 다시 돌아온 지 한 주도 지나지 않아, 뮌처는 8월에 알슈테트를 몰래 빠져나갔다. 그가 보기에는 루터의 "거짓된 신앙"이 제후들의 독재정치를 조장하고 지지했음에 분명했다. 뮌처에게 있어, 루터는 행위 없이 믿음만을 요청하는 "달콤한 그리스도"의 설교자였다. 이러한 "값싼 은혜"는 "쓰디쓴 그리스도"와 십자가의 제자도를 회피한다(CTM 191, 200-1). 뮌처는 이제 그의 마지막 발전 단계에 이르렀다. 세상을 기독교화(化) 시키고자 했던 그의 갈망, 기독교 세계라는 중세적 이상을 극단적으로 실현하고자 했던 그의 소망으로 인해, 뮌처는 "교회 바깥의 종교개혁가"가 되었다.

루터는 뮌처의 설교가 결국 폭력으로 이어질 것이라고 확신했다. 이 때문에 그는 1524년 7월에 쓴 『반역적인 영혼과 관련하여 작센의 제후들에게 보내는 편지』(*Letter to the Princes of Saxony Concerning the Rebellious Spirit*)에서 폭력적인 징후가 나타나자마자 즉각 개입하라고 제후들에게 강력히 요청했다. 로마서 13:4에 호소하면서, 루터는 제후들을 향해 그들의 의무가 질서를 유지하고 반란을 막으며 평화를 지키는 것임을 상기시켰다. 교리를 강제적으로 시행하는 것은 그들의 책임이 아니지만, 평화를 유지하는 것은 세속 군주가 가진 시민적 책임이다.

교리와 관련해서는, 시간이 말해줄 것입니다. 지금 현재로서 제후들께서는 말씀의 사역을 가로막아서는 안 됩니다. 그들이 누구를 대항하고자 하든지 간에, 그들이 할 수 있는 만큼 담대하고 확신 있게 설교하도록 두십시오…하지만 그들이 말씀에 대항하여 싸우는 것 이상을 원하여 파괴적이고 폭력적인 행동을 시작할 경우, 그러한 범죄 행위를 우리가 행하든 그들이 행하든 간에, 제후들께서는 개입하시어 관련된 자들을 추방시키셔야 합니다. 제후들께서는 이렇게 말씀하실 수 있습니다. "우리는 당신이 말씀을 가지고 싸워서 참된 교리가 승리할 수 있도록 기꺼이 인내하고 허락하겠소. 하지만, 당신은 무력을 사용해서는 안 되는데, 이는 그것이 우리의 관할이기 때문이오. 그렇게 하지 않는다면 당신이 이 나라에서 추방될 것이오." 우리는 말씀의 사역에 참여하는 사람들이지, 강제력을 사용하도록 허락된 사람들이 아닙니다(LW 40:57).

뮌처는 이러한 주장에 대하여 『해명과 반박』(*Vindication and Refutation*)에서 루터에 대한 분노를 폭발하였다. 루터는 제후들과 더불어 거룩하지 못하고 이기적인 동맹을 맺었으며, 그들과 함께 백성들을 포악하게 다스린다. 루터와 그의 추종자들은 하나님의 율법에 따른 삶을 거부하고 돈을 위해 설교하며 편안한 삶을 사랑하는 바리새인들에 불과하다. 그들은 제후들의 억압을 지지하는 한편, 지극히 사소한 죄를 범한 가난한 자들의 처벌을 요구한다.

궁핍한 자들을 이용하는 것보다 더 가증스러운 행위는 이 땅에 존재하지 않는다. 권세를 가진 사람들은 자신들이 원하는 일은 무엇이나 다 행한다…이러한 상황에서도 거짓의 교사인 (루터는) '아멘'을 외칠 뿐이다. 가난한 백성들을 자신들의 원수로 만드는 사람들은 주인들 자신이다. 만일 그들이 반란의 원인이 되는 요소들을 없애지 않는다면, 어떻게 분쟁을 피할 수 있겠는가? 만일 이렇게 말한다고 해서 내가 반란의 선동가가 된다면, 그렇게 되도록 놔두라!

뮌처는 다음과 같이 결론 내린다.

루터는 경건치 못하고 악을 행하는 자들의 권세를 강화시켰으며, 그 결과 그들은 옛 방식을 계속할 수 있다. 그러므로 당신의 운명은 쫓겨 다니는 여우의 운명이 될 것이다. 백성들은 자유케 될 것이며 하나님만이 그들의 주님이 되실 것이다(CTM 335, 350).

이 글에 나타나는 거칠고 분노에 가득 찬 어조는 그 글을 다 읽을 때에만 온전히 느껴질 것이다. 하지만 여기에서 흥미로운 점은, 신학이 기존 질서를 정당화하기 위해 사용될 수 있다는 뮌처의 비판이다. 이러한 "이데올로기 비판"과 함께 뮌처는 주류 종교개혁가 진영을 떠나 사회적 혁명가들의 집단 안으로 들어간다. 하나님의 통치가 이 땅에서 이루어져야 한다!

곧이어 뮌처는 하인리히 파이퍼(Heinrich Pfeiffer)와 함께 뮐하우젠(Mühlhausen)에서 급진적인 개혁을 시작하는 일을 시도했으나, 두 사람 모두 도망쳐야 했다. 뮌처는 뉘른베르그(Nuremberg)로 향했고, 농민반란이 시작될 때에는 검은 산림지대(독일 남서부 지역-역주)로 이동하였다. 이곳에서 그는 발타자르 후브마이어(Balthasar Hubmaier) 뿐 아니라 몇몇 농민들의 작품들에 영향을 주었을 것이다. 반란이 북쪽으로 확산됨에 따라, 뮌처는 뮐하우젠으로 돌아가 새로운 시의회에 참여했고, 빛의 자녀들과 어둠의 자녀들 사이에 일어날 것이라고 예상했던 큰 충돌을 준비했다. 뮐하우젠에서 작성된 "영원한 언약"(Eternal Covenant)은 더 이상 알슈테트의 방어적인 동맹이 아니라, 불경한 자들에 맞서 싸우는 공격적인 동맹이었고 다가오는 큰 심판을 위한 능동적인 도구였다. 이제 뮌처는 보통 사람들이 어느 곳에서나 진리를 받아들였다고 믿었다. 경건치 않은 통치자들의 독재가 사람들로 하여금 하나님의 뜻을 배우지 못하도록 방해했기 때문에, 그들의 손에서 칼이 제거되어야 한다. "비록 기독교 공동체에 속해 있지만 아담의 원죄를 영구적으로 행하는 모든 악인들은, 바울이 말한 바와 같이, 율법에 의해 의롭게 되어야 한다. 그렇게 할 때, 그리스도의 온전한 가르침에 저항하는 불경한 그리스도인들은 아버지의 준엄함을 통해 완전히 쓸어 없어질 것이며, 의로운 자들이 하나님의 뜻을 배울 시간과 장소를 얻을 수 있을 것이다"(CTM 336).

농민전쟁은 뮌처가 없었어도 일어났을 것이다. 하지만 농민전쟁으로 인해 뮌처는 택함 받은 자들과 경건치 않은 자들 사이의 분리가 곧 일어날 것이라고 보았다. 그것은 종말론적인 징조이자 결정적인 순간(kairos)이었다. (1525년 4월 26일에) 알슈테트의 이전 제자들에게 호소한 유명한 글에서, 뮌처는 반란이 진전되는 소식을 전해 주며 그들의 참여를 촉구했다.

> 부활절 기간 동안 풀다(Fulda)에서는 네 곳의 수도원이 폐허가 되었으며, 검은 산림 지역의 헤가우(Hegau)와 클렛가우(Klettgau)에서 농민들이 봉기하여 삼천 명에 이르는 사람들이 일어났고, 그 규모는 점점 더 커지고 있습니다…일어나시오, 일어나시오, 일어나시오! 동정심을 보이지 말고…경건치 못한 자들에게 조금의 주의도 기울이지 말며…마을과 도시들을 깨우되, 특히 광부들과 그 밖에 도움이 될 만한 선한 동료들을 깨우십시오. 우리는 더 이상 잠자고 있을 수 없습니다…불이 아직 뜨거울 때, 나갑시다, 나갑시다, 나갑시다! 여러분들의 칼이 식지 않게 하십시오! 그 칼이 흐느적거린 채로 걸려 있지 않게 하십시오! 니므롯의 정수리를 공격하며, 그들의 성을 땅바닥에 던져 버리십시오! 그들이 살아 있는 한, 사람에 대한 두려움이 사라지는 것은 불가능합니다. 그들이 여러분을 지배하는 한, 여러분은 하나님에 대해서 아무 것도 들을 수 없을 것입니다. 아직 때가 낮일 때 앞으로 전진, 또 전진하십시오! 하나님께서 여러분 앞에서 행하시니, 그분을 뒤따르십시오! (CTM 141-2)

그는 이 글에 서명하며, "경건치 않은 자들에 맞서 싸우는 하나님의 종, 토마스 뮌처"라고 썼다.

경종이 울렸고, 뮌처는 성도들이 들고 나갈 깃발을 제공했다. 이 깃발에는 홍수 후 하나님의 언약을 상징적으로 보여주었던 무지개가 흰 색 바탕 위에 그려져 있고, "주의 말씀은 영원히 서리라"는 표어가 적혀 있었다. 1525년 5월 12일, 뮌처와 그의 군대는 이미 넓은 지역을 점령한 약 7,000명의 농민군과 프랑켄하우젠(Frankenhausen)에서 합세했다. 이곳에서 뮌처는 절정의 순간을 경험했다. 그는 자신의 지도력을 주장했고, 하나님께서 자신들의 편이며 따라서 그 누구도 가로막을 수 없다고 선포했다. 뮌처는 모든 역할을 차지했는데, 재판관의 직책까지 수행하여 세 명의 죄수에게 사형을 선고하기도 했다.

하지만 이것은 덧없는 영광의 순간이었다. 며칠이 지나지 않아 헤쎄(Hessian)와 작센(Saxon)의 연합군이 반란군과 맞섰다. 제후들의 세력이 그 지역을 포위하여 점점 가까이 접근함에 따라, 농민군 진영 내에서는 협상에 임할 것인지를 놓고 의견이 나뉘어졌다. '뮌처와 그의 추종자들이 항복해야 한다'는 제후들의 요구를 놓고 농민들이 토론하는 동안, 뮌처는 하나님께서 그들을 돕기 위해 오실 것이라고 계속해서 설교했다. 그때-헐리우드 영화의 특수 효과팀이 부러워할 만한-후광이 태양 주위에 나타났는데, 이 모습은 농민 동맹군의 무지개 상징과 유사했다. 뮌처 자신에게 있어 이것은 더할 나위 없이 좋은 길조였다. 승리의 징조가 주입되는 동안, 제후들의 군대가 농민들을 덮쳤다. 6,000명 이상의 반란군이 살해당하는 끔찍한 학살이 일어났다. 제후들의 군대에서는 여섯 명이 죽었다. 그것은 지나치게 큰 징조였다!

뮌처는 마을 내의 한 다락방으로 도망쳤는데, 그곳에서 발견되었을 때 그는 변장한 상태로 아픈 척했다. 하지만 군인들은 그와 나눈 교신을 통하여 그를 알아보았다. 며칠 후 그는 엄격한 조사와 고문을 받았다. 고문으로 인해 그가 글을 쓸 수 없을 정도로 손상되었기 때문에, 그의 『고백』(*Confession*)과 뮐하우젠에 보내는 편지는 구술로 기록되어야 했다. 뮌처는 뮐하우젠으로 되돌려 보내졌고, 아무런 저항 없이 5월 25일 항복하였다. 이곳에서 그와 파이퍼는 처형되었고, 잘려진 그의 머리와 몸은 모든 사람들을 향한 경고의 표시로 말뚝에 박혀 전시되었다.

뮌처를 노동가 혁명의 선구자로 묘사한 후대의 관점에 비추어 볼 때, 뮌처 자신의 목표와 농민들의 목표가 동일하지 않았다는 사실을 주목하는 것이 중요하다. 뮌처의 관점에 따르면, 압제와 사회적 불행에 맞서 싸워야 하는 이유는 그것으로 인해 보통 사람들이 성경을 읽지 못하고 믿음에 다가가지 못하도록 방해받기 때문이었다. 뮌처는 또한 마지막 종말의 날을 사모하고 있었지,-루터가 독일 귀족들을 향해 쓴 글의 제목에 나오는 "개선"(Besserung)과 같은-더 나은 날을 바라보지는 않았다. 그의 신학은 마르크스주의적인 의미에서의 사회 혁명적 이데올로기가 아니었다. 비록 그가 심문받는 과정에서 "모든 것들은 공유되어야 한다"(omnia sunt communia, CTM 437; 참고 사도행전 4:32)라고 고백한 바 있으나, 이 진술은 고문을 통해 나온 것이다. 그것이 뮌처의 성경적 혹은 영적인 유토피아주의와 부합하기는 하나, "농민들이 뮌처의 이러한 방향성을 따르고자 했을지는 매우 의심스럽다"(Goertz 1993b:184). 더 나아가서, 뮌처는 "가난" 혹은 "궁핍" 등의 용어들을 물질이고 사회적인 의미보다는 영적인 의미로 사용했다.

뮌처 자신이 깨달아야 했던 바와 같이, 농민들이 관심을 가졌던 떡은 하나님의 말씀이라는 떡이 아니었다. 프랑켄하우젠에서의 패배 이후, 그는 사람들이 자신을 제대로 이해하지 못했다는 사실을 깨달았다. "그들은 오직 자신들만의 이익만을 추구했으며, 하나님의 진리가 패배한 것은 바로 이 때문이었다"(CTM 160). 뮌처는 혁명가들을 그들의 피조성으로부터 해방시켜 경건치 않은 자들과의 싸움을 위해 그들을 영적으로 만드는 일을 할 수 없었다. 통치자들 중에서 뿐 아니라, 통치 받는 백성들 중에서도 불신자들이 있다는 사실이 판명되었다. 하지만 불신자는, 그 사람의 사회적 지위가 어떠하든지 간에, 하나님의 위대한 전투를 싸우는 데 적합지 않다.

다시 한 번 우리는 종교개혁 초창기에 개혁가들과 그 추종자들 사이에서 많은 분열이 일어났다는 사실을 떠올린다. 이러한 현상은 대부분 하나의 기독교 세계(corpus Christianum)라는 중세의 통합이 붕괴된 것으로부터 기인했다. 이것은 모든 중세인들이 신실한 그리스도인이었다거나 1517년 이전에는 국가와 교회가 충돌하지 않았다고 말하는 것이 아니다. 이것이 의미하는 바는, 사회적 질서, 주요 기관들, 및 그들의 정치적 구조 등이 더 이상 전통적인 종교적 정낭화에 의해 실명되거나 옹호될 수 없었다는 것이다. 뮌처의 대응은 "창조의 질서," 곧 "신적인 질서"에 대한 자신의 확신에 비추어 사회 질서를 종교적으로 재건하는 것이었다. 그에게 있어, 사회의 존립은 택함 받은 자들이 다스리고 거주할 때에만 가능하다. 그가 "제후들의 설교"에서 말했듯이, 경건치 않은 자들은 택함 받은 자들이 허락하지 않는 한 살 수 있는 권리를 가지고 있지 않다. 뮌처는 결코 이러한 분석을 영적으로 바꾸어 더 넓은 세상으로부터 물러난 공동체 안으로 숨으려 하지 않았다. 오히려 그는 하나님 나라에 대한 자신의 이해에 근거하여 사회를 적법하게 만들고자 했다. 이 점에 있어 그는 근대인이 아니라 중세인에 머물러 있었다. 그는-비록 과격한 방식이기는 했지만-보편적인 기독교 공동체라는 중세적 의미로 되돌아가려고 시도했다. 그는 "하나의 기독교 세계라는 중세적 개념을 극복하고 돌파할 수 없었으며" 오직 그 개념을 강화시켰을 뿐이었다. "뮌처는 새 시대를 이끈 사람이 아니라, 옛 시대를 보존한 사람이다"(Goertz 1967:149).

3. 보통 사람들의 혁명(1524-1526)

1524-6년의 대격변에 대한 전통적인 명칭인 독일 농민전쟁(German Peasants' War)은, 신성 로마 제국을 두고 '신성하지도 않고, 로마와 관련도 없으며, 제국도 아니었다'라고 평가한 볼테르(Voltaire)의 표현을 빌리자면, 독일에서 일어난 것도 아니고, 농민들만 연관된 것도 아니며, 전쟁도 아니었다. 최근의 학자들은 이러한 사건들이 독일보다 훨씬 더 넓은 지역을 아우르고, 농민보다 더 많은 사회 계층이 연루되었으며, 종교개혁이 시작되기 오래 전부터 발생했다는 사실을 보여주었다. 문자 그대로의 농민들만 참가한 것이 아니라, 16세기의 자료들에 나타나는 용어를 빌리자면 "보통 사람들"이 참가한 사건들이었다. 보통 사람들이라 함은, 농민, 광부, 목소리를 내지 못하고 투표권을 갖지 못한 마을 사람들 등 정치적으로 무력한 사람들을 일컬었다.

나는 농민전쟁이라는 표현 대신 보통 사람들의 혁명(Revolution of the Common Man)이라는 표현을 사용할 것인데, 이 혁명과 종교개혁의 관계에 대한 해석적인 질문들을 검토하기에 앞서, 그것의 기원 및 전개 과정을 간략하게 살펴보는 일이 필요할 것이다.

소위 "단순한 무리들"(simple folk) 혹은 "보통 사람들"이 더 나은 삶을 위해 사회적인 불안과 동요를 일으킨 현상은, 종교개혁이 일어나기 2세기 전부터 이탈리아(1304-7), 플랑드르(1323-8), 프랑스(1356), 영국(1381), 보헤미아(1419-34), 북부 스페인(1437), 헝가리(1514) 등지에서 반란의 형태로 나타났다. 영국에서 위클리프와 더불어 시작된 투쟁 연대는 보헤미아 지역에서 후스파 운동을 통해 확산되었고, 타우버(Tauber) 계곡에 위치한 니클라샤우젠의 한스 뵈하임(Hans Böheim of Niklashausen)의 종교적 선동 하에 나타난 반(反)-성직주의와 함께 독일 지역에서 집중되기 시작했다. 목동이자 음악가로 "니클라샤우젠의 피리부는 사람"으로 알려진 이 평신도 설교자에 의해 1476년부터 시작된 이 운동은 뷔르츠부르크(Würzburg)의 주교에 의해 진압되었다. 하지만 2년간의 활동을 통해, 그는 남부 독일 전역으로부터 추종자들을 끌어 모았다.

농민들간의 연대를 나타내는 농민 신발을 상징으로 삼았다는 점에서 신발끈동맹(Bundschuh)이라고 불리는 이 운동은 20년이 지나지 않아 알사스(Alsace) 지역에서 발생했다. 1493년에 셀레스타(Sélestat)에서 그리고 그 후에는 라인(Rhine)강 상류 지역의 곳곳에서 일어난 봉기는 실패하였으나, 이 운동의 지도자였던 요스 프리츠(Joss Fritz)는 계속 살아남아 1524년의 검은 산림지역(Black Forest) 반란에서 다시 나타났다. "신적인 법"에 호소함으로써, 프리츠는 사회 경제적 억압에 저항한 이러한 반란 운동들에 종교적 명분을 제공하였다. 검은 산림 지역 동부에 위치한 뷔르템베르그(Württemberg)에서 1514년에 발생한 "가난한 콘라드"(Poor Conrad)의 반란 역시 통치자들에 의해 진압되었다. 1517년이 될 때까지 남부 독일 전역에서 일어난 크고 작은 반란들의 특징은, 시골의 농민들 뿐 아니라 도시의 평민들 역시 참여했다는 것이고, 신적인 법이라는 종교적 원리가 반란을 정당화하기 위해 사용되었다는 점이다. 이러한 "단순한 사람들"은 그다지 단순하지만은 않았다. 그들은 수많은 소책자를 출판하여 교회와 국가의 개혁을 요구했으며, 개혁이 일어나지 않을 경우 재앙이 발생할 것이라고 예언하는 묵시적 표현들을 종종 사용하였다.

종교개혁과 관련하여 큰 반란이 샤프하우젠(Schaffhausen) 북서부에 있는 슈틸링겐(Stühlingen)에서 시작되었다. 여기에는 취리히가 중심이 된 츠빙글리주의 종교개혁의 영향이 추가되었다(7장을 참고하라). 스위스와 남부 독일 지역에서 최초로 종교개혁을 제도화시킨 도시 취리히는 성경에 근거하여 사회를 개혁할 것을 강력하게 주장하였다. "진실로, 시골 지역에서 츠빙글리의 사상을 전파한 복음주의 설교자들로 인해, 농민들은 하나님의 말씀을 받아들이면 자신들의 세속적인 불만사항들이 공의롭게 개선될 것이라고 기대했다. 츠빙글리적인 종교개혁의 철저함은…그것을 따르는 자들로 하여금 직접적인 행동으로 뛰어들도록 쉽게 선동했다"(Scott and Scribner 1991:24).

불겐바흐의 한스 뮐러(Hans Müller of Bulgenbach)라는 용병이 이끈 반란군은 발트슈트(Waldshut) 마을과 동맹을 맺었다. 이 마을의 급진적인 설교자 발타자르 후브마이어(Balthasar Hubmaier)에 대해서는 뒤에서 논할 것이다. 이와 동시에 뉘른베르그 주변의 농민들은 들판에서 십일조 곡물을 불태움으로써 십일조에 대한 거부를 강조하였다. 1524년 가을이 되기까지, 콘스탄스 호수(Lake Constance) 주변 모든 지역에서 반란이 일어났다. 겨울이 될 때쯤에는 라인(Rhine) 강과 다뉴브(Danube) 강 사이의 전 지역에서 임대료 지불 거부 운동이 발생했다. 반란자들이 자신들의 불만을 특정한 악습으로부터 봉건 질서 전체로 확장시킴에 따라, 신적인 법이라는 표어가 검은 산림지역 전역에서 효과적으로 사용되었다. 겨울 동안 이 지역에 머물렀던 토마스 뮌처는 이 운동이 더욱 가속화되는 데 힘을 실어주었다.

정상적인 상황이었다면 남부 독일의 큰 동맹인 슈바비아 동맹(Swabian League)이 이러한 반란들을 단번에 진압할 수 있었을 것이다. 하지만 찰스 5세가 프랑스 왕 프란시스 1세와 싸우기 위해 이탈리아로 출정함으로 인해 이 당시 슈바비아 동맹에는 군대가 부족했다. 1525년 2월 24일, 파비아(Pavia) 전투에서 프란시스가 패배하고 사로잡힘과 동시에, 이러한 상황은 바뀌었다.

혁명의 중심 단계는 1525년 2월과 5월 사이에 남부와 중부 독일에서 일어났다. 앞에서 언급한 뮌처의 편지가 이미 보여주듯이, "보통 사람들"의 군대에는 농민 뿐 아니라 광부, 시민 및 몇몇 귀족들도 포함됐다. 하지만 그들의 군사력을 제한시켰던 것은 지역적인 구분으로 세분화시키는 경향이었다. 이것은 군사적인 측면에서나 지리적인 측면에서나 모두 정확했다. 군사적인 면에서 반란군은 2,000명부터 15,000명에 이르기까지 다양한 부대로 나누어졌다. 각 부대는 특정한 지역 출신의 사람들로 구성되었고, 한 사람의 지역민이 지휘하였다. 이러한 조직은 당시의 독일 용병 보병대(Landsknechte)의 조직을 반영한 것이었다. 이러한 반란군들은 잘 조직되었으며, 어떠한 경우에는 자신들의 적보다 더 훌륭하게 대포로 무장하기도 했다.

비록 농민들의 용맹이 전문적인 보병대의 기술에 비견될 수는 없겠지만, 반란군이 패배한 원인은 무기의 부족이나 군사적 무능력 때문이 아니라 사회적이고 전략적인 이유들 때문이었다. 농민들이 농장으로 돌아가서 일하고 또 광부들이 용병을 고용할 만큼의 은을 생산하기 위해 일터로 돌아갈 수 있도록, 각 부대는 서로 순환하는 체계로 운영되었다. 이러한 상황 하에서 개개인은 충분한 군사적 경험을 가질 수 없었다. 전략적인 측면에서 볼 때, 반란군에는 숙련된 포병이나 기병이 부족했다. 기병이 부족한 것은 어느 정도 의도된 일이었는데, 왜냐하면 사회적 평등이라는 규정 아래에서 모든 사람이 보병이 되어야 했기 때문이다. 전투의 진행 상황을 두고 같은 부대 내에서 강경파와 온건파가 대립하게 될 경우, 평등적인 구조가 또한 결함이 되었다. 반란군이 귀족들에 맞서 큰 승리를 거둔 몇몇의 경우에, 그들은 자신들의 지역을 벗어나서 더 나아가지 않았다. 귀족들이 지역을 뛰어넘어 소식을 주고받음으로써 반란군에 대항하여 군사적 자원을 함께 사용할 수 있었던 것에 반해, 반란군들은 의도적인 연대를 확립하거나 혹은 자신의 전통적인 지역을 벗어나는 곳에서 전투를 벌이는 일을 하지 않았다. 전쟁이 전문화되면서 "주말 군인들"(weekend soldiers)은 크게 불리해졌다.

1) 반(反)-성직주의의 역할

여전히 다음과 같은 질문이 제기된다. "1918년의 11월 혁명이 일어나기 전까지 가장 중요한 독일인의 혁명적 대중 운동"(Scribner and Benecke 1979:9)과 종교개혁이 어떻게 연결되었는가? 이것은 오래도록 논쟁되었던 역사서술적 질문이다. 가장 최근에는, 마르크스주의 역사가들을 중심으로 반란의 사회 경제적 원인을 제안하는 학자들과, 반란의 종교적 가치 및 사상의 중요성을 주장하는 학자들 사이에서 논쟁이 이루어셨다. 하지만 한 가지의 원인만을 주장하는 설명은 의심스럽다. 혁명을 유발시킨 동인은 배고픈 배만도 아니었고 가득 찬 머리만도 아니었다. 그 둘의 연합이 혁명을 발생시킨 것이다. 일반 사람들의 사회 경제적 불만사항들은 종교개혁 이전에 매우 많았다. 그것들은 또한 일반적으로 묘사되는 것보다도 훨씬 더 복잡했다. 물론, 새로운 규제의 시행과 오래된 권리의 박탈에 대한 반감도 널리 퍼져 있었다. 하지만, 위로는 교회적이고 세속적인 군주들과 아래로는 점점 더 많아지는 시골의 빈민들 사이에 끼어 있던 야심 많은 영주들과 부유한 농민들의 기대가 좌절된 것 역시 반란에 불을 붙였다. "사회과학자들은 확신, 소망, '늘어가는 기대감' 등이 그것들을 가로막는 큰 위협들과 충돌하는 것 등이 반란의 주요 요인이었다고 우리에게 가르친다"(Scribner and Benecke 1979:37).

하이코 오버만(Heiko Oberman, 1986:172, 153)은 그가 "사회적 불안의 복음"이라고 부른 이러한 개혁의 동인(動因)이 자유와 만인제사장이라는 종교개혁의 개념들로 인해 과격해졌다고 주장한다.

> 그것의 온건한 비평가들에게 있어서나 그것의 급진적인 지도자들에게 있어서, 소위 농민전쟁이라 불리는 사건의 최초의 취지와 계획은 기본적으로 종교적이었다.

종교개혁이 하나의 대중적인 운동으로 일어남에 따라, 보통 사람들은 압제와 고통을 제거하는 것이 구원과 축복에 필수적인 일이라고 보았다. 하지만 이러한 움직임을 강력하게 진행시킨 기본적인 원동력은 오직 은혜로 말미암는 칭의 교리가 아니라, 그리스도인의 자유와 만인제사장 등의 개념을 통해 예리해진 반(反)-성직주의적 강조였다. 이러한 개념들은 "모든 곳에서 농민들을 흥분시키고 동원한 표어"가 되었다.

종교개혁 직전 평신도들은 성직자들의 부패에 대해 너무나 큰 적대감을 가지고 있었기 때문에 루터의 면죄부 논쟁이 불꽃을 점화하자마자 중세 교회가 폭발하기 시작했다고 가정하는 것이 오랫동안 공통적으로 받아들여진 역사적 전제였다. 물론, 중세 후기에 성직자적인 이상과 현실 사이가 얼마나 큰 간격이 있었는지에 관해서는 여러 다양한 의견들이 존재한다. 그리고, "오래된 법"을 향한 호소와 마찬가지로, 사제들의 이상과 현실 사이를 일치시키려는 목적에서 의도된 성직자 비판은 결코 부족하지 않았다. 하지만 최근의 연구들(예를 들어 Goertz 1987)이 설득력 있게 주장한 바에 따르면, 종교개혁을 단순히 중세의 반(反)-성직주의에 대한 신학적 반응으로만 이해할 수는 없다. 오히려 종교개혁의 반(反)-성직주의는 단순히 다양한 악습들을 제거하기 위한 노력과 상황적인 비판이었을 뿐 아니라, 사회의 모든 환경에 스며들어 있는 성직 계급 자체에 대한 지속적이고 격렬한 공격이었다. 이것은 성직 계급에 대항하는 투쟁이었으며, 고어츠(Goertz 1980:260)의 표현에 따르면, "중세의 피라미드적 계급 구조의 가장 윗부분을 제거하기 위한" 싸움이었다.

그림 6.1 "서 있는 나무"(Stäandebaum), 1520년 작품. 농민전쟁 직전에 익명의 아우구스부르그 화가가 그린 이 목판화는 사회 계층에 대한 전통적인 이해를 뒤집는다. 억압 가운데 있는 농민들이 사회의 기반, 즉 "뿌리"이자 정점으로 묘사된다. 모든 사회 계층들은 농민들이 제공하는 영양분에 의존한다. 자신들이 행하는 귀한 일로 인해, 농민들은 시민, 의사, 군주, 왕, 심지어 교황 위에 위치한다. 갈퀴를 들고 있는 농부가 황제의 머리를 밟고 있으며, 그의 동료는 교황의 어깨 위에서 백파이프를 연주하고 있다.

자료 출처 : 개인 소장 작품

그렇다면, 반(反)-성직주의는 사회적 문제들 및 사회라는 구조 자체와 긴밀하게 관련되었다. 교회와 성직자에 대한 적대감은 십일조, 농민들의 땅에 부과한 임대료, 수도원으로부터 나온 장인들과의 경제적 경쟁, 세금 및 시민적 책임에 대한 성직자들의 저항, 독일의 돈이 로마로 흘러 들어가는 현상 등, 여러 가지 억압적인 경제적 부담들과 관계가 있었다. 이와 같은 법률적이고 경제적인 측면들은 도덕적이고 종교적인 측면들과 뒤얽혀 있었는데, 이는 사람들이 요람에서 무덤에 이르기까지 삶의 모든 부분에서 성직자들과 그들이 부과한 요금들을 직면했기 때문이다. 반(反)-성직주의가 가진 폭발적인 힘은 그것이 단순히 성직자에 대한 비판만이 아니라 사회 전체에 대한 비판이었다는 사실로부터 기인했다. 즉, 보통 사람들이 생각하기에 성직자들은 전체 사회의 모든 억압적인 요소들을 대표했던 것이다.

역사적 해석과 관련하여 반(反)-성직주의라는 개념이 갖는 가치는, 이 개념이 1525년의 혁명을 향하여 흘러 들어갔던 다양한 개혁의 흐름들(주류, 급진, 도시적, 공동체적 개혁 등)을 위한 넓은 기반을 제공한다는 점에 있다. 하지만, 어떤 학자들은 반(反)-성직주의라는 현상이 종교개혁을 설명하는 데 적합한 개념인지에 대해 의심한다. 이러한 관점에 입각했을 때 종교개혁은 단순한 사회사(社會史)로 축소되어 버릴 것이라고 그들은 우려한다. 그들은 또한 초창기의 종교개혁이 반(反)-성직주의 논증을 제시하는 사람들이 생각하는 것보다 더 미묘했으며, 성직자를 제거한다는 반(反)-성직주의적 갈망은 루터의 초창기 신학의 요소가 아니었다고 주장한다. 그럼에도 불구하고, '반(反)-성직주의가 초창기 종교개혁의 전개 과정에 있어 핵심적인 역할을 수행했다'는 고어츠(Goertz 1987)의 주장이 루터의 95개조 발표 이후 종교개혁이 급속도로 성장한 현상을 이해하는 데 하나의 중요한 열쇠를 제공한다는 점은 널리 인정된다.

2) 루터와 농민전쟁

하나님의 말씀을 교회의 포로 상태로부터 해방시키는 가운데, 루터는 또한 사람들의 말을 엘리트 집단의 포로 상태로부터도 해방시켰다. 개신교로 전향한 사제들과 신학자들 뿐 아니라 평신도에 의해서도 복음주의적인 설교가 급속히 성장하였는데, 이는 성경과 만인제사장 교리에 대한 루터의 강조가 얼마나 강력했는지를 증명해준다. 물론 루터는, 안타깝게도, 모든 사람들이 자신이 읽은 방식대로 성경을 읽지는 않는다는 사실을 곧 깨달았다. 우리는 그가 칼슈타트 및 뮌처와 충돌했던 사실을 앞에서 살펴보았다. 이제 루터는 보통 사람들이 쓴 작품들과 충돌하게 되었다. 모든 당사자들은 말의 통제가 필수적인 일이라는 점을 알았다.

16세기에 종교적 담론(談論)은 오늘날과 같이 개인적인 일이 아니라, 사회-정치적인 상황에 대해 직접적으로 이야기하는 활동이었다. "우리는 구원의 문제와 사회의 문제 사이를 분석하며 구분할 수 있을지 모른다. 하지만 당시에 이 둘은 이성적인 추론 이상으로 함께 결속되어 있었는데, 이는 종교가 사회적인 이야기에 대한 일반적인 언급이었기 때문이다"(Rublack 1988:105). 보통 사람들의 관점에서 볼 때, 종교개혁의 주장들은 분명하게 경제적, 사회적, 정치적 관련성을 가지고 있었다. 보통 사람들의 관심사들은 종교개혁의 주장과 요소들에 틀림없이 연결되었다. 블리클(Blickle 1981:156)이 지적한 바와 같이, 경제적 구조, 정의, 법률 질서, 정치 질서 등은 공동의 선, 기독교적인 형제 사랑, 그리고 공동체에 대한 신뢰로부터 분리될 수 없었다.

수없이 출판된 소책자들은 이와 같은 이상과 표어를 표현하였다. 그 중 가장 잘 알려진 작품은 『12개 조항: 영적이고 세속적인 권세자들에 의해 압제당한다고 생각하는 모든 농민과 소작인들이 발표하는 올바르고 근본적인 조항들』(The Twelve Articles: The Just and Fundamental Articles of all the Peasantry and Tenants of Spiritual and Temporal Powers by Whom They Think Themselves Oppressed, 1525년 2월 말 혹은 3월 초 출판)이었다. 『12개 조항』을 작성한 사람은 무두장이이자 평신도 개혁가였던 세바스찬 로처(Sebastian Lotzer)와 제국 도시 멤밍겐(Memmingen)에 있는 성 마르틴(St Martin) 교회의 복음주의 목사였던 크리스토프 샤펠러(Christoph Schappeler)였다. 그들은 농민들의 여러 가지 불만 사항들을 목록으로 요약했으며, 그에 대한 성경 인용을 덧붙였다. 상부 슈바비아(Upper Swabian) 농민들의 선언문이었던 『12개 조항』은 1525년의 혁명에 이데올로기를 제공했다. 2개월 이내에 이 책의 25판이 인쇄되었고, 25,000여 권이 제국 전체를 뒤덮었다. 한 사람의 충성심은 이 조항들을 지지한다는 서약으로 보증되었다.

『12개 조항』은 놀라울 정도로 온건한 어조의 문서이며, 이는 이 운동에 끼친 복음주의적 영향력을 분명히 보여준다. 이 문서는 복음이 혁명을 초래한다는 비난을 거부하면서 시작하며, 반란의 기독교적 정당성을 주장한다. 복음을 원하는 것은 혁명적이지 않다. 일련의 대담한 수사학적 질문을 통해, 저자들은 복음과 하나님의 정의를 농민들의 대의와 연결시킨다.

> 만일 하나님께서 농민들의 진지한 간청을 들어 주시어 그들이 그분의 말씀에 따라 살도록 허락하신다면, 누가 감히 그분의 뜻을 부인하겠는가?…바로의 손으로부터 구원해 달라고 부르짖었던 이스라엘 자녀들의 목소리를 그분께서는 듣지 않으셨는가? 하나님께서 당신의 자녀들을 오늘날에도 마찬가지로 구원하실 수 있지 않겠는가? 그렇다. 그분께서 신속히 구원하실 것이다!

"기독교 독자"를 대상으로 작성된 이 조항들은 다음과 같은 요구를 주장했다. 경건한 사람들은 공동체적인 권위를 바탕으로 자신들의 목사를 선택하고 임명하며, 필요할 때에는 해임시킬 정당한 권리를 갖는다. 올바르고 성경적인 과세가 시행되어야 한다. 농노제는 폐지되어야 한다. 농민들은 자유롭게 사냥하고 물고기를 잡을 수 있다. 사람들은 숲으로부터 자유롭게 나무를 베어 땔감이나 건축용 목재로 사용할 수 있다. 지나친 노동은 금지되어야 한다. 영주에 의한 압제는 중지되어야 한다. 임대료는 정당한 가격이어야 한다. 새로운 로마법의 시행 대신에 오래된 관습법으로 복귀해야 한다. 한때 공동체의 소유였던 들판과 초원을 복귀시켜야 한다. 과부와 고아를 억압하는 상속세는 폐지되어야 한다. 그들이 수용할 수 있는 재판관들의 명단이 마지막으로 첨부되었는데, 이 명단에는 칼슈타트나 뮌처가 아니라 루터와 멜랑히톤이 들어 있었다.

루터는 『12개 조항』을 4월 중순 경에 받아 보았으며, 『평화를 향한 권면: 슈바비아 농민들의 12개 조항에 대한 답변』(*Admonition to Peace: A Reply to the Twelve Articles of the Peasants in Swabia*, 5월 6일 출판)을 통해 자신의 견해를 밝혔다. 세 부분에 걸쳐 루터는 통치자들에게, 농민들에게, 그리고 "형제 사랑의 의무와 기독교적 정신 안에 있는" 모든 당사자들에게 말하되, 직설적으로 자신의 생각을 이야기했다. 먼저 그는 교회와 세속의 통치자들을 향해, 반란이 일어나 독일 전역을 파괴하기 전에 그들의 행실을 교정하라고 요청했다. 그는 세속과 교회의 권세자들이 강퍅한 마음을 가진 결과 반란의 조건이 형성되었다고 강력하게 비난했다. 자신들의 유익을 위해 힘없는 자들을 압제한 그들의 행동은 더 이상 참을 수 없었다. "이미 당신들의 목구멍 앞에까지 칼이 놓여 있음에도 불구하고, 당신들은 그 누구도 당신들을 쫓아낼 수 없다고 안심하고 있다. 두고 보라. 이러한 거짓된 안전과 고집스러운 태도 때문에 당신들의 목이 부러질 것이다…당신들이 하나님의 이같은 진노의 원인이기에, 제 때에 삶의 방식을 바꾸지 않는다면, 하나님의 진노가 틀림없이 당신들에게 임할 것이다"(LW 46:19).

계속해서 루터는 뮌처와 같이 종교적 혁명을 설교한 "살인-예언가들"을 비난하였으며, 복음과 자신의 가르침을 반란의 책임으로부터 구별하였다. 루터에 따르면, 복음을 듣기 위한 권리를 요청한 조항들은 거부될 수 없으며, 경제적 불의에 항거한 조항들은 정당하다. 왜냐하면 통치자들은 백성들의 착취가 아니라 복지에 관심을 가져야 하기 때문이다. 이처럼 루터는 통치자들에게 "친절해지고" 협상에 임하라고 권고한다.

반면, 농민들은 이 땅에 있는 많은 거짓 선지자들에 대한 경고를 받는다. 분명코 그들의 요구 중 많은 부분은 정당하다. 하지만 그렇다고 해서 칼을 뽑아드는 행위가 용납되는 것은 아니다. 비텐베르그에서 소동이 발생한 이후, 루터는 무력을 사용하여 복음을 수호하거나 선전하려는 시도를 한결같이 반대했다. 왜냐하면 그렇게 될 때 복음이 하나의 새로운 율법으로 바뀌며, 자유로운 것이 의무적인 것으로 왜곡되기 때문이다. 뿐만 아니라, 루터는 또한 반란의 권리를 한결같이 부인했다. 그는 반란이 언제나 사태를 악화시키며 무고한 자들을 고난으로 이끈다고 믿었다. 비극적이게도, 이 전쟁이 끔찍한 고난으로 이어짐에 따라 루터의 우려는 현실이 되었다. "약 100,000명의 사람들이 농민전쟁에서 죽은 것으로 통계되었다. 1525-6년의 끔찍한 겨울에, 남자들은 나무 위에 매달린 까마귀들처럼 교수형에 처해졌고, 여자들은 약탈당한 후 구덩이로 던져졌으며, 자녀들은 배고프고 황폐한 채로 남겨졌다"(Matheson 2001:97).

비록 농민들이 요구한 몇 가지 사항들이 전쟁 후에 충족되었지만, 하나의 정치 세력이 되고자 시도했던 그들의 노력은 다음 수 세기 동안 의심을 받았다(Zur Mühlen 1999/I:120). '그 누구도 자신이 관계된 사건을 재판해서는 안 되며, 판결을 그 사람 자신의 손에 맡길 경우 기존에 확립된 모든 법이 무너질 것'이라는 법률 원리를 루터는 확고히 지지했다. 이에 따라 루터는 농민들이 자신들의 목적에 복음을 연결시킨 것을 비난했다. "기독교적인 법이 당신들의 편이라는 주장을 멈추라." 루터에 의하면, 농민들은 자신들이 복음이 아니라 자연법에 기초한 정의를 위해 싸우고 있다는 사실을 분명히 알아야 한다. "당신들은 그 이름을 사용하고 그리스도의 이름만은 가만 놔두어야 한다. 왜냐하면 그것이 바로 당신들이 하고 있는 일이기 때문이다"(LW 46:31-2). 마지막으로 루터는 양측이 협상을 통해 자신들의 분쟁을 평화롭게 해결하라고 충고하며, 그렇게 하지 않을 경우 결국 그들 자신이 멸망하고 말 것이라고 경고한다.

불행히도, 루터가 이 논문을 썼을 때에는 사건들이 너무나 많이 진전된 상태여서, 이 글이 상황을 바꾸는 데 기여할 수 없었다. 투링기아(Thuringian) 지역에서 불안감이 확산되었고, 루터는 순회 설교 여행을 하는 동안 농민들의 제지와 조롱을 받음으로써 이러한 상황을 직접 경험했다. 이 시기에 이르러 수많은 성과 수도원들이 파괴되었고, 에어푸르트(Erfurt)와 기타 도시들이 점령당했으며, 루터는 잔인한 행위들에 대한 소식을 전해 들었다. 『농민 무리들의 강도질과 살인 행위에 반대함』(*Against the Robbing and Murdering Hordes of Peasants*)이라는 논문에서 반역자들을 "쳐부수고, 학살하고, 찔러 죽이라"는 루터의 악명 높은 권고가 나온 것은 바로 이러한 상황에서였다. 사회 질서를 유지하는 것은 신적인 명령이기 때문에, 통치자들은 선한 양심을 가지고 농민들을 학살해도 된다.

반란은 단순한 살인행위가 아니다. 그것은 큰 불과 같아서 땅 전체를 공격하고 파괴시킨다. 이처럼 반란으로 인해 한 지역이 살인과 피흘림으로 가득하게 된다. 반란은 과부와 고아들을 만들어 내고, 모든 것들을 전복시키는 최악의 재앙이다. 그러므로, 반역자보다 더 해롭고, 위험하며, 악마적인 것은 있을 수 없다는 사실을 기억하는 가운데, 모든 사람들은 은밀하게든지 아니면 공개적으로든지 반역자들을 쳐부수고, 학살하고, 찔러 죽일 수 있다. 사람이 미친 개를 죽여야 하는 것과 같이, 이러한 행위는 정당하다. 만일 당신이 그를 공격하지 않는다면, 그가 당신과 당신의 온 땅을 공격할 것이다(LW 46:50).

루터를 해방의 위대한 상징으로 보았던 보통 사람들은 이와 같이 자신들을 공격하는 쪽으로 방향을 바꾼 루터의 모습에 실망했다. 하지만 여기에서도 역시 사건들이 루터의 의도보다 훨씬 앞서갔다. 루터는 반란군이 마을을 황폐하게 만들고 있다는 소식에 대한 반응으로 이 논문을 썼다. 그는 이 논문을 자신의 이전 작품에 추가하여 두 작품을 하나로 묶었으며, 원래 그 제목을 『평화를 권고하며, 다른 농민들 무리의 강도질과 살인 행위에 반대함』(*Admonition to Peace and Also Against the Robbing and Murdering Hordes of the Other Peasants*)이라고 붙였다. 즉 그의 의도는 『권고』 부분은 "선한" 농민들을 대상으로 하고 나머지 절반은 "다른" 농민들을 대상으로 한다는 것이었다.

하지만 출판업자들은 이 두 작품을 분리시켰고, 두 번째 작품의 제목에서 "다른"(Other)이라는 단어를 삭제하였으며, 프랑켄하우젠(Frankenhausen)에서 끔찍한 학살이 일어난 바로 그 시기에 이 작품을 출판하였다. 이러한 상황으로 인해 루터는, 실제 자신의 의도와는 달리, 보통 사람들 모두를 완전히 적대시하는 것처럼 보이게 되었다. 심지어 두 번째 작품에서도 루터는 통치자들에게 먼저 협상을 시도하라고 주장했다. 협상이 실패로 끝난 경우에만 그들은 무력을 사용하여 반란을 진압해야 한다. 이러한 상황들은 당시에 알려지지 않았으며, 그 이후에도 일반적으로 무시되어 왔다. 그 결과, 루터는 압제당하는 자들의 생명보다도 그 자신의 개혁 프로그램에 더 관심이 있었다는 역사적 판단을 받아 왔다.

루터에 대한 그리고 농민들의 잔인한 진압에 대한 비판이 여러 방면으로부터 나타났다. 뉘른베르그의 미술가 뒤러(Dürer)는 "승리의 행렬"이라는 목판화 그림을 만들었는데, 이 그림은 역설적이게도 승리자들의 잔인함을 고발했다. 삽, 호미, 거름용 갈퀴, 도리깨 등 농민의 "무기들"로 구성된 행렬의 정상에는 한 농민이 앉아 있는데, 그는 슬픔의 사람(Man of Sorrows)처럼 우울한 모습을 보이며 그의 등에는 칼이 꽂혀 있었다. 루터의 친구들은 그의 입장을 해명하라고 독촉했고, 루터는 6월 말이나 7월 초에 『농민들을 적대시한 가혹한 책에 대한 공개서한』(*An Open Letter on the Harsh Book Against the Peasants*)을 발표했다. 이 『공개서한』은 자신의 이전 작품에 대해 설명하는 만큼이나 자신의 비판가들에 대해서도 공격한다. 그는 항복한 사람들이나 강압에 의해 반란에 참여한 사람들에게는 자비를 베풀어야 한다고 반복해서 말했으며, 자신이 글을 쓴 의도를 다음과 같이 강조했다.

> 친절한 방식으로 먼저 접근했지만 그에 대해 반응하지 않은 사람들을 대상으로 말한다는 점을 나는 분명히 했다. 내가 한 모든 말은 완고하고 강퍅하며 무지한 농민들을 겨냥한 것이었다…하지만 당신네들은 내가 사로잡힌 불쌍한 농민들에 대한 잔인한 학살을 주장했다고 말한다.

이제 반란자들에 대한 자비를 요청하는 사람들은 하나님의 왕국과 세상의 왕국을 혼동하고 있다. 하나님의 왕국에서는 자비가 존재하지만, 세상에서는 정당한 처벌과 함께 공의가 실행되어야 한다. 실제로, 세상에서의 엄격함과 진노는 하나님께서 자비를 베푸시는 하나의 형태이다.

> 나에게 아내와 자녀들, 집, 종, 재산 등이 있는데, 한 강도가 나타나서는 나를 죽이고, 내 아내와 자녀들을 겁탈하고, 나의 모든 소유를 빼앗아갔다고 상상해 보라. 만일 그가 아무런 처벌을 받지 않는다면, 그는 자신이 원하는 때에 동일한 일을 저지를 수 있을 것이다…이 강도에게 자비를 베풀어서, 그로 하여금 나를 죽이고 빼앗고 강탈하도록 허락하는 것은 어찌나 훌륭한 자비인지! 참된 자비는 범죄자를 구속하고 처벌하는 것이 되어야 한다(LW 46:73, 71).

악을 억제하고 선을 증진함으로써 이 세상은 하나님과 이웃을 섬기는 것이다.

칼슈타트, 뮌처, 그리고 혁명 등을 경험함으로써, 루터는 복음을 포함하여 어떠한 종교적 이념이 세상을 다스려서는 안 되고 이성과 법이 세상을 다스려야 한다는 확신을 더욱 강하게 가졌다. 루터가 보기에, 자유로운 용서라는 복음으로 세상을 다스리려고 한다면 이는 무제한적인 혼란이나 파괴로 이어지거나 혹은 "악한 제국"으로 인식된 모든 세력들에 대한 악마적인 십자군으로 이어질 것이었다. 설령 본질적으로 장점을 가지고 있는 정치 계획이라 하더라도, 그것을 하나님의 뜻과 동일시하게 되면 정치도 복음도 모두 다 무너진다고 루터는 주장했다.

먼저 정치가 무너지는 이유는, 절대적인 의를 주장할 경우 사회관계에 필요한 타협의 기술이나 모든 사회생활에 존재하는 다양성이 배제되기 때문이다. 집단적이고 국가적인 자기-의(self-righteousness)가 주장된다면, 사람들은 정치적 반대자들을 마귀의 추종자 즉 살 권리가 없는 "경건치 않은 자들"로 보게 될 것이다. 또한 복음이 무너지는 이유는, 정치적 계획과 복음이 동일시될 경우 모든 시민들이 하나의 종교 규범에 강제적으로 순응하게 되기 때문이다. 이 경우에 구원은 어떤 특정한 정치적 관계와 프로그램, 즉 정치적 형태로 나타나는 선행에 의존하게 된다. 루터에게 있어서는, 오직 믿음만이 상대적인 정치 구조들 안에서 살면서 인간이 갖는 불확실에 안정을 제공하며, 오직 믿음만이 과거나 현재나 미래의 선과 가치에 대한 방어적인 성화(defensive sanctification)를 피하게 만들어준다. 오직 믿음만이 한 개인으로 하여금 자신의 사람됨을 만족하게 만들고 또 하나님을 하나님 되시게 만드는 유일한 근거이다. 어떠한 당파나 교회가 아니라 하나님께서 역사를 주권적으로 다스리신다고 선언함으로써, 루터는 정치를 탈-이데올로기화(de-ideologize)하려고 시도했다.

Suggestions for Further Reading

Michael B. Baylor, ed., *The Radical Reformation*. Cambridge: Cambridge University Press, 1991.
Peter Blickle, *The Revolution of 1525: The German Peasants' War from a New Perspective*. Baltimore: Johns Hopkins University Press, 1981.
Peter Blickle, *Communal Reformation: The Quest for Salvation in Sixteenth-Century Germany*. Atlantic Highlands: Humanities Press, 1992.
E. J. Furcha, tr. and ed., *The Essential Carlstadt: Fifteen Tracts by Andreas Bodenstein (Carlstadt) from Karlstadt*. Waterloo: Herald Press, 1995.
Hans-Jürgen Goertz, ed., *Profiles of Radical Reformers: Biographical Sketches from Thomas Müntzer to Paracelsus*. Kitchener: Herald Press, 1982.
Hans-Jürgen Goertz, *Thomas Müntzer: Apocalyptic Mystic and Revolutionary*, Edinburgh: T. & T. Clark, 1993.

Tom Scott and Bob Scribner, eds, *The German Peasants' War: A History in Documents*, Atlantic Highlands: Humanities Press, 1991.
Gottfried Seebass, "Thomas Müntzer (c. 1490–1525)," in Lindberg 2002: 338–50.
Ronald Sider, ed., *Karlstadt's Battle with Luther: Documents in a Liberal-Radical Debate*. Philadelphia: Fortress Press, 1978.
James M. Stayer, *The German Peasants' War and Anabaptist Community of Goods*. Montreal: McGill-Queen's University Press, 1991.
James M. Stayer, "The Dream of a Just Society," in Matheson 2007: 191–211.
Alejandro Zorzin, "Andreas Bodenstein von Karlstadt (1486–1541)" in Lindberg 2002, 327–37.

제 7장

스위스와의 관계 :
츠빙글리와 취리히에서의 종교개혁

(The Swiss Connection : Zwingli and the Reformation in Zurich)

> 기독교인은 신실하고 훌륭한 시민과 다름없으며, 기독교적인 도시는
> 곧 기독교 교회와 다름없다.
>
> 울리히 츠빙글리

1. 소세지 사건

고해성사와 면죄부에 대한 루터의 학문적이고 신학적인 비판으로 인해 독일의 종교개혁이 촉발된 반면, 스위스 종교개혁은 소위 "소세지 사건"과 함께 널리 알려졌다.

1522년의 사순절 기간 동안 츠빙글리는 출판업자 크리스토프 프로샤우어(Christoph Froschauer)의 집에 있었다. 프로샤우어는 바울서신에 대한 새로운 판을 출판하려고 준비 중이었는데, 지쳐 있는 12명의 일꾼들을 회복시키려는 목적에서 소세지를 그들에게 제공했다. 참석한 사람들의 숫자(12)와 분배된 방식이 주님의 만찬을 연상시켰던 것은 우연의 일치였을까? 이처럼 공개

적으로 사순절 금식의 관례를 깬 이 행위는 중세의 경건과 교회적이고 공적인 권위 모두를 조롱하였다. 취리히 시의회는 프로샤우어를 구속했다. 하지만 고기를 직접 먹지 않았던 츠빙글리는 구속되지 않았다. 취리히의 대성당 사제라는 저명한 위치에 있었던 츠빙글리는 모든 것을 원만하게 처리할 수도 있었을 것이다. 하지만 그는 오히려 "음식에 있어서의 선택과 자유"(1522년 3월 23일)라는 설교를 통해 이 사건을 공적인 문제로 확대하였다. 얼마 지나지 않아 그의 설교는 확장되어 한 편의 소책자로 출판되었다(1522년 4월 16일). 루터가 이전에(1520년) 쓴 기독교적 자유에 관한 논문으로부터 거의 확실한 영향을 받은 가운데, 츠빙글리는 성경이 사순절 기간에 고기를 먹는 일을 금지하지 않으므로 기독교인들은 금식을 하든지 안 하든지 자유롭게 선택할 수 있다고 주장했다. "한 마디로 말해서, 당신이 금식하고 싶다면 그렇게 하라. 당신이 고기를 먹지 않고 싶다면, 고기를 먹지 말라. 하지만 다른 기독교인들이 이 문제에 있어 자유로운 선택을 하도록 남겨두라"(Jackson 1987:87).

2. 츠빙글리의 시작

어떻게 해서 츠빙글리는 이처럼 교회와 정치의 권력자들에게 공적으로 반대하는 입장에까지 이르렀을까? 울리히 츠빙글리(Ulrich Zwingli, 1484-1531)는 스위스 연방과 동맹 관계에 있던 토겐부르그(Toggenburg) 공국의 알프스 산지 마을인 빌트하우스(Wildhaus)에서 유복한 농민의 아들로 태어났다. 그의 할아버지와 아버지는 선거를 통해 선출된 지역 지도자로 활동했는데, 이 직책은 일반적으로 부유한 농민들 중 한 사람이 차지했다. 조숙한 알프스 소년이었으며 혈통적으로 정치에 관심을 가졌던 츠빙글리는 열 살 때 이미 바젤(Basle)에서 라틴어와 고전을 공부했다. 베른(Bern)에서 라틴어 공부를 계속한 뒤, 그는 열네 살이 되던 1498년 비엔나(Vienna) 대학에 진학하여, 인문주의 운동을 소개받았다. 당시, 제국의 계관 시인 콘라드 켈티스(Conrad Celtis)가 이곳에서 가르쳤으나, 츠빙글리가 그의 수업을 들었는지는 알려지지 않았다. 츠빙글리는 바젤에서 학업을 계속하면서, 신학, 철학, 새로운 인문주의 학문 등을 공부했고, 1504년에는 문학사 학위를 그리고 1506년에는 문학석사 학위를 받았다. 바젤에서 그는 오래된 방식(via antiqua)학파, 즉 토마스주의(Thomistic) 철학으로부터 영향을 받았던 것으로 보인다. 학창 시절 그의 동료였던 레오 주드(Leo Jud)와 콘라드 펠리칸(Conrad Pelican)은 훗날 취리히의 개혁에 있어서 그의 동역자가 되었다.

공부를 끝마치자마자, 츠빙글리는 스위스 칸톤(canton) 내의 글라루스(Glarus) 지역에서 교구 사제로 부름 받았다. 글라루스에서 10년 동안 사역하는 가운데, 그는 고전 작품들과 교부들 그리고 성경에 대해 열정적인 관심을 가졌고, 남는 시간에는 여자들과의 여가 활동을 가졌다. 그는 또한 헬라어를 공부했으며, 바젤의 인문주의 집단과 에라스무스에게 소개되었다. 하지만 인문주의에 매료되었다고 해서 그가 스콜라주의 신학과 단절한 것은 아니었다. 오히려 이로 인해 기독교 신앙의 원자료들에 대한 관심이 증가했으며, 그 자료들을 이해할 수 있는 문헌학적 도구들을 제공받았던 것이다. 에라스무스의 헬라어 신약성경과 자신의 언어적 능력을 바탕으로 츠빙글리는 전통적인 해석에 얽매이지 않으면서 자유롭게 본문에 집중할 수 있었다. 에라스무스로부터 츠빙글리는 성경 본문의 단순한 의미를 추구해야 한다는 것과 기독교 신앙을 위한 모델로서 예수를 제시해야 한다는 점을 배웠다. 이것이 오늘날에는 전혀 급진적인 주장으로 보이지 않지만, 수많은 교회법과 의식들로 인해 복잡하고 부담스러웠던 중세의 종교적 삶에 비추어 볼 때, 이렇게 단순해진 기독교는 해방감을 주었다.

곧바로 츠빙글리의 사역을 둘러싸고 논쟁이 발생하였는데, 이는 그가 인문주의적으로 신학과 설교를 발전시킨 것 때문이 아니었다. 오히려 츠빙글리가 글라루스 지역의 지도자들과 점점 더 충돌하게 된 원인은 그의 정치적인 성향 및 스위스의 주요 수출 산업인 용병 제도에 대한 공개적 비난 때문이었다. 이탈리아의 통치를 놓고 싸웠던 프랑스와 스페인과 교황청의 군대들은 창검술에 능하고 잔인한 것으로 유명했던 스위스 창병(槍兵)들을 필요로 했다. 이탈리아 지역에서 활동한 글라루스 용병 부대의 군목으로 있으면서, 츠빙글리는 1513년과 1515년에 전쟁의 참상을 직접 목격했다. 1515년에 그는 수천 명의 스위스인들이 마리그나노(Marignano)에서 프랑스 군에 의해 죽임

당하는 모습을 보았다. 그는 또한 자신이 돌아간 후 가족들에게 군인들의 사망 소식을 전달해주어야 했던 고통을 경험하였다. 목회적 관심 및 자신의 조국을 사랑하는 민족주의로 인해 츠빙글리는 용병을 매매하는 관행에 반대했다. 그는 이러한 관행이, 사람들이 적군을 희생시키며 서로 죽이는 현실은 말할 것도 없고, 스위스의 도덕적이고 사회적인 구조를 손상시키고 있다고 믿었다.

이미 1510년에, 자신의 애국심을 비유적으로 표현한 "황소"(*The Ox*)라는 시에서, 츠빙글리는 스위스 군인들이 외국인들에 의해 사용되는 것을 비난했다. 이에 대한 합당한 예외는, 그리고 츠빙글리가 보기에 스위스인들의 애국적인 의무는 교황을 옹호하는 것이었다. 주목해야 할 사실은 그가 군목으로 일한 것의 대가로 교황청으로부터 연금을 받았다는 점이다. 하지만 스위스 군인의 전사자 수가 증가함에 따라, 교황청을 향한 그의 열정 역시 식어져갔다. 용병 산업에 대한 그의 혐오는 "미로"(*The Labyrinth*, 1516)라는 시에서 분명하게 표현되었다. 이 시에서 그의 정치는 이제 종교적인 분위기를 띠기 시작한다. "범죄나 살인을 저지르는 사람들은 누구나 뻔뻔스러운 사람으로 여겨진다. 그리스도께서 우리에게 그것을 가르치셨는가?"(Jackson 1987:54).

츠빙글리가 결코 평화주의자가 아니었다는 사실에 주목해야 한다. 그의 비판은 스위스가 외국 세력들과 뒤얽히고 "고용된 무기"가 되는 현실을 겨냥한 것이었다. 그는 어떠한 희생을 감수하고서라도 평화를 무조건적으로 지지하는 사람이 아니었다. 그는 언제나 국가의 자기방어를 옹호했다. 이러한 입장에 입각하여 그는 1531년에 2차 카펠(Kappel) 전투에 참전하였고 그곳에서 생명을 잃었다. 츠빙글리의 애국심은 취리히에 있는 그의 동상에서 시각적으로 표현되어 있는데, 츠빙글리는 한 손에 성경을 다른 한 손에 칼을 들고 있는 것으로 묘사되었다.

> 이러한 견해를 가졌던 츠빙글리는, 이후의 역사에 있어 국가의 독립을 지키는 데 중요한 역할을 했던 무장 중립이라는 스위스의 정책을 최초로 제시한 주창자 중 하나였다(Courvoisier 1963:15).

츠빙글리의 반(反)-용병 입장에 대한 반대는 두 가지 측면, 즉 경제와 정치로부터 나타났다. 경제적인 면에서 볼 때, 16세기의 스위스는 초콜렛이나 시계나 그 외의 여러 물품 등의 수입원을 갖지 못했다. 하지만 그들은 인구가 넘쳐났고, 그 인구를 먹일 만큼 충분한 외화를 갖지도 못했다. 따라서 군인들의 고용을 금지하려는 노력은 결국 "인구 과잉의 산림 지역들에게 경제적 재앙을 의미했을 것이다"(Walton 1984:82). 정치적인 면에서 볼 때, 츠빙글리의 입장은 프랑스를 지지했던 글라루스와 대부분의 스위스 연방에 대한 반대로 여겨졌다. 자신을 교황청의 반(反)-프랑스 대리인으로 보는 시각으로 인해 츠빙글리는 글라루스를 떠나 개혁 활동의 중심지가 된 취리히로 마침내 이동하게 된다.

1516년 4월, 글라루스의 도시 지도자들은 근처에 있는 아인지델른(Einsiedeln) 교구로 옮겨 달라는 츠빙글리의 요청을 기꺼이 수락했다. 아인지델른에서 츠빙글리는 검은 성모 마리아(Black Virgin) 사당을 방문한 수백 명의 취리히 사람들을 포함하여 많은 순례객들을 위한 사목으로 사역했다. 사역 이외의 시간에는 에라스무스가 편집하여 새롭게 출판한 헬라어 신약 성경을 연구했다. 츠빙글리는 예배와 설교에 있어서 성경을 강해한 것으로 인해 곧 유명인사가 되었다. 에라스무스적인 박식함과 성경적인 열정을 바탕으로 그는 스위스의 테첼(Tetzel)이라 할 수 있는 프란체스코 수도회 소속 면죄부 판매인 베르나르드 삼손(Bernard Samson)을 비난했다. 츠빙글리는 "설교"를 통해 삼손을 마을 밖으로 몰아냈다. 하지만, 테첼의 경우와는 다르게, 삼손과 관련해서는 어떠한 이익 관계도 존재하지 않았으며, 따라서 츠빙글리에 반대하는 교회의 반응 역시 일어나지 않았다.

성경적인 설교자로서 얻은 명성으로 인해 츠빙글리는 1518년 취리히 대성당의 설교자 직책의 후보자로 지명되었다. 그를 비방하는 사람들은 그의 여자 문제를 폭로하였다. 영향력 있는 한 시민의 딸을 유혹했다는 소문에 대하여, 츠빙글리는 자신이 성적인 유혹과 싸운 사실을 인정하였으나, 그 여인의 "순결"과 그녀의 아버지의 영향력 모두를 부인했다. "약 3년 전 나는 어떤 여인도 건드리지 않기로 결심했다…하지만 나는 이 결심을 잘 지키지 못했다. 나는 이 결심을 글라루스에서는 6개월 동안, 아인지델른에서는 약 1년 동안 지

컸다…그 소녀는 낮에는 '처녀'였으며 밤에는 '여인'이었다. 하지만 그녀는 '낮에만' 처녀였으며, 아인지델른의 모든 사람들이 그러한 그녀의 역할을 정확히 알았다…그녀는 많은 남자들과 관계를 맺었으며, 마지막에 나와 관계를 맺었다. 그 상황을 보다 정확하게 말한다면, 그녀가 아첨하는 말 이상으로 나를 유혹했다"(Hillerbrand 1964:115-16). 츠빙글리를 부도덕한 인물로 몰아세웠던 비난은 결국 효과를 거두지 못했는데, 그 이유는 그의 다른 경쟁 후보가 공공연하게 첩과 함께 살았으며 여섯 명의 자녀를 두고 있었기 때문이었다.

이러한 특정한 사례와 중세 후기에 널리 퍼져 있던 사제들의 축첩 관행에 비추어 볼 때, 스위스 종교개혁에서 시행된 최초의 개혁 조치들 중 하나가 성직자에게 결혼을 허락하는 것이었다는 사실은 그다지 놀랍지 않다. 우리는 성직자의 결혼을 허락한 비텐베르그의 승인이 주교 제도의 권위를 잠식했다는 점을 이미 보았다. 성직자의 결혼이 주교 제도의 수입에 손해를 입혔다는 사실 역시 기억되어야 한다. 취리히가 포함되어 있던 콘스탄스(Constance)의 주교 관구에서는 성직자의 축첩을 "승인해 주는" 대가로 주교에게 매년 4굴덴(gulden)의 돈이 지불되었다. 성직자와 그의 첩 사이에 자녀가 생길 때마다 한 사람 당 4굴덴이 추가되었다. 이러한 상황 하에서 매년 1,500명의 아이들이 태어난 것으로 측정되는데, 이를 볼 때 주교가 성직자의 결혼을 반대한 데에는 교리적인 이유 외적인 경제적 요소가 있었음을 쉽게 알 수 있다.

실제로 "소세지 사건"이 일어난 지 몇 개월밖에 지나지 않았을 때, 당시 안나 라인하르트(Anna Reinhart)라는 과부와 함께 살고 있던 츠빙글리는 열 명의 다른 스위스 사제들을 이끌고 콘스탄스의 주교에게 『성직자의 결혼을 허락하든지, 아니면 적어도 그들의 결혼을 눈감아 달라』(*To Allow Priests to Marry, or at Least Wink at their Marriages*, 1522년 7월)는 탄원서를 제출했다. 이 탄원서에 서명한 사제들은 독신이 매우 드문 하나님의 선물이며 자신들은 이 선물을 받지 못했다고 선언했다(Jackson 1987:156). 츠빙글리는 아이가 태어나기 직전 1524년에 안나와 공개적인 결혼식을 올렸다. 1525년에 취리히 시의 지도자들은 첩과 함께 살고 있던 성직자들로 하여금 그 관계를 끝내든지 아니면 결혼을 하든지 둘 중 하나를 선택하라고 의무화하는 결혼 규정을 제정했다. 결혼법정이 또한 세워졌고, 극단적인 불일치, 유기, 신체적이고 정신적인 질병, 사기

등을 포함하는 이혼 근거들을 확장시킴으로써 결혼 관계를 분명히 하였다.

하지만 우리는 지금 너무 이야기를 앞서가고 있다. 취리히에서의 츠빙글리의 종교개혁을 논하기에 앞서, 그가 임명된 상황에 대해 더 자세하게 살펴볼 필요가 있다. 왜냐하면 이러한 상황을 살펴봄으로써, 개혁 운동을 촉진시켰던 츠빙글리와 시의회 사이의 공생 관계를 보다 잘 이해할 수 있기 때문이다.

3. 취리히의 시정부와 교회

취리히가 소속되어 있던 스위스 연방은 바젤 평화 협약(Peace of Basle, 1499)을 통해 신성 로마제국으로부터 효과적으로 독립을 쟁취했다. 리마트(Limmat) 강을 따라 위치한 취리히 시의 기원은 로마 시대로까지 거슬러 올라갔다. 종교개혁이 일어날 즈음 이 도시에는 약 6,000명의 사람들이 살았다. 도시의 통치는 두 의회를 통하여 이루어졌다. 대의회는 162명의 의원들로 구성되었는데, 12개의 장인 조합으로부터 각각 12명씩 그리고 (귀족, 영주, 상인들의 단체였던) 고관 모임으로부터 18명이 선출되었다. 사실상 내각 혹은 행정적인 조직의 역할을 했던 소의회는 50명의 의원으로 구성되었다. 소의회 역시 장인조합과 고관모임으로부터 선발된 대표자들이 활동했다. 소의회 의원들의 질반이 매 6개월마다 교체되었기 때문에, 이 복잡한 구조 속에서 정책이 정기적으로 바뀔 가능성이 존재했다. 두 의회는 함께 200인(실제로는 212인) 의회를 구성하였고, 200인 의회는 외교 정책을 주관하였다. 취리히 시가 중심이 된 취리히 주는 약 50,000의 인구를 가지고 있었다.

취리히 교회는 제국 내에서 가장 큰 주교 관구 중 하나였던, 콘스탄스 주교 관구에 소속되었다. 콘스탄스의 주교 휴고 폰 호헨란드버그(Hugo von Hohenlandberg)는 1,800개의 교구와 15,000명 이상의 사제들을 감독했는데, 이 중 200명의 사제들이 취리히 시에 있었다. 취리히에서 가장 큰 두 교회는 대성당(Great Minster)과 성모 마리아 성당(Minster of Our Lady)이었다. 두 교회 모두 9세기에 세워진 오래된 교회였다. 취리히 시에 있던 탁발 수도회로는 도미니크 수도회, 프란체스코 수도회, 어거스틴 수도회 등이었다. 16세기가 될 때까지 시의회는 자신들의 역할을 교회 업무에까지 확장하였으며, 대성당과 성모 마리아 성당의 성직자를 임명할 권한을 가지고 있었다.

츠빙글리를 대성당 설교자로 임명한 정치적 과정은 취리히의 개혁이 어떻게 발전했는지에 대한 중요한 배경을 제공했다. 비록 처음에는 모든 관련 당사자들이 이 임명 과정의 정치적 역학관계를 인식하지 못했지만, 그 과정에서 츠빙글리와 시정부 사이의 공생관계가 형성되었다. 두 당사자 모두 자신들의 목표가 서로 얽혀 있으며 상호의존 한다는 사실을 깨닫게 되었다. 따라서 어느 쪽도 상대편이 실패하기를 원치 않았다. 여기서 우리는 루터의 상황과 다른 중요한 차이점을 본다. 루터가 자신을 지지해주는 군주에 의존했던 반면, 츠빙글리는 시정부를 설득해야만 했다. 취리히를 친(親)교황 도시에서 종교개혁의 도시로 바꾼 츠빙글리의 능력은 그의 정치적 기민함을 보여준다. 그는 자신의 임명을 지지했던 정치적 당파의 도움을 이용했을 뿐 아니라, 개혁 정책이 자신들의 반대자인 오래된 친교황적 귀족 가문의 힘을 약화시킬 것이라는 그들의 기대감 역시 활용하였다.

4. 츠빙글리의 개혁 활동

1519년 1월 1일, 츠빙글리는 대성당에서 설교하고 미사를 집전했다. 그는 교회력에 정해져 있는 전통적인 본문으로부터 설교하지 않고 마태복음 전체를 순서대로 설교하기 시작함으로써 새로운 출발을 알렸다. 그 후 그는 자신이 백성들에게 필요하다고 생각했던 신약성경의 다른 책들을 선택하여 각각 그 책 전체를 강해하였다. 이것은 성경에 기초한 설교였을 뿐 아니라, 성경에 대한 교육이기도 했다. 1525년부터 츠빙글리는 매주 정기적으로 성경을 연구하는 모임을 시작했다. "예언모임"(prophesyings)이라고 알려진 이 모임의 이름은 고린도전서 14장에서 유래하였으며, 성경 교육을 의미했다. 이 모임의 목표는 목사들과 라틴어 학교의 상급 학생들에게 신학적인 틀을 제공하는 것이었다. 이와 비슷한 모임이 1536년 경 제네바에서 칼빈과 파렐에 의해 "집회"(congregations)라는 이름으로 시작되었다. 성경을 가르치는 일은 츠빙글리의 개혁에 있어 중심적인 역할을 차지했다. 개인적이든 공동체적이든 삶의 모든 부분은 성경의 규범을 따라야 한다.

츠빙글리가 자신의 인문주의적이고 성경적인 연구에 기초하여 형성해 나갔던 개혁 원리는 모든 일이 성경에 따라 판단되어야 한다는 것이었다. 성경의 가르침에 부합하지 않는 것은 순종을 명령할 수 없었다. 판단의 기준이 되는 것은 전통적인 의식들이나 가르침이 그리스도에 의한 구속의 복음을 증진시키느냐 그렇지 않느냐였다. 물론 이 기준은 성(性)이나 소세지의 문제를 뛰어넘어 삶의 모든 영역에 대한 질문을 신속하게 제기했다. 성경적인 규범들을 생활의 모든 부분에 적용하려는 노력은 결국 도시의 도덕적 삶을 감독하기 위해 "이웃을" 감시하고 강제력을 발휘하는 것으로 이어졌다.

이러한 성경적인 설교가 츠빙글리가 로마 교회와 단절했다는 것을 나타내는 표시였는가? 오직 성경이라는 표어가 교회의 권위를 폐기시켰는가? 혹은 이러한 성경적인 설교가 성경 본문을 해설한다는 전형적인 인문주의적 관심의 표현은 아니었는가? 츠빙글리가 언제 종교개혁가가 되었으며 이와 관련된 질문으로 취리히가 언제 개혁을 수용했는가 등의 질문은 논란의 여지가 있다. 만일 미사 제도를 폐지한 것이 기준이 된다면, 개혁의 결정적인 순간은 복음주의적인 성찬 예배가 미사를 대체했던 1525년 4월 13일이 될 것이다. 만일 시의회가 츠빙글리의 첫 번째 논쟁을 승인한 결정을 기준으로 삼는다면, 취리히 종교개혁의 시작은 1523년 1월 29일로 거슬러 올라갈 것이다. 하지만 교회의 권위보다 성경의 권위가 우위에 있다는 점을 인식한 것이 기준이 된다면, 개혁 운동은 츠빙글리의 설교 사역이 시작되면서 진행되었으며, 1523년에 열린 1차 취리히 논쟁의 판결을 통해 공식적으로 인정되었다고 하겠다.

그 과정은 순탄치 않았다. 사역을 시작한 첫 해에 츠빙글리는 성경을 설교하고, 면죄부를 공격하고, 성인들과 성상에 대한 숭배를 비판하고, 스콜라주의 신학을 비난함으로써 많은 사람들로부터 찬반양론을 모두 불러일으켰다. 그는 루터가 7월에 라이프치히에서 엑크(Eck)와 벌였던 논쟁에 대해서 알게 된 후 전율하였다. 하지만 비록 츠빙글리가 루터를 새로운 엘리야로 높이며 루터의 작품을 읽기 시작했지만, 그는 루터를 자신이 이미 시작하여 참여하고 있는 싸움에 있어서 동료 전우 정도로만 생각했던 것 같다. 그가 루터로부터 깊은 신학적 영향을 받았다는 증거는 거의 없으며, 훗날 츠빙글리는 자신이 루터와 관계없이 독립적으로 신학을 발전시켰다고 주장했다. 루터 역시 훗날 츠빙글리를 "다른 정신을 가지고 있는 사람"으로 주장함으로써 이 사실을 직접 확증했다.

츠빙글리와 루터, 그리고 츠빙글리와 칼빈을 비교하는 것은 필수불가결한 일이지만, 츠빙글리를 어느 한 쪽에 복종시켜서는 안 된다. 뒤에 이어질 비교의 목적은 루터를 개혁의 기준으로 삼고 그에 따라 다른 모든 이들을 판단하는 것이 아니다. 자신이 독립적으로 신학을 발전시켰다는 츠빙글리의 주장은 인정되어야 한다. 하지만 그렇다고 해서 그 차이점들은 실질적인 것이 아니라 다양한 상황에서 나타난 전략상의 차이였다고만 볼 수는 없다. 왜냐하면 "루터파"라는 이름은 1520년대 초에 이미 이단에 대한 동의어가 되었기 때문이다.

이와 관련하여 그림 7.1은 츠빙글리가 개혁을 어떻게 이해했는지를 흥미롭게 보여준다. "경건한 방앗간"(The Godly Mill)은 프로샤우어(Froschauer)가 1521년 봄에 취리히에서 출판한 소책자의 목판화 그림인데, 그 원제는 "하나님의 은혜로 작동하는 경건한 방앗간에 대한 묘사"(Beschribung der göttlichen müly so durch die gnad gottes angelassen)이다. 방앗간에 대한 전통적인 알레고리는 하나님의 순결한 말씀을 전파하는 종교개혁을 나타내는 알레고리 혹은 상징으로 재해석된다. 성령의 불꽃이 성부 하나님으로부터 내려와서 이 방앗간의 바퀴를 돌린다. 그리스도께서는 곡식을 집어넣는 깔때기 옆에 서 계시며, 그 안으로 네 명의 복음서 기자와 (검을 들고 있는) 바울을 쏟아 부으신다. 신약 성경을 출판하여 루터에게 도움을 주었고 츠빙글리에게는 인문주의적인 영향을 끼쳤던 에라스무스는 방앗간 주인으로 그려진다. 에라스무스는 소망, 사랑, 믿음, 능력 등 성경의 덕으로 표시되어 있는 곡식을 삽으로 퍼서 자루에 집어넣는다. 에라스무스 뒤에는 어거스틴파 수도사였던 루터가 서 있는데, 그는 이 곡식을 반죽한다. 복음주의적 가르침이라는 빵은 대학의 학문적인 옷을 입고 있는 익명의 인물에 의해 책으로 배포된다. 이 판화의 오른쪽 부

그림 7.1 "경건한 방앗간"(The Godly Mill). 1521년 작품.

자료 출처 : Berlin Staatliche Museen

분에 서 있는 교회 위계질서의 대표자들은 (왼쪽에서 오른쪽으로: 도미니크회 수도사, 추기경, 주교, 교황) 복음을 거부하며 그것을 땅바닥에 떨어트린다. 그들의 머리 위로 새들이 날아다니며 "파문, 파문"이라고 외친다(루터는 1521년 1월 3일에 파문당했다). 농민을 상징하여 크게 그려진 "괭이질하는 한스"(Hans the Hoeman)가 가톨릭 성직자 뒤에 어렴풋이 보이는데, 그는 복음 선포를 보호하고 교회 대표자들을 위협하기 위해서 도리깨질을 하고 있다. 복음을 나누어주는 인물, 이 그림에서 유일하게 이름이 붙여져 있지 않은 인물이 츠빙글리로 추정된다.

1521년 5월 25일에 츠빙글리가 쓴 편지에 따르면, 그는 이 소책자의 본문을 작업했을 뿐 아니라 목판화를 만드는 일도 도왔다. 주목할 만한 사실은, 루터로부터의 사상적 독립을 말했던 츠빙글리가 자유롭고 공평하게 루터를 "종교개혁이라는 빵을 만들어" 복음주의적 메시지를 전달한 사람으로 제시하고 있다는 점이다(Hamm 1988:vi-vii).

츠빙글리는 어떻게 개혁에 이르게 되었을까? 성경적 인문주의가 주된 영향력이었던 것으로 보인다. 에라스무스는 츠빙글리의 작품 중 하나를 읽은 후, "오 선한 츠빙글리여! 자네가 쓴 내용이 내가 이미 이전에 썼던 것들이 아닌가?"라고 말했다. 진실로 뷔써(Büsser, 1989:192)는 에라스무스와 츠빙글리를 하나씩 비교해 볼 때 에라스무스가 "비록 개혁주의 신학의 일반적인 창시자는 아니라 하더라도, 취리히의 은밀한 개혁가였다"는 점을 알 수 있다고 주장한다. 츠빙글리가 자신만의 실존적 위기를 경험했던 것은 분명한 사실이다. 루터가 번개를 만났던 것과는 달리, 츠빙글리는 흑사병을 만났다. 1519년 8월, 흑사병이 취리히에 닥쳤고 1520년 2월이 될 때까지 물러가지 않았다. 인구의 거의 1/4이 죽었고, 그 중에는 츠빙글리의 형제였던 안드레아스(Andreas)도 있었다. 츠빙글리 자신도 환자들과 죽어가는 사람들을 목회적으로 돌보던 중 전염되어 거의 죽을 뻔 했다. "흑사병 노래"(The Plague Song)라는 그의 시는 거의 죽음에까지 이르렀던 그 경험이 하나님에 대한 자신의 믿음에 큰 영향을 끼쳤으며, 질병으로부터 회복된 후 하나님을 섬기기로 새롭게 헌신했다는 내용을 이야기한다.

이처럼 "소세지 사건"이 일어나기까지 츠빙글리는 개인적으로나 신학적으로나 성숙해졌다. 루터는 공개적으로 정죄를 받았지만, 취리히는 아직까지 상대적으로 고요했다. 자신의 성경 강해를 통하여, 그리고 외형적 의식이라는 가라지와 복음의 내면적 적용이라는 알곡을 분리시킴으로써, 츠빙글리는 취리히 평민들의 지지와 신뢰를 얻었다. 취리히에서 그가 마태복음, 즉 바리새인들과 서기관들의 죽은 전통을 강력하게 비난하는 본문을 가지고 설교사역을 시작했다는 점을 기억하라. 금식에 대한 충돌이 발생하기 훨씬 이전에, 츠빙글리는 아마도 마태복음 15:10-11, "듣고 깨달으라. 입에 들어가는 것이 사람을 더럽게 하는 것이 아니라 입에서 나오는 그것이 사람을 더럽게 하는 것이니라"라는 본문을 설교했을 것이다. 취리히 사람들은 자신들이 존경하는 사제의 설교를 매우 진지하게 들었으며, 그것을 실천으로 옮기기 시작했다. 츠빙글리의 더욱 급진적인 추종자들에 대한 이야기는 다음 장에서 자세히 다루어지겠지만, 1522년에 이르러 취리히가 비텐베르그와 거의 동시에 그리고 이론과 실천이라는 거의 동일한 문제들을 경험했다는 사실에 주목할 필요가 있다. 이제 츠빙글리 역시, 그 누구도 기다리지 말고 개혁을 보다 근본적으로 추진해야 한다는 사람들과 주교의 편에 서서 개혁에 반대하는 사람들 사이에 서 있었다.

휴고 주교는 교회 밖에서는 그 누구도 구원받을 수 없다는 주장에 근거하여 츠빙글리와 그의 추종자들에게 교회에 순종하라고 권고했다. 여기에서 전통과 성경, 교회적인 권위와 복음의 권위의 충돌이 발생했다. 이제 금식과 성직자의 독신 등의 쟁점들에 성인들의 중보라는 문제가 추가되었다. 여기에서도 인간적인 말과 규정에 맞서서 하나님의 말씀에 호소하는 주상이 교회의 권위에 도전했다. 성경에 의해 해석된 성경의 권위라는 주제는 모든 논쟁들에서 나타났다. 1522년 7월 21일, 취리히 대의회는 개혁의 도입을 향한 중요한 조치를 취했고, 스콜라 신학이 아니라 성경에 근거하여 설교한 츠빙글리를 인정하였다.

교회와 성경의 권위에 대한 논쟁이 증가함에 따라, 도시 지도자들의 주관 하에 1523년 1월에 취리히 시청에서 개혁의 옹호자들과 반대자들 사이의 공개 토론이 열렸다. 츠빙글리가 직접 이 공개 논쟁을 요청했을 수도 있으나, 시정부로서도 이단이라는 비난에 맞서 자신들의 명예를 지키고 도시 내에서 복음주의적인 설교에 대한 원칙을 발전시켜야 할 필요성을 느꼈다. 스위스 연방의 다른 주들에게도 초청장이 보내졌으나, 그들이 취리히에서 일어난 사건들을 승인하지 않았던 것에 비추어 볼 때, 그 어떤 주에서도 대표를 파견하지 않았다. 콘스탄스 주교에게도 이 소식을 알림으로써 그가 논쟁에 참석할 수 있게 하였다. 취리히 시의 지도자들은 복음에 대한 "의견 차이와 불일치"를 언급했고, 설교의 내용을 결정하기 위해 성경에 대한 논쟁을 독일어로 진행하도록 요구했다. "만일 어느 누구건 우리의 규칙을 무시하고 성경을 인용하지 않는다면, 우리는 우리가 가진 지식에 따라 그를 반대할 것이며 기꺼이 자유로워질 것이다"(Hillerbrand 1964:131-2).

이 논쟁은 분명히 츠빙글리에게 유리했다. 토론은 라틴어가 아니라 독일어로 진행되어야 했고, 판결의 기초는 성경이어야 했다. 교회의 지역 의회로서의 역할을 수행할 것이라고 주장한 시의회의 대담성은, 자신들의 행동을 주교에게 통보했을 뿐이고 성경을 유일한 판단기준으로 상정함으로써 논쟁의 결과를 미리 결정했다는 점에서 분명히 드러난다. 시의회는 양쪽 입장을 판결할 재판관으로서 스스로를 공식적이고 사법적으로 정하였다. 하지만 복음주의적인 측에 있어 유일한 쟁점은 하나님의 말씀과 인간의 전통 중 어느 것이 교회의 권위인가 하는 문제였다는 사실을 잊지 말아야 한다.

이 "논쟁"을 위해 츠빙글리는 자신의 "67개 조항"(Sixty-Seven Articles)을 작성하였는데(Cochrane 1966:3-44), 이 문서는 취리히 종교개혁을 선언하는 헌장이 되었다. 이 조항들은 오직 은혜로 말미암은 구원을 주장했고, 성경의 완전하고 최종적인 권위를 강조했으며, 교황, 미사, 선행을 통한 구원, 성인들의 중보, 수도원, 성직자의 독신, 고해성사, 연옥 등을 반대하였다. 츠빙글리의 주장은 중세의 교회론을 해체시키는 것이나 다름없었다. 처음부터 교회는 성경에 의존했지, 성경이 교회에 의존하지 않았다.

> 교회의 동의가 없으면 복음은 아무 것도 아니라고 말하는 사람들의 주장은 잘못된 것이며 하나님을 모욕하는 것이다(1항).

여기에서 다시 한 번 프리에리아스(Prierias)와 루터 사이의 논쟁이 재연된다.

600명의 사람들이 논쟁을 보기 위해 시청을 가득 채웠다. 짧은 환영인사와 의례적인 소개가 있은 뒤, 츠빙글리가 발언을 시작했다. 츠빙글리는 자신의 설교와 주장들을 기꺼이 변호하겠다고 선언했다. 주교 측의 대표자이자 신학 박사였던 요한 파버(Johann Faber)는 달래는 듯한 말로, 자신은 불일치의 원인들을 듣기 위해 온 것이지 실질적인 논쟁에 참여하기 위해 온 것이 아니라고 말했다. 파버는 논쟁이 되는 문제들은 최근에 열린 뉘른베르그(Nuremberg) 의회에서 약속한 전(全)교회적인 공의회에서 적절히 논의될 것이라고 말했다. "내 생각으로, 그러한 문제들은 모든 국가의 대표자들이 모인 전체 기독교 총회를 통해서나, 아니면 주교들과 대학의 학자들이 모인 공의회를 통해 해결되어야 한다." 파버가 논쟁의 재판관으로 정통교리의 수호자였던 파리, 루뱅, 쾰른 대학을 제안했을 때, 츠빙글리는 오히려 청중들이 즐거워하도록 에어푸르트(Erfurt)나 비텐베르그 대학을 제안하였다.

파버는 츠빙글리의 주장들이 루터와 너무 가까우며 (예레미야 6:1을 암시하여) "모든 악한 것들은 북쪽으로부터 나온다"고 말했던 것으로 전해진다. 반면 츠빙글리는 현재 모여 있는 사람들이 기독교적 공의회를 구성하며 유일한 재판관은 무오한 성경뿐이라고 답변하였다. "이 모임에 참석해 있는 많은 그리스도인들은 의심할 여지없이 성령의 가르침을 받으며 올바른 이해력을 가지고 있다. 하나님의 영을 따라 그들은 어느 쪽이 성경을 참되게 제시하며 또 어느 쪽이 올바른 이성에 위배되게 성경을 왜곡하는지를 판단하고 결정할 수 있다"(Jackson 1972:51, 56-7).

츠빙글리는 옛 질서에 맞서 이 논쟁에서 승리했고, 시의회는 취리히 성직자에게 성경만을 설교하라고 명령했다. "열려진 성경을 앞에 두고 리맛 강가의 시청에서 1523년 1월 29일에 발생한 사건은 하나의 심오한 종교 공동체의 경험이었다. 이것은 중세적인 의미의 교제가 사회학적으로 뿐 아니라 심리학적인 측면에서도 최고도로 경험된 것에 비견될 수 있다. 교회의 보편성(catholicity)이 취리히라는 작은 지역에서 갱신되었다"(Locher 1979:115; Goertz 1987:140). 10월에 두 번째 논쟁이 보다 근본적인 개혁을 원했던 개혁 진영 내부에서 열렸는데, 이 내용은 8장 재세례파 부분에서 다루어질 것이다.

츠빙글리의 개혁 운동은 이제 스위스 전역과 남부 독일에까지 신속히 확산되기 시작했다. 콘스탄스, 울름(Ulm), 프랑크푸르트, 아우구스부르그, 린다우(Lindau), 멤밍겐(Memmingen), 스트라스부르그 등의 교회들이 취리히 종교개혁으로 전환했다. 1528년에 베른(Bern)이 츠빙글리적인 입장으로 전향하였는데, 이 사건은 스위스 연방 내에서 츠빙글리주의를 즉각적으로 확립시켰을 뿐 아니라 훗날 윌리엄 파렐(William Farel)과 존 칼빈의 지도 아래 이루어졌던 제네바의 개혁에도 영향을 주었다. 정치적인 중요성을 가졌던 바젤(Basle) 역시 베른을 뒤따라 츠빙글리 진영에 합류했다.

한편, 내부적이고 외부적인 긴장들이 결정적인 순간에 이르고 있었다. 개혁의 속도와 범위, 그리고 성상파괴 운동과 그밖의 반(反)권위주의적인 활동들과 관련한 취리히 내부에서의 긴장들은 다음 장에서 다루어질 것이다. 취리히 바깥에 있는 시골 지역과 보수적인 가톨릭 주들은 종교개혁을 반대하며 동맹관계를 형성하고 있었다. 츠빙글리주의가 확장되는 것에 대한 위협으로 인해 우리(Uri), 슈비츠(Schwyz), 운터발덴(Unterwalden), 추크(Zug), 루체른(Lucerne), 프리부르그(Fribourg) 등의 가톨릭 주들은 스위스 연방의 오랜 적이었던 합스부르그 오스트리아(Habsburg Austria)와 1529년에 동맹을 맺었다. 슈비츠에서 츠빙글리파 설교자 한 사람이 이단으로 처형당한 사건은 카펠(Kappel)에서의 군사적 대결로 이어졌다. 하지만, 취리히 세력의 분명한 강세를 보였고, 연방의 사건에 개입한 합스부르그에 대해 스위스인들이 일반적인 싫어함으로 인해 1529년 6월에 휴전이 체결되었다. 스위스 국가주의가, 적어도 일시적으로는, 종교적 차이보다 우위에 있었던 것이다.

하지만 종교적 갈등은 계속되었고, 츠빙글리는 남부의 주들이 여전히 오스트리아와 손을 잡고 있다고 믿었다. 이와 동시에, 그때까지 프랑스와 터키의 침략에 신경쓰고 있던 찰스 5세(Charles V)가 다시 "루터 사건"에 관심을 돌림으로 인해, 독일의 루터파 역시 위협을 받았다. 그는 자신이 다스리는 지역에서 이단을 제거하려고 했다. 이에 따라, 1529년 4월에 열린 슈파이어(Speyer) 의회에서 황제는, 루터파와 관련된 문제에 있어 지방과 도시에 자유로운 결정권을 허락했던 이전 의회(1526년)의 결의를 취소하도록 요구했다. 이에 대한 반응으로 4개의 복음주의 주들과 14개의 자유 제국 도시들은 공식적인 항의서(protestatio, 이 때문에 "프로테스탄트"라는 이름이 유래했다)를 제출하여, 국가적인 총회와 전(全)교회적인 공의회가 열려 종교적인 문제들을 해결하기 전까지는 1526년의 결정이 유지되어야 한다고 주장했다. 이 항의서에 서명한 지역에는 (선제후 작센과 같은) 루터파 지역들과 (스트라스부르그와 같은) 츠빙글리파 지역들이 함께 포함되어 있었다. 이로 인해 독일의 루터파 군주였던 헤세의 필립(Philip of Hesse, 1504-67)은 황제에 맞서 서로를 보호하고 종교개혁을 확산시키기 위해 루터파와 츠빙글리파 사이에 국제적인 정치 군사적 동맹을 맺어야 할 때가 무르익었다고 확신했다.

신학적인 파벌보다는 기독교 신앙에 더 많은 관심을 가졌던 분명한 복음주의자 필립은 성찬론에 대한 루터와 츠빙글리의 의견차이가 해결되기 전까지는 개신교 동맹이라는 자신의 꿈이 이루어질 수 없다는 점을 알았다. 바로 이러한 배경에서 필립은 양측의 대표자들이 1529년 10월에 자신의 마부르그(Marburg) 성에서 종교 회담을 갖도록 초청하였다. 마부르그 회담과 관련된 쟁점이 얼마나 민감한 주제였는지를 이해하기 위해서는, 종교개혁가들이 단순히 하나의 특정한 의식을 놓고 논쟁한 것이 아니라 이 성례가 뿌리내리고 영향을 받았던 서구의 신학적 유산 전체를 놓고 논쟁한 것이라는 사실을 깨달아야 한다. 루터와 츠빙글리 사이의 논쟁으로 넘어가기에 앞서, 이 유산이 루터와 츠빙글리가 각각 가졌던 성찬 이해에 어떠한 영향을 주었는지를 짧게 살펴보는 일이 필요할 것이다.

5. 부연 설명: 중세의 성례 신학

성례에 대한 종교개혁 논쟁들은 중세로부터 일반적으로 내려온 신학과 예전(liturgy)으로부터 유래했다. 각 개혁 운동이 전통을 자신들만의 신학적이고 목회적인 관점에서 재해석함에 따라, 이 유산의 다양성은 교회의 분열로 이어졌다. 따라서 성례에 대한 종교개혁의 이해들은 기존의 전통과 신학, 르네상스 철학 및 문헌학, 목회적 돌봄과 예전, 중세 후기와 근대 초기의 사회적 정치적 경제적 문화 등의 복잡한 상호작용으로부터 분리될 수 없다. 기존에 전해져 내려온 성례 신학에는 초대 교회의 삼위일체적이고 기독론적인 교리들이 포함되었다. 삼위일체 교리는 하나님의 본성은 불변하며 따라서 성육신은 하나님보다 열등한 형태의 신성임에 틀림없다는 아리우스주의(Arianism)에 대한 반응으로 발전하였다. 기독론 교리는 그리스도의 위격과 본성들에 관한 네스토리우스(Nestorius, ca. 451 사망)와 알렉산드리아의 키릴(Cyril of Alexandria, 444 사망) 사이의 논쟁과 관계되었다. 네스토리우스주의는 성육신하신 그리스도가 단일한 위격 안에서 동시에 완전한 신성과 완전한 인성을 가지신다는 점을 부인했고, 그에 따라 성례론과 관련하여 그리스도의 인성은 하늘을 떠날 수 없다고 결론 내렸다. 네스토리우스에 반대하여 키릴은 속성의 교통(communicatio idiomatum) 공식을 바탕으로 그리스도의 한 위격 안에서 신적인 속성과 인간적인 속성이 공유된다고 주장했다. 루터는 이러한 키릴의 기독론적 가르침을 성찬에 적용시켰다.

이처럼 복잡한 초대 교회 논쟁들을 통하여 정통교리의 지배적인 원리가 되었던 것은, 구원이 획득되지 않고 주어진다는 사실, 그리고 예수 안에서 인류가 결정적으로 하나님과 직면한다는 사실이었다. 이것을 성례 신학에 적용해 볼 때, 성례는 기본적으로 하나님께서 친히 주시는 선물이지 인간의 행위가 아니다. 16세기의 논쟁들이 그토록 치열했던 이유는, 성례에 대하여 올바른 견해를 가져야 하나님과 구원에 대해서도 올바르게 이해할 수 있다는 보편적인 확신 때문이었다. 따라서 성례에 대한 종교개혁적 이해에는 신학의 어휘 뿐 아니라 신학 활동들의 어휘도 포함되었다. 스크립너(R. W. Scribner, 1987:122)의 표현에 따르면, "이 점에 있어 종교개혁은 근본적으로 일종의 의식상의(ritual) 과정이었다."

초대교회는 세례를 통하여 교회 회원의 자격을 주었고 성찬("감사"를 의미하는 헬라어 유카리스티아 eucharistia)을 기념하는 것을 예배의 중심으로 삼았다. 하지만 성례라는 일반적인 개념 아래에서 그밖의 의식 활동들이 점점 세분화되었다. 성례의 개념은 "신비"(mystery)를 의미하는 헬라어 뮈스테리온(mysterion)을 라틴어 새크라멘툼(sacramentum)으로 번역하면서부터 발전하였다. 고전 라틴어에서 이것은 군인의 충성 서약(sacramentum militare)을 의미했는데, 이 서약과 함께 일종의 문신인 구체적인 표시(signum)가 동반되었다. 이에 따라 터툴리안(Tertullian, ca. 225년 사망)은 세례를 그리스도의 군사(militia

Christi)의 출발로 말했고, 초대 교회는 세례를 "주님의 인장(印章)"으로 불렀다. 어거스틴부터 아퀴나스(Aquinas, 1274년 사망)에 이르기까지 세례 성사, 견진 성사(confirmation), 서품 성사 등 특정한 성례들은 영혼에 지울 수 없는 특징(말하자면 일종의 신적인 문신)이 새겨진 것으로 이해되었다. 이러한 특징은 아무리 큰 죄를 범한다 할지라도 여전히 남아 있기 때문에, 이러한 성례들은 오직 한 번만 받았다.

성례를 거룩한 것들에 대한 표시로 본 예배 공동체의 예전적 활동은 성례에 대한 신학적 정의를 촉진시켰다. 실천과 이론의 관계는 이미 '기도가 믿음을 형성한다'(lex orandi lex credendi)는 5세기의 격언에서 이미 나타난다. 덧붙여서 말하자면, 이것은 성상파괴 운동이 왜 그렇게 열심히 진행되었는지를 설명하는 데 도움을 준다. 즉 믿음의 체계가 바뀌었다면 의식상의 활동 역시 그 뒤를 따라 바뀌어야 했던 것이다.

어거스틴은 서구 성례 신학에 두 가지 중요한 원리를 제공했다. 하나는 기독교의 의식들은 하나님의 약속의 말씀에 대한 형태들이라는 것이다("말씀이 요소에 임한다. 따라서 성례는 일종의 눈에 보이는 말씀이다"). 다른 하나는 성례의 효력은 그것을 시행하는 사람에게 달려 있지 않다는 것이다. 두 번째 원리는 합당하지 않은 사제가 시행한 성례에는 효력이 없다는 도나투스주의(Donatist, 어거스틴 당시 북아프리카에서 발생한 갱신 운동)의 주장에 대한 반박이었다. 어거스틴은 하나님의 은혜는 성직자의 주관적인 태도나 거룩함으로부터 독립적이라고 강조했다. 성례의 객관적인 실재를 열심히 강조했던 루터는 이러한 입장을 반복한 것이었다. 교회의 역사 가운데 일어났던 갱신 운동들은 도나투스주의에 치우치는 경향을 보여 왔는데, 이러한 경향은 종교개혁 기간 중의 몇몇 운동에서도 나타났다. 13세기 초가 되기까지 성례의 객관적인 효력은 "성례 의식 자체로 효력이 있는 것이지, 그 효력이 시행자의 성품에 달려 있지 않다"는 뜻의 엑스 오페레 오페라토(ex opere operato)라는 문장으로 표현되었다. 목회적인 관점에서 볼 때 이는 성례 참여자의 의심에도 불구하고 성례의 은혜가 확실하다는 것을 나타내는데, 이것이 루터가 훗날 가졌던 생각이다.

성례를 "거룩한 것들에 대한 표시"로 이해할 때 여기에는 수많은 의식 활동이 포함되며, 중세 교회는 이것을 점차적으로 7성사로 줄였다. 12세기에는 성례에 대한 다양한 목록들이 존재했다. 그레고리 시대의 개혁가 피터 다미안(Peter Damian, 1072년 사망)은 (세례, 견진, 병자에게 기름부음, 주교의 성별, 왕에게 기름부음, 교회의 성별, 고백, 결혼, 교회법학자의 성별, 수도사의 성별, 은둔자의 성별, 수녀의 성별 등) 열두 가지를 성례로 보면서 성찬과 고해성사는 생략했다. 성례에 대한 주요 작품의 저자인 성 빅토르의 휴(Hugh of St Victor, 1142년 사망)는 30가지의 성례를 열거했다. 16세기에 이르기까지 신학의 교과서로 사용된 『명제집』(Four Books of Sentences)의 저자 피터 롬바르드(Peter Lombard, 1160년 사망)는 성례의 수를 일곱 가지로 정했고, 이것이 오늘날 로마 가톨릭 교회에 여전히 남아 있다. 그는 세례, 견진, 성찬, 고해, 병자를 향한 기름부음(extreme unction), 서품, 결혼 등을 성례로 보았으며, 아퀴나스는 이 일곱 가지가 각각의 삶의 단계를 나타내 보여준다는 관점에서 롬바르드의 목록을 받아들였고, 플로렌스 공의회(Florence, 1439)는 "아르메니아인들을 위한 지침"(Instruction for the Armenians)에서 이 목록을 공식적으로 확증했다. 트렌트 공의회(1545-63)는 그리스도께서 일곱 가지 성례들을 신적으로 제정하셨다는 관점에 입각해 이 목록을 재확증했다.

중세의 생활과 교리는 한결같이 세례와 고해성사와 성찬에 집중되었다. 이 세 성례가 종교개혁 기간에 교회를 나누는 쟁점이 되었으나, 중세 시대에는 성찬이 논쟁을 촉발시켰다. 이러한 논쟁들은 초대 교회로부터의 다양한 신학들 및 발전하는 예전 관례들과 서로 뒤얽혔다.

어거스틴은 성례를 "보이는 말씀"으로 정의했다. 세례와 관련하여 그는 "말씀을 없애 버린다면, 그 물은 물일뿐이다"라고 말했다. 성찬을 제정한 말씀은 신약 성경의 최후의 만찬 이야기에 나오는 예수님의 말씀이었고, 성찬의 요소는 빵과 포도주였다. 신플라톤주의 철학의 영향을 받았던 어거스틴은 빵을 그리스도의 몸에 대한 "표시"나 "형상"으로 불렀다. 이처럼 성례에 대한 상징적인 신학은 로마 교회 예전의 발전에 영향을 주었으며, 훗날 츠빙글리에 의해 강조되었다.

실재론 혹은 "변형적인"(metabolic, 헬라어 metabolé) 신학은 암브로스(Ambrose, 397년 사망)로부터 유래하여 스페인과 골(Gaul) 지역의 예전 발전에 영향을 끼쳤다. 암브로스는 성찬의 요소인 빵과 포도주가 축성(祝聖, consecration)의 선언을 통해 그리스도의 살과 피로 "변형된다"고 주장했다. 이것은 훗날 스콜라주의가 화체설(transubstantiation) 교리를 발전시킨 것의 전조였다. 세비야의 이시도레(Isidore of Seville, 636년 사망) 이후로 성찬의 의미는, '구원을 주신 성부께 감사하며 그리스도와 연합하는 것'으로부터 '그리스도께서 축성의 선언과 함께 하늘에서 내려와 성찬 가운데 실제로 임재하시는 것'으로 바뀌었다. 실제적인 임재에 대한 집중은 암브로스의 변형주의(metabolism)와 어거스틴의 상징주의(symbolism) 사이의 긴장으로 인해 무거운 짐이 되었다. 상징과 실재 사이의 플라톤적인 관계를 게르만(Germanic) 민족들이 점점 더 이해할 수 없게 되면서, 그리고 회중이 참여하는 회중의(of) 극적 활동이 회중이 지켜보는 회중을 위한(for) 극적 관람으로 바뀌게 되면서, 이 긴장은 더욱 커졌다.

카롤링거(Carolingian) 왕조가 로마의 예전을 프랑크(Frankish) 왕국 내에 도입하고, 예전상의 통일성과 교육에 대한 제국의 관심이 증가함에 따라, 어거스틴의 신학으로부터 영향을 받은 예전과 암브로스의 신학으로부터 영향을 받은 예전 사이의 긴장이 인식되기 시작했다. 이러한 상황에서 성찬에 대한 최초의 교리적 논의가 베네딕트회 소속 수도사 코르비의 파스카시우스 라드베르투스(Paschasius Radbertus of Corbie, 865년 사망)에 의해 이루어졌다. 그의 책 『주님의 몸과 피』(*De corpore et sanguine Domini*, 831) 한 권이 844년에 대머리 황제 찰스(Charles the Bald)에게 헌정되었다. 파스카시우스는 성례에 있어서의 주님의 몸과 피가 그리스도의 지상에서의 몸 및 부활된 몸과 동일하다는 점을 강조했다.

찰스 황제는 코르비의 또 다른 수도사인 라트람누스(Ratramnus, 868년 사망)에게 해석을 요청했다. 라트람누스는 보다 어거스틴적으로 해석하여 성찬을 그리스도의 임재에 대한 효과적인 상징으로 강조한 반면, 빵과 포도주가 그리스도의 지상에서의 몸이나 부활된 몸과 동일하지 않다고 주장했다. 진실로 라트람누스는 "성례형식주의적인"(sacramentarian, 즉 성례를 비유적이거나 상징적으로 해석하는) 관점을 미리 예고했다. 이러한 관점의 연속선상에서 16세기에 츠빙글리는 신체적인 먹음(혹은 물질적인 먹음, corporeal eating)을 반대하였으며, 이에 대한 논거로 그리스도께서 하늘로 올라가셨다는 점과 육신이 아니라 성령이 생명을 주신다(요 6:63)는 점을 주장했다. 라트람누스의 라틴어 논문은 투르의 베렝가(Berengar of Tours, 1088년 사망)에게 영향을 주었고, 츠빙글리와 칼빈의 해석을 따르던 스위스와 영국의 종교개혁가들은 이 논문을 『베르트람』(*Bertram*)이라는 이름으로 다시 출판하였다(Bakhuizen 1965:54-77).

베렝가의 성찬 신학을 두고 발생했던 논쟁은 성례에 대한 중세와 종교개혁의 논쟁을 위한 틀을 제공했다. 성찬에서 그리스도를 받는 것은 오직 영적인 받음, 즉 그리스도의 고난과 부활의 신비를 충실하게 기억하는 것이라는 베렝가의 주장은 훗날 칼슈타트, 츠빙글리, 성례형식주의자들이 발전시켰던 기념주의적(memorial) 성례 신학과 비슷하다.

베렝가의 입장은 전반적으로 반대와 정죄를 받았다. 로마에서(1059년) 베렝가는 "제단 위에 놓여진 빵과 포도주는, 축성된 후, 하나의 성례일 뿐 아니라 우리 주 예수 그리스도의 참된 몸과 피이며…(이 그리스도의 참된 몸과 피는) 성례적으로 뿐 아니라 실제로 사제의 손에 의해 다루어지고 부서지며 성도들의 이빨로 으깨어진다"는 공식에 서명하도록 강요받았다.

베렝가에 대한 반대는 당시의 가장 강력한 신학자들과 성직자들에 의해 주도되었을 뿐 아니라, 대중적인 경건과 예전 관례를 반영하기도 했다. 신학적인 측면에서, 그리스도께서 성찬 가운데 실제로 임재하지 않으신다는 베렝가의 견해는 구원을 손상시키는 것으로 간주되었다. 더 나아가서, 성찬을 하나의 상징적인 식사, 즉 신자들이 자신들의 의지를 사용하여 그리스도의 수난을 기념하며 그리스도와 연합하는 식사로 이해한 베렝가의 견해는 그리스도께서 그분의 의지를 통하여 성부와 연합하신다는 아리우스 이단과 유사한 성례론이었다. 이에 대한 반대로, 그리스도의 실제적인 임재가 성찬 가운데 전달되기 때문에 신자가 그리스도와 연합한다는 주장이 선언되었다. 여기에서 사용된 이미지는 "변형론적"(metabolic)이라는 이름이 붙여졌는데, 이는 파스카시우스가 진술한 대로 "우리가 그분을 먹음으로써 그리스도의 부분이 되기" 때문이다.

베렝가 논쟁은 빵과 포도주가 어떻게 해서 그리스도의 실제 몸과 피가 되는지에 관한 질문을 제기했다. 이 문제를 해결하기 위한 노력의 결과 화체설 교리가 형성되었다(4차 라테란 공의회, 1215). 화체설 교리는, 어떠한 사물의

"실체"(substance) 혹은 "본질"(essence)은 그것의 "우연적인"(accidental) 감각 정보보다 언제나 더 실제적이라는 그리스 형이상학적 주장에 근거한다. 감각 정보는 우리를 속일 수 있지만, 우리의 지성은 그 대상의 실체를 파악할 수 있으며 따라서 그것을 알 수 있다. 예를 들어, 각각의 소의 크기와 모양과 색깔 등 우연성(accidents)이 다름에도 불구하고 우리는 소의 실체를 안다. "이 이론에 따르면, 사제가 빵과 포도주의 요소들을 거룩한 것으로 축복할 때, 빵과 포도주의 우연성은 그대로 남아 있지만 그것의 실체는 하나님의 능력에 의해 그리스도의 몸과 피로 바뀌는 기적이 일어난다. 빵과 포도주는 여전히 빵과 포도주의 모양과 맛과 냄새와 느낌을 가지고 있지만, 이 경우에 그와 같은 겉모습은 속이는 것이다. 존재하는 실재는 그리스도 자신이시다"(Steinmetz 1986:73). 이 교리의 의도는 하나님의 은혜의 우선성과 실재를 확인하는 것이다. 겉모양에도 불구하고 그리스도께서 성찬 가운데 실제로 계신다.

베렝가 논쟁은 또한 성찬 신학을 점점 더 그리스도에게 집중시켰으며, 마치 하나의 병이 약을 포함하듯 성례가 은혜를 포함한다는 견해를 증진시켰다. 이러한 발전들에 힘입어, 12세기부터는 성찬 가운데 계시는 그리스도를 향한 대중적인 경건심이 나타나기 시작했다.

성례를 둘러싼, 특히 성례의 잘못된 사용에 관한, 환상들과 기적 이야기들이 넘쳐났다. 예를 들어, 어떠한 사람이 성체(host, "희생당한 피해자"를 의미하는 라틴어 hostia에서 유래)를 훔쳤는데, 그것이 피가 흐르는 육체가 되어 그 사람을 두렵게 만들었다거나, 성체를 양배추 밭에 사용한 여인의 몸이 마비되었다는 등의 이야기가 퍼졌다(Rubin 1991:341). 역설적이게도 화체설 교리는, 분명히 이 교리를 믿지 않았던 유대인들을 겨냥하여, 그들이 성체를 더럽혔다는 전설들을 만들어 냈다(참고 Wenzel 206:404-5). 성례 가운데 계시는 그리스도는 모든 성유물들 중에서도 가장 귀한 유물이 되었다. 일반인들의 경건심으로부터 영향을 받아 여러 가지 예전상의 관례들, 즉 빵과 포도주, 제단의 십자가 및 촛불 앞에 영구적인 불을 밝힌다든지, 사제의 복장과 활동이 정교해진다든지, 성체의 축성과 거양을 알리는 종을 울린다든지 하는 관례들이 나타났다.

미사 예식에서 감각에 호소하는 모든 의식 중 절정은 성체를 높이 들어 올리는 것이었다…그 요소들을 실제로 보는 것에 대한 그들의 강조는 거룩한 것을 시각화하려 했던 중세적 노력의 최고의 표현이었다"(Garside 1966:176). "(그리스도의 몸으로) 변화된 빵을 보는 것, 즉 시각적인 성찬이 빵과 포도주를 받는 것 자체를 대신하였다. 성찬이 아니라 성체거양(elevation)이 중세 후기 미사에 있어 가장 절정의 순간이었다…성체를 바라보는 것은 공로적인 행위, 즉 사람들로 하여금 자신들의 구원의 확신에 대한 소망을 갖게 하는 행위였다…많은 사람들은 이러한 구원적이고 마법적인 행동을 가능한 자주 반복하려고 하는 가운데, 종종 성체 거양을 다시 보기 위해서 이 제단에서 저 제단으로, 이 교회에서 저 교회로 달려가곤 했다"(Nischan 1999:5; 참고 Elwood 1999:14). 제단 위에 계신 하나님을 보고자 하는 강한 열망은 이 행위를 유일하게 할 수 있는 사제의 권력을 증가시켰다. "성체거양은 성직자의 직무 중 가장 핵심적인 것이고, 예전의 중심이었으며, 성직자의 특권에 대한 요약이자 정당화였다"(Rubin 1991:132).

1264년에는 성찬 제정을 기념하는 성체 축일(Feast of Corpus Christi)이 교황 우르반 4세(Urban IV)에 의해 명령되었는데, 이는 주로 리에주(Lièje)의 수녀 줄리아나(Juliana, 1258년 사망)가 본 환상의 영향 때문이었다. 종교개혁 전야가 될 때까지 성체 행렬은, 성찬에서의 교제에 대한 초대교회적인 의미를 대체할 정도로까지 공동체적 연대감을 재확인하는 대중적인 의식이 되었다. 영적인 것을 물질적인 것으로 구체화시키려 했던 중세 후기의 열심 및 이를 바탕으로 성직자의 특권을 정당화하려고 했던 상황을 고려해 볼 때, 이에 대한 반작용으로 종교개혁 시기에 폭력적이고 반(反)성례적인 신령주의(spiritualism)가 나타났다는 점은 그다지 놀랍지 않다.

사람들은 성체를 사모했으며, 자신들의 소원들을 성체로 가져왔다. 이 성례가 너무나 숭배된 결과 오히려 성찬을 받는 횟수가 급격히 감소했는데, 이는 성체를 보는 것만으로 성찬을 받는 것을 대신했기 때문이었다. 합당치 않게 성례를 받는 것에 대한 두려움(즉 "먹고 마심으로 인해 저주에 이르는 것"에 대한 두려움) 역시 "눈으로 보는 성례"를 촉진했다. 왜냐하면 눈으로 보는 것에는 "죄의 고백도 필요하지 않고 성찬을 합당치 못하게 받을 위험도 존재하지 않기" 때문이다. 이러한 이유에서 성체거양을 미사의 대체물로 간주하며,

성체거양을 반복해서 보기 위해 교회를 옮겨 다니는 경향이 나타났다(Snoek 1995:292-3, 59-60).

하나님의 피를 쏟는 것에 대한 평신도들의 두려움을 해결하기 위해, 콘스탄스 공의회(Constance, 1415)는 공존(concomitance) 교리(빵 안에 예수의 몸과 피가 함께 존재한다는 교리-역주)를 선언했고, 그리스도께서 하나의 요소 안에 온전히 임재하신다고 주장함으로써 평신도들이 빵만 받아도 되도록 허락했다(빵에 부스러기가 생기지 않도록 누룩을 넣지 않은 빵을 사용했다). (빵이 그리스도의 몸이고, 몸은 피를 포함하기 때문에, 축성된 빵은 그리스도의 몸과 피 모두인 것이다). 후스파(Hussite)는 이러한 관례에 저항했고, 16세기 종교개혁가들 역시 이러한 저항운동을 반복했다. 평신도들은 라틴어를 거의 알지 못했기 때문에, 그들은 미사에 진행되는 말들을 더 이상 "듣지" 않고 성체가 높이 들려지는 것을 보았다. 그들이 본 성체거양은, 사제가 서품 성사의 효력에 힘입어 하나님께 "바친" 수난의 재현이었다. 이와 같은 사제의 봉헌은, 그 수가 늘어감에 따라, 그 가치도 증가했다.

이것은 앞에서 논의했던 "구원의 수학"을 보여준다. 영국의 종교개혁가 토마스 크랜머(Thomas Cranmer, 1556년 사망)는 사람들이 성체 안에 계시는 하나님을 보고 예배하기 위해 이 제단에서 저 제단으로 뛰어다녔다고 묘사했다. 하지만 크랜머보다 훨씬 전에, 어거스틴파 수도사 고트샬크 홀렌(Gottschalk Hollen, 1481년 사망)은 사람들이 종소리만 나면 성체를 보러 들어왔다가 "그것을 본 후에는 마치 마귀라도 본 것처럼 곧바로 뛰어 나간다"고 불평했다(TRE 1:98). 16세기의 종교개혁가들은 이러한 의식들이 미신적이며 우상숭배적이라고 가차 없이 비난했다.

아퀴나스는 성례가 은혜를 포함한다고 강조했다. 그는 아리스토텔레스적인 인과성(causality)과 그것에 상응하는 물질(matter)-형상(form) 개념들을 성례에 대한 논의에 도입했다(말씀은 성례의 형상이며, 물질적인 요소들은 성례의 물질이다). 그는 또한 성례의 사효성(事效性, opus operatum)과 인효성(人效性, opus operantis)이라는 개념들을 소개했다. 전자는, 성례가 교회가 행하는 대로 시행될 경우, 그것은 성례를 받는 신자나 성례를 행하는 사제의 경건과 도덕성에 상관없이 독립적으로 효력을 가진다는 개념이다. 반면 후자는, 은혜가 실제로 효과를 발휘하기 위해서는 성례를 받는 사람의 올바른 마음 상태가 필요하다는 개념이다.

성찬과 그리스도의 수난을 서로 연결시켰던 중세적인 관심은, 미사가 수난의 반복인지 아니면 수난의 기억인지에 대한 16세기의 논쟁으로 이어졌다. 교회가 수난이라는 과거의 행동 안으로 들어가고자 한다면, 이 일은 그 수난 사건을 기억하는 의지적인 정신 활동을 통해서 가능하거나, 혹 정신 외부에 어떠한 객관적인 실재가 존재한다면 그리스도의 구속 행동을 어느 정도 반복함으로써 가능할 것이다. 16세기에 이 문제는 교회를 나누는 양자택일의 쟁점이 되어, 은혜의 수단인 성례를 영적으로 분리시켜 정신적인 주의주의(主意主義, voluntarism)로 만들거나, 아니면 성례의 은혜를 기계적으로(mechanistic) 조정하거나 둘 중 하나였다. "성찬은 결코 진정으로 개혁될 수 없다. 그것은 전적으로 받아들이거나 아니면 완전히 거부하거나 둘 중 하나일 수밖에 없다"(Rubin 1991:352). 이 주장은 (그것을 받아들였던) 로마 가톨릭 개혁가들과 (그것을 거부했던) 칼슈타트, 츠빙글리, 오이코람파디우스(Oecolampadius), 재세례파 등 개신교 개혁가들에게는 적절한 묘사이지만, 루터와 칼빈과 연결된 사람들의 입장을 설명하는 데에는 적절치 않다.

종교개혁은 고해성사와 관련하여 면죄부가 잘못 사용되는 것에 대한 루터의 공격과 함께 시작되었다. 루터는 오직 은혜를 통한 칭의 신학을 바탕으로 고해성사를 비판하였고, 그것을 성례에 대한 중세적 이해 전체로 확장시켰다. 루터에 따르면, 하나님의 구원 약속은 무조건적이다. 이는 하나님의 약속이 그것을 듣는 사람의 마음에 근거하지 않고 하나님 앞에서의 지위와 관련하여 우리 바깥에서(extra nos) 일어난 변화에 근거하기 때문이다. 루터는 하나님의 구원 약속의 의미를 적절하게 표현해 주는 유일한 단어로 언약(covenant)이 아니라 유언(testament)을 강조했다. 언약은 살아 있는 당사자들 사이에서 이루어지는 동의로, 그것의 효력을 위해서는 규정된 조건을 성취하는 것이 필요하다. 앞에서 논의한 바와 같이, 언약적인 언어는 언제나 "만일…그렇다면"(if…then)의 구조를 갖는다. 반면 유언은 그 효력을 위해 유언자의 죽음을 요구할 뿐이다. 유언적인 언어는 "…이기 때문에, 그러므로"(because…therefore)의 구조를 갖는다.

성찬은 일종의 유언이라는 사실을 루터는 지치지 않고 선포했다. 그리스도는 이 유언을 행하신 유언자이시다. 최후의 만찬에서 행하신 그리스도의 말씀은 유산을 표현한다. 그리스도께서는 자신의 유언적 말씀을 남기시면서 "도장 혹은 상징"을 주셨는데, 이는 빵과 포도주라는 성례적 표시이며 그 아래에(under) 그리스도의 참된 몸과 피가 계신다. 이것을 시행함으로 얻게 되는 유산은 죄의 용서와 영원한 생명이다. 상속자에게 맡겨진 의무는 그리스도를 기억하라는 명령이다. 루터에게 있어서 말씀과 성례의 실재는, 하나님께서 스스로 의사를 전달하시는 것으로서, 믿음에 의존하지 않는다. "모든 것은 하나님의 말씀과 계명에 의존한다…세례는 단순히 물이며 하나님의 말씀이 그 안에 그리고 서로 간에 계신다. 즉, 말씀이 물을 동반할 때, 세례는 설령 믿음이 부족하다고 할지라도 타당하다. 왜냐하면 나의 믿음이 세례를 만드는 것이 아니기 때문이다. 오히려 나의 믿음은 세례를 받는다. 세례는…우리의 믿음에 묶여 있지 않고 말씀에 묶여 있다"(Kolb & Wengert 2000:463). 어거스틴과 마찬가지로, 루터 역시 말씀(들리는 성례, sacramentum audibile)과 성례(보이는 말씀, verbum visible)를 서로 연결시켰다. 그것들의 중심은 인간의 행위들이 아니라 하나님의 행위이다.

종교개혁이 하나님의 약속에 집중한 결과 성례의 수는 일곱 개에서 두 개로 줄어들었다. 어거스틴은 성례를 요소에 추가된 말씀으로 정의했다. 주님께서 신약 성경에서 오직 세례와 성찬만을 제정하셨기 때문에, 그밖의 성례들은 제거되었다. 비록 루터가 계속해서 고백을 은혜의 수단으로 보기는 했지만, 모든 개신교 종교개혁가들은 두 가지만을 성례로 받아들였다.

성례의 수를 줄이는 가운데, 개혁가들은 교회가 성경적인 근거 없이 성례를 제정할 권위를 갖고 있지 않다고 주장했다. 교회를 위계질서의 기관(Kirche)이 아니라 공동체(Gemeinde)로 바꿈과 동시에 종교개혁은 또한 성찬을 하나님의 사제가 바치는 공로적인 희생이 아니라 "교제"(communion) 즉 하나님의 약속을 기념하며 회중이 함께 먹는 공동 식사로 보았다. 교제에는 의사소통과 참여가 수반되기 때문에, 개혁가들은 미사를 자국어로 옮겨 시행했고 성찬에 있어서 (빵과 포도주) 두 종류 모두를 나누어주었다. 그들은 화체설, 평신도에게 잔을 베풀지 않는 것, 미사를 하나의 희생으로 보는 것, 개인적인 미사 등을 거부했다. 뿐만 아니라 모든 개혁가들은, 그들 사이의 의견차에도 불구하고, 성찬이 공동체를 위한 사회적이고 윤리적인 의미를 가진다는 사실을 이해했다.

   종교개혁가들이 보기에 화체설은 하나님께서 성찬 가운데 스스로를 전달하신다는 사실에 대한 선포로부터 그러한 전달이 어떻게 발생하는가의 방식에 대한 추론으로 초점을 바꾸었다. 토마스 아퀴나스에 맞서는 루터의 요점은 추가적인 기적들이 필요치 않다는 것이다. "성찬의 진정한 기적은 그리스도께서 임재하신다는 것이지, 빵과 포도주의 실체가 사라진다는 것이 아니다"(Steinmet 1986:73). 신학적인 측면에서, 화체설은 그리스도께서 미사 가운데 계시도록 만드는 권한을 사제에게 부여하는 것으로 보이며, 이에 따라 그리스도의 권리를 빼앗고 은혜의 무오성을 그 의식의 올바른 시행에 의존하게 만들었다(ex opere operato). 그 결과 구원은 신적인 선물이라기보다는 성직 계급에게 달려 있는 인간적인 행위로 보이게 되었다. 구원론적으로 볼 때, 이러한 경향은 "죽은 자들을 섬기는 산 자들의 제사"로 신랄하게 묘사된 중세 후기 기독교의 모든 측면에 침투하였다. "연옥에 있는 영혼들의 친구들과 친척들이, 무엇보다도 그들을 위해 시행되는 미사를 통하여, 그들을 연옥에서부터 풀어주어야 할 절대적인 의무를 가지고 있다는 가정을 제외한다면, 중세 후기 기독교의 경건, 신학, 예전, 건축, 재정, 사회적 구조 및 기관들은 생각될 수 없다"(Bossy 1983:42). 종교개혁가들은 미사를 하나의 속죄 제사로 본 중세의 해석과 그에 동반되어 시행된 개인적 미사들을 거부하였다. 왜냐하면 그러한 관습들이 말씀과 성례를 분리시켰기 때문이다. 개인적인 미사에는 복음의 말씀을 들을 공동체가 존재하지 않으며, 그 결과 성찬의 요소인 빵과 포도주가 그 의미를 상실하여 하나님을 달래기 위해 바쳐진 "거룩한 물건들"이 된다.

   그리스도가 성찬 가운데 실제로 임재하신다는 루터의 강조점을 교황주의의 잔재로 보고 좋아하지 않았던 츠빙글리는, 인문주의로부터 빌린 언어적 도구를 바탕으로 "이것은 나의 몸이다"라는 문장의 "이다"(is)가 "상징한다"(signify)를 의미한다고 주장했다. 따라서, 결혼반지가 결혼을 상징할 뿐 결혼관계 자체는 아닌 것처럼, "이것이 나의 몸이다"라는 예수님의 말씀은 "이것은 나의 몸을 상징한다"라는 의미이다. 이러한 상징적인 해석을 위해 가장 즐겨 인용된 성경 구절은 "살리는 것은 영이니 육은 무익하니라"(요 6:63)였다. 이 구절은 자신의 『요한복음 강해』(*Exposition of the Gospel of John*)에서 "믿으라, 그리하면 너희는 이미 먹은 것이다"라고 말했던 어거스틴의 잘 알려진 해석에 비추어 이해되었다.

보다 급진적인 종교개혁가들은 성례의 필요성을 의심했으며, 카스파르 슈벵크펠트(Caspar Schwenkfeld, 1561년 사망)와 같은 극단적인 경우에는 성례의 필요성을 거부하기까지 했다(McLaughlin 1986a). 이것은 성례형식주의자들이 성례와 같은 외형적인 수단과 성령을 받는 것을 분리시킨 것으로부터 나온 논리적인 결과이다. 이와는 대조적으로 루터는 다음과 같이 주장했다.

> [하나님은] 우리를 두 가지 방식으로, 즉 외형적인 방식과 내면적인 방식으로 다루신다…내면적인 경험은 외형적인 경험을 뒤따라 나오는 결과이다. 하나님께서는 외형적인 것(즉 그분께서 제정하신 표시와 말씀)을 통하지 않고서는 그 누구에게도 내면적인 것을 주지 않으시기로 정하셨다(LW 40:146).

성례형식주의자들은 성례가 믿음을 주는 것이 아니라 믿음을 전제한다고 주장했다. 따라서 물로 세례를 받는 것이나 성찬에 참여하는 것은 내면의 변화를 밖으로 표출하는 것이다. 예를 들어 츠빙글리는 세례와 성찬의 성례를 유지하면서도, 그것들이 하나님의 은혜를 회상하는 신자의 영적 훈련을 돕는 표지와 상징으로서의 역할을 한다고 보았다. 따라서 이제 초점은 하나님의 자기전달이라기보다는 신자들의 영적-심리적 활동이 되었다. 루터가 보기에 이것은 일종의 뒤집혀진 도나투스주의, 즉 성례의 효력은 그것을 받는 사람의 믿음에 달려 있다는 관점이었다. 게리쉬(B. A. Gerrish, 1992:250)에 따르면, 이러한 관점은 츠빙글리의 후계자인 하인리히 불링거(Heinrich Bullinger, 1575년 사망)에게서도 계속되었다. "그러므로 신자들은 자신들의 마음 안에서 그리스도를 성찬으로(to) 모시고 오는 것이지, 성찬 안에(in) 계시는 그리스도를 받는 것이 아니다."

츠빙글리의 신학과 예전에 있어, 초점은 그리스도를 향한 신앙을 고백하고 그분의 제자가 되기로 헌신한 사람들의 공동체에 있었다. (스위스 공동주의를 반영하는) 공동체적인 삶에 대한 츠빙글리의 강조는 성찬을 회중을 향한(to) 활동이라기보다는 회중의(of) 활동으로 보는 견해로 이어진다. 그리스도의 몸은 교회이다. 바로 이러한 이유에서 "오늘날의 츠빙글리 학자들은 예배 공동체가 성령의 보이지 않는 활동을 통해 그리스도의 몸으로 바뀐다고 말해 왔다"(Steinmetz 1986:76-7).

루터가 보기에 츠빙글리의 성례 이해는 복음의 가치를 떨어뜨렸다. 왜냐하면 복음이 믿음과 개인적인 경건에 의존하게 됨으로써, 그 결과 성례를 위한 선행조건으로서 자신의 내면을 돌아봐야 했던 중세적인 불안정이 다시 되살아나기 때문이었다. "…이기 때문에 그러므로"라는 하나님의 약속 공식이 "만일…그렇다면"이라는 인간적인 성취의 문법으로 바뀌었다. 만일 당신이 그리스도의 수난을 진심으로 기억한다면, 그렇다면 당신은 이미 존재하는 내면적이고 영적인 은혜의 외적 가시적 상징인 성찬에 참여할 수 있다. 성찬을 일종의 경건 훈련으로 보는 이와 같은 기념적인 관점을 뛰어넘어, 루터와 칼빈은 모두 성례 가운데 하나님의 자기전달이 나타난다고 주장했다.

마부르그 회담(Marburg colloquy, 1529)에서 성찬을 두고 논쟁하는 가운데, 루터와 츠빙글리는 자신들에게 가능한 모든 역사적/신학적 주장들을 주고받았다. 루터는 츠빙글리가 (그리스도의 몸이 하늘로 올라가셨기 때문에 성찬 가운데 계실 수 없다고 주장함으로써) 그리스도의 두 본성을 분리시켰던 네스토리우스의 잘못을 범한다고 공격했다. 대신에 루터는 그리스도의 신성이 있는 곳에는 그분의 인성도 존재한다는 속성교통(communicatio idiomatum)교리를 주장한 알렉산드리아의 키릴(Cyril of Alexandria)의 입장을 취했다. 다시 말해서, 유한이 무한을 포함할 수 있다(finitum capax infiniti est)는 것이다. 이러한 상이한 기독론으로 인해, 루터는 성상파괴를 반대하고 교회 내에서 예술을 보존했던 반면, 츠빙글리는 교회에서 예술과 오르간 음악을 없애 버렸다. 이러한 의견 차이로 인해 나타난 교회적이고 정치적인 결과들은 그 후에 이어진 개혁가들 내부의 분열에서 분명히 드러났다.

6. 마부르그 회담(The Marburg Colloquy, 1529)

그리스도인의 연합을 나타내는 성찬이 기독교 역사의 다양한 시기에 그리스도인들을 하나로 묶기 보다는 분열시킨 원인이 되었다는 사실은 일종의 비극적인 역설이다. 이것은 특히 16세기에 더욱 그러했다. 성례에 대한 올바른 이해는 하나님과 구원에 대한 올바른 이해와 직결되었다. 루터도 츠빙글리도 상대방이 성례에 대해서 올바른 이해를 가지고 있다고 생각하지 않았다. 미사가 희생제사라는 사실과 화체설 교리 모두를 반대하는 데에는 동의했지만, 그들은 성찬이 무엇을 의미하는지에 대해서는 격렬하게 대립했다.

1524년이 될 때까지, 츠빙글리는 "이것은 나의 몸이다"의 "이다"를 "상징한다"로 해석하기 시작했다. 이러한 해석은 츠빙글리의 인문주의적 영웅인 에라스무스가 성례와 관련하여 발전시켰던 육신과 영이라는 플라톤적 이원론에 의해 영향 받았다. 1503년에 처음 출판된 후 수차례 판(版)을 거듭하고 번역되었던 『훈련교본』(*Enchiridion*)에서 에라스무스는 성찬에 대한 영적 혹은 기념적 이해를 발전시켰는데, 에라스무스의 해석은 한 때 루터의 동료였던 칼슈타트에게 강한 영향을 주었고, 칼슈타트를 통하여 츠빙글리에게도 영향을 미쳤다. 그들이 가장 즐겨 사용한 성경 본문은 "살리는 것은 영이니 육은 무익하니라"라는 요한복음 6:63이었다. 칼슈타트를 비롯하여 그의 영향을 받은 사람들은 성찬 참여자가 먹는 빵과 믿음을 통하여 받는 그리스도가 다르다는 사실을 증명하기 위해 이 구절을 제시했다. 정말로 칼슈타트는 성찬 제정 말씀들을 해석하는 가운데, "이것이 나의 몸이다"라고 말씀하실 때 예수님은 그분 자신의 몸을 가리키셨다고 주장했다. 이러한 해석을 반대했던 당시의 어떤 사람은, 그렇다면 예수께서 "이것이 나의 피다"라고 말씀하실 때 직접 코피를 흘리셨던 것이냐고 비아냥거렸다.

루터와 칼슈타트가 멀어진 후, 칼슈타트는 성찬에 대한 자신의 논문을 스위스에서 출판했을 뿐 아니라 츠빙글리를 방문하기도 했다. 에라스무스 역시 1524년에 루터를 공격했다. 따라서 츠빙글리에 대한 루터의 견해는 그가 칼슈타트 및 에라스무스와 가졌던 논쟁들의 영향을 강하게 받았다. 반대로, 츠빙글리가 보기에 그리스도께서 성찬 가운데 실제로 임재하신다는 루터의 주장은 가톨릭의 화체설 교리로 후퇴하는 것 같았다. 이 두 종교개혁가를 화해시키려고 했던 필립(Philip)의 시도가 얼마나 엄청난 일이었는지는 1529년 이전까지 그들이 성찬에 관하여 썼던 글들을 개관함으로써 더 잘 이해될 것이다.

1525년이 되기까지 취리히에서는 미사가 폐지되었다. 성찬에 대한 열띤 논의들이 독일과 스위스 전 지역에서 이루어졌다. 루터와 츠빙글리 사이의 차이가 더욱 분명해져감에 따라, 각 개혁가는 자신이 상대방의 글을 읽지 않았다는 사실을 세상에 확신시키려고 애썼다. 화체설을 공통적으로 거부하면서도, 수많은 개신교 신학자들, 예를 들어 칼슈타트, 오이코람파디우스, 부처, 슈벵크펠트(Schwenkfeld), 알타머(Althamer), 빌리칸(Billican), 슈티글러(Stigler), 부겐하겐(Bugenhagen), 브렌츠(Brenz) 등은 교회의 이 핵심적인 성례에 대한 다양한 이론과 분석들을 제시했다. 이제 비텐베르그와 취리히가 바젤, 스트라스부르그, 아우구스부르그, 뇌르트링겐(Nördlingen), 비버라흐(Biberach), 멤밍겐(Memmingen), 울름(Ulm), 이즈니(Isny), 켐프텐(Kempten), 린다우(Lindau), 콘스탄스(Constance) 등 남부 독일의 여러 도시들과의 영적이고 정치적인 동맹관계를 위해 경쟁하고 있다는 사실이 명백해졌다. 이 도시들이 없다면 취리히는 고립될 것이다. 하지만 이 도시들의 도움과 동맹을 얻는다면, 독일 지역들은 츠빙글리의 운동에 동참할 것이다. 이처럼 루터-츠빙글리 논쟁은 단순히 개인적이거나 개념적이기만 한 문제가 아니었다.

1525년, 츠빙글리는 자신의 입장을 분명하게 진술한 작품 『성찬에 관하여』(*Subsidium sive coronis de eucharistia*)를 출판했다. 이 작품에서 그는 그리스도께서 죽기 전에 가졌던 자연적인 몸과, 영광스럽게 변하여 하늘로 올라가신 그리스도의 몸과, 교회의 신비적인 몸 사이를 구별하였다. 츠빙글리의 인문주의적인 언어학 연구가 전면에 나타났다. 그는 성경에서 사용되는 특히 최후의 만찬과 관련한 비유적인 표현들을 파악할 때에만 성경이 인간이 이해할 수 있는 분명하고 합리적인 의미를 가진다고 주장했다. 빵과 포도주를 상징으로 즉 그것을 받는 사람들의 하나님을 향한 믿음과 소망을 나타내는 상징으로 해석할 때에만, 그리스도께서 하신 말씀들이 이해될 수 있다. 루터가 보기에 이러한 츠빙글리의 주장은 성찬의 초점을 성찬 활동 가운데 있는 하나님의 구원 약속으로부터 사람들의 기억 활동으로 바꾸어 놓는 것이나 다름없었다. 루터는 이러한 전환으로 인해 구원의 증거를 입증할 부담이 하나님이 아닌 신자에게 주어지게 된다고 보았다.

1525년 여름, 바젤에 있던 츠빙글리의 동료 오이코람파디우스(Oecolampadius)는 『주님의 참된 말씀에 관하여』(De genuine verborum Domini)를 출판하여 루터의 견해를 공격했다. 오이코람파디우스는 이 작품을 "슈바비아(Schwabia)에 있는 사랑하는 형제들"에게 바쳤으며, 그들을 자신의 입장으로 돌이키게 만들고자 했다. 슈바비아 지역의 목사들은 자신이 하이델베르그에서 가르쳤던 학생들이었기 때문에, 오이코람파디우스는 당연히 그들이 자신의 호소에 귀를 기울일 것이라고 생각했다. 하지만 그는 1518년의 하이델베르그 논쟁을 통해 루터가 그들에게 얼마나 큰 영향을 끼쳤는지를 알아채지 못했다. 루터의 젊은 제자 요하네스 브렌츠(Johannes Brenz)의 주도 하에 14명의 남부 독일 목사들은 기본적으로 루터파 신앙고백서인 "슈바비아 공동선언문"(Suevian Syngramma)에 서약했다. 루터는 이 문서가 성찬에 있어 그리스도의 실제 임재를 선언한 것으로 인해 기뻐했다.

1526년에 츠빙글리는 이를 반박하면서, 루터가 "그리스도의 단순한 말씀"을 모호하고 이해 못하도록 만들었으며 그로 인해 극단적인 교황청의 주장들이 다시 들어오는 것을 허용했다고 공격했다. 여기에서 츠빙글리는 그리스도의 편재성(ubiquity)이라는 핵심 주제를 제기했다. 그리스도의 두 본성에 대한 초대 교회의 교리를 논의하면서, 츠빙글리는 그리스도의 신성이 결코 하늘을 떠난 적이 없으셨다고 주장했다. 하나님과 하나이셨기 때문에, 그리스도의 신성은 그분의 인성과는 달리 하늘로 올라가실 수 없었다. 그리스도의 신성은 언제나 어느 곳에 계셨으며 지금도 모든 곳에 계신다. 하지만 승천 후 그리스도의 육체는 종말의 때가 되기까지 천국에서 하나님 우편에 머물러 계신다. 그리스도께서 이 성찬을 제정하실 때에는 아직 부활하신 상태가 아니셨는데, 그렇다고 한다면 신자가 성찬 가운데 그리스도의 몸을 먹는다고 주장하는 자들은 그분이 십자가에 달리실 때 고통에 대한 감각이 없으셨거나 아니면 제자들이 인간적인 방식으로 먹지 않았다는 사실을 믿어야 할 것이다. 따라서 "이것은…이다"는 "이것은…을 상징한다"를 의미할 뿐이라고 츠빙글리는 주장했다.

루터는 츠빙글리의 신학에서 그리스도의 신성과 인성을 분리함으로써 성육신의 완전한 실재를 부인했던 초대 교회의 네스토리우스 이단을 보았다. 루터에게 있어서 이것이 분명하게 의미하는 바는, 성찬에 대한 이해가 하나님께서 세상에서 행하시는 활동 및 구원에 대한 이해와 직결된다는 것이었다. 이에 따라, 그리스도의 위격에 대한 초대 교회의 논쟁과 비슷한 방식으로, 루터는 알렉산드리아의 키릴이 제시했던 속성의 교통(communicatio idiomatum), 즉 그리스도의 신성과 인성이 한 위격 안에서 연합한다고 강조했던 입장을 주장했다. 451년의 칼케돈(Chalcedon) 공의회는 "그리스도 안에서 신성과 인성이 변화 없이(unchanged), 혼동 없이(unmixed), 분할 없이(undivided), 분리 없이(unseparated) 연합되어 있다"고 주장했다. 츠빙글리에 반대하여 이 교리를 주장하면서, 루터는 하나님께서 성육신을 통해 정말로 인간 실존의 깊음 가운데로 내려오셨으며(루터는 '그리스도께서 육체 가운데로 너무 깊게 끌려오실 수 없다'고 말하기를 좋아했다), 그리스도 안에 하나님의 완전한 신성과 위엄이 참되게 전달된다고 강조했다.

루터는 특히 『"이것은 나의 몸이다"를 비롯한 그리스도의 말씀들은 광신주의자들에 맞서서 여전히 건고히 서 있다』(*That These Words of Christ, "This Is My Body," etc., Still Stand Firm Against the Fanatics*, 1527)라는 긴 논문을 통해 그리스도의 승천의 결과 그분이 이 세상으로부터 물리적으로 사라지셨으며 "육은 무익하다"(요 6:63)는 츠빙글리의 주장을 반박했다. 삼위일체와 기독론에 대한 고전적인 교리에 근거하여 루터는 그리스도께서 하나님 우편으로 승천하신 것은 영적인 지리학(geography)이 아니라 그리스도께서 하나님의 편재성을 공유하셨다는 사실을 나타낸다고 주장했다. 창조주로서 하나님은 어디에나 계셔서 세상의 지속적인 창조를 붙드신다.

핵심 요점은 하나님께서 우리를 위하여(pro nobis) 빵과 포도주 가운데 계시기로 약속하신다는 것이다. 여기서 루터는 하나님은 공간에 제한되지 않으신다고 주장함으로써, 공간에 대한 서구의 형이상학적인 관점을 극복하려 힘쓴다. 사도신경의 첫 번째 항에서 하나님을 천지에 계시는 창조주로 고백하듯이, 그리스도인들은 하나님께서 구속주로서 성례 가운데 계신다는 사실을 또한 인정해야 한다. 하나님께서 성찬 가운데 실제로 임재하시는 것은 신자가 개인적으로 그분을 경험할 수 있도록 친히 낮추시는 행위이다. "이렇게 하시는 이유는 무엇인가? 그것은 하나님이 단순히 임재하시는 것과 그분이 당신을 위해 임재하시는 것은 서로 다른 문제이기 때문이다. 하나님께서는 바로 거기에 당신을 위해 계시며, 자신의 말씀을 더하시고 스스로를 묶으시는 가운데 '너는 여기에서 나를 찾을 수 있다'라고 말씀하시는 것이다"(LW 37:68-9).

루터는 "육은 무익하다"는 주장에 대해서는 육과 영을 나누는 플라톤적인 이원론이 비성경적이라는 것을 근거로 반박했다. 성경적인 인간론에 따르면 육과 영이라는 용어들은 개인적인 성향(orientation)을 나타내는 것이지 존재(being)를 나타내는 것이 아니다. 믿음으로 행한 것은 영적인 것인 반면, 불신앙으로 행한 것은 육적인 것이다. "어떠한 일이 말씀과 믿음 가운데 행하여진다면, 그것은 물질적이거나 육신적이거나 외형적인 것이 아니라 영적인 것이다. '영적이다'라는 말은, 우리가 다루고 있는 대상이 물리적인 것인지 영적인 것인지에 관계없이, 성령과 믿음을 통해 우리 안에서 그리고 우리에 의하여 행하여지는 것을 말한다. 따라서 성령은 어떠한 물체 안이 아니라 그것의 사용, 즉 보고 듣고 말하고 만지고 낳고 담당하고 먹고 마시는 등의 활동 가운데 계신다"(LW 37:92).

츠빙글리에 반대하는 루터의 주장은 "유한이 무한을 포함할 수 있다"는 표현에서 나타났다. 종교를 외형적인 것으로 만들면 하나님이 인간의 손에 좌우되어 버린다는 건전한 목회적 통찰을 가지고 있던 칼슈타트와 츠빙글리가 보기에 이러한 표현은 우상숭배를 암시했다. 하지만 루터가 보기에 이 표현은, 일상적인 빵과 포도주가 하나님의 임재와 약속을 전달할 수 있다는 것 뿐 아니라 모든 피조물이 창조주를 섬길 수 있다는 것을 의미했다.

이러한 신학적 기초에 입각하여 루터는 자연과 예술이 복음을 전달하는 통로로 사용될 수 있다고 보았다. 예를 들어 음악을 사랑하며 예배를 위해 음악을 사용했던 루터의 모습은 그의 신학적 후예들에게서 지속되었는데, 그 중 가장 잘 알려진 인물은 요한 세바스찬 바흐(Johann Sebastian Bach)였다. 반면 츠빙글리는, 그 자신이 훌륭한 음악가였음에도 불구하고, 예배에서 음악의 사용을 금지했다.

유한이 무한을 포함할 수 없다며 하나님의 초월성을 강조했던 사람들은 거룩한 것들을 모두 제거하는 활동을 시작했다. 그 첫 번째 단계는 성상파괴적인 반응이었는데, 이러한 모습은 예술을 가능한 많이 제거함으로써 교회를 정결케 만들려고 노력했던 칼슈타트로부터 츠빙글리까지, 그리고 부분적으로는 칼빈에게까지 이어졌다. 그들은 교회에서 모든 성상들과 색깔을 제거하였으며, 취리히에서는 정말로 못을 박아서 오르간을 닫아 버렸다. 이러한 경향은 훗날 "청교도"라는 단어를 통해 표현되었다. 어떤 이들은, 이러한 개혁가들이 우상숭배의 가능성을 너무 성공적으로 물리친 나머지 거룩이 도덕적인 선함으로 바뀌었으며 의로움이 금욕적인 의미를 갖게 되었다고 생각한다. 이 모든 것은 결국 "깨끗함이 경건함에 가깝다"는 표현에서 일상화되었다.

1527년 초, 츠빙글리는 자신의 『친절한 해설』(Amica exegesis)을 완성했다. 이 작품에서 그는 독립과 화해를 하나로 묶으려고 시도했다. 츠빙글리는 루터에게 보낸 이 논문에서 루터가 가톨릭의 화체설 교리와 위험스러울 정도로 가깝다고 경고했다. 하지만 루터가 자신의 실수를 인정하기만 한다면 싸움은 끝날 것이고 미래는 밝을 것이라고 츠빙글리는 썼다. 분명코 츠빙글리는 조금도 물러서지 않았으며, 루터가 항복하기를 기대했다. 이로 볼 때, 츠빙글리를 "거만한 스위스 사람"으로 불렀던 루터의 반응은 놀라운 것이 아니다. 1527년 4월에 쓴 『"이것은 나의 몸이다"를 비롯한 그리스도의 말씀들은 광신주의자들에 맞서서 여전히 견고히 서 있다』라는 논문에서, 루터는 츠빙글리의 주장에 대해 종합적으로 답변했다–비록 그 답변이 예의 바른 형태는 아니었을지라도! 루터에 따르면, 그의 적수들은 이성과 상식에 호소함으로써 신성을 모독한 것은 말할 것도 없고 마귀에 사로잡혀서 미친 상태였다. 5월에 츠빙글리는 "친절한 답변"(Friendly Answer)에서 루터가 다른 어떤 것보다 성경을 잘못 이해했고, 로마 가톨릭에 너무 많이 양보했으며, 하나님께서 루터에게 성찬의 의미를 알려주지 않으셨다고 주장했다.

츠빙글리와 루터 사이의 적대감은 우리가 비(非)교리적인 요소들이라고 부를 수 있는 것으로 인해 더욱 심화되었다. 그 중 하나는 고전적인 비유적 표현에 매료되었던 츠빙글리의 인문주의적 성향이었다. 루터는 츠빙글리의 성경 해석이 비유, 알레고리, 생략(ellipsis), 글자전환(metathesis), 단절법(aposiopesis), 과장, 예변법(豫辨法, prolepsis), 제유법(synecdoche), 변화법(alloeosis) 등 고전 연구로부터 유래한 수사학으로 인해 병들었다고 확신했다. 위의 표현법들 중 속성의 교체를 언급하며 즐겨 사용했던 마지막 표현법으로 인해 츠빙글리는 그리스도의 인성이 때때로 그분의 신성을 의미할 수 있고, 마찬가지로 그분의 신성이 때때로 인성을 의미할 수 있다고 주장하였다.

상호간의 오해를 심화시켰던 또 다른 비교리적 요소는, 루터가 자비롭고 공감적인 군주의 통치하에 살았던 반면 츠빙글리는 대의정치가 지배하던 도시에서 살았다는 점이다. 즉 츠빙글리는 자신이 원하는 개혁을 실행하기 위해 사람들과 도시 지도자들을 설득하고 확신시켜야 했다. 그 결과, 성찬과 관련하여, 츠빙글리는 사람들이 이해할 수 있는 방식으로 자신의 입장을 설명해야 했다. 그의 인문주의적인 성향과 더불어, 이러한 상황 또한 루터가 츠빙글리를 이성주의자로 보았던 이유를 설명해준다. 반면, 많은 가톨릭교도들이 기본적으로 정통교리라고 보았던 루터의 성찬 이해에 동의한다면, 츠빙글리에게 있어서 이는 정치적인 재앙을 초래했을 것이다. 마지막으로, 스위스인 전체에 대한 루터의 견해는 전혀 호의적이지 않았다. 그는 스위스인들이 호전적이고 상스러운 사람들이라고 확신했다.

미부르그 회담은 1529년 10월 1일에 개최되었다. 루터와 츠빙글리 사이의 논쟁은 50명의 청중 앞에서 그 다음 날 아침 6시에 시작했다. 루터는 성찬에 대한 논의를 삼위일체나 기독론이나 칭의론 등 다른 교리들과 분리해서 다루는 것은 무익한 일이라고 주장한 반면, 츠빙글리는 성찬에 대한 논의로 직접 들어가기를 원했다. 루터는 "이것은 나의 몸이다"라는 말씀은 본문에 기록된 그대로 이해될 수밖에 없다고 주장하면서 논쟁을 시작했다. 만일 츠빙글리가 이와 다른 주장을 제시하고자 한다면, 그는 그 주장을 이성이 아니라 성경에 근거하여 증명해야 한다. 자신의 주장을 강조하기 위해 루터는 모든 사람들이 볼 수 있도록 칠판에 분필로 "이것은 나의 몸이다"(hoc est corpus meum)라고 적었다. 요한복음 6:63은 성찬에 적용될 수 없다고 루터가 주장했을 때, 취리히 진영은 이 본문이 루터를 위험하게 만들 것이라고 위협했다.

곧바로 루터는 "당신들은 지금 스위스가 아니라 헤쎄(Hesse) 지역에 있다"고 말하면서 그들이 이처럼 서둘러서 자신해서는 안 된다고 반격했다. 격렬하게 진행된 모든 논의에도 불구하고, 이 논쟁은 정중한 표현들과 자비로운 관계를 약속하는 말로 끝났다.

10월 4일이 될 때까지, 루터파와 츠빙글리파는 루터가 작성해 온 15개의 조항들 중 14개 조항에 동의했다. 하지만 성찬에 관해서는 동의할 수 없었다. 양쪽 진영 모두 화체설을 부인했고, 성찬이 산 자와 죽은 자들을 위한 제사라는 믿음을 거부하였으며, 성찬이 빵과 포도주 두 종류 모두로 시행되어야 한다고 주장했다. 하지만 루터파 사람들은 그리스도께서 성찬 가운데 그것을 받는 모든 사람들을 위하여 실제로 임재하신다고 계속해서 주장한 반면, 츠빙글리파 사람들은 그리스도께서 오직 신자들의 마음에만 임재하신다고 주장했다. 여기에서 그들의 중요한 차이점이 나타났다. 츠빙글리에게 있어서 성찬은 복음을 주신 것에 대해 감사하는 행동이었던 반면, 루터에게 있어서 성찬은 복음을 구체적으로 제시하는 의식이었다. 비록 양쪽 진영 모두 상대방을 향하여 기독교적인 자비를 베풀겠다고 서약하고 마부르그를 떠났지만, 그들은 결국 신앙고백적인 동맹도 군사적인 동맹도 이루지 못했다.

그 후 1년이 못 되어, 제국 의회가 아우구스부르그에서 열렸고 루터파는 자신들의 신앙고백인 "아우구스부르그 신앙고백서"(Augsburg confession)를 발표했다. 스트라스부르그의 개혁가 마르틴 부처가 주로 작성하였고 스트라스부르그, 콘스탄스, 멤밍겐, 린다우 등 네 도시가 서약했던 "4개도시 신앙고백서"(Tetrapolitan confession) 역시 아우구스부르그에서 발표되었다. 비록 아우구스부르그에 직접 초대받지는 못했지만, 츠빙글리는 진행되는 소식을 들었고 급히 "신앙의 규칙"(Fidei ratio)을 작성하여 보냈다. 이 글이 찰스 5세에게 아무런 영향을 주지 못했기 때문에, 츠빙글리는 황제와 로마에 맞서 프랑스 왕의 지지를 얻으려는 소망을 가지고 프란시스 1세를 위해 『신앙의 해설』(*Fidei expositio*)이라는 소책자를 작성했다. 츠빙글리의 신앙에 대한 보다 인상적인 변호서인 이 작품을 프란시스가 읽었는지에 대해서는 아무런 증거도 없으며, 이 소책자는 사건의 진행에 영향을 미치지 못했다.

개신교 설교자들을 허락하지 않은 가톨릭 주들에 대한 경제적인 봉쇄정책이 취리히의 주도하에 이루어지면서 스위스 연방 내 개신교-가톨릭 긴장이 더욱 커졌다. 이에 대한 보복으로 가톨릭 주들은 방대한 군사력으로 취리히를 위협했다. 츠빙글리는 취리히 군대와 함께 직접 무장하고 1531년의 2차 카펠(Kappel) 전투에 참전했다. 취리히 군대가 참패한 가운데, 츠빙글리는 심각한 부상을 입고 전쟁터에 남겨졌다. 뒤이어 가톨릭 군인들은 츠빙글리를 알아보고서 치명적인 공격을 가했다. 그 다음날 츠빙글리는 (반역자에 대한 형벌이었던) 몸을 네 부분으로 찢는 처형을 받았다. 그의 시체의 각 부분을 똥과 함께 불태움으로써 츠빙글리의 어떠한 것도 다른 개신교도들을 고취시키지 못하도록 하였다. 하지만 츠빙글리의 심장이 불에 타지 않은 상태로 재 속에서 발견되었다는 이야기가 이내 곧 퍼져갔다.

츠빙글리와는 달리 스위스 종교개혁은 사라지지 않았으며, 세워진 곳에서 남아 있도록 허용되었다. 개신교 소수파들은 가톨릭 영토에서 관용되지 않았던 반면, 가톨릭 소수파들은 개신교 영토에서 방해받지 않았다. 스위스의 분열은 앞으로 닥칠 유럽의 운명에 대한 전조였다. 거의 25년이 지난 1555년에 체결된 "아우구스부르그 평화협약"(Peace of Augsburg)은 통치자의 종교와 그 지역의 종교를 하나로 연결시킴으로써 제국의 신앙고백적 분열을 법적으로 공식화하였다. 훗날 이것은 "통치자의 종교가 그 지역의 종교"(cuius regio, eius religio)라는 표어로 표현되었다. 여기에는 사람들이 자신들의 신앙고백을 따르는 지역으로 이주하는 일을 허용하는 조치가 포함되었다.

Suggestions for Further Reading

Martin Brecht, *Martin Luther, Vol. 2: Shaping and Defining the Reformation 1521–1532*. Minneapolis: Fortress Press, 1990.
Mark U. Edwards, Jr, *Luther and the False Brethren*. Stanford: Stanford University Press, 1975.
Ulrich Gabler, *Huldrych Zwingli: His Life and Work*. Philadelphia: Fortress Press, 1986.
Brian A. Gerrish, "The Lord's Supper in the Reformed Confessions," in Donald K. McKim, ed., *Major Themes in the Reformed Tradition*. Grand Rapids: Eerdmans, 1992: 245–58.
Bruce Gordon, *The Swiss Reformation*. Manchester: Manchester University Press, 2002.
Gary Macy, *The Banquet's Wisdom: A Short History of the Theologies of the Lord's Supper*. New York: Paulist, 1992.
Gregory J. Miller, "Huldrych Zwingli (1484–1531)" in Lindberg 2002: 157–69.
W. P. Stephens, *The Theology of Huldrych Zwingli*. Oxford: Clarendon, 1986.
W. P. Stephens, *Zwingli: An Introduction to his Thought*. Oxford: Clarendon, 1992.

제 8장

목자들에게 맞선 양들: 급진 종교개혁
(The Sheep against the Shepherds: The Radical Reformations)

> 칼을 쳐서 보습으로 바꾸고, 창을 쳐서 낫으로 바꾸며,
> 더 이상 전쟁을 알지 못하는 자들은 평화의 자녀이다
>
> 메노 시몬스(Menno Simons)

신약 성경의 절대적 명령을 따라 원수를 사랑하고 폭력을 거부하는 특징을 보인, 메노주의자(Mennonites)들을 포함한 평화 교회들은 종교개혁 기간 중 가장 폭력적인 시기로부터 발전했다. 갈등과 혁명으로부터 평화주의적 반대로 바뀐 전환은 종교개혁에 있어서 무력과 신앙, 강압과 윤리, 사회와 교회 사이의 관계에 대한 설명 중 가장 복잡한 부분에 해당한다. 이 이야기는 "반드시 해야 한다"(must)는 칼슈타트의 견해와 "해도 좋다"(may)는 루터의 견해가 비텐베르크에서 충돌하면서 시작되었다. 이와 비슷한 현상들이 취리히에서 나타났다는 사실은 주목할 만하다. 다소 문제가 있긴 하지만, 일반적으로 저항적인 집단의 지도자들을 한 덩어리로 묶어 "급진 종교개혁가"라고 부른다. 이러한 관례는 비판받을 수 있겠지만, 조지 윌리엄스(George H. Williams)는 그의 중요한 작품『급진 종교개혁』(*The Radical Reformation*, 1992)의 3판에서 이 용어의 지속적인 사용을 설득력 있게 주장한다.

급진 종교개혁가들에 대해서 정확한 정의를 내리고 묘사하는 일은 쉽지 않았고, 지금도 여전히 어렵다. "재세례파 운동에 대한 평가는 말할 것도 없고, 그 운동의 경계와 기원에 대해서도 학자들은 전혀 일치된 의견에 이르지 못했다"(Stayer 1972:7). 이러한 개혁가들과 그들의 추종자들은 처음부터 한 덩어리로 묶여졌으며, 그들에게는 거의 언제나 경멸적인 꼬리표가 따라 다녔다. 동시대인들은 그들을 열광주의자(enthusiasts, 이 단어는 '하나님 안에서'를 의미하는 en theos로부터 유래한 것으로, "하나님을 내부에 가지고 있다는 주의"[God-withinism]를 뜻한다), 신령주의자, 광신자, 그리고 재세례파(Anabaptists, 재세례주의자[Wiedertäufer]나 세례주의자[Täufer] 등은 보다 최근에 사용된 다른 용어들이다) 등으로 불렀다. 루터는 환상가들과 광신자들이 고함치는 소리를 흉내 내어 그들을 "시끄러운 자들"(Schwärmer)이라고 불렀다-"너무나 많은 벌들이 요란스럽게 떠들며 돌아다닌다"(Hillerbrand 1986:25). 이와 같은 루터의 경멸적 명칭은 급진주의자들에 대한 몇몇 연구에서도 발견될 것이다.

우리가 기억해야 할 점은, 종교개혁의 격변기에 나타난 신학자들 사이의 차이점이 오늘날처럼 항상 그렇게 분명해 보이지는 않았다는 사실이다. 재세례파라는 명칭은 '신앙을 고백한 어른들만이 세례를 받을 수 있다'고 믿은 사람들에게 적용되었다. 이러한 개혁가들의 1세대는 유아 세례를 받은 사람들이었기 때문에, 성인 세례는 문자 그대로 재(再)세례였다. 급진 종교개혁가들이나 재세례파들에 대한 논의가 더욱 복잡해지는 원인은 그들의 기원과 지도자들 및 종교개혁에 대한 전망이 서로 달랐기 때문이다. 급진 종교개혁가나 재세례파라는 명칭 아래에는 다음과 같은 집단들과 개인들이 한 덩어리로 뭉뚱그려져 왔다. 유아 세례를 명백하게 거부하고 1521-2년에 비텐베르그 소동을 일으켰던 츠빅카우(Zwickau) 예언자들, 칼슈타트, 불경한 자들의 처형을 요구했던 뮌처, 1534-5년 사이에 뮌스터(Münster) 시를 점령하고 그곳에서 잔인한 재앙을 예고했던 유사한 지도자들, 츠빙글리의 입장에서 가시와 같았던 취리히의 반대주의자들, 오늘날에도 메노주의자라는 이름으로 여전히 존재하고 있는 평화 교회의 창시자 메노 시몬스(Menno Simons) 등.

많은 뛰어난 재세례파 지도자들이 이 운동의 생명력에 크게 기여했다. 하지만 그들 중 어느 누구도-부분적으로는 그들 대부분이 1530년 이전에 처형당했기 때문에-루터, 츠빙글리, 칼빈처럼 널리 지도력을 인정받는 입장에 이르지는 못했다. 재세례파 집단들은 또한 분명한 신앙고백적 규범이나 진술을 갖지 못했다. 1527년에 간략한 "슐라이타임 조항"(Schleitheim Articles)이 작성되기는 했지만, 이 문서 역시 모든 사람들에 의해 일반적으로 받아들여지지는 않았다. 루터는 그들이 무엇을 믿는지를 잘 모르겠다고 말했다.

> 재세례파들은 성례를 반대하는 자들과 더불어 "오직 빵과 포도주만이 성찬에 존재한다"고 주장한다. 하지만 재세례파들과 성례형식주의자들은 세례에 관해서 다른 견해를 가지고 있다. 또한, 성례주의자들 사이에서도 의견이 각각 다르며, 재세례파들 사이에서도 마찬가지이다. 그들은 우리를 반대한다는 점에 있어서만 뜻을 같이 한다(LW 40:261).

츠빙글리 역시 그들의 요구 사항이 모순적이라는 사실을 발견했다(Walton 1967:153).

> 여러 재세례파 집단들 중 "진정한" 재세례파가 누구였는지에 대한 질문은 역사적인 관점에서 답할 수 없다(Goertz 1988:153).

재세례파 집단들을 둘러싼 모호성은 그들의 동시대인들을 (또한 오늘날의 역사가들을) 실망시키는 동시에 기쁘게 만들기도 했는데, 사람들은 재세례파가 가진 다양한 견해와 집단들과 분파들과 지도자들 중 자신이 판단하고자 하는 부분을 마음껏 골랐다. 이러한 판단들은, 그것이 루터파나, 츠빙글리파나, 칼빈주의자나, 가톨릭이나 어느 진영에서 이루어진 판단이건 간에, 적어도 한 가지 사실 즉 '재세례파가 16세기의 사회에 위험스러운 집단이었다'라는 공통분모를 가졌다.

1. 재세례파

재세례파가 발전한 중심지는 츠빙글리의 취리히였다. 하지만 학자들은 취리히가 재세례파의 유일한 뿌리는 아니었다는 사실을 분명히 밝혔다(Deppermann et al. 1975). 토마스 뮌처가 중부 독일 지역에서 추진하였고 한스 후트(Hans Hut)에 의해 남부 독일의 다양한 환경에서 시행된 급진적인 개혁, 그리고 네덜란드-북부 독일 지역에 신령주의적이고 종말론적인 사상을 확산시켰던 멜키오르 호프만(Melchior Hoffman)의 영향하에 나타난 스트라스부르그의 카리스마적이고 묵시적인 환경 등으로부터도 재세례파 운동이 다양하게 유래했다. 이러한 운동들 사이의 차이점들은 모라비아 지역 니콜스부르그(Nikolsburg)와 발트슈트(Waldshut)의 재세례파 개혁가 발타자르 후브마이어(Balthasar Hubmaier)를 통해 입증되는데, 그는 "하늘과 땅, 동과 서, 그리스도와 벨리알(Belial) 사이가 서로 멀듯" 세례에 관한 후트의 가르침과 자신의 가르침이 서로 다르다고 말했다(Goertz 1988:15).

이미 우리는 츠빙글리의 개혁 계획이 권세자들을 설득하는 일에 달려 있었으며 가톨릭 주(州)들의 위협을 직면한 상황에서 이루어졌다는 사실을 살펴보았다. 16세기에 거의 모든 사람들이 자명한 것으로 생각했던 사실은, 어떠한 공동체가 공동의 이념을 가지고 있지 않으면 통일된 세력-즉 터키 민족-의 지배를 받게 될 뿐 아니라 국가의 존재 자체를 위태롭게 만들 수 있는 내전이 초래된다는 것이었다. 따라서 츠빙글리가 보기에 취리히 재세례파의 등장은 분명하고 현재적인 위험이었다. 그는 이러한 복음주의자들을 다툼을 좋아하고 질투심이 많으며 험담을 일삼으며 위선적인 극단주의자들, 곧 자비가 없고 정부를 훼손하는 무리들로 간주했다. 유아 세례를 반대하고, 야외 설교를 행하며, 길거리에서 토론을 계속하는 그들의 활동으로 인해 복음의 평판이 나빠졌다. 정말로 츠빙글리는 이 사람들을 사회와 종교 모두를 전복시킬 사회 혁명가로 보았다.

즉각적으로 일어난 논쟁은 유아 세례 문제에 집중하였지만, 그 배후에는 기독교에 대한 매우 다른 견해가 깔려 있었다. 루터와 칼빈과 같은 개혁가들은 하나의 신조를 가진 하나의 보편적인 교회가 존재한다는 사실에 동의했다. 그들은 가시적 교회가 곧 지역 공동체이며 그 안에서 사람들은 조화롭게 살며 예배해야 한다고 보았다. 재세례파들도 처음에는 이러한 관점을 공유했지만, 그것을 실현시킬 수는 없었다(한 가지 드문 예외는 후브마이어가 지도력을 발휘한 발트슈트 지역이었다).

재세례파가 더 큰 사회로부터 물러나게 된 원인은 그들이 자신들의 형태대로 하나의 기독교 세계를 이루지 못했기 때문이었다고 주장할 수 있을 것이다. 다시 말해서, 외형상으로 볼 때 츠빙글리와 재세례파는 모두가 기독교 사회를 이루기 위해 힘쓰고 있었다. 볼록한 부분은 오목한 부분의 다른 한 쪽에 불과하다. 하지만 전체 공동체를 설득하는 일에 실패함으로써, 재세례파는 자신들이 국가로부터 분리되었다고 보았던 자발적인 구성원들로 이루어진 지역 회중들에게로 방향을 바꾸었다. 기존의 모든 기독교 기관들과 근본적으로 단절했던 이러한 재세례파는 "첨탑이 없는 기독교," 즉 "모든 지상의 국가를 초월하며, 결코 획일화될 수 없는 집단적인 충성과 내부적인 규율을 가지고, 세상과 분리하여, 거룩을 추구하는" 기독교라는 특징을 가졌다(Williams 1992:1279, 1286-7). 그들에게 있어서 하나의 참된 교회는 오직 참된 신자들로만 이루어져 있었다. 참된 신자인지 아닌지를 확인할 수 있는 기준은 그 사람의 행실과 믿음이다. 교회의 회원자격의 기준에 미치지 못한 사람들은 추방되어야 했다. 재세례파는, 신앙을 고백하는 모든 사람들이 가시적 교회에 포함된다고 믿었던 루터파와 츠빙글리파와 가톨릭파의 "국가 교회"에 대한 급진적인 대안을 제시했다. 재세례파의 내안 공동체들은 회원들이 부끄러운 행동을 제거하도록 자세히 검사하였으며, 분리되고 자발적인 공동체들 안에서 함께 협력하고 예배하였다.

취리히에서의 재세례파 발전은 이러한 개혁 운동에 대한 전반적인 인식을 이해하는 데 도움이 된다. 츠빙글리와 취리히 지도자들은 재세례파 운동에 세 가지 위험이 존재한다고 보았다.

첫째, 재세례파들은 취리히와 인근 마을들의 사회적이고 종교적인 원리들을 의도적으로 파괴함으로써 스위스 연합과 츠빙글리의 개혁 모두를 위협하였다. 다른 지역에서와 마찬가지로, 취리히에서 개혁 운동의 성공은 정부의 지지에 달려 있는 것으로 간주되었다. 가톨릭 지역으로부터의 공격 가능성을 두려워하는 가운데, 취리히와 그밖의 개혁주의 지역들은 오직 종교적으로 연합된 공동체만이 스스로를 방어하고 자유를 유지할 수 있다고 믿었다. 따라서, 재세례파가 이러한 연합을 방해하는 한, 그들은 재세례파가 반(反)-종교개혁을 선동한다고 간주했다.

둘째, 칼슈타트와 뮌처가 루터에 대항했던 것만큼이나, 재세례파는 츠빙글리 자신의 무기였던 성경을 사용하여 그에게 맞섰다. 종교개혁가들의 입장에서는 불행하게도, 그들이 로마 교회에 대항하기 위해서 격려했던 평신도들의 주장과 독립성이 이제는 오히려 자신들을 반대하는 방향으로 바뀌어졌다. 반대자들은 자신들이 한 일은 '성경에 대한 츠빙글리 자신의 헌신을 신앙과 생활의 규범으로 사용하여 그것을 논리적 결론으로 이끈 것뿐'이라고 주장했다. 재세례파들은 성경을 읽으면서 유아 세례에 대한 근거를 발견할 수 없었으며, 오직 성인의 믿음과 거듭남의 표시인 세례만을 보았을 뿐이다. 그들은 또한 성경 어디에서도 교회와 국가의 결합에 대한 근거를 찾을 수 없었다. 산상 설교를 읽을 때, 그들은 이 본문이 문자 그대로 신자와 세상의 구별을 의미한다고 믿었다. 루터와 마찬가지로, 츠빙글리 역시 자신의 추종자들이 사용할 수 있도록 자신이 그토록 열심히 노력했던 성경 본문을 그들이 전혀 다르게 이해하는 것을 보고 충격을 받았다.

츠빙글리와 재세례파 모두 동일한 성경을 받아들였고, 전통이나 인간의 권위보다 하나님의 말씀이 우위에 있다는 점에 동의했다. 그들은 또한, 믿음과 사랑 안에서 성령의 인도에 따라 읽을 경우 성경이 완전히 명료하다는 사실에도 동의했다. 물론 루터와 츠빙글리는, 자신들의 추종자들이 자신들의 견해에 동의하지 않았을 때, 이 "광신자"들이 성령의 인도에 따라 성경을 읽지 않았다고 주장했다. 재세례파가 자신과 다른 방식으로 성경을 읽을 때, 츠빙글리는 이것을 무지와 악덕과 적개심의 표현으로 보았다.

반면, 로마 가톨릭의 관점에서 볼 때, 이러한 불일치와 이견(異見)들은 종교개혁가들 자신이 초래한 문제였다. 가톨릭 논쟁가 요한 엑크(Johann Eck)는 재세례파를 반대하는 츠빙글리의 주장을 비웃었는데, 이는 츠빙글리 자신이 사실상 그들의 근원이었기 때문이었다. "츠빙글리가 재세례파들과 얼마나 가까운가…그럼에도 불구하고 츠빙글리는 그들을 괴롭히며…철저하게 고문한다"(Gerrish 1992:253). 재세례파들이 본질적으로 츠빙글리파에 속하며, 혹은 적어도 '성례를 공적으로 신앙을 고백하는 행동'으로 본 츠빙글리의 해석의 논리적 결과라는 인식이 널리 퍼져 있었다. 츠빙글리 자신도 "그들이 우리로부터 나왔지만, 우리와 같지는 않았다"고 인정했다(요한일서 2:19; Locher 1979:261).

셋째, 재세례파들은 종교적으로 뿐 아니라 정치적으로도 배타적이며 따라서 시민적인 손실로 여겨졌다. 서약, 납세(십일조), 군복무 등 시민으로서의 일반적인 의무들을 거부하는 재세례파의 모습은 국가 내부에 또 다른 하나의 국가를 형성하는 것으로 간주되었다. 서약을 거부했던 그들의 행동은 심각한 문제가 되었는데, 왜냐하면 중세 후기에 서약은 사회를 하나로 결속시키는 중요한 요소였기 때문이다. 시민들은 마을의 공동선과 수호를 위해, 자신들이 속한 조합들에게, 그리고 진리에 대해 서약했다. 서약을 위반했을 경우 하나님의 심판을 분명히 받는다고 여겨졌으며, 서약을 깨트린 사람들은 혐오의 대상이 되었다. 모든 법정에서 반드시 필요한 공적인 서약이 없다면, 공공의 삶을 일상적으로 실행하는 것이 붕괴될 위험에 처했다. 따라서 서약의 거부는 정치적 분리주의와 다름없었다. 스위스 연방(Swiss Confederacy)은 1291년부터 서약을 시행했으며, 매년 그것을 반복했다.

"초기 재세례주의는 종교적이고 사회혁명적인 운동"이었으며(Wohlfeil and Goertz 1980:43) 대의를 위해 무력을 사용하는 것을 반대하지 않았다(Stayer 1972). 하지만 "슐라이타임 조항"(Schleitheim Articles, 1527)이 작성된 이후, 그들은 무력 사용을 거부했다. 평화주의는 심각한 입장이었다. 16세기 스위스에는 상비군이 존재하지 않았다. 모든 사람들은 방어의 책임이 있었으며, 정부가 요청하는 때에 무장할 준비가 되어 있어야 했다. 시민-군인은 공공의 질서와 독립을 뒷받침하고 보장하였다. 도시의 성벽은 규칙적인 형태에 따라 방어되어야 했다. 도시들은 자신들만의 대포와 무기를 소유했으며, 궁술과 사격 시합을 정규적으로 개최했다. 모든 남자는 군복무의 의무를 가졌으며, 소년들은 어린 시절부터 군사적 훈련을 받았다. 한 남자가 군복무를 거부하는 일은 사실상 시민권을 포기하는 일이었다. 사람들은 재세례파의 평화주의를 의무의 회피로 보았고, 이로 인해 자신들의 짐이 더 많아졌다고 분개했다. 만일 재세례파 운동이 확산된다면 어느 누구도 무장하여 방어하는 일을 거부할 것이라는 두려움이 커져갔다.

십일조와 이자를 내지 않기로 거부한 재세례파의 행동 역시 시민적 책임의 포기로 여겨졌다. 초대 교회는 구약 성경의 십일조 제도를 교회법으로 제정함으로써 평신도들의 후원을 조직했다. 이것은 중세 시대 시골 지역에서 특별한 부담이 되었는데, 왜냐하면 동물과 이윤을 포함하여 땅의 생산물의 1/10이 강요되었기 때문이다. 구약의 규정들을 사용한 교황청과 교회법을 종교개혁이 거부했을 때, 십일조 역시 널리 의심을 받았다. 재세례파는 십일조를 거부한다는 입장을 분명히 밝혔는데, 이는 기본적으로 십일조가 경제적인 부담이었기 때문이 아니라, 그것이 취리히 정부가 자신의 관할하에 있는 교구들을 통제하는 수단으로 여겨졌기 때문이었다. 츠빙글리에게 있어, 십일조는 중앙집중화된 지역 교회에 있어 핵심이 되었다. 그는 이 교회를 개혁하고자 했지 해체하고 싶어 하지는 않았다. 미사에 대한 공격이나 성상파괴와 마찬가지로, 십일조의 거부 역시 옛 종교 질서의 붕괴를 대표했다. 적어도 몇 사람의 눈에는, 이처럼 십일조와 세금을 거부하는 행위가 가톨릭교회에서 시민 법정과 납세로부터의 면제를 주장했던 모습과 비슷해 보였다. 마찬가지로, 참된 신자들로 구성된 교회를 주장하며 이에 따라 출교와 파문을 시행했던 재세례파의 모습 역시 가톨릭적인 요소로 여겨졌다.

이 모든 관심사들은 "재세례파"라는 경멸적인 칭호 아래에서 포괄되었기 때문에, 다양한 개혁 집단들이 세례에 대해서 각각 어떻게 이해했는지를 살펴보는 일이 유용할 것이다.

2. 부연 설명: 세례에 대한 종교개혁의 이해

이미 언급한 바와 같이, 세례에 대한 급진주의자들의 입장은 단순한 의식상의 변화 이상을 의미했다. 중세 기독교에서 세례는 복음과 사회 두 가지 모두에 대한 이해를 나타냈다. 사회와 관련된 세례의 의미들은 앞에서 간략하게 언급했고 뒤에서도 추가적으로 설명할 것이다. 이 부분에서는 복음의 표현으로서의 세례에 대해 중점적으로 살펴볼 것이다.

성찬과 관련된 신념들에서와 마찬가지로, 모든 종교개혁가들은 세례에 대한 잘못된 이해로 복음이 왜곡된다고 확신했다. 세례는 단순히 하나의 주제에 불과한 것이 아니다. 왜냐하면 세례라는 주제 안에는 죄, 믿음, 기독교적인 생활, 교회 등에 대한 이해들이 포함되기 때문이다.

유아 세례를 지지하는 신학적인 설명은 초대 교회에서 원죄 교리와 관련하여 발전하였다. 서방 교회의 교리에 영향을 끼친 신학자는 또다시 어거스틴이었다. 어거스틴은 인류가 아담으로부터 죄를 물려받았다고 주장했다. 이러한 원죄 혹은 물려받은 죄를 나타내는 독일어 단어는 에어브쉰데(Erbsünde)이다. 이 일은 어떻게 일어났고 또 일어나는가? 어거스틴은 아담이 하나님께 순종하기를 거절했을 때 은혜로부터 타락했다고 설명한다. 아담의 몸은 그의 의지가 타락하게 된 도구였지, 근원은 아니었다. 하지만 일단 타락이 발생한 후, 몸 역시 죄를 안고 전달하게 되었다.

회심하기 전에 성적인 쾌락에 집착했었고 회심 이후에는 그러한 쾌락을 버렸던 어거스틴의 삶에 비추어 볼 때, 어떻게 해서 그가 성적인 행동을 통해 죄가 전달된다고 보게 되었는지를 상상하는 것은 어렵지 않다. "만일 어떤 사람이 하나의 복잡한 현상을 단순히 그 역사적 근원으로 되돌림으로써 쉽게 설명할 수 있다고 믿는다면, 어거스틴은 자신의 회중에게 아담과 하와의 타락이 발생한 정확한 상황을 상기시킬 것이다. 금지된 열매를 먹음으로써 하나님께 불순종했을 때, 그들은 '부끄러워했다.' 그들은 무화과 나뭇잎으로 자신들의 성기를 가렸다. 어거스틴이 보기에는 이것만으로도 충분했다. '바로 이 곳이다! 이 곳이 최초의 죄가 전달된 지점이다'"(Brown 1975:388). 요컨대 원죄는 성적으로 전달된 최초의 질병이다! 유감스럽게도 이 해석의 영향으로 서구 문화에서는 성적인 관계에 관한 혼란과 죄책감이 항상 존재했다. 이로 인해 죄, 탐욕, 육욕 등에 대한 어거스틴적인 용어들은 오늘날의 사전에서 색욕과 격렬한 성적 욕망으로 정의된다. 종교개혁 시기에 몇몇 급진주의자들이 주장했던 한 가지 흥미로운 반응은, 색욕이 결여된 성관계가 죄가 없는 자녀들 곧 빛과 순결의 자녀들을 만들어낼 것이라는 견해였다(참고 Williams 1992:782, 784).

어거스틴이 죄에 대한 자신의 해석을 뒷받침하기 위해 의존한 본문은 로마서 5:12였다. "그러므로, 한 사람을 통하여 죄가 세상에 들어오고 죄를 통하여 사망이 들어온 것같이, 모든 사람이 죄를 범하였으매 사망이 모두에게 임했다." 어거스틴은 이 본문을 라틴어 불가타 성경으로 읽었다. "모든 사람이 죄를 범하였으매"라는 헬라어 구절을 라틴어는 "그 안에서 모든 사람이 죄를 범하였다"(in quo omnes peccaverunt)로 번역했다. "그 안에서"가 남성형으로 사용되었기 때문에, 어거스틴은 이 본문이 아담으로부터 물려받은 죄 교리를 지지한다고 보았다.

원죄 교리를 뒷받침하는 어거스틴의 근거 본문은 종교개혁 시기의 언어학적 성경 연구에 의해 손상되었다. 예를 들어 에라스무스는 로마서 5:12이 "반드시 원죄를 언급해야 하는 것이 아니라…아담의 예를 모방함으로써 이루어지는 죄를 언급한다"고 이해했다(Payne 1970:42, 251; Cummings 2002:144-7). 에라스무스는 실제로 행한 죄를 의미하기 위해 "죄"라는 단어를 사용한다. 죄가 물려받은 것이라고 한다면, 죄로 이끌리는 경향(tendency)을 물려받은 것이며 이 경향이 나중에 실제화된 것이다. 원죄를 단순히 죄에 대한 성향으로 축소시킨 이러한 해석을 따라, 츠빙글리는 '유전된 죄'를 의미하는 에어브쉰데(Erbsünde) 대신에 '죄에 대한 남아 있는 충동'을 의미하는 에어브브레스텐(Erbbresten)을 사용할 것이다.

이러한 식으로 해서 죄는 인간 실존의 존재론적 조건으로부터 의지적인 행동으로 바뀌며, 그 결과 유아 세례를 시행해야 하는 근거가 약해진다. 만일 사람이 죄 가운데 태어나지 않는다면, 세례를 통해 죄를 씻는 일은 불필요해진다. 에라스무스의 "교리문답적이고 주의주의적(主意主義, voluntaristic)인 원리들은 유아 세례를 반대한다"(Payne 1970:177). 에라스무스는 츠빙글리뿐 아니라 급진 종교개혁가들에게도 강력한 영향을 미쳤다. 하지만 에라스무스는 급진적인 신학의 목소리를 낼 수는 있었어도 급진적인 행동을 직접 취할 수는 없었다. 만일 교회가 어떤 일을 수 세기 동안 행하여 왔다면, 그러한 전통으로부터 떠나는 것이 그가 할 수 있는 일이 아니었다. "나는 교회의 일치된 가르침으로부터 떠날 수 없으며, 한 번도 떠난 적이 없다"(Payne 1970:153). 츠빙글리와 그의 급진적인 추종자들에게는 이와 같은 주저함이 없었다.

츠빙글리 자신은 친구들과 대화하는 가운데 그리고 심지어는 설교를 통해 유아 세례에 대한 논의를 시작했다. 우리는 츠빙글리의 성례 신학의 기본 원리들에 대해서 이미 살펴보았다. 성찬과 마찬가지로, 세례 역시 하나님의 약속 즉 하나님의 은혜의 선물에 대한 표현으로 이해되지 않았으며, 공동체가 하나님의 백성임을 보여주는 하나의 증언으로 이해되었다. 여기서 우리는 언약 신학을 강조한 츠빙글리의 주장 및 영과 물질을 나눈 플라톤적 인간론의 영향을 다시 한 번 볼 수 있다. 플라톤적 인간론이 성례 신학에 영향을 끼친 결과, 츠빙글리는 '성령께서는 자신을 전달하기 위해 외형적인 수단을 필요로 하지 않으신다'는 입장에 이르렀다. 따라서 세례는 죄를 씻어 없애는 의식이 아니라, 교회 안으로 들어 왔음을 보여주는 외형적인 표지이며 그리스도의 제자로 살겠다는 서약일 뿐이다.

> 물로 행하는 세례는 하나의 외형적인 표지였다. 세례 받는 사람에게 믿음이 주어질 때에만 성령의 세례가 이루어졌으며, 이로 인해 그 사람은 외형적인 표지를 동반하여 보편적인 교회 안으로 들어갔다…세례주의자(Täufer)들에 의해 재세례의 문제가 제기되기 전에 츠빙글리는 세례를 외형적인 표지로 이야기했다(Walton 1967:171).

츠빙글리의 입장이 내포하는 의미는, 의식적으로 스스로를 그리스도께 헌신시킬 수 있는 성인들에게만 세례가 베풀어질 수 있다는 것이었다. 자신의 급진적인 추종자들이 이러한 의미를 실행으로 옮김에 따라, 츠빙글리는 자신이 이전에 가졌던 유아 세례에 대한 의심을 바꾸고 다양한 논증을 사용하여 그것을 변호해야 했다. 츠빙글리는 로마 가톨릭과 루터파의 성례 신학으로 인해 복음이 외형화되고 기계화되는 것에 반대하는 한편, 죄의 심각성을 너무 가볍게 생각하여 순결한 교회를 만들 수 있다고 생각한 재세례파의 분파주의(sectarianism)에도 반대했다.

재세례파들의 관점에서 볼 때, 세례가 원죄를 제거한다는 교리는 성경에 대한 교황주의적 왜곡이었다. 로마 교회가 이처럼 성경을 왜곡한 의도는 은혜를 베푸는 권한을 하나님이 아닌 자신들에게 영구적으로 돌리기 위해서였다. 재세례파들은 루터파가 유아 세례를 성례로서 유지한 것에 대해서도 비판했는데, 그 이유는 이것이 교황주의의 잔재일 뿐 아니라, 세례의 전제조건인 믿음과 제자도를 강조하지 않음으로써 "값싼 은혜"를 조장했기 때문이다. 이에 따라 엔드레스 켈러(Endress Keller)는 다음과 같이 고백했다.

> 이러한 비참한 상황에 대한 책임을 교황들이 가지고 있다는 사실을 당신은 인정해야 할 것이다. 사도 시대에는 유아 세례가 존재하지 않았으며 사도들은 그 어떤 어린이들에게도 세례를 베풀지 않았다는 사실을 우리는 분명히 볼 수 있으며 그 누구도 이를 부인할 수 없다. 사도들이 어린이들에게 세례를 베풀었다면, 그 일이 성경에 기록되었을 것이다. 설령 루터와 교황이 그것을 지지한다고 할지라도, 성경은 유아 세례를 지지하지 않는다(Klaasen 1981:178).

재세례파 운동의 동기와 목표는, 로마 가톨릭과 루터파와 츠빙글리파들이 옹호한 기독교 세계 내의 타락에 맞서 참된 기독교와 성경적인 공동체를 회복하는 것이었다. 재세례파들은 물세례와 성령세례 사이의 차이에 민감했다. 뮌처는 "사람들이 참된 세례를 이해하지 못하며, 이에 따라 기독교 세계로의 입문이 조악한 사기 행위가 되어 버렸다"고 비판했다(CTM 191). 혹은, 19세기의 위대한 덴마크 철학자 쇠렌 키에르케고르(Søren Kierkegaard)가 제도적으로 확립된 기독교에 대해 신랄하게 지적하였듯이, 모든 사람들이 그리스도인인 곳에서는 그 어떤 사람도 그리스도인이 아니다. 재세례파의 관심은 기본적으로 교회론적이었지 성례론적이지 않았다. 예수의 참된 제자들은 세상 안에 있지만, 세상에 속하지는 않는다. 당시의 교회는 기독교 세계를 향한 열망으로 인해 세상을 "모방"할 뿐이었다. 재세례파들은 이상적인 교회와 현실적인 교회 사이의 간격을 변명하거나 합리화할 수 없었다. 이러한 점에서 재세례파 운동은 반(反)-성직주의적인 환경에서 꽃을 피웠다. 이 때문에 재세례파들은 일반적으로 유아 세례를 적그리스도의 세례로 불렀던 것이다. 그레벨(Grebel)은 유아 세례에 대한 반대와 이러한 반(反)-성직주의를 연결시켰는데, 그는 유아 세례가 사람들로 하여금 자신들의 악한 행위에 계속 머물러 있도록 허용한다고 주장했다.

재세례파의 교회론은 삼중적인 세례를 가르치는 것으로 이어졌다. 세례는 새로워진 공동체, 곧 그리스도의 몸으로서의 공동체를 나타내는 표지가 되어야 한다. 공동체 안으로 들어오는 것은 오직 그리스도의 제자들에게만 열려 있다. 제자도는 성령을 통해서 전달되며 회개로 이어지는 하나님의 은혜를 통해서만 가능하다. 참된 세례는 무엇보다 성령에 의한 내적인 세례이다. 어떤 사람이 이 내적인 세례를 고백할 수 있을 때, 이러한 믿음과 새로워진 삶의 표지로서 물세례가 시행된다. 하지만 제자들은 이 세상에 속하지 않기 때문에 거절당하고 핍박을 받을 것이다. 이것이 세 번째 세례인 바, 피의 세례 곧 순교이다. 윌리엄스(Williams 1992:218)는 재세례파들에게 있어 세례가 중세의 고해성사의 자리를 차지했다고 지적한다.

> 유아세례에 반대하여 신자의 세례를 요청하면서 강조한 것은 성인들의 믿는 능력 뿐 아니라 회개할 수 있는 능력이었다…이제는 사라져 버린 고해성사의 경험적 중요성이 닳아빠지고 형식화된 세례로 회복되었다.

루터가 보기에 이 모든 것은 도나투스주의(Donatist) 이단과 행위 구원으로 회귀하는 것처럼 보였다. 『재세례에 관하여』에서 루터는, 재세례파의 입장이 하나님의 은혜 대신에 믿음의 행위를 내세우며 그 결과 교황제도하에서 만연했던 구원의 불확실성을 다시 야기한다고 주장했다. 믿음과 새로워진 삶이 세례의 전제조건이라고 말한다면, 이는 곧 불확실성이나 억측(presumption) 둘 중 하나에 이르기 마련이다.

> 그들이 큰 억측을 범하고 있다는 사실을 나는 말해야 한다. 만일 그들이 이 원리를 따른다면, 세례를 받는 사람이 믿음을 가지고 있다는 사실을 확신하기 전까지는 감히 세례를 베풀지 못할 것이다. 한 사람이 믿는다는 사실을 어떻게 그리고 언제 확실히 알 수 있겠는가? 그들이 신이 되어 사람들의 마음을 분별할 수 있으며 믿음이 있는지 없는지를 알 수 있게 되었단 말인가? 세례를 위해 믿음이 존재하는 것이 아니라, 믿음을 위해 세례가 존재하는 것이다(LW 40:239, 246).

루터에게 있어 세례라는 성례가 주는 좋은 소식은 하나님께서 죄인들을 선택하신다는 것이지, 죄인들이 하나님을 선택한다는 것이 아니었다. 대교리문답(1529)에서 루터는 '유아들에게는 믿음이 없기 때문에 유아 세례는 잘못된 것'이라는 재세례파의 도전에 대응했다. 루터는 개인의 믿음이 아니라 하나님의 약속이 이 문제의 쟁점이라고 주장했다.

> 비록 믿음이 부족하다고 할지라도, 세례는 정당하다. 나의 믿음이 세례를 만드는 것이 아니기 때문이다. 오히려 믿음은 세례를 받는다. 설령 세례를 올바로 받지 못하고 세례가 올바로 시행되지 않는다 할지라도, 세례는 그 효력을 상실하지 않는다. 이는 그것이 우리의 믿음이 아니라 말씀에 근거하기 때문이다(Kolb and Wengert 2000:463).

다시 한 번 우리는 여기서 하나님의 구원 약속이 무조건적이라는 루터의 주장을 보게 된다. 이는 그것이 한 개인 안에서 일어나는 변화에 달려 있지 않고, 하나님 앞에서의 지위와 관련하여 한 개인의 바깥에서(extra nos) 일어나는 변화에 달려 있기 때문이다.

이와는 반대로 재세례파는 개인적인 변화를 강조했다.

> 재세례파들은…기본적으로 행하는 자들이었다…그들은 깊이 생각하는 것 대신에 행동을 강조하였으며, 그리스도를 설명해야 할 구세주라기보다는 따라야 할 모범으로 보았다. 그들에게 있어서 그리스도는 체계적인 기독론이라기보다는 제자도(Nachfolge)를 의미했다(Oyer 1977:71).

그레벨(Grebel)을 중심으로 모인 집단은, 유아 세례로 인하여 "모든 사람들"이 자신들의 옛 악행에 머무르면서도 교회의 구성원이 되는 일이 발생했다고 주장했다. 만일 타락된 기독교 세계가 회복되어야 한다면, 세례야말로 성도들이 자신들의 삶을 반드시 개선해야 한다는 사실에 대한 표지가 되어야 한다. 유아 세례가 상징하는 포용적인(inclusive) 교회에 반대하여, 신자의 세례는 배타적인(exclusive) 교회를 나타냈다.

루터라는 한 쪽 진영과 츠빙글리와 재세례파라는 다른 한 쪽 진영 사이의 핵심적인 쟁점은 '성례 그 자체로 은혜를 전달하는가' 아니면 '성례가 말씀 가운데 이미 주어진 은혜를 확증하는 표지인가' 하는 것이었다. 성찬에 대한 논쟁에서와 마찬가지로, 다시 한 번 이 논쟁은 내부의 실재와 외부의 실재, 영과 물질, 실재와 표지 사이의 관계라는 오래된 형이상학적 문제를 중심으로 진행되었다. 슈벵크펠트(Schwenckfeld)와 같은 보다 급진적인 개혁가들은 영적인 것이 물질적인 것으로부터 독립되어 있다는 주장을 논리적인 결론으로까지 밀고 나가 결국 성례의 사용 자체를 거부하기에 이르렀다.

칼슈타트의 입장을 공격하면서 루터는 복음을 내면적이고 개인적으로 경험하는 일이 말씀을 외형적으로 선포하며 성례를 시행하는 것을 통해 이루어진다고 강조했다.

> 칼슈타트는 순서를 뒤집었다. 세례라는 물리적 표지와 하나님의 말씀의 선포 가운데 나타나는 하나님의 외형적인 질서 대신에, 그가 가르치고자 하는 바는 "성령이 어떻게 당신에게 오시는가"가 아니라 "당신이 어떻게 성령께 다가가는가"이다. 그들이 아마 당신에게 어떻게 구름과 바람을 타고 여행하는지를 가르쳤을 것이다. 그들은 어떻게 혹은 언제, 또는 어디에서 혹은 무엇을 경험해야 하는지에 대해서는 말하지 않고, 오직 자신들이 경험한 것을 당신도 경험해야 한다고만 말하고 있다(LW 40:147).

루터가 보기에, 재세례파의 입장은 중세의 행위 구원의 또 다른 측면으로서, 윤리적인 행위 대신에 종교적 경험이라는 행위를 내세운 것뿐이었다. 윤리적인 행위이든 종교적 경험의 행위이든 두 경우 모두에 있어서 초점은 인간의 성취이지 신적인 행동이 아니었다.

츠빙글리의 반응은 루터처럼 그렇게 쉽게 설명되지 않는다. 한 편으로 츠빙글리는 한때 자신을 따랐던 추종자들과 관련하여 곤란한 상황에 빠졌다. 다른 한 편으로 츠빙글리는 계속해서 세례를 하나의 언약적 표지로 보았는데, 이는 그것을 하나의 유언으로 이해한 루터와는 다른 견해였다. 1524년 이후로 발표한 일련의 논문들에서, 츠빙글리는 구약 시대의 하나님의 백성과 신약 시대의 하나님의 백성 사이에 언약적 연속성이 존재한다는 점을 주장함으로써 유아 세례를 옹호했다. 그는 할례와 유아 세례 사이의 유비에 근거하여 자신의 논리를 전개했다. 예수님께서도 친히 세례 요한의 세례를 받으셨다. 또한 비록 신약 성경이 유아 세례를 명시적으로 명령하지는 않지만, 그리스도께서 어린 아이들을 축복하셨고(눅 18:15-17) 사도행전과 여러 서신서에서 가족 전체의 세례를 이야기한다는 사실 등은 유아 세례를 뒷받침한다. (재세례파들과 마찬가지로) 츠빙글리에게 있어서 세례는 교회를 이해하는 데 필수적이다. 하지만 교회에 대한 츠빙글리의 관점은 배타적이지 않고 포용적이다.

> 문제의 근원은 재세례파들이 자신들 이외에는 어떠한 그리스도인들도 인정하지 않고, 자신들의 교회 이외에는 어떠한 교회도 인정하지 않으려 한다는 사실이다. 그리고 이는 언제나 분파주의자들이 자신들만의 권위에 입각하여 스스로를 분리시키는 방식이다(Bromily 1953:158).

앞에서 우리는 츠빙글리가 "기독교 도시는 기독교 교회와 다름없다"라고 말한 것을 보았다. 이러한 기독교 공동체 혹은 기독교 사회는 양과 염소, 신자와 불신자가 뒤섞여 있으며 오직 하나님만이 아시는 공동체이다. "하지만 교회는 세례받은 자들과 세례받지 않은 자들의 모임일 수는 없었다. 그렇게 되면 시민적인 질서 자체, 그리고 그것에 근거해 있는 복음의 선포가 위태롭게 되기 때문이다. 역설적이게도 츠빙글리는 구원론과 관련해서는 세례에 그다지 중요한 역할을 부여하지 않았지만, 교회론에 있어서는 세례에 근거하여 가시적 교회를 변호했다"(George 1988:144).

3. 취리히에서의 시작

1522년, 최초의 사순절 "소세지 사건"에 참여하기도 했고 훗날 재세례파가 되는 한 무리들이 성경 공부를 위해 클라우스 호팅거(Klaus Hottinger)의 집에 모이기 시작했다. 이 모임에서 가장 매력적이고 영향력 있는 사람은 재세례파의 창설자로 알려진 콘라드 그레벨(Conrad Grebel, 1498-1526)이었다. 그레벨은 귀족 가문 출신이었으며 바젤과 비엔나에서 교육을 받았다. 비엔나에서 그는 위대한 스위스 인문주의자이자 훗날 세인트 갈(St Gall)의 평신도 개혁가가 된 요아킴 바디안(Joachim Vadian)과 가까워졌다. 바디안은 그레벨의 여동생과 1519년에 결혼했다. 1518년에 그레벨은 프란시스 1세가 후원한 왕립 장학생으로 선발되어 파리에서 공부할 수 있었다. 이곳에서 성경학자 르페브르 데타플(LeFèvre d'Etaples), 윌리엄 뷔데(William Budé), 그리고 (스위스인이었으며 훗날 프랑스 종교개혁의 시작에 관여한) 니콜라스 콥(Nicolas Cop) 등을 만남으로써 인문주의에 대한 그레벨의 관심은 더욱 커졌다. 하지만, 파리에서의 방탕한 생활로 인해 그의 아버지는 대부분의 장학금 지급을 보류했고, 그레벨은 고향으로 돌아와야 했다. 1520년 6월에 취리히로 돌아온 그레벨은 비슷한 인문주의적 정신을 가지고 있는 펠릭스 만츠(Felix Mantz, ca. 1500-27)와 츠빙글리를 만났으며, 그들과 함께 헬라어와 히브리어를 공부했다.

그레벨의 회심은 자신보다 낮은 계층의 한 여인과 결혼한 것과 관련되어 보이는데, 이 결혼으로 인해 그는 1522년에 아버지와 다투었다. 헬라어 본문에 기초하여 복음을 설명한 츠빙글리의 설교 역시 그의 회심에 영향을 끼쳤다. 1522년부터 1523년까지 그레벨은 취리히에서 츠빙글리를 적극적으로 지지했으며, 옛 신앙을 옹호하는 설교를 방해함으로써 자신의 신념을 드러냈다. 하지만 얼마 되지 않아 그레벨은 츠빙글리가 복음보다 정부에 더 관심이 있다고 결론 내렸고, 이후에는 츠빙글리의 가장 강력하고 혹독한 비평가로 활동했다.

그레벨과 그의 집단이 츠빙글리와 분열한 것은 비텐베르그에서 칼슈타트와 루터가 분열한 사건과 비슷했다. 두 경우 모두에 있어서 논란이 된 쟁점은 개혁이 강제되어야 하는가 아니면 자유롭게 시행되어야 하는가의 문제였다. 성경을 신학과 실천의 유일한 규범으로 강조한 상황에 비추어볼 때, 이는 놀랄만한 일이 아니다. 칼슈타트의 직접적인 영향력 역시 간과되어서는 안 된다. "취리히의 세례주의자들은 칼슈타트의 작품들에 깊이 빠져 있었으며, 1524년 가을에 칼슈타트의 가장 급진적인 작품들이 출판되도록 후원했다"

(Pater 1984a:117).

대성당에서 사역을 시작할 때부터 츠빙글리는 자신의 설교와 논문들을 통해 미사의 거부와 성상파괴운동을 부추겼다. 종교를 외형화시키는 온갖 형태에 대해서 격렬하게 공격한 사람은 츠빙글리만이 아니었다. 이미 1521년에 바디안(Vadian)의 저작으로 여겨지는 『옛 하나님과 새 하나님에 관하여』(*On the Old and New God*)는 우상숭배 행위를 폭로하며 그것을 예배의 타락으로 보았다. 그리스도인들은 가톨릭 예배의 특징인 외형화된 종교를 버려야 하며, 초대 교회의 성경적인 모습으로 돌아가야 한다.

성상에 대한 칼슈타트의 공격에서 단서를 얻은 루이스 햇처(Louis Haetzer, ca. 1500-29) 역시 『모든 우상들과 성상들에 대해 어떠한 태도를 취해야 하는지에 관한 하나님의 판단』(*The Judgment of God Our Spouse as to How One Should Hold Oneself toward All Idols and Images*, 1523)을 통해 성상파괴운동을 더욱 강화하였다. 1520년대 초 취리히 교구 내에 성상파괴적인 정서와 폭력이 널리 퍼져 있었다는 수많은 증거들이 존재한다. 1523년 9월, 츠빙글리의 뒤를 이어 아인지델른(Einsiedeln)에서 사역했으며 취리히의 성 베드로(St Peter's) 교회의 목사였던 레오 주드(Leo Jud)는 성상에 반대하는 열정적인 설교를 전했으며 교회로부터 그것들을 제거하라고 요구했다. 취리히 외곽의 졸리콘(Zollikon)에서, 야콥 호팅거(Jacob Hottinger)는 주드의 조언을 따랐고, 우상에 대한 강력한 비난과 함께 미사를 방해했으며, 마침내는 큰 십자가상을 쪼갠 후 가난한 자들에게 땔감으로 나누어 주었다. 잇따른 소동과 수많은 성상파괴자들의 투옥으로 인해 취리히시의 지도자들은 이 문제들에 대한 성경의 근거를 분명히 하려는 목적에서 하나의 논쟁을 계획했다(이 논쟁은 2차 취리히 논쟁으로 불린다).

약 900명의 시민, 신학자, 시 지도자, 사제 등이 참여한 2차 취리히 논쟁(1523년 10월 26-8일)은 시청에서 열렸다. 다른 주(州)들에도 교회 대표자들을 파견해달라고 요청했지만, 오직 두 곳 세인트 갈(St Gall)과 샤프하우젠(Hchaffhausen)만 응답했다. 이 논쟁은 성상과 성례에 집중하였다. 다른 어떤 사람들보다도 츠빙글리와 주드가 제시한 주장, 즉 성상은 교회로부터 제거되어야 하며 미사는 기념적인 성찬으로 대치되어야 한다는 주장이 지지를 얻었다. 그때 그레벨이 일어나서 이러한 변화가 즉시 실행되어야 한다고 주장하였고, 이로 인해 개혁의 실행을 놓고 다시 한 번 충돌이 발생했다. 츠빙글리는 이 결정을 시의회에 맡겼다. "앞으로 미사가 어떻게 시행되어야 하는지에 대해서는 의원님들이 결정할 것입니다"(Zuck 1975:51-4). 성상파괴주의자였고 1522년 이래로 횡(Höngg)의 목사였으며 츠빙글리의 학문적 집단에 참여했던 시몬 슈툼프(Simon Stumpf)가 흥분하여 외쳤다. "울리히 선생! 당신은 이에 대한 결정을 의원들에게 맡길 권한이 없소. 왜냐하면 이미 판결이 이루어졌기 때문이오. 결정하시는 분은 하나님의 성령이시오. 만일 의원들이 하나님의 판결에 위배되는 어떤 결정을 내린다면, 나는 그리스도께서 그분의 영으로 인도해주시기를 간구할 것이고, 시의회의 결정과 반대로 가르치며 행동하겠소."

다음날 그레벨은 그밖의 악습들에 대한 토론을 요청했다. "그리스도께서 제정하지 않으신 모든 것은" 악습이라고 정의내림으로써 츠빙글리는 다른 악습들이 존재한다는 사실을 인정했다. 하지만 츠빙글리는 앞에서 루터가 주장했던 동일한 입장을 지지했다. "그러나 우리는 그러한 악습들을 단번에 모두 폐지시킬 수 없기 때문에, 하나님의 말씀을 확고하고 끈질기게 설교함으로써 그것들과 싸우는 일이 필요합니다!" 강제력이 아니라 설교를 통해 개혁을 이루고자 했던 츠빙글리의 목회적-신학적 견해를 퀴스나하트(Küssnacht) 마을의 대표자 콘라드 슈미트(Conrad Schmid)는 논쟁의 말미에 다음과 같이 지지하였다. "하지만 어떤 사람들은 너무나 경솔하여 우리가 즉시 행동을 취하고 변화를 이끌어야 한다고 믿습니다. 내가 보기에, 이러한 것들을 너무나 성급하게 폐지하는 것은 바람직하지 않습니다." 그 이유는 무엇인가? 사람들이 아직 그와 같은 변화에 준비되지 않았기 때문이다. 츠빙글리는 시의회가 교리적인 문제에 대한 결정권을 가지고 있다고 생각하지 않았다. 하지만 시의회는 평화를 유지하고 양심을 보호할 책임을 가지고 있다. 따라서 새로운 교회 질서를 실제적으로 시행하는 일은 도시 지도자들의 몫이라고 츠빙글리는 보았다.

그레벨은 교회를 "정화시키는" 일을 천천히 진행시키는 츠빙글리와 도시 지도자들에게 깊이 실망했으며, 미사가 여전히 시행되고 있다는 사실에 분개했다. 물론 츠빙글리가 개혁을 향한 길을 제시하기는 했지만, 타협적인 태도를 취하여 변화의 시행을 "지체하고" 있는 연고로 그는 이제 거짓 예언자이다. 1523년 12월, 그레벨은 자신의 처남 바디안에게 보낸 편지에서 "츠빙글리가 진정한 목자로서 행동한다고 생각하거나 믿거나 말하는 사람이 있다면, 그는 악하게 생각하고 믿으며 말하는 것"이라고 말했다(Furcha 1985:86). 그레벨이 보기에, 하나님의 말씀을 설교함으로써 개혁을 시작했던 츠빙글리는 그것을 자신만의 목적을 위해 왜곡함으로써 이제 말씀의 자유로운 역사를 방해하고 있다. 급진주의자들의 눈에는 도시 지도자들에 의한 개혁이 더 이상 불가능해 보였다. 교회는 국가로부터 자유롭게 되어야 한다(이러한 이유에서 "자유 교회"라는 명칭이 붙었다).

1523년의 성탄절 후, 자유 교회 운동이 형성되기 시작했다. 그레벨이 요구했던 사회와 종교에서의 변화에는 '오직 참된 신자들로만 구성된 새로운 교회'와 '국가로부터 독립된 자발적인 교회'가 포함되었다. 츠빙글리에 의해 거절된 후, 그레벨 집단은 토마스 뮌처에게 유명한 편지를 보내, 자신들이 사회로부터 떨어져 나온 교회적 소수파라고 주장했다.

1524년 9월 5일에 기록된 "토마스 뮌처에게 보내는 편지"(Letter to Thomas Müntzer, CTM 121-32)는 개신교 자유 교회의 가장 초기 문서로 알려져 있다. 취리히 급진주의자들은 뮌처를 자신들이 가지고 있는 신념을 공유한 사람으로, 또 세례를 포함하여 전통적인 교회론에 맞서 자신들처럼 싸운 사람으로 환영했다. 그들은 뮌처의 작품들과 예전적 개혁에 대해 알고 있었으며, "가장 순결한 선포자이며 설교자"인 뮌처와 칼슈타트에 동의하여, 루터와 츠빙글리가 연약한 자들을 거짓되게 배려하는 가운데 개혁을 왜곡시켰다고 주장했다. "우리 역시도 우리의 학식 많은 목사들에 의해 거절당하고 있습니다…모든 사람들이 그들의 말에 귀를 기울입니다. 당신이 책에서 지적한 것과 같이, 그들은 죄악되고 달콤한 그리스도를 설교하며 올바른 분별력을 결여함으로써 사람들의 인기를 얻습니다. 당신의 작품들은…우리에게…거의 절대적인 가르침과 힘을 주었습니다." 불행하게도, 뮌처가 이 편지를 받았는지 혹은 심지어 이 편지가 뮌처에게 보내졌는지 조차 알려지지 않는다.

"뮌처에게 보내는 편지"는 장차 재세례파 운동의 특징이 될 다음의 주요 입장들을 그레벨 집단이 이미 발전시켰다는 사실을 보여준다. 성경이 명령하지 않은 것들은 교회에서 금지되어야 한다. 성찬은 "미사도 성례도 아니며" 하나님과의 언약에 대한 상징이다. 세례는 믿음의 표지이며 유아에게는 시행되지 말아야 한다("유아 세례는 성경 전체에 위배되는 어리석고 우상숭배적인 행위이다"). 교회는 그 구성원들의 의로운 삶을 통해 확인되는 공동체이다. 복음에 따라 자신의 삶을 개선하지 않는 사람들은 추방되어야 한다. 복음도, 복음을 따르는 사람들도, 칼에 의해서 보호되어서는 안 된다. 참된 교회는 핍박받는 교회이다("진정으로 믿는 그리스도인들은 이리 가운데 있는 양들이다…그들은 근심과 버려짐, 환난, 박해, 고난과 죽음 등의 세례를 받아야 하며, 불 가운데 연단되어 영원한 안식을 찾아야 한다"). 참된 그리스도인들은 또한 무기를 소유하지 않는데, 이는 "그들 가운데 살인이 없어졌기 때문이다." 이 편지는 일곱 사람의 서명과 함께 끝난다. "당신의 형제들 그리고, 루터와 관련해서, 일곱 명의 새로운 작은 뮌처들."

반대자들은 계속해서 설교를 방해했으며, 성상파괴운동에 참여했고,-유아 세례에 대한 직접적인 거부의 표현으로서-졸리콘(Zollikon) 교회에 있는 세례반(盤)을 부숴트렸다. (횡[Höngg] 마을의 급진적인 사제로서 개혁을 진전시키기 위해 사제들을 죽여야 한다고 제안했던)시몬 슈툼프, (전직 사제이자 뮌처에게 보낸 편지의 서명자 중 하나였던)요하네스 브뢰틀리(Johannes Brötli), (비티콘[Witikon] 마을의 사제이자 "설교단에서의 농민 혁명"으로 알려진)빌헬름 로이블린(Wilhelm Reublin) 등은 십일조가 단순히 경제적이고 사회적인 문제일 뿐 아니라 정치적이고 종교적인 문제라고 주장했다. 십일조 자체는 교회의 은혜 시여(施輿)에 근거했다. 하지만 이제 복음적인 설교에 비추어 볼 때, 은혜는 자유롭고 교회는 자발적이라는 점이 분명해졌다. 따라서 급진주의자들은 성경에 근거하여 십일조가 폐지되어야 한다고 결론 내렸다. 급진주의자들에게 있어서 십일조는 주변적인 문제가 아니라 교회의 개혁을 위해 중심적인 중요성을 가진 문제였다. 그들은 츠빙글리로부터 심지어 외형적인 것들조차도 영적인 의미를 갖는다는 점을 배웠다.

이러한 초기 "회중주의"는 취리히 주에 속한 횡(Höngg), 그뤼닝거(Grüninger), 비니겐(Wynigen), 할라우(Hallau) 교구들과, 특히 발타자르 후브마이어가 주도권을 잡은 검은 산림 지역의 발트슈트(Waldshut)에서 나타났다.

그들은 세례와 십일조 문제를 놓고 츠빙글리와 단절했다.

불일치는 반대로 이어졌다. 시의회는 1524년 1월 17일에 또 다른 공개 논쟁을 요구했다. 양쪽 진영 모두 이제 자신들의 입장에 있어 더욱 확고했다. 츠빙글리가 논쟁을 주도했고 급진주의자들은 구석으로 몰리는 듯한 느낌을 받았다. 논쟁이 끝난 후, 취리히의 대다수 사람들은 츠빙글리가 반대자들의 비난과 공격에 답변했다고 생각했다. 세례를 받지 않은 아이들을 8일 이내에 모두 세례받게 하며 그렇게 하지 않을 경우 취리히로부터 추방된다는 명령이 떨어졌다. 뿐만 아니라, 공인되지 않은 모든 설교는 중단되어야 했고, 부서진 세례반은 수리되어야 했다.

이러한 명령들에 대한 반응으로, 작은 무리의 반대자들이 1월 21일 펠릭스 만츠의 집에 모였다. 그들 중에는 그레벨이 있었고, 결혼한 전직 사제이자 훗날 1529년에 인스브룩(Innsbruck)에서 처형당한 조지 블라우록(George Blaurock)도 있었다. 그들은 함께 기도했고, 블라우록은 자신에게 세례를 베풀라고 그레벨에게 요청했다. 이후 두 사람은 15명의 다른 사람들에게 세례를 시행했고, 그들은 최초의 성인 세례자로 기록되었다. 바로 이 시기에 취리히 시는 그레벨과 만츠에게 더 이상 그들의 주장을 선전하지 말라고 요구하는 명령을 작성하고 있었다. 며칠 후 그레벨은 계속해서 설교했으며 빵과 포도주를 나누어 주었다. 이것은 분명한 저항 행위였다. 왜냐하면 그 어떤 지역에서도 미사와 관련한 결정을 아직 내리지 않았었기 때문이다. 이와 비슷한 사건들이 이후 며칠간 더 많아져서, 1월 말까지 80명의 성인들이 세례를 받은 것으로 보고되었다. 이러한 초창기의 재세례는 믿을 수 있는 능력이 아니라 회개할 수 있는 능력을 강조하였다.

> 재세례는 면죄부 거래로 인해 오랫동안 가치가 훼손되었던 고해성사를 대신하는 자리를 차지했다. 한편 성찬의 요소들은 예비 성도들의 형제애를 결속시키는 성례적 접착제가 되었다(Williams 1992:218).

테오도시우스(Theodosius)와 유스티니안(Justinian) 황제 하에서 로마법이 만들어진 이래로 유아 세례의 거부는 제국법상 이단적이고 반역적인 행위였으며 사형에 이르는 죄였다는 사실을 주목할 필요가 있다. 재세례를 금하는 테오도시우스 법전 412조는, 가톨릭교회로부터 나온 초심자들에게 다시 세례를 베풀었던 북 아프리카의 도나투스주의자(Donatists)들을 겨냥한 법이었다. 중세 시대에 이러한 법은 이단재판소의 승인을 받았으며, 카타리(Cathari)파를 대상으로 강력하게 시행되었다. 슈파이어 의회(Speyer, 1529)는 재세례를 금지한 고대의 법을 갱신했다. 역설적이게도 이 의회는 보름스(Worms) 칙령의 시행에 항거했다는 이유에서 양심의 자유를 향한 기념비적인 의회로 불려 왔다. 하지만 슈파이어 의회가 개신교주의의 탄생의 순간으로 불려질 수 있다면, 그것이 또한 재세례파에게 있어서는 죽음의 순간이었다는 사실을 잊어서는 안 된다(Wohlfeil and Goertz 1980:25). 취리히는 이 제국법이 발표되기 이전부터 사형을 선고했다. 유아 세례는 교회의 규정일 뿐 아니라 국가의 법이기도 했다. 신자 세례에 근거했던 자발적 혹은 자유 교회는 따라서 중세 후기 유럽에서 교회와 국가 모두에 반대하는 입장에 섰던 것이다. 그 결과 신자 세례는 엄청난 폭발력을 나타내 보였으며, 전통적인 기독교적 사회 질서에 대한 의문을 제기했다. 그레벨이 뮌처에게 보낸 『편지』가 보여주듯, 재세례파들은 자신들의 행동이 어떠한 결과를 초래할 것인지에 대해 매우 잘 알고 있었다.

재세례파가 산불처럼 확산되어 농민전쟁과 같은 보통 사람들의 봉기로 또 다시 이어질 것을 두려워한 지도자들은 철저한 조치를 취했다. 1524-6년의 반란이 발생한 중심지에서 재세례파 운동이 일어난 점을 통치자들은 그냥 지나치지 않았으며, 그들은 유아 세례에 대한 비판을 농민들과 연대된 행동으로 보았다-이는 근거 없는 일이 아니었다. 재세례파를 박해하는 것은 개신교와 로마 가톨릭 통치자들이 동의했던, 일종의 잘못된 초기 교회연합적인 일이었다. (가톨릭 지역인) 합스부르크 영토에서는 재세례파에 대한 처벌이 가장 강력하게 시행되었으며, 복음주의적 영토와 도시들은 추방과 같은 보다 온건한 처벌을 내렸다. 신학이 반란으로 이어지지 않는 한, 루터는 박해가 잘못된 것이라고 생각했다.

이 불쌍한 사람들이 그토록 애석하게 살해되고, 불태워지고, 고문당하여 죽는 일은 옳지 않으며 슬픈 일이다. 우리는 모든 사람들이 자기가 원하는 것을 믿도록 허용해야 한다. 만일 그의 믿음이 거짓된 것이라면, 영원한 지옥불에서 충분히 심판받을 것이다. 그들이 반란을 벌이거나 정부에 반대하지 않는다고 한다면…왜 우리가 이 사람들을 순교자로 만들어야 하겠는가?…그들을 불태움으로써 우리가 얻는 유익은 거의 없다(LW 40:230).

츠빙글리와 취리히 지도자들은 반대자들에게 경고하고 위협했으며, 그 후에는 몇 사람을 투옥시키고 나머지 사람들을 추방시켰다. 그럼에도 불구하고 이 새로운 가르침은 놀라운 속도로 퍼져갔다. 얼마 후 몇 명의 사람들이 허리에 줄을 묶고 손에는 나무 막대기를 쥔 채 취리히 전역을 행진하였다. 그들은 "화로다 취리히여," "예루살렘으로의 자유를"이라고 외쳤으며 츠빙글리를 "옛 용"으로 불렀다. 이 새로운 예언자들은 취리히가 회개할 수 있는 기간이 40일밖에 남지 않았다고 선포했다. 블라우록은 츠빙글리를 적그리스도로 부르기까지 했다. 11월 초, 세례에 대한 논쟁이 열렸고, 그레벨, 만츠, 블라우록 등은 츠빙글리와 그밖의 사람들과 대결했다. 논쟁은 곧 소리지르기 시합으로 전락했으며, 한 가지 우스운 대화로 끝날 뿐이었다. 한 농부가 츠빙글리에게 "츠빙글리여, 살아 계시고 참되신 하나님에 힘입어 부탁하니, 제발 한 가지 진실만이라도 나에게 말해주시오"라고 외쳤고, 츠빙글리는 그 농부에게 "당신은 우리 주위의 사람들 중 문제를 일으키며 만족하지 못하는 최악의 농부요"라고 대답했다(Potter 1976:185-6).

시 지도자들은 그들이 "길거리의 난폭한 사람들"이라고 간주한 무리들에 대해 더 강경하게 대처하기로 결정했다. 후브마이어가 잡혀서 고문을 받았고, 자신의 견해를 취소하자마자 떠나게 해 주었다. 다른 사람들도 구속되었다. 그레벨, 블라우록, 만츠는 1526년에 다시 나타나서 츠빙글리를 거짓 예언자로 공격했으며, 분리파의 예배를 요구했다. 위협에도 불구하고 그들은 잠잠치 않았으며, 결국에는 그들 역시 투옥되었다. 하지만 감옥 간수들의 "부주의함"으로 인해 그들은 이내 곧 석방되었다.

이 당시, 개혁주의 스위스 연방에 대한 츠빙글리의 꿈은 가톨릭 적들의 전진으로 인해 사라지고 있었다. 재세례파들이 개혁의 대의를 약화시키고 있한 계시록에 기초한 천년왕국적 예언들을 통하여 중세 후기의 삶을 흔들었다. 이따금 지나친 모습들이 나타나 재세례파의 평판이 나빠졌고, 반대자들은 이러한 지나침을 공격할 수 있었다. 한 편으로 세인트 갈(St Gall) 재세례파의 율법주의가 나타났는가 하면, 다른 한 편으로 반(反)-율법주의와 은사주의적 과도함이 나타나기도 했다. "문자는 죽이는 것"이라는 본문에 근거하여, 어떤 이들은 성경을 불태웠다. "방언이 터져 나왔다. 음란하고 순결치 못한 일들이 발생했으며, 한 미친 여인은 자신이 적그리스도를 낳도록 예정되었다고 선언하기도 했다. 어떤 사람은 하나님께서 원하신다며 자기 형제의 목을 베어 살인하는 끔찍한 일도 저질렀다"(Williams 1992:228). 저항 운동에서 나타난 이러한 악명 높은 측면들은 초대 교회를 회복하겠다는 이상이 근본적으로 다르게 표현된 것이었다. 어떤 이들은 절대적인 평화주의를 주장했는가 하면, 또 어떤 이들은 하나님의 왕국을 이끌겠다며 묵시적인 십자군을 일으키기도 했다. 하지만 어떠한 경우이건 간에 기존의 권력자들은 재세례파들을 사회 질서를 해치는 난동 집단으로 보았다.

농민전쟁과 동맹 관계를 맺었으며 대중적인 혁명적 충성심을 조장할 수 있는 것처럼 보였던 후브마이어의 발트슈트(Waldshut) 재세례파들이나 토마스 뮌처와 같은 급진적 저항 운동들을 만났을 때, 권력자들이 얼마나 긴장했을지는 쉽게 이해할 수 있다. 하지만 그들은 미카엘 자틀러(Michael Sattler, ca. 1490-1527)가 표현한 보다 대표적인 재세례파 가르침들에 대해서조차 불안해했다.

자틀러는 스위스와 남부 독일 재세례파 운동의 모범적인 리더였다. 그는 브라이스가우(Breisgau)에 있는 수도원 원장이었다가 취리히에서 재세례파로 전향하였다. 취리히에서 추방당한 후 그는 스트라스부르그에서 피난하였으며, 그 후에는 검은 산림지역으로 옮겨 선교 사역을 계속했다. 그는 재세례파들로부터 큰 존경을 받았으며, 1527년에 독일-스위스 국경 지역 슐라이타임(Schleitheim)에서 열린 회의의 의장으로 선택되었다. 이 회의는 재세례파 원리들에 대한 가장 대표적인 진술인 "일곱 가지 조항들과 관련하여 하나님의 몇몇 자녀들 사이에 이루어진 형제적 동의"(The Brotherly Agreement of Some Children of God Concerning Seven Articles)를 발표하였는데, 이 문서는 슐라이타임 조항(Schleitheim Articles)으로 불린다. 재세례파들이 동의한 일곱 가지 조항은 다음과 같다.

세례는 회개와 삶의 개선을 조건으로 시행한다. 계명을 지키지 않는 형제들은 출교 혹은 파문한다. 성찬은 기독교적 공동체를 표현하는 하나의 기념적 식사이다. 신자들은 악한 세상으로부터 근본적으로 분리되는데, 이는 "진실로 모든 피조물들이 선과 악이라는 두 종류로 이루어져 있으며…그 누구도 상대쪽과 공유할 수 없기" 때문이다. 경건한 삶의 모범이 되는 "목자"는 공동체에 의해 선출된다. 그리스도인들의 시민권은 하늘에 있으며 그들의 무기는 영적이기 때문에, 시민적 직무와 무기의 사용을 거부한다. 맹세를 금지한다.

여기에 나타난 비전은 소위 "그리스도의 통치"에 따라(마 18:15 이하) 원시 기독교 공동체를 회복하는 것이다. 이 비전의 핵심은 "세상"으로부터 분리하고, 더 나은 사회의 표본으로서 "대항-문화"(counter-culture)를 형성하는 것이었다. 슐라이타임 조항을 작성한 저자들은 자신들의 종교개혁이 도시 지도자들의 권위에 의존하는 "위"로부터의 개혁도 아니고 혁명적 세력의 도움을 받는 "아래"로부터의 개혁도 아니라는 사실을 분명히 밝히려고 노력했다. 그들은 제 3의 길을 추구했다. 그들의 개혁 프로그램은 더 이상 기존의 기독교 세계를 정화하는 데에 집중하지 않고, 오히려 세상으로부터의 근본적인 분리에 집중하였다. 빛의 자녀로서 그들은 심지어 어둠의 자녀들과 인사하는 것조차 거부했다. 그들은 단순한 옷을 입었고, 예배를 피했으며, 서로 도왔다. 그들은 이제 힘없는 자들의 관점에서 성경을 읽었다.

이는 권력자들의 관점과 매우 달랐다. 이에 따라 그들은 예수 그리스도의 공동체가 작고 자발적일 뿐 아니라, 고난당하고 분리되며 무방비의 공동체라고 결론 내렸다. 자유 교회의 탄생은 반(反)-성직주의적 공격, 교회-정치적 무능력, 그리고 성경 연구 간의 연결 관계를 통해 설명될 수 있을 것이다. 자유 교회는 로마 교회 그리고 비텐베르그와 취리히의 교회에 대한 근본적인 대안이었다. "그들은 이 세상의 영역으로부터 물러남으로써 공동체적 종교개혁의 잔여물을 구하고자 했다. 하지만 통치자들은 가차 없이 그들을 뿌리 뽑았다"(Blickle 1981:185).

비록 얼핏 보면 슐라이타임 조항이 비정치적인 것처럼 보이지만, 그것은 농민들의 혁명적 관심사를 다른 수단을 사용하여 계속하려는 노력이었다. 예를 들어, 농민들은 목사를 자유롭게 선택하고 십일조를 통해 후원할 것을 요구했다. 재세례파들은 그들 가운데서 "목자"를 선출했으며, 필요를 채워 주기로 기대했다. 농민들은 자신들을 적대시하는 지도자들에게 맹세하기를 거부했다. 재세례파들은 맹세를 보편적으로 거부하기 위한 성경적 기초를 제공했다. 농민들은 자신들의 혁명 계획을 표현하기 위해 "조항들"이라는 형태를 선택했다. 재세례파들은 조항들을 통하여 자신들의 계획을 알렸다. 농민들은 예를 들어 검은 산림 "기독교 연합 및 형제애"와 같은 관계들의 형태로 전투적 연대감을 보여 주었다. 재세례파들은 서로를 형제자매로 불렀으며, 자신들의 연합을 슐라이타임의 "형제적 동의"에서 표현했다. 농민들은 자신들의 운동에 동참하지 않으려 하는 사람들을 쫓아내고 관계를 끊었다. 재세례파들은 "교회적인" 추방을 채택하여 "어둠의 자녀들"을 멀리했다. 재세례파들은 농민들의 군사적 수단을 거부했지만 그들의 연대성은 보존하였다. 재세례파들은 또한 핍박과 죽음이라는 결과를 받아들였다.

이러한 조항들을 주도적으로 발전시켰다는 이유로 자틀러는 체포되어 재판을 받고 끔찍한 고문을 당했으며 오스트리아 관리들에 의해 처형되었다. 이러한 오스트리아 가톨릭 법정의 역사적 상황은, 비록 그들의 행동을 변명하지는 않지만, 재세례파의 확산에 대한 통치자들의 불안감이 어떠했는지를 이해하는 데 도움이 된다. 이 당시에 오스트리아는 터키족의 진격을 직면했으며, 터키군은 비엔나의 관문을 통하여 유럽 전체로 들어가려고 위협했다. 이 재판에서 자틀러는 다음과 같이 말했다.

> 만일 터키군이 들어온다고 하더라도, 우리는 그들을 물리쳐서는 안 됩니다. 왜냐하면 '살인하지 말라'고 기록되어 있기 때문입니다(마 5:21). 우리는 터키군이나 우리를 박해하는 다른 어떤 사람들에게 맞서서 우리 자신을 방어해서는 안 됩니다…만일 싸우는 일이 옳다고 한다면, 나는 터키군에 맞서 싸우기보다는 차라리 소위 그리스도인들이라고 하면서 경건한 그리스도인들을 박해하고 체포하고 죽이는 사람들에 맞서 싸우겠습니다(Williams and Mergal 1957:141).

그림 8.1 "뒤집힌 세상"(The World Turned Upside Down). 수많은 중세 후기 그림들은 먼저된 자와 나중된 자, 부자와 빈민, 강자와 약자가 뒤집힌다는 신약 성경의 주제(마 19:30; 눅 1:47-55)를 묘사한다. 교황을 적그리스도와 동일시하는 가운데 루터는 이 주제를 강력하게 표현했다. 이 그림의 맨 윗부분에는 다음과 같은 문장이 적혀 있다. "천국의 가시적인 표시들이 증명하는 바, 기독교 세계의 모든 상태의 변화에 관한 첫 번째 장." 교회가 뒤집혀 있을 뿐 아니라, 성직자와 수도사가 평신도의 일을 하며 평신도가 성직자의 일을 한다(참고, Blickle 1997:82-4).

자료 출처 : J. Grünpeck, "Spiegel der natürlichen himlischen..."(Leipzig, 1522), © British Library

심지어 평화주의적인 재세례파라 하더라도 실상은 양의 옷을 입은 이리일 뿐이며 잠재적인 급진 혁명가라는 의혹이 통치자들의 생각 가운데 확증되었다. 이러한 확증은 1533-5년에 뮌스터(Münster)에서 발생한 과격한 사건들로 인해 분명해졌다.

5. 뮌스터 사태

성경에서 발견한 순결한 교회를 회복시키겠다는 재세례파의 열망과 농민전쟁으로 대표되는 사회적 불안의 결합은 뮌스터 시에서 폭발적으로 나타났다. 네덜란드 국경 근처 베스트팔리아(Westphalia)에 위치한 뮌스터는 큰 군주-주교직(prince-bishopric)을 가지고 있었으며 약 15,000명의 사람들이 살았다. 네덜란드에서는 이미 종교적 저항 운동이 널리 퍼져 있었다.

멜키오르 호프만(Melchior Hoffman, ca. 1495-1543)의 지나친 환상과 예언으로부터 영향 받은 이 사람들은 멜키오르주의자(Melchiorites)들로 알려졌다. 종종 "네덜란드 재세례파의 아버지"로 불리는 호프만은 모피 상인이자 평신도 설교자로서 칼슈타트의 영향을 받았다. 그는 1533년에 일어날 그리스도의 재림과 세상의 종말을 준비하기 위해 모든 사람들이 세례를 받아 그리스도의 순결한 교회 안으로 들어와야 한다고 설교했다. 호프만은 스스로를 선지자 엘리야라고 선언했으며, 스트라스부르그로 가서 이 도시가 새 예루살렘이 될 것이라고 예언했다. 스트라스부르그 지도자들은 세상의 종말을 위한 중심이 되는 명예를 거절했고, 호프만을 잡아서 그가 죽은 1543년까지 투옥시켰다. 그럼에도 불구하고 호프만의 설교와 글들은 계속해서 네덜란드에 있는 사람들에게 영향을 끼쳤는데, 그들 중 몇몇은 새 예루살렘에 대한 그의 예언을 스트라스부르그에서 뮌스터로 옮겼다.

감옥에 있는 동안 호프만은 경건한 자들의 승리에 대한 중심적인 사상들을 글로 남겼으며, 이 작품은 『하나님에 대한 순전한 경외함』(*Concerning the Pure Fear of God*, 1533)으로 출판되었다. 그의 전망에 따르면, 경건치 않은 자들은 세상의 종말 이전에 멸절될 것이고, 그리스도와 함께 성도들은 (제 2의 요나와 같은) 선지자와 (제 2의 솔로몬과 같은) 경건한 통치자 사이의 협력을 통하여 이 땅을 다스릴 것이며, "사도적인 설교자들"은 다치거나 패배할 수 없을 것이다. 호프만의 이러한 주제들은 재세례파가 뮌스터를 점령한 사건을 통해 표현되었다.

1532년이 될 때까지 뮌스터에서는 이 도시의 군주-주교에 반대하는 사회적 종교적 동요가 집중적으로 일어났다. 루터파와 츠빙글리주의를 거쳐 결국에는 급진주의가 되었던 베르나르트 로트만(Bernard Rothmann)의 강렬한 지도력을 바탕으로 뮌스터는 "복음주의적인 도시"가 되었다. 이 소식은 수많은 재세례파 사람들에게 전해졌고, 뮌스터 주변과 네덜란드에서 박해를 받던 사람들로 하여금 피난처를 찾아 이 도시로 모여들게 만들었다. 이 도시의 사람들은 세 부류로 나뉘어 있었다. 소수의 가톨릭교도들은 쫓겨난 주교를 여전히 지지했고, 보수적인 루터파들이 처음에는 시의회의 다수를 차지했으며, 멜키오르주의자들이 상인 조합들의 지지를 얻었다. 1533년 여름, 조합 연맹과 도시 지도자들 사이의 갈등이 끓어올랐다. 멜키오르주의자들의 영향을 받은 로트만은 정치와 종교에 있어서 점점 더 급진적이 되었고, 유아세례를 반대했을 뿐 아니라 축성(祝聖)되지 않은 빵으로 성찬을 기념하기 시작했다. 급진주의자들의 힘이 얼마나 강력했던지, 시 의회는 로트만을 추방하거나 징계할 권위조차 더 이상 행사할 수 없었다. 깜짝 놀란 가톨릭과 루터파 가족들은 이 도시를 떠나기 시작했으나, 이로 인한 인구의 손실은 재세례파의 유입으로 보충되었다.

1534년 2월의 선거에서 급진주의 세력은 시의회를 장악했다. 할렘(Haarlem) 출신의 제빵사였으며 뮌처와 마찬가지로 경건치 않은 자들에게는 살 권리가 없다고 믿었던 얀 마티스(Jan Mathijs)는 이미 뮌스터를 새 예루살렘으로 선언했었다. 2월 25일, 마티스는 "경건치 않은 자들," 즉 새로운 재세례 언약을 거절한 모든 사람들을 죽여야 한다고 발표했다. 이러한 조치가 이웃 지역의 군주들을 자극할 것이라고 우려했던 한 동료는 마티스에게 사람들을 처형하는 대신 떠나게 하라고 설득했다. 마티스는 '경건치 않은 자들을 죽이는 것보다 추방시키는 것이 낫다'는 또 다른 계시를 받았다고 선언함으로써 자신의 태도 변화를 설명했다. 남아 있는 모든 사람들은 시장에서 강제적으로 재세례를 받았다. 마티스에게 감히 도전했던 한 대장장이는 즉시 마티스에 의해 직접 살해당했다. 이 사건이 있은 지 얼마 지나지 않아 마티스 자신도, 이 도시를 포위한 주교의 군대에 맞서 출격했을 때, 살해당했다. 그는 하나님께서 자신을 불경한 자들의 무기로부터 상처입지 않도록 보호해 주신다는 환상을 받았던 것으로 보인다. 윌리엄스(Williams 1992:567)에 따르면, 아마도 그의 후계자가 "이러한 허황된 기대를 조장했을 것이다."

뮌스터를 다스렸던 6주 동안 마티스는, 초대 교회 문서인 위(僞)-클레멘트 서신(pseudo-Clementine Epistle IV)과 사도행전에 기록된 원시 교회의 삶, 즉 모든 것을 공유하는 삶을 사회의 이상으로 제정했다. 추방당한 시민들의 재산은 몰수되었다. 음식은 공공의 재산이 되었다. 실제 재산은 공동의 소유로 선포되었다. 비록 사람들이 자신의 것을 계속해서 사용할 수 있었지만, 모든 집은 밤낮으로 문이 열려 있어야 했다. 돈을 사용하는 행위는 금지되었다. 12명의 장로들이 임명되어 재산을 저장하고 궁핍한 자들에게 나누어주는 일을 감독했다.

마티스가 죽은 후 라이덴의 얀(Jan of Leiden)이 그 뒤를 이었는데, 그는 자신이 주님의 음성이라고 주장했다. 주교의 군대를 5월에 물리친 후, 재세례파들은 자신들이 하나님의 선택된 백성이라는 강력한 느낌을 받았다. 8월에 또 한 번 큰 승리를 거둔 후, 얀은 스스로에게 기름을 부은 후 "의의 왕"이자 "새로운 시온의 통치자"로 즉위했다. 그는 자신에게 반대하는 것은 곧 하나님의 명령에 반대하는 것이라고 선언했을 뿐 아니라, 실제로 자신에 대한 반대자들 즉 주님에게 반대하는 사람들을 잔인하게 짓밟았다. 교회와 국가와 공동체는 이제 하나의 동일한 거듭난 몸이 되어야 한다. 거듭난 교회는 오직 의로운 사람들로만 구성될 수 있다. 죄인들은 죽음의 형벌을 받아야 했다. 신성 모독, 선동적인 언어, 부모와 주인에 대한 불순종, 간음, 음란한 행동, 험담, 추문을 퍼트리고 불평하는 모든 사람들은 죄인으로 규정되었다!

얀이 시행했던 혁신들 중 가장 논란이 되고 악명 높았던 것은 일부다처제의 도입이었다. 구약의 족장들을 모형으로 하는 새로운 예루살렘을 향한 얀의 계획에 반대했다는 이유로 50여 명의 사람들이 처형되었다. 얀은 구약 족장들의 실례, "생육하고 번성하라"(창 1:22)는 하나님의 명령, 아내를 포함한 모든 것들을 공유해야 한다는 위(僞)-클레멘트 서신의 내용 등을 바탕으로 일부다처제를 정당화시켰다. 로트만은 '감독이 한 아내의 남편이어야 한다(딤전 3:2)는 바울의 명령은 감독이 아닌 사람들은 한 사람 이상의 아내를 가져도 된다는 뜻'이라고 독창적으로 해석하였다. 하지만 이러한 결정을 내리는 데 영향을 끼친 요인들에는 비성경적인 것들도 있었다. 이미 결혼한 상태였던 얀은 마티스의 아름다운 젊은 과부를 간절히 원했으며, 그녀와 결혼함으로써 자신의 지도력이 더욱 확고해질 것이라고 생각했던 것 같다. 뿐만 아니라, 전쟁과 추방 등의 원인으로 남자들의 수가 줄어든 결과, 이 도시에는 남자보다 여자의 수가 훨씬 더 많았다. 일부다처제는 그리스도의 재림을 준비하기 위해 인구를 늘리는 수단이 될 뿐 아니라(요한계시록 7:4에 따르면 성도의 종말적 수는 144,000이었다), 모든 여성들을 남성의 권위에 복종시키는 수단이 되기도 했다.

원시 교회의 회복에 대한 책 『회복』(*Restitution*, 1534)에서 로트만은 주장하기를, 한 여자에게 성적으로 의존할 경우 그 여자가 남자를 마치 "밧줄에 묶인 곰처럼" 주도하는 일이 생긴다고 말했다. 로트만이 보기에 이 세상은 너무나 어지럽혀져 있는데, 그 이유는 "오늘날 너무나 많은 여인들이 마치 남자처럼 행동하기 때문이다. 남편이 아내의 머리이며, 남편이 그리스도께 복종하듯 아내들 역시 불평이나 반대 없이 남편에게 복종해야 한다"(Zuck 1975:101). 여권주의적인 의식은 로트만에게 있어 장점이 아니었다! 정치적인 관점에서 볼 때, 얀이 행한 이 일은 인구의 대다수를 통제하는 데 도움이 됐다. 예상되는 바와 같이 많은 여성들은 이러한 새로운 상황을 반기지 않았다. 새로운 일부다처제에 동의하지 않은 사람들은 감옥에 갇혔다. 얀은 자신의 아내들 중 한 여인을 나머지 다른 아내들이 보는 가운데 시장에서 목을 베어 죽였다. 이로 인해 그들의 불평이 잠잠해지는 듯 보였다.

얀이 뮌스터를 새 예루살렘으로 선포하고 여러 계시들을 알렸음에도 불구하고, 이 도시의 포위는 주민들의 몸과 영혼을 잔인하게 희생시켰다. 이 도시 바깥의 재세례파들에게 계속해서 도움을 요청했지만, 이 계획은 포위군에 의해 좌절되었다. 뮌스터의 인구는 기근으로 인해 줄어들었으며, 1535년 6월에는 두 명의 탈영병이 포위군에게 뮌스터의 가장 약한 성문을 알려주었다. 격렬한 전투 끝에 뮌스터는 6월 25일 점령되었고, 거의 모든 주민들은 학살당했다. 로트만은 전투 중에 죽은 것으로 보이나, 라이덴의 얀을 포함한 다른 세 지도자들은 정죄된 후 뜨거운 쇠로 인두질 고문을 당했다. 고문당한 그들의 시체는 모든 사람들을 향한 하나의 본보기로서, 철로 만든 우리 안에 갇힌 채로 성 람버트(St Lambert) 교회 꼭대기에 걸렸다.

뮌스터의 재세례파 왕국은 물리적으로는 파괴되었지만, 재세례파 저항의 논리적 결론으로서 그것은 여전히 종교적 정치적 권력자들의 정신 속에 살아남았다. 뮌스터의 비극은 지도자들의 과대망상 때문만이 아니라, 지도자들이 해석한 성경을 문자 그대로 따라야 한다고 믿은 추종자들의 신념 때문에 일어난 결과였다. 개신교와 가톨릭의 교회 지도자들이 보기에, 토마스 뮌처로부터 뮌스터 시에 이르기까지 하나의 혁명적 연속성이 존재한다는 사실은 이제 명백했다.

재세례파들은 하나의 거룩한 백성으로서의 공동체적 연대성을 이루려 했으며, 이 연대성은 신자 세례 및 공동체적으로 기념하는 성찬을 통하여 정의되었다. 하지만 이러한 신정주의적(theocratic) 이상을 뮌스터라는 도시의 범위로까지 확장시키려 했던 노력은 평화로운 왕국이 아니라 공동체 자체의 소멸을 초래했다. 그 결과로 나타난 현상은 전투적이고 천년왕국적인 공동체주의를 불신하는 것이었다. 이 사건이 있은 후, 재세례파는 더 이상 세상을 원시 기독교로 회복시키려 시도하지 않았다. 오히려, 이후의 재세례파 운동은 세상으로부터 물러나는 특징을 보였다. 전직 사제였으며 뮌스터 사태와 관련하여 자신의 가족을 잃었던 메노 시몬스(Menno Simons, 1496-1561)의 영향 하에, 재세례파들은 기존의 시민적 종교적 세상으로부터 분리된 자발적 공동체로 모여들었다.

메노가 네덜란드와 북부 독일 재세례파들을 위해 했던 일을 야콥 후터(Jacob Hutter, 1536년 사망)는 공산주의적 식민지를 형성하기 위해 "집과 재산을 팔아" 모라비아(Moravia) 지역으로 온 재세례파 피난민들을 위해 했다. 취리히와 뮌스터 및 그밖의 지역에서 재세례파들에 의해 표현되었던 비틀거리는 공동체주의를 후터는 재화와 생산을 공유하는 기독교 공산주의로 발전시키고 안정시킬 수 있었다. 이러한 발전과 관련하여 우리는 중세의 수도원주의가 추구했던 목표와의 분명한 연속성 및 그것의 극복을 볼 수 있다. 프란체스코 수도회의 운동이 수도원 자체의 집단적 재산을 추구하기 전까지, 중세 수도원주의의 특징은 세상에 대한 금욕주의적 경멸이었다. 더 나아가서, 비록 수도원 운동이 공동의 생활과 공동의 목표를 함께 가졌지만, 각각의 수도사들은 기본적으로 자기 자신의 구원에 대해 관심을 가졌다.

메노주의자와 후터주의자 재세례파가 중세의 종교적 금욕주의와 개인주의를 극복했던 부분은, 그들이 가족들로 구성된 하나의 언약 공동체를 발전시켰으며 자신들을 유일한 교회 그 자체, 즉 자신들 바깥에는 구원이 존재하지 않는 공동체라고 주장했다는 점이었다. 이와 같은 믿음의 가족은 다음과 같은 특징을 보였다. 사랑과 생산의 공산주의, 세상으로부터의 평화주의적이며 고난을 수반한 분리, 자신들이 마침내 진정한 믿음의 가족으로 입증될 것이라는 신뢰, 세상의 최종적인 종말이 되기 이전에는 오직 복음주의 공동체의 형제적 사랑 안에서만 인간의 자유와 성취가 가능하다는 신념.

유럽 전역에서 박해를 받았던 메노파와 후터파는 마침내 북아메리카에서 안식처를 찾았다. 무시무시한 고문과 압박 하에서 신실하게 인내했던 그들의 모습은 종교적 관용과 자유라는 사상이 점진적으로 발전하는 데 기여했다. 또한 자발적이고 분리된 교회를 강조했던 그들의 주장 역시 종교적 다원주의 및 교회와 국가의 제도적인 분리 등의 근대적 발전에 영향을 주었다.

6. 신령주의자들의 전복적인 경건

재세례주의의 발전을 형성했던 반(反)-성직주의와 개혁의 혼합은 종종 "신령주의자"(Spiritualist)라는 이름이 붙은 또 다른 집단의 발전에도 영향을 주었다. "신령주의자"라는 명칭은 그들의 사상 중 몇몇에 적합하지 않는 개념이다. 신령주의자들은 성직자들이 외적인 의식과 타락을 통해 참된 기독교적 삶과 영성을 왜곡시켰다고 비판했다. 우리는 이미 칼슈타트와 뮌처가 기독교의 외형화(externalization)에 대해 근본적으로 비판했던 내용을 살펴보았다. 그들의 신령주의적 후예들은 모든 권위를 부인하였고 오직 성령의 내적인 사역만을 인정하였다. 바로 여기에서 우리는 18세의 계몽주의 시대에 전통적인 기독교와 그 근간을 흔들었던 근대적 주관성(subjectivity)의 최초 형태를 보게 된다.

이 운동의 역사적 뿌리는 그리스 철학의 이원론 및 영과 문자를 대조하였던 어거스틴에게까지 거슬러 올라갈 수 있을 것이다. 어거스틴의 대조는 난해한 성경 본문들을 이해하는 하나의 해석 원리가 되었다. 본문의 단어들, 즉 "문자"가 이해하기 어려울 때, 중세 주석가들은 단어들의 뒤에 깔려 있는 "영"적인 의미에 호소했다. 문제는 특히 더 어려운 본문들이 풍유(allegory)를 비롯하여 영적으로 다양하게 해석되었다는 사실이다. 혼란스러울 정도로 다양한 해석들이 난무하는 상황으로 인해 교회는 해석들을 통제할 하나의 수단을 세웠는데, 그것은 교회의 교도권(教導權, Magisterium)이었다. 종교개혁가들의 주요 관심사 중 하나는 이러한 성경의 통제를 교회의 권위주의로부터 해방시키는 것이었다. 하지만, 루터와 츠빙글리가 발견하였듯이, 오직 성경(sola scriptura)을 주장한 결과 다시 한 번 수많은 해석들이 나타났으며, 이로 인해 그들은 성경에 대한 통제를 시도하였다.

철학적인 이원론은 어거스틴을 통해 서구 신학에 중요한 영향을 끼쳤는데, 그것은 하나님과 물질을 나눈 것이었다. 신적인 실재와 그에 대한 물질적인 표지 사이의 관계라는 어려운 문제는, 성찬에 대한 이해를 비롯하여 많은 신학적 문제들을 제기했다. 신령주의자들의 일반적인 입장은 하나님과 피조물 사이의 연결이 존재하지 않는다는 것이었다. 진실로, 신적인 것과 창조된 것 사이에는 "존재론적인 장벽"이 존재한다. 구원은 오직 하나님의 성령이 이 장벽을 뚫고 사람들의 내면 안으로 들어오셔서 내면으로부터의 영적인 변화를 일으키실 때에만 가능하다. 이러한 신학을 가능케 한 철학적 인간론은 사람을 몸, 혼, 영으로 나누었다. 몸과 혼은 죄에 사로잡혀 있다. 하지만 영은, 비록 죄에 의해 왜곡될 수는 있을지 몰라도, 여전히 손상되지 않은 하나님의 형상으로 남아 있다. 신적인 영께서는 인간의 영과 관계를 맺으시며 그에 따라 새로운 피조물을 창조하신다.

종교개혁의 윤리적 비효율성에 실망한 신령주의자들은, 루터의 칭의 교리가 오직 법정적인 행동 즉 "값싼 은혜"만을 이야기하며 그 결과 개인적인 거듭남이나 윤리적 갱신으로 이어지지 못했다고 보았다. 수많은 급진 개혁가들이 이러한 관점을 공유했으나, 그들 중 신령주의적 이원론을 가장 철저히 유지하고 구원의 외형적 수단을 평가절하시켰던 두 사람은 카스파르 슈벵크펠트(Caspar Schwenckfeld, 1489-1561)와 세바스찬 프랑크(Sebastian Franck, 1499-1542)였다.

슈벵크펠트는 리그니츠(Liegnitz) 지역에서 태어난 실레지아(Silesian) 귀족 출신이었다. 그는 쾰른과 프랑크푸르트에서 공부했고, 그 후에는 실레지아 궁정을 섬기며 리그니츠의 프리드리히 2세(Friedrich II)의 자문관이 되었다. 1519년 경, 그는 루터파의 사상에 영향을 받았고 교회의 갱신을 위해 일하기 시작했다. 1524년이 될 때까지 그는 자신의 군주와 지역이 종교개혁을 받아들이도록 만들었으나, 정작 그 자신은 종교개혁의 교리에 대한 의심을 가지고 있었다. 그는 루터의 성찬 교리가 행위-의(work-righteousness)로 퇴보했다고 보았는데, 그 이유는 루터의 성찬론이 빵과 포도주가 구원을 이룰 수 있다고 주장하기 때문이었다. '죄 사함이 성찬 안에서, 성찬과 함께, 성찬 하에서 전달된다'는 루터파의 믿음이 부도덕의 근원이며 신앙적 열정을 결여했다고 슈벵크펠트는 확신했다. 무엇보다도, 가룟 유다 역시 성찬에 참여하지 않았던가? 이에 따라 슈벵크펠트는 성경의 외적인 말씀과 외형적인 성례는 성령으로부터 구별되어야 한다고 강조했다.

> 하나님의 직접적인 개입은 어떠한 외형적인 수단을 사용하기 이전에 발생해야 한다. 내면적인 것이 외형적인 것보다 선행해야 한다. 외형적인 것은 결코 영적인 것을 전달하지 못한다(McLaughlin 1986a:190).

슈벵크펠트는 자신의 입장을 더욱 발전시켜 그리스도의 영적 임재를 주장했다. 내면의 사람만이 천상의 신적인 그리스도와 교제할 수 있다. 외형적으로 시행되는 성찬은 이미 이루어진 영적 사건에 대한 의식적인 언급(ritual reference)에 불과할 뿐이다. 이러한 근거에서 그는, 성찬의 잘못된 이해와 사용을 방지하기 위해 교회가 성찬을 중지해야 한다고 주장했다. 사람들이 그리스도와의 영적인 교제 및 거듭난 삶으로 인도하는 강렬한 가르침을 받았을 때 성찬이 다시 기념될 수 있을 것이다. 슈벵크펠트 자신은 1526년 이후로 성찬에 더 이상 참여하지 않았다. 루터를 납득시키려는 그의 노력은 강력한 반대를 받았다.

가톨릭신자이며 종교개혁의 반대자였던 오스트리아의 대공 페르디난드(Archduke Ferdinand)가 실레지아를 포함하는 보헤미아의 왕이 된 1529년, 슈벵크펠트의 개인적 상황은 위기를 맞이했다. 그는 스트라스부르그로 떠났다. 이곳에서 그는 일반적으로 환영을 받았으며 이 도시에서 피신하고 있던 많은 급진주의자들과의 대화를 통해 자신의 사상을 더욱 발전시켰다. 그는 생애의 마지막 10년을 이곳저곳 돌아다니며 보냈다.

이 시기의 또 다른 위대한 신령주의자는 세바스찬 프랑크(Sebastian Franck)로, 그는 교회보다는 독일의 문화적 삶으로부터 더 많은 영향을 받았다. 그는 특히 1531년에 쓴 『연대기와 역사』(Chronica, Zeitbuch und Geschichtsbibel)로 유명한데, 이 책은 이단의 연대기를 포함하고 있다. 그는 잉골슈타트(Ingolstadt)에서 교육을 받았고, 이곳에서 엑크(Eck)와 후브마이어(Hubmaier)의 강의를 들었으며, 또한 하이델베르그에 있는 도미니크 대학(Dominican College)에서 공부하였다. 공부를 마친 후 그는 아우구스부르그 주교 관구에서 사제로 일했다. 1524년에 그는 종교개혁이 한창 진행중이던 뉘른베르그(Nuremberg)에 나타났으며 복음주의적인 사역에 합류했다. 그는 마침내 신령주의적인 입장에 이르렀는데, 그리스도께서 성령을 통해 사람들의 영혼 안에서 다스리신다고 주장했다. 그가 보기에 종교의 모든 외형주의는 마귀의 사역이었다. 프랑크는 어떤 공동체에 가입하거나 이끌지 않고, 단독으로 행동했다.

급진 종교개혁은 하나의 통일된 운동이 아니었다. 그것은 성직자, 세속 권력자, 그리고 루터나 츠빙글리와 같은 종교개혁가 등에 저항한 사람들의 합창이었다. 그것은 가장 다양한 사회 집단들 속에서 발생했던 비타협적인 저항이었다. 이처럼 다양한 "급진 개혁가들"의 저항은, 종종 종교개혁 운동의 비효율성에 대한 실망이나 혹은 개혁의 소심하고 더딘 시행에 대한 반발로 촉발되었다. 하지만, 운동은 단순히 저항하는 것만으로는 살아남을 수 없다. "'급진 종교개혁'의 종교성은…하나의 '유토피아적인 목적'의 표현이다…(급진 종교개혁은) 이것이나 저것이 아니라 모든 것을 바꾸고자 했다"(Goertz 2004:71, 83). 종종 급진주의자들은 종교개혁의 이상을 실천으로 옮기며 강조했던 최초의 사람들이었다. 윌리엄스(Williams, 1992:1290)는 이 점을 다음과 같이 생생하게 묘사한다.

> 급진 종교개혁은 저수지로부터 빠져나온 뒤 수문을 열어, 중세 후기 기독교 세계의 간극 안에 저장되어 있던 수많은 종교적 물결이 흘러나오게 했다…급진 개혁이라는 소란한 홍수 안에서, 혹은 종교개혁의 신선한 생명력을 회복시키는 가운데…그 물결은 과격한 극단으로 재빨리 흘러갔다.

Suggestions for Further Reading

Michael Driedger, "Anabaptism and Religious Radicalism," in Ryrie 2006a: 212–31.

Carlos M. N. Eire, *War against the Idols: The Reformation of Worship from Erasmus to Calvin*. Cambridge: Cambridge University Press, 1986.

Hans-Jürgen Goertz, ed., *Profiles of Radical Reformers: Biographical Sketches from Thomas Müntzer to Paracelsus*. Kitchener: Herald, 1982.

Walter Klaasen, ed., *Anabaptism in Outline: Selected Primary Sources*. Waterloo: Herald, 1981.

Calvin Pater, *Karlstadt as the Father of the Baptist Movements: The Emergence of Lay Protestantism*, Toronto: University of Toronto Press, 1984.

John D. Rempel, *The Lord's Supper in Anabaptism: A Study in the Christology of Balthasar Hubmaier, Pilgram Marpeck, and Dirk Philips*. Waterloo: Herald, 1993.

James M. Stayer, *The German Peasants' War and Anabaptist Community of Goods*. Montreal: McGill-Queen's University Press, 1991.

James M. Stayer and Werner O. Packull, eds, *The Anabaptists and Thomas Müntzer*. Dubuque/Toronto: Kendall/Hunt, 1980.

Lee Palmer Wandel, *Voracious Idols and Violent Hands: Iconoclasm in Reformation Zurich, Strasbourg, and Basel*. Cambridge: Cambridge University Press, 1995.

George H. Williams, *The Radical Reformation*, 3rd edn. Kirksville: Sixteenth Century Journal Publishers, 1992.

THE EUROPEAN REFORMATIONS

Jean Calvin
1509년 7월 10일 - 1564년 5월 27일

제9장

1530년의 아우구스부르그로부터
1555년의 아우구스부르그까지: 개혁과 정치
(Augsburg 1530 to Augsburg 1555: Reforms and Politics)

> 하나의 거룩한 기독교 교회는 영원히 존재하며 남아 있을 것이다. 이 교회는 복음이
> 순수하게 선포되고 거룩한 성례가 복음에 따라 시행되는 모든 신자들의 모임이다.
> 아우구스부르그 신앙고백서 (1530)

설교자들은 종교적인 문제만 다루고 정치적인 문제는 설교에서 빼 놓아야 한다는 말을 우리는 종종 듣는다. 물론 이 말은 설교자들이 나의 정치적 입장을 비판해서는 안 된다는 뜻을 가지고 있다. 종교와 정치의 관계가 언제나 예민한 문제였다는 사실은 히브리 선지서들을 흘깃 보기만 해도 분명히 알 수 있다. 종교개혁 시기에 이것은 매우 예민한 문제여서 건드리기만 하면-지속적으로 건드려졌는데-사회의 몸 전체로 통증과 걱정이 퍼져갔다. 중세 사회의 자기 이해는 기독교 세계(corpus Christianum)라는 표현으로 요약된다는 사실을 우리는 계속해서 언급했다. 기독교 세계라 함은, 정치를 포함하여 사회가 기독교 신앙에 의해 정의된다는 보편적인 동의를 의미했다. "구원이 가장 중요했기 때문에, 종교적인 진리를 재정의하려는 모든 시도는 자동적으로 사회종교적인 권위에 대한 도전을 의미했다. 종교적 사상에 대한 새로운 정

의는 사회정치적인 행동을 초래하였기 때문에, 말의 통제가 필수적이었다⋯ 사회 체제를 보호하기 위해서는, 보다 엄격한 말의 통제가 반드시 필요했다" (Rublack 1988:105). 모든 사람들은 이 원리에 동의했다. 문제는 한 쪽에서 협상 불가능한 내용이라고 여겼던 것을 다른 쪽에서도 동의했던 일이 거의 없었다는 것이었다. 우리는 초창기 종교개혁가들 사이의 관계에서 나타났던 이러한 딜레마를 살펴보았다. 이 장에서 우리는 종교개혁가들과 제국의 정치 권력 사이의 관계를 검토할 것이다.

1. 보름스의 발자취

1555년의 아우구스부르그 평화협약(Peace of Augsburg)이 나타날 때까지 제국 내에서 종교개혁을 어떻게 다루어야 하는지에 대한 법률적 근거는 보름스 칙령(Edict of Worms, 1521)이었다. 하지만 루터와 그의 추종자들에 대한 이 금지령이 시행되는 데에는 제국 안팎으로의 방해가 있었다. 찰스 5세는 종교 개혁이 근절되어야 하며 로마 가톨릭주의와 제국의 통일성이 회복되어야 한다고 믿었다. 찰스 5세가 이 목표를 이룰 수 없었던 복잡한 상황에는 다양한 요소들이 포함되어 있다.

자신들의 자유와 권력 강화를 위해 힘쓰는 가운데 제국 제후들은, 가톨릭이든 복음주의든 간에, 종종 자신들의 신학적 헌신을 무시하고 지나갔다. 독일인이 아니었던 찰스 황제는(그의 모국어는 프랑스어였다) 외부인으로 여겨졌다. 하지만 찰스가 선출되기 전에도, 황제와 제국(Kaiser und Reich)이라는 공식의 의미는 "황제와 제국"의 연합으로부터, 자신들이 제국을 대표한다고 주장했던 제후들과 황제 사이의 경쟁으로 바뀌었다. 제국 바깥에서는 신성 로마 제국과 프랑스와 교황청 사이에서 계속적인 투쟁과 급변하는 동맹이 일어났고, 이로 인해 찰스 황제가 자신의 종교적 주장을 실행하기는 어려워졌다. 합스부르그-발루아(Habsburg-Valois) 가문 간의 경쟁은 찰스 황제와 프랑스의 프란시스 1세가 다스리던 기간 내내 지속되었으며, 프랑스와의 부단한 전쟁은 카토-캉브레시스 평화조약(Peace of Cateau-Cambrésis, 1559)이 체결되기 전까지 해결되지 않았다. 이 시기 내내 나타났던 터키의 침략이라는 지속적인 위협으로 인해 황제는 복음주의적인 군주들의 지지를 필요로 했고, 이로 인해 그들에게 양보하는 상황이 일어났다. 이 모든 사건들로 인해 황제는 독일을 자주 그리고 오래 떠나 있었다.

1542년 여름까지 25년 가까운 기간 동안 찰스는 거의 독일에 있지 않았으며, 있다 하더라도 짧은 시간만 머물렀다. 그는 1520-1년 사이에 거의 1년 동안 그리고 1530-2년 사이에 거의 2년 반 동안 독일 지역에 있었지만, 그 후에는 1541년에만 몇 달 동안 독일로 돌아왔을 뿐이다. 황제로 선출된 지 얼마 지나지 않아, 찰스는 독일 영토에 대한 행정을 자신의 동생인 오스트리아의 대공 페르디난드(Archduke Ferdinand of Austria, 1503-64)에게 맡겼으며, 그는 1558년에 찰스를 이어 황제 페르디난드가 된다. 하지만 페르디난드는 제후들이 자신들의 영토적 권력을 견고히 하려고 움직이는 일을 막을 수 없었다. 황제의 광범위한 책임으로 인해 그리고 터키의 위협에 대한 페르디난드의 걱정으로 인해, 제후들은 자신들만의 입장을 강화하며 자신들만의 방식으로 종교개혁의 문제들을 다루었다. 처음에는 종교개혁이 소위 공동체 종교개혁(Gemeindereformation)의 성격을 띠었지만, 역사가들이 "제후들의 종교개혁"(Fürstenreformation)이라고 불렀던 특징이 나타나기 시작했다. 종교개혁의 이러한 표현은 그 지역의 영주들 및 그에 따른 위계적이고 관료주의적인 교회 조직에 의해 결정되는 모습을 보였다.

복음주의 제후들 중에서는, 헤쎄의 필립(Philip of Hesse, 1504-67)이 작센의 선제후 다음으로 주노석인 지노력을 발휘했다. 그는 황제에 맞서는 복음주의 진영의 연합을 도모하고자 마부르크 회담(Marburg, 1529)에서 비텐베르그와 취리히 종교개혁가들을 화해시키려 힘썼다. 1527년에 그는 마부르크에서 최초의 복음주의적 대학을 설립하였다. 이를 통해 그는 자신의 "영토"를 발전시키는 데 필요하다고 생각되는 충성스러운 법률가들과 신학자들을 훈련시키고자 했다.

다른 제후들 역시 자신들의 힘을 강화하고 자신들의 영토들을 근대 초기의 상태로 세워가는 일을 재빨리 진행했다. 이러한 움직임에는 교회의 책임과 기관들을 세속 권력 아래에 놓는 일이 포함되었다. 흥미로운 사실은, 옛 신앙을 가진 제후들이나 새로운 신앙을 가진 제후들 모두 '교회의 돌봄'(cura religionis)이라는 중세 교리에 근거하여 중세의 제도들을 바꾸려 했다는 것이다. 중세 신학자들은 제후들로 하여금 자신들의 영토 내의 신앙에 관심을 갖도록 격려했다. 15세기의 많은 독일 영주들은 윌리히(Jülich) 공작이 만들어낸 문구, "클레베의 공작은 그 지역의 교황이다"(Dux Cliviae est papa in territoriis suis)라는 주장에 동의했다. 선한 정부에 대한 인문주의의 기대 역시 독일 영주들을 지지하는 요소였다. 제후들이 교회를 통제한다는 종교개혁 이전의 원리는 16세기에 개신교와 가톨릭 모두로부터 신속히 확증되었다. 정부가 교회를 "돌보아야" 한다는 데 대한 신학적 정당성은 복음주의적 제후들에게 특별히 중요했는데, 그들은 자신들의 행동에 대한 정당성을 주장하려 하였다. 로마 가톨릭교회 당국이 개혁에 반대하였을 때, 복음주의적 신학가들과 법률가들은 비상 주교권의 관점에서 제후들에게 정당성을 부여했다. 복음주의적 제후는 "비상 상황의 주교"(Notbischof)가 되었다.

개혁에 있어서 주교의 지도력이 부족한 경우, 교회의 일들이 정상화될 때까지 제후들이 감독권을 행사해야 한다고 루터는 주장했다. 이미 1520년에 그는 기독교 귀족들이 자신들이 받은 세례의 효력에 근거해 교회 안에서 개혁을 추진해야 한다고 호소했다(LW 44:127-31). 교회의 질서가 무너졌을 경우 세속 권력자들이 임시적인 주교의 역할을 수행했던 중세 시대의 선례도 있었다. 1525년에 루터는 선제후에게 교회들을 시찰하라고-즉, 조사하라고- 요청하였다. 농민전쟁의 발발로 인해 이 요청은 1527년이 되어서야 선제후 작센에서 시행되었다. 멜랑히톤과 루터는 이러한 시찰 과정을 위한 지침들을 작성했고, 루터는 이 지침서에 서문을 썼다. 루터는 감독(episcopal) 형태의 교회 정치를 유지하고 싶어 했지만, 종교개혁의 격변으로 인해 그것이 어려워졌다. 콘스탄틴(Constantine) 황제의 모범을 따라 제후는 "영적인 문제들에 대해 가르치고 통치하는 것이 아니라, 세속적인 통치자로서 자신이 다스리는 백성들 가운데서 분쟁과 폭동과 반란이 발생하지 않도록 질서를 유지할 의무를 가지고 있다"(LW 40:273).

이러한 잠정적인 조정이 영토 교회 혹은 "국가" 교회의 형태로 확고해졌고, 1918년까지 독일에서는 정부가 교회에 대한 책임을 계속 가지고 있었다. 다른 지역들 역시 선제후 작센의 본을 따랐는데, 이 중에는 에라스무스적인 개혁을 실행했던 윌리히-클레베(Jülich-Cleves)의 가톨릭 지역도 들어 있었다. 정치적 자유를 원했던 제후들과 기독교적 자유를 강조했던 종교개혁가들은 상호간에 이해와 이익을 제공하면서 서로의 힘을 강화시켰다.

독일 영토에서 종교개혁이 정부에 의해 확고해진 발전과정은 1520년대에 열린 세 차례의 결정적인 제국 의회, 즉 보름스 의회(Worms, 1521), 슈파이어 의회(Speyer, 1526), 슈파이어 의회(1529)를 통해 이루어졌다.

2. 보름스 의회

우리는 이미 보름스 의회에 이르기까지 루터의 발전 과정을 살펴보았다. 제국의 책임이라는 관점에서 보았을 때, 이단에 대한 교회의 금지령이 선언된 이후 제국의 금지령이 뒤따라야 했다. 하지만 1519년에 찰스 5세가 선출된 선거의 합의사항에 따르면, 어떠한 독일인도 제국 의회의 심문과 동의 없이는 제국의 금지령을 받을 수 없었다. 따라서 루터 사건은 즉시 황제와 제후들 사이의 정치적 대결이 되었다. 이에 대한 결과로 제후들에 대한 황제의 힘이 강해질 수도 있었고 약해질 수도 있었다. 제국에 대한 교황청의 요구와 이 요구를 제국 내에서 실행할 가능성 사이에 존재할 잠재적인 충돌을 직면하여, 제후들과 찰스 모두는 하나의 타협안을 찾았다. 사람들은 루터의 형식적인 입장 철회가–비록 그것이 그의 신학을 포기하는 것으로 이해될 필요는 없지만–모든 당사자들을 만족시킬 것이라고 생각했다. 물론 이 계획은 루터가 입장 철회를 거부함으로써 실패했으며, 결국 루터에 대한 제국의 금지령을 선언하는 것으로 귀결되었다.

하지만 복음주의적 제후들의 넓은 연대가 이미 제국 내에서 일어났다. 이 제후들에 대한 더 많은 연구결과가 나오기 전까지는 그들이 가졌던 동기들을 일반화시키는 일이 쉽지 않다. 하지만 신앙적인 확신이 그들의 결정에 어떠한 역할을 수행했다는 사실은 부정할 수 없을 것이다. 이와 동시에 루터가 정치적 싸움에 있어서 중요한 도구로 인식되었다는 사실 역시 거의 의심되지 않는다. 또한 루터가 기소될 경우 일반인들의 폭동이 일어날지 모른다는 우려도 있었다. 어찌되었든 1521년에 제후들은 일반 공의회나 국가 의회에서 이 문제를 해결하기를 소망하며 종교적인 쟁점을 그대로 남겨두고자 하는 경향을 보였다. 제후들은 국가적 의회를 선호했는데, 이는 그들의 반(反)로마적 정서를 보여준다. 그들은 이미 그 이전의 의회와 보름스 의회에서 로마 교회에 대한 불만 사항들을 표현한 바 있었다.

합스부르그와 비텔스바흐(Wittelsbach) 지역의 지지를 받은 찰스 5세는 국가적 의회에 반대했다. 농민전쟁으로 인해 가톨릭 제후들은 루터의 운동이 사회 혁명을 일으키며 따라서 근절되어야 한다고 확신했다. 공작령 작센의 게오르그(George of Ducal Saxony), 마인츠와 마그데부르그의 알브레히트(Albrecht of Mainz and Magdeburg), 브란덴부르그의 요아킴(Joachim of Brandenburg), 브라운슈바이그-볼펜뷔텔의 헨리(Henry of Braunschweig-Wolfenbüttel), 브라운슈바이그의 에리히(Erich of Braunschweig) 등 북부 독일의 가톨릭 제후들은 1525년 6월, 루터의 운동을 뿌리 뽑기 위한 동맹을 형성했다. 복음주의 측에서는 헤쎄의 필립(Philip of Hesse)이 정치적 주도권을 가지고 있었는데, 그는 1524년에 멜랑히톤에 의해 종교개혁을 받아들였다. 거의 비슷한 시기에, 튜턴 기사단(Tutonic Order)의 총수였던 알브레히트는 루터의 조언에 따라 성직을 버리고 프러시아(Prussia)의 공작이 되었다. 프리드리히가 죽은 후 선제후 작센은 계속해서 루터를 확고히 지지했다. 1524년과 1526년 사이에 개혁 운동은 수많은 도시들로 퍼져갔다. 마침내 1525-6년의 겨울, 헤쎄의 필립과 선제후 작센은 1526년에 열릴 슈파이어 의회에서 협력하여 종교개혁을 변호하기로 동의했다.

3. 슈파이어 의회(1526)

슈파이어 의회는 종교적 충성심들이 변화하는 상황에서 열렸다. 뿐만 아니라, 프랑스 왕 프란시스 1세는 파비아(Pavia) 전투의 패배 이후 포로로 잡혀있다가 탈출했고 교황 클레멘트 7세(Clement VII)와 함께 찰스 황제에 대한 전쟁을 재개했으며, 터키 군대가 헝가리를 침략했다. 슈파이어에서 제후들은 다시 한 번 제국의 국가적 공의회(national council)를 열어 종교 문제를 처리하자고 요청했다. 해외에 나가 있던 찰스 황제는 페르디난드에게 국가적 공의회를 허락하지 말라고 지시하였다. 이 의회에서 내린 결론은 보름스 칙령이 제국 내에서 시행될 수 없다는 것이었고, 일반 공의회가 열리기 전까지 제후들은 "자신들이 다스리는 백성들과 함께, 하나님과 황제 폐하 앞에서 모든 사람들이 인정할 만한 방식으로 살고 다스리며 행동한다"는 것이었다(Holborn 1961:205). 즉, 이 결정은 동의에 이를 수 없다는 사실과 각 지역과 도시가 사실상 자유롭게 행동한다는 사실을 선언한 것이었다.

슈파이어 의회 직후에 일어났던 사건들로 인해 복음주의적 제후들은 더 많은 자유를 확보했다. 터키 군에 맞서 싸운 모하치(Mohács) 전투에서 헝가리와 보헤미아의 왕 루드비히 2세(Ludwig II)가 사망함으로 인해 페르디난드는 남동부 유럽 지역에서의 후계자 싸움에 집중하기 시작했다. 찰스는 터키에 맞서 유럽을 끌어 모으려 하였지만, 그의 계획은 (프랑스, 베니스, 플로렌스, 교황청 사이에 맺은) 코냑 동맹(League of Cognac, 1526)에 가로막혔다. 양 측 사이에서 벌어진 전쟁터는 이탈리아였다. 이곳에서 제국 군대는 교황 클레멘트 7세에게 복수하고 로마를 약탈하였다(1527). 교황은 자신의 성 산 안젤로(San Angelo)로 도피했고, 사실상의 죄수가 되어 찰스 황제에게 복종했다. 악명 높았던 로마의 약탈(sacco di Roma)로 인해 로마에서의 르네상스가 끝났고 클레멘트 교황의 위신은 손상되었다. 이를 두고 루터는 다음과 같이 말했다.

> 교황을 위해 루터를 박해했던 황제가 이제는 루터를 위해 교황을 파괴시킬 수밖에 없는 방식으로 그리스도께서는 다스리신다(LW 49:169).

복음주의 통치자들은 슈파이어 의회의 타협안을 바탕으로 예배와 교회 제도에 있어서 변화를 시행하였다. 이 지도자들이 보기에 슈파이어 의회는 "종교개혁의 권리"를 확립하였으며 종교적 문제에 있어 자신들의 권위를 정당화해준 것으로 보였다. 제후들은 종교개혁을 확립하는 것뿐만이 아니라 종교개혁에 대한 통제권을 확립하는 것에도 관심이 있었다. 블리클(Blickle

1981:190)에 따르면, 이처럼 공동체적 개혁으로부터 제후의 개혁으로 전환된 모습은 변화를 안정시키고 혁명적 요소들을 제거하고자 했던 통치자들의 관심을 반영한 것이었다. "따라서 종교개혁은 사회적이고 정치적인 혼란을 초래할 힘이 제거되어야 했다. 통치자들은 종교개혁을 공동체로부터 빼앗아 그것을 국가의 문제로 만들었다."

교회의 시찰은 교회의 개혁을 확립하고 지도하기 위한 수단이었다. 다음과 같은 일들이 교회 시찰에 포함되었다. 그 동안 축적되어 왔으며 비복음적인 것으로 간주된 관례들을 제거함으로써 의식을 간소화시키는 것, 자격 없는 성직자들을 쫓아내고 종교개혁가들의 인정을 받은 사람들로 대체하는 것,-종종 한 지역의 전체 재산의 1/3에 해당했던-교회 재산을 정부에 귀속시키는 것, 성직자의 관할을 세속 법정에 맡기는 것 등. 이와 같은 종교개혁의 "국가주의화"(nationalization)는 지역 제후들의 권력과 권위의 분명한 강화를 의미했다.

4. 슈파이어 의회(1529)

1529년 슈파이어에서 페르디난드는 종교적 문제에 대한 제국의 통제권을 회복하려 시도했다. 그는 이처럼 놀랍게 새로운 교리와 분파들이 성장하도록 만든 1526년의 조항을 무효화시켜야 한다고 분명하게 요구했다. 보름스 칙령은 시행되고 옛 신앙은 보호되어야 한다. 모든 종교적 혁신은 중지되고 주교의 관할권이 회복되어야 한다. 다수파였던 가톨릭 제후들과 주교들의 지지를 받으며, 또 이탈리아에서 교황에 대해 거둔 승리로 인해 자신감을 얻은 페르디난드는 보름스 칙령의 재시행을 추진했다.

이에 대한 반응으로, 소수의 루터파는 공식적인 항의서(protestatio)를 제출했으며, 이로 인해 이후 복음주의자들은 경멸적인 의미에서 "항의하는 자"(Protestant)로 불렸다. 소수파의 주장은 1526년 슈파이어 의회의 결정을 유지해야 한다는 것이었다. 이에 대한 법적인 근거는 '불의한 다수의 입장에 맞서 소수의 의견을 보호한다'는 전통적인 헌법상의 항의 원리였다. "항의하는"

제후들이 주장한 요점은 보름스 칙령이 오직 전쟁을 통해서만 시행될 수 있으며 그 결과 무법의 상태에 이르게 될 것이라는 내용이었다. 그들이 항의한 신앙적 기초는 양심을 향한 호소였는데, 이는 루터가 보름스 의회에서 보여 주었던 것과 비슷했다. "하나님의 명예 및 우리 영혼의 구원과 관련된 문제들에 있어서, 모든 사람은 하나님 앞에 서야 하며 스스로 대답해야 한다. 그 누구도, 그것이 소수파가 되었든 다수파가 되었든 간에, 다른 사람의 행동과 결정으로 자신을 변명할 수 없다"(Holborn 1961:208). 자신들의 양심이 하나님의 말씀에 근거한다는 지도자들의 신념은 초창기 개신교주의에 있어 결정적이었다.

선제후 작센의 요한(John of Electoral Saxony), 헤쎄의 필립(Philip of Hesse), 브란덴부르그-안스바흐의 게오르그(Georg of Brandenburg-Ansbach), 안할트의 볼프강(Wolfgang of Anhalt), 브라운슈바이그-뤼네부르그의 에른스트(Ernst of Braunschweig-Lüneburg) 등 다섯 명의 제국 제후들과, 스트라스부르그, 뉘른베르그, 울름(Ulm), 콘스탄스(Constance), 린다우(Lindau), 멤밍겐(Memmingen), 켐프톤(Kempton), 뇌르틀링겐(Nördlingen), 하일브론(Heilbronn), 로이틀링겐(Reutlingen), 이즈니(Izny), 세인트 갈(St Gall), 프랑켄 지역의 바이쎈부르그(Weissenburg in Franken), 빈데샤임(Windesheim) 등 14개 제국 도시가 항의서에 서명했다. 슈파이어의 항의는 앞으로 극복되지 않을 하나의 분리를 초래했다.

19세기에 1529년 의회는 "95개조 반박문"과 더불어 국가적 해방의 위대한 사건과 근대적 양심의 탄생 순간으로 평가되었다. 하지만 "양심의 자유와 양심에 대한 의존은 서로 다른 문제이다." 제후들에게 있어서 유일한 권위는 그들의 양심이 아니라 하나님의 말씀에 사로잡힌 양심이었다(Wohlfeil and Goertz 1980:19). 또한 기껏해야 양심의 자유는 제후들과 도시들에게만 하나의 현실이었다. 다른 측면에서 이것을 본다면, 이 의회는 자신들의 신앙의 자유를 추구하며 복음주의적 영토들 내에서 존재할 동등한 권리를 주장했던 황제와 가톨릭 진영의 항의로 해석될 수 있을 것이다. 제국의 입장에서 봤을 때, 루터파 제후들은 교회 재산을 세속화하고 성직자 법정을 중지함으로써 법을 폐지하는 죄를 범했다. 더 나아가서, 우리가 이미 보았듯이, "양심"의 역할이 재세례파들이나 츠빙글리주의자들에게까지 확장될 수는 없었다. 오히려 재세례파들은 이 의회에서 사형을 받아야 하는 죄인으로 정죄되었다.

슈파이어의 "항의"가 이러한 역사적 한계 내에서 이해되어야 함과 동시에, 이 의회에서 들려진 '정부에 대한 복종보다 하나님에 대한 복종이 우선한다'는 목소리가 정치적이고 신학적인 영향을 현대 세계에까지 남겼다는 사실 역시 주목되어야 한다. 아래에서 우리는 그것의 정치적 발전을 저항권의 관점에서 논의할 것이다. 신학적인 측면에서 이는 영향력 있는 현대 신학자인 폴 틸리히(Paul Tillich, 1886-1965)의 주제가 되었다. 그는 "개신교 원리"에 대해 다음과 같이 웅변적으로 말했다. "가톨릭 다수의 결정에 반대하여 '항의'(protest)한 것으로부터 그 이름이 유래한 개신교 원리(Protestant principle)는 어떠한 상대적인 현실에 대하여 절대적인 주장을 하는 것에 반대하는 신적이고 인간적인 항의를 포함한다. 설령 개신교 교회가 그러한 주장을 한다고 할지라도 말이다. 개신교 원리는, '개신교'라 불리는 종교와 문화를 포함하여, 모든 종교적 문화적 현실을 판단한다"(Tillich 1960:163).

5. 1530년의 아우구스부르그 의회 및 아우구스부르그 신앙고백서

슈파이어 의회에서의 복음주의적 항의는 황제로 하여금 종교적 문제에 대하여 결정적으로 움직이도록 촉발하였다. 자신의 정치적 상황이 개선됨으로 인해 찰스 황제는 개신교도들에 반대하여 움직일 기회를 얻었다. 1521년 이후 그는 처음으로 독일로 돌아왔다. 찰스가 이탈리아에서 거둔 승리와 로마의 약탈로 인해 교황은 충분한 인상을 받았다. 발루아(Valois) 가문과도 평화롭게 지냈으며, 터키 민족들도 비엔나로부터 물러갔다. 이러한 상황과 회유적인 분위기 속에서 찰스는 1530년 아우구스부르그 의회를 열어 종교 문제를 해결하기로 결심했다. 1월에 그는 개신교도들을 향해 이 의회에서 자신들의 신앙을 설명하라고 요구했다.

이에 반응하여 작센의 선제후는 아우구스부르그에서 발표할 간략한 신앙고백서를 작성하기 위해 주도적인 루터파 신학자들을 불러 모았다. "아우구스부르그 신앙고백서"로 알려진 이 문서의 발표에 대한 전체적인 이야기는 너무 복잡하여 여기에서 다룰 수 없다. 간단히 말하자면, 의회가 열리기 몇 주 전에 일련의 초안들이 준비되었다. 4월 말에 선제후와 비텐베르크 신학자들은 아우구스부르그로 향했다. 루터는 제국법상 죄인의 신분으로서 가톨릭 지역을 여행할 수 없었기 때문에, 작센 지역의 경계에 위치한 코부르그(Coburg) 성에 남아 있었다.

아우구스부르그에 도착하자마자 멜랑히톤은 엑크(Eck)가 종교개혁가들의 저작들을 이단으로 정죄하는 404개의 조항들을 준비했다는 소식을 들었다. 이러한 공격에 대응하기 위해 즉시 멜랑히톤은 자신이 가지고 왔던 문서를 다시 작업하기 시작했다. 복음주의자들은 자신들의 진정한 보편성을 증명하고, 논쟁적인 문제들을 누그러뜨리며, 자신들이 재세례파와 같은 "이단들"과 다르다는 점을 입증하고자 노력했다. 아우구스부르그 신앙고백서의 중심 저자는 멜랑히톤이었다. 루터의 영향력은 예비적인 문서들, 3-4일 정도 걸렸던 서신 교환, 그리고 간절한 기도에만 제한되었다. 성경의 예언자들이 보여주었던 담대함을 가지고 루터는 몇 시간씩 계속해서 하나님의 변호를 위해 기도했다. "이 일은 모두 당신의 일입니다. 우리는 이 일에 관여하도록 강요되어 왔습니다. 하오니 우리를 지켜 주소서!" 이러한 확신을 바탕으로 루터는 두려워하는 멜랑히톤을 격려했다.

> 그리스도는 그것이 어리석음으로부터 온 것인지 아니면 성령으로부터 온 것인지를 아십니다. 하시아 나로서는 우리가 주장하는 대의에 대해 그다지 크게 걱정하지 않습니다…죽은 자를 살리실 수 있는 하나님께서 그분의 대의가 위험에 처할 때에도 그것을 지키실 수 있습니다…만일 그분의 목적을 이루는 데 있어 우리가 합당한 도구가 아니라면, 하나님께서는 다른 사람들을 찾으실 것입니다(Fischer 1983:86-7).

개혁 운동의 보편성을 강조했던 멜랑히톤의 평화주의적 태도에 대한 루터의 평가는 잘 알려져 있다.

> 나는 필립이 쓴 아우구스부르그 신앙고백서 "변호"(Apologia)를 읽었는데, 그것은

너무나 마음에 들었다. 나는 고치거나 바꾸어야 할 부분을 전혀 찾지 못했으며, 그렇게 하는 일은 적절치 않을 것이다. 왜냐하면 나는 필립이 했던 것만큼 그렇게 부드럽고 온화하게 설명할 수 없기 때문이다(WA Br 5:319-20).

이후로, 연합을 위한 멜랑히톤의 외교적 노력을 반대했던 사람들은 그를 "소심한 행동가"로 비난했다.

이 의회의 의도가 가톨릭과 개신교 사이를 중재하는 것이 아니라 가톨릭주의를 강요하는 것이라는 사실이 분명해졌을 때, 멜랑히톤과 그의 동료들은 당혹감에 사로잡혔다. 복음주의적인 설교는 아우구스부르그에서 금지되었으며, 복음주의자들은 아우구스부르그의 성체축일 행렬에 참여하라는 명령을 받았다. 독일을 내전으로 이끌 것이라고 우려했던 종교적 분쟁의 위험을 피하기 위해, 멜랑히톤은 복음주의적 입장의 많은 부분들을 기꺼이 양보했다. 그의 우려는 30년 전쟁(1618-48)으로 현실화되었다.

하지만, 6월 15일에 황제가 아우구스부르그에 도착함과 동시에 분위기는 다시 한 번 급격하게 바뀌었다. 찰스는 양측 모두의 입장을 기꺼이 듣겠다고 말했다. 루터파 신앙고백서가 다시 작성되었다. 특히 28개 조항의 내용에 대한 이해의 틀을 제공하는 서문과 결론 부분에 관심이 집중되었다. 서문은 다음과 같이 주장한다.

> [황제의 명에 순종하여] 우리는 우리의 신앙 뿐 아니라 우리 목사들과 설교자들의 가르침에 대한 고백서를 제출합니다. 성경에 근거하여 이 고백서는 그들이 우리의 땅, 공국, 영토, 도시, 지역에서 무엇을 그리고 어떠한 방식으로 설교하고 가르치며 믿는지를 제시합니다.

이 서문은 찰스 황제에게 그가 신앙의 문제에 대하여 결정을 내리지 않고 일반 공의회에 맡기겠다고 이전에 반복적으로 약속했던 내용을 상기시킨다. 이제 황제와 교황이 더 나은 관계에 있기 때문에 가능한 빨리 일반 공의회가 개최되기를 소망한다고 밝혔다. 이에 따라 "우리는, 폐하가 다스리는 기간 동안 개최된 모든 제국 의회에서 선제후들과 제후들과 영주들이 고귀한 동기에서 요청했던 바와 같이, 그와 같은 일반적이고 자유로운 기독교 공의회에 참여할 것을 황제 폐하에게 전적으로 복종하며 제안하는 바입니다." 마침내 15년 후에 열리게 된 트렌트 공의회에 대해 논의할 때 살펴보겠지만, 루터파가 요구했던 "자유롭고" "기독교적인" 일반 공의회는 교황측에서 받아들일 수 없었다. 왜냐하면 "자유롭다"는 것은 교황의 통치로부터의 자유를 의미했고, "기독교적"이라는 것은 검토와 결정을 위한 규범으로 성경을 사용한다는 것을 의미했기 때문이었다.

 신앙고백서의 결론은 이 문서 전반에 흐르는 하나의 주제를 재확인한다. 루터파는 이 주요 조항들에서 "교리나 의식에 있어서…성경이나 보편적인 기독교 교회에 위배될" 그 어떠한 것도 소개하지 않았다. 작센의 선제후 요한 공, 브란덴부르크의 후작 게오르그, 뤼네부르크의 공작 에르네스트(Ernest), 헤쎄의 백작 필립, 작센의 공작 요한 프리드리히, 뤼네부르크의 공작 프란시스, 안할트의 제후 볼프강, 뉘른베르크의 시장과 시의회, 로이틀링겐의 시장과 시의회 등이 이 고백서에 서명했다. 이 문서에 서명함으로써 그들은 모든 것을 잃을 수도 있는 위험을 감수했다. 하지만 선제후 요한 프리드리히는 나싸우의 백작 윌리엄(Count William of Nassau)에게 "하나님으로부터 은혜를 받지 못하는 것보다는 황제로부터 은혜를 받지 못하는 것이 낫다"고 편지했다. 이것은 결코 가벼운 이야기가 아니었는데, 왜냐하면 요한 프리드리히는 그가 가졌던 선제후로서의 위엄과 자유를 몰수당할 수도 있었기 때문이다.

 그들의 시명이 분명하게 보여주듯이, 아우구스부르크 신앙고백서의 기원과 발전은 종교적일 뿐 아니라 정치적이었다. 신학자들은 선언의 내용에 집중했던 반면, 통치자들은 법적인 고려사항들에 초점을 맞추었다. 자신들의 지역에서 시행되는 개혁들이 법적인 용어로 이해되는 것이 제후들에게는 필수적으로 중요했다. 제후들은 제국의 계급으로서 자신들의 정당성을 보존해야만 했다. 따라서 이 신앙고백서는 가톨릭 신앙을 떠나거나 새로운 교리를 만들려는 의도가 없다는 사실을 분명히 밝힌다. 재세례파의 혁신과 이단으로 여겨졌던 사항들을 이 고백서는 분명하게 정죄한다. 가톨릭 신앙을 향한 평화주의적 어조는 멜랑히톤의 작품이었으며, 루터는 자신이 멜랑히톤처럼 진술할 수 없다는 사실을 알았다.

멜랑히톤이 종교개혁에 대한 잠재적인 정치적 반발에 대해 지나치게 걱정하고 있다고 염려하던 루터는 복음의 고백이 정치적 고려에 의해 타협되어서는 안 된다고 확고히 주장했다. 결국, 복음은 라틴어 서문 앞에 기록된 시편 119:46("왕들 앞에서 주의 교훈들을 말할 때에 수치를 당하지 아니하겠사오며")과 마지막 28번 조항("우리는 어떠한 인간보다 하나님께 복종하라고 명령하는 사도적 가르침을 따라야 한다")에서 명확하게 진술되었다. 이와 동시에, 칭의와 교회에 대한 이해는 4번 조항과 7번 조항에서 분명하게 표현된다.

> 하나님 앞에서 죄를 용서받고 의롭다함을 얻는 것은 인간의 업적과 공로로서가 아니라 하나님의 은혜로서 가능하며, 우리가 죄 사함을 받고 하나님 앞에서 의롭게 되는 것은 그리스도의 공로에 힙입은 은혜로 말미암고 믿음을 통해 이루어진 일이다.
> 교회의 참된 통일을 위해서는 복음의 가르침과 성례의 시행에 관하여 일치하는 것으로 족하다. 교회의 참된 통일성을 위해 인간의 전통, 곧 인간에 의하여 제정된 의식과 예식이 어디서나 같아야 할 필요는 없다.

아우구스부르그 신앙고백서는 6월 25일 황제 앞에서-2시간에 걸쳐!-독일어로 발표되었다. 신앙고백서를 받은 후 찰스는 교황의 신학자들에게 그것을 조사하고 반박하도록 맡겼다. 그들의 첫 번째 답변은 찰스에게 수용될 수 없었는데, 이는 그것이 너무 장황하고 논쟁적이었기 때문이다. 다시 원점으로 돌아와서 엑크와 그의 동료들은 "논박"(Confutatio)을 작성했고, 8월 3일에 그것을 크게 읽었다. 찰스는 개신교도들에게 그들의 주장이 반박되었다는 사실을 인정하라고 요구했고, 그렇게 인정하기 전까지는 "논박"의 사본 한 부를 주지 않았다. "변호"(Apology)라고 알려진 멜랑히톤의 아우구스부르그 신앙고백 변호서는, 그가 "논박"의 낭독을 들으며 급하게 기록한 필기 내용에 기초하여 만들어졌다. 하지만 찰스는 이 문제가 "논박"과 함께 종결되었다고 선언했고, "변호"를 받아들이지 않았다.

가톨릭 신학자들의 "논박"을 승인함과 동시에 찰스 황제는 더 이상 중재자로서의 모습이 아니라 교황파의 지지자로서의 모습을 분명하게 보이기 시작했다. 이에 따라 그는 본래 충돌의 대상이었던 로마의 입장과 자신의 정치적 싸움을 일치시켰다. 교황 클레멘트 7세는 개혁도 일반 공의회도 원하지 않았다. 그는 단지 교황청의 현 상태를 유지하고, 가능하다면 개신교도들을 근절시키기를 원했을 뿐이었다.

이미 찰스는 공의회와 종교 전쟁 사이의 양자택일에 관하여 로마와 논쟁한 바 있었다. 이제 그는 아우구스부르그에서 개신교도들과의 전쟁에 관하여 가톨릭 제후들과 상의하였다. 가톨릭 제후들은 찰스의 제안을 거부했다. 가톨릭 제후들이 찰스의 제안을 거부한 이유는 개신교 영주들의 안위를 걱정해서가 아니었다. 그들은 개신교도들과의 전쟁에서 승리할 경우 황제의 권력이 더욱 커지게 될 것이라는 점을 우려했던 것이다. 찰스가 개혁과 재결합을 협상하기 위한 일반 공의회를 요구하는 입장으로 돌아왔을 때, 그는 다시 한 번 반대에 부딪혔다. 독일에서 국가적 공의회를 개최한다는 선택은 찰스 역시 받아들일 수 없었는데, 이는 그것이 곧 독일 국가 교회의 설립을 의미했기 때문이다. 이에 대한 선례가 없었던 것이 아니다. 15년 전 교황은 프랑스의 압력에 굴복해 1516년의 정교(政敎)협약을 통해 프랑스 국가 교회의 설립을 허락했다. 또한 영국 교회 역시 1530년이 될 때까지 이러한 방향으로 움직이고 있었다. 하지만 독일 국가 교회는 합스부르그의 세계 통치를 위협했다. 보편적인 합스부르그 제국은 하나의 보편적인 교회를 필요로 했다. 찰스는 황제를 보편 교회의 후원자로 보았던 중세 시대의 이상으로부터 벗어날 수 없었다. 그와 같은 중세적 황제의 주장에 맞서 싸웠던 전임자들과는 달리, 교황은 찰스의 이러한 생각을 바로잡으려 하지 않았다. 교황에게 있어서는 황제보다 일반 공의회가 훨씬 더 위험스러워 보였기 때문이다.

개신교 측에서는, 성찬에 대한 이견으로 인해 공통적인 범(凡)-개신교 신앙고백이 이루어지지 못했다. 츠빙글리주의적인 성향을 가졌던 스위스 주(州)들과 남부 독일 도시들은 아우구스부르그 신앙고백서를 받아들이지 않았다. 이로 인해 스트라스부르그, 콘스탄스, 멤밍겐, 린다우 등 네 개의 제국 도시들의 신앙고백인 "4개 도시 신앙고백서"(Confessio Tetrapolitana)가 만들어졌다. 스트라스부르그의 개혁가 마르틴 부처와 그의 동료들이 작성한 이 신앙고백서는, 자신들이 옛 신앙과 다르다는 성경적 근거 및 성찬에 대한 츠빙글리적인 이해를 장황하게 제시하였다. 이 문서는 의회 앞에서 낭독되지 않았으며, 거의 주목을 받지 못했다. 그것은 루터와 츠빙글리의 입장들을 중재하려는 하나의 시도였으며, 독일 내 개혁주의 교회가 발표한 최초의 신앙고백이었다. 츠빙글리는 자신의 개인적인 신앙고백서 "찰스 황제에게 보내는 신앙의 규칙"(Fidei ratio ad Carolum Imperatorem)을 보냈지만, 찰스는 이것을 거부했고, 이 문서는 의회에서 전혀 발표되지 않았다.

아우구스부르그에서 분명해진 사실은 제국이 두 개의 신앙고백을 가지게 되었다는 것이었다. 아우구스부르그 신앙고백서는 곧 루터파 교회의 기본 문서가 되었으며 오늘날까지 여전히 사용된다. 멜랑히톤의 원래의 교회연합적 의도와 표현은 20세기 후반의 개선된 교회연합적 분위기 속에서 재발견되었다. 심지어 아우구스부르그 신앙고백서가 나온 지 450년이 되는 1980년에는 로마 가톨릭이 그것을 인정할 것인지에 대한 논의가 있었을 정도였다(참고, Burgess 1980).

6. 황제에 대한 저항권

아우구스부르그에서 찰스의 당근과 채찍 외교술은 실패했다. 그는 교황청과 개신교 양 측으로 하여금 자신들의 차이점을 극복하도록 회유하지도 강요하지도 못했다. 정치적으로 기민한 선제후 작센의 수상 그레고르 브뤽(Gregor Brück)의 인도를 따라, 개신교도들은 옛 신앙으로 돌아오라는 황제의 요구에 복종하지 않았다. 하지만 그들은, 보름스 칙령을 지지하며 '그 칙령에 대한 반대는 제국 내 평화를 깨트리는 행위'라고 선언한 의회의 다수파를 막을 수 없었다. 개신교도들에게는 1531년 4월 15일까지 옛 신앙으로 복귀하라는 명령이 떨어졌다. 그때까지는 어떠한 추가적인 혁신도 도입될 수 없고, 복음주의 작품들도 허용되지 않았다.

찰스 황제가 아우구스부르그 신앙고백서를 거부하고 보름스 칙령의 강행을 추진함에 따라, 개신교 진영은 임박한 전쟁에 주목했다. 개신교 영주들과 제후들은 의회가 끝나자마자 이러한 위험에 대비하기 시작했다. 1531년 2

월, 슈말칼덴(Schmalkalden)에서 공식적인 방어 동맹이 형성되었다. 선제후 작센과 헤쎄가 주도한 이 동맹에는 아우구스부르그 신앙고백서에 서명한 그밖의 사람들, 그리고 남부 독일의 몇몇 도시를 포함한 수많은 제국 도시들이 가입하였다. 법률가들과 신학자들은 황제에 대한 저항권 문제를 오랫동안 논의했다. 특히 루터는 초기에 저항권을 반대했다. 저항권에 대한 그의 반대는 복음이 하나의 새로운 율법이 되어 사람들에게 강요될 수 없다는 그의 입장과 일치했다. 루터는 이러한 입장을 칼슈타트, 뮌처, 츠빙글리, 기사들의 반란, 농민전쟁, 그리고 가장 최근에는 터키 민족에 대한 십자군 제안 등에 반대하여 주장했다. "우리는 복음을 유지하기 위해 정치적인 힘을 신뢰할 수 없으며, 오직 하나님만을 신뢰해야 한다"(Brecht 1990:363). 법률가들과 정치가들은, 제후들이 황제의 신하일 뿐 아니라 자신들의 백성들에 대하여 정치적이고 영적인 책임을 가지고 있는 통치자이기도 하다는 점에 근거하여 방어 동맹의 정당성을 주장했다. 더 나아가서 법률가들은, 황제가 불의하고 불법적으로 행동할 경우 그에 대한 저항을 제국법 자체가 허용한다고 주장했다.

황제가 옛 신앙을 다시 강요하기 위해 무력을 사용할 것이라는 점을 점점 더 확신함에 따라 루터는 그와 같은 활동에 협력하지 말라고 경고했다. 그 자신이 시민적 불복종의 살아 있는 예였던 루터는 이제 아우구스부르그 신앙고백서를 지지함으로 인해 닥칠 잠재적인 정치적 결과들을 직면했다. (아마도 1530년 10월에 작성하고 1531년 4월에 출판된 것으로 보이는)『친애하는 독일 백성들에게 보내는 마르틴 루터 박사의 경고』(*Dr Martin Luther's Warning to his Dear German People*)에서, 루터는 황제에 대한 무장 저항을 승인했다. 복음을 지키기 위한 방어적 행동은 "정당 전쟁"의 경우로 이해되었다. 이 논문의 적실성은 그것이, 특히 슈말칼트 전쟁과 30년 전쟁 기간 동안, 수없이 출판되었다는 사실에서 입증된다.

슈말칼트 동맹(Schmalkaldic League)은 선제후 작센과 헤쎄가 반년씩 돌아가며 이끌었던 군사적 연합이었다. 자신들의 연합과 신앙에 대한 상징으로서, 이 동맹에 가입한 군주들과 도시들은 아우구스부르그 신앙고백서에 서명했다. 발생하는 사건들에 반응하여 이 동맹은 신속하게 커져갔다. 1531년 10월 11일, 츠빙글리는 카펠(Kappel) 전투에서 사망했고, 취리히 쪽으로 기울어졌던 남부 독일의 제국 도시들은 정치적이고 군사적인 도움을 잃었다. 만일 그들이 황제에 맞서고자 한다면 슈말칼트 동맹으로부터 보호를 받아야 했다.

한편 터키족이 또다시 진군했고, 황제는 개신교 제후들의 군사적 재정적 도움을 필요로 했다. 이러한 도움을 확실하게 얻어내기 위해, 황제는 1532년 7월에 양쪽 종교 진영 사이의 휴전-뉘른베르그 "휴전"-을 선언했다. 이러한 법적 관용은 10년이 넘게 계속되었으며, 이러한 법적 보호 아래에서 개신교는 더욱 확장했다. 종교적 평화의 보호 하에서, 헤쎄의 필립과 스트라스부르그 시는 루터파 공작인 울리히(Ulrich)가, 1519년 이래로 합스부르그의 통치하에 있던 뷔르템베르그 공국(duchy of Württemberg)을 다시 차지하도록 도왔다. 울리히의 복귀는 독일 남서부 지역에서 개신교 세력이 강화되는 것을 의미했다.

1536년의 비텐베르그 협약(Wittenberg Concord)을 통해 성찬에 대한 루터파와 츠빙글리파의 의견차가 좁혀진 결과, 더 많은 제국 도시들이 동맹에 가입하게 되었고 츠빙글리적인 종교개혁은 제국으로부터 사라졌다. 뷔르템베르그를 뒤따라 포메라니아(Pomerania), 안할트(Anhalt), 아우구스부르그, 프랑크푸르트, 하노버(Hanover), 함부르그(Hamburg) 등의 제국 도시들과, 후작령 브란덴부르그 및 공작령 작센 등이 동맹에 가입했다. 이러한 권력자들에 의해 시행된 개혁은 아우구스부르그 신앙고백서를 일방적으로 도입하는 것이었다.

합스부르그와 비텔스바흐(Wittelsbach) 영역에서만 가톨릭주의는 여전히 지지를 받았다. 합스부르그 왕가가 황제직을 계속 유지하고자 원하는 한, 그들이 신앙고백을 바꾸는 일은 불가능했다. 남부 독일의 비텔스바흐 영토는 이미 성직 제도들을 "국가주의화"시키는 과정을 진행하고 있었다. 따라서 교회 재산을 더욱 세속화시키고 성직자 법정을 제거하는 일은 무의미한 권력의 증가를 가져올 뿐이었다. 주교와 수도원의 땅들은 귀족의 "근간"을 이루고 있었으며, 따라서 개혁에 대한 반대가 강력하게 나타났다. 왜냐하면 개혁이 시행될 경우 귀족들의 희생이 뒤따를 것이기 때문이었다.

1546년에 슈말칼트 전쟁이 발발할 때까지, 독일 동부 전 지역과 독일 북부 대부분이 루터주의를 받아들였다. 이 지역들에서 개혁이 진전됨에 따라, 루터파는 스칸디나비아 지역으로 확장되었고 영국에 영향을 끼칠 교두보가 마련되었다.

7. 종교개혁 교회연합주의, 전쟁, 그리고 아우구스부르크 평화협약

찰스 5세는 일반 공의회의 소집을 지지하는 외교적 활동을 펼침으로써 개신교의 확장에 대한 대응을 시작했다. 하지만 교회의 연합에 대한 황제의 관심은 양 측의 의심과 정치로 인해 좌절되었다. 교황청은 개신교도들이 제안한 공의회에 반대하였는데, 이는 공의회주의 운동, 특히 콘스탄스 공의회에 대한 기억이 너무 생생히 남아 있어 "자유롭고 기독교적인" 공의회에 동의할 수 없었기 때문이다. 유럽의 왕들 역시 일반 공의회를 반대하였는데, 그 이유는 그것이 합스부르크 세력을 강화하는 도구가 될 것이라는 우려 때문이었다. 루터파들은 일반 공의회에 대표자들을 파견하는 일에 회의적이었다. 왜냐하면 그렇게 할 경우 교황청을 교회의 최고 권위로 인정하는 꼴이 될 것이라고 염려했기 때문이다. 일반 공의회를 소집하려는 노력이 실패하게 되자, 찰스는 제국 내에서 종교 회담을 개최함으로써 제국의 통일성을 회복하려 했다. 1540년과 1541년에 하게나우(Hagenau), 보름스, 레겐스부르크(Regensburg) 등지에서 종교 회담이 열렸고, 원죄와 칭의에 관한 신학적 쟁점들이 어느 정도 좁혀졌다. 하지만 이러한 종교회담들에서 이루어진 타협안들은 로마와 루터 모두로부터 거부되었다.

공의회를 소집하고 대화를 통해 차이점을 좁히려는 노력이 실패함에 따라, 종교적 갈등은 전쟁으로 발전하였다. 1546년에 이르기까지 찰스는 루터파에 반대하여 진격하는 것을 선호했다. 프랑스와의 관계는 평화로웠고, 교황청은 슈말칼트 동맹과의 전쟁을 재정적으로 후원하기로 약속했다. 또한, 뇌물을 써서 작센의 모리츠(Moritz)를 자신의 편으로 끌어들이려는 찰스의 노력이 성공함에 따라, 그리고 헤쎄의 필립의 이중결혼 사건으로 인해, 슈말칼트 동맹은 약해졌다. 필립의 이중결혼은 그와 슈말칼트 동맹에게 있어 개인적이고 정치적인 재앙이었으며, 그에게 목회적 조언을 제공했던 루터, 멜랑히톤, 부처를 당혹스럽게 만들었다. 이중결혼은 제국법상 사형에 해당하는 죄였기 때문에, 필립의 입장은 크게 타협되었으며 그는 법의 처벌을 피하기 위해 찰스에 대한 협조를 약속했다(참고 Brecht 1993:205-8, 210-15).

전쟁의 공식적인 이유는 작센과 헤쎄 지역에 맞서 보름스 칙령을 강행하는 것이었다. 이 두 세력은 황제의 후원자였던 브라운슈바이그의 하인리히(Heinrich of Braunschweig)를 그 지역에서 몰아내고 그곳에 종교개혁을 도입했었다. 슈말칼트 동맹은 찰스에 비해 군사적이고 전략적인 이점들을 가지고 있었지만, 그것들이 잘 사용되지는 못했다. 작센의 모리츠(Moritz of Saxon, 1521-53)는 슈말칼트 동맹을 떠나 찰스의 진영으로 옮김으로써 작센의 선제후 자리를 얻으려 했다. 1547년 4월에 이르러, 황제는 전쟁에서 승리했고 비텐베르그 근처의 뮐버그(Mühlberg)에서 슈말칼트 동맹은 패배하였다. 요한 프리드리히가 사로잡혔고, 헤쎄의 필립 역시 얼마 후 찰스의 포로가 되었다. 이제 "마이쎈의 가룟 유다"(Judas of Meissen)로 불린 작센의 모리츠는 찰스로부터 선제후 지위를 얻어냈다. 이 전쟁이 발발하기 직전, 루터는 세상을 떠났다. 전해지는 이야기에 따르면, 루터가 묻혀 있는 비텐베르그 성(城) 교회에 찰스가 섰을 때, 사람들은 그에게 루터의 시신을 판 후 이단자로서 화형을 시키라고 독촉했지만, 찰스는 "나는 죽은 사람과는 싸우지 않는다"고 말했다고 한다(Kittelson 1986:299; Joestel 1992:92-101).

이제 찰스는 통일된 제국의 재확립에 힘썼고, 트렌트 공의회가 작업을 완수할 때까지 1548년의 아우구스부르그 의회의 임시적인 결정을 시행하기로 했다. 아우구스부르그 잠정협약(Augsburg Interim)으로 알려진 이 결정은 개신교 지역 내에서 성직자의 결혼과 두 종류의 성찬과 일정한 형태의 칭의 교리를 허용하였다. 대부분의 개신교 신학자들은 이 잠정협약이 옛 신앙을 강요한다며 강력히 비난했다. 몇몇 신학자들, 특히 가장 악명 높았던 멜랑히톤은, 가톨릭 의식과 신학의 요소들을 "대수롭지 않은 문제들"(adiaphora)로 보며 그것들의 도입을 합리화했다. 하지만 다른 개신교 지도자들은 '무엇인가가 강요된다면 그것은 결코 "대수롭지 않은" 것이 될 수 없다'고 주장했다(Lindberg 1997). 잠정협약에 대한 반대가 루터의 본거지에서 거세게 일어남에 따라, 새로운 선제후 모리츠는 개신교의 핵심 교리들을 지키는 동시에 가톨릭의 외적 요소들을 허용하는 자신만의 방식을 추진했다. 새로운 자신의 백성들을 소외시키지 않으려는 모리츠의 이러한 노력은 라이프치히 잠정협약(Leipzig Interim)으로 알려진다. 하지만 이 정책은 마그데부르그(Magdeburg) 지역에서 대표적으로 실패했다.

마그데부르그의 개신교 지도자들은 이 잠정협약을 마귀와 적그리스도의 작품이라고 비난했다. 이 잠정협약을 거부함에 따라 제국의 금지령과 포위가 촉발되었다. 자신의 입장을 변호하는 가운데 이 도시는 "마그데부르그 신앙고백서"를 작성했다. 이 신앙고백서는 개신교 신앙고백 중 불의한 고위권력에 맞서는 저항권을 처음으로 종교적으로 정당화한 문서였다(Whitford 2001a). 이 신앙고백서가 일반적으로 "저항권"의 관점에서 언급되지만, 이 고백서는 "방어권"이라는 용어를 사용하는데, 그렇게 함으로써 저항을 반란과 불법적인 반역으로 보았던 16세기의 의미로부터 스스로를 구별했다(Zwierlein 2005:27).

니콜라스 갈루스(Nicholas Gallus), 니콜라스 암스도르프(Nicholas Amsdorf), 그리고 ("마그데부르그 연대기"[Magdeburg Centuries]로 유명한) 매튜 플라키우스 일리리쿠스(Matthew Flacius Illyricus)의 지도를 받으며, 목사들은 『마그데부르그에 있는 기독교 교회 목사들과 설교자들의 고백, 가르침 및 경고』(*Confessions, Instructions, and Warning of the Pastors and Preachers of the Christian Church in Magdeburg*, 1550년 4월 13일)를 발표했다. 수많은 정치적 선전과 풍자적 만화 그리고 잠정협약을 조롱하는 노래들이 마그데부르그의 인쇄소로부터 쏟아져 나왔고, 이러한 작품들은 독일 전역의 공적인 의견에 불을 지폈다. "하나님께서는…자신의 군대로 안티오쿠스(Antiochus)를 처부수며 그에게 진정한 전쟁을 가르칠 유다 마카비(Judas Maccabeus)와 같은 사람을 일으키실 수 있다"라고 주장한 루터의 『친애하는 독일 백성들에게 보내는 경고』에서 단서를 얻어, 마그데부르그 신앙고백서는 자신들의 저항을 마카비의 저항과 비교한다. 그들의 방어 부대는 다음과 같은 노래를 불렀다. "마카비가 했던 것처럼 하나님의 말씀을 위해 힘쓰라. 이 땅의 배신자를 공격하라. 독일 땅에서 자행된 수많은 살인행위를 복수하라"(Olson 1972:69-70). "잠정협약만큼 그렇게 논쟁적인 노래들을 생산해 낸 사건은 거의 없었다"(Oettinger 2001:140).

> 마그데부르그 신앙고백서는 정치적 폭군에 대한 루터의 저항권 사상을 강력하게 뽑아내어 확장시킨다…루터 자신은 1530년대에 이 입장에 이르기까지 긴 과정을 거쳤다. 하지만 이러한 주장들을 통합하여 저항권 이론에 대한 공적이고 간결한 진술로 집약시킴으로써 이 신앙고백서는 인상적인 지적 성취를 이루었다.

그것은 또한 인상적인 정치적 성취이기도 했다. 왜냐하면 이로 인하여 결국 대중들의 의견은 황제와 아우구스부르그 잠정협약에 반대하는 쪽으로 기울었기 때문이다(Witte 2007b:106-114, 인용된 부분은 113-14).

윌리엄 쉬어러(William Shirer)가 『제 3제국의 흥망』(*The Rise and Fall of the Third Reich*, 1960)에서 널리 일반화시켰던 견해와는 달리, 루터파의 저항 교리는 단순히 수동적이지만은 않고 능동적이었다(Olson 1972; Schoenberger 1977; Benert 1988). 마그데부르그 신앙고백서는 프랑스, 네덜란드, 영국 등지에서 칼빈주의 저항권 이론이 발전하는 데에 영향을 주었다. 그것은 또한 히틀러에 대한 저항, 즉 히틀러 암살 시도로 처형된 유명한 목사 디트리히 본회퍼(Dietrich Bonhoeffer)와 독일 고백 교회가 대표적으로 표현한 저항 사상에도 영향을 끼쳤다고 말할 수 있을 것이다(Whitford 2001a:93-105; Whitford 2002b). 본회퍼의 사촌이자 가까운 친구였던 한스 크리스토프 폰 하제(Hans Christoph von Hase)는 플라키우스를 연구했고 잠정협약에 대한 저항에 관해 글을 썼다(Siemon-Netto 1995). 본회퍼는 '어떠한 윤리적 문제들은 신앙과 너무도 강하게 충돌하여 거의 신앙고백적인 지위를 차지한다'(casus or status confessionis)는 루터와 플라키우스의 주장을 이어받았다. 본회퍼가 처한 상황은 나치의 유대인 박해였고, 그 후에 나타난 실례는 인종분리 정책이었다. 아우구스부르그 잠정협약에 대한 논쟁과 플라키우스로부터 배운 교훈은 "신앙고백과 추문과 관련된 경우에는 그 어떤 것도 대수롭지 않은 문제가 될 수 없다"(nihil est adiaphoron in casu confessionis et scandali)는 것이다. 보다 생생한 표현을 사용하여 루터와 본회퍼는 왜곡된 제도 내에서 사는 경우 어떻게 행동해야 하는지를 다음과 같이 분명하게 제시했다.

> 만일 버스 운전자가 술취한 상태라면, 우리는 그 버스의 바퀴를 멈춰 세워야 한다(Duchrow 1987:34).

마그데부르그 시는 모리츠의 군대와 군사적으로 상대가 되지 않았다. 모리츠는 1551년 11월에 이 도시를 점령했고, 자신의 통치를 수용하면 그들의 종교를 허락하겠다고 약속했다. 하지만 새로운 상황이 발생함으로 인해 최근의 개신교적 불행이 뒤집혔다. 오랫동안 요청했던 일반 공의회가 마침내 1545년 트렌트에서 개최된 것이다. 그러나 트렌트 공의회의 구성과 교리적 과정은 개신교의 희망에 최후의 일격을 가했다. 개신교도들은 한 세대의 기다림 끝에 결국 가장 낮은 지점으로까지 떨어진 것이다(14장을 참고하라). 공의회가 열리기 전까지 일시적인 해결책으로 잠정협약을 받아들이라는 명령은 개신교도들의 희망과 함께 사라졌다. 잠정협약 자체는 여러 측면에서 유용하지 못한 것으로 판명되었는데, 특히 성직자들의 협조를 얻어내지 못했다. 종교개혁이 시작된 이후 완전히 새로운 세대의 성직자들이 옛 신앙의 성직자들을 대체했다. 따라서, 설령 통치자들이 반역적인 복음주의적 성직자들을 교체시키고자 했다 할지라도, 잠정협약의 필요만큼 그 자리를 채울 사람들을 찾기란 쉽지 않았다. "잠정협약은 가장 밑바닥에서 반대를 받았으며, 개신교에게 만족스럽지 못했던 것만큼 가톨릭에게도 마찬가지였다"(Scribner 1990:192).

정치적 위계질서의 꼭대기에서도 상황은 나아지지 않았다. 황제 형제들은 자신들의 서로 다른 정치적 관심사로 인해 충돌하였다. 이 시기의 대부분 동안 찰스의 도움 없이 터키 족을 상대했던 페르디난드의 관심은 중부와 동부 유럽에 집중되었다. 뿐만 아니라, 찰스가 스페인의 유익을 추구하며 발루아(Valois) 가문과 전쟁을 치르는 동안, 페르디난드는 개신교도들을 처리하는 문제를 해결할 어떠한 최종적인 권위도 갖지 못한 채 이 문제로 시달렸다. 합스부르그 내의 스페인 쪽 집안과 오스트리아쪽 집안 사이의 긴장은 형제 간의 경쟁이 크게 확대된 것이었다. 이는 그들의 자녀들에게까지 연장되었다. 칠스는 자신의 아들 필립(Philip)이 페르디난드의 뒤를 이어 황제가 되기를 바랬다. 반면, 페르디난드는 필립이 아니라 자신의 아들 막시밀리안(Maximilian)이 메리 튜더(Mary Tudor)와 손을 잡아야 한다고 생각했다. 이에 따라, 1552년에 개신교 제후들이 반란을 일으켰을 때, 페르디난드는 찰스를 도우는 일에 그다지 관심이 없었다.

작센의 모리츠가 개신교 제후들을 반란을 이끌었다. 제후들의 자유를 지켜야 한다는 공동의 목표로 인해 서로 간에 존재했던 신앙고백상의 차이는 지나쳤다. 요한 프리드리히와 헤쎄의 필립이 황제의 감옥에 갇혀 있고 또 찰스가 '자신과 페르디난드의 후손들이 황제직을 번갈아 맡아야 한다'고 주장함에 따라, 개신교 제후들의 우려가 극에 달했다. 찰스의 주장은 선제후 집단을 있으나마나한 단체로 만들며 군주-선제후들의 권리를 침해하는 것으로 보였다.

모리츠는 프랑스 왕 앙리 2세(Henry II)의 도움을 요청하며, 도움의 댓가로 메츠(Metz), 툴(Toul), 베르둥(Verdun)의 제국 주교직을 약속했다. 찰스는 알프스 산맥을 넘어 도망쳐야 했고, 다시는 독일 땅으로 돌아오지 못했다. 찰스는 페르디난드가 1555년의 아우구스부르크 의회에서 종교적 분열을 해결하도록 뒤로 물러났다. 3월부터 9월까지 열린 이 의회는, 중세의 전통적인 두 세력인 교황과 황제로부터 독립적으로 종교적 갈등을 해결했다. 교황의 잦은 교체 및 비타협적 태도로 인해 교황청은 이 의회에 대표자를 보내지 않았다. 교황 율리우스 3세(Julius III)는 3월에 죽었고, 그의 후계자 마르셀루스 2세(Marcellus II)는 5월에 죽었다. 새 교황 바오로 4세(Paul IV)는 교황청이 아닌 다른 기관이 종교적 갈등을 해결할 수 있다는 사실을 인정하지 않았다. 찰스 5세 역시 이러한 교황의 엄격한 태도를 공유했다. 그 결과 교황과 황제 모두가 이 의회에서 효과적으로 제외되었다.

아우구스부르크 평화협약(Peace of Augsburg, 1555)은 또한 각자의 세력을 증가시키고자 했던 개신교와 가톨릭 제후들의 관심사에 의해 영향을 받았다. 개신교 제후들은 교회를 통제하고 개혁할 자신들의 권리를 인정받으려 했다. 다른 제후들은 황제의 통제에 맞서 자신들의 안전을 지키고자 했다. 도시들은 그들 자신들의 보호를 추구했다. 그 결과 임시적인 "공공의 평화"가 정치적인 타협을 기반으로 세워진 것이다. 적어도 잠시 동안 이 평화협약은 '종교적 해결을 강요하는 것이 무익하다'는 사실을 인정했고, '하나의 교회와 하나의 제국'이라는 중세의 기독교 세계(corpus Christianum)적 이상을 여전히 유지했다. 평화는 정치적 현실과 통찰에 의해 강제된 것이지, 관용의 의미로 나타난 결과가 아니었다.

아우구스부르크 평화협약은 개신교와 가톨릭 모두의 개인적이고 법적인 안전을 보장했다. 아우구스부르크 신앙고백서를 따르는 사람들의 예배와 교회정치가 인정되었다. 종교에 대한 제후들의 통치권 역시 인정되었다. 이 원리는 "한 명의 통치자가 있는 곳에는 하나의 종교만 존재한다"(ubi unus dominus, ibi una sit religio)라는 진술과, 1600년 경에 공식화된 "통치자의 종교가 그 지역의 종교"(cuius regio, eius religio)라는 표어로 표현되었다. 통치자의 종교를 받아들이지 못하는 백성들에게는 다른 지역으로의 이주권(ius emigrandi)이 허용되었다. 소위 "교회적 유보"(ecclesiastical reservation)라 불리는 결정이 내려져, 어떤 사람이 루터파가 되고자 한다면 교회와 관련된 직분과 재산을 포기해야 했다. 두 가지 신앙고백이 모두 세워진 제국 도시에서는 기존의 신앙고백이 현상 유지되었다. 세속 군주들이 1552년까지 소유해 왔던 교회 재산들은, 제국에 직접적으로 속해 있는 것들을 제외하고서, 그대로 유지되었다.

아우구스부르그 평화협약은 아우구스부르그 신앙고백서를 따르는 자들에게 유리했다. 하지만 루터파가 법적인 권리를 보호받은 반면, 재세례파나 스위스 종교개혁의 지지자들은 법적으로 인정받지 못했다(이 시기가 될 때까지 스위스 종교개혁의 중심은 존 칼빈이 활동하던 제네바로 옮겨졌다). 아우구스부르그 평화협약은 루터와 멜랑히톤이 1530년에 강하게 주장했던 내용, 즉 '서로 다른 신앙고백을 한다고 해서 그것 자체가 제국에 대한 배반을 의미하지는 않는다'는 주장을 인정했다.

종종 이 평화협약에서 제시한 '이주권'은, 종교의 자유나 이주의 자유와 관련해서 인권을 위한 투쟁이 시작된 것으로 여겨져 왔다. 하지만, 어떤 사람이 이주를 원할 경우 군주에 대한 빚을 완전히 갚아야 하는 일이 요구되었는데, 이는 경제적으로 불가능한 것이었다. 이러한 점에 있어서, 비밀-개신교주의와 비밀-가톨릭주의가 나타난 현상은 놀랍지 않다. 18세기에 잘츠부르그(Salzburg) 개신교도들이 추방당한 사건은 1555년 평화협약의 이주조항이 또한 추방의 근거가 될 수도 있었다는 사실을 보여준다.

'하나의 진리'라는 중세적 원리는, 루터파와 관련된 이단이 법률적으로 폐지됨과 함께, 최소한의 다원주의(pluralism)로 바뀌었다. 양쪽 신앙고백을 모두 인정함으로써 황제는, 적어도 이론상으로 볼 때, 기독교 세계에서 교황 다음의 두 번째 지위를 갖는다는 주장을 상실했다. 찰스는 이러한 문제를 인식했다. 양쪽 신앙고백의 동등성이 법적인 해결책으로 떠오름에 따라, 찰스는 제국 의회가 끝난 후 자신의 왕위를 넘겨주겠다고 동생에게 알렸다. 찰스는 1555년 10월에 네덜란드를, 그리고 1556년 1월에 스페인과 시실리를 자신의 아들 필립 2세(Philip II)에게 물려주었다. 이 결정으로 인해 합스부르그 가문과 발루아 가문 사이의 충돌이 이제는 스페인과 프랑스 사이의 충돌로 바뀌었다. 중세적 이상에 따라, 찰스 5세는 자신의 건강과 구원을 위해 스페인 후스떼(Juste)에 있는 수도원으로 거처를 옮긴 후 1558년에 이곳에서 숨을 거뒀다. 오스트리아의 페르디난드는 1558년에 공식적으로 황제 칭호를 받았다.

오직 하나의 종교적 진리가 존재한다는 주장은 1555년 아우구스부르그에서 무너졌다. 합스부르그 가문의 유럽 지배를 꿈꿨던 찰스의 소망도, 교회를 분리하지 않고 개혁하고자 했던 기본적인 종교개혁의 목표도, 1555년에 함께 무너졌다. 앞으로 살펴보겠지만, '통치자의 종교가 그 지역의 종교'라는 법적 원리는 '개신교의 세력이 전체적으로 볼 때 영국에서는 약하고 프랑스에서는 강했음에도 불구하고 왜 종교개혁이 영국에서는 성공하고 프랑스에서는 실패했는지'에 대한 단서를 제공한다. 그 차이는 바로 통치자 때문이었다(참고 Monter 2002).

Suggestions for Further Reading

Thomas A. Brady, Jr, *Protestant Politics: Jacob Sturm (1489–1553) and the German Reformation.* Atlantic Highlands: Humanities, 1995.

Bernd Moeller, *Imperial Cities and the Reformation: Three Essays*, ed. and trans. H. C. Erik Midelfort and Mark U. Edwards, Jr. Durham: Labyrinth, 1982.

Steven Ozment, *The Reformation in the Cities: The Appeal of the Reformation to Sixteenth-Century Germany and Switzerland.* New Haven: Yale University Press, 1975.

R. W. Scribner, "Politics and the Institutionalization of Reform in Germany," in G. R. Elton, ed., *The Reformation 1520–1559*, 2nd edn (New Cambridge Modern History, II), 172–97, Cambridge: Cambridge University Press, 1990.

James D. Tracy, ed., *Luther and the Modern State in Germany*, Kirksville: Sixteenth Century Journal Publishers, 1986.

제10장

"그리스도의 가장 완벽한 학교": 제네바 종교개혁

("The Most Perfect School of Christ": The Genevan Reformation)

> 제네바는 사도들의 시대 이후 가장 완벽한 그리스도의 학교이다. 다른 지역들에서도 그리스도가 참되게 선포되지만, 이 도시처럼 생활과 신앙이 참되게 개혁된 곳을 나는 보지 못했다.
>
> 존 낙스(John Knox, 1513-72)

위와 같이 칭찬하던 1556년, 스코틀랜드의 열정적인 개혁가 존 낙스는 개신교도들을 박해한 메리 여왕(Mary Tudor)의 정책 때문에 제네바로 피신한 상태였다. 낙스는 유일한 피난자도 아니었으며 칼빈의 제네바를 징찬한 유일한 사람도 아니었다. 메리 여왕의 박해 때문에 거의 비슷한 시기에 제네바에 머물고 있던 또 다른 피난민 역시 다음과 같이 썼다.

> 제네바는 나에게 전 세계의 놀라운 기적처럼 보인다…서로 다른 관습과 언어와 의상을 가진 스페인 사람들, 이탈리아인들, 스코틀랜드인들, 영국인들, 프랑스인들, 독일인들이…하나의 영적이고 기독교적인 공동체가 되어…그리스도의 멍에를 함께 메고 그처럼 사랑스럽고 다정하게 살아가는 모습은 놀랍지 않은가?(McNeil 1967:178)

제네바를 "수많은 천사들"의 보호를 받는 "거룩한 도시"로 칭찬하는 모습에서 나타나듯이, 종교개혁의 이 "새로운 로마"는 신앙 때문에 여러 지역으로부터 추방당한 개신교도들의 피난처였을 뿐 아니라 새로운 신앙을 고수하는 사람들을 위한 중심지이기도 했다. 앞으로 살펴보겠지만, 제네바가 기독교 공동체의 모델이 된 것은 "하루아침에 이루어진" 일이 아니라, 길고 고통스러운 투쟁의 결과였다. 더 나아가, 이러한 과정 속에서, 제네바는 피난민들을 받아들였을 뿐 아니라 새로운 피난민들을 만들어 내기도 했다. 제네바를 중심으로 소용돌이쳤던 모든 칭찬과 비난의 한 가운데에는 존 칼빈이 서 있었으며, 그 역시 프랑스로부터 추방당한 인물이었다.

1. 존 칼빈 (John Calvin, 1509-1564)

존 칼빈 (혹은 장 코방, Jean Cauvin)은 루터보다 26살 어린 2세대 종교개혁가였다. 독일 바깥에서 가장 중요한 종교개혁가로서(어떤 이들은 모든 개혁가들 중 가장 중요한 유일한 종교개혁가라고 주장할 것이다), 자신의 사역과 인격으로 인해 칼빈은 교회 내의 지도적인 인물들이라는 "선택된" 집단 안에 속해 있으며, 그에 대한 평가는 다음과 같이 서로 상반된다.

칼빈은 편협한 교리주의자인 동시에 교회 연합주의자로, 가혹한 이단재판관인 동시에 예민하고 따뜻한 목사로, 금욕주의적이고 차가운 권위주의자인 동시에 동정심이 많은 인문주의자로, 엄격한 개인주의자인 동시에 사회적인 사상가로, 단순한 조직가인 동시에 삼위일체 교리를 최종적으로 완성한 신학자 중의 신학자로, 논리의 지배를 받은 인물인 동시에 모순되고 비일관적인 모습을 보인 인물로, 자본주의의 이론가인 동시에 사회주의의 이론가로, 제네바의 폭군인 동시에 자유의 수호자로, 독재자인 동시에 혁명가 등으로 묘사되어 왔다. 그의 신학과 관련하여 어떤 이들은 칼빈 신학의 핵심이 예정론이라고 주장하고, 또 어떤 이들은 죄의 용서가 신학의 중심이었다고 말하는가 하면, 다른 사람들은 그의 신학에 중심이 전혀 없다고 주장한다! 다시 말해서, 칼빈에 대하여 중립적인 태도를 취하는 사람은 거의 없다. 칼빈에 대한 해석사는 아직 루터만큼의 전체적인 전망에 이르지는 않았지만, 루터만큼이나 다채로울 것이라는 점에 대해서는 의심의 여지가 없다. 코클라이우스(Cochlaeus)가 루터를 끈질기게 대적했던 것처럼, 칼빈에게는 제롬 볼섹(Jerome Bolsec)이라는 적수가 있었는데, 볼섹이 1577년에 쓴 칼빈 전기는 비방술에 있어 기념비적인 작품으로 손꼽혔다.

  칼빈은 파리에서 북동쪽으로 100km 정도 떨어진 대성당 도시 노용(Noyon)에서 태어났다. 그의 어머니는 그가 5-6세였을 때 사망했다. 대성당 참사회를 위한 법률 대리인이자 주교의 서기였던 그의 아버지는 칼빈을 교육시킬 만큼 충분한 교회 성직록을 얻었다. 14살 때 칼빈은 파리로 향했고 이곳에 있는 라 마르슈 대학(Collège de la Marche)에서 일반 학문을, 몽테규 대학(Collège de Montaigu)에서 신학을 배웠다. 몽테규는 칼빈보다 앞서서 에라스무스(Erasmus)와 라벨라이스(Rabelais)가 수학했고 칼빈 이후에는 로욜라(Loyola)가 다녔던 학교이다. 18살이던 1528년, 칼빈은 문학 석사 학위를 취득했다. 그의 종교적이고 윤리적인 진지함 뿐 아니라 라틴어 논증에 숙련되고 통달했던 자신의 능력으로 인해, 칼빈의 친구들은 그에게 "목적격"(the accusative case)이라는 별명을 붙였다고 한다. 그의 학창 시절에 대한 다소 관대한 묘사는 그의 친구이자 전기 작가인 테오도르 베자(Theodore Beza, 1519-1605)로부터 나온 것인데, 베자는 칼빈이 밤늦게까지 공부하고 생각하다가 아침이 되어서야 침대에 눕는 경향이 있었다고 이야기했다.

  1528년에 칼빈은 파리를 떠나 오를레앙(Orleans)과 부르쥬(Bourges)에 있는 유명한 법률 학교에 입학했고, 1532년에 법률에 대한 학위를 끝냈다. 예비적인 신학 공부로부터 법률 공부로 방향을 바꾼 것은 그의 아버지의 주장 때문이었는데, 칼빈의 아버지는 노용의 성직자들과 다툰 후 법률 공부가 더 높은 지위에 오르도록 도와줄 것이라고 믿었다. 부르쥬에서 칼빈은 헬라어 공부를 포함하여 고전에 대한 생생한 관심을 가졌다. 칼빈이 아버지에 대한 순종의 차원에서 법률을 공부했다는 점은 그가 아버지의 사망 직후 파리로 돌아가서 인문주의를 공부했다는 사실에서 분명히 드러난다. 1532년, 그는 자신의 첫 번째 작품인 세네카의 『관용론』(On Clemency) 주석을 출판했다. 비록 출판 자체는 실패한 것처럼 보였지만, 이 작품은 칼빈의 초창기 언어적 능력과 고전에 대한 깊은 지식을 보여준다. 어떤 이들의 주장과는 달리, 이 주석은 칼빈이 종교개혁으로 전향한 원인이나 종교적 관용에 대한 호소가 아니며, 왕실의 절대주의에 직면한 프랑스 초창기 종교개혁의 불안정한 정치적 상황에 대한 그의 반응이었다. 젊은 법률가로서 칼빈은 전제 정치와 반역 사이에서 관용이라는 "중용"을 제안한다. 이처럼 이 주석은 그가 훗날 『기독교 강요』(Institutes)의 서문으로 프란시스 1세(Francis I)에게 썼던 편지에 대한 단서를 제공하며, 또한 개혁을 추진하는 과정에서 언제나 질서에 대한 관심을 가졌던 그의 성향을 보여준다.

사실 칼빈은 자신이 "개신교"로 회심한 것과 관련하여 자서전적인 정보를 거의 제공하지 않았다. 제네바 사람들에게 로마 교회의 신앙으로 돌아오라고 호소했던 추기경 사돌레토(Sadoleto)에게 보낸 답신에서 말한 바와 같이, 칼빈은 "자기 자신에 대해서 이야기하는 것을 꺼려했다"(Olin 1966:54). 이러한 칼빈의 개인적인 과묵함은, 자신의 생각이나 감정을 거의 모두 글로 표현했던 루터와 비교해 볼 때 인상적이다. "루터의 성격은 그가 쓴 작품의 거의 모든 페이지에 나타나는 반면, 칼빈은 자신의 '개인적인' 생각과 감정을 잘 드러내지 않는 경향을 보였다. 따라서, 자신의 글 뒤에 감추어져 있는 그의 모습을 알아차리거나, 하나님과 세상에 대한 신비들을 이해하기 위해 쏟았던 자신의 지적인 노력 뒤에 숨겨져 있는 그의 감정의 움직임을 발견하기란 쉽지 않다"(Oberman 1994:114).

그가 성경을 포함하여 문화의 근원으로 돌아가자(ad fontes)는 인문주의적인 강조점을 공유했음은 분명하다. 하지만 최근의 칼빈 연구는 16세기의 인문주의가 여러 가지 방식으로 정의될 수 있다는 사실을 민감하게 인식하였다. 그에 따라 어떤 이들은 칼빈이 인문주의의 방법론만을 사용했다고 주장하는 반면, 다른 사람들은 칼빈이 인간의 본성과 역사에 대한 인문주의의 실질적인 관점들 몇 가지를 받아들였다고 주장한다. 칼빈이 회심하기 10여 년 전에 프랑스 인문주의자들과 분명하게 공유했던 것이 있다면, 그것은 프랑스 "루터파들"이 거의 소멸하고 로마 가톨릭주의와 단절한 현실 앞에서 느꼈던 실존적인 두려움과 영적인 불안이었다. 부스마(Bouwsma, 1988)는 칼빈이 사용한 "미로"와 "심연" 등의 용어가 당시의 혼동과 불안을 핵심적으로 나타내 주는 표현들이라고 지적한다. 하지만 멀러는 "부스마의 심리적이고 실존적인 해석이 한결같이 그의 독자들로 하여금 오히려 칼빈으로부터 멀어지게 하는 것은 아닌지" 의문을 제기한다(Muller 2000:10, 79-98; 97쪽에서 인용). 분명한 점은 '이러한 상황에서 젊은 칼빈이 라틴어와 프랑스어로 번역된 루터의 작품들을 읽음으로써 자신만의 성경 신학을 발전시켰다'는 것이다. 프랑스어와 라틴어와 헬라어와 히브리어에 정통했던 칼빈은 독일어를 이해하지 못했는데, 몇몇 츠빙글리파 신학자들은 이 점이 루터에 대한 칼빈의 존경심을 설명해준다고 주장했다.

> 젊은 칼빈은 신학적인 면에서 에라스무스주의자가 아니었다. 오히려-하나님의 의에 대한 이해의 차이에서 볼 수 있듯이-그는 경험에 있어서나 표현에 있어서나 놀라울 정도로 루터의 제자였다(Oberman 1994:134; Steinmetz 1986:85-97; Steinmetz 1995:172).

훗날 칼빈은 자신의 "갑작스러운 회심"에 대해서 이야기했는데, 학자들은 이 일이 1533-4년 사이에 일어났을 것이라고 추측한다. 1557년의 시편 주석 서문에서 칼빈은 자신의 삶의 방향을 바꾼 하나님의 섭리에 대해 언급했다.

> 우선적으로 발생한 일은 갑작스러운 회심을 통하여 그분께서 내 마음을 제압하셔서 그 당시 너무나 강퍅했던 내 마음을 가르침을 받을 만한 상태로 바꾸셨다는 것이다. 나는 교황주의의 미신들에 강하게 헌신되어 있던 터라 수렁과 같은 깊은 심연으로부터 쉽사리 빠져나올 수 없었다…1년이 지나지 않아, 순수한 교리를 갈망하던 사람들이 여전히 초보자이고 미숙했던 나에게서 가르침을 받기 위해 계속해서 찾아 왔다(Bouwsma 1988:10).

멀러에 따르면, "칼빈은 자신이 교황청의 암흑으로부터 처음으로 빠져나온 것을 루터의 초창기 작품을 읽은 것과 연관시켰으며"(Muller 2001:325), "멜랑히톤의 방법이 칼빈의 『기독교 강요』에 분명하게 나타난다"(Muller 2004:132). 스페이커(Spijker 2001:207)는 루터가 칼빈에게 끼친 분명하고 지속적인 영향력에 대해 이야기한다. 사돌레토에게 쓴 편지에서 칼빈은 '하나님의 자비로 인해 죄의 고백과 성취 지향적인 경건의 짐으로부터 해방되었던' 루터의 경험과 비슷한 용어로 자신의 회심을 더 자세히 묘사하였다. 『기독교강요』에서 칼빈은 로마 교회가 수많은 법들로 양심을 얽어맸고 그 결과 극단적인 고통과 공포 및 구원의 불확실성이 초래되었다고 비난했다. 이 때문에 인간은 "자신이 자비의 하나님을 가지고 있는지를 늘 의심할 것이고, 언제나 불안해하며, 항상 두려움으로 떨 것이다." "반면 믿음으로 의롭게 된 사람은 행위의 의로부터 자유케 되고, 믿음을 통해 그리스도의 의를 붙잡으며, 그분의 의로 옷 입고, 하나님 보시기에 죄인이 아니라 의로운 사람으로 보인다… 이처럼 '의롭게 하다'라는 말의 의미는 고소당한 인간의 죄를 면제하여 그의 무죄함을 확정해 주는 것이다"(McNeill and Battles 1960:1180, 653-4, 726-8).

칼빈은 12살 때부터 계속해서 받아 왔던 교회의 성직록을 포기하기 위해 1534년 5월에 노용으로 돌아감으로써 자신의 회심을 공적으로 입증하였다. 개혁적인 정신을 가지고 있었으면서도 공적으로는 여전히 로마 교회 안에 머물렀던 많은 프랑스 인문주의자들과 달리, 칼빈은 분명한 단절을 나타내 보였다. 그 후 자신의 남은 사역 기간 내내 칼빈은 이러한 "니고데모주의자들"(요한복음 3:1-17에 나오는 니고데모를 따라 붙여진 이름), 즉 자신이 내적으로 믿는 바를 공개하지 않는 사람들을 날카롭게 비판했다. "칼빈은 '주님의 식탁과 마귀의 식탁에서 함께 먹을 수 없다는 경고(고전 10:21-22)와 그리스도를 부인하는 자들을 그리스도 역시 부인하실 것이라는 경고가 우리의 머리카락이 똑바로 설 정도로 우리를 두렵게 만든다'고 기록했다"(Gregory 1999:160).

비록 칼빈이 교황의 미신들에 빠져 있었다고 고백했지만, 그가 대부분의 1세대 종교개혁가들과는 달리 수도사도 아니었고 사제도 아니었다는 사실은 중요하다. 정말로, 그가 스트라스부르그(Strasbourg)나 제네바에서 목회 사역을 하는 동안에도 안수를 받았는지에 대해서는 확실치 않다. 부스마(Bouwsma, 1988:20)는 칼빈이 성직 안수를 통해서가 아니라 제네바 시의회의 결정에 의해 설교자와 목사가 되었다고 지적한다. 사돌레토에게 쓴 편지에서 칼빈은 자신이 제네바에서 교사와 목사의 직분을 가지고 있으며, 자신의 사역은 "하나님으로부터의 소명에 의해 확증된다"고 말했다(Olin 1966:50). 하지만 칼빈은 1세대 개혁가들의 특징이었던 정규 신학 교육을 받지 않았다. 그는 스스로 학습한 신학자였다.

칼빈은 또한 1세대 종교개혁가들이 처했던 상황과도 달랐다. 그는 독일인도 스위스인도 아니었고 프랑스 사람이었다. 신성 로마 제국과 달리 프랑스는 중앙집권화된 절대 군주제로 향해 가고 있었다. 종교적인 측면에서는 말할 것도 없고 정치적인 측면에서, 당시 프랑스의 왕 프란시스 1세(Francis I)는 정치적이고 국가적인 통합을 이루어내고자 하는 자신의 노력에 맞서는 개혁 운동을 결코 용납하지 않았다. 프랑스의 종교개혁가들은, 독일에서처럼, 영주들이나 도시 지도자들이나 혹은 군주의 보호 뒤에 숨어 있을 수 없었다. 프랑스에서 각 사람은 국가의 공권력 앞에서 공개적인 고백을 해야 했다. 프랑스에서의 종교개혁은 "광야를 떠도는" 교회를 만들어 냈으며, 많은 사람들은 "하나의 왕, 하나의 법, 하나의 신앙!"(un roi, une loi, une foi)이라는 구호로 공식화된 중앙의 권력에 맞서 순교의 피를 흘렸다. 이러한 상황은 칼빈이 반대했던 "니고데모주의"가 나타난 현상을 설명하는 데 도움이 된다. 순교할 것이냐 도망할 것이냐의 선택 앞에서, 5,000여 명의 프랑스 피난민들이 1549년부터 1560년 사이에 제네바로 들어 왔고, 이로 인해 프랑스 개신교의 힘은 약해졌다. 칼빈이 스트라스부르그에 있는 동안 그의 멘토가 되었던 마르틴 부처는 이러한 반(反)-니고데모주의에 주목하게 할 뿐 아니라, '프랑스 가톨릭교회 안에 있는 하나님의 백성들이 궁지에 내몰려서는 안 된다'고 주장하기도 했다(Higman 1993; Stam 2006:273-5).

2. 제네바로의 여행

칼빈은 "콥 사건"(Cop affair)으로 인해 파리를 떠났다. 몽테규 대학에서부터 함께 학창 시절을 보냈던 칼빈의 친구이자 의학 교수였던 니콜라스 콥(Nicholas Cop)은 소르본(Sorbonne) 대학의 학장으로 선출되었다. 만성절(All Saints' Day)이었던 1533년 11월 1일에 행한 취임 연설에서, 콥은 소르본 교수들을 향해 산상 설교에 대해 이야기했고, 그들에게 핍박과 비방에 맞서 하나님께 순종하라고 도전했다. 그는 이 연설에서 프랑스 인문주의자들과 에라스무스의 작품뿐 아니라 루터의 설교를 또한 인용했고, 성경이 말하는 '심령이 가난한 자'를 박해받는 복음주의자들과 동일시했다. 이에 대해 반응하면서 어떤 신학자들은 콥이 루터파 선동가였다고 비난했으며, 왕은 "루터파들"을 구속하라고 명령했다. 콥과의 긴밀한 관계로 인해 이 취임 연설의 공동 저자라는 의심을 받았던 칼빈은 도망쳤다. 콥은 가까스로 빠져나와 바젤(Basle)로 향했다. 칼빈은 앙굴렘(Angoulême)에 있는 친구의 집에 피신하여, 머지않아 개신교주의의 가장 중요한 선언이 될 작품『기독교 강요』를 쓰기 시작했다.

칼빈은 1536년에『기독교 강요』의 초판을 완성한 후 바젤에서 출판했다. 바젤은 더욱 심해진 프랑스의 개신교 박해를 피하기 위해 그가 1535년 1월에 피해 있던 장소였다. 교회들의 개혁과 교육을 위한 복음주의 교리문답으로 계획된 이 작품으로 인해 칼빈은 곧 국제적인 명성을 얻었다.『기독교 강요』의 교리문답적인 형태는 우연히 나타난 것이 아닌데, 왜냐하면 칼빈은 이 책을 쓰기 전에 루터의 소교리문답을 알고 있었기 때문이다. 그 뿐 아니라, 이 시기에 강요(institutio)라는 단어는 교리문답(catechismus)의 동의어였다. "루터는『기독교 강요』의 저술에 큰 영향을 끼쳤다. 칼빈은 루터를 자신이 참여하고 있는 이 운동의 창시자로 인정하였으며 그의 신학적인 통찰력을 존경하였다"(Bouwsma 1988:18; 참고 Watanabe 1994). 진실로 칼빈이 루터의 최고의 그리고 가장 위대한 제자였다는 주장이 제기되어 왔다(Spijker 1993:I, 466; Gerrish 1968; Selinger 1984:11-56).

루터의 교리문답과 유사하게『기독교 강요』초판은 여섯 개의 장으로 구성되었는데, 각각 율법, 사도신경, 주기도문, 세례와 성찬의 성례, 남아 있는 로마의 성례에 반대하는 논증, 기독교적 자유 등을 다루었다.『기독교 강요』에 대한 수요가 많아졌고, 이 책은 거듭 재판되고 확장되었을 뿐 아니라 프랑스어, 스페인어, 이탈리아어, 네덜란드어, 체코어, 헝가리어, 영어로도 번역되었다. 1539년 판에 이르러 칼빈은, 점점 더 멜랑히톤의 영향을 많이 받으면서(Muller 1999), 이 책을 목회 후보자들의 교육을 위한 교과서로 생각했다.『기독교 강요』의 최종판인 1559년 판은 현대 영어 번역으로 1,500쪽이 넘는 분량으로 내용이 많아졌다—"나는 본성적으로 간략한 것을 좋아한다"고 말했던 사람이 이처럼 긴 작품을 쓴 것이다(Zachman 2000:246).

이 책에는 프란시스 1세에게 보내는 편지가 서문으로 실려 있었는데, 이 서문에서 칼빈은 왕에게 복음주의 신앙에 대해 공정하게 들어줄 것을 간청했고 하나님을 향한 섬김으로부터 떨어져 있는 통치는 강도 행위에 불과하다고 지적했다. 이 편지는 프랑스 개신교주의에 대해 변호하는 대표작으로, 모든 지역의 개신교도들에게 칼빈의 지도력을 분명히 보여주었다. 흥미로운 사실은 칼빈이 이 편지를 프란시스 1세가 죽은 이후에 나온 『기독교 강요』의 나중 판에도 여전히 수록해 놓았다는 점이다. 그가 말하고자 했던 핵심은 왕의 자리에 있는 사람은 그 누구나 "하나님 앞에서 백성들의 유익을 위해 책임져야 하며, 이러한 의무를 소홀히 하고 하나님에 대한 신뢰를 저버리는 왕은 그 자리에 오래 있지 못할 것"이라는 점이다(Willis-Watkins 1989:117).

하지만 이 편지는 프란시스 왕의 마음을 바꾸지 못했다. 그가 잠깐 동안 프랑스의 종교적 피난민들을 사면했던 이유는 황제 찰스 5세(Charles V)와의 세 번째 전쟁을 앞두고 지지가 필요했기 때문이었다. 이 기회를 이용하여 칼빈은 가정의 문제들을 해결하기 위해 고향으로 돌아왔다. 이것이 칼빈의 마지막 고국 방문이었다. 그 후, 자신의 남동생 앙투안(Antoine)과 여동생 마리(Marie)를 데리고 칼빈은 자유 제국 도시였던 스트라스부르그를 향해 떠났는데, 그는 이곳에 머물며 학자로서의 삶을 지속하고자 했다. 스트라스부르그로 가던 중, 그들은 제국 군대의 움직임으로 인해 제네바로 우회해야 했다. 그것은 역사에 있어서 가장 인상적인 우회 중 하나였다.

칼빈은 1536년 7월에 제네바에 도착했다. 그는 이곳에서 하룻밤만 머물고 계속 스트라스부르그를 향해 여행할 계획을 세웠다. 하지만 어떤 사람이 칼빈을 알아보고는 그가 파리에서부터 오랫동안 알고 지내던 윌리엄 파렐(William[Guillaume] Farel, 1489-1565)에게 알렸다. 불같은 설교자였던 파렐은 이미 베른(Bern), 바젤(Basle), 취리히(Zurich) 등의 지역에서 채택한 개신교주의를 제네바에 정착시키려고 수개월 동안 애쓰고 있었다. 파렐은 칼빈을 문자 그대로 하나님께서 이 대의를 위해 보내 주신 사람으로 보았고, 그에게 제네바에 남아 개혁 운동에 동참해 달라고 권고했다. 칼빈은 이 권고를 거절하면서, 자신은 행정가나 설교자가 아니라 학자이며 자신은 사람들과 잘 어울리지 못하기 때문에 그와 같은 일에 적합지 않다고 말했다. 칼빈은 훗날 스스로에 대해 다음과 같이 회고했다. "사회성이 없고 소심한 성격이었기 때문에, 나는 언제나 숨어서 조용하게 지내는 것을 좋아했다. 그래서 나는 사람들로부터 피할 수 있는 은신처를 찾기 시작했다…언제나 나의 목표는 사람들에게 알려지지 않고 은밀하게 사는 것이었다"(Gerrish 1967a:151).

칼빈의 거절에 단념치 않고, 파렐은 칼빈의 이기적인 계획을 무섭게 비난하면서, 그가 제네바에 남아서 하나님이 맡기신 일을 수행하지 않는다면 하나님이 그의 학문적인 삶을 저주하실 것이라고 선언했다. 칼빈은 이 선언에 압도되었다. 훗날 이 사건을 두고 칼빈은 다음과 같이 말했다.

> 파렐은 충고나 간청을 통해서가 아니라 무시무시한 명령으로 나를 제네바에 남게 했는데, 그것은 마치 하나님께서 높은 곳으로부터 당신의 손을 뻗으셔서 나를 사로잡으시는 것과 같았다(Walker 1969:158).

이에 따라 칼빈은 자신이 추구하지도 않고 원하지도 않았던 책임에 항복했다. "나의 성향에도 불구하고 (하나님은) 나를 빛으로 이끄셨고 내가 이 일에 참여하도록 만드셨다"(CO 31:22). 이처럼 "하나님께서 좌절시킨 학자"는, 스트라스부르그에서의 잠깐의 피난 생활을 제외하고는, 자신의 남은 생애를 제네바에 헌신했다.

3. 제네바에서의 종교개혁

제네바에서의 종교개혁은 이 도시의 정치적 해방과 긴밀히 연결되었다. 다른 어떤 종교개혁 지역들보다도 제네바는 종교개혁의 혁명적인 잠재력을 보여 주었다. 이 사실을 프랑스 왕은 의식하고 있었고, 훗날 개신교도들이 정치적인 전복을 꾀한다고 항상 의심하였다.

16세기 초, 제네바는 프랑스와 이탈리아 사이의 지배적인 권력이었던 사보이(Savoy) 공국으로부터의 독립을 위해 투쟁하고 있었다. 제네바의 전통적인 통치자는 군주-주교(prince-bishop)였으며, 이 시기까지 그는 사보이 왕가에 속해 있었다. 제네바 북쪽에는 가톨릭을 따르는 프리부르(Fribourg)와 개신교를 따르는 베른(Bern) 등과 같은 강력한 스위스 주(州, canton)들이 있었는데, 양 도시 모두 정치적인 이유에서 제네바를 스위스 연방으로 끌어들이기 원했다. 1525년에 사보이는 위성 지역인 로잔(Lausanne)을 베른과의 연합으로 내어 주었으며, 제네바 역시 이 선례를 따르게 될 것이라고 정확히 예측했다. 비록 사보이의 공작 찰스 3세(Charles III)가 제네바를 향해 주교와 사보이 왕가에 대한 충성을 다시 인정하라고 강요했지만, 제네바 피난민들은 프리부르와 베른과의 조약을 체결하였고 1526년 2월에 스위스 궤도 안으로 들어갔다.

스위스 연방을 지지하는 제네바 사람들은 에이드그노(Eidguenots, Eid-서약, Genosse-연합)로 불렸는데, 이 이름이 제네바의 피난민 지도자였던 브장송 위그(Besançon Hugues)의 이름과 뒤섞여 훗날 프랑스 개신교도들과 피난민들을 의미하는 "위그노"(Huguenot)가 되었다는 주장이 제기되어 왔다. "위그노"라는 명칭의 기원은 오랫동안 논쟁되었다. 또 다른 설명에 따르면 이 이름은 투르(Tours)시 안에 있는 위공 문(Hugon Gate) 근처에서 초창기 프랑스 칼빈주의자들이 모였다는 사실에서 유래했다. "작은 위그"(Huguenot)라는 조롱 섞인 이름은 당시 일종의 명예의 상징으로 받아들여졌다(Ozment 1980:359; Gray 1983).

1527년에 제네바의 200인 의회가 구성되었다. 이전까지 사보이의 공작이 행사했던 입법 사법적 권한을 이제는 200인 의회가 공식적으로 감당하게 되었다. 행정적인 기능들은 소의회(Little Council)에서 주관하였는데, 이 소의회는 25명의 구성원으로 이루어졌고 그 중 16명은 200인 의회가 임명하였으며 다른 사람들(네 명의 평의원, 한 명의 시 회계, 전년 소의회 출신 네 명 등)은 시민들로 구성된 총회(General Council)에서 매년 선출되었다.

제네바는 1530년에 사보이의 공격을 받았지만, 베른과 프리부르의 중재로 구출되었다. 하지만 이때까지 베른과 프리부르는 종교적인 갈등 관계에 있었다. 베른은 1528년에 종교개혁을 받아들였지만, 프리부르는 여전히 로마 가톨릭을 엄격하게 고수하였다. 1533년에 베른은 제네바를 개신교 지역으로 만들기 위해 열심히 노력했고, 그 결과로 일어난 종교적 폭동, 성상파괴, "이단"의 등장 등의 사건들로 인해 가톨릭 프리부르와의 연합관계가 무너졌다. 공개적인 논쟁 및 강력한 설교를 통하여 파렐은 옛 교회에 맞서 개신교도들을 이끌었다. 그는 대성당의 설교단을 얻었고, 200인 의회를 설득하여 1535년 8월 10일에 미사를 금지시켰다. 1535년 12월이 될 때까지 시의회는 가톨릭 성직자들에게 개신교로 회심하거나 아니면 다른 지역으로 떠나거나 둘 중 하나를 선택하라고 요구하였다. 1536년 5월, 시민들의 총회는 개혁적인 조치들을 승인하였고, "복음과 하나님의 말씀에 따라 살겠다"는 자신들의 의지를 선언했다. 베른은 사보이로부터 제네바를 보호하고 해방시켰지만, 제네바는 추방된 군주-주교와 사보이 왕가의 자리를 자신들이 대체하려 했던 베른 사람들의 시도에 반대했다. 베른이 제네바에 영향을 끼치는 세력으로 계속 남았지만, 베른은 1536년 8월에 제네바의 주권을 공식적으로 인정하였다.

이처럼 칼빈이 27살의 나이에 제네바에 도착했을 때, 파렐과 그의 동료들은 종교개혁을 위한 조치들을 막 시행하기 시작했다. 로마 성직자들은 추방되었지만, 새로운 개신교 구조는 아직 확립되지 않았다. 파렐은 이와 같이 개신교주의를 세우고 확고히 하는 일을 위해 하나님께서 칼빈을 제네바로 보내주셨다고 믿었다. 모든 사람들이 이러한 파렐의 통찰력을 공유한 것 같지는 않은데, 한 예로 칼빈을 성경 낭독자(reader)로 임명할 때 소의회의 서기는 그의 이름을 누락하였고 그 대신에 "그 프랑스 사람"(ille Gallus)이라고만 적었다.

제네바를 개혁하려 했던 칼빈의 첫 번째 시도는 실패했을 뿐 아니라 그가 이 도시로부터 추방당하는 결과를 초래했다. 교회의 예배와 권징이 정치가들이 아니라 교회 지도자들의 손에 맡겨져야 한다는 것은 그에게 있어 자명한 원리였다. 이것은 제네바의 수호자였던 베른을 비롯하여 다른 스위스 개신교 도시들의 교회 정치와 달랐다. 여전히 많은 수의 가톨릭교도들이 포함되어 있던 시민들은 칼빈과 파렐이 강요했던 권징과 교리적 일치성을 기뻐하지 않았다. 1537년 11월, 시민들의 총회는 칼빈이 모든 사람들에게 요구했던 신앙의 고백을 거부하였다. 총회는 아마도 교회가 이 도시의 도덕을 감독하게 되면 시의회의 권위에 도전할 것이라고 우려했던 것으로 보인다. 다른 도시들 역시 이러한 우려를 공유했으며, 이것은 지속적으로 제네바 내에서 긴장을 유발시키는 원인이 되었다. 이에 따라 200인 의회는 칼빈과 파렐에게 출교의 권한을 허락하지 않았다. 제네바는 가톨릭 군주-제후를 아직 제거하지 않았으며 그를 개신교 성직자들로 대체하지 않았다! 1538년 2월에 열린 선거에서 파렐과 칼빈에게 적대적이던 사람들이 의원으로 선출되었다. 3월 중순에 200인 의회는 칼빈과 파렐에게 정치적인 문제에 관여하지 말고 종교의 영역에만 머무르라고 경고했다. 그들이 이해한 종교의 영역에는 베른에서 규정했던 예전상의 관례 즉 누룩 없는 빵이 성찬에 사용되어야 한다는 결정이 포함되어 있었다.

 1538년 부활주일, 칼빈과 파렐은 두 곳의 중요한 제네바 교회에서 설교했으나 도시 지도자들의 명령에 저항하여 성찬을 시행하지 않았다. 한 마디로, 칼빈과 파렐은 전체 회중 모두를 출교시킨 것이다! 그들은 누룩 없는 빵을 사용한다는 것 자체에는 반대하지 않았지만, 도시의 지도자들이 교회의 문제에 명령을 내리는 것에 반대하였다. 칼빈은 이 문제를 목회적인 자유의 관점에서 보았다. 반면 제네바 시의 지도자들은 이 문제를 베른의 간섭으로부터의 독립으로 보았다. "제네바의 관심사는 가능한 많은 면에서 베른과 융화하는 것이었다. 그렇게 함으로써 그들은 베른의 군사적 지원을 보장받고자 했고, 자신들의 내부적 독립을 최대한 유지하면서도 베른과의 가능한 충돌을 최대한 줄이고자 하였다"(Naphy 1994:26). 큰 소동이 일어났고, 제네바 의회는 즉시 파렐과 칼빈을 해고했으며 3일 내에 제네바를 떠나라고 명령하였다. 이 결정을 들은 후 칼빈은 이렇게 답했다. "좋다. 만일 우리가 사람을 섬긴다면 좋지 않은 보상을 받을 것이지만, 우리는 우리에게 보상해 주실 위대한 주인을 섬긴다"(Monter 1967:66-7).

4. 스트라스부르그에서의 체류

 파렐은 노이샤텔(Neuchâtel)에 정착했고, 칼빈은 스트라스부르그의 개혁가였던 마르틴 부처(Martin Bucer, 1491-1551)의 요청에 따라 스트라스부르그로 향했다. 부처는 파렐처럼 칼빈을 위협했다. "만일 또 다른 사역이 당신에게 주어졌는데 당신이 그것을 잠시 동안이라도 떠난다면 하나님께서 진노하실 것이오"(Bouwsma 1988:21-2). 그가 원래 가고자 했던 곳에 마침내 도착한 후, 칼빈은 대학의 강사이자 프랑스 피난민 교회의 목사로 사역하면서 자신의 인생에서 가장 행복했던 3년(1538-41)의 시간을 가졌다.

상업과 사상의 교류가 활발했던 스트라스부르그는 라인 강(Rhine) 서쪽에 위치한 제국 도시였다. 스트라스부르그는 접근이 용이했고 여러 사상들에 대해 상대적으로 관용적이었다–이 도시는 오직 황제에게만 책임을 졌는데, 황제는 거의 이 지역 가까이에 오지 않았으며, 주교는 이 도시 밖에 거주해야 했다. 이러한 환경으로 인해 스트라스부르그에는 당시의 거의 모든 개혁 사상의 주창자들이 모여들었다. 이 도시 성당의 사제였던 마티아스 첼(Matthias Zell, 1477-1548)은 1521년에 로마서를 설교하면서 루터의 사상들을 전파했다. 성당의 참사회 회원들은 그를 성당 안에 있는 큰 설교단으로부터 쫓아냈지만, 그는 그 지역의 목수들이 만들어 준 이동 가능한 나무 설교단에서 계속 설교했다. 첼의 인기로 인해 주교는 그를 침묵시킬 수 없었다. 1523년이 될 때까지 볼프강 카피토(Wolfgang Capito, 1478?-1541), 카스파르 헤디오(Caspar Hedio, 1494/5-1552), 마르틴 부처(Martin Bucer) 등의 설교자들도 성직자와 평신도에게 복음주의적인 내용을 강의했다. 앞에서 살펴본 바와 같이, 성직자의 결혼은 개혁을 공개적으로 승인하는 일이었으며 1523년에 이르러 마티아스 첼을 비롯한 일곱 명의 스트라스부르그 사제들이 결혼하였다.

첼의 아내는 "1세대 개신교 운동의 뛰어난 평신도 신학자 중 하나였다" (McKee 2002:225). 마티아스 첼의 "루터적인" 설교를 통해 카타리나 슈츠 첼 (Kathariana Schütz Zell, 1498-1562)은 하나님께 받아들여지기 위해 끊임없이 종교적으로 노력했던 모습으로부터 해방감을 경험했다.

> 열 살이 되던 해 이래로 저는 교회의 어머니이자 설교단과 학교의 후원자로 살았습니다…천국에 대한 저의 걱정이 커가던 반면, 제가 행한 모든 수고와 예배와 육체의 고통과 모든 성직자들로부터도 하나님의 사랑과 은혜에 대한

확신과 위로를 발견할 수 없었기에, 저의 영혼과 육체는 병들어 죽을 정도로 약해졌습니다…바로 그때 하나님께서 저와 많은 사람들에게 자비를 베푸셨습니다. 저와 다른 사람들을 위해 주 예수 그리스도를 놀라울 정도로 사랑스럽게 설명했던 복된 마르틴 루터 박사의 말과 글을 사용하셔서 하나님께서는 저를 깨우셨습니다. 그 순간 저는 땅의 깊음으로부터, 진실로 어둡고 쓰라린 지옥으로부터 빠져나와 달콤하고 사랑스러운 천국으로 들어간 것처럼 느꼈습니다. 그리고 저는 주님께서 베드로에게 하신 말씀을 생각했습니다. "내가 너로 사람을 낚는 어부가 되게 하리라"(McKee 2002:235-36; McKee 1999: I:428).

그녀의 회심 경험에 대한 묘사는 '수도사요 사제요 신학 교수였던 마르틴 루터와 동일한 불안감을 평신도들도 가졌다'는 사실을 보여준다. 그녀가 자신이 쓴 편지를 통해서 말했듯이, 많은 "젊고 늙은 여인들"이 자신과 마찬가지로 구원에 대한 종교적 불안감을 가지고 있었다(Jung 2002:127).

결혼 후 그녀는 복음주의 신앙과 실천, 경건 서적, 묵상집, 작은 찬송가 등을 쓰고 출판하는 일에 놀라울 정도로 활발히 참여했다. 그녀는 대부분의 주요 개혁가들을 개인적으로 알았으며, 그밖의 사람들과는 서신교환을 통해 알고 지냈다. 그녀와 마티아스는 1538년에 비텐베르그를 방문하여 루터와 그의 동료들을 만났다. 스트라스부르그에 있는 집에서는 츠빙글리로부터 칼빈과 슈벵크펠트(Schwenckfeld)에 이르기까지 거의 모든 성향의 개혁가들을 접대하고 보호해 주었다. 그녀의 개인적인 서재에는 대부분의 개혁가들의 책들이 그녀 자신의 주석과 함께 보관되어 있었다. 사역과 관련하여 그녀는 평화주의적인 서신을 광범위하게 교환했을 뿐 아니라, 때로는 성직자들과 강하게 논쟁하였으며, 농민전쟁의 직후와 같은 끔찍한 상황에서는 목회적인 돌봄과 사회적인 사역에도 참여했다. 비록 루터가 분명코 매우 중요했지만, 그녀와 그녀의 남편은 스위스 신학자들에게도 열린 태도를 가졌으며, 그녀는 오직 은혜가 이웃 사랑과 분리될 수 없다고 주장했다.

복음은 결코 희생되어서는 안 된다. 비성경적인 가르침을 주장하는 로마 교회와의 관계를 끊어야 했을 정도의 가치를 복음은 가지고 있다. 하지만,

성찬이나 교회 정치에 대한 견해차는, 토론할 만한 가치는 있으나 교제를 단절할 만한 근거는 되지 못한다. 그리고 심지어 교제권 밖에 있는 사람이라 할지라도 결코 박해를 받아서는 안 된다. 그들 역시도 선한 사마리아인의 사랑을 받을 만한 가치가 있기 때문이다(McKee 2002:233).

슈츠 첼이 "화해된 다양성"(reconciled diversity)이라는 20세기 후반의 교회연합적 제안을 미리 예시했다고 말한다면 다소 지나친 확장일지 모르나, '성경으로 교육받은 그리스도인들이 종교개혁의 기본 원리들을 유지하면서도 몇 가지 쟁점들에 있어서 의견을 달리 할 수 있다'는 그녀의 신념은 선견지명처럼 보인다(참고, McKee 2007). 1538년에 칼빈은 스트라스부르그의 몇몇 목사들과 논쟁을 벌였는데, 그가 분노를 식히고 흥분을 가라앉혔던 곳은 바로 첼의 집에서였다. "이 열기를 가라앉히는 데 그녀가 얼마나 큰 역할을 했는지는 알 수 없다. 하지만 그녀가 이 집의 주인이었다"(Bainton 1974:64).

우리가 아는 사실은 '여성을 포함하여 모든 그리스도인들은 믿음과 확고한 성경 지식을 바탕으로 복음을 선포해야 한다'는 그녀의 신념이다. "하지만 그녀는 여성의 역할에 대한 바울의 엄격한 가르침(고전 14:34)을 인정할 정도로 철저히 성경을 따랐으며, 그 결과 그녀는 여성 안수를 주장하지 않았다"(McKee 2002:234). 반면, 그녀는 종종 그리스도와 성직자에 대한 모성적 이미지를 사용하는 데 주저하지 않았다.

> 슈츠 첼에 따르면, 기독교 공동체 안에는 여러 지위들이 존재하지만, 그것들은 기본적으로 영적인 지위들이다. 남성이냐 여성이냐, 혹은 신분이 높으냐 낮으냐에 의해서가 아니라, 성경적인 복음을 얼마나 많이 알고 실천하느냐에 의해 교회 내에서의 지위가 결정되는 것이다. 만인제사장 교리가 의미하는 바는 모든 신자들이 다 똑같다는 것이 아니라, 모두가 동일한 신앙 고백으로 부름 받았으며 동일한 의무를 공유하고 있다는 것이다(McKee 2002:235).

슈츠 첼은 성직자 뿐 아니라 평신도 역시도 포함시켰던 활발한 복음주의 운동의 실례이며, 칼빈은 스트라스부르그에서 바로 이러한 복음주의 운동을 만났다. 스트라스부르그에 있는 동안 칼빈은 또한 마르틴 부처로부터 교회 조직에 대해 많은 것을 배웠다(Spijker 1994). 부처는 도미니크 수도회 출신이었으며, 1518년 루터의 하이델베르그 논쟁의 영향으로 복음주의 운동에 입문하였다.

부처와 스트라스부르그가 칼빈과 프랑스 종교개혁에 끼친 영향은 가톨릭 판사이자 몽테뉴(Montaigne)의 친구였던 플로리몽 드 레몽(Florimond de Raemond)이 1605년에 썼던 다음의 글에 표현되었다.

> 그들이 새 예루살렘이라고 불렀던 스트라스부르그는…머리 아홉 달린 이단이 자신의 세력을 집결시키던 곳이다…이곳에서 루터파들과 츠빙글리파들은 가톨릭의 큰 원수인 마르틴 부처의 지도하에 휴식을 취하며 전열을 정비했다. 프랑스에서 추방당한 사람들이 이곳으로 모여 들었고 칼빈주의라는 이름을 탄생시킨 그 사람을 뒤따랐다. 칼빈은 이곳에서 우리를 파멸시키기 위한 새 이단의 가르침을 세워 나갔다. 요컨대, 바로 이곳에서 최초의 프랑스 교회는 우리가 프랑스 모든 곳에서 보아 왔던 사람들을 위한 모델 및 보호자의 역할을 수행했다(Greengrass 1987:21).

부처로부터 칼빈은 교사, 목사, 평신도 장로, 평신도 집사의 교회 직분을 통해 시민적인 삶과 종교적인 삶을 어떻게 통합하는지를 배우고 경험했다. 이 시기까지 스트라스부르그는 반(半)-츠빙글리적인 4개 도시 신앙고백(Tetrapolitan confession)에 서명했을 뿐 아니라, 루터파의 아우구스부르그 신앙고백(Augsburg confession)에도 서명했다. 평화주의적이고 교회연합주의적인 지도력을 가졌던 부처는 칼빈과 함께 기독교 세계의 분열을 피하기 위한 개신교-가톨릭 간의 교회연합적 노력을 이끌었다. 기독교 세계의 분열은 트렌트 공의회(council of Trent)에서 최종적으로 일어났다.

프랑크푸르트 회의(Frankfurt conference, 1539)에 스트라스부르그 대표자로 참석한 칼빈은 가톨릭과 개신교 여러 국가들에서 온 대표자들을 만났는데, 이들 중에는 멜랑히톤도 있었다. 칼빈은 멜랑히톤과 평생의 친구로 남아 있었으며(Wengert 1999), 성찬론에 관한 루터파-스위스의 분열을 극복하고자 하는 소망을 공유했다. 칼빈은 또한 보름스 회담(Worms, 1540-1)과 레겐스부르그 회담(Regensbrug, 1541)에도 참석했다. 레겐스부르그 회담에서 칼빈은 수정된 아우구스부르그 신앙고백서(Variata)에 동의했다. 멜랑히톤은 아우구스부르그 신앙고백서 중 성찬에 대한 조항(10번)을 수정함으로써 남부 독일인들과 스위스인들 사이에 동의를 이끌어내고자 했다. 원래의 조항은 다음과 같다.

> 우리의 교회는 그리스도의 살과 피가 성찬을 받아먹는 사람들에게 참되게 임재하며 분배된다(vere adsint et distribuantur)고 가르친다. 우리는 이와 다른 가르침을 전하는 사람들을 인정하지 않는다.

강조되어 있는 부분은 나중에 "참되게 보여진다"(vere exhibeantur)라는 표현으로 수정되었고, 다른 견해를 가진 사람들에 대해 정죄하는 내용은 삭제되었다(Bekenntnisschriften 1963:64-5). 이러한 새로운 진술은 칼빈의 관점에 가까워졌으며, 물론 그 과정에서 옛 신앙으로부터는 멀어졌다. 원래의 조항은 성찬에 참여하는 모든 사람이 그리스도의 살과 피를 받는다고 진술한다. 반면 수정된 조항은 불신자들이 그리스도의 살과 피가 아니라 단순히 빵과 포도주만 받을 수 있다는 가능성을 인정한다. 칼빈으로서는 이렇게 수정된 조항을 더 선호했다. 하지만 스트라스부르그에 거주하는 프랑스 회중의 목사로서 칼빈은 스트라스부르그가 슈말칼트 동맹(Schmalkaldic League)에 가입하면서 서명했던 원래의 아우구스부르그 신앙고백도 인정했다. 뿐만 아니라, 이미 1536년에 루터와 부처는 성찬에 대한 동의를 이끌어내어 비텐베르그 협약(Wittenberg concord)을 발표했으며, 칼빈 역시 이 협약을 받아들였다. 칼빈은 아우구스부르그 신앙고백이 그 의도와 내용에 있어서 "루터파"의 문서가 아니라 성경과 신조에 근거한 하나의 거룩하고 보편적이며 사도적인 교회의 보편성을 증거한다고 보았다.

칼빈은 또한 인문주의자 장 슈투름(Jean Sturm, 1507-89)에게서도 배웠다. 슈투름은 스트라스부르그를 유럽에서 가장 앞서가는 교육의 중심지 중 하나로 만든 교육가였다. 그는 오늘날까지도 계속해서 존재하는 김나지움(Gymnasium, 대학 진학 전에 다녔던 중등교육기관)을 설립했다. 종교적이고 윤리적인 교육 뿐 아니라 헬라어, 라틴어, 고전 등에 대한 교육을 포함했던 슈투름의 인문주의적 이상은 훗날 칼빈이 제네바에서 행한 교육적인 노력에 영향을 주었다.

이처럼 놀랍게 개혁된 도시에서 칼빈이 맛본 또 하나의 큰 기쁨은 이들레트 드 뷰레(Idelette de Bure)와 결혼한 것이었다. 그녀는 칼빈의 영향으로 회심한 재세례파 신자의 과부였다. 자신을 결혼시키려고 애썼던 파렐과 부처의 노력에 대답하면서, 칼빈은 자신이 생각하는 이상적인 여성상은 "아름다운 외모"보다는 겸손하고 검소하며 자신의 열악한 건강을 인내해 줄 수 있는 사람이라는 점을 분명히 했다. 하지만, 이러한 우선순위들에 있어서 칼빈과 정확히 일치하지는 않았던 파렐은 그녀가 또한 아름다웠다고 언급한다. 파렐 자신은 69세의 나이에 젊은 과부와 결혼한 바 있었는데, 칼빈은 이 결혼을 그다지 기뻐하지 않았다. 여하튼, 이들레트는 1549년에 세상을 떠날 때까지 칼빈의 충실한 반려자로 남았다. 그녀는 두 명의 자녀를 데리고 칼빈과 결혼하였다. 칼빈과 이들레트는 세 명의 자녀를 낳았는데, 세 자녀 모두 유아기에 죽었다. 이들레트의 아들은 제네바에서 그들과 함께 잠시 동안 살았다. 그녀의 딸 주딧(Judith)은 제네바에 살면서 1554년에 결혼했다. 하지만 칼빈 주변에는 어린 아이들이 전혀 부족하지 않았는데, 그 이유는 그의 남동생의 가족—8명의 아이들!—이 한 집에서 살았기 때문이다.

이러한 정황을 볼 때, 칼빈을 비방하는 사람들이 주장하는 것처럼 그가 냉혹한 사람이었던 것 같지는 않다. 우리는 칼빈의 결혼과 가정생활에 대해서는 거의 알지 못한다. 자신의 아내 케이티(Katie)를 온 세상과도 바꾸지 않겠다고 자주 열정적으로 말했던 루터와는 달리, 칼빈은 이들레트에 대한 자신의 감정을 그다지 언급하지 않았다. 하지만 그녀가 세상을 떠났을 때 그는 자신이 "생애 가장 좋은 반려자를 잃었다"고 가슴 아파했다.

스트라스부르그에 머무는 동안 칼빈은 『기독교 강요』를 개정하여 원래의 6장을 17장으로 확장했다. 그는 또한 자신의 회중을 위해 프랑스 시편 찬송가와 예전문을 작성했고, 로마서 주석을 썼으며, 성찬에 대한 논문을 저술했다. 무엇보다도 칼빈은 제네바 시민들을 향해 로마 교회로 돌아오라고 호소했던 추기경 야곱 사돌레토(Jacopo Sadoleto)에게 답신을 보냈다.

파렐과 칼빈이 제네바에서 추방됨으로 인해 제네바의 복음주의 공동체 내에서는 혼란이 야기되었다. 복음주의자들 사이에 분열이 일어났고, 여전히 도시 안에 남아 있던 수많은 가톨릭교도들은 개혁이 뒤집어지기를 소망했다. 사돌레토는 인문주의자요 뛰어난 추기경으로서, 개혁 공의회를 준비하는 가운데 교회의 철저한 윤리적 개혁을 요구했던 유명한 가톨릭 보고서의 작성에 참여했었다. 그는 종교개혁의 새로운 조치들에 맞서 로마 교회의 권위와 전통의 필요성을 주장하기 위해 제네바의 불안정한 상황을 이용했다. 사돌레토의 긴 호소문이 소의회에 전달되었다. 제네바 시의 지도자들은 이러한 위험한 도전에 대해 적절히 반박할 수 있는 사람을 찾을 수 없었고, 이에 따라 칼빈에게 부탁했다.

칼빈은 사돌레토에게 답신을 쓰면서 복음주의 신앙에 대한 가장 훌륭한 변호 중 하나인 작품을 남겼다. 종교개혁의 두 가지 주요 쟁점에 있어서 칼빈은, 루터에 전적으로 동의하여, 기독교 생활과 공동체의 궁극적인 권위는 교회가 아니라 성경이며 칭의는 인간의 성취가 아니라 자비로운 하나님에 대한 신뢰와 믿음을 통해서만 이루어진다고 주장했다.

복음주의 신앙에 대한 훌륭한 변호를 통해 칼빈은 제네바로부터 새로운 존경을 얻게 되었다. 이 일에 더하여, 베른과의 관계에 대한 내부의 정치적 발전, 칼빈에 반대했던 지도자들의 축출, 칼빈과 파렐을 대신해서 목회했던 모랑(Morand)과 마르쿠르(Marcourt)의 이탈 등의 요인으로 인해 제네바는 칼빈을 다시 불렀다. 1540년 중반, 제네바의 새 지도자들은 칼빈에게 제네바로 돌아와서 종교개혁을 재개해 달라고 간청했다. 칼빈의 반응은 제네바로 돌아갈 바에는 차라리 백 번 죽겠다는 것이었다. 다시 한 번 파렐은(그는 다시 돌아오라는 초청을 받지 못했다) 칼빈에게 이 요청을 수락하지 않으면 하나님의 진노가 임할 것이라고 위협했다. 부처 역시도 칼빈이 돌아가야 한다고 말했다. 칼빈은 뜻을 굽혔고 1541년 9월에 제네바로 돌아왔다. 이 때 시의회 서기는 칼빈의 이름뿐 아니라 그가 "제네바를 영원히 섬길 것"이라고 기록했다. 칼빈은 성 베드로(St Peter) 교회의 목사로 임명되었고, 상당한 수입과 큰 집 그리고 매년 충분한 밀과 포도주를 공급받았다. 제네바로 돌아온 후 첫 번째 일요일에 칼빈은 자신이 3년 전 제네바를 떠날 때 설교했던 성경 본문에서부터 다시 시작하였다. "이보다 덜 극적이고 더 효과적인 것은 없었다…이러한 방식으로 칼빈은 자신의 삶과 신학은 그가 스스로 만들어낸 것이 아니라 하나님의 말씀에 대한 충실한 증언이라는 사실을 알렸다"(George 1988:185).

5. 칼빈이 다스린 제네바(1541-1564)

제네바 시정부가 칼빈에게 돌아오라고 간청했음에도 불구하고, 칼빈의 비전에 따라 교회가 올바로 세워지고 참되게 개혁되는 일은 평탄하지도 신속하지도 않았다. 1555년에 이르러 마침내 그가 수많은 반대자들을 이기고 전 세계의 교회에 지속적으로 영향을 줄 개신교의 모델을 만들어낸 일이 인상적인 이유는 그가 오로지 도덕적인 설득을 통해서 사역했기 때문이다. 실제로 그가 시민권을 얻은 것은 1559년에 이르러서였다. 폐위된 제네바의 가톨릭 주교가 행사했던 정치적 힘과 물질적 자원을 칼빈은 결코 사용하지 않았다. 칼빈은 또한 옛 교회가 가지고 있던 수많은 사제들과 수도사들과 참사회원들을 자신의 곁에 가지고 있지도 않았다. 칼빈이 죽을 때까지 제네바에는 단지 19명의 목사들만이 있었으며, 모두가 시정부에 의해 고용되었다. 1541년에 제네바를 지켜보던 관찰자들의 눈에, 칼빈이 이 도시를 철저하게 개혁하는 일은 매우 어려워보였을 것이다. 하지만 칼빈은 이 완고한 도시를 혁명으로 불러도 좋을 만큼 철저하게 개혁하였다(Kingdon 1974:97-103). 어떻게 해서 그는 이러한 개혁을 이루었을까?

제네바에서 이룬 칼빈의 성공에 대한 단서는 그가 이 도시의 정치와 교회를 위해 규칙들을 작성한 데 있다. 그가 법률가로서 훈련을 받은 것은 결코 헛일이 아니었다! 제네바로 돌아오는 조건 중 하나로 칼빈은 교회의 제도적이고 법적인 형태를 설계할 권한을 얻었다. 제네바로 돌아온 지 6개월 이내에 그는 도시 지도자들에게 자신의 "교회법"(Ecclesiastical Ordinances)을 제출했다. 약간의 수정을 거친 후, 시정부는 이 규정을 법으로 시행하였다. 그 후 2년 내에, 사법부의 정치 직책에 관한 두 개의 추가적인 법률이 제정되었고, 이로 인해 제네바 시정부의 헌법이 형성되었다. 칼빈이 이 추가적인 법들의 저자였는지 아니었는지는 확실치 않지만, 도시 지도자들이 이러한 법들을 작성하면서 법률적이고 도덕적인 자문을 위해 칼빈에게 도움을 구했다는 점에는 의심의 여지가 없다. 요컨대, 칼빈이 제네바에서 성공할 수 있었던 요인 중 하나는 누가 결정을 내리고 그 결정들이 어떻게 이루어지는지에 대해 그가 직접적으로 깊이 알았기 때문이었다.

"교회법"은 제네바 교회를 조직하면서 네 가지 직분-교사, 목사, 집사, 장로-을 제시하며 각 직분의 사역에 대한 지침을 만들었다. 교사들은 성경을 연구하고 가르쳐야 했다. 그들의 신학적인 학문성은 교리를 순수하게 유지하고 목사들을 준비시키는 목적으로 사용되었다. 목사는 하나님의 말씀을 설교하고, 성례를 시행하며, 가르치고 훈계하는 일을 했다. 목사 후보생들은 교리와 행실에 대한 검사를 받았고, 목사들과 소(小)의회에 의해 승인되어야 했다. 제네바와 그 주변 마을들의 목사들은 매주 신학과 교리의 토론을 위해 모였다. 집사는 빈민을 구제하고 병자를 돌보는 등, 자선을 감독하는 책임을 맡았다. 그들은 장로들과 동일한 방식으로 1년에 한 번 선출되었다. 칼빈이 주장한 집사의 두 가지 직무(즉 "빈민 구제 사업을 실행하고" "빈민들 자체를 돌보는" 직무)가 기존에 있던 제네바의 복지 제도에 대한 지식에서 유래한 것인지 아니면 그의 성경 신학으로부터 비롯된 것인지에 대해서 최근 논쟁이 진행되고 있다. 어떠한 근원에서 유래되었든 간에, 칼빈에게 있어서 분명한 사실은 성경에 근거하는 일이 사회의 발전에 가장 중요하다는 점이었고, 바로 이 점이 존 낙스(John Knox)에게 깊은 인상을 주었다.

교사들과 목사들은 "존경스러운 모임"(Venerable Company)이라고도 알려진 제네바 목사회(Geneva Company of Pastors)를 함께 구성하였다. 목사회는 행정 및 상호간의 훈련을 위하여 분기별로 모였다. 비록 법적인 권위가 제한적으로만 있었을 뿐이지만, 이 모임은 제네바의 도덕적 구조에 있어 주목할 만한 위치를 차지했다.

장로는 공동체 내의 생활을 감독하는 역할을 가졌다. 칼빈의 기대와는 달리, 장로들은 도시 지도자들로부터 그리고 도시 지도자들에 의해 선택된 정치적 인물들이었다. 12명의 장로들 중 두 명은 소의회에서, 네 명은 60인 의회에서, 6명은 200인 의회에서 선정되었다. 지혜와 경건에 기초하여 선발된 장로들은 도시의 다양한 부분들을 대표했다. 그들은 사람들의 생활을 감독하고, 무질서한 삶을 사는 사람들을 훈계하며, 필요한 경우에는 잘못을 범하는 사람들을 컨시스토리(Consistory, 이 기관은 '당회'로 번역될 수도 있지만, 오늘날 장로교회의 당회와는 구별되는 역사적 독특성을 가지고 있는 관계로 '컨시스토리'로 음역하였다―역주)에 보고해야 했다.

일종의 교회 법정이었던 컨시스토리는 교회 권징의 주요 기관이었다. 여기에는 12명의 장로와 목사가 포함되었다. 컨시스토리를 인도하는 관리는 일반적으로 평의원 중 한 사람이었다. 컨시스토리의 주된 관심은 제네바 시민들의 도덕을 체계적으로 감독하는 것이었고, 이 일을 위해 도덕 법률을 제정했다. 엄격하고 "청교도주의적"이라는 제네바의 평판은 바로 여기에서부터 출발했다. 컨시스토리는 심각한 범죄를 행한 사람들을 출교시킬 권한을 가졌다. 출교에 해당하는 범죄로는 간음, 불법 결혼, 저주, 사치, 교회 내에서의 불명예, 마리아를 수호성인으로 삼는 것과 같은 옛 신앙의 흔적 등이 있었다.

지금까지 학자들은 컨시스토리가 다루었던 여러 사례들만을 표본으로 뽑아 살펴보았다(참고, Kingdon 1994:23). 따라서 다음 목록들은 전체의 약 5퍼센트에 해당하는 사례들로 간주되어야 한다. 가톨릭주의로의 복귀(39회), 신성 모독(28회), 칼빈과 그의 다스림에 대한 일반적인 불평과 경멸(62회), 도박(36회), 부도덕(13회), 프랑스 이민자들에 대한 모욕(9회), 적절하지 않은 춤과 노래(12회), 예배와 교리문답 모임에 결석(10회), 신앙 관련 문제들(7회), 자살 시도(1회) 등. 성경의 규범에 따라 도덕 생활을 통제하려는 이러한 노력으로 인해 몇몇 사람들은 제네바를 "성경 통치"(bibliocracy)라고 불렀다(TRE 7:573; Kingdon 1972; Baker 1988). "우리가 청교도적이라는 이름을 붙이게 된 엄격한 삶의 방식을 제네바 안에서 형성시킨 가장 큰 영향력은 성경이었다"(Kingdon 1993a:531).

컨시스토리가 제네바 내에서 가장 논란이 된 종교개혁 기관이었다는 사실은 놀랍지 않다. 이 기관은 이내 곧 칼빈에 대해 반대하는 핵심 장소가 된 동시에, 또한 칼빈이 자신의 권위를 나타내며 오늘날 우리가 "갈등 해결"이라고 부르는 일을 수행했던 중요한 수단이기도 했다(Kingdon 2007). 후자의 측면은 강조될 필요가 있다. 왜냐하면 다원화되고 세속적인 현대 사회에서 사는 우리들로서는 승인되지 않은 혁신(unauthorized innovation)이라는 비난이 종교개혁가들에게 얼마나 위협적이었는지를 쉽게 잊어버리기 때문이다. 사실, 초대 교회로부터 근대 초까지, 혁신은 곧 이단을 의미했다. 칼빈이 제네바로 돌아오라는 간청을 받았던 이유 역시 사돌레토가 종교개혁을 새롭게 나타난 혁신이라고 비난하면서 전통의 권위로 제네바를 위협했기 때문이었다.

따라서 컨시스토리는, 비록 그것이 때때로 공포스러운 도덕적 통치에 가까워지기도 했지만, 칼빈이 자신의 권위를 조금씩 확장해 나가는 수단이었다. 그에 따라, 신학과 예배에 대한 위반과 더불어 놀이와 춤 등도 책망받는 범죄 행위에 포함되었다. "저급하고 방탕하며 난폭한 노래를 부르거나 그러한 류의 춤을 추는 사람들은 3일간 구속된 후 컨시스토리 앞으로 보내져야 한다"(Hughes 1966:58). 물론, 이러한 사례들에 집중하여 컨시스토리의 주된 역할이 인간의 행동을 사회적 정치적으로 통제하는 것이었다고 주장하는 것은 쉬운 일이다. 하지만, 그러한 중요한 업무를 부정하지 않는 동시에, 그와 같은 규율을 사회적 관심의 표현으로 이해하려는 노력 또한 필요할 것이다. 컨시스토리가 강제적이고 억압적이었던 동시에, 그것은 "또한 사회적인 관심을 나타내고, 제네바의 모든 사람들이 서로 돌보는 공동체 안으로 통합되어 있음을 보여주기 위해 의도되었다."

오늘날 우리가 사는 도시의 익명적이고 무질서한 삶과는 대조적으로, 제네바에서는 "돌봄의 네트워크가 실제로 존재했다"(Kingdon 1993b: 666, 679). 칼빈은 컨시스토리가 기독교 신앙을 교육하며 화목을 위한 상담 사역을 제공하는 기관이 되도록 힘썼다. "이러한 초창기 제네바인들에게 있어서 규율은 사회적 통제 이상을 의미했다. 그것은 또한 사회적 도움을 의미했다…(컨시스토리는) 정말로 그 도시에 있는 모든 사람들이 하나님께서 원하시는 종류의 삶을 살도록 돕기 위해 노력했다"(Kingdon 1994:34). 개혁주의 공동체가 뿌리내린 곳이면 어디든지, 컨시스토리는 공동체의 불일치를 확인하고 해결하는 중심지가 되었으며, 이를 통해 '경건한 사회'라는 칼빈주의적 이상을 증진시켰다(Mentzer 2003).

6. 칼빈의 권위가 강화됨

제네바의 공개적인 교회 경찰에 반대하는 움직임이 사회 계급과 경제적 구분을 뛰어넘어 도시 지도자들과 일반 시민들 모두로부터 일어났다. 그럼에도 불구하고 컨시스토리는 위축되지 않고 유력한 시민들을 심판하였으며, 여기에는 성적인 부정에 연루된 한 목사를 해임하는 일도 포함되었다.

1546년 1월, 소의회의 의원이었던 피에르 아모(Pierre Ameaux)가 칼빈을 공개적으로 비판하였다. 그의 동기는 정치적일 뿐 아니라 개인적이기도 했다. 정치적인 측면에서 그는, 제네바 출신 사람들에게 사역의 문을 열어놓지 않은 것처럼 보이는 칼빈의 모습으로 인해 정당치 못한 프랑스의 영향력이 목사회를 통하여 확장될 것이라고 우려하였다. 개인적인 측면에서 볼 때 아모는, 카드를 만들어 파는 자신의 사업이 새로운 규율로 인해 손실을 입었을 뿐 아니라, 간통죄를 범한 아내에 대한 이혼 문제로 인해 컨시스토리와 지루한 협상을 벌이고 있었다. 칼빈이 잘못된 교리를 가르치고 있다고 그가 주장했을 때, 칼빈은 이것을 개인적인 공격이 아니라 목사로서의 자신의 권위를 침해하는 것으로 보았다. 그는 200인 의회를 설득하여 아모에게 공개적인 처벌을 부과하였다. 아모는 참회하는 옷을 입은 채로 마을을 걸어 다니며 세 곳의 마을 광장에서 무릎을 꿇고 자비를 구해야 했다. 칼빈의 처벌 규정은 "거친 당나귀를 위한 강력한 고삐였다"(Monter 1967:74; Naphy 1994:66-7, 94-6). 그 결과 칼빈의 권위가 공적으로 선포되었다. 아모의 굴욕에 대한 공적인 항의가 일어났지만, 아모의 집 근처에 교수대를 세움으로써 이러한 저항은 가라앉았다.

칼빈의 권위에 대한 더 심각한 위협은 페랭 가문(Perrins)과 파브르 가문(Favres) 등 귀족들로부터 나타났다. 이들은 존경받는 제네바 가문들로서 칼빈을 제네바로 다시 데리고 오는 일을 주도했던 사람들이었다. 하지만 아미 페랭(Ami Perrin)도, 그의 장인 프랑소아 파브르(Françoia Favre)도 컨시스토리가 행하는 심문 관행들을 찬성하지 않았다. 칼빈이 프랑소아의 아내가 결혼식에서 춘 외설적인 춤을 비난하고 프랑소아 자신을 부도덕한 행동에 대한 책임으로 성례에서 제외시켰을 때, 아미 페랭은 컨시스토리의 자격에 대해서 공개적으로 의문을 제기했다. 파브르 가족들은 제네바를 떠났고, 아미는 외교적인 임무를 맡아 프랑스로 향했다. 그들이 각각 제네바로 돌아오자마자, 프랑소아와 아미는 모두 구속되었다. 특히 아미는 프랑스가 제네바를 침입하는 일에 공모했다는 의심도 받았다. 베른 사람들의 개입으로 인해 파브르와 페랭은 풀려났다. 하지만 칼빈은 페랭과 그의 일당들에게 "방종주의자"(libertines)라는 이름을 붙였으며 '그들이 컨시스토리의 규율을 지키려 하지 않는 이유는 자신들의 나태하고 충실하지 않은 삶이 폭로되기 때문'이라고 주장했다.

이러한 "방종주의자들" 중 한 사람이자 오래된 제네바 가문 출신이었던 자크 그루에(Jacques Gruet)는 칼빈을 비판했을 뿐 아니라 프랑스 왕에게 제네바에 개입해 달라고 부탁했던 것으로 밝혀졌다. 그는 또한 "참는 데도 한계가 있다"라는 내용의 대자보를 성 베드로 교회의 설교단에 붙였다는 의심을 받았다. 제네바에 반대하는 국제적인 공모에 그루에가 연루되었다고 믿고, 제네바 시 지도자들은 그를 고문한 후 칼빈의 동의하에 그를 참수하였다. 12월에 "방종주의자" 한 무리가 200인 의회를 위협하기 위해 모였다. 칼빈은 직접 그 무리 안으로 뛰어 들어가, "피를 흘려야 한다면 나부터 공격하라"고 선포하였다. 기겁한 무리는 잠잠해졌다. 이보다는 덜 위험스러웠지만, 시민들 역시 자신들의 개의 이름을 칼빈이라고 짓거나 칼빈을 조롱하는 노래를 만듦으로써 자신들의 반발심을 표현하였다(Walker 1969:295-312).

희망과 위로가 되는 근원은 외부로부터 왔다. 제네바로 계속해서 몰려든 종교적 피난민들은 칼빈을 정치적으로 후원하는 지지기반이 되었다. 그들은 일반적으로 높은 사회적 지적 수준을 가지고 있었으며, 칼빈이 자신들에게 제공했던 피난처로 인해 감사하고 있었다. 1550년과 1562년 사이에 제네바는 약 7,000명의 이민자를 받아들였다-칼빈이 도착했을 당시 제네바의 인구는 약 10,000명 정도였다. 이 피난민들 대부분은 프랑스로부터 왔지만, 영국이나 이탈리아에서 온 사람들도 상당히 있었다. 물론 모든 피난민들이 제네바에 남아 있었던 것은 아니었다. 한 예로, 엘리자베스 여왕이 메리 여왕의 뒤를 이어 영국의 군주가 되었을 때, 많은 영국 피난민들은 고국으로 돌아갔다. 이처럼 제네바에 새로 온 사람들이 끼친 영향은 막대했다. 그들은 제네바 출신의 토착세력과 분명한 긴장 관계를 형성했으며, 제네바를 거룩한 도시로 부르며 칼빈을 지지했다. 그들에게 있어서 제네바는 단순한 피난처가 아니라, 지상에서의 순례자들이 다다를 수 있는 하나님의 도성에 가장 가까운 곳이었다.

하지만, 제네바에 새로 들어온 사람들 모두가 칼빈의 신학에 동의한 것은 아니었다. 칼빈의 교리를 반대한 유명한 사례는 제롬 볼섹(Jerome Bolsec)을 통해서 볼 수 있다. 볼섹은 대체적으로 개혁주의 신학에 동의하면서도 칼빈의 예정 교리를 강하게 비판했다. 볼섹은 카르멜파(Carmelite) 수도사 출신으로, 파리에서 개혁주의 신앙을 받아들였으며, 자신이 속해 있던 수도회를 떠난 후 결혼하여 제네바 근처에서 의사로 정착했다. 그는 제네바를 자주 방문했으며, 목사들과 종종 신학에 대해 논쟁했다. 1551년 10월, 그는 칼빈의 예정론이 (하나님께서 모든 사람들이 구원받기 원하신다는 디모데전서 2:4에 위배되는) 비성경적인 내용이며, (하나님을 불의한 폭군이자 궁극적인 악의 근원으로 묘사하는) 이교도적인 가르침이라고 공개적으로 공격했다. 그는 즉시 투옥되었고, 재판을 받았으며, 공적으로 정죄되었고, 제네바에서 영구적으로 추방당했다. 볼섹은 1577년에 칼빈에 대한 악의에 찬 전기를 출판함으로써 복수했다. 이 전기에서 그는 동성연애를 비롯하여 다양한 이유로 칼빈을 비난하였는데, 이후 2세기 동안 칼빈에 반대하는 논객들은 볼섹이 쓴 전기를 활용하였.

볼섹이 칼빈 뿐 아니라 제네바 목사회 전체를 향해 던졌던 도전이 중요했던 이유는, 그가 자신들의 교리를 성경을 인용하며 비판하였으며, 다른 어떤 신학 논쟁보다도 더 큰 관심을 일반 사람들에게 불러 일으켰기 때문이었다. 이로 인해 칼빈은 계속해서『기독교 강요』를 개정할 때 예정 교리를 더 두드러지게 다루며 자세하게 설명했다. 칼빈은 또한 볼섹의 주장에 대한 대중적인 관심이 성만찬이나 삼위일체에 대한 난해한 신학 논쟁보다 훨씬 더 위험하다는 점을 정확히 파악했다. "칼빈의 종교개혁은 기본적으로 대중적인 지지에 의존했다. 만일 이러한 의존이 무너진다면, 하나님 나라의 진보를 위해 힘썼던 자신의 평생의 노력이 사라져 버릴 것이라고 칼빈은 우려했다. 그 결과 칼빈은 일종의 극단적인 입장을 강조하였고, 이 입장은 이후 그의 이름 및 그의 후예들과 동일시되었다"(Kingdon 1991:145).

칼빈의 예정 교리와 그것의 역사적 영향에 대해 설명하는 것은 이 책에서 다루기에 너무 큰 주제이다. 하지만 칼빈과 칼빈주의가 일반적으로 예정 교리와 동일시된다는 점에 비추어 볼 때, 그의 의도가 무엇이었는지에 대한 몇 가지 지침을 제공하는 것은 중요할 것이다. 예정은 그밖의 다른 교리들이 출발하는 핵심 교리라기보다는, 오직 은혜로 말미암아 구원을 얻는다는 종교개혁의 기본적인 신념의 결과이다. 예정은 "제자들을 향하여 '너희가 나를 택한 것이 아니요, 내가 너희를 택한 것'(요 15:16)이라는 그리스도의 말씀"에 대한 칼빈의 강조이다(McNeill and Battles 1960:935). 구원을 하나님께서 홀로 행하시는 사역으로 강조하는 모든 신학은 결국 어떠한 형태의 선택과 예정을 이끌어낸다.

> (예정 교리는) 모든 공로를 부정하며 오직 하나님의 자비 안에 구원을 둔다. 그것은 구원이 성취가 아니라 구조라는 사실을 의미한다(Leith 1989:122; Dowey 1994:218-20).

따라서 예정 교리는 하나님의 생각 안으로 들어가 그것을 파헤치는 노력이 아니라, 목회적인 돌봄의 표현이다. 개인적인 차원에서 예정 교리는, 구원이 한 개인의 의심과 불신앙과 외적인 환경에도 불구하고 그 사람을 선택하신 하나님의 선물이라는 사실을 선언한다. 공동체적이고 교회적인 차원에서 예정 교리는, 어떠한 조건과 사건들에도 불구하고 하나님의 교회는 승리할 것이라는 신념을 선언한다. 이 교리는 박해를 경험했던 초창기 종교개혁 교회들에게 있어서 매우 중요했다. 그리고 칼빈이 의도했던 것은 바로 예정 교리로부터 나오는 위로를 그들에게 제공하는 것이었다. 볼섹과-너무나 많은 후대의 칼빈주의자들이!-놓쳤던 사실은 교리적인 관점에서 "무조건적인 선택은 무조건적인 은혜를 말하는 또 다른 방식"이라는 점이었다(Torrance 1994:19). 칼빈이 살던 당시에 선택을 설교했던 실제적인 의도는 프랑스 내에서 박해 받았던 개혁주의 공동체들을 견고히 만들기 위함이었다. 이러한 측면은 리옹(Lyon) 지역의 순교자들이 가졌던 염려에 나타난다. 제네바에서 예정 교리에 대한 논쟁이 발생했다는 소식을 감옥에서 접하자마자, 그들은 자신들을 박해 중에도 인내하게 만들어 주었던 이 교리, 즉 '하나님께서 택하신 자들은 결코 사라질 수 없다'는 교리가 없어질 것을 염려하였다(Wiley 1990:109).

칼빈에게 있어서 하나님의 선택은 추론의 문제가 아니라 신앙을 고백하고 경배하는 문제였다는 사실에 또한 주목해야 한다.

> 인간은 하나님의 숨겨진 작정을 파헤칠 것이 아니라 순종하는 마음으로 경탄해야 한다(McNeill and Battles 1960:952-3).

더 나아가서, 예정 교리는 온 세상이 운명이나 우연이 아니라 하나님, 곧 자신을 그리스도 안에서 계시하신 하나님에 의해 통치된다는 사실을 선언한다. 무엇보다도 칼빈에게 있어서 하나님은 천상의 폭군이 아니라 사랑으로 가득 찬 부모이시다. 칼빈은 자기가 기르는 자녀를 결코 잊을 수 없는 어머니로, 그리고 자기 자녀들에게 모든 좋은 것들을 제공하는 아버지로 하나님을 묘사한다.

> 값없이 양자가 되었다는 것은 칼빈 신앙의 기초이다. 이중 예정은 이 기초를 방어하는 외적인 성벽이다. 하지만 그것은 그다지 효과적인 방어벽이 아니었던 것으로 판명되었다. 칼빈은 자신이 증명하고자 했던 것이 어떻게 의심될 수 있는지를 깨닫지 못했던 것으로 보인다. 그는 예정 교리가 겸손과 안전 모두를 지키는 최후의 보증이 될 것이라고 믿었다. 하지만, 후대의 칼빈주의 역사가 고통스럽게 보여주는 바와 같이, 이 교리는 겸손도 안전도 보장하지 못했다(Gerrish 1993:170).

7. 세르베투스 사건

칼빈에 대한 반대가 점점 증가하는 가운데 악명 높은 세르베투스 사건이 발생했다. 미카엘 세르베투스(Michael Servetus, ca. 1511-53)는 아라곤(Aragon)에서 태어났고, 1531년에 스트라스부르그에서 『삼위일체의 오류에 대한 일곱 권의 책』(*Seven Books on the Errors of the Trinity*)을 출판함으로써 유명한 인물이 되었다. 개신교 신학자들이건 가톨릭 신학자들이건 간에 삼위일체 교리에 대한 세르베투스의 공격을 하나같이 정죄하였다. 롤란드 베인튼(Roland Bainton, 1960:3)의 적절한 표현에 따르면, "가톨릭교도들은 미카엘 세르베투스의 인형을 만들어 불에 태웠고, 개신교도들은 그를 실제로 불에 태워 화형시켰다." 1532년에 세르베투스는 『삼위일체에 대한 두 대화』(*Two Dialogues on the Trinity*)를 출판하였는데, 이 책에서 그는 교회가 삼위일체 교리를 발전시키면서 예수로부터 멀어졌다고 주장했다.

비록 신중함과는 거리가 있는 사람이었지만, 이 시기에 그는 '때로 용맹보다는 숨어서 다른 직업을 가지는 것이 필요하다'는 사실을 깨달았다. 이에 따라 그는 파리로 건너가 의학과 해부학을 배웠다. 의학 분야에 있어서 그는 혈액의 허파 순환을 발견한 최초의 사람으로 유명하다. 아마도 그는 성령이 코를 통하여 혈액 체계 안으로 들어오신다는 사실을 보여주려고 했던 것 같다. 호흡(Respiration)은 영감(inspiration)이며, 영혼은 피에 있다(창세기 9:4; 레위기 17:11).

하지만 세르베투스는 신학적인 출판과 논쟁을 멈출 수 없었다. 그는 자신의 이름을 감추며 칼빈과 서신을 교환했지만, 칼빈은 서신의 내용을 통해 그가 세르베투스라는 사실을 알아보았다. 세르베투스가 칼빈에게 자신의 새 책 『기독교의 회복』(*The Restitution of Christianity*)을 보냈을 때(그는 칼빈의 institutio에 대한 대조로 restitutio라는 이름을 붙였다), 칼빈은 그에게 자신의 『기독교 강요』를 그에게 보냈고, 세르베투스는 그 내용을 조롱하는 주석으로 가득 채워서 이 책을 다시 칼빈에게 돌려 보냈다. 칼빈은 이렇게 주고 받은 모든 서신을 비엔나(Vienne)에 있는 친구에게 보냈고, 이 친구는 그것을 리옹에 있는 이단 심문소로 보내 세르베투스를 붙잡는 데 도움을 주었다. 1553년 8월, 세르베투스는 가톨릭 이단심문소의 투옥으로부터 가까스로 빠져나왔고, 이탈리아로 도망쳤다. 나폴리(Naples)에서 피난처를 찾으려고 향하던 중, 마치 불나방이 불 속으로 이끌리듯, 그는 제네바에 들렀다.

자신의 글과 칼빈에게 보낸 편지에서 세르베투스는 유아 세례를 마귀적인 교리로 주장했고, 원죄를 부인했으며, 삼위일체를 머리가 셋 달린 케르베로스(그리스 신화에 나오는 머리가 셋이고 꼬리는 뱀과 같은 지옥을 지키는 개-역주)에 비유했다. 예수는 하나님의 영원하신 아들이 아니라 신적인 존재가 된 인간이었다. 세르베투스는 자신이 적그리스도를 대적하는 천사장 미카엘이라고 주장했다. 칼빈이 보기에 이러한 주장은 "모든 시대를 통틀어 가장 경건치 못하고 미친 주장"이었다. 칼빈은 만일 세르베투스가 제네바에 나타난다면 살아남지 못할 것이라고 썼다. 세르베투스는 토요일에 제네바에 도착했고, 그 다음날 칼빈의 교회에 참석했다! 세르베투스가 죽음을 원해서 그곳에 간 것이 아니었다고 한다면, 그가 이렇게 행동한 이유는 아마도 일요일에 교회에 참석하지 않음으로 인해 생길 사람들의 주목을 피하기 위해서였을 것이다. 세르베투스의 입장에서 볼 때에 불행하게도, 그의 변장은 그의 정체를 감출 만큼 충분치 않았다. 리옹에서 온 피난민들이 그를 알아보았고, 그는 즉시 구속되었다. 법에 따라, 그를 고소한 칼빈 역시 그 재판의 결론이 나기까지 갇혀 있어야 했다. 칼빈의 비서가 그를 위한 보증인이 되었다.

기소를 위한 전문 증인이었던 칼빈을 당황시키기 위해서 "방종주의자들"이 세르베투스 이단 재판을 이용했다는 주장은 아마도 "칼빈을 지지하며 칼빈의 대적자들을 공격하고자 했던 자료들로부터만 유래한 것"일 수 있을 것이다(Naphy 1994:184). 하지만 세르베투스의 운명은 제네바 시정부에 의해 결정되었으며, 바젤, 베른, 샤프하우젠(Schaffhausen), 취리히 등의 지역 모두가 하나같이 그를 정죄하였다. 멜랑히톤 역시 이 결정에 동의했으며, 부처는 삼위일체에 대한 세르베투스의 첫 번째 책이 나왔던 1531년에 이미 그의 사형을 주장했다. 세르베투스는 이단적인 가르침을 확산시킨 죄로 유죄 판결을 받았고, 화형에 처한다는 선고를 받았다. 이 형벌은 찰스 5세(Charles V)의 형법 법전인 『카롤리나 법전』(Constitutio criminalis Carolina)의 106번 조항에 있는 신성 모독죄에 관한 법률에 따른 것이었다. 1553년 10월 27일 아침, 세르베투스는 화형에 처해졌다. 그는 "영원하신 하나님의 아들, 예수여(Jesus, Son of the Eternal God), 나를 불쌍히 여기소서"라고 기도하며 숨을 거두었다. 마지막 순간의 기도에서까지 그는 "하나님의 영원하신 아들"(the eternal Son of God)이라는 삼위일체적인 언어를 사용하지 않은 것이다. 이 당시에 형용사의 위치를 잘못 붙이는 것은 치명적인 결과를 초래할 수 있는 큰일이었다.

칼빈은 인도주의적인 차원에서 세르베투스의 사형 방식을 화형에서 참수형으로 바꾸어 달라고 요청했다. 파렐은 이러한 관대함을 베푸는 것은 옳지 않다며 칼빈을 책망했다. 세르베투스의 처형이 이루어진 후 칼빈은 『정통 신앙의 변호』(*Defense of the Orthodox Faith*)에서 이단과 관련해서는 모든 인간적인 감정과 상관없이 하나님의 영광을 지켜야 한다고 선언했다. 칼빈은 거짓 선지자들을 돌로 치라고 명령하는 신명기 13장에 대한 주석에서 자신의 견해를 분명히 밝혔다.

> 하나님께서는 거짓 선지자에게 자비를 베풀지 말고 돌로 쳐서 죽이라고 분명히 말씀하신다. 하나님의 명예와 직결되는 문제일 경우, 우리는 자연적인 모든 감정을 억눌러야 한다(Bainton 1951:70).

하지만, 시정부 지도자들과의 계속적인 분쟁으로 인해 1544년 칼빈에 의해 추방되었던 제네바의 교사 세바스찬 카스텔리오(Sebastian Castellio)는 종교적 관용을 요청하고 이단자에 대한 사형에 반대하는 작품 『이단자들은 박해되어야하는가』(*Concerning Heretics, Whether They Are to be Persecuted*, 1554)를 출판했다. 이 책은 세르베투스 사건을 언급하지 않지만, 박해에 대해 반대했던 고대와 현대의 여러 저자들의 글을 인용한다. 카스텔리오가 사용한 주요 자료들 중 하나는 세바스찬 프랑크(Sebastian Franck)의 『연대기』(*Chronicle*)였다. 칼빈의 변호에 대해 답변하면서 카스텔리오는 "이단자를 불에 태우는 것은 교리를 지키는 것이 아니라 단순히 한 사람을 죽이는 것일 뿐이다"라는 유명한 문장을 남겼다(Bainton 1965:271). 하지만 이러한 문제에 있어 카스텔리오는 시대를 너무 앞질렀다. 칼빈과 제네바는 이단의 괴수인 세르베투스를 처형한 일에 대하여 모든 지역으로부터 박수와 축하를 받았기 때문이다. 다른 한편으로 카스텔리오는 자신이 세르베투스의 글을 읽지 못했다고 인정한 후 만일 그가 정말로 신성모독죄를 범했다면 죽어 마땅하다고 말했는데, 이는 그 역시 기독교 세계(corpus Christianum)라는 일반적인 개념을 공유하고 있었다는 점을 보여준다(Nijenhuis 1972:128). 오늘날처럼 종교적 윤리적 상대주의가 지배하는 세상의 눈에는 진리에 대한 16세기의 관심이 이상해 보인다. 하지만 우리들 역시 정치적인 입장이 다르다는 이유로 다른 사람들을 박해하는 것이 현실이다. 베트남 전쟁에 참전한 미국의 군사 지도자가 "우리는 그 도시를 구하기 위해 파괴했다"라고 말했던 것과 관련하여 베인튼(Bainton 1951:94; 1960:215)은 다음과 같이 지적했다.

> 오늘날 우리는 제네바가 하나님의 영광이라는 명목 하에 한 사람을 화형시켰다는 사실을 끔찍스럽게 여긴다. 하지만 우리는 민주주의를 구한다는 명목으로 여러 도시 전체를 불태운다.

카스텔리오는 제네바를 떠나 바젤로 옮긴 후 그곳에서 헬라어 교수로 일했다. 평화와 관용에 대한 그의 지속적인 관심은 프랑스의 종교 전쟁으로 인해 발생한 양심의 강요에 반대하는 작품 『황폐한 프랑스에게 보내는 조언』(*Advice to a Desolate France*)에 잘 나타났다. 죽음을 앞두고 카스텔리오는 여러 가지 이단이라는 공격을 받았다. 역설적이게도, 최후의 공격은 스트라스부르그에서 의사로 살았던 아담 보덴슈타인 폰 칼슈타트(Adam Bodenstein von Karlstadt)로부터 유래하였는데, 그는 자신의 아버지 안드레아스(Andreas)와 함께 쫓겨 다니는 삶을 살았던 인물이었다! 카스텔리오는 1563년 12월 29일 바젤에서 숨을 거두었고 그의 시신은 바젤 대성당의 수도원 안에 명예롭게 묻혔는데, 이 일은 제네바 시민들을 분노하게 만들었다.

1903년, 칼빈의 후손들은 세르베투스가 처형당한 장소에 속죄 기념비를 세웠다. 이 기념비에는 다음과 같은 글이 적혀 있다.

> 위대한 종교개혁가였던 칼빈을 존경하고 그에게 감사하는 우리들은, 그의 시대가 범한 오류를 정죄하고, 종교개혁과 복음의 참된 원리에 부합하는 양심의 자유에 확고하게 헌신하는 가운데, 1903년 10월 27일 이 속죄 기념비를 세웠다(Nijenhuis 1972:122).

어떤 점에서 볼 때 이것이 흥미로운 이유는, 취리히에서는 1520년 이래로 재세례파 교도들을 익사시켰으며, 세르베투스가 처형당하던 바로 그 시기에 프랑스에서는 칼빈의 추종자들이 동일하게 처형당했기 때문이다. 그리고 세르베투스가 죽은 후 수십 년이 지난 뒤, 프랑스의 거리와 들판은 칼빈주의자들의 피로 흘러 넘쳤다. 종교적 다원주의에 대한 오늘날의 관용 원리를 16세기의 상황에 요구하는 것은 시대를 잘못 적용하는 행위이다. 카스텔리오 덕에 세르베투스 사건은 종교적 박해에 대한 악명 높은 사례로 남게 되었다. 흥미롭게도 세르베투스는 종교적 추방자들이 피난할 장소로 신대륙을 생각했던 것으로 보인다.

세르베투스 사건은 칼빈에게 있어서 하나의 전환점이었다. 그의 반대자들은 세르베투스 사건을 사용하여 그에게 대적할 수 없었다. 얼마 지나지 않아 제네바는 칼빈의 확실한 다스림 안에 놓였다. 그 결과 제네바에서는 규율과 제한의 요소가 더 강화되었다. 컨시스토리는 교회법정 이상의 기관이 되었으며, 목사들은 이제 장로들의 선출에 대해 상의하였다. 칼빈의 말년에는 개인적인 시련이 없지 않았다. 1557년에는 그의 처제가 자신의 하인과 간통한 것으로 발견되어 제네바에서 추방되었다(Kingdon 1994:32-3). 같은 해에 그의 수양딸 주딧(Judith) 역시 간음죄를 범했다. 그럼에도 불구하고 칼빈의 영향력은, 그의 대적들이 패배하고 종교적 피난민들이 계속해서 들어옴으로 인해 더욱 증가하였다. 1559년, 칼빈은 오늘날의 제네바 대학(University of Geneva)이 된 제네바 아카데미(Geneva Academy)를 세웠다. 제네바 아카데미는 유럽 전역으로부터 학생들을 끌어 모았으며, 개신교 지도자들을 훈련하여 유럽 전체에 영향을 끼치는 교육 기관이 되었다. 같은 해, 칼빈은 제네바 시민이 되었다.

칼빈이 제네바를 신정(神政) 경찰국가로 바꾸었다고 결론 내리는 것은 잘못이다. 자신의 생애 대부분의 기간 동안 칼빈은 권위를 유지하기 위해 싸워야 했다. 이 싸움에서 그가 사용했던 무기는 지속적인 설교와 가르침이라는 공적인 언론의 장악이었지만, 그의 권위가 매우 불안해졌던 적도 많았다. 다른 종교개혁가들과 마찬가지로, 칼빈 역시 개혁 운동의 성공이 자신의 지도력과 권위에 많이 달려 있다는 사실을 인식했다. 주목할 만한 점은 그가 권위를 확고히 하기 위해서 노력했다는 사실이 아니라, 그 과정에서 그가 지지를 얻기 위해 특정 집단에 대한 편애(favoritism)에 빠지지 않았다는 사실이다. 유력한 시민들이건 칼빈 자신의 가족들이건 그 누구도 법 위에 있도록 허락되지 않았다. 이 점에 있어 칼빈은 법 아래에서 모든 사람들이 평등하다는 민주적 원리의 모델을 제공하였으며, 오늘날의 여러 국가들은 이 모델을 잘 뒤따라야 할 것이다.

칼빈은 1564년 5월 27일, 55세의 나이로 세상을 떠났다. 베자(Beza)는 칼빈이 숨을 거둔 일몰의 상황을 다음과 같이 보고했다.

> 해가 저물던 바로 그 순간, 하나님의 교회를 지도하기 위해 이 세상에 있었던 가장 큰 빛 역시 천국으로 물러갔다. 이 한 사람을 통하여 하나님께서는 어떻게 사는 것이 잘 사는 것이고 어떻게 죽는 것이 잘 죽는 것인지를 우리 시대에 가르치셨다(Kingdon 1967:13).

루터와 마찬가지로 칼빈 역시 여러 가지 질병으로 인해 오랫동안 고통을 겪었다. 관절염, 담석, 폐결핵, 장염, 치질, 변비, 편두통 등의 질병은 큰 고통과 호흡 곤란을 초래했다. 부스마(Bouwsma, 1988:30)에 따르면, 이러한 육체적 질병들보다 "훨씬 더 괴로웠던" 것은 하나님을 향한 신뢰와 통제하며 얻고자 하는 자신의 필요 사이에서 칼빈이 느꼈던 내적인 긴장이었다. 결국 그는 자신이 모든 것에서 부족하다는 점을 고백하였다.

> 진실로 하나님께서 나에게 허락하신 용서의 은혜마저도 나에게 죄책을 더욱 더할 뿐이다. 그렇기 때문에 내가 유일하게 의지할 수 있는 것은, 자비의 아버지이신 하나님께서 이토록 비참한 죄인의 아버지로 친히 보여주시는 것이다.

칼빈이 신경과민 환자였는지 아니었는지는 신경정신과 의사들이 판단할 문제이다. 하지만 칼빈과 루터 모두 신적인 치료만이 단순히 증상을 개선하는 것 이상의 실제적인 치료를 시작할 수 있다는 사실을 확신했다. 죽기 직전에 루터는 다음과 같이 썼다.

선지자들과 함께 백 년 동안 교회를 다스리기 전까지는 그 누구도 자신이 성경을 맛보았다고 생각할 수 없을 것이다…우리는 거지이다. 이것이 참된 사실이다(LW 54:476).

칼빈과 루터 모두 "하나님에 대한 복음적인 신뢰와 양심 사이의 투쟁을 겪었다-이것은 중세 시대나 오늘날이나 동일하게 피할 수 없는 일이다…루터가 드러내 보인 죽음에 이르는 질병은 이것이다. 삶에서나 죽음에서나 우리는 우리가 이루어 놓은 성취에 매달리며, 하나님과 사람 앞에서 우리 자신을 증명하려고 하는 필요를 떨쳐낼 수 없다. 루터의 '신경과민'은 종교개혁적인 발견의 핵심 요소로 판명된다. 우리는 거지이다-이것이 참된 사실이다!"(Oberman 1989b:324). 자신의 요청대로 칼빈은 이름이 표시되지 않은 무덤에 묻혔다.

8. 개신교 선교와 복음전도: "국제적인 음모"

칼빈의 명성에 이끌려, 그리고 고국에서의 개신교 박해로 인해, 거의 7,000명의 종교 피난민들이 제네바에 모였다. 이 피난민들은 프랑스의 거의 모든 지역으로부터 왔으며, 영국, 스코틀랜드, 네덜란드, 이탈리아, 스페인, 독일, 폴란드, 보헤미아에서도 왔다. 자신들의 고향으로 돌아갈 때, 그들은 칼빈주의를 함께 가지고 갔다.

제네바 아카데미는 다른 나라에서 사역할 선교사들을 훈련하였다. 프랑스 왕은 이러한 활동을 전복적인 것으로 보고 그들을 체포하여 처형했다. 따라서 이러한 목회자들은 칼빈주의가 법적으로 금지된 나라들에 (종종 상인의 모습으로) 변장한 채로 들어가서, 제네바에 있는 교회의 형태를 따라 교회들을 세워 나갔다. 1555년부터 1562년까지의 선교사 파송 수치에 따르면(참고, Monter 1967:135; Kingdon 1956:145), 그들의 수는 인상적이다.

1555년 5명 (4명은 피드몽[Piedmont]으로)

1556년 5명 (2명은 피드몽으로, 2명은 브라질로)
1557년 16명 (4명은 피드몽으로, 1명은 앤트워프[Antwerp]로)
1558년 23명 (1명은 투랭[Turin]으로)
1559년 32명 (모두 프랑스로)
1560년 13명 (1명은 런던으로)
1561년 12명 (모두 프랑스로)
1562년 12명 (모두 프랑스로)

제네바 교회는, 일종의 개신교 바티칸처럼, 이러한 선교 운동의 국제적 중심지 역할을 감당했다. 외국에서 일어난 신학 논쟁과 질문들은 해결을 위해 제네바로 보내졌다. 각지에 퍼진 선교사들의 교회들은 제네바를 중심으로 형성된 네트워크와 광범위한 소식 교류를 통해 도움을 받았다. 칼빈주의가 프랑스에서는 소수밖에 남지 않았지만, 영국과 스코틀랜드에서는 결국 승리했다. 이 모든 일에 있어서 칼빈은 "스스로를 제네바에 배치되어 있는 한 사람의 군사인 동시에 유럽 전체의 군대를 감독하는 장교로 보았다…그의 교구는 유럽 전체만큼 넓었으며, 그의 비전은 그 중심지인 프랑스를 향했다" (Oberman 1992:102, 109).

칼빈을 교회연합을 추구한 목회자로 알리는 데 기여한 요인은 바로 유럽 전체의 개혁에 대한 그의 이같은 비전이다. 그가 스트라스부르그에 머무는 동안 주요 종교 회담들에 활발히 참여했다는 사실은 앞에서 이미 언급했다. 그는 멜랑히톤과의 우정 및 서신 교류를 통하여 그리고 멜랑히톤의 주요 작품들을 프랑스어로 번역함으로써 루터파 교회와의 관계를 지속적으로 증진해 나갔다. 스위스 개신교들을 연합하고 더 나아가 스위스와 독일의 개신교도들을 하나로 묶고자 하는 목표를 가지고 칼빈은 성찬과 관련한 지속적인 논쟁에 개입하였다.

그는 마부르그 회담(Marburg colloquy, 1529)의 장애물이 제거되기 전에는 개혁주의 교회와 루터주의 교회의 연합이 불가능하다는 사실을 깨달았다. 이러한 목적을 이루기 위해 칼빈은 츠빙글리의 후계자인 하인리히 불링거(Heinrich Bullinger, 1504-75)와 함께 노력하여 하나의 일치에 도달했다. "공동

신앙고백서"(Consensus Tigurinus)라고 알려진 취리히 협약은 1549년에 이루어졌다. 츠빙글리의 기억에 대한 불링거의 변호를 극복하기 위해 칼빈이 쏟았던 노력, 그리고 칼빈 역시 "루터파"에 속한다는 취리히의 의심 등은 폴 로렘(Paul Rorem, 1988; 1994)에 의해 잘 설명되고 분석되었다. 루터와 마찬가지로 칼빈에게 있어서 가장 중요한 문제는 성례가 가지는 선물로서의 특성을 보호하는 것이었다. 불행하게도, 그리고 역설적이게도, 칼빈이 스위스에서 벌인 교회연합적 노력을 2세대 루터파들은 루터보다는 츠빙글리에게 치우친 움직임으로 의심하였다(Steinmetz 1990).

이에 따라 개혁주의 교회와 루터주의 교회는 독일에서 오랜 기간 진행된 논쟁 시기로 들어갔다. 유럽의 다른 지역에서 칼빈의 사역은 따뜻한 반응을 받았다-프랑스에서와 같이, 어떤 경우에는 그 반응이 너무 뜨거웠다! 칼빈이 프랑스를 떠나 자신의 조국을 외부로부터 복음화하려고 하였기 때문에, 이제 다음 장에서 우리는 이러한 노력들에 대해서 살펴볼 것이다.

Suggestions for Further Reading

Philip Benedict, *Christ's Churches Purely Reformed: A Social History of Calvinism.* New Haven: Yale University Press, 2002: "Part IV: New Calvinist Men and Women?"

William J. Bouwsma, *John Calvin: A Sixteenth Century Portrait.* New York: Oxford University Press, 1988.

Edward Dommen and James D. Bratt, eds, *John Calvin Rediscovered: The Impact of his Social and Economic Thought.* Louisville: Westminster John Knox, 2007.

Edward A. Dowey, Jr, *The Knowledge of God in Calvin's Theology*, 3rd expanded edn. Grand Rapids: Eerdmans, 1994.

Alastair Duke and Gillian Lewis, eds, *Calvinism in Europe 1540–1620.* Cambridge: Cambridge University Press, 1994: 21–34.

Christopher Elwood, *Calvin for Armchair Theologians.* Louisville: Westminster John Knox, 2002.

B. A. Gerrish, *Grace and Gratitude: The Eucharistic Theology of John Calvin*, Minneapolis: Fortress Press, 1993.

Wulfert de Greef, *The Writings of John Calvin: An Introductory Guide*, Grand Rapids: Baker Books, 1993.

Robert M. Kingdon, "Was the Protestant Reformation a Revolution? The Case of Geneva," in Robert M. Kingdon, ed., *Transition and Revolution: Problems and Issues of European Renaissance and Reformation History.* Minneapolis: Burgess, 1974: 53–107.

Robert M. Kingdon, "Social Control and Political Control in Calvin's Geneva," and "Calvinist Discipline in the Old World and the New," in Hans R. Guggisberg and Gottfried G. Krodel, eds, *The Reformation in Germany and Europe: Interpretations and Issues* (ARG special volume). Gütersloh: Gütersloher Verlagshaus, 1993: 521–32, 665–79.

William G. Naphy, *Calvin and the Consolidation of the Genevan Reformation*, Manchester: Manchester University Press, 1994.

Richard A. Muller, *The Unaccommodated Calvin: Studies in the Foundation of a Theological Tradition.* New York: Oxford University Press, 2000.

Wilhelm H. Neuser, ed., *Calvinus Sacrae Scripturae Professor: Calvin as Confessor of Holy Scripture.* Grand Rapids: Eerdmans, 1994.

David C. Steinmetz, *Calvin in Context.* New York: Oxford University Press, 1995.

Randall C. Zachman, "John Calvin (1509–1564)," in Lindberg 2002: 184–97.

THE EUROPEAN REFORMATIONS

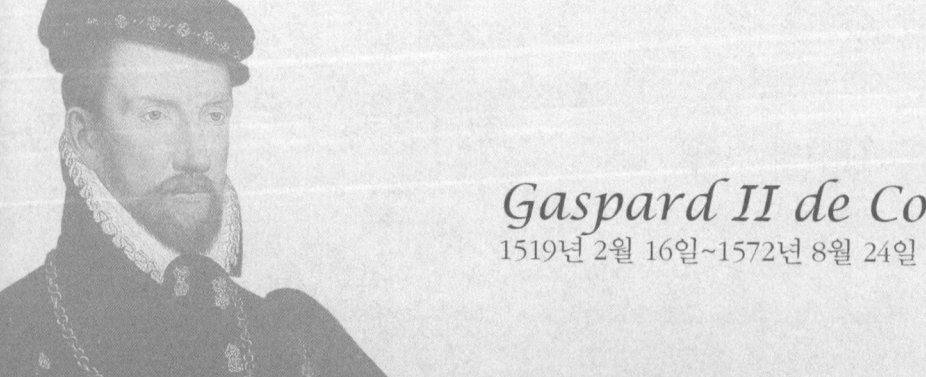

Gaspard II de Coligny
1519년 2월 16일~1572년 8월 24일

제11장

하나님의 날개 그늘 아래에서: 프랑스에서의 종교개혁

(Refuge in the Shadow of God's Wings: The Reformation in France)

> 하나님께서는 때때로 그분의 신실한 백성들의 피를 흘리는 것을 허락하십니다. 그럼에도 불구하고 그분께서는 그들이 흘린 값진 눈물들을 한 방울 한 방울 모두 모으십니다.
>
> 파리에 있는 교회에 보낸 칼빈의 편지(1557)

프랑스에서의 종교개혁 이야기는 믿을 수 없을 정도의 폭력으로 일그러져 있으며, 수많은 순교자들의 피로 가득 차 있다. 프랑스에서 개혁주의 교회는 십자가 아래에 놓인 교회였다. "하나님의 날개 그늘 아래에서" 피난처를 찾으라는 그들의 위로와 격려는 칼빈과 그가 제공한 프랑스 시편 찬송으로부터 온 것이었다(참고, Diefendorf 1991:138). 왕과 일반 사람들 모두로부터 핍박받는 가운데, 특히 종종 왕보다 일반인들로부터 더 가혹한 박해를 받으면서, 위그노들은 자신들이 선택받은 백성들이며 하나님께서 자신들을 징계하실 뿐 아니라 보호하신다는 신념으로 위안을 삼았다.

1. 인문주의의 방패

1520년대 후반이 될 때까지, 프랑스의 종교개혁가들과 개혁적인 성향의 인문주의자들은 프란시스 1세(Francis I)의 보호를 받으며 교회의 검문과 처벌을 피해 왔다. 프란시스 자신은 르네상스에 깊이 매료되어 있었다. 그는 고전에 대한 연구를 후원했고, 왕실의 출판인 에띠엔(Estienne)을 세워 고전문학과 성경을 출판하게 하였으며, 파리 대학에 왕립 교수직을 신설했다. 이러한 성향과 활동들로 인해 프랑스에는 종교개혁을 위한 비옥한 토대가 마련되었으며, 이내 곧 광범위한 영향을 끼쳤다.

하지만 이 왕은 종교개혁 사상들을 소개할 의향이 없었다. 13세기 이후로 프랑스 신학자들과 공의회주의자들은 프랑스 교회가 교황청과 관련하여 특별한 위치를 차지한다고 주장해 왔다. 프랑스 교회(l'Eglise gallicane)의 자유라는 이러한 주장은 프랑스 왕과 교황 레오 10세(Leo X) 사이에 맺어진 1516년의 볼로냐 협약(concordat of Bologna)에 의해 강화되었다. 주교를 임명하고 성직자에게 세금을 부과하는 등의 권한을 왕에게 부여함으로써 이 협약은 프랑스 왕이 교회에 대해서 기존에 가지고 있던 상당한 권한을 증가시켰다. 성직자들에게 부과한 세금은 합스부르그 가문과의 지속적인 전쟁을 치르는 데 필요한 자금의 주요 세입원이었을 뿐 아니라, 프랑스 왕이 개신교적 개혁에 반대했던 재정적인 이유이기도 했다.

결과적으로 10명의 대주교, 82명의 주교, 500명 이상의 하위 성직자들의 임명은 왕에게 달려 있었다. 이로 인해 왕을 향한 고위 성직자들의 충성이 보장되었으며, 그들은 왕에게 충성을 서약했다. 고위 성직자들이 지역적이고 국가적인 영토에서 활동함으로 인해 왕실의 영향력 역시 확장되었다. 헨리 8세(Henry VIII)나 독일 제후들이 교회와 단절하면서까지 얻으려 했던 모든 것을 프란시스 1세는 1516년에 이미 가지고 있었다. 뿐만 아니라, 프란시스는 헨리 8세의 개인적인 이유나 교황청의 경제적 강요에 대한 독일 통치자들의 분노와 같이 개혁을 국가적으로 승인해야 할 동기도 가지고 있지 않았다.

독일과 프랑스의 고위 귀족들이 각각 다른 과정을 통하여 권력을 강화시켰다는 사실 역시 양국의 종교개혁에 서로 다른 영향을 끼친 정치적 요소였다.

우리는 이미 독일의 고위 귀족들이 국가적인 연합보다는 자신들의 독립에 더 많은 관심을 가졌다는 사실을 살펴보았다. 프랑스의 귀족들은 자신들이 왕실의 정책에 협조할 때 가장 큰 이익을 얻을 수 있다는 사실을 알고서 왕을 지지하였다. 간단히 말해서, 독일에서는 원심력적인 정치 세력들이 종교개혁에 도움이 되었던 반면, 프랑스에서는 구심력적인 정치 세력들로 인해 종교개혁이 제지되었던 것이다.

종교개혁 사상들은 프랑스에 꽤 일찍부터 전해졌는데, 바젤의 존 프로벤(John Froben of Basle)이 출판한 루터의 라틴어 작품들이 이미 1519년에 프랑스에서 유포되고 있었다. 곧이어 루터의 책, 찬송가, 기도문 등이 프랑스어로 번역되었다(Moeller 1987; Higman 1984; Benedict 2002a:132). 프로벤은 루터에게 편지하기를, 600여 권의 책들이 프랑스와 스페인으로 향하고 있다고 말했다. "그 책들은 프랑스에서 팔렸으며, 소르본 대학의 박사들에 의해 읽혀지고 인정되기까지 했습니다"(WA Br 1:332; Hillerbrand 1964:76). 파리 신학자들은 루터의 작품을 읽었지만, 분명코 그것을 받아들이지는 않았다. 소르본이 에어푸르트(Erfurt) 대학과 더불어 라이프치히 논쟁의 재판관으로 선정되었을 때, 그들은 1521년 4월 루터를 그리스도의 교회의 원수이자 "전염병과 같은 교리를 토해 낸" 자로 정죄하였다. 그 후 6월에는 종교 서적에 대한 검열이 시작되었다.

프랑스에서 파리보다 초창기 개혁운동에 더 호의적이었던 곳은 파리에서 동쪽으로 50km 정도 떨어진 직공들의 작은 마을 모(Meaux) 지역이었다. 모 지역의 주교 기욤 브리소네(Guillaume Briçonnet, 1470-1534)는 이전에 볼로냐 협약을 위한 국왕의 대사로 활동했던 인물이었다. 자신의 교구로 돌아온 후 그는 설교와 종교적 삶을 개혁하는 일에 힘을 쏟았다. 그때까지 설교는 탁발 수도사들 특히 프란체스코 수도사들이 거의 독점하다시피 했다. 그들은 브리소네 주교의 설교 개혁으로 인해 자신들의 활동 영역이 침해당하고 그 결과 자신들의 수입이 감소하는 것으로 인해 불만을 가졌다. 자신의 개혁 노력을 돕기 위해 브리소네는 저명한 인문주의 성경학자인 자크 르페브르 데타플(Jacques Lefèvre d'Etaples, c. 1460-1536)을 초청하였다. 『5개역 대조시편』(*Fivefold Psalter*, 1509)과 로마서 주석(1512, 1516년에 재판)에서 르페브르는 본문의

"문자적" 의미와 그리스도를 강조하였는데, 이러한 해석은 루터의 성경 해석 발전에 영향을 주었다. 르페브르는 또한 복음주의적인 해설을 덧붙인 교회 성구집을 프랑스어로 번역하여 익명으로 출판함으로써 프랑스에서의 개혁운동에 기여하였다. 『1년 52주를 위한 서신과 복음서』(Epîtres et evangiles pour les dimanches de l'année, 1525)는 성직자들이 복음서와 서신서를 프랑스어로 읽고 설교하는 일을 촉진하려는 목적으로 만들어졌다(Bedouelle 2002; Higman 1992:38-9; Huges 1984). (칼빈의 사촌) 피에르 올리베탕(Pierre Olivétan)에 의해 번역된 프랑스어 성경은 1535년에 출판되었다. 칼빈은 이 성경에 라틴어 서문을 썼는데, 이 서문에서 그는 자국어 성경의 사용이 증진되어 모든 사람들이 직접적으로 성경을 알기 원한다고 밝혔다.

곧이어 윌리엄 파렐(William Farel)을 포함한 다른 복음주의자들이 도착하여 모 집단(Meaux circle)을 구성하였다. 이 개혁가들은 성경 연구 및 영적 도덕적 갱신에 초점을 맞춘 에라스무스식의 개혁을 증진시켰다. 왕과 가까웠던 브리소네의 영향으로, 또한 나바르(Navarre)의 여왕이었던 앙굴렘의 마르그리뜨(Marguerite of Angoulême)의 후원 하에, 그들은 "루터파적인" 설교를 한다는 프란체스코 수도사들의 비판으로부터 보호받을 수 있었다. 왕의 여동생이었던 마르그리뜨는 그녀 자신만으로도 중요한 인문주의자였는데, 그녀의 종교개혁적인 성향은 개신교 교리문답을 프랑스어로 만들도록 의뢰한 점에서 분명히 드러난다(Orth 1993).

복음주의적 사상들은 점점 일반 사람들에게도 뿌리내리기 시작했다. 파비아 전투(Pavia, 1525)에서 왕이 포로로 잡혔을 때, 파리 의회는 재빨리 모 지역의 복음주의자들을 이단으로 고소했다. 이들 중 많은 사람들이 나라를 떠났다. 1523년에 브리소네는 루터와 그의 작품에 반대하는 법령을 발표하였는데, 이는 "우리에게 맡겨진 들판에 유해한 식물이 뿌리내리는 것을 막기 위해서였다"(Hughes 1984:134-5). 모 지역의 종교개혁가들은, 파렐을 제외하면, 칼빈의 용기를 가진 사람들이 아니었다. 그들의 관심은 감독의 권위를 갱신하고 되살리는 것이었지, 교회를 새롭게 바꾸는 것이 아니었다. 이보다 더 멀리 나아가는 것은 루터의 글을 번역한 인문주의자요 복음주의자이자 의회의 정죄를 받은 후 1529년에 파리에서 화형을 당했던 루이 드 베르껭(Luis de

Berquin)의 운명을 자초하는 행위였다. 물론 1525년에 이미 세 명의 복음주의 설교자들이 화형당한 일이 있었다. 하지만 그들은 그다지 치명적이지 않았다(Hughes 1984:148-52; Nicholls 1992:123-5). 또한, 이 시기에 이르러 비정통적인 사상들이 과격하게 표현되고 있었다.

베르퀭의 처형과 콥(Cop) 사건이 분명하게 보여주었듯이, 급진주의자들이 폭력과 성상파괴운동에 관여함에 따라 프란시스 1세의 태도는 개혁에 대한 관용에서 적대심으로 바뀌었다. 교회 및 왕실 권력자들은 급진주의자들의 행동을 유발시켰다는 이유로 종교개혁가들의 가르침을 비난했다. 그 결과 칼빈을 비롯한 여러 사람들이 해외로 도망치거나 숨어서 활동하게 되었다. 복음주의자들에 대한 프란시스의 반응은 한편으로 투옥과 처형 등의 방식으로 박해하거나 다른 한편으로 온건한 태도를 보이거나 흔들거렸다.

프란시스로 하여금 개신교를 박해하게 만들었던 요인들에는 "대자보 사건"(affair of the placards)과 같은 폭동이 있었는데, 이것은 1534년 10월 17-18일에 파리, 블루아(Blois), 앙부아즈(Amboise) 지역에 "교황의 미사가 끔찍하게 남용되는 것"을 공격하는 대자보가 걸린 사건이었다. 프란시스 왕은 특히 앙부아즈에 있는 자신의 침실 문에까지 대자보가 붙여진 것을 발견하고 분노했다. 그는 이 사건에 연루된 것으로 의심된 복음주의자들을 재빨리 가혹하게 핍박하기 시작했다. 이러한 난동에 대한 자신의 진압 조치가 성공했다고 확신한 후, 그는 1537년 12월에 노틀담에서 감사찬송(Te Deum)을 불렀다. 동일한 대자보들이 1월 6일에 다시 나타났을 때 그는 훨씬 더 진노했는데, 이번에는 대자보와 함께 성찬에 대한 마르쿠르(Marcourt)의 짧은 논문도 함께 게시되었다.

프란시스의 분노가 더욱 커진 이유는 성찬에 대한 공격은 프랑스 왕권의 기초에 대한 공격이나 다름없었기 때문이다. "프랑스 왕의 권력과 위신은 로마 가톨릭의 의식들에 깊이 뿌리내리고 있었다. 특별한 기름으로 기름부음을 받고 대관식 미사에서 빵과 포도주 모두를 받는 가운데, 프랑스 군주들은 '자신들의 권위가 하나님으로부터 왔다'는 주장을 강화했다. 교회와 왕 모두가 이러한 긴밀한 동맹을 통해 유익을 얻었다. 왕은 대관식에서 신앙을 보호하고 이단을 몰아내겠다고 서약했다"(Diefendorf 2004:150; 참고 Roberts

2006:105). 프랑스의 "왕권 이론은…성찬에서 제시되는 힘의 본질과 그리스도의 대사로서 왕에게 속한다고 여겨진 힘을 구별하지 않았다"(Elwood 1999:25). 마르쿠르의 논문은 신학자들 사이의 시시한 언쟁 정도가 아니었다!

마르쿠르는 1) 예수님의 완벽한 희생은 되풀이될 필요가 없고, 2) 미사는 축성된 요소들을 높임으로써 우상숭배로 이끌며, 3) 화체설(transubstantiation)은 성경적 근거가 없는 인위적인 교리이고, 4) 성찬은 신앙과 구원에 대한 확신을 공적으로 선포하여 교회의 하나됨을 나타내는 예식이라고 주장했다(Higman 1992:69-70, 72-6; Berthoud 1973). 다시 등장한 대자보에 대한 왕의 반응이 너무 격렬하고 폭력적이어서 종교개혁은 점점 더 절망적으로 보였다.

반면, 프란시스는 황제에 맞서기 위해 독일의 루터파 군주들과의 연합을 도모할 때는 종교개혁에 대해 온건한 태도를 보이기도 했다. 한 예로, 비록 성사되지는 않았지만, 그는 같은 해에 멜랑히톤을 비롯한 독일 루터파 신학자들을 파리로 불러 종교적 연합을 논의하도록 시도했다.

2. 복음주의적 진보와 박해

세속 권력자들이 개혁을 지지하고 이끌었던 독일과 스위스의 상황과는 달리, 프랑스에서 종교개혁 운동은 이내 곧 박해를 받았다. 따라서 독일과 스위스 영토에서와는 대조적으로 프랑스에서 개신교주의는 은밀하게 이어져야 했다. 또한, 정치적으로 분열된 상황에서 "자유로운" 출판이 가능했던 독일과는 달리(1519년까지 루터의 글들은 11개 마을, 22개의 출판사를 통해 확산되었다), 프랑스에서 출판은 기본적으로 파리와 리옹 두 곳에 집중되어 있었으며 따라서 효율적으로 통제되었다. 하지만 사람들은 개신교 작품들과 자국어 성경을 바젤, 스트라스부르그, 앙베르(Anvers) 등의 국경 지역으로부터 얻을 수 있었다. 이 중 앙베르는 큰 상업 항구로서 황제의 통치하에 놓여 있었다. 이 도시는 저지대 국가들(Low Countries), 스페인, 영국, 스칸디나비아 등과 상업적으로 연결되어 있었으며, 그에 따라 영어, 네덜란드어, 덴마크어로 번역된 루터의 작품들과 프랑스어 성경을 유통시키는 통로가 되었다.

개신교주의의 호소를 평가하는 일은 쉽지 않다. 성직자들의 타락상과 부도덕성에 대한 중세 후기의 일반적인 비판이 어느 정도의 역할을 감당했을 것이라고 주장하는 것이 아마도 안전할 것이다. 왕의 여동생 마르그리뜨는 『헵타메론』(*Heptaméron*)이라는 반(反)-성직주의 작품에서 이 점을 분명히 나타냈다. 이 작품은 홍수에 휩쓸려 한 수도원에 고립된 귀족이 들려 준 이야기 모음집인데, 72편의 이야기 중 17개가 성직자들 특히 프란체스코 수도사들의 타락상과 성적 부도덕을 묘사한다. "이 작품의 화자(話者)는 성직자들이 정직한 여인을 사랑할 기회를 갖지 못함으로 인해 육적인 사람들이 되어 좋은 포도주와 천한 하녀들만을 사랑했다고 폭로한다"(Douglass 1993:250). 마르그리뜨의 화자 역시 성경을 교리의 규범으로 승인하고 사도 바울에 근거하여 복음 전파에 있어서 여성의 역할을 주장하는 등 복음주의적 견해들을 제시했다(Margaret nd:110, 212). 마르그리뜨는 개신교도로 고발된 인문주의자들을 보호해 주었으며, 『악한 영혼의 거울』(*The Mirror of the Sinful Soul*)이라는 자신의 신비주의 작품을 출판하는 일로 이단재판소와 마찰을 빚기도 했다.

 반(反)-성직주의와 함께, 점점 더 금전 경제와 묶이게 된 행위의(義)에 대한 비판도 제기되었다. 성직자의 비도덕성과 종교적 관행을 미신적이고 우상숭배적인 것으로 비판하는 것을 뛰어넘어, 이신칭의(justification by faith) 교리가 또한 수용되고 있었다. 이미 1524년에 파렐은 주기도문과 사도신경을 프랑스어로 번역하여 바젤에서 출판하였는데, 이 글은 "루터파적인" 성향을 보였다. 이 글에 실린 그의 서론은 믿음의 성경적인 기초를 강조하였는데, 파렐은 '기도가 무엇인지를 이해하는 것이 기도를 열심히 하는 것만큼 중요하며 목사들이 이 점을 소홀히 함으로 인해 참된 믿음의 발전이 저해되었다'고 주장했다. 주기도문과 사도신경에 대한 그의 해설은 오직 은혜로 말미암은 칭의, 하나님께서 거저 주시는 선물로서의 믿음, 하나님을 향한 인간의 전적인 의존, 이러한 복음주의적 입장들에 대한 성경적 근거 등, 루터가 강조했던 내용들을 반복했다. 일반 사람들을 위해 의도된 이 "소책자"는 가지고 다니며 숨기기에 용이했다. 이 작품은 1528년에 『참되고 완전한 기도』(*True and Perfect Prayer*)라는 제목으로 개정 출판되었고, "1528년부터 1545년까지 14차례 이상 재판되며…프랑스에서 가장 인기 있는 복음주의 경건 서적이 되었다"

(Greengrass 1987:13; Higman 1992:26-31).

파리의 개신교도들이 남긴 유언들은 "이신칭의 교리가 그들의 중심 신앙이었다는 사실을 분명하게 보여준다…개신교 유언자들은 전통적으로 성모 마리아나 성인들의 중보에 돌렸던 가톨릭적 요소들을 제거하였고, 그리스도의 죽음을 통해 얻어진 '공로'에 직접적으로 힘입어 자신들의 죄가 용서받기를 원한다고 밝혔다"(Diefendorf 1991:113-14). 이러한 종교개혁 신학의 기초는 성찬에 대한 로마 가톨릭의 교리와 미사를 거부하는 데서 공적으로 표현되었다.

파렐과 칼빈의 동료 피에르 비레(Pierre Viret, 1511-1571)가 한결같이 비판했듯이, 가톨릭교도들은 "반죽된 하나님"(God of paste)을 예배했다. "성찬의 대상을 밀가루 반죽된 하나님 즉 '하얗고 동그란 우스꽝스러운 조각'으로 묘사하는 가운데, 비레는 전통적인 가톨릭 경건의 심장을 공격하며, 그 행위가 우스꽝스럽게 보이도록 애썼다"(Elwood 1999:93-4). 미사를 공격하는 것은 중세 종교의 심장을 공격하는 일이었고, 따라서 이단자의 영원한 멸망을 초래할 뿐 아니라 전체 공동체의 건강과 구원을 위태하게 만드는 것으로 여겨졌다.

간단히 말해서, 이단은 사회라는 몸을 병들게 하는 암세포로 인식되었다. 만일 사회가 구원을 얻으려면, 암세포를 잘라 내어 없애야 했다. 이 원리는 사형에 해당하는 중대한 범죄들에도 동일하게 적용되었다. 이단은 그보다 훨씬 더 중대한 범죄인데, 이는 그것이 사회의 머리에 대적할 뿐 아니라 온 세상의 머리에 대적하는 행위이고, 단순히 왕에 맞설 뿐 아니라 왕 중의 왕에게 맞서는 행위이기 때문이다. 이에 따라 이단을 처형하는 일은 의식적인 행동, 곧 이단자들을 불에 태움으로써 그들의 기억을 영원히 없애버리고자 했던 상징적인 예식이었다. "이단자들을 처형하는 목적은 완전한 소멸이었다. 마치 질병을 몸에서 쫓아내는 것처럼 이단자들은 사회로부터 사라져야 했다. 그렇게 함으로써 사회적 몸은 모든 부정함을 완전하게 씻었다"(Nicholls 1988:50; Gregory 1999:86).

하지만 이러한 정결 예식은 반대적인 결과를 초래할 수도 있었다. 즉 그것은 "질병"을 제거할 뿐 아니라 확산시킬 수도 있었다. 이와 관련된 두 가지 예를 들어 본다면, 1531년 네덜란드에서 한 명의 재세례파 교도가 처형당한 사건은 메노 시몬스(Menno Simons)에게 하나의 전환점이 되었으며(Williams 1992:591), 제네바에서 세르베투스가 화형당한 사건 역시 카스텔리오(Castellio)의 반응으로 인해 불균형한 영향을 야기했다. 이단자의 처형이 상징하는 그 사람의 영원한 정죄는, 특히 처형당하는 사람이 죽음 앞에서까지 자신의 신념을 흔들리지 않고 지켰을 경우 효과를 잃거나 심지어는 반대 효과를 낳기도 했다. 가장 확고한 신앙을 가지고 있는 사람들을 처형하기로 권력자들이 선택했을 때, 이러한 일은 거의 보증된 것이나 다름없었다. 그들이 정말로 마귀의 도구였다면, 그들은 죽음 앞에서 무너져야 했다.

"순교자"(martyr)라는 단어의 원래 의미가 증인이라는 뜻이듯, 처형은 순교의 극장이 되었다. 박해와 처형을 받음으로 인해 위그노들은 오히려 자신들의 신앙이 "순교자들의 피는 교회의 씨앗"이라는 말을 탄생시켰던 초대 교회의 신앙으로 되돌아갔다고 확신했다. 이와 같은 "선량한 죽음"은 참된 신앙을 증언해 주었으며, 그 결과 적어도 몇 명의 구경꾼들에게라도 깊은 인상을 남겼다. 고난 중에 있을 때, 칼빈주의 순교자들은 선택된 백성들이 핍박을 받았던 구약 성경의 사례들로부터 용기와 정당화를 이끌어내었다. 이스라엘의 자녀들처럼, 위그노들은 하나님께서 자신들의 고국에 살고 있는 "가나안 백성들"로부터 구해 주시고 승리케 해 주시기를 소망했다(Parker 1993).

역설적이게도, 순교가 진리를 증언한다는 개신교도들의 입장은 성인들을 높이 평가했던 고대와 중세 가톨릭의 입장을 반영했다. 이에 따라 예수회 회원들은 개신교 성찬을 뒤집어엎었고, 종교개혁가들이 성상과 성인들을 공격하면서 정죄했던 우상숭배의 죄를 베자(Beza)에게 돌렸다(Coats 1994:20, 27).

순교자들의 증언이 보편적으로 받아들여졌다는 사실은 모든 종교개혁 진영으로부터 유래한 수많은 순교 관련 작품들에서 분명히 드러난다(Gregory chs. 5-7). 위그노 교도들을 위하여 장 크레스팽(Jean Crespin)은 『사도 시대부터 지금까지 복음의 진리를 위해 박해받은 순교자들의 역사』(*Histoire des martyrs persecutez et mis à mort pour la verité de l'evangile, depuis le temps des apostres jusques à present*, Geneva, 1564, 1619)를, 시몽 굴라르(Simon Goulart)는 『샤를 9세 치하의 프랑스의 상태에 대한 회상록』(*Mémoires de l'estat de France sous Charles IX*, 1576)을 썼다. 영국의 개신교도들을 위하여 존 폭스(John Foxe)는 『순교자 열전: 기독교의 시작부터 현재 시기까지 기독교 순교자들의 삶과 고난과 죽음에 대한 완전한 역사』(*Book of Martyrs or the Acts and Monuments of the Christian Church; being a Complete History of the Lives, Sufferings, and Deaths of the Christian Martyrs; from the Commencement of Christianity to the Present Period*, 라틴어 판 Strasbourg, 1554; 영어판 1563)를 저술했다. 재세례파 교도들을 위해서 기록된 작품으로는 『피의 극장 혹은 순교자의 거울』(*The Bloody Theater or Martyr's Mirror*, 1570)과 『후터파 형제들의 연대기』(*The Chronicle of the Hutterian Brethren*, 1581) 등이 있었다. 루터파들 역시도 순교에 대한 자신들만의 이해를 발전시켰다(Kolb 1987; Gilmont 1996).

프랑스 내에서 종교적 분열이 심해짐에 따라, 이단자들을 "봉쇄의 의식"(ritual as containment)의 형태로 처형하는 계획은 실패했다. 사회 내의 "암세포"들은 너무나 널리 퍼져 있어서 개인들을 죽이는 것으로는 제거될 수 없었다. "의식은 사회적이고 영적인 '공동체' 내부의 분열들을 보상할 수 없었다"(Nicholls 1988:71). 1550년대 후반에 이르러 위그노들이 수용했던 순교는 저항으로 대체되었고, 이로 인해 종교 전쟁이 발생했다.

3. 칼빈이 프랑스에 끼친 영향

1530년대 중반이 될 때까지 분명해진 사실은, 프랑스 교회의 복음주의적인 개혁이 프랑스 내에서는 실행될 수 없으며 외부로부터의 도움이 필요하다는 것이었다. 이러한 도움의 원천은 제네바의 개혁 교회였다. 수많은 신학적 요소와 비신학적 요소로 인해 프랑스 복음주의 운동은 이 시기에 이르러 비텐베르그보다 제네바의 영향을 더 많이 받았다. 비신학적인 요소는 언어였다- 루터의 독일어 작품들은 쉽게 읽을 수 없었으며, 파렐과 칼빈 모두 모국어인 프랑스어로 글을 썼다. 신학적인 측면에서, 루터-츠빙글리 성만찬 논쟁 이후 프랑스 복음주의 진영은 츠빙글리의 입장을 선호했다. "파렐의 사상은 그가 스위스로 도피한 이후 츠빙글리주의적인 성향을 뚜렷하게 보였다. 파렐의 『요약 및 간략한 선언』(*Summary and Brief Declaration*, 1529)은 칼빈의 『기독교 강요』가 나오기 이전까지, 프랑스 사람이 쓴 가장 중요한 복음주의 신학의 진술이었다. 이 작품이 제시하는 성찬론은 스위스에서 주장하는 성찬론과 일치했으며, 매우 신속하게 프랑스 복음주의 안으로 들어갔다"(Benedict 2002a:132).

1555년에 제네바에서 칼빈의 지도력이 확고해짐에 따라, 칼빈과 그밖의 프랑스 피난민들은 프랑스를 겨냥한 매우 효율적인 선전 도구를 세웠다. 프랑스의 여러 마을들과 귀족 가문들은 칼빈에게 제네바에서 훈련된 목사들을 보내달라고 요청했다. 이 당시 놀랍게 성장한 개혁주의 회중들은 제네바에서 보낸 목사들을 혹사시켰다. 텔레비전이 등장하기 이전 시대에, 사람들은 몇 시간 동안 앉아서-혹은 선 채로!-설교를 들었다. 그들은 충실하고 많은 설교를 요구했으나, 이 요구가 항상 충족될 수는 없었다. 도핀(Dauphiné)에서 여러 교회를 조직했던 니콜라스 파랑(Nicholas Parent)은 다음과 같이 썼다. "비록 내가 두 시간을 설교하더라도, 이것이 매우 작은 것으로 보일 정도로 그들은 말씀에 굶주려 있다"(Nicholls 1992:134).

앞에서 언급한 바와 같이, 프랑스에서 최초의 복음주의 신도들은 위그노(Huguenot)로 불렸다. 하지만 프랑스 칼빈주의자들은 개혁주의자(Réformés)라는 용어를 더 선호했다. 당시 가톨릭 풍자가들은 그들을 종교의 왜곡자들(la Religion Déformée)이라 불렀다. 모(Meaux, 1546)와 님(Nîmes, 1547) 지역의 초창기 신도들은 박해로 인해 흩어졌다. 복음주의적인 성찬을 기념한 것으로 인해 순교했던 "모 지역의 14인"의 처형은 특히 가혹했다. 그들 모두가 극도의 고문을 당했지만 다른 개신교도들의 이름을 밝히지 않았다. 화형대에서 6명은 혀가 잘리는 형벌을 피하기 위해 사제에게 굴복했지만, 나머지 사람들은 이 마지막 형벌 앞에서도 확고한 태도를 유지했다.

프란시스 1세의 아들 앙리 2세(Henry II, 1547-59)는 인문주의자들을 향해 동정심을 갖지도 않았고 독일 개신교 군주들과의 연합을 꾀할 필요도 없었다. 그는 자신의 아버지보다 훨씬 더 가혹했다. 그는 사순절 기간 내에 고기를 먹거나 공인되지 않은 모임에 참석하는 등의 이단적인 행동에 대하여 가혹한 형벌을 내린다는 칙령을 발표했다. 그는 또한 이단 심문을 위한 특별한 재판소를 설치하였고 그곳에 불타는 방(la chambre ardente)이라는 적절한 이름을 붙였다. 이러한 발전에 대한 성직자들의 불만이 나타났는데, 이는 그 목표에 대한 불만이 아니라 이단 심문을 관할했던 자신들의 지배력이 사라진 것에 대한 불만이었다. 책이나 설교를 통해 이단 사상을 유포했다고 고발된 사람들은 살아 있는 채로 온 몸이 네 조각으로 찢기는 잔인한 형벌을 받았다. 이러한 상황이었기 때문에, 프랑스에 몰래 들어간 제네바의 목사들은 아마도 자신들이 돌아오지 못할 것이라는 이유 때문에 종종 재산의 소유권을 가족들에게 넘겨 준 후 제네바를 떠났다.

1567년이 될 때까지 제네바는 교회의 설립을 목적으로 적어도 120명의 목사들을 프랑스로 보냈다. 박해의 상황이었기 때문에 이러한 교회들은 대개 은밀하게 존재했다. 그럼에도 불구하고 개혁주의 교회는 프랑스 전 지역에서 빠르게 성장했으며, 몇몇 지역에서는 공개적으로 예배를 드리기 시작했다. "제네바로부터 들어오는 선전 및 신앙 서적들은 놀라울 정도로 많았다. 1562년에 배 한 척이 금지된 책들을 운반한 죄로 세느(Seine) 강에서 잡혔을 때, 여덟 명의 책 장수들이 와서 물품 목록을 작성했을 정도였다…이러한 책들은 영향력이 있었다. 새로운 교회의 설립을 돕기 위해 제네바에서 온 목사들은 놀라움을 가지고 제네바에 보고하면서 '자신들의 새로운 양떼들이 놀라울 정도로 성장했으며 주변에 있는 수십 여개의 공동체들 역시 목사를 간절히 원하고 있다'고 말했다"(Benedict 2002:134). 이러한 성공의 핵심적인 요인 중 하나는 그들이 칼빈의 제네바 교회로부터 배운 조직적인 능력이었다.

프랑스 개혁교회의 최초의 총회가 1559년 파리에서 열렸다. 이 총회는 칼빈이 초안을 작성한 프랑스 신앙고백서(Gallican confession)를 공식적인 신앙고백으로 채택했다. 이 신앙고백서의 흥미로운 측면은 목사들과 교회들 사이의 절대적인 평등, 즉 장로교회의 정치원리를 주장했다는 것이다. 이러한 결정은 깨끗해진 감독제도에 대해 열려 있었던 칼빈의 태도로부터 이탈된 것이며, 서유럽의 다른 개혁주의 교회들이 채택했던 역사적 원리와 단절된 것이었다(Sunshine 1994). 40개의 조항을 포함한 이 신앙고백의 수정된 형태는 1571년 라 로셸(La Rochelle) 총회에서 승인되어 오늘날까지 프랑스 개혁 교회의 공식 신앙고백으로 사용되고 있다. 1561년이 되기까지 프랑스의 국가적 총회는 2,000개 이상의 교회들을 대표했다.

라 로셸 총회는 "군주들의 총회"로도 알려져 있는데 그 이유는 프랑스 개신교 운동의 모든 세속 지도자들이 참석했기 때문이다. 스페인의 네덜란드 점령에 대한 저항을 이끌었던 두 명의 지도자 나사우의 루이스(Louis of Nassau) 와 오렌지의 윌리엄(William of Orange)도 네덜란드로부터 와서 이 총회에 참석했는데, 이들의 참석은 훗날 양 국가에서 발전한 사건들에 영향을 끼쳤다. "우리는 프랑스와 네덜란드의 개신교 귀족 지도자들 사이에 비공식적인 동맹 관계가 라 로셀에서 논의되었다는 사실을 확신할 수 있을 것이다. 이 동맹으로 인해 개신교 진영은 프랑스가 네덜란드에서 스페인에 맞서 싸우도록 시도했으며, 그 결과 성 바돌로매(St. Bartholomew) 축일 대학살 사건을 초래하는 요인이 되었다"(Kingdon 1988:185).

프랑스에서 칼빈주의는 특정한 사회 집단들, 즉 숙련된 기술자들, 독립적인 자영업자들, 은행가와 같은 중산 계급에 호소했다. 이러한 현상으로 인해 몇몇 학자들은 "개신교 윤리"를 "자본주의의 정신"과 연결시켜 왔다(일반적으로 이것은 "베버 논제"[Weber thesis]로 불린다). 소명의 신학을 통하여 근면과 검소를 높이 평가했던 칼빈주의적 덕목들이 이익 경제와 잘 맞아 떨어졌다는 사실은 분명하다. 하지만, 유대인에 대한 비슷한 이론들과 마찬가지로, 칼빈주의자들의 사업 성공과 관련해서도 그 외의 다양한 역사적 요인들이 존재했다.

칼빈주의의 대중적 영향력은 설교 뿐 아니라 영감을 불러일으키는 노래들을 통해서도 나타났다. 박해를 피해 제네바로 도망쳐 왔던 클레망 마로 (Clement Marot, 1497-1544)에 의해 프랑스 운율에 맞춰진 시편 찬송가는 프랑스와 다른 나라들에서 칼빈주의의 전투가이자 행진곡으로 사용되었다. 비록 대자보 사건 이후였음에도 불구하고, 마로의 곡조를 따른 몇몇 시편 찬송들은 심지어 궁정에서까지 인기를 얻었다. "한 예로, 앙리 2세의 정부였던 푸아티에의 다이안(Diane of Poitiers)은 참회 시편이었던 130편을 즐겨 불렀다"(Reid 1971:40-1). 제네바로 피신한 이후 마로는 자신이 원래 만들었던 "다윗의 30개 시편" 모음집(Paris, 1541)을 더욱 확장하여 49개의 시편과 칼빈의 서문을 수록하였다. 이 시편 찬송가는 28차례나 판을 거듭했다. 1560년이 될 때까지 베자는 이것을 더욱 늘려 시편 전체를 포함시켰으며, 이 중 몇 곡은 오늘날의 찬송가에도 여전히 실려 있다. 위그노 시편 찬송가의 출판은 그 시대의 가장 큰 출판 사업으로 묘사되었다. 제네바에서만 27,000 여권의 찬송가가 출판되었다(Monter 1967:181).

시편을 부르는 것은 이내 곧 위그노 예배의 특징이 되어, 박해와 전투 가운데 처해 있는 사람들에게 동질성과 연합과 용기를 제공했다. 위그노 군대에서 가장 인기 있었던 곡 중 하나였던 시편 68편은 위그노들의 "국가"(國歌)로 불렸는데(Reid 1971:41, 47), 그 가사는 다음과 같다.

> 여호와여 일어나소서. 그의 원수들은 흩어질 것이다…주님께서 명령하시니, 큰 무리가 그 명령을 따르도다. 왕들과 군대들이 도망치고 도망치는구나!…하나님께서 원수들의 머리를 부수시며, 악한 길로 행하는 왕의 관을 깨트리시리로다.

시편 찬송은 위그노 군대들을 고취시키고 그들의 적들을 당황케 만들었다—수천 명의 무장한 군대가 "네가 그들을 심히 치고 그들의 피에 네 발을 잠그게 하며 네 집의 개의 혀로 네 원수들에게서 제 분깃을 얻게 하리라"(시 68:23)는 노래를 부른다고 상상해 보라. 뿐만 아니라 시편 찬송은 순교자들을 강하게 만드는 기능도 했다. 모 지역에서 순교한 열 네 사람은 시편 79편을 노래했다.

> 갇힌 자의 탄식을 주의 앞에 이르게 하시며 죽이기로 정해진 자도 주의 크신 능력을 따라 보존하소서. 주여 우리 이웃이 주를 비방한 그 비방을 그들의 품에 칠 배나 갚으소서(시 79:11-12).

리옹에서 순교한 5인은 시편 9편을 노래했다.

> 여호와는 압제를 당하는 자의 요새이시요 환난 때의 요새이시로다…피 흘림을 심문하시는 이가 그들을 기억하심이여 가난한 자의 부르짖음을 잊지 아니하시도다(시 79:11-12).

권력자들은 죽기 직전까지 그러한 노래를 부르는 순교자들의 입을 틀어막거나 혀를 잘라 버림으로써 그러한 증언을 멈추게 하려고 애썼다.

프랑스에서의 종교개혁과 관련하여 가장 중요했던 사회 집단은 귀족 계급, 특히 (훗날 발루아[Valois] 왕조가 된) 부르봉(Bourbon)과 몽모랑시(Montmorency) 가문이었다. 프랑스의 제독이자 어린 왕 샤를 9세(Charles IX)에게 영향을 끼쳤던 가스파르 드 콜리니(Gaspard de Coligny, 1519-72, 몽모랑시 가문)는 뛰어난 위그노 지도자가 되었다. 귀족들은 프랑스 내 개혁주의 교회의 "버팀목"이었다. 교회의 보호자로서 그들은 영향력과 법정에서의 증언과 군사적 힘을 제공하였다. 이처럼 개혁주의 교회가 국가적인 정치 세력으로 발전하는 기초는 귀부인들에 의해 형성되었다. "이 여인들은 '종교개혁의 대의'를 자주 이끌었으며, 궁정 안에서 경쟁적이었던 가톨릭 지도자들과 개신교 지도자 사이를 중재했다"(Blaisdell 1982:68). 앙굴렘의 마르그리뜨(Marguerite of Angoulême)가 초창기 종교개혁가들을 보호한 것에 뒤이어, 프랑스 궁정장관의 여동생 루이즈 드 몽모랑시(Louise de Montmorency)와 몽팡시에(Montpensier)의 공작 부인 자클린 드 롱그위(Jacqueline de Longwy) 역시 개혁주의 교회를 후원했다. 마르그리뜨의 딸 잔 달브레(Jeanne d'Albret)는 나바르(Navarre)에서 사실상의 개신교 왕국을 만들었다. 이 여인들은 모두 칼빈과 광범위하게 서신을 주고받았다(Nicholls 1992:136; Douglass 1985; Roelker 1968, 1972a, 1972b). 그 밖에도 프랑스 서부와 남서부의 중요한 귀족 가문들이 개혁주의 교회에 가입하였고, 하위 귀족들과 농민들은 그들을 뒤따랐으며, 그 결과 프랑스의 이 지역들은 개혁 운동의 군사적 거점이 되었다.

프랑스 북부와 동부 지역은 기즈-로렌(Guise-Lorraine) 가문이 이끄는 가톨릭 귀족 세력들의 매우 강력한 영향 하에 있었다. 이 강력한 왕조는 앙리 2세 치하에서 강한 입지를 가졌으며, 스페인과 같은 이단재판소를 세워 모든 칼빈주의자들을 전멸하도록 압력했던 추기경들이 포함되어 있었다. 이에 대항하여 위그노 진영은 자신들의 신앙 뿐 아니라 권력과 특권을 지키기 위해 군사/정치적으로 일어났다. 귀족 가문들 사이의 갈등은 그들의 반대되는 종교로 인해 더욱 심화되었다. 성인으로 높여진 왕 루이 9세(Louis IX)로부터 내려온 발루아 가문과 부르봉 가문의 족보는 프랑스 종교개혁과 관련하여 복잡하게 얽힌 종교-정치적 투쟁들에 대한 가계도를 보여준다.

비록 앙리 2세와 교황 클레멘트 7세(Pope Clement VII)의 조카였던 그의 아내 캐더린 드 메디치(Catherine de' Medici)가 개신교도들을 싫어하기는 했지만, 그들의 주된 관심은 합스부르그-발루아 전쟁에 있어 영원한 라이벌이었던 찰스 5세(Charles V)에게 기울어 있었다. 뿐만 아니라 자신의 통치 마지막 시기가 되기까지 앙리는 백성들의 종교적 결함이 얼마나 컸는지를 깨닫지 못했던 것으로 보인다. 합스부르그-발루아 전쟁을 종결시켰던 카토-캉브레 조약(Cateau-Cambrésis, 1559)과 함께 왕은 비로소 자신의 관심을 이단을 제거하는 일에 쏟을 수 있게 되었다. 하지만 바로 그 해에 앙리는 마상(馬上) 창 시합에서 입었던 부상으로 인해 사망했다. 그의 갑작스러운 죽음은 왕실 권력에 위기를 초래했고, 그 결과 개신교주의의 급속한 성장 및 길고 혹독했던 종교적 정치적 분쟁의 무대가 마련되었다. 왕위는 세 명의 약한 발루아 왕들에게 계승되었는데, 그 중 처음 둘은 왕위에 오를 때 어린 나이였으며 마지막은 자녀를 두지 못했다. 왕실의 권위가 어린 아이들과 여인들에게 이전된 것이 위기의 근원이었다. 어린이나 여인은, 특히 후자가 단순히 섭정이었을 경우에 더더욱, 기즈 가문이나 몽모랑시 가문 등에게 충성과 복종을 명령하는 일에 있어서 성인 남자만큼 강력할 수 없었다.

네 명의 발루아 왕자들 중 가장 나이가 많은 사람은 프란시스 2세였는데, 그는 자신의 아버지가 사망했을 때 고작 15세였다. 그가 18개월 동안 짧게 다스리던 기간 동안(1559-60), 그의 아내 스코틀랜드의 메리(Mary Queen of Scots)의 삼촌이었던 기즈 가문 사람들이 통치권을 행사함으로써 강력한 가톨릭 세력이 전면에 나타났다. 개신교도들을 억압했던 그들의 조치들로 인해 불만이 널리 퍼졌고 그 결과 더 많은 귀족들이 종교개혁 진영에 합류했다. 이 귀족들은 기즈 가문을 혐오했을 뿐 아니라 가톨릭교회가 소유했던 부에 대한 관심을 가지고 있었다. 황태후 캐더린 역시 기즈 파를 약화시키려고 애썼는데, 그 이유는 그들이 그녀를 무시하였을 뿐 아니라 그녀의 아들들을 폐위시킨 후 자신들만의 왕조를 세워 프랑스를 직접 통치하려고 했기 때문이었다.

반(反)-기즈 정서가 강했다는 사실은 앙부아즈 음모(Amboise conspiracy, 1560)에서 분명히 나타났다. 이것은 일군의 위그노 귀족들이 기즈 가문의 영향력으로부터 왕을 떼어내려고 무력을 사용하다 실패한 사건이었다. 이 음모에 가담한 사람들 중 제네바 거주민들이 속해 있었다는 사실은 제네바와 칼빈을 당황스럽게 했다. 칼빈의 제네바 후계자이자 프랑스의 하위 귀족 출신이던 테오도르 베자(Theodore Beza)는 이 계획을 어느 정도 격려했지만, 칼빈은 정치적인 혁명을 한결같이 반대했다. 이 음모에 가담한 몇몇 귀족들은 처형당했다. 부르봉 가문의 왕자 루이 드 콩데(Louis de Condé)는 사형 선고를 받았으나, 프란시스의 죽음 이후에 풀려났다. 앙부아즈 음모 사건은 곧 닥칠 종교 전쟁을 예시하였는데, 이 전쟁은 내전(civil wars)의 성격을 띠었다 (Kingdon 1956:68-78).

몇몇 칼빈주의 목사들을 포함하여 서로 다른 집단들이 정부에 반대하는 공동의 목적을 위해 모이기 시작했다. 하지만 일치를 위해 모이기는 했지만 서로의 기반이 같지 않았기 때문에 그들의 협력은 안정적이지 못했으며, 결국 혼란과 실패를 낳았다. 낙스(Knox)와 불링거(Bullinger, 츠빙글리의 후계자) 등 개혁주의 지도자들은 우상숭배적인(즉 가톨릭) 통치자들에 맞서 백성들이 반란을 일으킬 권리를 가지고 있다고 주장했지만, 칼빈은 이러한 제안을 확고히 반대하였으며 앙부아즈 음모로부터 자신을 떼어 놓았다. 서더랜드(N. M. Sutherland, 1967:19)는 칼빈주의 목사들이 이 계획에 참여한 것을 다음과 같이 훌륭하게 표현했다. "저항이냐 전멸이냐 사이의 선택의 기로에서, 그들은 기도만을 통한 해결책이 아니라 다소 덜 훌륭한 방법을 택했다."

프란시스 2세가 귀의 염증으로 인해 사망했을 때(1560), 칼빈과 베자는 이 일을 신적인 구출로 보고 환영했다. 베자는 다음과 같은 작은 노래를 지어 이 일을 축하했을 정도였다.

> 악인들의 도구였던 앙리여,
> 피에 굶주렸던 너의 갈증에 어울리는 징벌이 나타났구나
> 관통된 너의 눈알로부터 새빨간 피가 뿜어 나와
> 온 땅을 붉게 적셨도다
>
> 불행하고 광기 가득했던 네 아버지의 삶을 따르더니
> 불행한 젊은이 프란시스여,

하나님의 진리를 결코 들으려 하지 않았던
너의 죄악된 귀를 하나님의 화살이 꿰뚫으셨구나

교활하고 어리석으며 귀가 막혀 있는 너희 왕들이여,
이 두려운 사건이 너희에게 경고하는 소리를 들으라
그렇지 않으려거든 너희의 악행이 파멸에 이르거나
너희가 무지 가운데 죽게 될 것을 준비하라

(Duke et al. 1992:81)

캐더린의 둘째 아들 샤를 9세(Charles IX, 1560-74 재위)는 10살의 나이로 왕위를 이어받았다. 법적으로 볼 때, 이렇게 어린 왕의 섭정은 황태후가 되거나 아니면 혈연 관계상 가장 가까운 위치에 있는 왕자가 되거나 둘 중 하나였다. 혈연상으로 가장 가까웠던 왕자는 나바르의 왕 부르봉의 안토니(Anthony of Bourbon)이었는데, 그는 위그노 진영의 지도자였다. 그의 아내 잔 달브레(Jeanne d'Albret) 역시 확고한 칼빈주의자로서 칼빈과 서신을 교환하며 라 로셀 총회에도 참석했던 위그노 지도자였다. 캐더린은 안토니를 물리치고 섭정의 자리를 차지하는 데 성공했다. 하지만 이 승리의 결과, 그녀는 기즈 파를 견제할 세력으로 위그노 파에 호의적인 정책을 발전시켜야 했다.

4. 프와시 회담(Colloquy of Poissy, 1561)

자신의 장관 미셸 드 로피탈(Michel de L'Hôpital)의 도움을 받아 캐더린은 개신교도들에게 온건한 정책을 만들었다. 이 정책은 박해를 중지하였고, 콩드(Condé)를 비롯하여 투옥된 위그노 교도들을 석방하였으며, 위그노 귀족들이 궁정에서 직책을 맡을 수 있도록 허용하였고, 어린 왕을 위해 새롭고 자유로운 성향의 가톨릭 교사들을 임명하였다. 부르봉의 안토니는 섭정이 되고자 했던 주장을 포기하였고, 프랑스의 부총독(lieutenant-general)이라는 직책을 받아들였다. 프랑스 지역을 평화롭게 만드는 동시에 또한 트렌트(Trent) 공의회에 프랑스의 대안을 제시하려는 노력의 일환으로, 캐더린은 공적인 개신교-가톨릭 토론 및 대화를 요청했다. 프랑스의 일치를 주된 관심으로 삼았던 미셸 드 로피탈에 의해 계획된 프와시 회담은 1561년 9월-10월에 열렸다. 이 회담은 개신교주의의 현실과 성장에 대한 왕실의 중요한 인정이었다.

프와시 회담은 프랑스에서 개신교 종교개혁이 최고조에 오른 순간이었다. 이 국가적 회의를 통하여 종교적 갈등이 해소되기를 원한다는 왕의 자애로운 목적에 대해 연설함으로써 로피탈은 이 회담을 시작했다. 왕실은 가톨릭과 위그노 대표자들이 상호간에 신학적 의견들을 정중하게 교환함으로써 프랑스 교회의 평화가 보존되기를 기대했다. 이 회담은 심판의 장소가 아니라 대화의 장소였다.

하지만 리옹의 대주교이자 프랑스의 수석 대주교였던 추기경 투르농(Tournon)은 회담이 시작되자마자 이 모임의 목적에 반대하였다. 참석했던 50여명의 주교들 역시 정부의 주관 하에 이단들을 자기들과 동등한 수준으로 끌어올린 이 회담을 경멸했다. 이단자들은 심판을 받아야지, 토론의 대상이 되어서는 안 되기 때문이다!

하지만 캐더린은 최후통첩이나 파문 등의 결정에 관심이 없었다. 그의 새로운 정책은 화해였다. 그녀의 의지에 따라 왕은, 주교들에게는 실망스럽게도, 회담이 예정대로 진행될 것이라고 밝혔다. 회의의 시작을 알리는 신호가 떨어졌고,-검은 색의 제네바 복장을 입은 11명의 목사들과 프랑스 내 다양한 칼빈주의 교회들로부터 온 20명의 평신도들로 구성된-위그노 대표자들은 회의 장소에 입장하였다. 추기경 투르농은 긴장되는 침묵을 깨며 일부러 들으라는 식으로 다음과 같이 말했다. "제네바 개들이 여기 왔구나!"(Voici ces chiens genevois)

위그노의 입장을 발표하기 위해 앞으로 나간 "제네바 개"는 즉시 한 마리의 "순종견"으로 청중들을 감명시켰다. 부르군디(Burgundian) 가문에서 태어난 테오도르 베자(Theodore Beza, 1519-1605)는 칼빈주의자들 중 칼빈주의자였고 학자들 중 학자였다. 스위스에서 13년 동안 유배 생활을 하는 가운데 그는 칼빈의 가까운 친구, 후계자, 제네바 아카데미의 성경 교수가 되었다. 신약 성경에 대한 그의 작업은 여전히 기억되고 있다. 그가 1581년에 발견하여 케임브리지 대학에 제출한 5세기의 헬라어-라틴어 복음서 사본은 그의 이름을 따라 베자 코덱스(Codex Bezae)로 불렸으며, 그는 헬라어 신약 성경에 대한 최초의 비평판을 1565년에 출판했다. 부와 지위를 가진 가문 출신으로서 그 자리에 모인 청중들과 비슷한 배경을 가지고 있었으며, 수년간 신학적 사고와 저술을 해 왔기 때문에, 베자는 왕실과 교회의 고위 관리들 앞에서 조금도 위축되지 않았다. 모든 사람들에게 놀랍게도, 그는 자신의 발언을 시작하기에 앞서 다음과 같이 기도했으며 모든 위그노 대표들은 무릎을 꿇고 기도했다. "영원한 아버지이시며 전능하신 주 하나님, 당신의 위엄 앞에서 우리는 우리가 비천하고 비참한 죄인들임을 고백합니다"(O'Connell 1974:121).

그 후 다음 한 시간 동안 베자는 칼빈주의 입장을 유창하게 그리고 학식 있게 제시하였다. 황태후는 소망으로 가득 찼으며, 베자가 삼위일체와 성육신 같은 문제들에 대한 양측 간의 교리적 일치를 우아하게 설명하며 친히 일치를 서약했을 때 심지어 주교들조차 감동을 받았다. 그는 교회의 권위와 같은 일치하지 않는 문제들에 대해서 부드럽고 합리적으로 논의하였다. 하지만 발언의 마지막 순간에 베자는 치명적인 실수를 저질렀는데, 이는 그가 성찬과 관련하여 그리스도의 몸은 "하늘이 땅으로부터 먼 것처럼 빵과 포도주로부터 멀리 분리되어 있다"고 말했기 때문이었다(Nugent 1974:100). 그때까지 베자의 연설을 정중하게 받아들이던 사람들은 "그가 신성을 모독한다!"고 소리쳤다. 나중에 캐더린은 베자가 사용한 비유가 "어리석고 공격적이었다"고 말했다.

회담은 그 다음 달까지 계속되었지만, 이전의 마부르그(Marburg 1529) 회담과 레겐스부르그(Regensburg, 1541) 회담에서 나타났던 통증이 베자에 의해서 다시 한 번 노출되었다. 성찬 가운데 그리스도가 어떠한 방식으로 임재하시는지의 문제는 화해를 깨뜨리는 바위와 같았다. 가톨릭 신학자들에게 있어서 미사는 신체적인 그리스도를 제공하고 받는 기독교 공동체의 최고의 행위였다. 반면 칼빈주의 신학자들에게 있어서 미사는 참된 복음을 부인하는 우상숭배적이고 신성모독적인 행위였다. 더 나아가서 칼빈주의자들은, 다른 개신교도들과 마찬가지로, 미사가 가톨릭이라는 빙산의 일각에 불과했다는 사실을 알았다.

미사는 위계적인 성직 계급 전체를 통해 지탱되고, 성례를 시행하는 능력은 베드로의 승계로부터 유래한 성직 서임 과정과 연관되었으며, 성직자 계급에는 특별한 권력과 혜택이 주어졌다. 루터 이후로, 미사는 개신교 종교개혁가들의 공격이 집중된 핵심 지점이었다. 미사가 무너지면 교황의 교회 전체가 무너질 것이기 때문이었다. 유럽 전체에서 한 세대 동안 성상파괴주의자들은 가톨릭 의식을 뒤집어엎는다는 의미에서 성찬의 빵을 포함하여 여러 성물(聖物)들을 짓밟으며 배설물을 묻히는 등 교회의 거룩성을 공격하였다.

이에 따라 가톨릭 평신도들에게 있어서는 칼빈주의 이단이 어떠한 내용인지를 이해하기 위한 복잡한 신학적 설명이 필요치 않았다. 그들에게 있어서는 그리스도의 성체 행렬(Corpus Christi procession)을 거부하고 성물들을 훼손하는 행위가 모든 것을 말해 주었다. 스페인의 예수회 신학자 디에고 라이네즈(Diego Lainez)가 발언 기회를 얻었을 때, 그는 칼빈주의자들은 "양의 탈을 쓴 이리이자 여우이고 독사"이며 그들과 화해하려던 의도는 실패하였다고 황태후에게 분명히 말했다. 칼빈주의자들의 "독"에 대한 치료책은 이처럼 교회적 정당성이 의심스러운 국가 회의가 아니라, 왕이 아닌 교황의 주도 하에 이미 진행되고 있던 트렌트 공의회였다. 그녀가 요점을 분명히 이해할 수 있도록, 라이네즈는 이러한 문제들에 있어서 그녀의 영혼과 그녀의 왕관 모두가 위태로울 수 있다는 점을 넌지시 언급했다.

5. 종교 전쟁(1562-1598)

프와시 회담은 종교적 화해를 이끄는 데 실패하였지만, 위그노 교도들에게 어느 정도의 자유를 부여한 최초의 관용령(1562년 1월)을 예비하였다. 베자를 비롯한 위그노 지도자들은 계속해서 궁정에 출입하였고 왕실 가족들의 회심을 위해 노력했다. 위그노의 공적인 예배는 마을 안과 밖에 있는 개인적인 집들에서 허용되었다. 이것은 프랑스 개신교주의에 있어 분수령이었다. 적어도 프랑스가 한 세대 전 헨리 8세(Henry VIII)의 통치 아래에서 영국이 걸었던 길을 따라 국가가 다스리는 국가 교회를 받아들일 것처럼 보였다.

하지만 관용령이 발표된 지 한 달도 못 되어 칼빈주의자들을 위한 상황은 급격히 바뀌었다. 2월 중순이 될 때까지, 캐더린은 기즈 가문과 스페인 사람들의 분노를 충분히 인식했다. 이제 그녀는 국가의 연합과 자신의 아들들의 왕위에 더 위협이 되는 쪽이 위그노 진영이 아니라 스페인 사람들의 적대감이라는 사실을 믿게 되었다. 따라서 그녀가 추진했던 균형 정책은 가톨릭 파쪽으로 기울어졌다. 부르봉의 안토니는 이러한 변화를 감지했고, 그 자신과 왕가의 야망을 위해 위그노 진영을 이탈했다. 위그노 진영의 정치적 군사적 자원들은 프랑스를 개신교주의로 이끌 정도로 충분치는 않았으나, 저항적인 소수파로서의 존재감을 확인시키는 데는 충분했다. 이러한 상황 하에서 내전은 필연적인 결과였다.

1562년 3월 1일, 기즈 공(公)은 200명의 무장한 군인들과 함께 사냥 여행을 떠났다. 샹파뉴(Champagne)에 있는 바시(Vassy) 거리에서 그들은 상당한 수의 위그노 교도들이 헛간에 모여 예배를 드리는 모습을 보았고 그들을 공격했다. 50여 명의 위그노 교도들이 살해되었고, 훨씬 더 많은 사람들이 부상을 입었다. 이 사건은 더 많은 학살을 유발시켰으며, 종교 전쟁이 시작되었다. 바시의 사건과 관련하여 칼빈은 나바르의 왕 부르봉의 안토니에게 다음과 같이 편지했다. "갑작스러운 공격을 인내하고 반격하지 않는 것은 하나님의 교회에게 있어 참된 일입니다. 하지만 이 사건이 이전에 많은 망치들을 깨트렸던 모루(anvil)라는 점을 기억하십시오"(Greengrass 1987:vii).

위그노 교도들은 군대를 일으켰고, 이로 인해 박해받는 교회라는 모습은 사라졌다. 1562년 9월에는 (햄튼 궁정 협약[Hampton Court Treaty]을 바탕으로) 영국의 개신교도들에게 도움을 요청했는데, 그 결과 그들은 또한 애국심과 관련해서도 신뢰를 잃었다. 여러 설교에서 그들은 이단이요 반역자라는 공격을 받았다. 개신교도를 향한 가톨릭의 증오가, 특히 파리 지역에서, 얼마나 강렬했는지는 기즈 공이 바시의 학살 이후 파리로 돌아왔을 때 영웅처럼 환영받았다는 사실에서 나타난다.

개신교도에 대한 가톨릭의 증오는 가톨릭 설교를 통해 더욱 뜨거워졌다. 가톨릭 설교자들은 이전에 뮌처(Müntzer)가 외쳤던 선포, 즉 경건치 않은 자들은 살 권리가 없다는 주장을 반복했는데, 이번 경우에는 위그노들이 "경건치 않은" 자들이었다. 칼빈주의자들의 폭력적인 신성 모독 행위는, 다가오는 최후의 심판에 대한 두려움을 가지고서 사회와 교회가 종말 전에 정화되어야 한다고 확신했던 가톨릭교도들의 종말론적 공포를 확증할 뿐이었다. 파리의 교구 설교자들은 이단에 대한 증오와-도시의 지도자와 군주를 포함하여-이단들이 존재하도록 허락하는 사람들에 대한 의심을 가르쳤다. 가톨릭 설교자들은 "왜곡된"(Deformed) 사람들의 종교적 도덕적 타락으로 인해 관용을 위해 힘썼던 왕실의 노력이 훼손되고 치명적인 결과가 초래될 것이라고 강조하며 일종의 광적인 공포와 증오의 분위기로 사람들을 몰아갔다. 그와 같은 설교는 또한 왕실의 관용적인 칙령에도 불구하고 이단자들을 처벌하도록 선동하였다(Diefendorf 1991:ch.9).

그 후 30여 년이 넘게 위그노와 가톨릭은 서로를 점점 더 야만적인 방식으로 죽이며 암살하였다. (남서부와 같은) 몇몇 지역에서는 이 전쟁이 지역 전체를 휩쓸었지만, 그밖의 지역에서는 전쟁이 다소 간헐적이거나 거의 존재하지 않은 정도였다. 이 모든 유혈 사태 중 가장 악명 높은 사건은 1572년 8월 24일의 성 바돌로매 축일 대학살이었다.

6. 성 바돌로매 축일 대학살(The St Bartholomew's Day Massacre)

억압적인 정책에서 방향을 바꾸어 온건한 정책을 펼치는 동안, 캐더린은 위그노 지도자 콜리니(Coligny)를 얻었다. 콜리니는 1572년 여름에 궁정으로부터 환영을 받았다. 가톨릭의 두려움과 증오라고 하는 보다 넓은 맥락에서 볼 때, 콜리니가 궁정 안에 들어와 있다는 사실은 그가 이제 성년이 된 샤를 9세(Charles IX)에게 강력한 영향을 끼칠 것이라는 가톨릭의 불안을 불러일으켰다. 사람들은 콜리니가 샤를 9세를 설득하여 전통적인 외교 정책을 바꾸고, 네덜란드에서 스페인에 저항하는 칼빈주의자들을 지지하며, 그 결과 엄청난 전쟁을 일으킬 것이라고 생각했다. 이러한 상황은 캐더린의 정치적이고 모성적인 불안을 또한 자극했고, 결국 콜리니가 나가도록 결정을 내리는 배경이 되었다(Sutherland 1980:ch.6).

캐더린은 콜리니를 회개치 않은 반역자이자 왕에게 악영향을 끼친 사람으로 믿었으며, 따라서 캐더린이 프랑스의 평화를 위해 그를 암살하려고 계획했다는 주장이 늘 제기되어 왔다. 항상 캐더린은 악의 축소판으로 묘사되었다(Sutherland 1978; Kingdon 1988:200-13). 하지만 보다 최근의 학자들은 이러한 주장에 이의를 제기하며, 기즈 가문을 암살의 주범으로 제시한다. 1563년, 콜리니는 기즈 가문의 프란시스 공(公)의 암살을 눈감아 준 바 있었다. 콜리니가 이 암살을 직접 명령했다고 확신한 기즈 가문에서는 오랫동안 복수를 요구했다. 어떠한 이유에서든 콜리니를 제거하기 원했던 사람들로서는 그에 대한 암살 시도가 단순히 부상을 입히는 것으로만 끝나 버렸을 때 실망하였다.

자신의 생애 최초로 캐더린이 당황했다고 전해진다. 그녀의 모든 관심사들—즉 국가에 대한 관심, 평화를 위한 열정, 공격에 가담했던 것으로 보이는 그녀의 다른 아들 앙리의 안전 등—이 이제 위태롭게 되었다. 그녀의 딜레마로부터 이제 콜리니가 위그노들과 함께 여왕과 그녀의 자녀들을 죽이려고 계획한다는 고소가 제기되었다. 이 고소가 사실이었는지 아니었는지, 그리고 캐더린이 이 고소를 믿었는지 안 믿었는지는 알려지지 않는다. 하지만 확실한 것은 이러한 상황의 영향을 받아 이제 샤를 왕이 새로운 앙부아즈의 음모를 좌절시키려고 조치를 취했다는 사실이다.

캐더린은 샤를 왕에게 반역자들을 처형시켜야 한다고 주장했다. 왕은 위그노 세력들이 왕실을 공격할 준비를 갖추기 전 재빨리 행동해야 한다. 그리고, 캐더린의 입장에서 보다 중요하게는, 콜리니를 암살하려던 시도에 대한 조사가 이루어지기 전에 무엇인가 일을 일으켜야 했다. 캐더린은 콜리니가 왕을 주무르는 주인이 되었다고 보았다. 그녀는 자신이 먼저 치지 않으면 그녀가 먼저 처형당할 것이며, '자신의 아들이 개신교도들과 동맹을 맺었다'고 믿은 가톨릭 프랑스가 들고 일어날 것이라고 생각했다. 죽이거나 혹은 죽임을 당하거나 둘 중 하나였다. 스페인 대사는 이 상황을 다음과 같이 요약했다. "총탄이 목표에 명중하지 못했고 콜리니 제독이 그 총탄의 출처를 알게 됨에 따라, 그들은 자신들이 어떠한 일을 행할지 결정했다"(Héritier 1967:51).

콜리니를 암살하고 그를 따르는 "반역자들"을 학살한 배경이 되는 상황은, 캐더린의 딸이었던 발루아의 마르그리뜨(Marguerite of Valois)와 선왕(先王)과 가장 가까운 혈연관계에 있던 나바르의 앙리(Henry of Navarre)의 결혼이었다. 왕실의 공주와 명목상의 개신교 지도자를 결합시킴으로써 적대적인 종교 당파들 사이의 평화를 이끌어내려는 목적에서 계획된 이 결혼식은 8월 18일 파리에서 열렸다. 결혼식 축하연으로 인해 파리는 대부분의 위그노 지도자들을 포함한 많은 귀족들로 가득 찼다. 콜리니는 8월 22일에 총격을 당했다. 이 실패한 암살을 완수하는 일은 8월 24일의 이른 아침 시간으로 계획되었다.

샤를 왕은 이제 어머니와 형제에게 자신을 증명할 기회를 가졌다. 질서를 유지하기 위해 파리의 성문들이 닫혔고, 위그노 부대들은 파리 바깥의 교외 지역에 갇혀서 도시 안으로 들어오지 못했다. 왕의 군대가 도시 안으로 파병되었다. 이 군대의 지도자 중 하나였던 클로드 마르셀(Claude Marcel)은 열광적인 가톨릭교도였으며 기즈 가문의 사람이었다. 그가 외쳤든지 아니면 기즈 공이 외쳤든지 간에, 누군가 '모든 이단자들을 죽이라는 왕의 명령이 떨어졌다'고 선포했다. 조직적인 학살을 돕기 위해 이단들의 목록이 제공되었다. 왕의 신호가 떨어지자마자, 이러한 낌새를 알아채지 못했던 위그노들은 침대에서 학살되었다. 가장 먼저 콜리니가 살해되었고, 그의 시신은 창밖으로 던져졌으며, 며칠 동안 가톨릭 폭도들에 의해 훼손되고 조롱되었다.

종교적 증오로 인해 불붙은 야만성이 이제 폭발하였다. 한 동시대인의 묘사에 따르면, "죽은 시체들로 거리가 뒤덮였으며, 강물은 얼룩졌고, 궁전의 문들은 피가 튀어 더럽혀졌다. 마차에 가득 실은 남자, 여자, 소녀, 심지어 어린 아이의 시체들이 센느(Seine) 강에 던져져, 붉게 물든 강물이 도시의 여러 지역으로 흘렀다…한 작은 소녀는 살육당한 자신의 부모의 핏물로 목욕을 하면서, 그녀가 위그노 교도가 된다면 이와 똑같은 운명에 처하게 될 것이라고 협박받았다"(Manschreck 1965:144). 비록 학살이 어느 정도로 이루어졌는지를 정확히 측정하는 것은 불가능하지만, 6,000 여명의 사람들이 파리에서 살해되었으며, 학살이 프랑스 전역으로 확산됨에 따라 작은 도시들에서도 수천 명의 사람들이 목숨을 잃었던 것으로 전해진다. 광적인 분위기가 사그라들기까지 20,000 여명의 사람들이 살해되었다. 캐더린과 왕은 국가적인 테러리즘을 폭발시켰던 것이다.

프랑스의 종교 전쟁과 심지어는 성 바돌로매 축일 대학살 사건조차 전통적

그림 11.1 "성 바돌로매 축일의 밤"(St Bartholomew's Night). 프랑수아 드부아 다미앙(François Dubois d'Amiens)의 작품. 콜리니(Coligny)가 중앙 건물의 창문 밖으로 던져지며, 왕은 길거리의 시체들을 검사하고 있다.

자료 출처 : Bibliothèque Nationale, Paris.

으로는 귀족과 왕 사이의 개인적이고 정치적인 충돌로 해석되어 왔다. 바바라 디펜도르프(Barbara Diefendorf, 1991:178)는 이러한 충돌의 종교적 측면에 주목해야 한다고 강력하게 요청했다. 땅, 경제, 정치 등의 요소들보다 이처럼 확장된 충돌에 있어 더 중요했던 요인은 "시민 사회가 세워지고 개인을 집단과 하나님께로 연결시켰던 축적된 관계들의 기초였다…종교 전쟁은 이단을 물리치는 일종의 십자군의 모습을 보여주었다. 시민 사회가 유지되고 구원이 보장되기 위해서는 십자군이 이겨야 했다. 사람들은 왕조들간의 다툼에는 직접적으로 연관되지 않았지만, 이러한 전쟁들에서 이해관계를 가졌다. 결과적으로 종교 전쟁은 일반인들의 수준에서도 많은 영향을 끼쳤다." 파리의 가톨릭교도들은 "공동체의 오염을 제거하는 중이었고, 다수가 깊이 느꼈던 종교적 확신에 도전할 정도로 충분히 오만했던 한 무리의 사람들을 향해 자신들의 진노를 쏟아 부었다"(Kingdon 1988:41). 충돌의 근본적인 원인이 언제나 정치적이고 경제적이었다고 가정하는 것은 계몽주의적인 시대착오이다. "강권하여 사람들을 데리고 오라"는 누가복음 14:23에 근거하여 이단에 대한 강압적인 반대를 정당화했던 고대의 어거스틴주의적 해석이 16세기에 매우 중요하게 여겨졌다(Repgen 1987:311).

콜리니의 순교와 성 바돌로매 축일 대학살의 비극은 살아 있는 기억이 되어 계속해서 프랑스 개신교도들 사이에서 기념되고 있다. 그 사건이 일어나고 400년이 흐른 1972년에 파리 시는 콜리니가 총에 맞았던 지점에 콜리니 거리라는 이름을 새로 붙였다. 프랑스 정부는 또한 그의 영웅적인 죽음을 기념하는 메달을 발행하기도 했다. "그 학살에 대한 기억은 프랑스 개신교도들에게 여전히 살아 있다. 그들은 수 세기에 걸쳐 자신들의 땅에서 박해를 받아왔던 소수파로서의 의식을 유지한다. 그것은 또한 다른 프랑스인들에게도 과거의 독선과 열광주의가 얼마나 큰 대가를 치렀는지를 보여준다"(Kingdon 1988:217).

이 학살에 대한 유럽의 반응은 복합적이었다. 프랑스 내에서 극단적인 가톨릭 진영은 왕실이 마침내 자신들의 설교단에서 요구한 내용을 따르는 정책을 시행했다며 안도했다. 온건한 가톨릭교도들은 왕실의 책임을 부인하거나 혹은 위그노의 반란을 피하기 위해 어쩔 수 없는 선택이었다고 변명하며 이 사건 전체를 넘어가려 했다. 칼빈주의 논쟁가들은 이제 점점 더 대담하게 왕의 종교적 폭정에 대한 이의를 제기하였으며, 이 과정에서 입헌주의(constitutionalism)에 대한 현대적인 논증들을 발전시켰다.

중세 프랑스 역사에 근거하여 프랑수아 호트만(François Hotman)의 『프랑코-갈리아』(Franco-Gallia, 1573)는 왕실의 권위가 백성들로부터 유래하며 따라서 백성들의 대표자들은 자신들이 왕에게 부여한 그 권위를 철회할 수 있다고 주장했다. 이러한 논리를 토대로 호트만은 박해하는 군주의 권위를 약화시키며 삼부회(Estates-General)의 중요성을 증가시킴으로써 귀족들이 위그노를 도울 수 있기를 기대했다. 테오도르 베자가 쓴 『백성들에 대한 지도자들의 권리』(Du Droit des magistrats, 1574) 역시 왕에게 권력을 부여한 것은 백성이며 따라서 왕이 그것을 위반할 경우 백성들은 순종할 의무가 없다고 주장했다.

만일 왕이 독재자라고 한다면, 그 아래 위치에 있는 지도자들은 왕에게 저항할 수 있다. 익명으로 출판된 『정치 담론』(*Political Discourses*, 1578)은 반역과 독재자의 처형을 제안했고, 위그노 정치인 필리프 뒤 플레시 드 모르네(Philippe du Plessis-Mornay)의 작품으로 알려진 『독재자를 반대함』(*Vindiciae contra tyrannos*, 1579) 역시 같은 주장을 펼쳤다.

왕은 이제 스스로를 변호해야 하는 난처한 입장에 처하게 되었는데, 그 이유는 왕은 백성들을 죽이기 위해서가 아니라 백성들을 보호하고 법을 유지하기 위해서 신적으로 임명되었다고 전통과 신학이 항상 주장했기 때문이었다. 아마도 역사상 가장 강하게 피해자에게 책임을 돌리면서, 왕실은 샤를 9세의 무죄를 변호했으며 '위그노들이 왕을 공격하려 했기 때문에 그 전에 그들을 먼저 공격해야 했다'고 주장했다(Kingdon 1988:136-82).

프랑스 바깥에서 개신교 지도자들과 왕실은 이 사건에 대해 슬퍼하면서도 프랑스에 대적하는 조치를 크게 취하지는 않았다. 실제로 영국의 여왕 엘리자베스(Elizabeth)는 새로 태어난 프랑스 공주의 대모(godmother)가 되어 달라는 초청을 수락했다. 개신교 선전가들은 이 학살 사건을 이용하여 가톨릭에 반대하는 지지를 이끌어내려고 시도했다(Nischan 1994:190-1). 샤를 9세는 자신의 견해를 옹호하기 위해 사신들을 파견했다. 개신교도들이 포함되어 있던 폴란드 의회는 그의 주장에 설득된 것처럼 보였고, 샤를의 동생인 앙주의 앙리(Henry of Anjou) 공작을 자신들의 왕으로 선출했다.

교황 그레고리 13세(Gregory XIII)는 수년 동안 특별한 감사 예배에서 부를 감사 찬송을 지시했다. 그레고리는 또한 이 사건을 기념하는 특별 주화(Ugonatorum stranges, 1572)를 만들었는데, 이 주화에는 한 천사가 칼과 십자가를 들고 개신교도들을 살육하는 그림이 새겨져 있었다. 교황은 또한 시스틴(Sistine) 예배당에 인접해 있는 살라 레기아(Sala Regia) 홀의 벽에 이 학살 그림을 그리도록 지시했다. 전해지는 바에 따르면, 스페인 왕 필립 2세(Philip II)는 생애 처음으로 공개적인 자리에서 웃음을 터뜨렸으며 자신의 주교들에게 감사 찬송을 비롯한 여러 의식들로 이 사건을 축하하라는 명령을 내렸다고 한다. 설교자들, 나바르의 어린 왕자들, 콩데(Condé) 등 많은 유력한 개신교도들은 미사를 드릴 것인가 죽음을 맞을 것인가의 선택 앞에서 가톨릭을 선택했다. 다른 사람들은 외국의 개신교 지역으로 피난했다. 나바르의 왕자들은 훗날 다시 칼빈주의로 복귀했다(Kingdon 1988:45-8).

7. "파리는 미사를 드릴만한 도시로군"(Paris is worth a mass)

샤를 9세는 그 후 2년 내에 죽었고, 그의 동생이자 폴란드의 왕이 된 앙리 3세(Henry III)가 뒤를 이어 1574-89년의 기간 동안 통치하였다. 앙리 3세는 발루아 왕가의 마지막 사람이 되었는데, 그의 동생이자 알랑송(Alençon)의 백작이었던 프란시스가 1584년에 죽었기 때문이었다. 그는 가톨릭이나 개신교 어느 쪽과도 손을 잡기를 거부했고, 종교적 획일성보다는 국가적 일치를 우위에 두었던 제 3의 세력 정치파(politiques)를 가까이 했다. 이러한 온건한 당에 대한 반응으로, (1576년에 형성된) 가톨릭 동맹은 '왕권을 제한하고 위그노들에게 유리한 평화를 부여하지 않으며 위그노 교도인 나바르의 앙리가 앙리 3세의 뒤를 잇지 못하도록' 온 힘을 쏟았다. 부르봉 가문과 기즈 가문 사이에 벌어진 이러한 분쟁은 "세 명의 앙리 전쟁"으로 알려져 있는데, 그 이유는 각 지도자들의 이름이 앙리였기 때문이었다.

1588년, 기즈 가문의 앙리는 파리에 들어와 왕을 그 도시로부터 몰아낼 대중적인 폭동을 조장함으로써 왕에게 직접적으로 도전했다. 이에 반응하여 앙리 3세는 가톨릭 동맹의 지도자들을 구속하여 3부회로 보냈고, 기즈와 추기경이었던 그의 동생은 암살되었다. 극단적인 가톨릭교도들의 영웅이자 가톨릭 동맹의 지도자였던 기즈 형제가 살해됨으로 인해 앙리 3세에 내한 반감이 확산되었다. 소르본 대학은 '앙리 3세의 백성들은 왕에게 충성하기로 맹세한 서약으로부터 자유롭다'고 선언했다. 앙리 3세에 대한 대중적인 반감 역시 모든 측면으로부터 동원되어, 그의 인형을 만들어 불태우거나 못을 박는 등의 의식들이 미사 중에 이루어졌다(Ranum 1980:68). 반란에 직면한 앙리 3세는 위그노 지도자인 나바르의 앙리와 동맹을 맺었다. 1589년, 자크 클레망(Jacques Clément)이라는 이름의 한 수도사가, 왕을 암살함으로써 그리스도의 재림이 임할 것이라고 믿고서, 앙리의 가슴에 칼을 찔렀다. 하지만 이로 인해 즉각적으로 나타난 결과는 부르봉 가문에 속한 나바르의 앙리(1553-1610)가 위그노 교도로서 왕위에 오른 일이었다(Wolfe 1993:43).

기즈의 동생 앙리 곧 마엔의 백작 샤를(Charles the duke of Mayenne)이 이끌었던 가톨릭 동맹은 다른 경쟁 후보를 제안했지만, 그들이 우선적으로 선택했던 부르봉의 추기경은 죽고 없었다. 앙리 4세가 가톨릭 동맹과 스페인 연합을 진압하는 데는 5년이 걸렸다. 1593년, 그는 자신의 왕위 승계를 무효화시키겠다고 위협한 가톨릭 동맹의 압력을 받고 가톨릭으로 개종하였다. 1594년 3월 22일, 그는 의기양양하게 파리에 입성했다. 전해지는 이야기에 따르면, 앙리는 "파리는 미사를 드릴만한 도시로군"이라고 말했다고 한다. 앙리 4세는 종교가 정치와 분리되어야 하며 오직 강력한 군주만이 평화로운 국가를 보장할 수 있다는 정치파(politique)의 견해를 받아들였다. 이에 따라 앙리 4세는 왕권 절대주의의 열렬한 수호자가 되었다. 종교 전쟁으로 인한 결과 중 하나는 입헌주의로 기울어졌던 이전의 움직임이 폭력과 반역으로 얼룩졌다는 점이었다. 이제 이러한 진공 상태를 왕이 채우려고 움직였다. 앙리의 개종은 바라던 결과, 즉 부르봉 가문의 왕위 승계의 정당성과 국가의 연합 모두를 안정시키는 결과를 낳았다. 교황 클레멘트 8세는 트렌트 공의회의 결정사항이 프랑스에서 시행되어야 한다고 주장하지 않았고, 따라서 앙리는 1598년의 낭트 칙령(edict of Nantes)을 통하여 제한적인 관용 정책을 제시함으로써 이전에 같은 신앙을 가졌던 개신교도들의 불안을 가라앉혔다.

낭트 칙령은 가톨릭교회가 이전에 가지고 있던 권리와 수입과 소유를 인정하며 가톨릭교회를 국가의 공식적인 교회로 만들었다. 인구의 15퍼센트를 차지했던 위그노들은, 파리의 5개 동맹 지역을 제외한 많은 지역의 개신교 영토에서 예배할 수 있는 권리를 부여받았다. 개신교도들은 또한 200개의 요새화된 지역을 포함하여 자신들만의 법정을 가지고 법률적인 보호와 정치적인 참여를 허락받는 등 시민적인 권리들을 얻었다. 이 칙령이 완벽하게 효과가 있지는 않았지만, 종교 전쟁만큼은 확실하게 끝냈다. 칼빈주의는 프랑스에서 승리하지 못했으나, 적어도 왕의 보호 아래에서 살아남았다. 결국, "하나의 왕, 하나의 법, 하나의 신앙"이라는 고대의 프랑스 전통이 유지되었다. 훌륭한 프랑스인이 되는 것은 곧 훌륭한 가톨릭 신자가 되는 것을 의미했다. 앙리 4세가 파리에서 암살당한 후(1610), "그의 개종은 왕실의 역사 연표에서 하나님이 프랑스와 그 왕들을 영원히 지도하셨던 틀림없는 증거로 기록되었다"(Wolfe 1993:158). 낭트 칙령은 1685년 루이 14세(Louis XIV)에 의해 취소되었다.

Suggestions for Further Reading

Bernard Chevalier, "France from Charles VII to Henry IV," in Thomas A. Brady, Jr, Heiko A. Oberman, and James D. Tracy, eds, *Handbook of European History 1400–1600: Late Middle Ages, Renaissance and Reformation*, vol. 1, 369–401. Leiden: E. J. Brill, 1994.

Barbara Diefendorf, *Beneath the Cross: Catholics and Huguenots in Sixteenth-Century Paris*. New York: Oxford University Press, 1991.

Barbara Diefendorf, "The Religious Wars in France," in Hsia 2004: 150–68.

Mark Greengrass, *The French Reformation*. Oxford: Blackwell, 1987.

Robert M. Kingdon, *Myths about the St Bartholomew's Day Massacres, 1572–1576*. Cambridge, MA: Harvard University Press, 1988.

Donald Nugent, *Ecumenism in the Age of the Reformation: The Colloquy of Poissy*. Cambridge, MA: Harvard University Press, 1974.

Penny Roberts, "France," in Alec Ryrie, ed., *The European Reformations*. Hampshire: Palgrave Macmillan, 2006: 102–23.

F. C. Spooner, "The Reformation in France, 1515–1559," in G. R. Elton, ed., *The Reformation 1520–1559*, 2nd edn (New Cambridge Modern History, II), 223–61. Cambridge: Cambridge University Press, 1990.

N. M. Sutherland, *The Huguenot Struggle for Recognition*. New Haven: Yale University Press, 1980.

Michael Wolfe, *The Conversion of Henri IV: Politics, Power, and Religious Belief in Early Modern France*. Cambridge, MA: Harvard University Press, 1993.

THE EUROPEAN REFORMATIONS

John Knox
ca.1513년~1572년

제12장

순교자들의 피: 네덜란드에서의 종교개혁
(The Blood of the Martyrs: The Reformation in the Netherlands)

> 신실하고 선택받은 자들은 영광과 존귀의 면류관을 쓸 것입니다. 하나님의 아들이
> 하나님 아버지와 택한 천사들 앞에서 그들의 이름을 인정하실 것입니다.
> 하나님께서 그들의 눈에서 모든 눈물을 씻어주실 것이고, 그들에 대한 소송 즉 현재 많은
> 재판관들과 정부의 권세자들에 의해 이단자와 악인으로 고소된 것이
> 하나님의 아들로 인한 것이었음이 인정될 것입니다.
>
> 벨직 신앙고백서(1561)

'순교자들의 피가 교회의 씨앗'이라는 고대 교회의 믿음이 참된 것이라면, 네덜란드에서의 종교개혁은 이에 대한 밝은 시작을 알렸다. 종교개혁 신앙으로 인한 순교자들은 다른 어떤 나라보다 네덜란드에서 많았다고 알려져 왔다(Cochrane, 1966:185). 그리고 동시대인들이 보기에, 찬성하든 반성하든 간에, 순교는 정말로 개혁의 씨앗이 되었다. 1555년, 찰스 5세는 다음과 같은 보고를 받았다. "그와 같은 이단자들이 처형당하는 중에도 일관된 태도를 유지하며 죽기 전에 하나님께 확고하게 기도하는 모습을 보고 들을 때, 일반 사람들은 동요하여 자신들이 가지고 있는 믿음에 대한 의심에 빠집니다." 이에 대한 하나의 예는 개혁주의 목사 질 베르딕트(Gilles Verdickt)가 자신의 처형 직전

에 군중들에게 외쳤던 연설이다.

> 여러분, 당신들은 이 불쌍한 그리스도인들을 죽이고 불태움으로써 없앨 수 있다고 생각하십니까?…그것은 스스로를 크게 속이는 일입니다. 저의 몸이 불타서 재가 되었을 때 그리스도인들은 더 늘어날 것입니다(Crew 1978:76).

종교개혁의 최초 순교자들은 앤트워프(Antwerp)에 있는 어거스틴파 수도회에서 나왔다. 이 수도사들 중 많은 사람들이 비텐베르그에서 공부한 후 루터의 열렬한 지지자가 되어 돌아왔다. 루터의 작품들은 1518년부터 네덜란드 지역에 나타나기 시작했으며, 1525년까지는 80여개 이상의 번역본이 출판되었다(Spruyt, 1991:730. 747-51). 이미 1519년에 앤트워프의 어거스틴 수도원 원장 야콥 프롭스트(Jakob Propst)는 루터의 가르침을 옹호했다. 하지만 네덜란드 출신이었던 찰스 5세는 신속히 반응했다. 앤트워프의 어거스틴파 수도원은 폐쇄되었고, 모든 수도사들은 투옥되어 철회냐 화형이냐 둘 중 하나를 선택해야 했다. 세 명의 수도사들은 자신들이 새로 가진 신앙을 유지하기로 했고 사형 선고를 받았다. 헤인리흐 푸스(Heinrich Voes)와 요한 에스(Johann Esch)는 1523년 7월 브뤼셀(Brussels)에 있는 시장에서 화형을 당했으며, 세 번째 수도사 람버트 토른(Lambert Thorn)은 1528년에 처형되었다.

그들이 처형당한 후, 순교자들의 신앙과 증언의 승리를 기념하는 루터의 노래 "새로운 노래가 여기에서 시작되리"(1523년 8월, LW 53:211-16; Oettinger 2001:61-9, 87, 260-63)에서 최초의 종교개혁 순교 열전(列傳, martyrology)이 나타났다. 이 최초의 종교개혁 찬송가는 처음에 신문지 형태로 나왔다가 나중에 찬송가 형태가 되었다. 이 작품은 훗날 재세례파 교도들이 자신들의 순교자들을 기념하며 불렀던 수많은 찬송가들의 원형이 되었다. 이내 곧 루터는 반갑지 않은 상황으로 인해 두 번째 순교 열전 "헨리 형제의 화형"(1525; LW 32:263-86)을 썼는데, 이 글은 쥐트펜(Zütphen)의 어거스틴 수도사 헨리(Henry)에 대해 이야기했다. 그는 브레멘(Bremen)에서 잠깐 동안 성공적인 사역을 마친 후 암스테르담(Amsterdam)을 떠나 함부르그(Hamburg) 북부에 위치한 디마르쉔(Ditmarschen)에서 순교했다.

프랑스에서와 마찬가지로, 다시 한 번 찬송가의 중요성이 두드러졌다. 네덜란드의 개신교도들이 사용한 곡조 있는 시편 찬송들은 네덜란드인들이 사냥하며 술을 마실 때 불렀던 노래에서 뿐 아니라 프랑스, 런던, 엠덴(Emden), 스트라스부르그 등의 교회에서 사용한 시편 찬송으로부터 유래했다. "시련의 시기에, 프랑스의 경우에서와 같이, (네덜란드어로 된 시편 노래들이) 나타나 동질감을 형성했다. 사형선고를 받은 복음주의자들은 이러한 시편 찬송을 부르며 죽음을 맞이했다." 시편 찬송들이 "성경 교육 및 공동체적 동질감의 도구로서" 가졌던 힘에 대해서 한 동시대인은 다음과 같이 지적했다.

> 시편 찬송들은 "진정으로 경건한 흥분을 불러일으켰는데, 그 노래를 부르는 사람들 모두가 자신들이 부르고 있는 성경 가사의 내용을 이해하고 있었기 때문에 그 효과는 더욱 컸다"(Pettegree 2005:62-3).

이단을 제거하려던 찰스 5세의 결심은 독일에서는 좌절되었을지 모르나, 찰스의 고향 네덜란드에서 복음주의자들은 자신들을 위해 중재해 줄 강력한 후원자를 가지고 있지 못했다. 그는 교회 법정과 더불어 세속 법정에도 이단 심문의 권한을 부여했다.

> 새로운 법에 따르면, 금지된 책을 읽거나 소유하거나 출판하거나 판매하는 일, 성경이나 개신교 서적에 대해 토론하는 비밀 모임에 참석하는 일, 성상을 훼손하거나 파괴하는 일, 성직자와 성례를 존경하지 않는 일 등은 이단과 대역죄로 정의되어 세속 법정의 심판을 받았다(Spaans 2004:120).

1555년이 될 때까지 합스부르그 네덜란드 왕국은 종교개혁 신앙과 관련하여 유럽의 어떤 나라보다도 더 많은 순교자들을 만들었다. 몽스(Mons), 투르네(Tournai), 릴(Lille), 발렌시엔(Valenciennes) 등의 지역에서 63명, 플랑드르(Flanders)에서 100명, 홀란드(Holland)에서 384명이 처형당했다. 네덜란드에 대한 스페인 행정의 중심지였던 브뤼셀에서부터 시행된 종교적 진압 앞에서, 브라반트(Brabant), 플랑드르, 홀란드, 젤란드(Zeeland), 왈론(Walloon) 등의 지역은 종교개혁이 살아남을 수 있는 곳이 아니었다(Duke, 1992:146). 황제와 가톨릭 스페인의 집중된 권력에 맞서 복음주의자들의 힘이 너무 미약했던 연고로, 근대 초기에 네덜란드 개신교는 골리앗 앞에 선 다윗의 모습으로 그려졌다(Spitz, 1971:510). 그와 같은 단순한 대조가 아무리 인상적이었다고 할지라도, 이러한 묘사는 네덜란드에서의 종교개혁과 관련한 상황과 복잡성을 제대로 전달하지 못한다. 네덜란드에서는 루터파, 재세례파, 칼빈파 운동들이 연속적으로 일어났기 때문이다(Williams 1992:1177).

1530년대에야 비로소 네덜란드로 알려지게 된 지역은 룩셈부르그(Luxemburg)와 브라반트 공국, 하이놀트(Hainault) 주, 아르투아(Artois) 주, 플랑드르 주, 젤란드 주, 홀란드 주, 및 기타 작은 주들로 이루어졌다. 1543년에 이르러, 찰스 5세의 정치적 조직 하에, 네덜란드는 총 17개의 지역으로 구성되었다. (오늘날의 벨기에에 해당하는) 남부와 왈론 지역은 주로 프랑스어를 사용했으며, (오늘날의 네덜란드에 해당하는) 북부의 더 큰 지역에서는 저지대 독일어 방언(Low German dialect)을 썼다. 각 지역들 간의 차이로 인해 일반화가 어렵지만, 다음과 같은 간략한 요약이 종교개혁 운동들이 발전한 배경을 이해하는 데 도움이 될 것이다. 각 지역들의 정치적 연합은 불안한 상태였으며, 주로 칼 5세 개인에게 의존했다. 집중화된 관료정치가 존재했지만, 그의 통치 내내 각 지역 정부들은 자신들의 관습과 특권을 위해 종종 중앙 정부의 정책들을 반대하였다. 더 나아가서, 프랑스와의 전쟁과 같은 경우, 저지대 국가들에게 더 많은 세금을 부과하는 재정적 노력을 벌임으로써 그들의 불만이 증가하였고, 오스트리아의 섭정 마가렛(Margaret)은 1522년과 1525년에 반란을 두려워할 정도로 상황이 불안해졌다.

찰스 5세의 통치가 끝날 때쯤, 네덜란드는 반란 직전의 상황이었다. 프랑스 및 이탈리아와 벌인 전쟁 비용을 충당하기 위한 지나친 과세, 백성들을 억눌렀던 스페인 군대의 압제, 이단재판소로 인해 박탈된 권리와 자유, 가격 폭등, 겐트(Ghent)와 레이든(Leiden) 등 한 때 흥왕했던 도시들의 쇠퇴, 지방 정부들의 영향력 감소 등의 상황으로 인해 네덜란드인들은 불만이 가득했다. 찰스 5세가 브뤼셀에서 자신의 퇴위를 알릴 때까지, 네덜란드에서 합스부르그 가문의 정치 체계는 무너지기 직전이었다. 몇 년 후, 종교적 사회적 정치적 문제들이 서로 뒤얽히면서 네덜란드는 80년간의 시민적 종교적 국가적 전쟁에 휘말렸다(Koenigsberger, 1990:355-8). 북부 지역은 1648년 베스트팔리아 조약(Treaty of Westphalia)에 의해 연방 공화국(Republic of the United Provinces)으로 독립하였다.

네덜란드가 찰스 5세에게 복종한 것은 그가 황제이자 스페인의 왕이었기 때문이었다기보다는 그를 자신들의 영토의 군주로 인식했기 때문이었다. 찰스에 대한 개인적인 충성 그리고 스페인의 통치하에서 이 작고 다양한 지역에 온전한 군주제를 확립하지 못한 실패 등의 중요한 원인들로 인하여 찰스의 아들 필립 2세(Philip II)는 다음 세대에 여러 어려움에 부딪쳤다. 스페인 출신으로 (프랑스어도 플랑드르어도 말하지 못했던) 필립 왕을 네덜란드 사람들은 외국인으로 여겼다. 프랑스의 위그노 교도들은, 그들이 왕권과 연관된 종교적 억압에 저항했다는 이유에서, 국가적 연합을 저해하고 내전을 촉진한 집단으로 묘사될 수 있을 것이다. 이와 반대로 네덜란드의 칼빈주의자들은, 외국의 점령 세력으로서 정치적 경제적 종교적으로 억압했던 스페인의 통치에 저항했다는 점에서 애국자들로 여겨질 수 있었다.

이단을 제거하고자 했던 찰스 5세의 진정한 소망은 결코 의심되지 않았으나, 그것이 철저하고 일관되게 실현되기란 쉽지 않았다. 대부분 경건한 가톨릭교도였던 지역의 권력자들은 자신들의 권리와 특권을 침해할지도 모르는 반(反)이단 법률 제정에 주저했다. 뿐만 아니라-에라스무스의 나라이자 새로운 경건(Devotio Moderna) 운동의 중심지였던-네덜란드 사회의 도시성과 높은 교육 수준은 지역의 권력사들로 하여금 이단과 저항(dissent)을 구별하도록 도왔다. "이단이 나타나서 군주의 바람대로 가혹하게 처벌받는 악한 집단으로 정죄받는 일은 인위적이고 유동적으로 이루어졌다. 많은 지도자들은 정부가 '이단'이라고 판단한 사람들의 오류들 속에서 자신들의 견해와 비슷한 부분을 발견했던 것으로 보인다"(Pollmann 2006:81-2).

경제적인 관점에서 볼 때, 상인들과 해상 도시들은 종교개혁을 받아들였던 독일과 발트(Baltic)해 지역들과 상업적인 관계를 가지고 있었으며, 따라서 그러한 지역으로부터 온 개신교 상인들에 대한 억압 조치들에 반대했다. 바다를 통해 자유롭게 출입할 수 있었기 때문에 사람들은 종교개혁이 영국과 프랑스에 끼친 영향력에 대해서도 소식을 들을 수 있었다.

1. "루터주의 분파"

앤트워프의 어거스틴파 수도사들은 1522년에 이미 "루터주의 분파"로 불렸다. 그 후 이러한 묘사와 관련된 다양한 변형들이 정부 문서들에 자주 나타났으며, 그에 따라 이러한 움직임을 하나의 통일된 운동으로 제시하는 잘못을 범했다. 정부가 하나의 조직화된 루터파 운동을 인정했다는 사실이 구경꾼들의 눈에는 보일지 모르나, 그럼에도 불구하고 보름스 칙령(edict of Worms)을 시행하기 위한 억압적인 활동들이 이어졌다. 평신도들은 공인되지 않은 설교를 들을 수 없었고, "비밀 집회"는 엄격하게 금지되었다.

그 결과 네덜란드의 초창기 복음주의자들은 숨어서 활동해야 했다. 그들은 "안전한 집"에서 그리고 마을 바깥의 들판에서 소그룹으로 만났다. 이러한 은밀한 모임들은 "학교들"로 묘사되었는데, 이는 아마도 바깥사람들의 눈에 그러한 모임들이 이단적인 가르침을 전하고 있는 것으로 보였기 때문이었을 것이다. 이러한 모임들에서는 성경을 공부하고 교리를 가르치며 때로는 설교를 듣는 활동이 이루어졌다. 플랑드르 시골 지역에서는 관심 있는 사람들과 때로는 성직자들까지도 미사가 끝난 후 마을의 선술집에 모여 성경본문을 가지고 토론하였다.

이러한 상황을 고려해 볼 때, 일종의 연회가 열려 사람들이 교황과 미사와 연옥을 조롱하는 노래들을 불렀다는 사실은 그다지 놀랍지 않다. 가톨릭 시인 안나 베인스(Anna Bijns)는 "선술집에서 사람들이 한 손에는 복음서를 다른 한 손에는 맥주를 들고 성경을 읽는다"며 불평했다(Duke 1992:152).

초창기 복음주의자들이 고민했던 문제는 어떻게 하면 분리주의에 호소하지 않으면서 복음이 공개적으로 선포하는 내용을 유지할 수 있는가 하는 것이었다. 그들은 루터가 분파주의에 반대한 것을 잘 알고 있었다. 하지만 복음주의적인 성직자를 교회 안에 세울 수 없으며 이단재판소가 복음주의자들의 존재 자체를 위태롭게 만들고 있다는 사실이 분명했다. 네덜란드 복음주의자들은 박해로 인해 분리주의로 기울어지고 있었다.

2. 저항 운동

기존의 교회를 개혁하는 일이 가로막힘으로 인해, 이제 복음주의자들은 멜키오르 호프만(Melchior Hoffman)의 선포, 즉 참된 신자들은 세상으로부터 분리해야 하며 신자의 세례를 통하여 그리스도를 받아들여야 한다는 주장에 이끌렸다. 1530년 여름, 호프만은 동부 프리슬란드(Friesland)로 돌아와 얼마 후 엠덴(Emden)에서 성인들에게 세례를 시행했다. 호프만의 추종자들은 그의 가르침과 묵시적 기대를 저지대 국가들 전역에 퍼트렸으며(Deppermann, 1987:74-5), 그 과정에서 미래에 지도자가 될 두 명의 인물, 레바르덴의 오베 필립스(Obbe Philips of Leeuwarden)와 할렘의 얀 마티스(Jan Mathijs of Haarlem)를 얻었다.

뮌스터(Münster) 재앙과 관련하여 마티스가 수행했던 역할은 이미 앞에서 논의되었다(참고, 8장). 흥미롭게도, 마티스가 1533년 말 암스테르담에서 했던 활동은 로트만(Rothmann)의 작품 『두 가지 성례의 고백』(*Confession of the Two Sacraments*)의 자극을 받았던 것으로 보인다. 네덜란드 예언자들이 뮌스터에서 재세례파를 자극했다기보다는, "뮌스터 종교개혁의 급진적 전환이 네덜란드 내에서 재세례파에 불을 붙였다"고 말하는 것이 보다 정확해 보인다(Stayer, 1990:136). 네덜란드에서 뮌스터로 수많은 사람이 이주하려고 시도했던 일은, 네덜란드의 사회적 종교적 불행이 세상의 종말에 대한 징조로 해석되었고 마티스가 뮌스터를 새 예루살렘으로 선포했던 상황에서 발생하였다. 뮌스터를 향해 출발했던 많은 사람들 중 대부분은 권력자들에 의해 해산되었다. 권력자들은 그들의 재산을 몰수했지만, 그들을 죽이지는 않았다. 뮌스터의 전투주의(militantism)는 비폭력을 주장한 오베 필립스가 이끌었던 네덜란드 재세례파로부터 점점 더 많은 의심을 받았다.

하지만 뮌스터의 유산은 여전히 남아 있었다. "새로운 다윗"으로 칭했던 얀 반 바텐부르그(Jan Van Batenburg, 1495-1538)의 지도하에 "바텐부르그파들"은 네덜란드 북동부 지역에 있는 교회와 수도원들을 약탈하고 파괴했다. 처음에 이들은 불경한 자들을 파괴함으로써 임박한 하나님의 통치가 이 땅 위에 이루어질 것이라고 믿었다. 하지만 바텐부르그가 처형당한 후, 이 일당은 종교적이기보다는 범죄적인 강도떼로 전락했다.

메노 시몬스(Menno Simons, 1496-1561)는 네덜란드 재세례파의 무질서를 다루었다. 서부 프리지아(West Frisia) 출신의 성직자 메노는 성경과 성례에 대한 복음주의적인 사상으로부터 영향을 받았으며, 뮌스터의 비극을 경험한 후 1536년에 자신의 교구를 포기하고 재세례파 교도들을 이끄는 일에 헌신하였다. 그의 『근본서』(*Foundation Book*, 1540)는 십자가 아래에 놓여 있는 교회를 위한 자신의 공동체주의적인 신앙을 요약하였다. 그는 홀란드(Holland, 1541-3)에서 사역했으며, 그 후에는 동부 프리지아의 엠덴 주변에서 활동했다. 엠덴에 있는 루터파 교회의 목사였던 폴란드 출신 개혁가 얀 라스키(Jan Laski, John a Lasco)는 1544년 메노의 추종자들을 가리켜 "메노주의자"(Mennonites)라는 이름을 붙였다. 라스키는 이처럼 잠잠한 재세례파들이 가혹한 박해로부터 면제되어야 한다고 생각했다.

메노가 죽은 뒤, 그의 추종자들은 제자도를 위해 요구되는 권징의 정도를 놓고 분열했다. 이 시기에 이르러 그들의 강조점은 종말론적인 기대에서 엄격한 도덕성을 통해 나타나는 공동체의 거룩성으로 바뀌었다. 교회의 권징을 강조함으로 인해, 출교당한 남편이나 아내와의 관계를 배우자가 끊어야 하는가의 문제를 놓고 논쟁과 분열이 발생했다. 택함받은 보이지 않는 교회의 표본으로서 분리주의 재세례파 회중들을 보존하려는 목적에서 권징이 시행되었지만, 장로들이 서로를 출교시킴으로 인해 오히려 분열이 조장되었다. 북부 지역들이 독립된 후, 메노주의자들은 상업적인 문화에 성공적으로 적응했다. "무기를 소지하지 않고 맹세를 하지 않는 등 보다 넓은 사회에 대해 적대적이었던 이전의 태도들은 관용된 비국교도들(tolerated nonconformists)의 악의 없는 분파적 특징이 되었다"(Stayer, 1990:142).

3. 칼빈주의의 등장과 스페인의 대응

가톨릭이 추진하던 반(反)-종교개혁(Counter-Reformation)으로 인해 1540년대에 종교적 억압이 강화되어 다시 활발해졌다. 루뱅(Louvain)의 가톨릭 신학자들은 정통 신앙에 대한 간략한 진술과(1544), 상세한 금서 목록을 발표했다(1546). 중앙 정부는 이단재판소를 강화시켰으며, 이단재판소의 칙령은 점점 더 엄격해졌다. 1550년에 발표된 한 칙령은 다음과 같이 선언했다.

> 마르틴 루터, 요하네스 오이코람파디우스(Johannes Oecolampadius), 울리히 츠빙글리, 마르틴 부처(Martin Bucer), 존 칼빈, 기타 거룩한 교회가 정죄한 그 어떤 이단자의 글이나 책을 출판하거나, 필사하거나, 재생산하거나, 보관하거나, 숨기거나, 팔거나, 사거나, 전달하는 자는 그 누구를 막론하고 처벌한다(Iserloh et al. 1986:398).

황제는 그러한 이단자들의 추종자가 설교하는 모든 모임을 금지하였고, 그러한 일에 연루된 사람은 죽게 될 것이라고 선포했다. 유죄 판결을 받은 여인들은 자신들의 입장을 취소하지 않을 경우 화형에 처해졌고, 취소할 경우에는 산 채로 매장되었다. 1540년부터 1570년 사이에 처형된 사람들 중 대다수는-적어도 1,500명은-재세례파들이었다(Stayer 1990:141). 제국의 칙령은 또한 심각한 박해에도 불구하고 네덜란드 지역에서 확산되기 시작했던 칼빈주의를 뿌리 뽑으려는 의도로 발표되었다.

칼빈주의가 네덜란드에 유입된 것은 주로 암스테르담의 상업 지역과 프랑스 회중들의 영향을 받은 플랑드르 지역에서 집중되었다. 개혁주의 운동의 남부 중심지는 앤트워프였다. 북부 중심지는 동부 프리지아의 항구 마을인 엠덴이었는데, 이곳은 "북부의 제네바" 및 네덜란드 칼빈주의의 "모교회"로 알려지게 되었다(Schilling 1991:46). 네덜란드 지역에서 칼빈의 영향력은 그 자신의 개인적인 관계들과 제네바 아카데미를 통해 확산되었으며, 서신 교환을 통해 유지되었다. 뿐만 아니라 칼빈의 영향력은 런던, 엠덴, 프랑크푸르트(Frankfurt), 하이델베르그(Heidelberg) 등지에 있는 개혁주의 공동체에 머물던 피난민들 사이에서 점점 커져갔다. 이 피난민들은 목사들을 훈련하여 파송할 뿐 아니라 서적을 출판하여 몰래 전달해 줌으로써 고국의 지하 교회들을 도왔다.

몇몇 초창기 네덜란드 칼빈주의자들은 지나치게 용감했으며 결국 그 대가를 치루었다. 1554년 성탄절에 투르네(Tournai) 성당에서 베르트랑 르 블라스(Bertrand Le Blas)는 "교황의 우상숭배"에 반대하는 의미로 사제의 손에서 성체를 빼앗았다. 화형 당하기 전, 그의 양손은 잘려 나갔다. 겐트(Ghent)에서 게오르게스 카텔린(Georges Kathelyne)은 도미니크 수도회의 설교자를 방해하고 그를 거짓 선지자로 부른 행위로 인해 1555년 처형되었다. 칼빈주의에 끌렸던 대부분의 사람들이 훨씬 더 신중했다는 점은 칼빈의 논문들을 포함하여 수많은 반(反)-니고데모주의(anti-Nicodemite) 작품들이 네덜란드어로 출판되었다는 사실에서 나타난다(Marnef 1994:148). 칼빈주의에 끌리면서 니고데모주의와 순교 둘 다를 피했던 많은 사람들은 외국으로 도망쳤고, 베젤(Wesel)과 엠덴 뿐 아니라 제네바, 스트라스부르그, 프랑크푸르트, 런던 등에서 피난처를 찾았다.

런던에 있던 피난민 교회는 1551년 자신들의 신앙에 대한 진술(Compendium doctrinae)을 에드워드 6세(Edward VI)에게 제출했다. 이 문서는 네덜란드에서 사용될 목적으로 네덜란드어로 번역되었다. 이것은 1561년에 벨직 신앙고백서(Belgic Confession)로 곧 교체되었다. 벨직 신앙고백서의 핵심 저자는 "네덜란드의 종교개혁가"로 알려진 기 드 브레(Guy de Brès)였다. 성경을 읽음으로써 회심한 후, 그는 1548년에 런던으로 온 피난민들에게 합류했다. 1552년, 그는 칼빈주의 교회들을 이끌기 위해 돌아왔다. 이전에 루터파들이 독일에서 그리고 위그노들이 프랑스에서 했던 것과 마찬가지로, 그와 그의 동료들은 칼빈주의가 선동적이지도 열광적이지도 않다는 사실을 권력자들에게 설득시키고자 했다. 이러한 목적을 위하여 그는 하나의 신앙고백서를 작성했는데(1559), 이는 같은 해에 만들어진 프랑스 신앙고백서를 거의 뒤따랐다. 1561년 루앙(Rouen)에서 출판된 초판의 대부분은 파괴되었다. 릴(Lille)에서 인쇄된 문서들은 네덜란드어로 번역되어 1562년 엠덴에서 출판되었다. 왕에게 바치는 편지가 첨부된 최초의 프랑스어판은 1562년 필립 2세(Philip II)에게 제출되었다. 정부를 향한 충성을 주장한 후, 이 편지는 다음과 같이 분명하게 고백했다.

> [그리스도를 부인해야 한다면] 차라리 우리의 등이 매를 맞고, 우리의 혀가 뽑힘을 당하고, 우리의 입이 재갈을 물고, 우리의 몸이 불에 타는 것을 택하겠습니다. 왜냐하면 우리는 누구든 그리스도를 따르려거든 자기 십자가를 지고 자기를 부인해야 한다는 사실을 알기 때문입니다(Cochrane 1966:186).

필립은 이러한 호소에 전혀 설득되지 않았다. 1566년에 그는 교황을 다음과 같이 안심시켰다.

> 종교와 하나님에 대한 섬김에 조금이라도 손상을 입는다면, 저는 차라리 제가 다스리는 모든 지역을 잃고 백번이라도 죽겠습니다. 왜냐하면 저는 이단자들의 통치자가 되고 싶은 마음이 전혀 없기 때문입니다(Koenigsberger 1994:180-1).

자신이 설교자로 사역하던 발렌시엔(Valenciennes)이 1567년에 점령당했을 때, 드 브레는 처형되었다. 하지만 벨직 신앙고백서는 이미 1566년 앤트워프 총회에서 수용되어 칼빈주의자들의 신앙적 연대를 공고히 만들었다.

벨직 신앙고백서는 스페인의 가톨릭주의에 반대했던 네덜란드의 개혁 교회와 귀족 사이의 동맹관계를 발전시켰다. 귀족들은 스페인으로부터의 독립을, 개혁주의자들은 교황청으로부터의 독립을 원했다. 이에 따라 신앙고백서의 제 36항은 시민들의 의무가 "모든 면에 있어 하나님의 말씀에 위배되지 않는" 지도자들에 복종하는 것이며, 지도자들의 의무는 "거룩한 사역을 보호하고…모든 우상숭배와 거짓된 예배를(이는 로마 가톨릭을 가리키는 내용이다!) 물리치는 것"이라고 선언한다. 이 조항은 재세례파 및 "권력자들과 지도자들을 거부하는" 모든 사람들의 오류를 정죄하며 끝을 맺는다(Cochrane 1966:217-18).

벨직 신앙고백서는 또한 교회에 대한 칼빈주의자들의 이해에 한 가지를 첨가했는데, 그것은 권징(discipline)이었으며 이는 훗날 논쟁거리가 되었다. 제

29항은 복음의 선포 및 성례의 시행과 더불어 참된 교회를 구별하는 세 번째 표지로 교회의 권징을 첨가했다. 크루(Crew 1978:58)의 주장에 따르면, 목사들과 사람들에 의해 실행되는 권징은 단순히 개혁주의 교회를 일관되게 조직하기 위한 수단 정도가 아니었다. 권징은, 특히 목사들에게 있어서, 가톨릭 사제들의 마술적인 분위기와 분파주의 설교자들의 기괴하면서도 카리스마적인 성향 모두에 반대한다는 증거였다. "새로운 목사들은 교육가로서, 행정가로서, 그리고 조직가로서 행동해야 했다. 하지만 무엇보다도 그들은 가톨릭 이교도주의와 분파주의 개신교에 맞서 개혁주의 예배의 순수성을 증거해야 했다." 새로운 교회는 설교와 모범적인 윤리를 통해 진정성을 인정받아야 했다. 벨직 신앙고백서는 베젤 총회(Wesel, 1568)와 엠덴 총회(Emden, 1571)에서 채택되었다. 1619년 이후로 이 신앙고백서는 홀란드, 벨기에, 미국에 있는 네덜란드 개혁교회의 교리적 기준이 되었다.

스페인에 반대하는 정치적 저항은 홀란드, 젤란드, 위트레히트(Utrecht)의 통치자였던 나사우와 오렌지의 윌리엄(William of Nassau and Orange, 1533-84)을 중심으로 세력을 규합했다. 1565년, 300명의 귀족들로 구성된 동맹은 필립을 대신해서 다스리던 그의 여동생 파르마의 마가렛(Margaret of Parma)에게 이단재판소를 폐지하고 관용적인 종교 정책을 취하라고 요청했다. 분명하게 위험했던 상황에서 그녀는 모호한 유화 정책을 위해 노력했고, 이로 인해 엄격한 이단 법률들이 완화될 수 있을 거라는 소망이 생겼던 것이다. 하지만, 탄원서를 제출한 귀족들은 "거지들"로 불리며 경멸적으로 거부되었다. 그들은 "거지들"이라는 명칭에 분노하였고, 곧이어 성상과 교회를 파괴하는 반란이 널리 확산되었다. 기적의 해(Wonderyear)로 알려진 1566년, 이처럼 폭력적인 "성상파괴 운동은 유럽의 종교개혁 역사에서 전례가 없을 정도의 특징과 규모로 커졌다"(Benedict 2002a:182). 이에 대한 반응으로 필립 왕은 알바 공(公)(duke of Alva, 1508-82)과 20,000명의 부대를 보냈다. "철의 공작"으로 불렸던 알바는 1567년 8월 22일에 브뤼셀에 입성했고, 오직 공포적인 통치만이 네덜란드인들을 굴복시킬 것이라고 확신했다. 네덜란드 사람들이 "피의 의회"라고 불렀던 알바의 "문제자들의 의회"는 신속하게 귀족들을 포함하여 이단의 혐의가 있는 사람들 수백 명을 투옥시켰고, 수천 명을 처형했으며, 엄청난 세금을 그들에게 부과했다.

네덜란드 사람들의 저항은 영국의 엘리자베스 여왕에게 동정심과 어느 정도의 후원금을 불러 일으켰지만, 효과적인 도움은 전혀 오지 않았다. 독일 군주들에 대한 호소 역시 소용없었다. 그들은 네덜란드의 상황에 동정심을 가지면서도 제국 안에서 최근에 수립된 아우구스부르그 평화협약(Peace of Augsburg)을 깨트리려 하지 않았다. 위그노들의 도움이 라 로셀(La Rochelle, 1571)에서 프랑스 개신교 군주들 사이에서 논의되었지만, 이 역시 성 바돌로매 축일 대학살로 인해 무산되었다. 오렌지의 윌리엄과 그의 형제 루이스(Louis)는 따라서 당시 칼빈주의가 크게 성장하고 있던 북부 지역들을 의지했다. 이 지역으로부터 유명한 "바다 거지"(Sea Beggars) 함대가 스페인 상선을 습격하고, 해안 도시들을 점령했으며, 심지어 자위더르 바다(Zuiderzee)에서 스페인 해군을 격파하기까지 했다. 스페인에 대항해 싸우겠다는 북부 지역들의 결심은 스페인 군인들을 겨냥하여 기꺼이 댐을 열었던 모습에서 드러났다. 네덜란드의 애국심과 칼빈주의의 결합은 바로 이 투쟁 중에 일어난 일이었다.

군사적인 투쟁은 엎치락뒤치락 했다. 1580년, 필립 왕은 윌리엄 공(公)을 범법자로 선언했고, 누구든 그를 산 채로든 죽은 채로든 사로잡는 자에게 보상하겠다고 제안했다. 이러한 선언의 결과, 백성들은 윌리엄 공을 더 소중하게 여겼다. 1580년 12월 델프트(Delft)에서 열린 국회에서 필립의 개인적인 공격에 직면했을 때, 윌리엄 공은 스페인 왕의 통치권 남용을 공개적으로 비난함으로써 자신의 명예를 지켰다. 윌리엄의 이 행위는, 무책임한 통치자를 제거할 도덕적 권리와 의무가 백성들에게 있다는 위그노 작품 『독재자를 반대함』(*Vindicae contra tyrannos*, 1579)의 주장을 처음으로 실천한 것이었다(Grimm 1973:363; Garnet 1994:lxx, 137-8). 그 결과로 나타난 위트레히트 연방(Union of Utrecht)에는 북부의 일곱 지역인 홀란드, 젤란드, 위트레히트, 겔더란드(Gelderland), 그로닝겐(Groningen), 프리슬란드(Friesland), 오버뤼셀(Overyssel)이 가입되었다.

오렌지의 윌리엄은 1584년 7월, 필립 왕의 지지자에 의해 암살당했다. 윌리엄은 남부와 북부 지역들의 연합을 유지할 수 없었다. 그의 아들 나사우의 모리스(Maurice of Nassau)는 북부 지역의 반란을 계속해서 이끌었다. 항해 기술을 바탕으로 강해진 북부 지역들의 경제적 힘에 더하여, 남부 지역에 있던 수많은 종교적 피난민들로부터 개인적이고 재정적인 지원이 추가되었다. 스페인이 다시 정복하여 가톨릭화를 추진했던 기간 동안, 100,000명의 사람들이 남부 지역을 떠나 북쪽으로 이동했던 것으로 추산된다. 이러한 이동을 일으킨 요인에는 종교적인 동기 뿐 아니라 경제적인 동기도 있었다. 하지만 그 동기가 무엇이었든 간에, 이 일로 인하여 "개혁주의 신앙을 가지고 있던 사람들의 신념이 강화되는 결과만 초래되었을 뿐이었다."

종교적 피난민들은 구약 성경에 나오는 선택과 출애굽의 이미지를 바탕으로 스스로를 이해하였고, 자신들의 성공을 하나님의 섭리 및 새 언약의 증거로 보았다. 개혁주의 상인들과 목사들이 경험한 이러한 출애굽과 이주는 "당시에 같은 신앙을 가졌던 사람들 대부분보다 더 크게 이루어졌으며, 칼빈주의가 국제적인 특성을 갖게 된 중요한 요인이었다"(Grell 1994:257-8, 273). 종교개혁 이전부터 성찬형식주의(sacramentarianism)적인 성향을 가지고 있던 네덜란드 사람들로서는 성찬에서의 실제적 임재를 강조하는 루터교의 형식보다는 칼빈주의적인 종교개혁을 받아들이기가 더 쉬웠을 것이라는 주장도 있었다(Williams 1992:96-9). 아마도 더 중요한 요소는 국가적이고 지역적인 경계를 뛰어넘는 견고한 조직과 국제적인 연대에 뿌리내렸던 칼빈주의의 더 강한 역동성과 유연성이었을 것이다(Marnef 1994:158).

1601년, 국회는 네덜란드 동인도 회사(Dutch East India Company)를 설립했으며, 이 회사는 네덜란드 연방(United Provinces)이 강력한 식민 세력으로 발전하는 기반이 되었다. 1609년에 체결된 12년 휴전 협정(Twelve Years' Truce)으로 인해 북부 지역들은 정치적 경제적 독립을 더욱 추진할 수 있게 되었다. 스페인 군대가 전쟁을 재개했지만, 그때는 이미 스페인의 무적함대가 대패한(1588) 이후였고, 네덜란드는 스스로를 지킬 만큼 충분한 힘을 갖추고 있었다. 1648년 베스트팔리아 조약(Treaty of Westphalia)에서 연방 공화국(Republic of the United Provinces)의 독립은 국제적인 인정을 받았다.

4. 경건한 사회?

프랑스의 위그노 형제들의 운명과 비교해 볼 때, 네덜란드 공화국에서의 칼빈주의 종교개혁은 분명코 성공적이었다. 종교개혁가들은 여러 세력들과의 싸움에서 승리를 거두었다. 홀란드와 젤란드를 연합시킨 1576년의 조약에서, 오렌지의 윌리엄 공은 "개혁주의적이고 복음주의적인 종교를 유지하고 지키며, 복음에 위배되는 다른 종교들을 제거할" 의무를 부여받았다(Tracy 1993:487). 이전에 "십자가 아래에 놓여 있던 교회"가 이제는 공적으로 인정되었을 뿐 아니라 새로운 주류 세력이 되었다. 하지만 종종 박해보다 성공이 더 다루기 어렵다. 신앙이 고난을 통해 입증된다고 한다면(칼빈,『기독교 강요』III, 8:7), 번영의 결과는 무엇일까?

목사들에게 있어서 이에 대한 해답은, 교회의 세 번째 표지인 권징을 통하여 경건한 사회를 형성하는 것이었다. 교회의 권징의 핵심은 성찬에 참여하지 못하게 하는 것이었다. 하지만 이 점에 있어 목사들은 자신들이 자유롭지 못하다는 사실을 곧 발견했다. 오렌지의 윌리엄 공은 스페인에 대한 반란이 일종의 종교적인 십자군으로 바뀌는 것에 반대했으며, 네덜란드 공화국 내에서 관용적인 환경을 만들기 위해 힘썼다. 그 결과, 루터파, 메노주의자, 다양한 반대 집단들, 심지어는 가톨릭교도들까지, 모두가 자신들만의 예배를 드릴 수 있었다. 이처럼 다원적인 상황에서 교회 권징을 시행하는 것은 어려운 일이었다.

목사들이 보기에 훨씬 더 심각한 현상은, 많은 사람들이 예배에는 참석하면서도 개혁주의 교회의 성찬 회원이 되지 않았다는 사실이었다. 칼빈주의자들이 "방종주의자"(libertine)라고 불렀던 이러한 사람들은 새롭게 확립된 종교 기관들에 대한 열정이 확실히 부족했다. "방종주의자"들은 칼빈주의자들의 권징적 관심사들에 맞서 "오직 성경," "오직 믿음," "복음적 자유" 등의 종교개혁 표어들을 사용하는 일에 주저함이 없었다. 그들은 교회의 권징을 가톨릭주의와 연관시켰으며, 권징을 "교황의 멍에의 잔여물"로 비난했다. 그들이 스페인의 이단재판소를 제거하기 위해 투쟁했던 것은 일종의 제네바식 이단재판소로 대치하기 위해서가 아니었다(Kaplan 1994; Pettegree 1994).

억압으로부터의 자유는 또한 칼빈주의 내부에서 다양한 신학 논쟁들이 발생하도록 허용했다. 이러한 논쟁들 중 가장 대표적인 것은 고마루스주의자들(Gomarists)과 아르미니우스주의자들(Arminians) 사이에서 시작하여, 도르트 총회(synod of Dort, 1618-19)에서 결론이 내려질 때까지 계속되었던 예정 논쟁이었다. 개혁주의 교회 내에 존재한 이러한 모든 가시들은 국가적인 차원에서 뿐 아니라 지역적이고 도시적인 자치와도 지속적으로 연결되었다. 국가적이고 종교적인 연합은 하나의 신념이었다기보다는 생존을 위해 요구되던 일종의 필요였다(Rowan and Harline 1994:78-9; Tracy 1993:489, 508). 1591년에 제안된 교회법은 국가에서 승인되지 않았다. 그 결과 놀라운 정도의 종교적 자유가 네덜란드 공화국 내에서 발전하였는데, 이는 계획된 현상이라기보다는 교회와 국가가 "서로간의 최선의 노력에도 불구하고 연합을 위한 새로운 전제들에 동의하지 못한" 결과로 나타난 현상이었다(Tracy 1993:490).

Suggestions for Further Reading

Phyllis Mack Crew, *Calvinist Preaching and Iconoclasm in the Netherlands, 1544–1569.* Cambridge: Cambridge University Press, 1978.
Alastair Duke, *Reformation and Revolt in the Low Countries.* London: Hambledon, 1990.
Alastair Duke, "The Netherlands," in Pettegree 1992: 142–65.
Irwin Horst, ed., *The Dutch Dissenters: A Critical Companion to their History and Ideas.* Leiden: E. J. Brill, 1986.
Geoffrey Parker, *The Dutch Revolt.* Harmondsworth: Penguin, 1990.
Andrew Pettegree, *Emden and the Dutch Revolt. Exile and the Development of Reformed Protestantism.* Oxford University Press, 1992.
Judith Pollmann, "The Low Countries," in Ryrie 2006a: 80–101.
Heinz Schilling, *Civic Calvinism in Northwestern Germany and the Netherlands.* Kirksville: Sixteenth Century Journal Publishers, 1991.
Joke Spaans, "Reform in the Low Countries," in Hsia 2004: 118–34.

제13장

영국과 스코틀랜드에서의 종교개혁
(The Reformations in England and Scotland)

> 리들리, 기뻐하게. 그리고 당당하게. 확신하건대, 하나님의 은혜에 힘입어
> 오늘 우리는 영국에서 결코 꺼지지 않을 촛불을 밝힐 걸세.
> 화형대에서 라티머(Latimer)가 리들리(Ridley)에게

최근 몇 년간, 영국과 스코틀랜드와 아일랜드의 종교개혁에 대한 역사적 연구들은 수정주의적인(revisionist) 평가와 후기-수정주의적인(post-revisionist) 평가의 물결로 인해 크게 발전했다(Collinson 1997; Shagan 2003:1-25). 수정주의자들은 '일반 백성들이 가톨릭 신앙에 깊이 잠겨 있었으며, 전반적으로 가톨릭 신앙을 포기하고 싶어 하지 않았던 사람들에게 종교개혁이 강요되었다'고 강조한다. 이처럼 수정주의자들은 '대중들이 복음주의적 사상들을 신속하게 수용한 것'으로 영국 종교개혁을 묘사했던 디킨스(A. G. Dickens, 1991)와 같은 학자들의 오래된 견해에 반대하여, '위로부터의 개혁이 어려움 가운데 천천히 진행되었으며 엘리자베스(Elizabeth)의 통치 후반기에 이르기까지 결실을 맺지 못했다'고 주장한다. 종교개혁에 대한 대중적인 저항을 강조하는 수정주의자들의 해석은 더피(Duffy, 1992)를 비롯한 몇몇 학자들이 '이전의 연구에 대한 반(反)-가톨릭적 편견'이라고 보았던 것에 반대하며, 왕실

에 의해 강요된 개혁이 점진적으로, 심지어는 우발적으로, 진행되었다고 주장한다. 진실로, 영국의 종교개혁을 연구하는 최근의 무리들은 역사서술적(historiographical)인 만큼이나 신앙고백적(confessional)인 경향을 가지고 있는 것으로 이해된다(Marshall and Ryrie 2002:3 n.4, 4). 헤이그(Haigh, 2004:141-2, 144)는 다음과 같이 주장한다.

> 영국에서 종교개혁은 조금씩 진전되었다. 20년 이상의 기간에 걸쳐, 한 번에 허용될 만큼 조금씩…영국의 종교개혁은 엄청난 대격변의 현상이었다기보다는, 마치 매달 조금씩 돈을 지불하는 할부금과 같아서, 그것이 종교개혁이었는지 분명하게 알아채기가 어려울 정도였다.

수정주의 역사가들은 이러한 점진적인 특성을 군주들과 연결시켰는데, 군주들의 죽음으로 인해 "우발적인 종교개혁"이 촉진되었다. 노만 존스(Norman Jones)의 말을 빌리자면(Carlson 1998:280), "영국에서 옛 신앙은 한 번의 근본적인 수술로 제거된 것이 아니라, 수천 번의 베인 상처로 인해 죽음을 맞이한 것이었다."

알렉 라이리(Alec Ryrie, 2006b:124-5)는 어떠한 이유에서 이처럼 영국의 종교개혁에 불균형할 정도로 많은 역사적 관심이 집중되었고 그 결과 그것이 실제의 모습보다 더 중요하게 보이게 되었는지의 요인들을 다음과 같이 지적했다. 영국이 19세기와 20세기에 강대국이었기 때문에 16세기에도 그만큼 중요한 나라였을 것이라는 가정, 오늘날 영어가 중심 언어가 됨으로써 영어를 사용하는 역사가들이 다른 언어를 배우는 것을 힘들게 여긴 나머지 영국과 관련된 자료를 연구하기로 선택한 결정, 그리고 몇몇 주도적인 역사가들의 "당파적인 종교적 신념" 등이 영국의 종교개혁에 역사가들의 연구를 집중시킨 요인이었다.

> 영국과 아일랜드의 종교개혁에 대한 역사 연구는 빽빽한 수풀일 뿐 아니라, 날카로운 수풀이기도 하다. 이것은 너무나 많은 역사가들이 너무나 좁은 공간 안으로 밀고 들어오기 때문일 뿐 아니라, 심지어 오늘날까지도 토론이

학문적이기보다는 역사가 자신들의 숨은 동기에 의해 주도되기 때문이다….

오늘날의 학자들은 "법령"을 통하여 교회의 권위를 혁명적으로 바꾸었던 튜더 왕들의 큰 역할을 계속해서 인정하면서도(Brigdon 1992:216), 사회적이고 종교적인 연구들을 바탕으로 이전의 일방적인 정치적 해석을 수정한다. 국가의 문서들 바깥에 있는 자료들이 보여주는 바, 영국도 스코틀랜드도 유럽 대륙의 종교개혁으로부터 고립되어 있지 않았으며, 종교개혁 사상들이 시작하여 발전된 것 역시 오로지 왕실의 활동에만 근거한 것이 아니었다. "기본적으로 1520년대와 1530년대의 초기 영국 개신교도들은 루터파들이었다. 틴데일(Tyndale), 반즈(Barnes), 크랜머(Cranmer), 20대 초의 젊은 케임브리지 학자들, 카버데일(Coverdale) 및 여러 성경 번역가들, 대륙과 밀접한 관계를 가지고 있었던 많은 선전가들이 초창기의 개신교 운동을 주도했다…심지어 국가적인 개혁을 주도한 최초의 위대한 행정가 토마스 크롬웰(Thomas Cromwell)조차도 냉정하지만 분명하게 루터파와의 관련성을 보여주었다"(Dickens 1991:13, 82; Clebsch 1964). 영국의 종교개혁과 관련하여 각각 정치와 종교에 우선순위를 두는 이러한 대립적인 관점들로 인해 활발한 학문적 논쟁이 계속되고 있으며, 이는 의심할 여지없이 앞으로의 해석적 연구들에 영향을 끼칠 것이다 (O'Day 1986; Seaver 1982; Dickens 1987; Haigh 1993:335-42).

1. 반(反)-성직주의 및 루터파적인 출발

논쟁이 되는 쟁점 중 하나는 종교개혁 직전의 영국 교회의 상황 및 반(反)-성직주의가 어느 정도로 어디까지 미쳤는가 하는 것과 관련된다. 영국의 해상 전통에 비유하며, 디킨스(A. G. Dickens)는 다음과 같이 생생하게 묘사한다.

> 1500-30년의 기간 동안 영국 교회는 새 시대의 폭풍을 이겨낼 만큼 잘 준비되지 않았다. 그것은 크기는 했으나 항해에 견딜 수 없는 오래된 배였다. 이

배의 나무들은 썩어 있었고, 그것의 거대조직은 적들의 공격을 받아 구멍이 뚫려 있었으며, 선원들은 불평하고 분열하며 심지어 폭동을 일으키기까지 했다. 바다를 살펴보는 사람은 시력이 좋지 않아 멀리 볼 수 없었고, 항해사들은 항해 기술이 부족했다. 만일 이러한 상황에서 왕이 친히 지휘하기로 결정했다면, 대부분의 영국인들은-심지어 대부분의 성직자들조차-그것에 반대하기보다는 환호를 보냈을 가능성이 크다. 영국의 왕들이 교회의 문제들에 관여하지 말아야 한다고 생각하는 사람들은 거의 없었을 것이다!(Hurstfield 1965:48)

앞으로 이어질 이야기는 디킨스의 영향을 많이 받은 것이긴 하지만, 헤이그(Haigh, 1987, 1993), 스케리스브릭(Scarisbrick, 1984), 더피(Duffy, 1992)가 주장한 반대 내용들 역시 다시 나타난다. 그들은 가톨릭주의가 "항해에 견딜 수 없는" 상태가 결코 아니었으며, 오히려 다가오는 종교개혁의 폭풍을 위해 잘 준비되어 있었다고 주장한다. 그들의 공통된 주장에 따르면, 종교개혁은 위에서 아래로 강요된 것이었지 일반 사람들로부터 유래한 것이 아니었다. 하지만 여전히 다음과 같은 질문이 제기된다. 만일 가톨릭주의가 그토록 인기 있었다면, 왕이 어떻게 개혁 프로그램을 추진할 수 있었을까? 옛 신앙을 향한 열심은 왜 그토록 효율적이지 않았을까? (Loades 1992:3-5; Marshall 2008:253-54) 어떻게 해서 엘리자베스의 통치가 끝날 때에 이르러 옛 신앙과 새 신앙 사이의 싸움이 아니라 새로운 헌신들 사이, 즉 잉글랜드 국교회와 청교도들 사이의 싸움이 된 것일까?

디킨스가 말한 "종교개혁의 폭풍"에는 영국만의 반(反)-성직주의가 들어 있었다. 이것은 존 위클리프(John Wyclif, ca. 1330-84)로부터 유래한 롤라드파(Lollardy)의 이단적 전통에 뿌리를 내리고 있었으며, 성직자의 부패와 성적 타락에 대한 분노로 인해 커졌다. 롤라드파가 보기에 가톨릭 예배 특히 미사는 미신이자 우상숭배였다(Hudson 1988; Aston 1984; Aston 1993:27-72; Brigdon 1992:86-106). 롤라드파는 그림자와 같은 공동체였다(Cosgrove 1993:573; Collinson 2002:209-35). 그들은 집에서 모였으며, 성경 읽기를 강조하는 일종의 지하 교회로 살아남았다. 성경 지식에 대한 그들의 강조로 인해-특히 영어로 기록된 성경에 대한 집착으로 인해-영어 성경은 1409년에 금지되기에 이르렀다. "'롤라드파의' 영어 성경을 작은 부분이라도 가지고 있는 사람"은 산 채로 화형당할 수 있었다. 하지만 영어 성경에 대한 대중들의 갈망이 너무 커서, 훗날 토마스 모어(Thomas More)는 "꼼꼼한 과정을 거쳐 선정된 사람들에게는 성경의 작은 부분들-예를 들어 여호수아서의 절반 정도의 분량을-대여할 수 있게 하자고 제안했다. 하지만 여러 사람들이 함께 모여서는 안 되었는데, 그럴 경우 누군가 성경 전체를 영어로 볼 수 있게 되기 때문이었다. 이러한 행위는 적발시 사형에 해당하는 범죄였다"(Daniell 2000:41).

물론 롤라드파에서만 반(反)-성직주의를 주장한 것은 아니었다. 종교개혁 직전, 세인트 폴(St Paul)의 인문주의 학장 존 콜렛(John Colet) 역시 자신의 취임 설교(1512년 2월 6일)에서 교구 성직자와 고위 성직자 모두를 비난했다. 교구 성직자들은 "사람들에게 부정한 돈만을 요구했으며" 고위 성직자들은 "명예와 자리에 대한 탐욕으로 가득 했다"(Dickens 1987:385). 명예를 탐욕스럽게 추구했던 대표적인 인물은 토마스 울지(Thomas Wolsey, ca. 1474-1530)였다. 그는 링컨(Lincoln)의 주교, 요크(York)의 대주교, 추기경, 교황의 대사, 영국의 대법관 등의 직책을 가지고 있었으며, 교회와 세속의 모든 권력을 독점하고 있는 것처럼 보였다. 울지의 강압, 교만, 폭정, 재물, 야심에 대한 대중적인 혐오는 반(反)-성직주의로 발전하여 모든 성직자에게까지 확산되었다.

이에 대한 가장 인상적인 비난은 런던의 법률가 시몬 피쉬(Simon Fish)가 쓴 악명 높은『거지들을 위한 간구』(*Supplication for Beggars*, 1529)에서 대표적으로 드러난다. 피쉬는 성직자들이 가난한 거지들을 약탈하는 부유한 거지들이라고 주장했다. 경제적인 약탈에 대한 이러한 비난은 성적인 악행에 대한 비난과 결부되었다. 성직자들은 "정말로…모든 사람들의 아내와, 모든 사람들의 딸과, 모든 사람들의 시녀와 관계를 맺고 있으며, 그 결과 음탕하고 추악한 행위가 모든 사람들을 다스린다…그들은 당신의 지역에서 수많은 게으른 창녀들을 만들었다"(Hillerbrand 1964:307-8). 교회의 재산이 몰수되고 성직자들이 일하게 되면, 왕과 국가가 번영할 것이라고 피쉬는 결론 내렸다.

아마도 옛 신앙에 대한 복음주의의 공격 중 가장 예리했던 것은 교회가 연옥 교리를 가지고 사람들을 바보로 만들었다는 비난이었을 것이다. "처음부터 개혁가들은 놀라울 정도로 단순하게 연옥이 존재하지 않는다고 주장했다. 중세 후기의 경건을 조직했던 원리 중 하나였던 엄청난 규모의 중보적인 노력은 순전히 사기로 치부되었다. 헨리 브링클로우(Henry Brincklow)가 통명스럽게 표현했듯이, 연옥에 있는 영혼들을 위한 미사와 기도는 '새똥이 바다에 떨어진 만큼의 효과밖에 죽은 자들에게 주지 못했다.' 복음주의 저자들과 설교자들은 연옥이라는 거짓된 조작을 통해 성직자들이 자신들의 주머니를 채우고 선한 그리스도인들로 하여금 가난한 자들을 향한 참된 자비를 베풀지 못하도록 방해한다고 주장했다"(Ryrie 2002b:103; 참고 Marshall 2002:53-64).

한 마디로 말해서, 종교개혁 전야가 되기까지 상당한 양의 반(反)-성직주의적인 자료들이 존재했으며, 초창기 개신교도들은 자신들의 유익을 위해 이러한 자료들을 주저하지 않고 사용하였다. 다른 사람들 중에서도 특히 루터의 영향을 받아, 초창기 개신교도들은 "잘못된 신학으로부터 필연적으로 잘못된 사제직이 발전했다"고 분명한 결론을 내렸다(Dickens 1987:399). 이러한 분석에 비추어 볼 때, 이에 대한 해결책은 도덕적인 개선이 아니라 신학적인 개혁이어야 했다.

콜렛과 에라스무스의 영향으로 확산된 새로운 학문에 대한 열심과 더불어, 이러한 영국적인 반감으로 인해 루터파적인 설교와 교리가 1520년경 영국에 쉽게 들어올 수 있었다(Hall 1979; Ryrie 2002a; Trueman 1994). 루터와 그의 작품들은 1521년 5월 12일에 정죄되었다. 바로 이 날, 런던의 세인트 폴(St Paul's) 교회에서 주교들과 귀족들로 둘러싸인 가운데, 추기경 울지는 루터의 파문을 선언했고 보란 듯이 그의 책들을 불태우는 의식을 치렀다. 로체스터(Rochester)의 주교 존 피셔(John Fisher)는 "아멘 합창"으로 화답했다. 피셔는 자신의 설교에서 교황의 수위권에 대한 루터의 비판 및 오직 성경과 오직 믿음이라는 표어들을 공격하였다. 울지는 곧이어 루터의 모든 작품들을 몰수하라는 명령을 발표했다.

루터에 대해 호감을 가졌던 최초의 사람들은 이 시기까지 케임브리지에 있는 백마 여관(White Horse Inn)에서 모였었는데, 이 장소는 "작은 독일"로 불렸다. 케임브리지 대학은 장차 영국 개신교의 지도자가 될 대부분의 사람들을 배출했는데, 그들 중 거의 모두는 순교하였다. 여기에는 저명한 고전 학자였던 로버트 반즈(Robert Barnes), 존 램버트(John Lambert), 존 프리스(John Frith),

훗날 대주교가 된 크랜머(Cranmer), 히스(Heath), 파커(Parker), 메이(May), 그리고 주교가 된 라티머(Latimer), 리들리(Ridley), 샘슨(Sampson), 샥스톤(Shaxton), 베일(Bale), 폭스(Foxe), 데이(Day) 등이 포함되었다(Rupp 1966:15-46).

루뱅(Louvain)에서 박사 학위를 받았던 어거스틴파 수도원장이자 케임브리지 모임의 지도자였던 로버트 반즈(ca. 1495-1540)는 1525년 크리스마스 이브에 행한 설교를 통해 처음으로 울지와 충돌하게 되었다. 비록 외형적으로는 이단이라는 명목이었지만, 반즈가 재판을 받은 실질적인 원인은 법률가들과 울지를 모욕했다는 이유였다.

울지는 반즈를 이단자로 화형시키는 일에 관심이 없었다. 그는 단순히 자신의 권위에 대한 복종을 원했을 뿐이었다. 런던의 어거스틴파 수도원에서 거의 3년간 "가택 연금"상태에 처해 있던 반즈는 자신이 처형당한다는 사실을 알게 되었을 때, 물에 빠져 자살한 것처럼 위장했다. 관리들이 반즈를 찾기 위해 1주간 강물을 수색하는 동안, 그는 네덜란드로 피신했다. 이곳으로부터 그는 1530년에 비텐베르그로 향했으며, 부겐하겐(Bugenhagen)과 함께 머무르며 루터와 멜랑히톤과 함께 일했다. 그가 비텐베르그에서 출판한 최초의 라틴어 작품은 최근에 작성된 아우구스부르그 신앙고백서(Augsburg Confession)가 나타낸 복음주의 신학을 뒷받침하는 교부 문헌 인용들로 구성되었으며, 여기에는 부겐하겐의 서문이 함께 실렸다.

그의 다음 작품 『헨리 8세에게 드리는 간청』(*Supplication to Henry VIII*, 1531)은 왕에 대한 자신의 충성심을 설득력 있게 고백했고, 교황과 교회의 세속적인 권력 행사를 공격했으며, 루터파 신학을 주장했다. 토마스 모어는 이 책에서 가장 위험한 내용이 교황 교회의 권위에 도전한 것이라고 생각했다. 수십 년 전의 프리에리아스(Prierias)와 마찬가지로, 가톨릭교회를 가장 고통스럽게 만들었던 요인은 오직 은혜로 인한 칭의 교리가 아니라, 교회의 절대주의를 훼손하는 일이었다.

반즈는 왕실의 통행권의 보호 하에 잠시 영국으로 돌아왔는데, 이 일은 토마스 모어를 분노케 만들었다. 반즈는 헨리 왕이 캐더린(Catherine)과 이혼하려고 하는 것에 루터가 반대한다는 견해를 왕에게 전달하였다.

왕은 자신이 결혼한 여왕과의 결혼생활을 유지해야 할 책임이 있으며, 그렇게 하지 않는다면 자신의 구원을 상실하며 영원한 정죄의 위협 아래에 놓일 위험이 있다(LW 50:39).

루터는 이전에 교환한 서신을 통해서도 헨리 왕의 호의를 받지 못했었는데, 이로 볼 때 헨리 왕이 루터의 메시지를 전달한 반즈를 비난했던 것은 놀랍지 않다. 어쨌든 반즈는 1532년 1월 독일로 돌아왔다. 1534년 8월부터 1535년 1월까지 그는 다시 영국에 머물면서 헨리 8세가 함부르크(Hamburg)와 뤼벡(Lübeck)과 협상하는 일을 도왔다. 헨리가 이처럼 독일의 루터파 도시들과 군주들과의 동맹 관계를 세우려고 노력했던 이유는, 자신의 이혼과 영국에서의 개신교적인 성향으로 인해 스페인, 찰스 5세(Charles V) 및 프랑스와의 관계가 깨어졌기 때문이었다. 1538년 말, 교황은 헨리를 파문했고 프란시스 1세와 찰스 5세에게 십자군을 소집해 영국을 공격하라고 요청했다. 바로 이러한 배경에서 헨리는 슈말칼트 동맹(Schmalkaldic League)에 가입하고 자신의 여동생 앤(Anne)을 통하여 클레베(Cleves)의 루터파 공작과의 결혼 동맹을 추진하는 일에 관심을 가졌다. 독일을 향한 필사적인 외교가 계속되었다. 비록 반즈가 이 외교적 노력을 충실히 도왔음에도 불구하고, 헨리가 의도했던 동맹은 일어나지 않았다. 하지만 헨리가 독일 루터파들과 동맹관계를 형성하려고 쏟았던 노력으로 인해 영국에서는 개신교를 향한 전례가 없던 열린 분위기가 조성되었다. 동맹 자체와 마찬가지로, 영국을 방문하고자 했던 멜랑히톤의 소망(LW 50:97-106) 역시 실현되지 못했다.

독일의 루터파들은 재정적인 후원을 요구했고, 슈말칼트 동맹에 가입하기 위해서는 아우구스부르그 신앙고백서를 받아들여야 한다고 주장했다. 헨리에게 있어서 이는 너무나 큰 대가였다. 그는 자신이 슈말칼트 동맹에 먼저 가입이 되면, 아우구스부르그 신앙고백서를 생각해 보겠다고 넌지시 밝혔다. 이러한 논의의 결과 "13개조"(Thirteen Articles)가 작성되었는데(Bray 1994:184-221), 이 문서는 아우구스부르그 신앙고백서와 매우 비슷하며 훗날 에드워드 6세 치하에서 작성된 "42개조"(Forty-Two Articles)와 엘리자베스 1세 치하에서 작성된 "39개 조"(Thirty-Nine Articles)에 영향을 주었다. 독일과의 협상이 결렬

된 이후 헨리는 이 문서를 제쳐 놓았다(Hall 1979:118). 협상이 지루하게 지연되고 국제적인 위협이 감소해짐에 따라, 헨리는 영국 내에서 종교적 일치를 만들기로 결심했다. 비국교도를 진압하기로 결정한 그는 6개 법령(Six Articles Act, 1539)을 발표하였다. 이것은 로마 가톨릭 교리를 재확인한 것으로, 이 법령을 위반할 시 교회 법정에서 부과한 형벌보다 더 강한 처벌을 받게 되었다 - 이러한 이유로 이 법령은 "여섯 가닥의 채찍"으로 알려졌다. 화체설을 부인하면 자동적으로 화형, 재산의 완전 몰수, 취소의 기회 박탈 등의 처벌을 받았다.

헨리가 루터파들과 맺으려 했던 동맹 협상이 이와 같이 결렬됨과 동시에, 반즈는 이제 불필요해졌다. 반즈가 사라지게 된 상황은 또다시 설교를 통해 고위 성직자와 충돌한 것이었는데, 이번에는 윈체스터의 주교 가디너(Gardiner of Winchester)와의 불화였다. 반즈는 두 명의 다른 영국 루터파 지도자들과 함께 이단이라는 죄목으로 화형 당했다. 이와 동시에, 이혼 소송과 관련하여 캐더린의 입장을 옹호했던 세 명의 가톨릭 신학자들은 교황주의를 주장한 반역자라는 죄목으로 교수형에 처해졌다. 자신의 수위권을 추진하는 가운데 헨리 8세는 동일한 사형 집행인이었다.

초창기 개신교 운동은 케임브리지에서 옥스퍼드로 확산되었다. 루터파 사상들은 고국으로부터 루터의 작품을 얻었던 영국 내 독일 상인들에게뿐 아니라, 런던의 상인들과 앤트워프(Antwerp)의 사업 식민지에서 일하던 동료들에게까지 영향을 주었다. 한 편으로는 이처럼 국제 상인들을 통하여 개신교 서적들과 사상들이 영국으로 수입되었고, 다른 한 편으로는 가톨릭 선동가들이 개신교주의를 외국적인 것으로 몰아세우며 공격할 수 있었다. 그런에도 불구하고, 네덜란드 및 영국의 왕과 주교들의 통제 밖에 있는 여러 지역들에서, 개신교 성경 번역가들과 선전가들은 열정적으로 일하였다.

이러한 학자들 중 대표적인 인물은 윌리엄 틴데일(William Tyndale, ca. 1494-1536)이었다. 1522년 경 그는 성경을 영어로 번역해야 한다고 제안했으나, 런던의 주교였던 커스버트 턴스톨(Cuthbert Tunstall)에 의해 거절되었다. 턴스톨은 출판물이 옛 신앙에 위협이 된다는 사실을 인식한 최초의 사람들 중 하나였다. 그는 "우리가 출판물을 뿌리 뽑지 않으면, 출판물이 우리를 뿌리 뽑을 것"이라고 말한 것으로 유명했다(Brigdon 1992:157). 틴스톨만 이러한 통찰력을 가진 것이 아니었다. "노르위치의 주교 닉스(Nix of Norwich)는 틴데일의 신약 성경을 지칭하며 '그것이 우리 모두를 제거할 것'이라고 말했다고 전해진다." 반대 측면에서 볼 때, "존 폭스(John Foxe)는 종교개혁이 성공한 원인을 '하나님께서 출판물들이 설교하도록 길을 열어 주셨다'는 사실에 돌렸다." 에드워드 6세(Edward VI)가 등극한 지 1년 내에, 인쇄물과 출판물은 런던에서 주목할 정도로 증가했다(Loades 1992:57-8; Pettegree 2002b).

틴데일은 함부르그와 비텐베르그, 그리고 앤트워프로 이동했다. 1535년, 그는 제국 권력자들로부터 배신을 당했고, 구속된 후, 화형에 처해졌다. 전해진 이야기에 따르면, 틴데일은 히브리어, 헬라어, 라틴어, 이탈리아어, 스페인어, 영어, 프랑스어를 유창하게 말할 수 있었던 언어의 천재였다. 그가 독일에 머물렀고 또 그가 루터의 작품을 번역했던 것으로 볼 때, 틴데일은 독일어도 알았음에 분명하다. 틴데일은 죽기 전 결코 영국으로 돌아가지 않았다. 하지만 그는 영국 상인들로부터 큰 재정적 후원을 받으며 번역과 출판 작업을 할 수 있었다. 이러한 관계가 그의 생애 후기에 분명하게 드러났는데, 앤트워프에 피신해 있는 동안 그는 영국 상인 조합의 회관에서 머물렀다.

틴데일이 번역한 성경은 정말로 영향력이 컸으며, 오늘날까지도 영어 성경 번역에 영향을 주고 있다. 킹 제임스 성경(King James Version, 1611)이 나타나기 전까지, 그의 번역은 "너무나도 중요한 쉬운 산문체를 영어에 제공하였는데, 이는 영어가 중요하지도 않고 전망도 없었던 16세기 초의 상황에서 볼 때 매우 의미 있는 일이었다…(셰익스피어를 포함하여) 그 어떤 작가들보다도 틴데일은 영어에 큰 영향을 끼쳤다"(Daniell 2000:39, 49). 1525년에 출판되고 이후 몇 년간 개정된 그의 신약 성경은 영국에 넘쳐났고, 턴스톨과 모어의 분노와 좌절을 불러 일으켰다. 기존의 교회는 자국어 성경을 두려워했다. 그 이유는 평신도들이 "12세기에 고안된 연옥 교리라든지, (사제가 죽을 때 어떤 가정에서 가장 좋은 물품을 요구할 수 있다는) 관습 등 교회에 이득을 안겨주었던 관례들이 성경에 전혀 존재하지 않는다는 사실을 알 수 있었기 때문이었다. 성경은 교황을 알지 못한다"(Daniell 2000:41).

루터가 "95개조 반박문"의 제 1항에서 고해성사가 잘못된 헬라어 번역에 근거한 것이라는 사실을 지적한 바와 같이, 틴데일 역시 헬라어 메타노에이테(metanoeite)를 라틴어 불가타 성경의 번역이었던 "고해를 행하라"(poenitentiam agite)가 아니라 "회개하라"로 번역했다. 마찬가지로, 루터가 "교회" 대신에 "회중"이나 "공동체"라는 표현을 일관되게 사용했던 것처럼, 틴데일 역시 헬라어 에클레시아(ekklesia)를 "회중"으로 번역했다. 헬라어 프레스뷔테로스(presbyteros)를 "사제"가 아니라 "장로"로 번역함으로써 가톨릭교회의 권위는 더욱 손상되었다.

다시 한 번 우리는 종교개혁이 일종의 "언어 사건"이었다는 사실을 기억하게 된다. 평신도들은 자신들의 언어로 번역된 성경을 갖게 되었을 뿐 아니라, 그들이 읽는 성경에는 교회나 사제를 언급조차 안 했던 것이다! 롤던-피게로아(Roldan-Figueroa, 2006:1055)가 스페인어로 번역된 성경과 관련해 지적한 바와 같이, 복음주의자들은 "일종의 전복적인 본문"을 만들어냈다. 가톨릭 교리는 "라틴어 본문에만 새겨져 있었으며" 번역 성경과 함께 그 권위가 사라졌다(Cummings 2002:189-93). 이에 따라 히어포드(Hereford)의 주교 에드워드 폭스(Edward Fox)는 자신의 동료 주교들에게 다음과 같이 말했다.

> 세상의 웃음거리가 되지 않도록 하십시오. 빛이 나타나 모든 구름을 흩어 버리고 있기 때문입니다. 평신도들이 우리 중 많은 사람들보다 성경을 더 많이 알고 있습니다(Dickens 1991:95).

성경 번역과 더불어 틴데일은 또한 루터의 작품을 영어로 번역하여 알렸다(Cargill Thompson 1979). 루터의 작품들이 금지되어 있었기 때문에, 틴데일은 자신이 번역한 책들이 루터의 작품이라고 알리지 않았다. 이것은 표절(plagiarism)이 아니라, 지혜롭고 영리한 상술이었다. 가톨릭교도들은 루터의 로마서 서문을 읽으면서도 그것이 이단의 괴수가 쓴 글이라는 사실을 알지 못했다. 이러한 전략은 "루터의 작품들이 정죄되었던 유럽의 여러 지역들에서도 동일하게 사용되었다"(Pettegree 2002b: 166). 틴데일은 루터의 로마서 서문을 자신의 신약 성경에 포함시켰으며, 그것을 따로따로 출판하기도 했다. 그는 루터의 성경으로부터 여러 서문들을 번역하여 포함시켰다. 토마스 모어는 자신의 놀라운 박식함에도 불구하고 이 사실을 전혀 알아차리지 못했다. 더욱 역설적인 사실은 이러한 서문들이 소위 매튜 성경(Matthew Bible), "즉 왕실의 허락 하에 발행되고 교회에서 공적으로 읽혀진 성경 안에 들어가 있었다는 사실이다. 자신들이 마르틴 루터의 말을 듣고 있다는 사실을 알았다면 사람들은 충격에 사로잡혔을 것이다"(Rupp 1966:50; Hall 1979:115).

원래 케임브리지에 있는 어거스틴파 수도사였으며 반즈의 영향을 받았던 마일스 카버데일(Miles Coverdale, 1488-1568)은 틴데일과 함께 구약 성경을 번역하였으며, 최초로 성경 전체에 대한 영어 번역을 완성하였다(1535). 영국 교회에 대한 헨리 왕의 주교 대리였던 토마스 크롬웰(Thomas Cromwell, ca. 1485-1540)과 대주교 토마스 크랜머(Thomas Cranmer, 1489-1556)의 설득으로, 왕은 성경을 모든 교회에 두도록 지시하였다. 이 조치는 결코 취소될 수 없었다.

헨리 8세가 자신의 생애 후기에 보였던 가톨릭적 반응조차도 개신교의 진전을 막을 수 없었다. 당시 중산 계급의 유언들에 기록된 종교적 문구가 나타내는 바, 성인 숭배는 감소하였고 개신교적인 신념들은 증가하였다(Dickens 1991:214-15; Brigdon 1992:380-92, 411-16, 483-6, 628-32; Duffy 1992: 15장은 확실치 않다. Litzenberger 1998과 Marsh 1998은 신중하다). 특히, 윌리엄 트레이시(William Tracy)가 남긴 1530년의 유언은 복음주의 무리들에게 하나의 영감을 주었다. 그의 유언은 필사본의 형태로 유포되다가 앤트워프에서 해설과 함께 출판되었다. 1531년 11월, 트레이시의 유언은 이단으로 확정되었다. 그는 이미 죽은 상태였고 회개할 수 없었기 때문에, 그의 시체를 파내어 그 상태로 화형을 시켰다(Day 1994). 트레이시는 다음과 같이 "루터파적인" 유언을 썼다.

> 나는 나 자신을 하나님과 그분의 자비에 의탁한다. 어떠한 의심과 불신도 없이, 나는 그분의 은혜와 예수 그리스도의 공로 및 그분의 수난과 부활의 덕에 힘입어 나의 죄가 모두 용서를 받았으며 나의 몸과 영혼이 부활할 것이라는 사실을 믿는다.

헤이그(Haigh, 1993:70)는 이 유언이 유일한 경우라고 주장하지만, 리첸베르거(Litzenberger, 1998:252)는 이를 반박한다.

(이 유언이) 윌리엄 틴데일과 존 프리스의 해설이 덧붙여진 상태로 출판되었고… 신속하게 확산되기 시작했다. 그 후 100여 년간, 영국 전역에서 사람들은 트레이시의 유언을 전적으로 혹은 부분적으로 사용하였으며, 그것을 약간만 바꾸어 자신들의 유언으로 바꾸었다.

개신교적인 신념들은 심지어 궁정 안으로까지 들어왔으며, 헨리의 아들 에드워드 6세의 교사들 사이에도 나타났다. 헨리가 1547년에 죽은 후, 영국의 종교개혁은 에드워드 6세와 그의 자문 위원들의 영향 하에서 6년간 발전하였다. 이 기간 동안 크랜머는 영국 사람들에게 자신이 만든 기도서를 제시하였다(첫 번째 기도서는 1549년에, 두 번째 기도서는 1552년에 출판되었다). 두 번째 기도서는 예배와 신학을 개신교적으로 표현하되, 독일적이기보다는 스위스적인 방식으로 하였다.

지금까지 간략하게 살펴본 영국에서의 개신교의 발전 과정은, 물론, 1509년에 왕이 되었던 헨리 8세의 강력한 통치로부터 분리될 수 없다. 그의 아버지 헨리 7세는 영국의 내전이었던 장미 전쟁(War of the Roses)에서 승리하여 튜더(Tudor) 왕조를 세웠다. 자신의 아버지와 마찬가지로, 헨리 8세 역시 가톨릭주의를 매우 중요하게 여겼다. 그는 1521년에 루터에 반대하여 『7성사에 대한 주장』(Assertio Septem Sacramentorum)을 출판하였는데(아마도 이 작품은 다른 사람이 대신 써 준 것으로 보인다), 이로 인해 교황 레오 10세(Leo X)는 헨리에게 "신앙의 수호자"라는 칭호를 수여했다. 헨리가 7성사를 옹호한 것은 가톨릭 신앙, 특히 화체설에 대한 그의 열심을 보여줄 뿐 아니라, 다시 한 번 이 주제가 종교개혁 논쟁에 있어 핵심이었다는 사실을 상기시킨다. 헨리는 또한 루터의 만인제사장 교리가 교회의 권위 뿐 아니라 세속 권위에도 위협이 된다고 보았다. 물론, 루터에 대한 헨리의 공격은 얼마 지나지 않아 그가 교황청을 비난하고 캐더린과 이혼함으로써(결혼은 헨리가 옹호했던 7성사 중 하나였다) 너무나도 역설적으로 보였다. 그의 『7성사에 대한 주장』은 또한 훗날 그가 독일의 루터파들과 동맹을 맺으려는 노력을 벌였을 때에 논란거리가 되었다.

2. 국왕의 대사건

헨리가 로마와 단절한 것은 신학적인 이유가 아니라 개인적이고 정치적인 이유에서였다. 헨리가 성적으로 매우 활발했다는 지적들이 있지만, 이는 아마 다른 군주들 역시 마찬가지였을 것이다. 그의 아버지 헨리 7세는 이제 막 시작한 튜더 왕가에 안정과 위엄과 권력을 제공하고자 했다. 그는 이를 위해 오랜 기간의 외교적 협상 끝에 스페인과의 동맹을 맺었고, 이 동맹관계는 자신의 첫째 아들 아더(Arthur)와 아라곤의 캐더린(Catherine of Aragon) 사이의 결혼을 통해 확립되었다. 하지만 결혼 후 5개월 만에, 젊은 아더가 세상을 떠났다. 유럽에서 가장 오래되고 강력한 가문과 맺어진 새로운 관계를 놓치지 않기 위해서, 헨리 7세는 (훗날 헨리 8세가 된) 자신의 둘째 아들 헨리에게 과부가 된 캐더린과 결혼하라고 즉시 제안했다. 레위기 18:6-18이 근친간의 결혼을 금지하였기 때문에, 헨리와 캐더린의 결혼을 위해서는 특별한 교황의 허락이 있어야 했고 교황 율리우스 2세(Julius II)는 이 결혼을 승인하였다.

헨리와 캐더린은 1509년에 결혼했다. 캐더린은 여러 차례 임신하였지만, 그 중 한 아이, 1516년에 태어난 메리 튜더(Mary Tudor)만이 생존하였다. 1525년에 이르렀을 때, 여왕은 40세가 되었고 더 이상 자녀를 낳지 못할 것으로 보였다. 반면 헨리는 여러 명의 첩을 두고 있었으며, 궁정의 여인들 중 하나이자 자신의 첩 중 한 사람의 자매였던 앤 볼린(Anne Boleyn)에게 매료되었다. 캐더린을 제거하고 재혼하고자 했던 그의 점증하는 욕구는 앤 볼린에 대한 격렬한 애정 때문이었다기보다는, 기본적으로 튜더 가문과 영국 자체의 안정에 대한 관심에서 비롯된 것이었다는 주장이 제기되어 왔다. 그는 왕위 계승을 놓고 싸우는 내전을 피하기 위해, 또한 자신의 딸이 왕위에 올랐을 때 나타날 것으로 예상되는 많은 문제들을 피하기 위해, 아들이 필요했다. 영국의 왕위를 헨리 1세(Henry I, 1135년 사망)의 딸 마틸다(Mathilda)에게 넘겨주려 했던 이전의 유일한 시도는 19년간이나 지속된 파괴적인 내전을 초래했었다.

헨리는 죽은 형제의 과부와 결혼하는 것은 부당하다는 성경적 근거(레위기 20:21, "누구든지 그의 형제의 아내를 데리고 살면 더러운 일이라 그가 그의 형제의 하체를 범함이니 그들에게 자식이 없으리라")에 기초하여 자신과 캐더린의 결혼을 무효화시켜달라고 교황 클레멘트 7세(Clement VII)에게 호소했다. 이 호소로 인하여 교황은 극도로 난처한 상황에 빠지게 되었다. 교리적인 측면에서 볼 때 헨리의 요청을 받아들이는 일은 곤란했던 이유는, 이전의 교황이 허락했던 결혼을 취소할 경우 교황 무오설(papal infallibility)에 대한 의문이 제기될 것이기 때문이었다. 당시에 루터는 이미 교황 무오설을 날카롭게 공격하고 있었다. 아마도 교황이 주저했던 보다 분명한 이유는, (로마가 점령당한 직후였던 1527년) 당시에 그가 사실상 캐더린의 조카였던 황제 찰스 5세의 포로나 다름없었기 때문이었을 것이다.

헨리는 교황을 설득하지 못했다는 이유로 추기경 울지(Wolsey)에게 진노하였고, 이로 인해 울지는 몰락하게 되었다. 울지는 "왕의 진노는 죽음의 사자들과 같다"(잠언 16:14)는 격언의 진리를 직접 깨달았다. 결국 울지는 비참하게 회상했다. "만일 내가 왕을 섬긴 만큼 열심히 하나님을 섬겼더라면, 그분께서 나의 노년에 나를 버리지 않으셨을 것이다"(Cavendish 1964:141, 183). 1529년, 토마스 모어(Thomas More, 1478-1535)가 울지를 대신해 영국의 대법관(Lord Chancellor)이 되었다.

울지의 신하였음에도 불구하고 왕의 호의를 얻었던 토마스 크롬웰(Thomas Cromwell, ca. 1485-1540)은 토마스 크랜머의 제안을 따라 영국과 유럽의 여러 대학들에게 이 결혼 사건에 대한 결정을 내려 달라고 호소함으로써 마침내 왕의 소원을 이루었다. 크롬웰은 또한 왕이 교황을 대신해 영국 교회의 수장이 되어야 한다고 제안했다. 영국 왕실은 1533년 헨리의 결혼이 무효였다고 선언했다. 교황은 왕실의 결혼 취소 선언이 무효라고 반박했고, 헨리를 파문했다. 이에 대한 반응으로 헨리는 1534년 수장령(Act of Supremacy)을 발표했다. 이 수장령에 따르면 왕과 그의 후계자들은 "영국 교회의 지상에서의 유일한 머리이며…모든…이단들을 조사하고 억제하고 교정하고 개혁하고 명령하고 통제하며 수정할 완전한 권위와 힘을 갖는다"(Bray 1994:114).

영국 교회를 교황권으로부터 분리시켜 왕실에 복종시켰던 헨리의 결정은 이혼에 대한 갈망 이상의 무언가에 근거했다. 스위스의 신학자 토마스 에라스투스(Thomas Erastus, 1524-83)의 이름을 따라 명명된 에라스투스주의

(Erastianism, 혹은 국가교회주의-역주)는 국가가 교회보다 우위에 있다고 주장하며, 파문의 권한을 국가에 부여했다. 중세 시대에 이러한 에라스투스주의의 선구자 역할을 했던 인물은 파두아의 마르실리오(Marsiglio of Padua, ca. 1275-1342)였다. 교회가 국가에 복종해야 한다는 그의 주장은 헨리 8세를 지지하는 선전가들에게 있어 보물과도 같은 자료였다(Dickens 1991:106-8).

영국 교회가 로마로부터 결정적으로 단절한 것과 더불어, 왕에 대한 충성의 서약이 동반되었다. 토마스 모어는 이를 거부한 결과 1535년에 교수형에 처해졌다. 따뜻하고 용기 있는 인문주의자, 에라스무스의 옹호자, 완벽한 사회(유토피아)를 꿈꾸었던 몽상가 등으로 너무나 자주 묘사되는 모어는 "가톨릭 정통교리에 있어서만큼은 결코 타협하지 않는 논쟁가였다." 그의 견해에 따르면 "이단자를 불에 태워 죽이는 것은 전혀 큰 일이 아니었는데, 왜냐하면 이단자는 이미 영원한 불에 처하게 될 운명이었기 때문이었다." 2년 반 동안 대법관으로 있으면서, 모어는 성경의 유용성을 반대하였으며 이단을 박멸하기 위해 일했다(Brigdon 1992:179-81; Haigh 1993:67).

수장령 앞에서 잠잠했던 모어의 유명한 침묵은 그의 신념을 보여주었다. 수장령을 받아들이면 그의 양심이 위태로워질 것이었고, 그것을 거부하면 그의 생명이 위태로워질 것이었다. 죽음을 피할 수도 있는 상황에 죽음을 자초하는 것은 자살의 죄였기 때문에, 모어는 침묵을 선택했다. 이것은 동의도 아니었고, 반역적인 거부도 아니었다. 하지만 그것은 왕을 분노케 만들었고, 왕은 모어에게 영원한 침묵을 부여했다. 모어는 위엄 있고 유머스럽게 죽음을 맞이했다. 낡은 교수대에 다가가면서 모어는 자신의 간수에게 말했다. "부탁하건대, 내가 직접 내 눈을 가리고 죽음을 준비하게 허락해 주시오." 또한 도끼를 들고 있는 사형 집행인에게는 이렇게 말했다. "두려워하지 말고 용기를 다해 당신의 소임을 다하시오. 내 목이 매우 짧으니, 당신의 명예가 손상되지 않도록 실수하지 말고 신중하게 내 목을 치시오"(Roper 1964:254). 목을 치는 일은 영화에서 보는 것만큼 그렇게 쉽지 않다. 숙련되지 않은 사형 집행인이 자신의 소임을 다하는 과정에서 두 차례 이상씩 목을 치는 일이 흔했는데, 예를 들어 스코틀랜드의 여왕 메리(Mary Queen of Scots)의 사형이 그러했다.

수장령은 국가적인 차원에서 교황의 권위와 단절한 것이었지, 개신교를 도입한 것은 아니었다. 이에 따라 헨리는 백성들이 가지고 있던 반(反)성직자적이고 반(反)교황적인 감정을 이용하는 동시에, 1539년에 6개 법령(Statute of Six Articles)을 발표하여 가톨릭 교리를 재천명하였다(Bray 1994:222-32). 6개 법령은 화체설, 평신도들에게 한 가지 종류의 성찬을 베푸는 것(즉, 포도주는 주지 않고 빵만 베푸는 것-역주), 성직자의 독신, 수도원 서약의 신성함, 사제의 귀에 죄를 고백하는 행위의 필요성, 개인적인 미사 등을 주장하였고, 이것들 중 어느 것이라도 부인하는 행위는 이단이라고 선언하였다. 앞에서 언급한 것처럼, 화체설을 부인하는 행위는 사형의 형벌을 받는 중범죄였다. "헨리의 종교 정책을 이해하는 것은 어려운 일이다. 사람들은 왕의 가장 최근 견해를 짐작하려고 애쓰는 가운데, 종종 악몽을 경험했을 것이다"(Heal 2003:132-3).

헨리는 1536년과 1539년에 크고 작은 수도원들을 해산함으로써 영국 교회의 수장으로서의 자신의 위치를 더욱 견고하게 만들었다. 수도원의 해산은 많은 예술품과 건축물의 파괴로 연결되었다는 점에서 안타까운 일이었지만, 이로 인해 교황주의의 마지막 피난처가 효과적으로 제거되었으며(수도원주의는 메리 여왕의 통치 기간 중에도 다시 회복되지 않았다), 그 결과 개신교의 발전을 위한 길이 어느 정도 평탄해졌다. 뿐만 아니라, 수도원 해산을 통해 왕의 재산이 더 많아졌고, 수도원의 땅을 부유한 평신도들에게 팔아넘긴 결과 훗날 수도원주의가 재도입되는 일은 어려워졌다. 수도원의 해산 및 죽은 자들을 위한 기도를 제공하는 기금이었던 챈트리(chantries)의 폐지(Chantries Act, 1545)는 왕에게 경제적 이익을 제공했을 뿐 아니라 중요한 신학적 결과를 낳았다. 수도원과 연보제단은 연옥 교리를 뒷받침하는 제도적인 기반이었다. 수도사들과 사제들의 주요 업무는 죽은 자들을 위한 중보기도와 미사를 제공하는 것이었다. "'가톨릭 신앙이라는 큰 건축물의 초석'이었던 연옥 교리가 신학적이고 경제적이고 정치적인 근거 위에서 공격에 노출되었다…1546년 말에 이르러, 산 자와 죽은 자를 이어주던 관습적인 연결망에 확실한 구멍이 뚫렸다. 그 후, 개혁가들은 열려진 틈 안으로 돌진해 들어갔고, 그 연결망을 재조직했다"(Marshall 2002:92).

3. 정열, 정치, 그리고 경건

헨리의 정열이 여러 영화들을 위해 소재를 제공해 왔지만, 역사가들은 영국 종교개혁을 설명하는 데 있어 이것에 의존하지 않을 것이다. 헨리의 이혼은 "종교개혁을 일으킨 유일한 요인이 아니었다. 심지어 그것은 부패한 교회에 대한 국가적인 반감에 근거한 운동이 발생하는 데 그다지 큰 역할을 하지도 않았다. 하지만, 헨리의 이혼이 없었다면, 종교개혁 역시 여전히 존재하지 않았을 것이다. 왜냐하면 왕이 종교개혁을 지지하기보다는 반대하는 방향으로 강력하게 개입했을 것이기 때문이다"(Elton 1969:114). 이러한 점에서 헨리의 아내들과 자녀들은 영국 개신교의 발전에 있어 정당한 위치를 차지한다.

1533년 1월 25일, 헨리는 앤 볼린(Anne Boleyn, ca. 1501-36)과 비밀리에 결혼했다. 당시 앤 볼린은 9월에 태어나게 될 엘리자베스를 임신한 상태였다. 물론 헨리로서는 앞으로 태어날 후계자가 적법한 자손이어야 한다는 점이 중요했다. 로마를 향한 호소를 금지하는 법안이 3월에 통과되었고, 이로 인해 헨리는 캐더린과 이혼할 수 있게 되었다. 앤은 1533년 6월 1일 여왕의 자리에 올랐다. 이 사건은 많은 영국 여성들을 분노케 만들었으며, 여왕 즉위식에 참석하지 않았던 모어는 공개적으로 이 일을 비웃었다(Brigdon 1992:211).

모어는 즉위식에 참석하지 않는 행위가 왕의 결정에 대해 반대하는 위험스러운 일이라는 사실을 알고 있었다. 하지만, 루터에게서와 마찬가지로, 모어에게 있어서도 양심을 지키는 일이 중요했다. 여왕 즉위식에 참석하라는 주교의 요청에 답하면서, 모어는 '처녀를 처형하는 일이 법으로 금지된 상황에서 처녀가 사형에 해당하는 죄를 범했을 경우 통치자는 어떻게 결정해야 하는가'라는 딜레마를 인용했다. 한 의원은 다음과 같이 조언하며, 통치자의 딜레마를 해결하였다. "먼저 그녀의 순결을 빼앗은 후에 처형하면 되지 않겠는가"(Roper 1964:229-30). 모어는 자신이 죽는 것을 받아들일 수는 있어도, 주위의 많은 사람들에게서 일어났던 양심의 "순결"이 짓밟히는 일은 용납할 수 없었다.

양심은 복음주의자들에게도 또한 중요했다. 복음주의자들의 측면에서도 동일한 일이 발생했는데, 그들은 종종 신앙으로 인해 고문을 받았기 때문이다. 헨리 치하에서 순교당한 유명한 복음주의자들 중 하나는 앤 애스큐(Anne Askew, 1521-46)였는데, 폭스(Foxe)는 자신의 『순교자 열전』(*Acts and Monuments*)에서 그녀의 한결 같았던 신앙을 높이 평가했다. 상류 계급 출신으로 좋은 교육을 받았던 애스큐는 자국어 성경을 읽음으로써 복음주의 신앙을 받아들였다. 모어와는 달리, 애스큐는 두 배의 위험에 처하게 되었는데, 왜냐하면 이혼 소송을 제기하고 자신의 로마 가톨릭 남편을 떠났던 그녀의 행동은 가톨릭 교리를 거부했을 뿐 아니라 가부장제의 규범에도 저항한 것이었기 때문이다.

이에 따라 가톨릭 논쟁가들은 "개신교주의로 인하여 여인들이 대담하게도 신앙을 바꾸었고, 그로 인해 가정의 질서가 위태로워졌다고 경고했다"(Hickerson 2004:1036). 가톨릭교도들이 보기에, 개신교 여성 순교자들은, 특히 그들이 결혼한 여인들이었을 경우, 종교개혁이 세상을 뒤집어엎고 있다는 사실에 대한 분명한 증거였다. 고대와 중세의 여성 순교자들과는 달리, 이 여인들은 순결의 본이었던 마리아의 모범을 따라 자신들의 순결을 주장하며 수동적으로 죽음을 맞이하지 않았다. 오히려 그들은 확실히 성적인 존재였을 뿐 아니라, 성경적인 지식을 바탕으로 능동적으로 자신들의 신앙을 주장했다. "이단으로 죽겠다는 결정은…여성에게 있어서 두 배로 큰 죄였다. 왜냐하면 이러한 결정을 내린 여인은 단순히 이단자였을 뿐 아니라 충성스럽지 않고 순종하지 않는 아내였으며, 여성에게 금지되었던 종교를 공부한 죄를 범했기 때문이다. 여성 이단자의 범죄는 단순히 영적인 문제였을 뿐 아니라, 남성 이단자가 할 수 없는 방식으로 사회적인 문제가 되었다"(Hickerson 2005:86).

스티븐 가디너(Stephen Gardiner)와 에드먼드 보너(Edmund Bonner) 주교가 애스큐를 고문하며, 그녀에게 자신의 주장을 취소하고 궁정에서 자신을 지지했던 여인들을 밝히라고 강요하였다. "조사"(Examinations)라는 제목이 붙여진 그녀의 글이 감옥에서 몰래 밖으로 유출되었는데, 이 글에서 그녀는 자신이 겪은 고문의 고통과, 가톨릭 교리에 대한 성경적인 비판과, 자신이 다른 사람들의 이름을 밝히지 않았다는 사실을 이야기한다(King 2004:231-41; Beilin 1996). 1546년 7월, 그녀와 네 명의 다른 복음주의자들이 신앙 때문에 화형을 당했다. 잔인한 고문에도 불구하고, 그들은 반(反)니고데모주의(anti-Nicodemism)를 보이며 자신들의 신앙을 지켰다.

앤 볼린은 헨리가 로마와 단절하게 만든 촉매제 역할을 했을 뿐 아니라,-오랫동안 주장된 바에 따르면-헨리와 왕실에게 복음주의적인 견해들을 전했다. 그녀의 가족은 캔터베리의 대주교가 된 토마스 크랜머를 숨겨주고 후원했으며, 그녀는 직접 개신교 주교들을 승진시켰다. 그녀의 궁정 목사 중 몇몇은 훗날 영국의 개신교 지도자들이 되었는데, 이 중에는 자신의 딸 엘리자베스 치하에서 캔터베리 대주교가 된 매튜 파커(Matthew Parker)도 있었다. 당시의 수많은 일화들에 따르면, 앤 볼린은 프랑스어 성경과 영어 성경을 매우 좋아했을 뿐 아니라 복음주의 성직자, 피난민, 책 판매인 등의 후견인 역할을 했다(Brigdon 1992:221-3; Orth 1993:424-5). 앤 볼린에게 있어서는 불행하게도, 그녀가 여자 아이를 낳고 계속해서 유산을 거듭하자, 헨리의 애정은 급속도로 식었다. 캐더린이 살아 있는 한, 앤의 여왕직은 안전했다. 앤의 결혼을 무효화 시키는 것은 캐더린과의 결혼을 정당한 것으로 인정하는 것이 될 수 있었기 때문이다. 하지만 캐더린이 1536년 1월에 죽었고, 그 해 5월 17일, 크랜머는 앤의 결혼이 무효였다고 선언했다. 5월 19일, 앤 볼린은 간통죄로 교수형에 처해졌다. 그녀가 정말로 간통죄를 저질렀는지 아니면 무고했는지의 문제는 아직까지도 논쟁된다.

5월 30일, 헨리는 궁정의 여인 제인 세이모어(Jane Seymour)와 결혼했다. 10월에 헨리는 드디어 아들 에드워드를 얻었다. 제인은 에드워드를 낳던 중 숨을 거두었다. 프랑스와 스코틀랜드에서의 종교개혁 전개 과정과 관련하여 흥미롭게도, 스코틀랜드의 제임스 5세(James V)가 솔웨이 모스(Solway Moss)에서 패배한 이후(1542), 헨리는 에드워드와 메리 스튜어트(Mary Stuart)의 결혼을 제안했다. 하지만 스코틀랜드인들은 영국의 적대국이었던 프랑스와의 동맹을 선호했고, 그녀는 프랑스의 왕세자 프란시스 2세와 약혼했다.

그 후 헨리는 클레베의 앤(Anne of Cleves)과 1540년 1월 6일 결혼했다. 헨리는 황제에 맞서 클레베 공국과의 정치적 동맹을 확립해야 한다는 크롬웰의 제안에 따라, 그리고 그녀를 지나치게 아름답게 그렸던 홀베인(Holbein)의 초상화에 근거하여 앤과 결혼했다. 하지만 그녀가 영국에 도착하자마자, 헨리는 그녀와 크롬웰 모두에게 실망했다. 6월 말에 헨리는 그녀와 이혼했고, 크롬웰은 이 일을 비롯하여 그 외에 왕이 좋아하지 않은 조언들로 인하여 교수형에 처해졌다. 1540년 8월, 헨리는 캐더린 하워드(Catherine Howard)와 결혼했다. 그녀는 궁정에 대한 이해가 부족한 것으로 보였으며, 간통의 결과 1542년 2월 반역의 죄목으로 처형되었다. 헨리는 마지막으로 1543년 6월에 캐더린 파(Catherine Parr)와 결혼했다. 그녀는 정치적인 면에 있어서나 결혼 관계에 있어서나 훌륭한 분별력을 가지고 있었고, 그 결과 헨리보다 오래 살았다. 헨리는 1547년 1월 27일에 죽었다. 이전에 세워진 법령과 헨리의 유언에 따라, 튜더 왕위는 에드워드, 메리, 엘리자베스의 순서로 계승되었다.

4. 에드워드 6세와 개신교의 전진

에드워드 6세(Edward VI)는 아홉 살의 나이에 왕이 되었다. 늘 병약했던 그는 1533년에 세상을 떠났다. 에드워드 치하에서, 엄밀히 말하면 그의 자문관들의 치하에서, 종교개혁이 영국에 확립되었다. 그의 삼촌이자 허트포드(Hertford)의 백작으로 호국경(lord protector)에 임명되었던 에드워드 세이모어(Edward Seymour)와 소머셋(Somerset)의 공작은 개신교에 대한 모든 박해를 즉각 중지시켰다. 그들은 또한 의회를 이끌어, 6개 법령을 포함하여 반역과 이단에 관련된 대부분의 법을 폐지시켰다. 그 결과, 헨리 8세의 박해로 인해 도피했던 개신교들이 돌아왔고, 츠빙글리주의적인 성향을 가졌던 많은 대륙의 종교개혁가들이 영국의 상황에 관심을 가졌다. 스트라스부르그의 마르틴 부처(Martin Bucer)와 이탈리아의 피터 마터 버미글리(Peter Martyr Vermigli)와 같은 저명한 개혁가들이 각각 케임브리지와 옥스퍼드 대학으로 초청되었다. 그들이 가르친 학생들은 훗날 엘리자베스 치하에서 중요한 역할을 수행했다. 런던이 외국인 교회들을 (즉, 프랑스와 네덜란드와 스페인과 이탈리아에서 온 종교적 피난민들의 공동체들을) "주최"함으로 인해, 외국으로부터의, 주로 칼빈주의적인 영향력이 영국에 확산되었다. 이탈리아 출신의 베르나르디노 오치노(Bernardino Ochino), 폴란드 출신 얀 라스키(Jan Laski), 스페인 출신 카시오도로 데 레이나(Casiodoro de Reina) 등이 이러한 외국인 교회들에서 사역했다.

이 시기에 이미 루터파의 영향력은 쇠퇴하고 있었는데, 그 이유는 다양한 정치적, 개인적, 신학적 요인들 때문이었다. 영국과 독일 사이의 동맹 제안은 실패하였고, 멜랑히톤의 영국 방문은 계속해서 무산되었다. 신학적인 면에서, 영국의 종교개혁가들은 성찬에 대한 이해를 발전시키는 가운데 이전에 롤라드파가 중세 가톨릭주의를 비판한 내용들로부터 영향을 받았는데, 이는 루터파의 주장보다 츠빙글리주의적인 주장에 더 호의적이었다(MacCulloch 1992:171-4). "영국 교회는 어떠한 하나의 대륙적인 모델을 따르지 않았다. 하지만, 한 편으로는 크랜머를 통해 간접적으로 그리고 다른 한 편으로는 영국인들에게 직접적으로, 두 명의 개혁가가 큰 영향을 끼쳤는데, 그들은 하인리히 불링거(Heinrich Bullinger)와 마르틴 부처였다"(Loades 1992:71).

아우구스부르그 잠정협약(Augsburg Interim, 1548)에 반대한 결과, 마르틴 부처는 스트라스부르그에서 추방당했고, 크랜머의 초청을 수락하여 1549년에 케임브리지의 왕립 교수가 되었다. 이곳에서 그는 자신의 평화주의적인 신학을 발전시켰다(그가 비텐베르그 협약을 가지고 루터파와 츠빙글리파 사이의 간격을 메우려고 시도했던 것을 기억하라). 부처는 오늘날까지도 잉글랜드 국교회의 신학적 정체성의 근간이 되는 "공동기도서"(Book of Common Prayer)의 개정에 영향을 주었다. 기독교 신앙이 사회 전체에 침투해야 한다는 부처의 신념은 그의 『그리스도의 왕국에 관하여』(De Regno Christi)에서 최종적으로 나타났다. 이것은 교회의 개혁과 사회의 갱신을 위한 계획으로, 여기에는 빈민들에 대한 사회복지가 포함되어 있었다. 부처는 1551년 2월에 죽었고, 이로 인해 영국-대륙 개신교주의(Anglo-Continental Protestantism)를 향한 그의 영향력은 멈추었다. 에드워드 6세는 2년 후에 죽었다. 에드워드 6세가 죽은 후 개신교도들은 칼빈주의의 중심 지역들로 피난하였고, 그들이 다시 영국으로 돌아오자마자 부처의 견해보다 더 급진적인 종교개혁 이해가 함께 들어왔다.

영국 개신교주의의 건축가는 헨리 왕의 캔터베리 대주교였던 토마스 크랜머였으며, 그의 개신교적 방향은 에드워드 치하에서 중요하게 나타났다. 성직자들의 결혼이 이제 넘쳐 났다. 크랜머 자신은 1532년, 독일의 루터파 신학자 안드레아스 오시안더(Andreas Osiander)의 조카 마가렛 오시안더(Margaret

Osiander)와 비밀리에 결혼했다. 이 결혼은 헨리가 대륙에 있던 크랜머를 캔터베리 대주교로 부르기 전에 이루어진 것으로, 대주교가 된 후 마가렛은 매우 신중하게 숨겨졌다. 전설에 따르면 크랜머가 그녀를 상자 안에 넣어서 영국으로 건너 왔다고 한다. 크랜머가 뉘른베르그(Nuremberg)로부터 영국으로 들어온 것은 "상자 속의 아내"만이 아니었다. 의심할 여지없이 이 루터파 도시에서, 그리고 오시안더와 대화하는 가운데, 크랜머는 개신교 사상들을 받아들였음에 틀림없다(Null 2000:98-115).

크랜머가 처음에 작성한 1549년의 "기도서"는 1552년에 개정되었다. 이 "공동기도서"는 영국 개신교의 기초를 세워 놓았는데, 교리와 예전에 있어서 극단적인 입장을 피하면서도, 가톨릭교도들이 1549년판에 따라 예배하도록 허용했던 모호한 내용들을 제거하였다. 성찬은 이제 스위스의 기념주의적인 용어로 설명되었다(Bray 1994:271-6; Brooks 1965; Nijenhuis 1972:1-22). 이와 마찬가지로 크랜머는 1553년에 영국 교회를 위한 신앙고백서를 만들었는데, 이 문서는 루터주의 신학과 칼빈주의 신학 사이의 절충적 입장을 제시하였다. 이 "42개조"(Forty-Two Articles)는 훗날 엘리자베스 치하에서 잉글랜드 국교회를 정의하였고 오늘날까지 국교회가 사용하는 "39개조"(Thirty-Nine Articles)의 기초가 되었다(Bray 1994:284-311).

가톨릭 주교들은 개신교 주교들로 바뀌었다. 그들 중 몇몇, 예를 들어 글로체스터(Gloucester)의 존 후퍼(John Hooper, 1495-1555)와 같은 인물들은 청교도들의 조상이 되었고, 존 낙스(John Knox)를 비롯한 다른 인물들은 보다 급진적인 개신교도들이었다. "기도서"의 개정과 "42개조"의 작성과 더불어, 크랜머의 세 번째 주요 계획은 교회법을 개혁하는 일이었다. 『교회법 개혁』(*Reformatio legum ecclesiasticarum*, 1552)의 목표는 중세 사회의 가톨릭적 기초를 '참된 교리와 올바른 성례와 함께 교회의 세 번째 "표지"였던' 개혁주의 권징으로 교체하는 것이었다(Spalding 1992). 1553년에 에드워드가 사망함으로 인해 이 개혁안은 시행되지 못했다. 영국 교회의 개혁은 빠르게 진행되었다. 아마도 지나치게 신속하게 진행되었을 것인데, 이는 그것이 병약했던 에드워드의 건강에 달려 있었기 때문이었다.

에드워드 6세의 죽음 후-강경한 가톨릭교도였던-메리가 왕위에 오르게 되면 개신교적인 개혁이 취소될 것이라고 우려하는 가운데, 에드워드와 노덤버랜드(Northumberland)의 백작이자 소머셋의 후계자였던 존 더들리(John Dudley)는 메리가 캐더린의 딸로서 적법하지 않다는 것을 근거로 그녀의 여왕 즉위를 막으려고 계획했다. 그들은 메리를 대신할 인물로 헨리 8세의 조카 손녀이자 노덤버랜드의 며느리였던 개신교도 제인 그레이(Jane Grey, 1537-54)를 제안했다. 순진하고 젊은 제인 그레이에게는 불행하게도, 튜더 왕가에 대한 영국인들의 충성심으로 인해 이 계획은 좌절되었다. 하루 동안, 보다 정확히는 9일 동안, 여왕의 자리에 있던 이 계획으로 인해 그녀를 비롯하여, 에드워드 시대의 개신교주의를 이끌었던 후퍼, 라티머(Latimer), 크랜머, 리들리(Ridley) 등이 생명을 잃었다. 낙스는 대륙으로 도망쳐 제네바에 이르렀고, 이곳에서 시간을 보낸 뒤 불같은 개혁가로 되돌아 왔다.

5. 메리 튜더와 개신교의 후퇴

메리 튜더가 영국의 왕으로 즉위함과 동시에 영국의 종교개혁은 심각한 위협에 직면했다. 하지만, 역설적이게도, 로마 가톨릭 신앙에 대한 메리의 절대적인 관심은 오히려 개신교의 대의를 강화시키는 결과를 초래했다. 그녀가 스페인의 필립(Philip)과 결혼함으로 인해 가톨릭주의는 인기 없는 외세와 동일시되었다. 반(反)-종교개혁을 추진했던 자신의 사촌 레지날드 폴(Reginald Pole) 추기경을 의지함으로 인해, 메리는 점점 더 인기를 잃었다. 수도원 영토를 교회에 회복시키려고 시도한 결과, 그녀는 그 땅을 구입하여 소유했던 지주 계급으로부터 소외되었다. 개신교 자체를 제거하려는 것이 아니라 개신교 지도자들을 박해한 결과, 폭스의 유명한 『순교자 열전』(*Acts and Monuments*)이 칭송하는 순교자 군대가 탄생하였다. 800여 명에 이르는 개신교 지도자들이 프랑크푸르트, 제네바, 스트라스부르그로 피난하였고, 대륙의 개신교주의로 무장된 이 열성적인 개신교도들은 자신들의 고국으로 돌아와 영국을 복음주의 신앙으로 점령하고자 하는 열망으로 가득 찼다.

메리 튜더는 5년밖에(1553-8) 통치하지 않았지만, 그녀의 짧은 통치는 영국인들의 마음에 가톨릭과 스페인에 대한 지울 수 없는 반감을 남겨 놓았다. 아라곤의 캐더린의 딸로 태어난 그녀는 가톨릭적인 배경에서 성장했으며, 순전히 비신학적인 관점에서 볼 때, 적법한 왕위 후계자가 되기 위해서 가톨릭이 되어야 했다. 그녀가 여왕이 된 이유는 그녀가 헨리의 딸이었으며 영국인들이 튜더 왕가에 충성했기 때문이었다. 그녀는 이 사실을 이해하지 못했고, 그 결과는 큰 재앙으로 이어졌다. 역설적이게도, 메리의 개인적인 특성은 모든 튜더 통치자들 중 가장 매력적이었다. 그녀는 개인적으로 온화했고, 자비롭고 관용적인 성향을 보였다. 그녀의 아버지와 동생이 자신과 어머니를 어떻게 대했는가에 비추어 볼 때, 이러한 모습은 놀라울 정도이다. 그녀의 실패는 기본적으로 가톨릭주의에 대한 그녀의 집착과 그녀의 스페인 혈통 때문이었다. 그녀는 처음에 백성들의 환영을 받았지만, 죽을 때에는 거의 모든 사람들로부터 미움을 받았다.

메리의 입장에서 볼 때, 그녀의 소명은 자신의 백성들을 교황에 대한 순종으로 회복시킴으로써 그들을 치명적인 죄로부터 구해 내는 것이었다. 그녀는 이러한 목적을 이루기 위해 영국과 스페인 사이의 동맹 외교를 선택했다. 합스부르그 가문의 황제였던 찰스 5세는 기꺼이 도우려 하였고, 자신의 아들인 스페인의 필립 2세(Philip II)와 메리를 결혼시킴으로써 영국을 가톨릭주의와 합스부르그의 궤도 안으로 끌어들이려 했다. 영국인들은 전혀 기뻐하지 않았다. 비록 최근의 에드워드적인 개신교에 융합된 것은 아니었지만, 그들은 외국의 개입을 싫어했으니, 교황과 성직자의 통치에 대한 반감을 여전히 가지고 있었다. 따라서, 메리의 계획이 추진됨에 따라, 그녀와 측근들은 언제나 음모와 반역의 냄새를 맡았다. 실제로 1554년의 처음 몇 개월 동안, 토마스 와이어트 경(Sir Thomas Wyatt)은 3,000 여명의 사람들을 이끌고 런던에 들어갔다. 그들의 반란은 진압되었고, 지도자들은 처형되었다. 메리가 "천한 사생아"로 보았던 엘리자베스 튜더 역시 동일한 운명을 맞이할 뻔 했으나, 처형 대신에 탑에 투옥되었다.

가톨릭주의로 회귀하려는 메리의 계획을 의회가 반대했기 때문에, 역설적이게도, 그녀는 가톨릭으로 돌아가려는 목적에서 자신의 아버지가 로마와 단절했던 것을 이용하기 시작했다. 그녀의 아버지가 아일랜드의 왕(1541)의 칭호를 받았던 아일랜드에서, 이 움직임은 난관에 봉착했다. 메리는 교황청과의 상의 없이 주교와 성직자를 임명했고, 아일랜드인들은 교황의 승인을 원했다. 열렬한 가톨릭교도였음에도 불구하고, 메리는 아일랜드인들이 "로마의 지배를 받으며" 자신의 통치에 도전하는 것을 우려하였다(Heal 2003:170-2). 엘리자베스가 다스리던 시기까지 아일랜드 성직자들은 분명코 왕보다는 교황에게 충성하였다(MacCulloch 2003:396).

종교개혁이 아일랜드에서 더블린(Dublin) 주변의 영국령(領) 페일(Pale) 지역 너머로 확장되지 못했던 이유는 게일어(Gaelic)로 된 종교개혁 자료들과 개신교 성직자가 부족했던 것 때문만이 아니라, "식민지"로 취급받고 있다는 인식 때문이기도 했다(참고, Bottigheimer and Lotz-Heumann 1998). 영국에서 메리는 교회의 수장으로서 개신교 성직자들을 교회로부터 제거하는 일을 진행했는데, 이에 대한 근거는 그들이 독신 서약을 깨트렸다는 것이었다. 미사가 회복되었고, 추기경 폴의 귀환과 함께 이단법 및 잔혹한 반역법 역시 재개되었다. 의회는 마침내 헨리 8세 이후 제정되었던 반(反)교황 및 반(反)로마법 전부를 폐지하기로 동의했다. 이로 인해 메리의 박해를 위한 법률적 근거가 마련되었다.

역설적이게도, 필립 2세와 찰스 5세를 비롯하여 스페인 사람들은 정치적인 이유에서 박해를 반대했다. 하지만, 아마도 자신들이 영국인들을 심판으로부터 구원하고 있다고 진심으로 믿는 가운데, 메리와 추기경 폴은 이단 재판을 추진했고 그 결과 300여 명의 사람들이 개신교 신앙으로 인해 화형을 당했다. 이 개신교 순교자들 중 거의 전부는 미사를 부인하며 죽음을 맞이했다(Brigdon 1992:608-12). 주교였던 리들리와 라티머는 같은 날 같은 장소에서 화형에 처했다. 자신을 태우는 장작더미가 습기로 인해 천천히 불타오른 결과 리들리는 더 오랜 시간 고통을 겪었다. 대주교 크랜머는 자신의 친구들과 동료 그리스도인들이 불타는 모습을 강제로 지켜봐야 했다. 크랜머는 자신의 입장을 몇 차례 취소한 후 고통을 겪었다. 그를 박해했던 사람들에게 놀라우면서도 불쾌하게도, 최후의 크랜머는 자신의 견해를 철회한 이단자로서가 아니라 회개한 복음주의자로서 죽음을 맞이했다. 그는 자신의 견해를 철회하겠다고 서명했던 손을 끝까지 불 속에 집어넣은 채로 숨을 거두었다. 그의 적들은 타고 남은 재 속에서 무언가를 발견했는데, 그들은 그것이 그 사악함으로 인하여 태워지지 않았던 크랜머의 심장이었다고 주장하였다.

1555년 9월에 필립이 스페인으로 돌아갔을 때, 메리는 자녀가 없었고 쓸쓸했다. 스페인과 프랑스 사이에 전쟁이 일어났고, 메리는 필립을 돕다가 결국 칼레(Calais) 지역을 빼앗기고 말았다. 칼레는 영국의 중세 제국이 대륙에서 점령했던 마지막 잔여 지역이었다. 윌리엄 몬터(William Monter)의 표현에 따르면, "만일 누군가 사랑과 전쟁 모두를 얻으려 한다면(오늘날에는 좀처럼 고려되지 않는 일이지만), 결국에는 두 가지 모두를 잃게 된다"(Monter 2002:8). 실제적인 측면에서 볼 때, 칼레를 잃은 것은 결코 손해가 아니었다. 왜냐하면 그 지역을 유지하는 일에 많은 비용이 들었을 뿐 아니라 그 지역은 영국에 전혀 도움이 되지 않기 때문이었다. 하지만 상징적인 측면에서 볼 때, 이 일은 영국의 자존심을 손상시켰고 메리를 향한 마지막 남은 충성심을 깨트렸다. 1558년 11월에 메리가 죽었고, 추기경 폴 역시 12시간 후에 죽음을 맞이했다. 그들의 죽음과 함께 가톨릭적 반동은 끝났다. 메리는 자신이 가장 소중히 여겼던 두 가지, 즉 가톨릭 신앙 및 스페인과의 동맹 모두를 파괴했다. 엘리자베스는 자신의 언니의 실패로부터 교훈을 얻었다.

6. 엘리자베스 1세와 중도 정책(Via Media)

엘리자베스 튜더(Elizabeth Tudor, 1558-1603)가 다스렸던 기간은 여왕과 영국인 사이의 45년간의 열애 기간이었다고 묘사되어도 좋을 것이다. 군주와 백성 사이에 그처럼 목적과 계획이 공유된 적은 드물었다. 엘리자베스 치하에서 영국은 개신교로 바뀌었고, 유럽을 이끄는 국가가 되었으며, 세계 제국을 이루었고, 문화적인 부흥을 경험했다(Spitz 1971:523).

엘리자베스는 25세의 나이에 여왕이 되었으며, 자신의 나이보다 훨씬 더 현명했다. 메리가 적법한 통치자가 되기 위해 가톨릭이 되어야 했듯이, 엘리자베스는 앤 볼린의 딸이었기 때문에 개신교도여야 했다. 그녀가 행한 모든 일에서 분명하게 드러났던 엘리자베스의 외교적 기술은 통치 지역의 안정을 위해 결혼해야 한다는 압력에 의해 종종 시험대에 올랐다. 이러한 압력은 그녀를 연모했던 여러 사람들뿐 아니라 의회로부터도 제기되었다. 발트 해 바깥 지역에서 동맹세력을 찾고 있던 스웨덴의 에릭 14세(Eric XIV)는 결혼을 제안했지만 성공하지 못했다. 그녀의 형부였던 필립 2세 역시 동일한 제안을 했지만, 엘리자베스는 메리의 실수를 되풀이하기에는 너무나 영리했다. 발루아 가문의 왕자들이었던 앙주의 헨리(Henry of Anjou)와 알랑송의 프란시스(Francis of Alençon) 역시 결혼 동맹을 위해 손을 내밀었다. 그녀를 열렬히 사랑했던 레스터의 백작 로버트 더들리(Robert Dudley, Earl of Leicester)는 감당할 수 없을 정도로 망가졌을 뿐 아니라, 그의 아내의 이상한 죽음을 포함한 공적인 추문으로 둘러싸였다. 엘리자베스는 그에게 강하게 끌렸지만, 자신의 통치를 개인적인 감정 위에 놓으며 머리로 마음을 다스렸다.

　엘리자베스는 프랑스어, 라틴어, 이탈리아어를 말할 수 있었으며, 속마음을 숨기며 말하는 데에도 능숙했다. 이에 따라 그녀는 야심 있는 많은 남자들로 하여금 자신을 섬기면서 기대감을 가지고 살도록 유지시켰을 뿐 아니라, 왕실 및 국가에 존재하는 여러 당파들을 통치할 수도 있었다. 마찬가지로 국제 정치에 있어서도 그녀는 영국의 경제적 고립을 극복하고 스코틀랜드에서 점증하던 프랑스 영향력에 맞서기 위해 동맹관계들을 필요로 했다. 외교가 늘 어려웠던 이유는 국가의 이익과 종교적 신념이 항상 일치하는 것은 아니었기 때문이었다. 엘리자베스는 독일 개신교 군주들을 대하면서 신학과 신앙고백적 일치를 강조했다. 하지만, 비록 그녀의 대사들은 그녀가 아우구스부르그 신앙고백서를 수용했다고 말했지만, 그녀는 그 문서에 서명하지 않았다. "엘리자베스의 외교가 '진정한 신앙,' 즉 개신교주의를 수호하려는 종교적인 동기에서 이루어졌는지, 아니면 '국가의 이익'으로 요약될 수 있는 세속적인 동기에서 이루어졌는지를 구별하는 일은 원칙적으로 쉽지 않다"(Kouri 1987:427). 개신교도들이 보기에 이 "처녀 여왕"은 영웅적인 유딧(Judith)이었다. 반면 가톨릭교도들이 보기에 그녀는 이세벨(Jezebel)과 같은 추악한 인물이자 악인들의 보호자였다.

　엘리자베스의 측근에 있었던 자문관들은 언제나 개신교도들이었으며, 거의 언제나 그녀보다 더 개신교적이었다. 훗날 버글리 경(Lord Burghley)이 된 윌리엄 세실(William Cecil)은 온건한 개신교도로서, 국무 장관으로 시작하여 엘리자베스의 통치 거의 전 기간 동안 영국의 재무장관으로 일했다. 1573년부터 1590년까지 엘리자베스의 국무 장관이었던 프란시스 월싱엄 경(Sir Francis Walsingham)은 대륙의 개신교도들을 활발하게 후원하는 정책을 따랐고, 특히 네덜란드의 개혁주의자들과 프랑스 위그노들을 도왔다. 그는 또한 엘리자베스에 반대하는 로마 가톨릭의 음모를 수색하는 일에도 힘을 쏟았으며, 스페인과 예수회를 겨냥한 정밀한 첩보 체계를 발전시켰다.

엘리자베스는 영국을 괴롭혔을 뿐 아니라 대륙에서 종교 전쟁을 발생시켰던 종교적 극단들 사이에서 "중용"을 추구했다. 그녀가 중용을 추구한 목적은 에드워드와 메리의 격변을 거친 후 발전을 위해 필요했던 평화를 영국에 제공하는 것이었다. 그녀는 자신의 경험과 관찰을 통해서 급격한 종교적 변화에 어떠한 위험이 따르는지를 알았다. 그녀는 주장하기를, 자신은 미사를 금지하는 사람들에 의해 자행되는 수많은 범죄에 대해 유죄판결을 받기 보다는 차라리 천 번의 미사에 참석하겠다고 말했다. 그녀에게 있어서 중요했던 것은 백성들이 외적으로 순응하는 일이었다. 왜냐하면, 그녀가 유명하게 지적했듯이, "사람들의 영혼 안으로 창문을 만들어 그 안을 들여다 볼 수는" 없기 때문이다. 엘리자베스는 교리와 권징에 있어 국교회적인 정착을 증진함으로써 가톨릭교도들과 급진적인 개신교도들 모두를 견제하였다. 이 때문에 존 낙스는 엘리자베스가 "훌륭한 개신교도도 아니고 확고한 교황주의자도 아니라고" 말했다(Spirz 1971:525). 아마도 낙스는 브레이(Bray)의 교구 목사와 같이 헨리 8세 때부터 엘리자베스 1세 때까지 모든 격변 중에 살아남았던 목사들을 알았을 것이다. "일관되지 않은 변절자"라는 비난을 받았을 때, 브레이의 알레인(Aleyn of Bray)은 이렇게 대답했다. "그렇지 않다. 나는 언제나 나의 원칙을 지켰을 뿐이다. 나의 원칙은 브레이의 교구 목사로 살고 죽겠다는 것이다"(Pallier 1977:35).

중도 정책(via media)은 보수적인 가톨릭 다수 진영과 도시의 개신교 소수 진영 모두를 향하여, 각자가 자신들의 방식대로 해석할 수 있는 표현으로 제시되었다. 이러한 점에서 그것은 "양 극단 사이에서 하나의 길을 취한다는 중용이라기보다는, 혼합과 적응의 변증법적 과정"이었다. 그것은 "서로 다른 견해들이 존재할 수 있는 공간을 마련하는 동시에 일치를 유지시키기 위해 계획된 혼합적 과정"이었다(Carlson 1998:8, 11). 가톨릭의 의상과 예전을 유지함으로 인해, 전통적이고 글을 알지 못하던 사람은 자신이 가톨릭 예배를 경험했던 것만큼 국교회 예배를 경험할 수 있었다. 이와 동시에, 라틴어 대신 영어를 사용함으로써 글을 아는 개신교도는 설교를 통해 종교개혁의 메시지를 들을 수 있었고, "39개조"가 형성해 놓은 개혁주의 신학의 틀 안에서 기도를 드릴 수 있었다. 성찬에 대한 언어는 "사회적 기술의 결정판"이었는데, 보수적인 사람들에게는 실제적인 임재를 그리고 개신교도들에게는 취리히(Zurich) 식의 기념주의적 견해를 제시하였다. 성찬에 참여하는 사람들은 다음과 같은 말을 들었을 것이다.

> 당신을 위해 주신 우리 주 예수 그리스도의 몸은 당신의 몸을 영생으로 보존하신다(1549).
> 그리스도께서 당신을 위하여 죽으신 것을 기념하여 이것을 받아먹고, 믿음을 사용하여 감사함으로 당신의 마음 가운데 그분을 먹으라(1552)(MacCulloch 1990:30).

몬터(Monter 2002:12-13)가 지적하듯이, "성찬에 대한 공식은…애매함의 결정판이었다…신학적 견해의 다양성을 허용하기 위해 예배의 이론적인 일치가 도입되었다–이것은 기독교적인 유럽에서 거의 모든 신앙고백서들이 피하려 했던 방식이었다. 기본적으로 개신교적인 정부는 이러한 독특한 공식을 승인함으로써, 당시에 영국의 개신교 소수들보다 더 많았던 전통적인 가톨릭 신자들을 달래려고 (혹은 혼란시키려고?) 하였다."

엘리자베스는 온건한 입장의 매튜 파커(Matthew Parker)를 캔터베리 대주교로 임명했다. 파커는 메리가 추방시켰던 세 명의 전직 주교들에 의해 대주교로 임명되었다. 이로 인해 잉글랜드 국교회는 사도적 계승을 유지했다. 파커는 마르틴 부처의 추종자였고, 결혼했으며, 메리의 박해를 피해 영국을 떠났다가 다시 돌아온 많은 사람들을 잘 알았다. 엘리자베스는 대부분의 주교들을 바로 이 메리 추방자들(Marian exiles) 중에서 골라야 했다. 그들은 물론 종교적인 문제에 있어서 엘리자베스보다 더 급진적이었다.

여왕의 정책이 성공할 수 있도록 보증한 것은 바로 의회였다. 1559년 4월, 의회는 여왕을 영국 교회의 수장으로 인정한 수장령(Act of Supremacy)을 통과시켰다. 모든 왕실의 관리들, 판사들, 성직자들은 여왕이 교회보다 우위에 있다는 사실을 인정하는 서약을 해야 했고, 그렇게 하지 않을 경우 자신의 관직에서 물러나야 했다. 하지만 그녀는 여성에게 사제로서의 기능이나 교회적인 기능을 허락지 않았던 당시의 남성우월주의를 의식하고 있었으며, 그에 따라 "최고의 머리"라는 칭호 대신에 "최고의 통치자"라는 칭호를 사용했다. 어떠한 외국의 군주나 고위 성직자의 권위를 지지하는 행위는 사형에 처할 수 있는 반역죄였다. 메리가 통과시킨 가톨릭 법안은 폐지되었고, 에드워드 6세의 두 번째 "공동기도서"는 몇 가지 수정과 함께 다시 사용되었다. 성상과 십자가상 및 성직자 의복을 포함시켰던 "공동기도서"를 가톨릭교도들은 환영했지만, 보다 급진적인 개신교도들은 싫어하였다. 이에 순응하기를 거절했던 성직자들은 교체되었고, 그 결과 엘리자베스에게 복종하는 성직자들이 교회의 직분을 모두 차지했다.

1563년의 2차 의회는 일치령(Act of Uniformity)을 재확인했고, 이 법을 엄격하게 시행하기 위한 조치들을 통과시켰다. "42개조"는 "39개조"로 개정되었다. 엘리자베스는 이 개정에 직접 관여했다. "39개조"는 한 편으로 화체설과 다른 한 편으로 츠빙글리적인 상징주의 모두를 거부하였고, 루터파와 칼빈주의의 해석들에 열려 있는 동시에 주요 복음주의 신학들을 조정하기 위한 목적으로 만들어졌다. 성경은 신앙의 근원 및 규범으로 선언되었고, 신조들은 성경에 의해 증명된다는 근거에서 수용되었다. 일반 공의회 혹은 교회 공의회는 그 자체로 무오하지 않다고 선언되었다. 예정론에 관한 조항은 노련하게 모호한 방식으로 설명되었다.

"엘리자베스식 해결"은 교회 내에 남아 있는 로마 가톨릭의 모든 잔재들을 제거하기 원했던 보다 근본적인 개신교도들의 마음에 들지 않았다. 잉글랜드 국교회 안에 남아 있으면서 가톨릭의 의식과 형식(성직자의 복장, 십자가 성호를 긋는 것, 성인들의 축일 등)을 제거하고자 했던 이러한 개신교도들은 청교도로 알려졌다. 성직자의 의복을 사용해야 하는가에 대한 논쟁은 이미 에드워드가 통치하던 기간 중 존 후퍼(John Hooper)의 주교 서임과 함께 시작되었다. 후퍼가 성직자의 복장을 "교황주의적인 누더기"라고 거부하면서 촉발된 이 논쟁은 아디아포라(adiaphora) 혹은 "대수롭지 않은 문제들"이 신학적으로 어떤 위치를 가지고 있는지에 집중하였다. 후퍼는 아디아포라의 영역이 존재한다는 가능성을 부인하지 않았다. 하지만 시간이 흐를수록 아디아포라가 규범적인 것으로 바뀌는 경향을 보인다고 주장했다. 만일 성직자의 복장과 같은 문제들이 "교회 안에서 대수롭지 않은 것들로 유지된다면, 결국 그것들은 필수적인 것들로 주장될 것이다"(Steinmetz 1971:148). 외견상으로 사소한 문제인 것처럼 보이는 1560년대의 "성직자 의복 논쟁"(Vestiarian controversy)의 주된 쟁점은, 개혁주의 교회 내에서 성직자의 복장을 구별하는 일이 사제적인(priestly) 질서의 지속을 암시할 수 있다는 것이었다. 이 격렬한 논쟁은 17세기에까지 이어졌다(Collinson 1967:60-72).

"청교도"라는 용어는 많은 사람들에게 많은 의미를 가지게 되었다. 역사적인 관점에서 볼 때 "청교도"라는 명칭에 정확한 정의를 부여하는 것은 쉽지 않은 일이다. 서로 다른 설명들 중에서 적어도 한 가지 공통적인 요소는 그들이 비성경적인 관습과 형식으로부터 교회를 정화시키려 했다는 것이었다. 메리의 박해 때 영국을 떠났다가 다시 돌아온 사람들은 엘리자베스의 중도 정책 대신에, 자신들이 취리히와 제네바에서 보았던 성경에 의해 엄격하게 다스려지는 교회를 세우고자 했다.

> 청교도들은 "금지되지 않은 내용은 허용된다"는 태도를 취하지 않았다. 그들은 훨씬 더 엄격한 원칙, 즉 "분명하게 명령되지 않은 내용은 금지된 것"이라는 원칙을 고수했다(Steinmetz 1971:145).

칼빈의 후계자이며 제네바 아카데미의 교수였던 테오도르 베자(Theodore Beza)는 이 원칙에 대한 사도적인 근거를 주장하며, "사도적인 교회의 단순성에 그 어떤 것도 첨가되어서는 안 된다"고 말했다. 베자의 영향을 받은 사람들 중에는 영국인 토마스 카트라이트(Thomas Cartwright)와 월터 트래버스(Walter Travers), 그리고 스코틀랜드인 앤드류 멜빌(Andrew Melville) 등이 있었다(Collinson 1967:110-11). 청교도들은 학식 있는 개신교주의의 요약판이었으며, 그 결과 궁정과 대학에서 영향을 미치며 "반(反)-종교개혁에 맞서 최전선을 형성했다"(Loades 1992:59). 한편, "청교도적이다"라는 말이 일반적으로 "도덕주의적"이며 "지나치게 정숙하다"는 뜻으로 이해되곤 하는데, 청교도를 훗날 "빅토리아 시대의"(Victorian) 도덕성의 관점에서 이해해서는 안 된다.

감독 교회 정치를 거부하고 성직자들의 평등을 주장했던 개신교도들은 장로교인으로 불렸다. 모든 종교적 권위를 지역 교회 자체에 부여하고자 했던 사람들은 회중주의자, 분리주의자, 혹은 독립파 등으로 불렸다. 신학과 권징에 있어 무엇보다 칼빈의 견해를 따르며 제네바의 교회 모델에 따라 개혁을 추구했던 사람들은 장로교인이었다. 그들은 1570년대와 1580년대에 가장 큰 영향을 끼쳤지만, 국왕의 수위권에 대한 칼빈주의자들의 반감으로 인해 그들의 영향력은 제한되었다. 어떤 청교도들은 점점 더 급진적이 되어 기존 교회로부터의 분리를 주장하는 수준에까지 이르렀다. 이러한 지도자들 중 가장 잘 알려진 인물은 로버트 브라운(Robert Browne)이었다. 그가 이 운동을 상징적으로 주도했기 때문에, 분리주의자들은 또한 "브라운주의자들"로도 불렸다. 1582년에 네덜란드에서 피난처를 찾은 후, 그는 『그 누구도 기다리지 않는 종교개혁』(*Reformation without Tarrying for Any*)을 출판했다. 이 책의 주제는 개혁에 대한 칼슈타트(Karlstadt)의 생각을 연상시킨다. 흥미롭게도 브라운 자신은 잉글랜드 국교회로 돌아갔지만, 그를 추종했던 몇몇 사람들은 자유 의지와 신자의 세례 등 네덜란드 재세례파와 비슷한 주장들을 지지했다(MacCulloch 1990:157-61; Pater 1984a:ch.9).

1560년 솔즈버리(Salisbury)의 주교로 서임받은 존 주얼(John Jewel, 1522-71)은 1562년에 출판된 자신의 책 『잉글랜드 국교회를 위한 변호』(*Apology for the Anglican Church*)에서 처음으로 국교회주의를 체계적으로 설명했다. 주얼의 인격과 사역은 그의 후원을 받은 가난한 소년들 중 한 사람이었던 리차드 후커(Richard Hooker, ca. 1554-1600)에게 큰 영향을 주었다. 후커는 1559년의 엘리자베스식 해결을 탁월하게 변호하였다. 그의 대작 『교회정치법』(*Treatise on the Laws of Ecclesiastical Polity*)으로 인해 후커는 영국 교회의 가장 중요한 신학자들 중 하나가 되었다. 성경에서 분명하게 규정되지 않은 것은 정당치 못한 것이라는 청교도적 신념에 대해 반응하면서, 후커는 이성과 자연법에 근거하여 교회법과 시민법 이론을 발전시켰는데, 이러한 그의 사상은 존 로크(John Locke, 1632-1704)를 비롯한 미래의 정치 이론가들에게 영향을 주었다.

엘리자베스 시대의 또 다른 중요한 인물은 존 폭스(John Foxe, 1516-1582)였다. 메리 치하에서 그는 종교적 피난민이 되어 스트라스부르그, 프랑크푸르트, 바젤 등의 지역으로 이동하였다. 기독교 박해의 역사를 기술한 그의 책은 처음에 라틴어로 기록되어 스트라스부르그에서 1554년에 출판되었다. 이 책은 1563년 영어로 번역되어 『교회 안에서 발생한 사건들에 대한 역사 및 기념』(Acts and Monuments of Matters Happening in the Church)이라는 제목으로 출판되었는데, 이 책은 일반적으로 "폭스의 순교자 열전"으로 알려져 있다. 엘리자베스 시대 주교들로부터 공식적인 인정을 받은 이 책은 폭스 생전에 4차례나 판을 거듭했다.

이 책은 메리와 교황주의 독재 하에서 죽음을 맞이했던 개신교 순교자들의 영웅심과 인내심을 칭찬했으며, 출판된 지 얼마 지나지 않아 성경 다음으로 인기 있는 위치에 올랐다. 개신교 순교자들인 리들리와 라티머를 화형시키기 위해 장작에 불이 붙었을 때, 라티머가 리들리에게 "리들리, 기뻐하게. 그리고 당당하게. 확신하건대, 하나님의 은혜에 힘입어 오늘 우리는 영국에서 결코 꺼지지 않을 촛불을 밝힐 걸세"라고 말했다는 일화는 폭스의 『순교자 열전』에서 인용되었다. 폭스의 생생한 순교 기록은 특별히 개신교의 반(反)가톨릭 의식이 형성되는 데 영향을 끼쳤다. 이 반-가톨릭 의식은 영어를 사용하는 개신교 세계의 국가적 정서와 혼합되었다.

엘리자베스의 통치가 끝날 때까지 로마 가톨릭교도들은 주로 영국의 보수적인 상류 귀족들로 구성된 소수 집단이었다. 하지만 1569년부터 스페인의 무적함대가 패배한 1588년까지, 가톨릭의 위협이 계속해서 나타났다. 1569년에는, 메리 스튜어트(Mary Stuart)를 지지하는 노퍽(Norfolk)의 공작이 선동하여 가톨릭 반란이 발생하였으나, 재빨리 진압되었다. 왕위를 전복시키려 했던 국내 및 국외의 음모들도 있었는데, 1570년에는 엘리자베스에 대한 파문과 폐위를 선포하는 교황 교서 「최고의 통치」(Regnans in excelsis)가 발표되었고, 1571년에는 리돌피(Ridolfi) 음모가 발각되었으며, 1572년에는 성 바돌로

매 축일 대학살이 일어났다.

　이 중 마지막 사건은 유럽 전역에서 개신교주의를 파괴하려는 국제적인 음모를 일으켰다. 1575년 이후, 가톨릭 사제들이 두에(Douai)로부터(옥스퍼드 출신 피난민 윌리엄 알렌[William Allen]에 의해 스페인 령 네덜란드에 설립된 영국인 신학교로부터) 파송되었으며, 로마에 있는 영국인 대학으로부터 또한 예수회 회원들이 영국으로 보내졌는데, 이들은 엘리자베스를 제거하기 위한 국제 스파이로 인식되었다. 교황 피우 5세(Pius V)는 '자신의 권한이 모든 나라에까지 미치며, 따라서 악의 종이자 교황의 권위에 도전한 "칼빈주의자" 엘리자베스는 그리스도의 몸으로부터 끊어졌고 모든 백성들은 그녀에게 충성할 의무로부터 자유로워졌다'고 선언했다. 왕의 수위권에 대한 거부는 이제 반역 행위였다. 엘리자베스가 19년 동안 가택 연금 상태에 놓여 있었던 자신의 사촌 메리 스튜어트를 마지못해 결국 처형할 수밖에 없었던 것은 1587년에 일어난 스페인의 위협 때문이었다.

　엘리자베스는 가톨릭주의와 칼빈주의라는 양 극단을 정치적인 이유에서 거부했다. 가톨릭주의는 그녀의 정당성을 부인했고, 칼빈주의는 그녀가 군주제를 뒷받침한다고 믿었던 감독 제도를 반대했다. 그녀의 후계자인 제임스 1세(James I)가 간결하게 선언했듯이, "주교가 없으면 왕도 없다." 하지만 그녀에게 종교적 예민함이 없었던 것은 아니었다. 젊은 시절 그녀는 앙굴렘의 마르그리뜨(Marguerite d'Angoulême)가 쓴 『악한 영혼의 거울』(Mirror of a Sinful Soul)을 번역했으며, 예전 의식을 감상했다. 백성들이 국가의 법을 외적으로 준수하는 한 그들의 양심은 조사되어서는 안 된다고 엘리자베스는 주장했다. 그녀가 1585년에 예수회를 추방하였을 때, 이러한 결정을 내린 동기 중 하나는 외국의 음모에 대한 영국인들의 분노를 진정시킴으로써 영국 가톨릭교도들에 대한 공적인 공격을 최소화하기 위해서였다. 아버지 헨리 8세와 마찬가지로, 엘리자베스 역시 왕실의 수위권에 대한 튜더 가문의 지배적인 관심에 따라 종교개혁의 과정을 결정했다. 이러한 관심 때문에 로마 교황권이 부인되었고, 1689년의 관용령(Act of Toleration) 이전까지의 모든 사건들은 이 영향하에 놓였다.

7. 메리 스튜어트(Mary Stuart, 1542-1587)와 스코틀랜드에서의 종교개혁

영국에서와 마찬가지로, 스코틀랜드에서도 초창기의 복음주의적 사상들은 루터로부터 나왔다. 독일에서 훈련을 받은 후 1528년에 이단으로 화형을 받았던 패트릭 해밀턴(Patrick Hamilton)과 같은 학자들, 그리고 1519년이 되기까지 루터의 사상이 퍼져 있던 파리에서 공부한 학자들을 통해 복음주의적 주장들이 스코틀랜드에 들어왔다. 또다시 영국에서처럼, 상인들이 사상을 전달하는 데 중요한 역할을 했다. 독일과 스코틀랜드 상인들은 장사 물품뿐 아니라 루터의 가르침과 책들도 전달하였다. 세인트 앤드류(St. Andrews) 대학은 케임브리지에 비견될 만한 역할을 감당했다. 해밀턴 자신은 파리와 루뱅(Louvain)에서 공부한 후 세인트 앤드류에서 신학을 계속해서 연구했다. 1527년에 이단으로 고발되었을 때, 그는 마부르그(Marburg)로 도피하였고 그곳에서 루터의 신학을 더 깊이 배웠다. 해밀턴의 『주제』(*Loci*)는 "패트릭의 주장"으로 확산되었는데, 이 책은 루터교적인 선언이었으며 존 프리스(John Frith)에 의해 영어로 번역되었다(McGoldrick 1989:43; 이 책의 본문은 74-100에 있다). 그는 같은 해에 스코틀랜드로 돌아와 복음주의적인 설교를 하던 중, 세인트 앤드류의 대주교 제임스 비튼(James Beaton)의 명령으로 투옥되고 심문을 받아 처형되었다.

해밀턴의 공개 화형은 반대적인 결과를 초래하였다. 낙스(Knox)에 의하면, 대주교는 그 후 이단자들을 지하실에서 화형시키라는 조언을 들었는데, 그 이유는 "패트릭 해밀턴의 죽음이 많은 사람들을 감화시켰기 때문"이었다(McNeill 1964:165). 그의 죽음으로 감화를 받은 사람들 중 하나는 알렉산더 알레시우스(Alexander Alesius, 1500-65)였다. 그는 1532년까지 비텐베르그에 있으면서 비텐베르그 신학자들로부터 존경을 받았다. 헨리 8세가 독일 루터파 세력의 지지를 얻으려고 노력했을 때, 알레시우스는 비텐베르그의 밀사 신분으로 영국에 왔다. 영국에서 그는 헨리에게 멜랑히톤이 쓴 1535년 판 『신학총론』(*Loci communes*)을 선물로 주었고, 헨리는 이에 대한 답례로 멜랑히톤에게 따뜻한 격려의 편지와 300크라운(crowns)의 돈을 선물하였다. 하지만 정치적 상황의 변동 및 자신에게 남아 있는 가톨릭주의로 인해 헨리는 아우구스부르크 신앙고백서를 받아들이지 않았다. 루터는 멜랑히톤에게 헨리가 언제나 "가장 나쁜 악인들" 중 하나였다고 상기시켰으며(LW 54:362), 선제후 요한 프리드리히(Elector John Frederick)에게 멜랑히톤을 영국으로 보내면 안 된다고 편지했다(LW 50:204-6). 반즈와는 달리, 알레시우스는 크랜머의 도움으로 안전하게 독일로 돌아올 수 있었으며, 그 후 남은 생애의 대부분을 라이프치히(Leipzig) 대학에서 신학을 가르치며 보냈다.

1540년대 중반이 되기까지, 스코틀랜드에서는 복음에 대한 스위스 개혁주의적인 표현이 독일 루터주의를 대체하고 있었다. 개혁주의적인 사상을 주장한 대표적인 인물은 조지 위셔트(George Wishart, ca. 1513-46)였다. 그는 루뱅에서 공부한 후 영국에서 설교했고, 논쟁이 발생함으로 인해 독일과 스위스로 피신했다가 1543년에 다시 스코틀랜드로 돌아왔다. 그의 신학은 대체적으로 츠빙글리주의에 가까웠으며, 그는 1차 "헬베틱 신앙고백서"(First Helvetic Confession, 1536)를 영어로 옮겼다. 스코틀랜드로 돌아온 후 그는 복음주의적인 설교를 계속했는데, 대주교 제임스 비튼의 조카이자 후계자였던 추기경 데이비드 비튼(David Beaton)은 위셔트를 제거해야 한다고 확신했다. 추기경 비튼은 또한 위셔트가 자신을 대적하는 음모에 연루되었다고 의심했다. 위셔트는 투옥되었고, 세인트 루이스에 있는 비튼의 성으로 끌려가서 화형에 처해졌다. 이 죽음으로 복음주의자들에 관한 문제를 해결했다고 믿었던 비튼의 생각은 착오였다. 두 달 후, 영주들을 포함한 위셔트의 추종자들이 그의 성을 습격하여 그를 살해한 후 그의 시신을 성벽에 걸어 두었다. 존 낙스는 그들의 담당 목사로서 이 암살 계획에 합류하였고, 이러한 활동으로 인해 그 성이 오랫동안 프랑스 군대의 포위를 받은 후 프랑스 군함에 노예로 보내졌다.

스코틀랜드에 영향을 끼친 칼빈주의 신학과 교회론의 주된 근원이 제네바였다는 가정은 자연스러운 것이다. 스코틀랜드 종교개혁을 이끈 지도자 중 하나인 존 낙스(John Knox, ca. 1513-72)는 제네바의 개혁을 "그리스도의 가장 완벽한 학교"로 높이 평가했다. 하지만 칼빈이 낙스에게 끼친 분명한 영향력은 "프랑스 개신교의 경험이라는 프리즘을 통하여 굴절되었다"는 주장이 가능하다(Reid 1994:197). 스코틀랜드와 프랑스 사이의 관계는 13세기까지 거슬러 올라가며, 종교개혁 전야에 제임스 5세(James V)와 기즈의 메리(Mary of Guise)의 결혼을 통해 재확인되었다. 프랑스 왕은 스코틀랜드의 궁사들을 용병으로 고용했다. 프랑스의 수도회는 스코틀랜드에 자매 지부를 두었다. 스코틀랜드 학자들은 프랑스 대학에서 가르쳤다. 낙스는 프랑스어를 유창하게 말했으며, 프랑스에 있는 개혁주의 교회들에서 설교했다. 또한, 제네바의 도시적 조직과 반대되는 프랑스의 국가적인 교회 조직이 스코틀랜드의 상황에 더 어울렸다. 마지막으로, 스코틀랜드의 신앙고백과 권징이 프랑스 위그노들과 매우 비슷하다는 정황상의 증거가 존재한다. 스코틀랜드와 프랑스 사이의 왕실 관계가 스코틀랜드 종교개혁에 있어서 중요했다.

  왕실의 수위권을 향한 튜더 가문의 투쟁은 스코틀랜드의 여왕 메리 스튜어트의 이야기에서 잘 나타난다. 메리는 스코틀랜드 왕 제임스 5세(스튜어트 가문)의 딸이었다. 제임스의 어머니는 헨리 7세의 딸이자 헨리 8세의 여동생이었던 마가렛 튜더(Margaret Tudor)였다. 제임스의 아내, 즉 메리의 어머니는, 강력하고 보수적인 프랑스 기즈 가문 출신 로렌의 메리(Mary of Lorraine)이었다. 이러한 가문적인 관계는 메리 스튜어트가 엘리자베스의 통치에 위협이 되었다는 사실을 암시해 준다.

  영국이 1542년의 솔웨이 모스(Solway Moss) 전투에서 스코틀랜드를 패배시킨 후, 헨리 8세는 에드워드와 아기였던 메리 스튜어트를 결혼시킴으로써 스코틀랜드와 영국의 관계를 확고히 하려고 시도했다. 헨리의 이같은 노력이 거부되었다는 사실은 놀라운 일이 아니다. 1548년, 메리는 영국의 전통적인 적대국이었던 프랑스로 보내졌고, 그곳에서 그녀는 얼마 후 프란시스 2세가 된 왕세자와 결혼했다. 프란시스가 1560년에 사망했을 때, 그의 어머니 캐더린 드 메디치(Catherine de' Medici)는 메리와의 경쟁을 원하지 않았다. 왜냐하면 기즈 공(公)과 강력한 로렌의 추기경 등의 세력들이 메리에게 너무 많은 힘을 실어 주었기 때문이었다. 기즈 가문 사람들은 메리가 스코틀랜드로 돌아가서 왕위를 취하는 것을 지지하였다. 그들은 메리가 영국의 왕위를 주장할 수도 있으며 그에 따라 영국에서 가톨릭주의를 회복시킬 수 있을 것으로 믿었다. 한편, 1559년에 스코틀랜드로 돌아왔던 존 낙스와 함께 수많은 스코틀랜드 영주들이 들고 일어나 스코틀랜드에서 프랑스인들을 추방했다. 1560년에 열린 "종교개혁 의회"는 교황의 권위를 불법으로 선언했고, 낙스가 포함된 위원회에서 작성한 개혁주의적인 신앙고백서를 승인하였다. 신학적으로는 칼빈주의를 따랐지만, 스코틀랜드의 신앙고백은 "한 가지 중요한 점에 있어서 칼빈보다 더 나갔다. 1559년의 프랑스 개혁주의 신앙고백서와 1561년의 벨직 신앙고백서와 마찬가지로, 스코틀랜드 신앙고백서 역시, 설교 그리고 개신교적 성례(즉 세례와 성찬)의 시행에 더하여 회중적인 권징을 교회의 세 번째 표지로 강조했다"(Graham 2000:420; 참고 Wright 2004).

프랑스에서는 환영 받지 못하고 스코틀랜드에서는 의심의 눈길을 받았던 메리 스튜어트는 1561년 스코틀랜드로 돌아와 여왕으로 즉위했다. 그녀는 그 후 당파들을 만들어 냈고, 이는 심지어 오늘날의 역사가들 사이에서도 마찬가지이다. 그녀에 대하여 영국의 역사가 엘튼(G. R. Elton, 1969:279)은 다음과 같이 말했다.

> 스코틀랜드의 여왕 메리에 대해서 모든 사람들이 만족하도록 말하는 것은 불가능하다. 그녀는 가장 포학하고 어리석은 행동들에도 불구하고 자신을 향한 사람들의 충성심을 이끌었던 놀라운 스튜어트 가문의 능력을 가지고 있었다. 그녀가 미인이었다고 알려져 있지만, 남아 있는 그녀의 초상화는 이에 대한 증거를 거의 제공하지 않는다. 그녀는 성격이 급했고, 고집스러웠으며, 지적이었고, 흥분과 우울 사이를 오갔으며, 완전히 상식이 없었다—어떤 이는 그녀에게 도덕의식이 전혀 없었다고 말할 것이다. 진복된 프랑스의 지배를 생각나게 하고 열심 있는 가톨릭 교도였던 이 젊은 여인이 스코틀랜드에 평화를 가져다 줄 것이라는 기대는 너무나 지나친 것이었다.

메리의 즉각적인 관심사는 종교가 아니라 왕조의 정치였다. 로렌의 추기경은 심지어 그녀에게 영국의 왕위를 차지하기 위해서 개신교로 전환하라고 제안하기까지 했다. 정말로 그녀는 잠시간 개신교도들에게 관용적이었는데, 낙스가 그녀를 향해 선포했던 분별력 없는 설교에 비추어 볼 때 이는 분명코 쉽지 않은 태도였다. 낙스는 그녀가 프랑스에 살고 있을 때 섭정으로 통치했던 자신의 어머니 기즈의 메리(Mary of Guise)를 "실수만 범하는 사나운 암소"로 불렀던 사람이었다. 낙스는 메리가, 비록 자신의 궁정을 위한 것이었지만, "우상숭배적인 미사"를 스코틀랜드 땅에 들여왔다고 비난하며 스코틀랜드인들의 분노를 설교단에서 표현했다. 그는 "만 명의 무장한 적들이 이 땅에 상륙하는 것보다도 하나의 미사가 더 두려운 것"이라고 말했다. 프랑스와 가톨릭과 관련된 모든 것에 대한 낙스의 반감은, 세인트 루이스에서 일어났던 스코틀랜드의 폭동이 실패한 후 그가 19개월 동안 프랑스 군함에서 노예로 생활했던 사실로 인해 더 커졌음에 틀림없다.

하지만 메리 스튜어트를 낙스가 반대했던 이유 중에는 그녀가 여자라는 사실도 포함되어 있었다. 1558년에 제네바에서 쓴 작품 『여인의 끔찍한 통치에 반대하는 첫 번째 공격』(First Blast Against the Monstrous Regiment of Women)에서 낙스는 "여인에게 통치권을 주는 것은 자연을 거스르고 하나님께 불손하며, 그분이 계시하신 뜻과 규정에 가장 위배되는 일로, 선한 질서와 모든 공의를 뒤집는 행위이다"라고 선언했다(Spitz 1971:465). 낙스가 겨냥했던 대상은 세 명의 메리, 즉 영국에 있는 메리 튜더, 스코틀랜드에 있는 기즈의 메리, 그리고 프랑스에 있는 메리 스튜어트 세 사람으로, 이 세 명 모두 로마의 거짓된 교회를 대표했다. 다른 개혁주의 신학자들과 마찬가지로, 낙스는 구약과 신약을 융합하여 교회와 사회를 신정정치의 새 이스라엘로 만들고자 꿈꿨다. 여성 차별주의적인 견해와 별도로, 낙스는 세 명의 메리를 가톨릭의 폭군, 즉 우상숭배적인 통치자로 보았다. 따라서 백성들은 이러한 악한 통치자들에 맞서 저항하고 그들을 몰아내야 했으며, 그렇게 하지 않을 경우 공동체 전체에 하나님의 진노와 죄가 임할 것 주장했다.

토마스 뮌처(Thomas Müntzer)와 뮌스터 사람들(Münsterites)처럼, 낙스는 모든 참된 그리스도인들에게는 저항해야 할 종교적 의무가 있다고 제안한다. 타이밍이 중요하다는 말이 있는데, 불행하게도 메리를 향한 낙스의 공격은 엘리자베스의 통치가 시작할 때 나타났으며, 그 결과 그는 영국에서 기피하는 인물이 되었다. 펠리시티 힐(Felicity Heal, 2003:353)의 표현을 빌리자면, "존 낙스는 역사 가운데 나타난 위대한 바보들의 긴 명단에서 중요한 위치를 차지한다."

1564년, 메리는 여인의 통치에 대한 스코틀랜드인들의 불만을 가라앉히는 동시에 영국 왕위에 대한 자신의 주장을 더욱 강화하려는 움직임을 시작했다. 그녀는 단리 경(Lord Darnley) 헨리 스튜어트(Henry Stuart)와 결혼했다. 그는 메리의 튜더 가문쪽 할머니의 손자였으며, 메리 스튜어트와는 달리, 영국 땅에서 태어났기 때문에 영국법에 따라 영국을 상속받을 수 있는 자격을 가지고 있었다. 메리에게 있어서 훨씬 더 좋았던 일은, 너무나 잘 생겼던 이 남자에게 그녀가 반했다는 사실이었다. 하지만 메리는 그의 볼품없는 성격을 아직껏 모르고 있었다.

　결혼 후 얼마 지나지 않아, 단리가 통치자로서 적합지 않을 뿐 아니라 일반적인 인간관계도 잘 맺지 못하는 사람이라는 사실이 분명해졌다. 남편으로부터 소외된 메리는 자신의 비서이자 이탈리아인이었던 데이비드 리치오(David Riccio)를 신뢰하기 시작했다. 그 두 사람 사이의 관계가 결백했든지 아니었든지 간에, 단리는 질투심에 사로잡히기 시작했고 폭력배를 메리의 방으로 보내 리치오를 찔러 죽이게 했다. 1567년 2월, 메리는 병든 남편을 에딘버러(Edinburgh) 근처의 커크 오필드(Kirk o'Field)에 있는 집으로 데려갔다. 그 집이 폭발할 때 그녀는 그곳을 빠져 나와 있었지만, 단리는 살해되었다.

　단리를 죽이려는 음모는 개신교도 제임스 보스웰(James Bothwell)이 주도했다. 그는 메리를 던바(Dunbar)로 데리고 가서 함께 살았으며, 자신의 아내와 이혼한 후 5월에 메리와 개신교식으로 결혼식을 올렸다. 가톨릭 유럽은 경악했고, 스코틀랜드인들은 가톨릭주의에 얼룩져 있으며 살인과 간통에 연루된 이 여왕에게 질려 버렸다. 6월에 그녀는 로크 레벤(Loch Leven)에 투옥되었으며, 자신의 아들을 위해 여왕직을 내려놓아야 했다. 그다지 한결같은 사람이 아니었던 보스웰은 메리를 버리고 덴마크로 도망쳤다. 메리는 로크 레벤을 가까스로 탈출했지만, 왕위를 되찾을 수는 없었다. 그녀는 영국으로 도망쳤고, "반역자"들에 맞서 자신을 도와 달라고 엘리자베스에게 호소했다.

　이처럼 메리 스튜어트로 인해 엘리자베스는 난처한 상황에 처하게 되었다. 그 당시 모든 군주들은 국왕이 시해(regicide)되는 상황을 반기지 않았다. 엘리자베스의 입장에서 볼 때, 메리에게 여왕직을 회복시킨다면 스코틀랜드의 동맹 세력들을 잃게 될 것이다. 반면, 여왕직을 회복시키지 않는다면 영국 내에서 가톨릭의 반발이 일어날 뿐 아니라, 어떠한 종교이건 상관없이 백성들이 통치자를 폐위시키는 상황을 보고 싶어 하지 않던 다른 군주들로부터도 지지를 받지 못할 것이다. 엘리자베스는 메리를 가택 연금 상태에 처했다. 그리고 마침내 1586년이 될 때까지 엘리자베스의 비밀 정보기관은 메리가 엘리자베스에 대한 반역 음모에 연루되었다는 문서들을 만들어냈다. 스코틀랜드의 여왕 메리는 1587년 2월 1일 참수되었다. 그녀는 큰 용기를 가지고 죽음을 맞이했다. 자신의 십자가 상을 높이 들고 순교의 붉은 옷을 입은 채로, 그녀는 자신의 적들을 위해 기도했고 엘리자베스를 위해 자비를 구했으며 영국을 위해 은혜를 기원했다. 그녀의 순교는 종교개혁의 해악을 실례로 보여줌으로써 그녀의 프랑스적 관계를 강화하였다. 왕조에 대한 그녀의 야심은 그녀의 아들 스코틀랜드의 제임스 6세(James VI of Scotland)를 통해 실현되었는데, 그는 엘리자베스가 죽은 후 영국의 제임스 1세(James I)가 되었다.

Suggestions for Further Reading

Gerald Bray, ed., *Documents of the English Reformation*. Minneapolis: Fortress Press, 1994.
Susan Brigdon, *London and the Reformation*. Oxford: Clarendon Press, 1992.
Patrick Collinson, *The Elizabethan Puritan Movement*. Berkeley: University of California Press, 1967.
Ian B. Cowan, *The Scottish Reformation: Church and Society in Sixteenth Century Scotland*. New York: St Martin's, 1982.
A. G. Dickens, *The English Reformation*, 2nd edn. University Park: Pennsylvania State University Press, 1991.
Eamon Duffy, *The Stripping of the Altars: Traditional Religion in England 1400–1580*. New Haven: Yale University Press, 1992.
Michael F. Graham, "Scotland," in Pettegree 2000: 410–30.
Christopher Haigh, *English Reformations: Religion, Politics, and Society under the Tudors*. Oxford: Clarendon Press, 1993.
Felicity Heal, *Reformation in Britain and Ireland*. Oxford: Oxford University Press, 2003.
David Loades, *Revolution in Religion: The English Reformation 1530–1570*. Cardiff: University of Wales Press, 1992.
Peter Marshall, "England," in Whitford 2008: 250–72.
Rosemary O'Day, *The Debate on the English Reformation*. London: Methuen, 1986.
J. J. Scarisbrick, *The Reformation and the English People*. Oxford: Oxford University Press, 1984.

제14장

가톨릭의 갱신과 반(反)-종교개혁
(Catholic Renewal and the Counter-Reformation)

> 신앙이 사람을 바꾸어야지, 사람이 신앙을 바꾸어서는 안 된다.
> 1512년 5월 3일, 5차 라테란 공의회를 향한
> 비테르보의 자일스(Giles of Viterbo)의 말

교황 레오 10세(Leo X)가 종교개혁을 독일 수도사들의 술주정으로 무시했음에도 불구하고, 심지어 교황청 내에서조차 교회의 갱신과 개혁을 간과할 수 없다는 의식이 점점 커져갔다. 정말로, 유럽 전역으로 신속하게 확산되는 개혁 운동으로 인하여 묵시적인 환상들이 일어났다. 1527년에 로마가 함락되어 약탈당하는 끔찍한 고통을 겪었던 교황 클레멘트 7세(Clement VII)는, 그리스도의 그림과 함께 "많은 일이 일어났으나 더 많은 일들이 남아 있다"(Post multa, plurima restant)라는 글이 새겨 있는 메달을 가지고 있었다. 죽기 직전에 클레멘트는 미켈란젤로(Michelangelo)에게 시스틴 예배당(Sistine Chapel)의 앞쪽 벽에 최후의 심판을 그리라고 명령했다(Spitz 1971:469).

1. 중세 후기의 갱신 운동

이 책의 1장에서 가톨릭 종교개혁(Catholic Reformation)과 반(反)-종교개혁(Counter-Reformation) 등의 용어에 대해 논의했던 내용을 여기서 다시 기억하는 것이 중요하다. 가톨릭의 갱신 운동은 반(反)-종교개혁, 즉 종교개혁에 대한 반작용에 불과한 것이 아니었다. 루터 이전부터 이미 교회에 대한 예리한 비판이 있어 왔다. 로마에 가는 사람은 신앙을 잃어버린다는 이탈리아 속담이 있었고, 로마(ROMA)라는 단어의 첫 글자를 따서 "탐욕은 모든 악의 근원이다"(Radix Omnium Malorum Avaritia)라는 문구가 만들어졌다. 5차 라테란(Lateran) 공의회가 시작될 때 비테르보의 자일스(Giles of Viterbo)는 교황 율리우스 2세(Julius II)와 100여 명의 고위 성직자들을 향하여 다음과 같이 외쳤다.

> 만일 이 공의회나 어떤 다른 수단을 통하여 우리가 우리의 도덕성에 제동을 걸지 않는다면, 만일 우리가 악의 근원인 인간적인 것들을 향한 우리의 탐욕을 신적인 것을 향한 사랑에 굴복시키지 않는다면, 기독교 세계는 사라질 것입니다(Olin 1990:57).

교회의 개혁과 갱신을 이루는 핵심으로서 개인적인 갱신을 강조했던 자일스의 호소는 루터 이전에도 루터 이후에도 가톨릭 개혁 노력의 특징이었다. "이 당시 가톨릭 영성은 매우 개인주의적이고 활동주의적이었다…개인의 내면적인 종교 체험, 즉 개인적인 기도와 묵상, 자기 훈련, 개인적인 성화와 영적인 성장 등이 강조되었다"(Olin 1990:11). 작고한 영국의 로마 가톨릭 역사가 이븐넷(H. O. Evennett, 1965:61)은 가톨릭 개혁 운동의 개인주의를 다음과 같이 강조했다.

> 반(反)-종교개혁 영성의 다양한 모습들을 하나로 묶을 수 있는 요소는 하나님과의 개인적인 관계에 대한 강조일 것이다…그들의 주된 목표는 "교회를 개혁하는 것"이 아니라…하나님의 뜻을 따르며 이웃에게 유익을 주도록 그들 자신의 삶을 다스리는 것이었다.

기도와 자기절제, 자기개선과 선행 등을 향한 영웅적 노력을 지속적으로 요구했다는 점에서, 그것은 엄격했다…능동적인 선행과 자기개선이 긴밀하게 연결되었고, 선행은 하나님께서 칭의를 위해 고려하시는 매우 가치 있는 요소로 여겨졌다(Evennett 1970:41).

중세의 집단적인 성인들을 대신하여 개개의 성인들이 기준이 되었다. 로욜라의 이그나티우스(Ignatius of Loyola), 십자가의 요한(John of the Cross), 아빌라의 테레사(Teresa of Avila) 등 위대한 각각의 성인들이 종교성이 깊은 공동체에서조차 전면으로 부각되었다. 이러한 최근의 성인들은 개인적이고 고독한 제자도를 통하여 하나님과 인간의 완전성에 이르는 새로운 길을 보여준다(Schilling 1994:21-2). "이처럼 중세의 수도회가 보여주었던 금욕주의 정신의 샘물이 16세기와 그 이후에도 계속해서 수도원적인 갱신에 영감을 제공했다"(Mullett 1999:69).

흥미롭게도, 초창기 가톨릭 갱신 운동이 계발하고 발전시켜야 할 덕으로 보았던 것이 루터에게는 개혁되어야 할 핵심으로 보였다. 앞에서 살펴본 것처럼, 루터는 '실패한 성취지향적 경건에 대한 유일한 복음적인 반응은 그것을 강화하는 것이 아니라 폐지하는 것'이라고 보았다. 밤중에 지나가는 배들과 같이, 루터는 신학적 개혁을 강조한 반면 로마 가톨릭 개혁가들은 도덕적인 갱신을 강조했다. 예수회를 포함한 가톨릭 개혁가들은 "종교적 분열을 치유하기 위해서는 기본적으로 가톨릭 신자들 안에 더 경건한 삶을 향한 갈망을 주입해야 한다"고 확신했다(O'Malley 1993:278).

더욱 경건한 삶을 주입하기 위해 노력했던 가장 유명하고 카리스마적인 인물 중 하나는 도미니크회 수도사였던 지롤라모 사보나롤라(Girolamo Savonarola, 1452-98)였다. 교회, 특히 플로렌스(Florence) 지역을 개혁하고자 했던 노력으로 인해 사보나롤라는 보르쟈 교황 알렉산더 6세(Borgia Pope Alexander VI)와 충돌하였고, 교회로부터 파문된 후 1498년에 처형당했다. "죽음을 통하여 사보나롤라는 다양한 대의를 위한 하나의 강력한 형상이 되었다. 그는 시민적인 애국심, 반(反)교황적인 정치, 급진적인 묵시주의, 강렬한 내적 경건 등을 대변하는 인물이 되었고, 가톨릭과 개신교 모두에게 있어 단순히 화형당한 이단자 이상의 의미를 가졌다." 유럽 전역의 수많은 개신교 저자들과 순교학자들에 의해 사보나롤라는 소위 종교개혁 "선구자들"의 영웅 대열에 합류되었으며, "복음주의 신앙을 가진 사람들이 새롭게 나타난 것도 아니며 홀로 존재하지도 않았다"는 사실을 입증해 주었다(Gordon 1996:93, 107).

교황에 대한 비판의 목소리를 높였던 사람은 사보나롤라 혼자만이 아니었다. "예를 들어, 시에나(Siena)에서 온 은둔자 브란다노 다 피에트로이오(Brandano da Pietroio)는 로마의 거리 곳곳을 다니며 교황 클레멘트 7세(Clement VII)를 '동성애자이며 사생아'라고 비난했다. 또한 프란체스코 구치아르디니(Francesco Guicciardini)는 '이처럼 악한 사제들의 폭정으로부터 세상이 자유케 되기'를 소망했다…그는 '이러한 수많은 악당들이 악을 버리거나, 아니면 권위를 상실하거나 둘 중 하나의 모습을 보기 원했다.'"(Firpo 2004:170).

사보나롤라만큼 예리하면서도 더 건설적인 비판을 했던 사람은 스페인의 프란체스코회 소속 추기경이자 카스티야(Castile)의 총장이었던 히메네즈 데 치스네로스(Ximénez de Cisneros)였다. 1497년과 1498년의 종교 회의에서 그는 성직자의 윤리적 갱신을 위한 프로그램을 제안했으며, 1499년에는 훗날 알칼라(Alcalá) 대학이 전신이 된 교육 기관을 세워 처음부터 헬라어와 히브리어를 가르치도록 했다. 그가 이곳으로 끌어 모았던 학자들로 인해 위대한 『다국어 성경』(*Polyglot Bible*)이 탄생했다. 『콤플루툼 다국어 성경』(*Complutensian Polyglot Bible*)을 만드는 작업은 1502년에 시작하여 1517년에 끝마쳤다. 구약 성경은 행간의(interlinear) 라틴어와 함께 히브리어, 라틴어 불가타(Vulgate), 헬라어 70인역(Septuagint) 등이 들어 있었다. 오경에는 히브리어 문자로 된 갈데아 번역(Chaldee paraphrase)이 포함되었다. 헬라어 신약 성경은 1514년에 최초로 인쇄되었으나, 실제로 출판된 것은 1522년 부터였는데 이는 아마도 에라스무스의 헬라어 신약 성경(1516)에게 주어진 특권 때문이었을 것이다.

이탈리아에서 평신도 영성은 기도회(祈禱會, oratories)로 알려진 단체들, 특히 제노바(Genoese)와 로마의 신적인 사랑 기도회(Oratories of Divine Love)에서 나타났다. 1497년에 창설된 제노바 기도회는 제노바의 성 캐더린(St. Catherine of Genoa)의 병원 사역으로부터 영감을 받았다. 1517년 이전에 세워진 로마 기도회에는 저명한 가톨릭 개혁가들이 많이 소속되었으며, 모(Meaux) 지역의 주교 기욤 브리소네(Guillaume Briçonnet)를 비롯한 여러 사람들에게 영향을 끼쳤다. 신적인 사랑 기도회는 1535년 안젤라 메리치(Angela Merici, 1474-1540)에 의해 시작되어 마침내 하나의 수녀회로 발전했던 우르살라 기도회(Company of Saint Ursala)와 같은 여러 유사한 기관들의 형성에 영향을 주었다. "안젤라 메리치를 중심으로 한 평신도 여성들은 활동적인 형태의 종교적 삶을 소개하였고, 가정의 도덕적 개혁을 이끌 젊은 소녀들을 기독교적으로 교육하였다"(Lewis 2001:284). 테아토 수도회(Theatines)와 카푸친 수도회(Capuchins) 등 새로운 종교 기관들도 설립되었다. 테아토 수도회는 훗날 교황 바오로 4세(Paul IV)가 된 지안 피에트로 카라파(Gian Pietro Caraffa)를 비롯한 사람들에 의해 1524년에 사제들을 위한 공동체로 세워졌다.

수도사들이 네모난 모자(cappuccio)를 쓴 것으로부터 이름이 유래한 카푸친 수도회는 프란체스코 수도회의 규칙을 더욱 충실히 나타내기 위한 목적에서 1525년에 설립되었다. 카푸친 수도회는 설교 및 병자와 빈민에 대한 구제 사역을 통하여 양적인 측면으로나 대중성에 있어서나 급속히 성장하였다. 설교와 성경을 강조함으로 인해 그들은 엄격한 프란체스코파(Observant Franciscans) 뿐 아니라 반(反)-종교개혁과도 충돌하였다. 1542년, 그들의 총대리이자 이탈리아의 위대한 설교가 중 한 사람이었던 베르나디노 오치노(Bernadino Ochino, 1487-1564)는 이단재판소로부터 도망하여 제네바와 칼빈주의로 향했다. 루카(Lucca)의 어거스틴 수도회 소속이었던 그의 친구 피터 마터 버미글리(Peter Martyr Vermigli, 1499-1562) 역시 마찬가지였다.

여성들의 종교 운동 역시 이 시기에 꽃을 피웠다. 특히 평신도 여성들로 이루어진 연합 단체들은 자선과 교육 활동을 통하여 자신들의 종교적 헌신을 표현하였다. 하지만 남성 기득권 세력들은 여성들이 주도적으로 힘을 행사하는 것에 대해 경계했다. "관습을 탈피하여 급진적인 남녀 관계를 제시하고 능동적이고 자유로운 여성 사도직 및 여성의 자유를 주장했던 그들의 초창기 실험은, 남성적인 통제와 감독 제도의 지배 하에서, 종교적인 여성에 대한 기존의 관습적인 기대에 일치되도록 강요되었다. 무엇보다, 트렌트 공의회가 요구하였듯이, 종교적인 여성들은 수녀회 안으로 격리되어야 했다"(Mullett 1999:74).

1622년에 성인으로 추대된 아빌라의 테레사(Teresa of Avila)는 사역을 위한 여지를 얻기 위해서 남성적인 모습이 요구된다는 사실을 깨달았다. 그래서 그녀는 "자신의 카르멜파(Carmelite) 자매들을 향하여 '남자답게' 거룩을 추구하라고 강조했다"(Mullett 1999:182). 심지어 성인으로 추대될 때조차, 그녀의 여성차별적 사회로서는 그녀의 성을 재조정할 필요가 있었다. 그녀는 경멸적인 의미에서의 "작은 여인"이 아니라 "남자다운 영혼을 가진 씩씩한 여성"으로 재정의되었다. "테레사가 스페인의 공동 수호성인으로 선언되었을 때, 한 카르멜파 수도사는 이 일을 축하하는 설교에서 그녀가 자신의 선천적인 성적 열등성을 초월하는 데 성공했다고 다음과 같이 선포했다. '이 여인은 더 이상 한 사람의 여성이 아니었습니다. 그녀는 만일 그녀가 처음부터 남자였다면 가지고 있었을 영광보다 더 영광스러운 남자다운(virile) 상태로 회복되었습니다. 왜냐하면 그녀는 자신의 덕으로써 자연의 오류를 바로잡았으며, 그 덕으로 인하여 자신이 원래 유래했던 뼈(즉 아담의 갈비뼈) 안으로 스스로를 변화시켰기 때문입니다'"(Weber 1999:144). 여성 특히 고귀한 영성과 신학적 통찰을 소유한 여성에 대해 적대적이었던 성직자들의 반감에 대하여, 테레사는 하나님께서 여인들에게 영적인 통찰을 허락하시는 이유는 바로 여인들의 연약함 때문이라고 주장하면서 자신의 "약함"을 강함으로 만들었다. 1969년, 교황 바오로 6세(Paul VI)에 의해 명예를 수여받으며, 테레사는 여성으로서 최초로 교회의 교사(Doctor of the Church)로 명명되었다(Weber 1999:158).

최근의 연구 결과에 따르면, 경계들에 도전했던 여성들은 이전의 기준이 이야기하는 것보다 더 효과적이었다. "(유럽 내의) 너무나 많은 지역에서 수녀회의 벽은 열려 있었다. 근대 초기의 종교적 여성들의 활동은 여성사(史)와 관련하여 규범적인 설명으로 여겨져 왔던 것들을 깨트린다. 예를 들어, 우르살라파 사람들(Ursalines)을 비롯하여 훌륭한 중산층 프랑스 여성들이 수 세기 전부터 간호 활동을 벌였다는 사실에 비추어 볼 때, '플로렌스 나이팅게일이 최초의 여성 간호사였다' 혹은 '플로렌스 나이팅게일이 간호를 여성들에게 어울리는 일로 만들었다'라고 말하는 것은 어려워진다"(Wiesner-Hanks 2008:399).

교회의 갱신에 관심을 가졌던 사람들은 종교적인 수도회나 에라스무스와 같은 인문주의자들만이 아니었다. 베로나(Verona)의 주교 지안 마테오 지베르티(Gian Matteo Giberti, 1495-1543)와 같은 추기경들 역시 성직자의 교육과 도덕성을 향상시키려고 힘썼고, 헬라 교부들의 글을 출판했으며, 교회의 규율을 회복하기 위한 발판을 마련함으로써 트렌트 공의회에 영향을 미쳤다.

하지만, 너무나 자주 일어나는 현상처럼, 이러한 초창기의 갱신 노력들은 종교개혁을 제지하기에는 너무나 미약하고 늦었다. 예를 들어, 막시밀리안(Maximilian) 황제가 1509년에 개혁적인 공의회를 소집했지만, 교황 율리우스 2세(Julius II)는 5차 라테란 공의회(Fifth Lateran Council, 1512-17)를 열어 막시밀리안 황제의 계획을 좌절시켰다. 5차 라테란 공의회는 교황의 완전한 권한을 재확인하여 교황을 향한 순종이 구원에 필요하다고 선언했고, 공의회주의를 정죄했으며, 국가적인 교회들의 독립적인 성향을 비난했다(참고, Minnich 2001:4, 15). 더 나아가서, 레오(Leo)가 죽은 1521년이 되어서야 비로소 교회의 상황에 대한 심각성이 온전하게 인식되었다. 그 해에 추기경들은 깨끗한 평판을 가진 네덜란드의 추기경, 위트레히트의 아드리안 플로리스존(Adrian Floriszoon of Utrecht, 1459-1523)을 새 교황 아드리안 6세(Adrian VI)로 선출했다.

아드리안 6세는 공동생활 형제단(Brethren of the Common Life)에서 공부했고, 자신이 1492년에 박사학위를 받은 루뱅(Louvain)에서 가르쳤다. 그는 에라스무스의 친구였고, 어린 찰스 5세(Charles V)의 교사였으며, 스페인에서 주교 및 이단재판관으로 활동했다. 진실하고 열정적인 개혁가였던 그는 교황으로 선출되자마자 개신교주의를 견제하고, 유럽의 군주들과 화해하며, 교황청을 개혁하기 시작했다. 그의 교황청 개혁이 천천히 진행된 이유는, 교황청의 관직 및 성직록 매매를 개혁하는 일이 교황청을 파산시키거나 이탈리아인들의 주된 후견인으로서 교황청과 연결된 야심을 좌절시키는 위험을 초래할 수 있다는 사실을 깨달았기 때문이었다-이는 아드리안 이후 다른 교황청 개혁가들에게 있어서도 마찬가지였다(Jedin 1957:I, 209; Hallman 1985:168). 그는 부패가 가장 높은 자리에서부터 시작되었다는 사실을 솔직하게 고백했고, 교황청의 개혁을 통하여 교회의 갱신을 시작하겠다고 맹세했다. 그가 제시한 목표는 "세상을 정화하기 위해서 로마를 정화한다"(purga Romam purgatur mundus)는 것이었다(Iserloh et al. 1986:460). 1523년 1월, 독일 의회를 향하여 아드리안은 다음과 같이 편지했다.

> 우리 자신과 관련하여서, 우리는 이러한 악이 강력하게 진행된 이 교황청을 가장 먼저 개혁하기 위해 모든 노력을 다할 것입니다. 이곳으로부터 시작하여 모든 낮은 부분으로 부패가 흘러갔던 것처럼, 마찬가지로 치유와 개혁 역시 이곳에서 흘러나갈 것입니다…설령 우리가 모든 오류와 잘못된 관행들을 단번에 바로잡지 못한다 하더라도, 그것에 대해 놀라지 말아야 합니다. 그동안 질병이 너무나 오랫동안 뿌리내렸고, 단순하지 않으며, 다양하고 복잡하기 때문입니다(Hillerbrand 1964:429; Olin 1992:118-27).

하지만 시대는 아드리안의 편이 아니었다. 이탈리아인들은 그가 교양 없는 라틴어를 쓰며 르네상스의 정교함을 가지고 있지 않다는 이유로 아드리안을 무시했다. 1522년 1월에 교황으로 선출된 그는 1523년 9월에 사망했다. 그의 묘비에는 다음과 같은 비문이 적혀 있다. "안타깝도다! 가장 의로운 이 사람조차 그가 살아야 했던 시대에 달려 있다니!"(Spitz 1971:470).

아드리안의 뒤를 이어 또 다른 메디치 가문의 사람이자 레오 10세의 사촌이 교황이 되어 클레멘트 7세(Clement VII)라는 칭호를 얻었다. 그는 개인적으로 볼 때 흠이 없는 사람이었으나, 공식적인 임무를 수행하는 데 헌신하기보다는 예술을 후원하는 쉽고 세련된 일에만 몰두했다. 헨리 8세와 캐더린 사이의 이혼 사건을 처리하지 못했던 모습은 그가 모든 부분들을 화해시키는 일에 얼마나 무능했는가를 대표적으로 보여주었다. 그는 1524년에 온건한 추기경 캄페지오(Campeggio)를 뉘른베르그(Nuremberg) 의회로 보냈는데, 교리상의 차이가 얼마나 이미 크게 발생했는지를 깨닫지 못한 채, 단순히 "포도주와 여자"를, 즉 빵과 포도주 둘 다를 가지고 성찬을 행하는 것과 성직자의 결혼을 허용하겠다고 루터파에게 제안했을 뿐이었다. 1532년에 그는 지난 12년 동안 개신교도들이 요구해 왔던 전(全)교회적인 공의회를 열기로 동의했지만, 그 회의를 개최하지 않은 채 1534년에 사망했다.

그 다음 교황 알렉산더 파르네제(Alexander Farnese) 즉 교황 바오로 3세(Paul III)는 전형적인 르네상스 교황이었다. 그는 교황에 오르자마자 당시에 10

대 소년이었던 두 손자를 추기경의 자리에 올려놓았는데, 그는 이것이 연로한 자신을 돕기 위해서라고 말했다. 그는 멜랑히톤이나 부처와 같은 개신교도들과의 대화를 독려하였으며, 많은 인문주의자들을 추기경으로 임명했다. 1536년, 그는 오랫동안 기다렸던 공의회가 1537년 5월에 만투아(Mantua)에서 열릴 것이라고 선언했다. 이 공의회를 준비하면서 그는 아홉 명의 추기경으로 구성된 위원회를 임명하여 교회 개혁을 위한 보고서를 작성하게 하였다. 2개월간의 충실한 작업 끝에, 이 위원회는 「교회의 개혁에 관한 조언」(Consilium de emendanda ecclesia, 1537)이라는 보고서를 발표했다.

이 보고서는 관직에 있어서의 친척 등용, 성직 매매, 여러 성직록을 받는 관행, 부재주의(absenteeism), 성직자의 부도덕성 및 타락 등의 악행들을 비난했다. 용기와 대담함을 가지고 이 보고서는 이 모든 악행들의 주된 원인이 교황권의 남용에 집중된다고 지적했다. "아첨꾼들이 몇몇 교황들로 하여금 마치 자신들의 뜻이 법인 것처럼 생각하도록 이끌었다." 콘타리니(Contarini), 카라파(Caraffa), 사돌레토(Sadolteto), 폴(Pole) 등의 추기경, 프레고소(Fregoso), 알레안더(Aleander), 지베르티(Giberti) 등의 주교, 그리고 대수도원장 코르테제(Cortese)와 교황의 주임 신학자 바디아(Badia) 등의 인물들로 이루어진 이 유명한 위원회는 교회를 갱신하고 목회 사역의 수위권을 회복하는 일이 교황청의 근본적인 개혁에 달려 있다고 확신했다(Jedin 1957:I, 424-6; Olin 1992:182-97; Gleason 1981:81-100).

근본적인 쟁점은 교회 재산의 관리-정확히 말하자면, 잘못된 관리-문제였다. 성직매매, 복수 성직록, 친척 등용이라는 오래된 트리오가 교회의 지도력을 부패시켰다. 교회의 지도자들이 자신들의 직분을 성도들의 영혼을 담당하는 기관으로보다는 이득을 얻기 위한 자신들만의 기업으로 여긴다는 사실을 이 위원회는 파악했다. 이러한 문제들에 대한 해결책은 어떠한 새로운 개혁이 아니라, 더욱 강화된 규율 및 교회법의 준수였다(Hallman 1985:2; Gleason 1981:56).

개신교도들이 이러한 내용을 접했을 때, 이 보고서는 교회에 대한 자신들의 비판을 확증하고 뒷받침해 주었다. 더 나아가서, 이 위원회가 교회의 도덕적인 개혁을 강조했다는 사실은 그들이 신학적인 개혁을 분명하게 주장했던 루터의 요구를 파악하지 못했다는 점을 보여주었다. 루터는 이 보고서를 직접 독일어로 번역하여, 냉소적인 서문과 역설적인 해설들을 덧붙여 출판했다(LW 34:233-67).

그럼에도 불구하고, 루터의 종교적 관심사들을 이해할 뿐 아니라 어느 정도 공유하기까지 했던 로마 가톨릭 신학자들이 있었다. 이탈리아에서 이러한 가톨릭 신학자들은 종종 "이탈리아 복음주의"(Italian evangelism)라고 불리는 1512년부터 1560년대까지의 운동을 이루었다. 이와 같이 종교개혁에 우호적인 집단들은 귀족들의 참여와 보호를 통해 도움을 받았다. 예를 들어, 마로(Marot)와 칼빈(Calvin)이 환영받았던 페라라(Ferrara) 지역의 프랑스 출신 공작부인 르나타(Renata), 사보이(Savoy)의 공작부인 마르그리뜨 드 발루아(Marguerite de Valois), 우르비노(Urbino)의 공작부인 엘리오노라 곤자제(Eleonora Gonzage) 등이 여기에 포함되었다(Firpo 2004:171, 174). 그들은 개인적인 종교적 갱신을 통하여 교회의 개혁을 이루고자 하였다. 그러한 개혁을 위한 도구는 하나님의 성경 말씀이며, 그것의 신학적 핵심은 이신칭의 교리였다. 이에 따라 이러한 가톨릭 복음주의자들은 이미 1520년대에 육신적(carnali)이거나 세속적(mondani)인 사람이 아니라 영적인 사람들(spirituali)로 불렸다(Gleason 1993:300). 그들의 사상은 종교개혁 이전의 성경적인 관점들로부터 유래하였으며, 종교개혁 논쟁들을 통하여 더욱 강화되었다. 놀랍게도, 바오로 3세가 교황이던 시기에 적어도 얼마 동안은 복음주의를 대표하는 인물들이 교황청 안으로까지 진출하였다.

학자들은 이 복음주의에 대한 일치된 정의를 내리지 못했다. 하지만 그것은 루터와 칼빈의 통찰들을 가톨릭의 현실에 적용하려는 노력으로 묘사되어 왔다(Fenlon 1972:21; Gleason 1978:20-1; Marcocchi 1988; Schutte 1977). 이탈리아에서의 복음주의는 개신교로 전향한 후 1529년에 스페인 이단재판소를 도망쳤던 스페인 신학자 후안 데 발데스(Juan de Valdés)로부터도 영향을 받았다. 발데스는 '빛'을 의미하는 스페인어 알룸브라디스모(alumbradismo)를 사용하여 이신칭의를 성령의 조명으로 이해하였다. 이처럼 외형적으로는 교회의 조직을 유지하는 동시에 가톨릭 교리 안으로 루터, 칼빈, 부처 등의 사상을 주입시키려 했던 노력은 익명으로 출판된 『그리스도의 은혜』(*Beneficio di Cristo*, 1543)

에서 가장 중요하게 표현되었다. 이 책은 이탈리아에서 수만 부가 인쇄되었고, 프랑스어, 영어, 크로아티아어로 번역되면서 그 영향력이 더욱 확산되었다. 글리슨(Gleason, 1978:10-12, 16)에 따르면, 『그리스도의 은혜』는 1539년 판 칼빈의 『기독교 강요』로부터 강력한 영향을 받았으며 이신칭의 교리를 주장했다. 이처럼, 만일 이 운동이 당시에 성공했다면, 이탈리아 가톨릭교회는 칼빈주의가 되었을지도 모른다.

이탈리아에서 많은 사람들이 칭의 교리를 받아들였다는 사실은 이제 분명하다. 어떤 이들은 루터파 공동체를 형성하기도 했고(Olson 1993; Campi 1996), 오치노와 버미글리와 같은 저명한 가톨릭 개혁가들은 공개적으로 칼빈주의를 지지하는 데 이르렀다. 하지만 교황청 안에서까지 표현되었던 개신교의 칭의 교리는 기본적으로 교황제도를 바꿀 수 없었다(Firpo 2004:174-80). "복음주의적" 신념들이 이탈리아에서 그토록 열매를 맺지 못했던 이유는 무엇일까? 당시에 날카롭게 지적되었던 한 가지 답변은, 교황청 내에 있던 가톨릭 복음주의 엘리트들에게 기존의 체제를 버릴 만한 용기가 없었다는 것이었다. 자신의 신앙을 충실하게 지키며 그때문에 고난을 감수했던 낮은 계급의 사람들이나 평신도들과는 달리, 그들은 자신들의 양심보다 경제적인 안정을 더 우위에 두었으며, 기존의 교회에 순응하는 대가로 받았던 자신들의 직책과 성직록 등을 포기하지 않았다.

글리슨(Gleason, 1993:305)은 이러한 설명이 어느 정도 역사적 타당성을 가지고 있긴 하지만 너무나 단순한 해석이라고 지적한다.

> "영적인 사람들"(spirituali)과 같이 높은 교육을 받고 종교적인 면에서나 도덕적인 면에서나 진지했던 사람들이 경제적인 위협 앞에서 기존의 체제에 굴복했을 뿐이라는 가정은 지나치게 단순하다…그들이 중단했던 이유는 비겁함 때문이 아니라 자신들만의 신념 때문이었다. 그들은 자신들이 되살린 인격적이고 성경적인 기독교가 개혁된 가톨릭교회 구조 및 그 정점인 영적인 교황에 접목될 수 있다고 여전히 믿었다.

이러한 점에서 볼 때, 잘 알려진 성직자들 뿐 아니라 미켈란젤로와 같은 예술가들 역시도 이러한 이탈리아 "니고데모주의"(Nicodemite) 운동에 포함되었다고 말할 수 있을 것이다(Eire 1979; Dillengerger 1999:10, 141-7).

'영적인 사람들'(spirituali)의 신학은 쉽게 일반화될 수 없지만, 자신들의 개신교 형제들과는 달리 그들은 신학적 개혁이 제도적 개혁으로 이어져야 한다고 결론짓지 않았던 것으로 보인다. 여기서 우리는 오직 은혜의 신학과 교회의 권위라는 주제를 놓고 루터와 프리에리아스(Prierias) 사이에 벌어졌던 최초의 종교개혁 논쟁을 다시 생각하게 된다. '영적인 사람들'은 교회의 권위를 강화함으로써 은혜의 신학을 보장하는 일이 가능하다고 믿었다. 그들은 이 둘 중 어느 하나도 놓치지 않고 두 가지 모두를 붙잡고자 했는데, 이로 인하여 그들 자신과 그들의 신학은 기존 세력의 의심을 받게 되었으며, 이제 반(反)-종교개혁이 본격적으로 일어나기 시작했다.

이러한 소위 중재적인 신학자들 중 주목할 만한 인물은 가스파로 콘타리니(Gasparo ontarini, 1483-1542)로, 그가 회심을 체험하여 믿음을 통한 구원을 받아들인 것은 루터의 회심 체험과 비교되어 왔다(Jedin 1957:I, 167; Gleason 1981:21-33). 콘타리니는 베네치아(Venetian) 대사의 자격으로 보름스(Worms) 의회에 참석했었다. 훗날(1528-30) 그는 로마에 있는 교황청에 대사로 파견되었다. 이곳에서 보여준 깊은 경건과 협상 능력으로 인해 그는 평신도임에도 불구하고 추기경이 되었다(1535). 그는 개신교와 가톨릭의 차이점들을 화해시키려 힘썼으며, 교회 내의 분열을 해결하기 위한 전(全)교회적인 공의회를 주장하였다. 그와 그의 루터파 대화상대였던 멜랑히톤은 1541년의 레겐스부르그(Regensburg) 회담에서, 비록 화체설 교리가 여전히 "연합의 장애물"로 남기는 했지만, 칭의를 비롯하여 여러 중요한 신학적 주제들에 대한 일치에 실제로 도달했다(Mullett 1999:50). 하지만 그들의 협상 노력은 양쪽 진영 모두로부터 진리를 희생시킨 타협이라는 이유로 거절되었다. 콘타리니의 죽음과 함께, 자유주의적인 가톨릭 개혁 운동 역시 트렌트 공의회 이전에 치명적인 타격을 입었다.

잇따른 여러 이유로 인해 공의회의 개최가 지연되었고, 1542년에는 찰스 5세와 프란시스 1세 사이에 다시 한 번 전쟁이 일어났다. 잠시 후에 살펴볼 트렌트 공의회는-루터가 처음으로 공의회를 요청한지 25년이 지난-1545년

이 되어서야 비로소 열렸다. 바오로 3세는 1549년에 사망했다. 율리우스 3세(Julius III)와 마르첼루스 2세(Marcellus II)가 잠깐 다스린 뒤, 한때 자신이 동조했던 복음주의 운동의 대표적인 비판가가 된 추기경 카라파(Caraffa, 1476-1559)가 1555년에 교황 바오로 4세(Paul IV)로 취임했다.

2. 금서목록 및 이단재판소

바오로 4세는 그의 교리적 엄격함과 개신교주의를 근절하겠다는 결심으로 인해 종종 최초의 반(反)-종교개혁 교황으로 불린다. 그가 교황으로 선출되면서 "로마 전역에 새롭고 모진 바람이 불었다…금욕적이고 독재적인 카라파의 통치하에서, 개혁은 계속되었지만 교황의 엄격한 관할 하에 놓였다. 교황으로서 바오로의 목표는 중세의 교황 그레고리 9세(Gregory IX)와 보니파스 8세(Boniface VIII)의 시대로 돌아가는 것이었다. 그는 공의회, 특히 로마로부터 멀리 떨어진 제국에서 개최된 공의회를 불신하였다"(Bireley 1999:51). 가톨릭 갱신 운동이 압제적인 성격을 중점적으로 갖게 되며 반-종교개혁이라는 이름이 붙은 것은 바로 교황 바오로 4세가 다스리던 기간의 일이었다. 이를 위해 사용된 두 가지 도구는 금서목록과 이단재판소였다.

금지된 책들의 목록은, 주로 파리와 루뱅의 신학 교수들에 의해, 1521년 이후로 유통되고 있었다. 효과적인 사상 통제를 위해서는 저자들 뿐 아니라 그들의 작품 역시도 불태워야 한다는 사실이 바오로 4세에게 분명해졌다. 기본적인 원리는 이단이라는 전염병이 "무엇보다도 출판물을 통해 기독교 세계 전역으로 퍼져간다"는 사실이었다(Gleason 1978:14). 이에 따라 바오로 4세는 어느 곳에서나 금지되어야 하는 이단 작품들의 전체 목록을 작성하도록 명령했다.

이 『금서목록』(*Index librorum prohibitorum*)은 바오로 4세의 관할 하에서 이단재판소에 의해 1559년 처음으로 출판되었다. 이 목록은 1564년 트렌트 공의회에서 수정되었다. 금서 목록에는 이단적인 개신교 작품들 뿐 아니라, 보카치오(Boccaccio)의 『데카메론』(*Decameron*)과 같이 윤리에 해롭다고 여겨진 인문주의 고전들도 포함되었다. 한때 추기경직을 제의받았던 에라스무스의 작품들 마저도 금지되었다가, 시간이 흐른 후 불온한 내용들이 삭제된 채로 출판되었다. 에라스무스를 받아들였던 다른 국가들과는 달리, 이탈리아는 그를 "루터파" 이단자로 거부하였다. 많은 양의 성경과 교부들의 작품 역시 금지되었고, 오직 주교와 재판관의 허가를 받은 경우에만 읽을 수 있었다. 예수회 소속 피터 카니시우스(Peter Canisius)는 독일에서 쓴 편지를 통해 이 목록이 "받아들일 수 없는 수치스러운" 것이라고 주장했다. 오늘날의 예수회 학자 존 오말리(John O'Malley, 1993:314)는 이 목록을 "그처럼 광신적인 교황이 만든 것 중에서도 가장 광신적인 문서들 중 하나"라고 부른다.

1571년, 피우 5세(Pius V)는 금서목록과 관련한 특별한 부서를 신설하였고 이 부서의 직무는 종교재판소(Holy Office)로 옮겨졌다(금서목록은 1966년에 폐지되었다). 의심할 여지없이, 종교재판소의 검열 활동은 가톨릭 국가들 내에서 문화 및 사상의 확산을 가로막았다. 하지만 최근의 몇몇 학자들은 금서목록이 파괴적인 영향을 끼쳤다는 이전의 견해를 수정했다. 그것은 "철의 장막"이었다기보다는 망사로 된 큰 그물과 같았다. 반(反)-종교개혁은 물론 "자유롭게 문화가 교환된 시대"가 아니었지만, 그렇다고 해서 "문화적 죽음"의 시대 역시 아니었다(Tedeschi 1991:273-319, 321, 335, 338, 345). 물론 이에 대한 반대 주장들도 있다. 글리슨(Gleason 1981:103)은 『그리스도의 은혜』가 너무나 성공적으로 금지되어 19세기 중반이 될 때까지 단 한 권의 이탈리아 책도 발견되지 않았을 정도였다고 지적한다. 멘치(Menchi, 1993:13)에 따르면, 이단에 대한 트렌트 공의회 및 트렌트 이후의 진압은 "이탈리아의 종교적 반대자들에게 마치 79년에 일어난 폼페이(Pompeii)의 용암같은 영향을 끼쳤다. 개신교에 우호적인 운동은 그 술렁거리는 단계에서 질식되었다."

특별한 교회 재판국의 이단 박해 기관이었던 이단재판소(Inquisition)의 유래는 카타리파(Catharist) 이단을 심문했던 13세기까지 거슬러 올라간다. 이 때 교회는 세속 권력의 도움을 얻었다. 1478년, 회심한 유대인들에 의한 유대화를 경계하며 스페인에서 하나의 이단재판소가 발전했다. 13세기 후반에 강제적으로 개종된 후 콘베르소(converso)로 알려진, 이 "새로운" 그리스도인들은 은밀한 중에 유대교적 의식과 신념을 지속하고 있다는 의심을 받았다. 그들의 후손들 역시 의혹의 대상이 되었으며, 이에 따라 "순수한 혈통"(limpieza de sangre)에 입각한 인종주의가 발전하였다. 비록 십자군의 이상이 15세기 유럽에서 사라졌음에도 불구하고,–모든 이슬람 교도들을 추방한다는–국토회복운동(Reconquista)은 이베리아(Iberian) 반도에서 여전히 종교적 정치적 목표로 남아 있었다.

그레나다(Grenada)가 카스티야(Castile)와 아라곤(Aragon)에 의해 1492년에 사로잡혔을 때, 이슬람의 마지막 기지가 정복되었다. "남아 있던 유대인들 역시 같은 해에 스페인에서 추방당했다. 이러한 추방의 주된 이유는 콘베르소들로 하여금 유대교적인 관습으로 복귀하도록 유혹했던 집단을 제거한다는 것이었다. 아마도 80,000 명의 스페인 유대인들 중 절반이 자신들의 고향을 떠나기보다는 개종을 선택했고, 그 결과 콘베르소의 숫자는 더욱 늘었다. 국토회복운동이 끝난 후에는, 강제적으로 그리스도인이 된 이슬람 교도들 혹은 모리코스(Moricos)들을 대상으로 남부 스페인 지역에서 비슷한 상황이 나타났다. 약 1530년이 될 때까지, 처음에는 콘베르소 사이에서 그 다음에는 모리코스 사이에서 이단을 박해하는 가운데 이단재판소는 가장 잔인해졌다. 가장 신뢰할 만한 측정에 따르면, 이 시기에 약 2,000 명의 콘베르소들이 처형되었다. 뿐만 아니라, 수 천 명의 사람들이 이단에 대한 처벌로 재산을 몰수당해 파멸을 직면했고, 참회의 옷이었던 경멸적인 산베니토(sanbenito)를 정기적으로 입어야했다"(Bireley 1999:23-4).

이단재판소에 대한 너무나 흔한 인상은 계속해서 스페인에 집중된다. '어두운 하늘을 배경으로 이단자들을 불태웠다'느니, 'CIA나 KGB 같은 정보기관의 조상에 해당하는 냉혹한 이단재판관들이 자신들의 과대망상증과 권력에 대한 욕망을 만족시키기 위해 무고한 피해자들을 사냥했다'는 식의 극적인 묘사가 제시된다. 스페인 이단재판소가 공포를 불러일으켰다는 사실에는 의문의 여지가 없다. "스페인 이단재판소가 행한 고문에는–이러한 고문 형태는 변화되지 않았는데–, 죄인의 코와 입에 많은 물을 부어 넣어 익사 직전으로 만들었던 토카(toca), 죄수를 끈으로 묶어 팽팽하게 졸라맸던 포트로(potro), 손을 뒤로 묶어 죄수를 매달았던 가루차(garrucha) 등이 있었다…비록 고문이 스페인 이단재판소의 가장 무시무시한 특징들 중 하나로 남아 있지만, 이제 학자들은 그러한 고문이 거의 사용되지 않았다고 믿는다"(Homza 2006:xxv; 참고 Kamen 1998).

반면, 멀렛(Mullett, 1999:213)에 따르면, "수정주의적인 해석들이 이단재판소의 잔인성의 강도를 어떠한 방식으로 조정하든지 간에, 어느 곳에서나 그것은 끔찍하게 공포스러운 장치였다." 종교재판소를 선교 활동에 적용했던 프란체스코회 선교사들이 유카탄(Yucatan)에서 보여준 잔인함은 멀렛의 주장을 뒷받침한다(Clendinnen 2003:72-92). 스페인에서 공포는 그 공공성으로 인해 강화되었다. "유럽의 세속적인 법체계 대부분은 이단재판소보다 더 가혹하게 죄수들을 처벌했다. 하지만 그 누구도 이보다 더 극적인 모습으로 판결을 선언하거나, 이보다 더 주도면밀하게 심판의 기억을 영구적으로 남게 하지는 않았다"(Monter 1990:xiii). 사회에 깊이 뿌리내린 공적인 수치에 대한 공포를 공적이고 권위주의적으로 사용함으로써 이단재판소는 강한 영향력을 남겼다. "공적인 수치(la vergüenza) 자체가 형벌의 주된 형식이었던 사회에서, 이단재판소는 거의 예술적인 수준으로 처벌을 수행했다. 이단자 처형 축제(auto de fe)를 여는 궁극적인 목적은" 판결을 선고하고 참회의 옷 산베니토스(sanbenitos)를 부과함으로써 "유용한 두려움(salutary fear)을 주입시키는 것"이었다. 형벌이 끝난 후 혹은 이단자가 사형당한 후에는 이 옷을 그 이단자가 살던 지역의 큰 교회에 걸어 두어, 그 공동체에게 그 사람의 이단성을 영구적으로 상기시켰다(Monter 1990:57-8).

공적인 인물들이 정기적으로 자신들의 개인적인 생활을 재잘거리는 대중적인 문화에서 살아가는 우리들로서는 그와 같은 형태의 사회 통제가 어떠한 힘을 가지고 있었는지를 완전히 이해하기 어렵다. 하지만, "이단으로 낙인찍히는 것에 대한 두려움과 그로 인한 결과에 대한 두려움"(Rawlings 2006:15)과 같이 정치적인 측면에서 발생한 두려움이 어떠한 결과들을 초래하는지는 미국인들에게 있어 그다지 낯설지 않다. 이러한 두려움이 1950년대에는 공산주의자들을 사냥하는 모습으로, 그리고 오늘날에는 테러리즘에 대한 공포로 나타났다.

이단재판소는 그 비밀성과 고문 행위로 인해 일반인들에게 있어 악명 높은 기관으로 남아 있기 때문에, 이에 대해 간단한 설명이 필요하다. 이단재판소가 재판과 선언에 있어 놀라울 정도의 비밀성을 유지한 것은 사실이다. 이단 재판관들은 자신들이 하는 일에 대한 치밀한 비밀성이 부패를 막고 공정한 조사를 가능하게 해 준다고 믿었다. 이러한 비밀성이 유지되었던 실제적인 이유에는 고소와 관련하여 증인을 보호하며 또 피고의 평판을 지켜주려는 목적이 포함되었다. 피고가 무죄한 것으로 판명될 수 있었으며, 따라서 그러할 경우 공적으로 구속되어 조사받았다는 낙인이 남지 않도록 은밀하게 처리했던 것이다.

이단재판소의 고문 사용은 상황을 배경으로 하여 이해되어야 한다. "스페인 이단재판소에 대해 판단할 때, 우리는 스페인의 세속 법정이 극단적으로 나쁜 평판을 가지고 있었다는 사실을 기억해야 한다. 합스부르그 스페인의 형벌 절차를 연구한 가장 저명한 현대 역사가의 결론에 따르면, 어떠한 사람이 범죄 행위로 고소되어 구속될 위협에 직면했을 때 그가 할 수 있는 유일한 합리적인 반응은 가능한 한 빨리 그리고 멀리 도망가는 것이었다"(Monter 1990:74). 세속 법정과는 반대로, 이단재판소는 온건하고 정당한 절차를 보여주었다(Tedeschi 1991:8). 비록 그 피해자들에게 있어서는 이러한 비교가 거의 위로가 되지 않을 터이지만 말이다.

종교재판소(Holy Office)는 고문의 결과로 얻은 자백의 타당성에 대해 회의적이었으며, 고문을 당연한 것으로 여기며 사용하지 않았다. 피고의 나이, 성별, 신체적 상태 등에 따라 고문의 사용이 금지될 수도 있었다. 고문을 통해 얻어진 자백은 고문실 밖에서 피고가 24시간 후에 재확인하기 전까지는 정당한 것으로 여겨지지 않았다. 관례적으로 사용된 재판상의 고문은 피고의 손을 밧줄이나 도르래를 사용하여 뒤로 묶은 채 걸어 놓는 것이었다. 아마도 1시간 이상 걸어 두지는 않았을 것이다. 한 기록에 따르면, "피고가 무죄일 경우 자신의 자유를 즐길 수 있고, 피고가 유죄일 경우 정당한 형벌을 받을 수 있을 정도의" 적절한 강도로 고문이 진행되어야 했다(Tedeschi 1991:145; Kamen 1985:161-77).

스페인 이단재판소는 국가와 긴밀하게 연결되었는데, 국가의 관심사 중 하나는 갤리선(galley, 노예들의 육체 노동력으로 움직였던 배)에 보낼 죄수들을 얻는 것이었다. 흥미로운 사실은 갤리선이 살아 있는 지옥과 같은 끔찍한 곳이어서, 그곳으로 보내지도록 판결된 일반 죄인들이 때때로 종교적인 범죄를 자백함으로써 이단재판소의 재판 하에 다른 처벌을 받으려 했다는 점이다. 1478년, 교황은 스페인 통치자들에게 이단재판소를 세우고 감독할 권리를 부여했다. 이단재판관들은 모든 종교 기관이나 (1531년 이후에는) 심지어 주교들보다도 더 높은 권한을 가졌다. 스페인 교회의 전투적인 정통교리와 광신적인 분위기가 수세기 동안 진행된 이슬람과의 싸움 때문이었다는 주장이 제기되어 왔다.

하지만, 보다 정확하게 말하자면, 이단재판소는 외부인들을 적대하며 사회를 통제하는 일종의 도구 역할을 했다. "개신교도들" (즉 이단자들) 뿐 아니라 프랑스 이민자들이나 동성애자들 같은 사회 내 "이질적인" 요소들도 처벌 대상으로 겨냥함으로써, 이단재판소는 스페인에서 인기를 얻었다(Monter 1990:321-5). 페르디난드(Ferdinand)와 이사벨라(Isabella)는 온갖 종류의 일탈에 맞서 강력한 제도적 통제를 확립했다. 1508년이 되기까지, 히메네즈(Ximénez) 추기경은 엄격한 도덕적 재정비를 통하여 스페인의 위계질서를 강화시켰을 뿐 아니라, 그 자신이 직접 대(大) 이단재판관으로 일했다. 1530년이 될 때까지 이단재판소는 "에라스무스파"와 "루터파"를 처벌하였다. 에라스무스와 루터, 이 두 이름은 "사제들이 은밀하게 통제하던 위계적인 신비 종교의 권력"에 위협이 되는 모든 이들을 통칭하는 이름이었다(Weber 1999:153).

이단을 지칭하는 또 다른 대표적인 용어는 알룸브라도스(alumbrados)라는 단어이다. 이 단어는 정의내리기 어려운 용어이지만 하나님의 영에 의한 "조명"(illumination)을 암시한다. 신비주의의 다른 형태들과 마찬가지로, 이러한 성향 역시 제도화된 종교를 위협할 잠재력을 가지고 있었다. 만일 누군가 하나님으로부터 직접적인 영감을 받으며 그에 따라 자신만의 능력으로 성경을 읽고 이해할 수 있다고 한다면, 교리적이고 감독적인 권위들은 상대화되고 축소된다. 제도 교회가 더욱 위협적으로 생각했던 사실은 이러한 성향의 집단 안에 개종한 유대인들이 많이 들어 있으며 여성들이 지도력을 쥐고 있었다는 점이었다(Weber 1999:148). 이로 인해 고소된 사람들 중 잘 알려진 인물은 아빌라의 요한(John of Avila, ca. 1499-1569)이었다. 그는 영감 있는 순회 설교를 통해 단순한 믿음과 자선을 강조함으로써 "안달루시아(Andalucia)의 사도"로 알려졌고, 이그나티우스 로욜라(Ignatius Loyola)와 아빌라의 테레사(Teresa of Avila)에게 영향을 주었다.

훗날 교황 바오로 4세(Paul IV)가 된 카라파(Caraffa)는 자신이 교황이 되기 이전부터 스페인 이단재판소의 효율성에 깊은 인상을 받았으며, 이 재판소가 이탈리아에도 도입되어야 한다고 제안하였다. 일반인들의 적대감을 두려워하던 바오로 3세(Paul III)는 이 제안을 그다지 반기지 않았지만, 온건한 개혁 노력이 개신교주의의 성장을 막는 데 실패했기 때문에 카라파에게 이단재판소를 도입하라고 마지못해 허락하였다. 로마 이단재판소의 설립은 1541년의 레겐스부르그(Regensburg) 종교회담이 실패로 끝나고, 오치노(Ochino)와 버미글리(Vermigli)와 같이 잘 알려진 사람들의 개신교 전향과 관련하여 "중부 이탈리아 지역이 개신교주의의 침투에 경악했던" 것으로부터 유래했다고 주장되어 왔다(O'Malley 1993:311; Jedin 1957:I, 446-7). 카라파는 너무나 간절히 이 제도를 기대하여 그 자신의 집에 심문소를 세웠을 정도였다. 그는 외치기를, "만일 우리들 자신의 아버지가 이단자라 할지라도 우리는 그를 화형시켜야 할 것이다"라고 말했다! 다른 곳에서 그는 "칼빈주의자들에게는 말할 것도 없고, 어떠한 종류의 이단에게도 관용을 베품으로써 스스로를 비천하게 만들어서는 안 된다"라고 말했다(Spitz 1971:477).

이리하여 로마의 재판소가 조직되었다. 관례적으로 도미니크회 사람들이 재판관이 되었고, 그들은 교황에 의해 임명되어 총 심문관 역할을 맡은 여섯 명의 주교들의 감독을 받았다. 이 여섯 명 중 한 사람은 추기경 카라파였다. 1542년 7월 21일, 바오로 3세는 「처음부터의 허락」(Licet ab initio)이라는 교황 교서와 함께 로마 이단재판소를 공식적으로 승인하였고 그 권위를 모든 기독교세계로 확장시켰다. 군주가 협력하는 한 이 기관은 효과적인 도구였다. 1908년에 교황 피우 10세(Pius X)는 그 이름을 보편적 이단 재판 성성(聖省, Sacred Congregation of the Universal Inquisition)에서 검사성성(檢邪聖省, Sacred Congregation of the Holy Office)으로 바꾸었다. 1965년에 교황 바오로 6세(Paul VI)는 현재의 이름인 신앙 교리 성성(聖省, Congregation for the Doctrine of the Faith)이라는 명칭을 부여했다.

비록 카를로 긴즈부르그(Carlo Ginzburg, 1982, 1985)가 지역의 자료들을 사용하여 대중적인 이야기들을 제공하기는 했지만, 로마 재판소에 관한 종합적인 논의는 자료들의 접근 불가능으로 인해 이루어지지 못했다. 이단재판소와 관련된 최악의 편견들을 수정하고자 힘쓰는 오늘날의 학자들 역시도 이 문제들에 주목한다. 테데시(Tedeschi, 1991:10-11, 23)는 다음과 같이 예리하게 지적했다. 이 법적인 기관은 "이론상으로는 아니라 할지라도 실질적으로는 한 사람 즉 교황에 의해 좌우되었다. 열정적인 박해자 바오로 4세(Paul IV, 1555-9)가 교황으로 다스리던 시기 동안, 정당한 과정보다는 거의 감당할 수 없는 긴장이 더 우위에 있었고 교회는 마녀사냥의 정신에 사로잡혔다…비록 그의 죽음과 함께 그의 지나친 난폭함의 많은 부분 역시 사라졌지만, 그러한 모습들이 수세기에 걸쳐 종교재판소가 겪어야 했던 안 좋은 평판을 형성한 주요 요인이었다는 점에는 의심의 여지가 없다." 바오로 4세가 죽었을 때 로마의 폭도는 이단재판소의 문서들을 불태우고 죄수들을 풀어줌으로써 그의 죽음을 축하했다.

이단재판소가 반(反)-종교개혁의 방어적인 무기였다면, 예수회라는 새로운 기관은 반-종교개혁의 보다 효율적이고 공격적인 무기였다.

3. 로욜라와 예수회

이그나티우스 로욜라(Ignatius Loyola, 1491-1556)는 자신의 삶을 통해 가톨릭 종교개혁과 반(反)-종교개혁 모두를 보여주었다. 로욜라가 반-개신교적인 동기를 바탕으로 예수회(Society of Jesus)를 설립했다는 일반적인 견해는 잘못된 것이다. 루터나 칼빈이 없었더라도 로욜라는 있었을 것이다. 로욜라와 그의 동료들이 가졌던 동기는 교회를 개혁하는 것이 아니라 "영혼들을 돕는 것"이었다. "비록 예수회가 훨씬 다른 역사를 가지게 되었을지는 모르나, 종교개혁이 일어나지 않았다 할지라도 이 단체는 존재하게 되었을 것이다. 예수회는 기본적으로 종교개혁과의 관련 속에서 정의될 수 없다." 정말로 로욜라는 주요 종교개혁가들이 쓴 어떠한 글도 읽지 않았을 가능성이 많다(O'Malley 1993:16-18, 321, 280).

귀족 가문인 바스크(Basque) 집안에서 12명 중 막내로 태어난 로욜라는 어려서부터 귀족의 이상에 따라 훈련을 받았다. 비록 그가 기사 문학에 매료되기는 했지만, 그의 신하로서의 삶은 그다지 교훈적이지 않았다. 궁정과 막사에서 그의 생활이 방탕했다고 말한다면 극단적인 평가일지 모르나, 그가 프랑스 군대의 진격에 맞서 팜플로나(Pamplona) 시를 방어하기 위해 자원한 이후 그의 삶이 갑작스럽게 변화되었다고 말하는 것은 지나치지 않을 것이다. 1차 합스부르그-발루아(Habsburg-Valois) 전쟁 중 1521년에 팜플로나 지역이 포위되었고, 로욜라는 대포에 맞아 두 다리에 큰 부상을 입었다. 승리한 프랑스 군의 의사가 부러진 그의 다리뼈를 이었고, 그는 회복을 위해 집으로 돌려 보내졌다. 집으로 돌아온 로욜라의 다리는 심하게 훼손된 상태였는데, 그는 의사들에게 자신의 다리를 한 번 더 부러뜨린 후 다시 연결하고 밖으로 삐져 나온 뼈는 톱으로 잘라 버리라고 요청했다!

이 부상으로 인해 겪은 불편함과 9개월간의 요양 기간을 통해 로욜라는 자신의 삶을 되돌아보는 시간을 가졌다. 절뚝거리게 만든 부상으로 인해 자신의 기사로서의 야망 역시 지장을 받게 되었다는 사실을 깨달음으로써, 로욜라의 고통은 더욱 커졌다. 이곳에서 읽은 책, 작센의 루돌프(Ludolf of Saxony)가 쓴 『그리스도의 생애』(Life of Christ)와 『성인들의 꽃』(Flowers of the Saints)의 영향을 받아 로욜라는 하나님께서 자신이 영적인 기사가 되기를 원하신다고 확신하게 되었다. 부서진 기사로서의 꿈이 새로운 출구를 얻었는데, 이는 교회를 지키는 것이었다.

로욜라와 그의 추종자들이 가졌던 자기 이해와 사명을 묘사하기 위해 종종 군사적인 이미지가 사용되어 왔는데, 그것을 오늘날의 의미로 이해한다면 이는 잘못된 일이다. 예수회 헌법 혹은 "규칙"은 예수회 회원을 "십자가의 깃발 아래 있는 하나님의 군사"로 묘사하지만, 중세 시대에 하나님의 군사(militare Deo)라는 용어는 종교적인 수도회의 회원과 동의어였다. 그럼에도 불구하고, 로욜라 자신의 성향 뿐 아니라 그의 가족과 성(城) 모두는 기사적인 이상으로 철저히 물들어 있었다. 이에 따라 그의 경건은 "씩씩하고, 심지어는 돈키호테적인 측면"을 가지고 있었는데, 이러한 모습은 여인-즉 마리아-를 섬기고자 했던 그의 갈망에서 분명하게 나타났다. 부상에서 회복된 후, "그는 고전적인 기사의 방식에 따라 '몬세랏(Montserrat)에 있는 성모 마리아의 제단 앞에서 밤새 불침번을 서기로' 결심했다."

훗날 그는 동정녀 마리아를 의심하는 한 회교도를 죽일 생각까지 했는데, "이는 '(마리아의) 명예를 갚기' 위해서였다…하지만 로욜라가 기사도적인 가치를 유지함으로 인해 나타난 중심적인 결과는 자신의 새로운 분야에서 스스로 유례없는 업적을 이루겠다는 목표에 집착하게 된 것이다. '명성을 얻고자 했던' 그의 확고한 소망이 이제는 신앙적 헌신, 인내, 자기 징계 등의 용감한 행동을 추구하는 것으로 바뀌었다. 몸이 부러지고 더 이상 무력으로 '명성을 얻을' 수 없게 되었을 때, 그는 엄격한 생활을 통하여 이를 이루려 했다(Mullette 1999:78). 훗날 그는 이와 같이 회심 직후에 나타난 초창기의 성향이 은혜에 대한 반응이었다기보다 하나님 앞에서 스스로를 높이고자 하는 동기였다는 사실을 깨달았다.

1522년 3월, 바르셀로나 근처 몬세랏(Montserrat)에서 열린 성모 수태고지(Annunciation of the Virgin Mary) 축일에서, 로욜라는 마리아를 섬기는 일에 자신의 칼을 바쳤다. 그는 자신의 옷을 버리고 거지의 옷을 입었으며, 그가 표현한 바와 같이, "그리스도의 갑옷"을 입었다. 예루살렘을 향해 순례여행을 떠나려던 그의 계획은 흑사병의 발발로 인해 좌절되었다. 그는 만레사(Manresa) 지역의 동굴에 남아 금욕적인 훈련을 하며 그 해의 대부분을 보냈다. 바로 이 기간 동안에 행한 강도 높은 기도, 극단적인 자기죽임 및 엄격한 내적성찰을 통하여 그의 유명한『영성 훈련』(Spiritual Exercises)의 기초가 형성되었다. 비록 1548년까지는 출판되지 않았지만, 하나님의 뜻을 따르기 위한 이러한 원리들은 이미 1527년에 사용되었다.

『영성 훈련』은 한 개인의 뜻을 하나님의 뜻에 일치시켜 그분의 뜻을 따르도록 만들기 위해 계획된 네 부분의 명상 및 규칙으로 구성되었다. 1부는 죄와 그 결과에 대한 체계적인 논의이며, 2부는 그리스도의 생애와 왕국의 의미를 제시한다. 3부는 그리스도의 수난 이야기를 집중적으로 다루며, 4부에서는 부활하여 영화롭게 되신 그리스도에 대한 명상을 통해 영성 훈련이 절정에 도달한다. 종교 심리학에 대한 자신의 특별한 통찰력을 바탕으로, 로욜라는 하나의 훈련을 만들었다. 그와 그의 제자들은 이 훈련에 따라 죄를 미워하고, 하나님의 제자가 되며, 자신들의 헌신을 시험하고 확인하며, 완전함을 향하여 분발하는 등 점진적인 결심을 통해 그들의 삶을 지도했다. 이러한 체계적인 사유와 명상에는, 한 가지 덕을 계발하거나 혹은 한 가지 죄를 공격하는 것에 집중하는 매일의 자기검토가 포함되었다. 이로 인해 문제가 하나씩 극복되어 삶의 개혁을 이루어갔다.

루터와는 달리 로욜라는 교회의 문제를 교리적인 일탈이 아니라 교회의 가르침과 전통으로부터 개인적으로 벗어나는 것으로 보았다. 따라서 로욜라가 보기에 교회 개혁의 핵심은 각 개인들을 개혁하는 것이었다. 그리고 개인들의 개혁은 각자의 의지를 다스림으로써 일어나야 했다. 완전한 자기통제를 통하여 사람들은, 하나님을 섬기고 자신과 다른 사람들을 구원하려고 추구하는 가운데 극단적인 태도를 피할 수 있다. 이러한 접근은 개인의 개성을 높이 보았던 르네상스적인 개념과 영혼의 완성을 추구했던 중세 후기 신비주의자들의 목표를 조합한 것이었다. 로욜라에게 있어 이는 곧 교황이 대표하는 교회와 그리스도에 대한 복종을 의미했다.

만레사에서 로욜라는 1523년에 회교도들을 회심시키기 위해 예루살렘으로의 여행을 시작했다. 하지만 이 과정에서 그는 자신의 목표를 이루기 위해서 확고한 교육적 기반이 필요하다는 사실을 깨달았다. 따라서 30세의 나이에 그는 바르셀로나로 돌아가, 소년들을 위한 학교에 입학했다. 그 후 알칼라(Alcalá) 대학으로 진학했고, 이곳에서 최초의 추종자들이 그의 주변으로 모여들었다. 역설적인 사실은 로욜라가 이단이라는 혐의를 받아 스페인 이단재판소에 의해 두 차례나 투옥되었다는 점이다. 무죄로 석방된 후, 그는 살라망카(Salamanca)에서 잠시 머문 뒤 1528년에 파리에서 공부를 계속했다.

파리에서(1528-35) 로욜라는 석사학위를 취득했다. 이곳에서 그는 자신을 이어 예수회의 다음 대표가 된 디에고 라이네즈(Diego Lainez), 알폰소 살메론(Alfonso Salmerón), 극동 지역의 위대한 선교사 프란시스 사비에르(Francis Xavier) 등의 동료들과 함께 예수회의 기초를 놓았다. 중세 스페인 십자군을 연상케 하는 서약을 통하여, 그들은 회교도들을 회심시키기 위해 예루살렘으로 향하겠다고 헌신하며 맹세했다. 1537년, 로욜라와 그 동료들은 베니스(Venice)에서 만났고, 사제 서품을 받았으며, 예루살렘으로 떠나기 위해 준비

그림 14.1 "이그나티우스 로욜라"(Ignatius of Loyola). 1640년 경 클로드 멜란(Claude Mellan)이 그린 작품. 로마 근교의 라 스토르타(La Storta)에서 로욜라가 자신의 비전을 받고 있다. 하늘로부터 다음과 같은 하나님의 음성이 들린다. "로마에서 내가 너에게 자비를 베풀겠다." 멀렛(Mullett 1999:201-2)은 로욜라에 대한 바로크 시대의 초상화를 설명한다.

자료 출처 : Elke Walford, Hamburger Kunsthalle

했다. 베니스와 터키인들 사이에 전쟁이 일어남으로 인해 이 계획이 좌절되었고, 그들은 "로마에서 자신의 예루살렘을 추구하기로" 결정했다. 로욜라와 소수의 동료들이 꿈꾸었던 교회를 섬기는 삶은 1540년 교황 바오로 3세에 의해 승인되었다.

중세의 마지막 주요 수도회로서, 예수회는 수도원주의에 대한 로욜라만의 관점을 구체화시키며 독특하게 발전했다. 이전의 수도회들이 명상 및 세상으로부터의 초월을 이상적으로 여겼던 반면, 로욜라는 세상 안에서의 활동을 강조했다. 고전적인 베네딕트 수도회 규칙은 종교적인 삶을 수도원의 벽 안으로 국한시키며 안정(stability)을 추구했던 반면, 예수회는 세상 어느 곳이든 사역이 필요한 곳으로 움직이는 이동성(mobility)을 강조했다. 이에 따라, 로욜라를 충직하게 도왔던 헤로니모 나달(Jerónimo Nadal, 1507-80)은 "우리는 수도사가 아니며…세상이 우리의 집이다"라는 말을 계속해서 반복했다(O' Malley 1993:68).

활동적인 삶에 대한 강조는 잘 교육된 사제들을 요구했으며, 그 결과 예수회 회원이 되기 위해서는 엄격하고 긴 훈련을 받아야 했다. 이 훈련은 수도원의 규율을 내면화시키는 것이었다. 왜냐하면 예수회의 목표는 수도원 안에 고립되어 있는 것이 아니라, 선교와 전도를 통하여 세상 안에서 활동하는 것이었기 때문이다. 예수회의 또 다른 독특한 특징은 후보자가 가난, 순결, 순종 등 세 가지 정규적인 사항에 대해 서약할 뿐 아니라, 교황에 대한 충성을 맹세하는 네 번째 서약을 했다는 점이다. 개혁에 있어서 루터와 로욜라의 거리를 분명하게 보여주는 것은 바로 이 네 번째 서약이었다. 로욜라에게 있어 교회는 위계적인 질서를 가지고 있다. 개인과 교회의 관계에 대한 로욜라의 권위주의적인 이해는 '교회의 사역을 위해 교황이 명령하는 곳이면 어디든지 질문이나 지체 없이 떠나라'는 이 서약에서 분명하게 표현된다. 이러한 점에서, 네 번째 서약의 의도는 교황에 의해 촉진된 바 세상을 향한 사도적 사역을 표현하는 것이지 그 반대가 아니다. 다시 말해서, 네 번째 서약의 초점은 교황이 아니라 선교와 사역인 것이다.

『영성 훈련』의 가장 유명한-혹 어떤 이들에게는 가장 악명 높은-부분은 "교회와 더불어 생각하기 위한 규칙들"(Rules for Thinking with the Church)이라는 제목이 붙은 부분이다. 『영성 훈련』의 유명한 13번째 규칙은 다음과 같다.

> 우리가 모든 일들을 안전하게 처리하고자 원한다면 다음 원리를 확고히 따라야 한다. 내게는 희게 보인다 할지라도, 교회가 그것을 검다고 정의한다면 그것을 검다고 믿어야 한다. 왜냐하면 나는 신랑이신 우리 주 그리스도 안에서, 그리고 그분의 신부이자 성령의 지배를 받는 유일한 기관이며 영혼의 구원을 위해 다스리는 교회 안에서 그것을 확신해야 하기 때문이다(McNally 1967:249).

계몽주의 철학과 상업적인 자기몰두의 영향으로 자율(autonomy)을 추구하는 오늘날의 세대가 보기에 이것은 귀에 거슬리고 마음에 들지 않는 고백이다. 하지만 16세기의 사람들은 실제로 그들 바깥의 권위를 여전히 믿었다. 그들은 그와 같은 외부적인(extra nos) 권위가 성경에 있는지 아니면 교회에 있는지에 대해서 격렬하게 논쟁했을지는 몰라도, 그것 자체에 대해서는 의심하지 않았다. 실제로 그들 사이에서 논쟁이 가능할 수 있었던 이유는 양측 모두가 동일한 일반적인 틀 안에서 사고했기 때문이었다. 마치 양쪽 팀이 같은 경기장 안에서 만나 기본적인 규칙들을 받아들일 때 축구 경기가 이루어지는 것과 마찬가지이다. 이처럼 "교회와 더불어 생각하기 위한 규칙들"은 16세기 가톨릭의 상황을 보여주며, "루터파"와 알룸브라도스(alumbrados) 및 그 당시 이단으로 여겨졌던 모든 사람들에 맞서 로욜라가 정통교리로 보았던 신념을 표현한다.

개혁에 대한 로욜라의 이해는 얼마 후 트렌트 공의회가 정의했던 교황주의의 축소판이라고 이해되어 왔다. 하지만 이러한 이해는 (네 번째 서약에 나타난) 예수회의 선교 이해를 통해 조정될 필요가 있다. 왜냐하면 선교와 관련하여 예수회는 여러 가지 교황의 명령들에 반대했기 때문이다. 종교개혁에 맞서 반응하는 가운데, 예수회는 정치적인 영향력과 효율적인 교육을 통하여 이단을 근절하고 개신교도들을 다시 로마 교회로 되돌리고자 힘썼다. 예수회의 정치적 영향력은, 예수회 회원들이 유럽의 여러 궁정들 안으로 진입하여 영향력 있는 세력가들의 사제가 됨으로써 증가하였다. 이러한 방식으로 그들은 정치 지도자들을 설득하여 개신교주의를 진압하도록 이끌었다.

예수회는 또한 교육을 크게 강조했으며, 교회의 권위에 대한 강력한 헌신과 진보된 학문 모두를 증진시켰다. 로욜라는 문법학교들, 로마 대학(Roman College, 혹은 교황 대학[Gregorianum]) 및 독일 대학(German College)을 로마에 세웠다. 독일 대학은 1570년대와 1580년대에 독일 지역에 세워진 교황청 신학교들의 모델이 되었다. 이와 같은 교육에 대한 열심은 로마 가톨릭주의 내에서 공식 교육의 새로운 시대를 열었을 뿐 아니라, 예수회 공동체로 하여금 자신들의 문화적 상황에 긍정적으로 참여하도록 이끌었다. 이러한 특징들은 오늘날까지도 예수회의 명성에 기여했다.

예수회는 또한 인도, 말레이시아, 아프리카, 에티오피아, 브라질, 일본, 중국 등지에 선교사를 보냈다. 이들의 선교 활동은 서구의 문화를 퍼트리며 기독교 신앙을 아시아의 문화에 접목시키고자 힘쓰는 가운데 놀라운 신학적 유연성을 보여주었다. 이에 대한 한 가지 실례는 프란시스 사비에르(Francis Xavier)인데, 아시아에서 활동하는 동안 그는 자신이 물려받은 이베리아(Iberian)의 인종주의와 제국주의를 점진적으로 퍼뜨렸다. "사비에르는 식민적인 개발의 틀 안에서 서구 기독교적인 전도의 핵심에 존재하는 도덕적 모순을 발견한 초창기의 인물이었다"(Mullett 1999:98). 이탈리아 출신의 예수회 회원 마테오 리치(Matteo Ricci)의 중국 명나라 선교활동 역시 여러 중요한 실례들 중 하나이다(Spence 1984). 1556년에 로욜라가 사망했을 때 예수회는 1,000명의 회원을 가지고 있었으며, 1626년에 이르러는 15,000 여명의 예수회 회원들이 440개의 대학을 비롯하여 세계 전역에서 활동하였다.

4. 트렌트 공의회(1545-1563)

개혁에 대한 로욜라의 이해는 트렌트 공의회(council of Trent)에 영향을 주었다. 개인적인 갱신을 교회 갱신의 핵심 요소로 보았던 그의 정신이 공의회로 이어졌으며, 예수회 회원들은 교황 신학자로서 이 공의회에서 중요한 역할을 수행했다. 로욜라 자신과 마찬가지로, 트렌트 공의회 역시 가톨릭교회의 두 가지 관심사를 보여주었다. 한 가지는 교회의 자기 갱신이었으며, 다른 하나는 개신교적인 이단에 대한 반대였다. 공의회의 목표는 기독교 신앙을 개혁하고, 기독교 윤리를 회복하며, 모든 기독교인들을 다시 연합시키는 것이었다. 이 공의회는 1545년에 기독교 세계가 여전히 이론상으로 연합되어 있던 상황 속에서 개최되었고, 오늘날까지 지속되는 기독교 세계의 분열을 남기며 1563년에 폐회하였다.

종종 니케아 공의회(Nicea, 325) 이후 가장 중요한 공의회로 여겨지는 트렌트 공의회는 공의회주의에 대한 중세적인 기대를 분명하게 종결시켰다. 정말로 트렌트 공의회는 근대 로마 가톨릭주의의 정신에 너무나 큰 영향을 끼쳐서, 2차 바티칸 공의회(Vatican II, 1962-5) 이전까지 가톨릭교회는 "트렌트적인"(tridentine) 교회로 알려졌다. "로마 가톨릭"이라는 이름에서 "로마"라는 구체적인 명칭과 "가톨릭"이라는 보편적인 명칭 사이의 모순적인 의미가 다양한 개신교 교회에 반대되는 하나의 교파적인 용어로서의 의미를 갖게 된 것 역시 트렌트 공의회와 함께 일어난 일이다.

트렌트 이후의 그 다음 공의회는 300 여년 후에 열린 1차 바티칸 공의회(Vatican I, 1869-70)였다. 1차 바티칸 공의회는 트렌트 공의회가 해결하지 못했던 문제들 중 하나, 즉 교황의 권위와 무오성 문제를 결론지었다. 트렌트에서 다루지 못했던 마리아의 인격과 관련해서는, 1854년의 교황 교서가 마리아의 무흠 수태(immaculate conception) 교리 곧 임신의 순간부터 마리아는 원죄로부터 자유로웠다는 교리를 선언했고, 1950년의 교황 교서는 마리아의 몸이 사망과 동시에 하늘로 올라갔다는 성모 승천(doctrine of the assumption)교리를 선언했다.

트렌트 공의회는 여러 차례의 지연 끝에 마지못해서 개최되었다. 교황이 전(全)교회적인 공의회의 개최를 꺼려했던 데에는 정치적이고 신학적인 이유가 있었다. 15세기의 공의회주의 운동은 교황의 권위에 강력하게 도전하여 교황을 공의회의 권위 아래 두려고 시도했다. 또한 하나의 자유롭고 기독교적인 공의회를 요청했던 루터의 주장은 교황의 지배로부터 자유로운 공의회, 즉 전통이 아니라 성경이 기준이 되는 공의회를 의미했던 바, 이는 교황의 권위를 명백하게 침해하는 요구였다. 이 공의회가 열리기까지 오랫동안 지연된 이유에는 모든 당사자들이 이 공의회를 자신의 지역에서 개최하여 더 큰 영향력을 발휘하고자 했던 소망도 있었다. 북부 이탈리아에 위치한 트렌트가 최종적인 회의 장소로 선정되었는데, 이는 이 지역이 전문적으로 볼 때 독일의 영토였으며 따라서 황제를 만족시켰기 때문이었다. 이 공의회가 1545년부터 1563년까지 계속해서 열리지 못하고, 1545-7년, 1551-2년, 1561-3년 등 세 차례에 걸쳐 따로따로 열리게 된 데에는 정치적인 사건들의 영향도 있었다.

트렌트 공의회는 1545년 12월 13일에 개최되었는데, 이 시기에 맞추어 상인들은 숙박비와 음식값을 급속히 올림으로써(포도주 가격은 30퍼센트가 증가하였다!) 이와 같은 중요한 모임이 열리는 것에 대한 자신들의 기쁨을 표현하였다. 이 공의회에 참가한 처음의 인원은 많지 않았으며, 세 명의 교황 특사, 한 명의 추기경, 네 명의 대주교, 스물 한 명의 주교, 다섯 명의 수도회 대표 등이 참석하였다. 비록 황제의 바램에 따라 교황청에 어려움을 안길 만큼 충분한 수의 스페인 성직자들도 있었지만, 대부분의 참석자들은 이탈리아인들이었다. 투표와 회의 주제라는 중요한 문제들과 관련하여, 투표는 각 개인별로 이루어지고 교리적이고 규율적인 개혁 문제들을 함께 다루기로 결정하였다. 개인별 투표를 선택한 결정은 15세기 공의회의 관례였던 국가별 투표와 다른 점이었다. 이러한 개인별 투표는 교황에게 특별히 유리했는데, 왜냐하면 공의회에 참석한 이탈리아인들의 숫자가 그밖의 나라들에서 온 참석자들보다 더 많았기 때문이다.

몇몇 참석자들은 교회의 광범위한 개혁 및 개신교와의 화해를 주장하였다. 하지만 예수회 신학자 살메론과 라이네즈는 공의회의 신학 자문 위원이자 설교자로서의 영향력을 발휘하여 이러한 주장을 효과적으로 물리쳤다.

비록 루터를 공식적이고 사법적인 의미로 정죄하지는 않았지만, 공의회의 교리적 결정은 종교개혁적인 복음 이해를 반대하는 목적을 분명하게 보여주었다. 종교개혁의 표어인 "오직 성경"에 반대하여, 4차 회의는(1546년 4월) 사도적인 전통이 성경과 동등한 존경을 받아야 한다고 결정했다. "이러한 진리와 규율은 기록된 책들 그리고 기록되지 않은 전통들에 포함되어 있다"(Schaff 1919:11, 80; 강조된 부분은 첨가된 것). "오직 성경"을 거부한 결과, 성경과 전통이 계시의 동등한 두 가지 원천인지 아닌지에 대한 신학적 논쟁이 제기되었다. 트렌트 공의회가 내린 중요한 결정은 교도권(敎導權, Magisterium) 즉 로마 교회의 가르치는 권위가 전통에 대해서 그리고 그에 따라 성경에 대해서도 최종적으로 해석한다는 것이다.

> 신앙 및 기독교 교리 체계에 관련된 도덕의 문제에 있어서, 그 누구도 성경의 참된 의미와 해석을 판단하는 거룩한 어머니 교회의 해석과 반대되게 자신만의 기술에 의존하여 성경을 해석할 수 있다고 가정해서는 안 된다(Schaff 1919:11, 83).
> 전통이라는 개념이 교황에게 자의적인 권위를 수여한다는 루터파의 비난에 맞서 공의회는 전통과 성경을 동일시하였는데, 이로 인해 성경의 완전한 충족성과 무오성에 근거했던 종교개혁 운동 전체와 트렌트 공의회 사이에 깊은 분열이 생겼다(Mullett 1999:40).

뿐만 아니라, 이 공의회는 (라틴어로 된) 제롬의 불가타(Vulgate) 성경을 교리적 판단의 규범으로 선언했고, 종교개혁가들이 거부했던 외경들을 성경 정경 안에 포함시켰다. 여기에서도 역시 트렌트는 기존의 교리적 가르침을 보호하려고 했다. 이는 개신교 신학자들과 에라스무스 모두가 라틴어 성경보다는 히브리어와 헬라어 성경이 더 나은 신학적 해석을 제공한다고 주장했으며, 외경들이 연옥과 같은 교리들을 지지해 주었기 때문이었다. "신학은 분명하게 본문상의 활동인데, 그 이유는 신학이 본문에 대한 주석으로부터 나오기 때문이다. 성경이 하나의 언어로 된 하나의 본문처럼 보였기 때문에 중세 신학에서는 외견상의 일치가 가능했다. 반면 16세기의 성경은 명백히 두 언어로 된 두 본문이었으며, 심지어는 여러 언어로 된 여러 본문이기도 했다. 이러한 상황에서 어떻게 단일한 신학이 도출될 수 있었겠는가?…트렌트 공의회는 성경 원어와 (자국어 번역들을) 하나의 라틴어 성경에 종속시키는 허구를 회복시킴으로써 일종의 해결책을 제시했다"(Cummings 2002:247).

"오직 은혜"라는 종교개혁의 표어에 반대하여, 트렌트 공의회는 인간이 은혜와 협력하여 구원을 이룬다고 선언했다. 1547년 1월에 열린 6차 회의는 16개의 교리적인 장 및 오류를 정죄하는 33개의 규범들을 통해 칭의에 대한 가톨릭의 가르침을 제시하였다. 흥미롭게도 이 공의회는 구원에 있어서 하나님의 은혜와 인간의 자유로운 협력이 함께 일한다는 사실을 선언하면서 스가랴 1:3("내게 돌아오라…내가 너희에게 돌아가리라")을 근거 본문으로 사용했는데, 이 본문은 루터가 1516년의 『스콜라 신학에 대한 논박』(*Disputation Against Scholastic Theology*)에서 인간의 활동을 통한 구원을 지지하는 것으로 보았던 본문이었다(Schaff 1919:11, 92; LW 31:10-11). 24번 규범은 선행을 칭의의 전제조건이 아니라 칭의의 결과로 보았던 종교개혁가들의 이해를 정죄했다. "만일 어떤 사람이…선행은 이미 얻어진 칭의의 열매이자 표시일 뿐, 칭의를 증가시키는 원인이 아니라고 말한다면, 그 사람은 저주를 받을 것이다!"(Hamm 1999:82).

트렌트 공의회의 교리문답은 자선행위가 "천국에 들어가는 입장권" 자체는 아니라 할지라도 "칭의를 증가시키는" 수단이 된다는 중세적 견해를 지속했다. "유럽의 모든 가톨릭 신자들을 교육했던" 교리문답에 따르면, "자선은 '사람에 대한 우리의 죄를 구속하는' 행위이자 '영혼의 상처를 치료하는 약'으로서의 역할을 수행했다"(Eire 1995:233). 그와 같은 약이 몹시 필요했던 이유는 천국과 지옥 혹은 연옥에 이르는 길이 지상에서의 활동과 연결되었기 때문이다.

즐겨 사용된 스페인 격언으로 "살았을 때와 마찬가지로 죽음에 있어서도(como vive muere)라는 속담이 있었다…개인적이고 도덕적인 차원에 있어서, 죽음은 일평생의 행동이 요약되는 순간이었다. 결과적으로 한 사람의 사후의 삶은 그가 지상에서 행했던 행위들에 의해 결정되었다. 사회적이고 정치적인 차원에 있어서, 죽음과 사후의 삶은 가족과 공동체적 삶의 복잡하게 얽힌 의무들 및 각 개인과 사회가 연결된 유대 관계의 연장이었다"(Eire 1995:524-5). 따라서 죽은 자들을 위한 기도와 미사는 산 자가 죽은 자를 섬기는 개인적인 책임일 뿐 아니라 공동체적인 책임이기도 했다. "각 세대는 자신들의 선조들을 위해 중보했다. 그들은 자신들이 이러한 중보의 고리를 계속함에 따라, 자신들 역시 후손들로부터 돌봄을 받을 것이라고 확신했다. 만일 죽은 자들을 위한 미사를 일종의 산업-즉 노동과 생산력이 투입되고 자본이 투자되며 일꾼들이 할당된 업무를 수행한 것으로 돈을 받는 체계-로 본다면, 그것은 16세기에 가장 중요하고 가장 급속하게 성장한 산업 중 하나였다"(Eire 1995:521).

트렌트 공의회의 6차 회의 기간 동안에는 어거스틴 수도회의 총책임자였던 지롤라모 세리판도(Girolamo Seripando, 1493-1563)의 지도하에 이중 칭의 교리를 도입하려는 노력이 진행되었다. 이미 콘타리니(Contarini)가 레겐스부르그 회담(1541)에서 시도했지만 아무 유익을 얻지 못했던 이 신학적 입장은, 칭의에 대한 루터파와 로마 가톨릭의 관심사들을 하나로 묶음으로써 더 이상 이것이 교회를 나누는 문제가 되지 않도록 만들려는 노력이었다. 세리판도에 따르면, 기존의 전통은 교리와 경건 사이의 긴장을 해결하는 데 도움이 되지 않았다. 세리판도에게 있어서 중요했던 것은, 기독교적인 삶이 그리스도의 선물에 의해 실제로 변화된 삶이라는 사실과, 이러한 변화된 삶으로부터 나오는 행위가 아무리 "선하다" 할지라도 구원은 우리의 행위가 아니라 그리스도 안에서 주어진 하나님의 용서에 근거한다는 사실 모두를 주장하는 것이었다. 신학적인 핵심은 "그리스도인이 오직 하나님의 자비만을 의지한다"는 점이다(McCue 1984:40, 55).

세리판도와 그를 지지하는 사람들은 기독교적 실천으로서의 경건과 스콜라 신학 사이의 긴장을 극복하려고 노력했다. 예수회 신학자 디에고 라이네즈는 이러한 입장을 강력하게 반대했는데, 세 시간에 걸친 연설을 통해 세리판도를 논박함으로써 세리판도가 자신의 정통교리를 변호해야하는 상황에 처했을 정도였다. 이중 칭의 교리에 대한 여러 반대 주장들 중 하나는, 이 교리가 구원을 위한 인간의 공로의 가능성을 제거한다는 것이었다. '칭의를 개인적이고 관계적인 관점에서 이해한' 보다 어거스틴적인 견해는, '칭의를 은혜라는 하나의 실체가 주입됨에 따라 의롭게 된 사람에게 본래적이거나 존재론적인 의(intrinsic or ontological righteousness)가 생기는 것'으로 본 아리스토텔레스적인 스콜라주의 관점에 의해 거부되었다(Maxcey 1979). 함(Hamm, 1999:60)은 지적하기를, "중세 시대의 가톨릭 신학이 가졌던 교리적 다양성과 넓은 관점에 비교해 볼 때 트렌트 공의회는 정통교리를 상당히 협소하게 만들어 놓았다"라고 말한다.

세례와 성찬을 기독교 신앙의 두 가지 성례로 강조한 종교개혁에 반대하여, 트렌트 공의회의 7차 회의는 세례, 견진, 성찬, 고해, 병자, 서품, 결혼 등 7성사를 재확인했다. 이러한 성례들은 객관적으로 효력이 있다. 즉, 그것이 시행되는 것 자체로(ex opere operato) 은혜를 전달한다. "만일 어떤 사람이, 이와 같은 성례를 시행하는 행위를 통하여 은혜가 전달되지 않고, 하나님의 약속에 대한 믿음만으로 은혜를 얻는 데 충분하다고 말한다면, 그는 저주를 받을 것이다"(Schaff 1919:11, 121). 빵과 포도주를 베푸는 개신교적 성례와 관련하여, 트렌트는 한 가지 종류(즉, 빵)만을 베푸는 관례를 승인했으며 이 관례가 법적인 효력을 갖는다고 선언했다(Schaff 1919:11, 173). 13차 회의에서(1551), 공의회는 화체설 교리를 재확인하였다.

이 시기에 이르러 황제 찰스 5세는 트렌트 공의회가 철저한 개혁을 요청했던 자신의 요구를 무시하고 개신교-가톨릭간의 화해를 위태롭게 만들 결정들을 통과시키는 것으로 인해 불편한 마음을 가졌다. 제국의 압력이 공의회에 미치는 것을 피하기 위해, 교황 바오로 3세는 트렌트 지역에 몇 건의 열병이 나타난 것을 이유로 고위 성직자 대부분을 설득하여 1547년 3월에 공의회 장소를 볼로냐(Bologna)로 옮겼다. 찰스 5세는 이것이 불법적인 이동이라는 견해를 분명히 밝혔으며, 독일 내의 종교적 논쟁들을 1548년의 아우구스부르그 잠정협약(Augsburg Interim)을 통해 스스로 해결하려고 시도했다. 바오로 3세는 1549년에 사망했다.

1551년, 교황 율리우스 3세(Julius III)가 공의회를 트렌트로 다시 소집했다. 개신교 대표자들이 1552년 1월에 도착하였지만, 개혁가들의 주요 주장들에 반대하여 이미 결정된 내용들에 영향을 끼치기에는 너무 늦었다. 찰스 황제에 대항하는 개신교의 군사적 집결이 이루어짐에 따라, 가톨릭 측은 개신교도들이 트렌트를 공격할 것이라고 두려워했으며, 그 결과 이 두 번째 모임이 중지되었다.

트렌트 공의회의 세 번째 모임(1561-3)은 교황 피우 4세(Pius IV)의 노련한 외교술에 따라 열렸다. 이 시기에 이를 즈음, 개신교와의 화해에 대한 모든 소망은 사라지고 없었다. 이번 모임은 이전의 교리적 선언들을 당연하게 받아들였으며, 그 결과 이 모임이 이전의 두 모임을 정당하게 잇는 것인지에 대한 논쟁을 피했다. 이 시기에 격렬하게 진행된 논쟁은 개혁 제안들에 관한 것이었는데, 특히 주교가 자신의 관구에 의무적으로 거주해야 하는가를 놓고 논쟁이 일어났다. 스페인과 프랑스 및 기타 황제파 진영에서는 교회의 중심을 분산시킴으로써 교황권의 권력을 축소시키고자 했으나, 이러한 시도는 군주들을 교황의 입장으로 끌어들인 노련한 외교력 앞에 가로막혔다. (권위와 영향력을 교황권에 집중시키는) 교황지상주의(ultramontanism)의 기초가 이로 인해 확립되었다. 교황지상주의는 1870년에 교황의 무오성을 선언함으로써 그 절정에 이르렀다. 이러한 교황권의 승리로 인해 트렌트 공의회 자체가 공의회주의를 새롭게 거부하는 수단이 되었다. 비록 교황의 권한과 기능에 대해서 설명하는 법령은 없었지만, 공의회는 결정된 여러 사항들의 확증을 교황에게 맡겼다. 1564년 1월 26일, 교황은 트렌트 공의회의 규범과 법령들을 확증하는 교서 「자비로운 하나님」(Benedictus Deus)을 발표했다. 이 교서는 오직 교황만이 그것들을 해석할 권리를 가지고 있다고 선언했다.

트렌트 공의회가 신앙의 개혁, 도덕성의 회복, 모든 기독교인의 재연합 등의 목표를 달성하는 데는 실패했지만, 로마 교회에 정신과 힘을 회복하는 데에는 분명히 성공했다. 가톨릭주의가 개신교주의에 대해 반응함에 따라, 공의회 이후 수십 년 동안 신학적 학문과 교육, 도덕적 개혁, 영적인 성장이 새롭게 일어났다. 공의회의 훈령 규칙들은 성경적인 설교를 촉진시켰으며, 교육된 성직자를 목회지로 보내기 위해 여러 신학교들이 세워졌다. 성직자의 독신과 순결, 주교들의 거주 및 충실함 등과 관련하여 다양한 도덕적 개혁 조치들도 또한 시행되었다. 트렌트적인 주교들 중 모범적인 예는 1565년부터 밀란(Milan)의 대주교였던 카를로 보로메오(Carlo Borromeo, 1538-84)인데, 그의 영성과 사역으로 인해 1610년에 성인으로 추대되었다.

가톨릭의 개혁은 기본적으로 개인적인 성격을 가졌다. 교회는 그 구성원들을 변화시킴으로써 변화되어야 했다. 그리고 교회의 구성원들은 변화된 엘리트 지도자들에 의해 변화되어야 했다. 주교와 교구 성직자들은 트렌트 공의회의 법령들을 시행함으로써 신앙을 개인적으로 적용하고 내면화시키는 일에 힘썼는데, 특히 매주 이뤄지는 미사의 참석과 죄의 고백을 의무화하였다. 이처럼 신앙을 내면화하는 데 있어서 죄의 고백과 고해성사가 핵심적인 위치를 차지했다는 사실은 추기경 보로메오가 고안한 것으로 알려진 고백실(confessional box)의 발명에서 드러난다. 중세 교회에서 죄의 고백은 교회에서나, 혹 심각한 질병이 있을 경우에는 가정에서, 공적으로 이루어졌다(Bossy

1999:87, 97-8, 102-3). 개인적이고 영적인 갱신은 트렌트 공의회와 로욜라의 예수회가 모두 강조한 부분이었다. 1653년부터 플랑드르 예수회에 의해 출판된 『성인 행전』(Acta Sanctorum)과 같은 모음집을 통해 성인들의 삶이 전면에 부각되었다. 성인 추대(canonization)는 교황의 권위를 더욱 높였으며, "남녀 평신도들이 아니라 종교 기관의 창설자, 주교, 선교사 등에 집중함으로써 교회의 성직자 중심적이고 남성적인 가치를" 반영하였다(Johnson 2006:196-7).

하지만 개인적인 성결, 기도의 갱신, 참회, 영적이고 집단적인 긍휼 사역 등의 강조로 인해, 그만큼이나 중요했던 예전상의 개혁은 간과되었다. 로욜라와 같은 개인 인물들이 가지고 있던 영웅적인 위대함은, 루터와 다른 개신교 개혁가들이 회복시켰던 공적이고 공동체적인 예배의 중심성을 대체할 수 없었다. 예전상의 개혁과 찬송가가 개신교 개혁가들에게 중요했던 반면, 가톨릭 개혁가들은 예전상의 문제들에 무관심한 채로 남아 있었다. 16세기 후반의 가톨릭 예배는 중세 시대의 고도로 성직자적인 모습을 여전히 고수하였다. 물론 가톨릭 예배에 축제나 연극이나 예술성이 결여된 것은 아니었으나, 루터, 츠빙글리, 칼빈, 그밖의 개신교 개혁가들이 회복시켰던 공동체적이고 성경적인 강조점들은 여전히 가려져 있었다. "예전과 영성을 연구하는 역사가들이 일반적으로 주장하는 바에 따르면, 신자의 신앙-생활을 위한 일반적인 통로로서 교회의 공식적인 공동체적 삶이 오늘날에는 확실하게 버려진 것처럼 보인다. 그것을 대치한 것이 '영성'으로 불린다"(Rasmussen 1988:281).

가톨릭 개혁의 영성은 금욕주의적이고 주관적이며 개인적인 경건을 표방했다. 이러한 모습은 아빌라의 테레사(Teresa of Avila, 1582년 사망)와 십자가의 요한(John of the Cross, 1591년 사망) 등이 대표하는 신비주의, 그리고 베르니니(Bernini)의 뛰어난 조각품 "황홀경 속에 있는 성 테레사"(1646)와 엘 그레코(El Greco, 1614년 사망)가 그린 "십자가 상의 그리스도"와 "부활" 등의 바로크 미술 작품을 통하여 표현되었다. 예수회는 중요한 미술 후원인이 되어, 미술을 영적인 선포를 위한 매개체로 사용했다. 정말로 바로크 미술은 트렌트적인 반(反)-종교개혁의 승리주의를 표현했다고 말할 수 있을 것이다. 그 형식에 있어서 바로크 미술은 거칠게 보이는 세력들에 대한 통제를 보여주었으며, 그 내용에 있어서는 마리아, 성인들, 성체 축일 행렬, 베드로의 열쇠를 가지고 있는 교황들 등을 다룸으로써 반-종교개혁의 강조점에 집중하였다.

트렌트적인 영성에 대한 이와 같은 표현들에서와 같이, "성체성사(Eucharist)는 이내 곧 반-개신교적인 선언이 되었고, 그에 따라 가톨릭 개혁이 가진 '반동적인' 측면을 보여주었다. 이와 동시에, 그것은 또한 '구원을 응시하는' 시각화(visualization)에 대한 중세적 갈망으로부터 유래했다. 눈앞에 드러난 성례에 대한 설명과 축복은 그것을 '지속적으로' 사모하는 정교한 의식으로 발전하여, '40시간의 기도'(Quarant'ore, 40시간에 걸쳐 성체 앞에서 교대로 기도하는 예전 의식-역주)로 이어졌다"(Rasmussen 1988:282). 트렌트 공의회의 마지막 회의에서는 "육신을 죽이고 경건을 증가하는" 수단으로서 금식의 중요성, "성인들의 중보와 기도," 면죄부, 연옥 교리 등을 재확인함으로써 개신교 개혁가들의 주장을 분명하게 반대했다(Mullett 1999:67-8).

반-종교개혁을 연구한 가톨릭 학자 이븐넷(Evennett, 1970:31-2)에 의하면, 이 모든 활동들에 있어서 "스스로를 통제하려는 활동적인 노력과 덕의 습득이 필수적이었을 것이다. 자비와 자선 등의 선행을 위한 열심 및 영혼의 구원을 위한 노력 역시 우세해졌다. 이러한 영성은 16세기 사람들의 활기와 결심을 반영하는 바, 그들은 마침내 자신들이 스스로를 다스리고 사물들을 다스리는 힘을 가지고 있다고 느꼈다. 반(反)-종교개혁의 이러한 영성은 하나님의 더 큰 영광과 교회의 부흥을 위해 적용되었다." 보다 간결하게 말하자면, "기독교인의 노력에 대한 반-종교개혁의 교리는…인간이-심지어 그의 전능한 창조주 앞에서조차도-자신의 운명을 어느 정도 자신의 손으로 움직인다는 것이었다"(Evennett 1970:36). 이것은 루터가 극복하고자 애썼던 바로 그 교리였다. "하지만 트렌트 공의회의 개혁은 단순히 중세로 회귀하는 것이 아니었다. 거의 모든 주장에 있어서 이 공의회는 반-종교개혁적인 특성들을 드러냈다"(Iserloh et al. 1986:510).

예수회를 비롯한 수많은 새로운 수도회들, 신학교의 발전을 통한 성직자의 교육에 대한 강조, 새로운 교리문답(Canisius)을 통한 평신도 교육, 자신의 관구에 거주하며 양떼들을 돌보는 새로운 세대의 주교들의 모범적인 지도력 등, 이 모든 일들을 통해 로마 가톨릭은 새롭게 살아났다. 이러한 움직임들 중 많은 부분은 이전에 개신교가 쏟았던 노력들, 곧 교육을 통해 성직자를 전문적으로 훈련시키고, 교회를 방문하며, 교리문답서와 신앙고백서를 통해 평신도를 가르치고, 개혁파의 컨시스토리(Reformed Consistories)와 같은 사회적 규율 기관을 통해 "기독교적인 생활"을 증진하는 등의 노력과 유사했다. 최근의 역사가들이 "고백주의"(confessionalization)라고 이름을 붙인 이러한 현상들은 보로메오가 사역했던 밀란 지역에서 분명하게 나타난다. 이곳에서 그는 "사회를 영적으로 정복하려는 목적에서 고해성사를 강조함으로써" 가톨릭 개혁과 일치하는 "공공의 도덕성"을 만들어내고자 했다(Boer 2001:323-30). 다음 장에서 우리는 "고백주의"적인 패러다임에 대해 더 자세히 살펴볼 것이다.

———————————————— Suggestions for Further Reading

Robert Bireley, SJ, *The Refashioning of Catholicism, 1450–1700: A Reassessment of the Counter Reformation*. Washington, DC: The Catholic University of America Press, 1999.
Robert Bireley, SJ, "Early Modern Catholicism," in Whitford 2008: 57–79.
H. Outram Evennett, *The Spirit of the Counter-Reformation*, ed. with a postscript by John Bossy. Notre Dame: University of Notre Dame Press, 1970.
Elizabeth G. Gleason, ed. and tr., *Reform Thought in Sixteenth-Century Italy*. Chico: Scholars, 1981.
Lu Ann Homza, *The Spanish Inquisition 1478–1614. An Anthology of Sources*. Indianapolis: Hackett, 2006.
Hubert Jedin, *A History of the Council of Trent*, 2 vols. St Louis: B. Herder, 1957.
Trevor Johnson, "The Catholic Reformation," in Ryrie 2006a: 190–211.
William Monter, *Frontiers of Heresy: The Spanish Inquisition from the Basque Lands to Sicily*, Cambridge: Cambridge University Press, 1990.
John C. Olin, *Catholic Reform: From Cardinal Ximenes to the Council of Trent 1495–1563*. New York: Fordham University Press, 1990.

John W. O'Malley, SJ, *Trent and All That: Renaming Catholicism in the Early Modern Era*. Cambridge, MA: Harvard University Press, 2000.
Michael A. Mullett, *The Catholic Reformation*. London: Routledge, 1999.
John Tedeschi, *The Prosecution of Heresy: Collected Studies on the Inquisition in Early Modern Italy*. Binghamton: Medieval and Renaissance Texts and Studies, 1991.

———————————————————————— Electronic resources

The Jesuit portal with links to other sites on Jesuit history: www.sjweb.info
Vatican Library and Archives: www.vatican.va/

THE EUROPEAN REFORMATIONS

Ignacio de Loyola
1491년 12월 24일 ~ 1556년 7월 31일

제15장

종교개혁의 유산

(Legacies of the Reformations)

> 깊게 갈라진 죽음의 간격과 황량하게 쇠락한 왕국들 사이에서
> 수 세기에 걸쳐 형성된 차이에 비추어 볼 때, 모든 것을 따라잡기란 쉽지 않다.
>
> 토마스 칼라일(Thomas Carlyle, 1795-1881)

일반적으로는 종교개혁이 그리고 구체적으로는 트렌트 공의회가 초래한 결과 중 하나는 서구 기독교 세계의 분열이었다. 중세의 기독교 세계(corpus Christianum)가 파편화됨으로 인해 나타난 몇 가지 유산들은 고백주의(confessioalization)의 등장과 거의 동시에 일어났다. 신학적 다원주의와 같은 다른 촉매 활동도 오랜 기간 동안 영향을 끼쳤다. 어떠한 방식으로든 종교개혁의 유산들은 근대의 삶과 사상의 모든 측면에 영향을 주었다. 이러한 유산들에 대한 설명과 분석은 이미 수많은 도서관을 가득 채웠다. 따라서 나는 이 결론 부분에서 종교개혁이 남긴 유산들을 고백주의, 정치와 저항권, 여성, "타자"(他者), 그리고 전반적인 문화 등의 측면에서 살펴볼 것이다.

1. 고백주의

종교개혁의 가장 분명한 결과 중 하나는 중세의 가톨릭교회가 수많은 교회들로 나누어졌다는 것이다. 최근의 역사가들은 이러한 다양한 공동체들이 자신들만의 정체성을 확립해 가는 과정을 "고백주의"(confessionalization)라고 불렀다. 독일 학계에서 "고백주의"라는 용어는 사회적 역사의 하나의 패러다임이 되었다. 고백주의는 "하나였던 중세의 기독교 세계(Christianitas latina)가─루터파, 칼빈주의 혹은 "개혁파," 트렌트 공의회 이후의 로마 가톨릭 등─적어도 세 종류의 고백 교회들로 나누어진 현상을 지칭한다. 각각의 교회들은 매우 조직적인 체계를 형성했고, 개인과 국가와 사회에 관한 세계관을 독점하는 성향을 보였으며, 정치와 도덕에 있어서 엄격한 규범들을 제시했다"(Schilling 1986:22; 1992:ch.5).

"고백주의" 이론은 "사회적 규율"이라는 개념과 관련된다. "사회적 규율"이라는 관점에 따르면, 위에서 언급한 교회들은 16세기 후반에 자신들의 "국가"에서 각각 자신들의 신앙고백에 따라 사람들을 교육하고 훈련시키도록 강요했다. 프랑스 역사가들 역시 장 델라모(Jean Delameau), 로베르 뮈샹블레(Robert Muchembled), 미셸 푸코(Michel Foucault)에 의해 형성된 "기독교화"(Christianization) "문화적 동화"(acculturation), "정부 주도화"(governmentalization) 등의 용어를 사용한다. 독일의 역사가들과 구별되는 점이 한 가지 있다면, 프랑스 역사가들은 엘리트들에 의해 사람들이 문화적으로 동화된 현상(즉 엘리트주의)에 대해 말한다는 것이다. 그들에 따르면, 중세 유럽의 많은 "이교도" 인구는 교회와 국가와 사회 특권 계층의 공동 활동을 통해 점점 "기독교화되었으며" 기독교적 규율에 복종했다. 1550년과 1750년 사이에 이처럼 위로부터 아래로 진행된 과정은 각 교회들의 교리문답과 도덕적 감시와 일상생활의 규제를 통하여 일종의 새로운 형태의 사회를 창조했다(Schmidt 2000:24-7).

개신교 진영의 대표적인 예라 할 수 있는 스트라스부르그는 복음의 의미에 따라 일상생활을 통제하려고 힘썼다. 성도들은 매춘, 도박, 술취함, 신성모독, 맹세 등의 악행으로부터 자신들의 공동체를 순결하게 지키고자 했다. 삶의 모든 부분은 은혜로 말미암은 구원의 열매로서 하나님의 법에 따라 실천되어야 했다. 이러한 운동의 의도는 순전하게 영적인 공간으로 인식된 교회와 세속적인 세계를 엄격하게 구별하는 것이 아니었다. 오히려 그들은 인간의 삶 전부를 포함하여 세상을 거룩하게 만드는 개혁을 꿈꾸었던 것이다. 따라서 도덕을 강제적으로 규제하려는 정부의 노력은 칼뿐만이 아니라 복음의 선포에도 의존하였다(Schmidt 2000:39-40).

이러한 역사 서술의 장점과 단점을 회고하는 가운데 로츠-호이만(Lotz-Heumann 2008:136-57, 151쪽 인용)은 고백주의라는 개념이 가지고 있는 광범위함을 높이 평가한다. "이 개념은 정치적, 사회적, 문화적 발전들을 통합하며, 그것들의 상호작용을 분석한다. 하나의 발전적인 개념으로서, '고백주의'는 사회 안에서 문화가 형성되고 확산되는 과정에 집중한다. 최근의 연구가 보여주는 바와 같이, 고백주의의 과정은 18세기까지 확장되었다. 따라서 학자들은 '고백주의와 세속화의 관계가 무엇인가?'에 대해서 다시 한 번, 그러나 다른 관점에서 질문할 수 있다. 그들은 이 질문을 하나의 거시사적인(macrohistorical) 주장으로서가 아니라, '근대 초기에 종교적이고 세속적인 의미들을 형성했던 과정과 요인을 자세히 살펴보는' 하나의 연구 주제로서 제기한다." 베네딕트(Benedict 2002b:50) 역시 고백주의 이론들이 "근대 초기의 모든 발전들을 근대 국가의 성장이라는 거대담론(meta-narrative)과 지나치게 연결시키는 것이 아닌지"에 대해 의문을 제기한다.

'종교가 16세기 후반의 사회정치적 발전들에 있어서 어떠한 역할을 감당했는지'와 관련하여 고백주의 패러다임이 유용하기는 하지만, 그러한 결과들은 처음부터 분명히 나타났다는 사실을 기억할 필요가 있다. 초창기부터 개신교 공동체들은 자신들의 특정한 신학에 기초하여 그리고 옛 신앙을 비롯한 상대방에 대한 적대심을 바탕으로 자신들만의 문화적이고 사회적인 정체성을 발전시키기 시작했다. 이제 "로마"라는 수식어에 의해 그 경계가 정확하게 구분된 가톨릭주의 역시 마찬가지였다. 중세 후기에 공동체 내부에서 교회를 개혁하려 했던 시도는 이제 스스로를 정의하는 가운데 공동체 외부의 활동이 되었다. 종교개혁이 초창기에 가졌던 유연함은 이러한 과정 속에서 딱딱하게 굳어졌으며, 각 공동체의 정체성을 형성하기 위해 상대편에 대항하는 각자의 신앙고백을 발전시켰다.

칭의, 성경, 성례에 관한 트렌트 공의회의 결정들로 인해 분열이 확고하게 정착되었으며, 그 결과 기독교 교회의 재결합에 대한 소망은 20세기의 교회연합 운동이 등장하기 전까지 사라졌다. 뿐만 아니라, 면죄부와 교황의 권위 및 칭의에 관한 16세기의 쟁점들은 계속해서 논쟁에 불을 붙인다. 연합에 관한 루터파-가톨릭 위원회(Lutheran-Catholic Commission on Unity)는 수십 년간 (1965-1999) 작업한 끝에 "칭의교리에 대한 공동선언서"(Joint Declaration on the Doctrine of Justification)를 발표하여, 양측 사이에 계속 남아 있는 불일치들을 분명히 밝힐 뿐 아니라 일치하는 영역들을 제시하였다. 하지만 이와 동시에 이 문서는 250여명의 독일 루터파 신학자들로 하여금 항의 문서를 작성하도록 촉발시켰다. 뿐만 아니라 이 공동선언서로 인해 수많은 출판물과 웹사이트들이 쏟아져 나와 찬반 논쟁을 계속하고 있다. 한편 가장 최근의 두 교황, 요한 바오로 2세(John Paul II)와 베네딕트 16세(Benedict XVI)는 계속해서 완전 면죄부(plenary indulgences)를 발행한다(2007년 루르드[Lourdes] 150주년 기념, 2008년 "바울의 해," 2008년 세계 청년의 날 등). 이로 인해 2008년 라인하르트 브란트 (Reinhard Brandt)는 계속되고 있는 로마 가톨릭 면죄부 교리를 비판하며『면죄부를 포기하라: 한 복음주의자의 간청』(Lasst ab vom Ablass: Ein evangelisches Plädoyer)이라는 제목의 책을 발표했다.

오늘날의 교회연합 운동에 관한 집중적이고 광범위한 연구는 이 책에서 다룰 수 있는 주제가 아니다. 하지만 '종교개혁 논쟁과 분열의 핵심 주제 중 하나였던 성찬이 오히려 점증하는 화해와 대화의 중심이 되었다'는 사실은 언급할 필요가 있을 것이다. 1973년에 유럽에 있는 대다수의 루터파, 개혁파, 연합 교회들은 로이엔베르그 일치협약(Leuenberg Concord)을 수립함으로써 신학적 동의와 성만찬적 교제를 형성하였다. 이러한 일치는 뒤이어『공동의 부르심』(A Common Calling, 1997)이라는 선언문의 기초를 제공했다. 미국 복음주의 루터교(Evangelical Lutheran Church in America), 미국 장로교(PCUSA), 미국 개혁교회(Reformed Church in America), 연합 그리스도교회(United Church of Christ) 등이『공동의 부르심』을 함께 발표했다.

트렌트 공의회가 끝날 때까지 2세대 종교개혁가들은, 각각의 교리적 신앙고백을 형성하고 각 공동체의 순교자들과 신앙고백자들을 생생하게 표현하는 가운데 '하나의 거룩하고 보편적인 사도적 교회'에 대한 기억들을 잊어버렸다. 교회의 "교부들"에 대한 충성심은 이제 점점 더 이전 세대의 신앙고백에 대한 충성심을 의미하게 되었다. 교회들 사이에 나타난 대화는 대부분 상호간의 비방과 정죄로 이루어졌다. 신학적이고 교회적인 분쟁들이 얼마나 심했는지는 멜랑히톤이 죽기 전 내뱉었던 탄식, '드디어 "신학자들의 광기"(rabies theologorum)로부터 해방되는구나'라는 말에 나타난다. 이러한 "광기"는 30년 전쟁(1618-48)의 참상이 발생하는 데 영향을 주었다.

교회들간의 경쟁은 일종의 강박관념으로 이어졌다. 개신교 신학자들은 자신들의 교회를 보호하고 다른 주장들을 막기 위해서 신학 체계를 구성하는 일에 매우 적극적으로 참여했다. 이 때문에 16세기 말과 17세기 초는 개신교 정통주의(Protestant orthodoxy) 혹은 개신교 스콜라주의(Protestant scholasticism)의 시기로 알려졌다. 한편으로는 전통을 사용하는 로마 가톨릭에 맞서서, 다른 한편으로는 경험과 "내적인 빛"을 강조하는 급진주의자들에 맞서서, 루터주의자와 칼빈주의자 모두 성경의 유일한 권위를 지키기 위해 축자적이고 완전한 영감(verbal and plenary inspiration) 이론을 발전시켰다. 신앙을 하나님의 약속에 대한 신뢰와 확신으로 보았던 종교개혁가들의 원래적인 이해는, 열띤 논쟁이 벌어지는 가운데, 올바른 교리에 대한 지적인 동의로 바뀌었다.

이러한 결과로 나타난 매우 이론적인 구원 도식의 실례는 엘리자베스 시대의 청교도 윌리엄 퍼킨스(William Perkins, 1558-1602)가 작성한 선택과 유기의 도표(Hinson 1976: ch.7; Muller 1978) 및 네덜란드에서 열렸던 도르트 총회(synod of Dort, 1618-19)의 엄격한 칼빈주의이다. 도르트 총회는 종종 "튤립 총회"(Tulip synod)라고도 언급되는데 그 이유는 이 총회에서 결정된 내용이 네덜란드를 유명하게 만든 튤립의 철자와 연관되기 때문이다. 전적인 타락(Total depravity), 무조건적 선택(Unconditional election), 제한 속죄(Limited atonement), 저항할 수 없는 은혜(Irresistible grace), 성도의 견인(Perseverance of the saints).

합리주의적이고 신조적인 개신교주의와 가톨릭주의는, 정치적인 측면에서, 근대 초기의 국가가 확고해지고 그와 함께 사회적 규율을 부과하는 데 영향을 주었다. 지적인 측면에서는 18세기와 19세기의 계몽주의(Enlightenment)를 북돋웠던 합리주의, 이신론(Deism), 경건주의 등의 등장에 기여했다. 하나의 기독교 세계(corpus Christianum)라는 중세의 이상은 서로 다른 신앙고백 집단들로 파편화되었다. 사회를 통합하기 위한 하나의 거룩한 이상이 존재하지 않고 또 유럽 전역에 하나의 특정한 신앙고백적 이상을 강요할 수 없게 됨에 따라, 관용이 사회적 평화에 이르는 길이 되었으며 결과적으로는 사회의 세속화가 초래되었다. 통일된 하나의 거룩한 사회가 여러 신앙고백 공동체로 대치됨으로 인해 심리적이고 윤리적인 결과들도 발생했다.

> 심리적인 용어를 빌려 표현하자면, 단정함과 경건에 기초하여 규율이 내면화되었으며, 폭력과 분노가 억압되거나 혹은 적어도 다른 방식으로 표출되었다…"시민화 과정"이나 "사회적 훈련" 등으로 다양하게 표현되는 이러한 사회 규범의 변화는 '학습과 자아실현이 강조되고, 가정적인 삶이 높이 평가되며, 성적인 경계가 보다 엄격하게 정의되는 등' 부르주아적인 가치들이 확산되는 가운데 나타났다. (Hsia 1989:184).

2. 정치

종교개혁은 서구 문화에-종교적, 사회적, 문화적-다원주의의 문제를 출현시켰다. 오늘날의 세계는 여전히 교실과 법정 및 거리와 전쟁터 등에서 이러한 유산에 따라 투쟁하고 있기 때문에, '16세기의 사람들이 대안적이고 경쟁적인 신념들과 더불어 살기 어려웠다'는 사실이 놀랍지 않을 것이다. 이러한 모습은 무질서와 사회적 혼란에 대한 보편적인 두려움과 결합되었다(Ozment 1985:22-7). 모든 진영에서 시도했던 첫 번째 반응은 일치를 강요하는 것이었다. 하지만 종교적 헌신은 법이나 강제력에 의해 쉽게 흔들리지 않는다. 몇몇 경우에, 개신교의 승리주의(triumphalism)는 자신들을 "선택받은 국가"로 보는 신드롬을 일으키기도 했다. 영국이 스페인의 무적함대를 물리치고(1588) 의회와 왕을 제거하려는 영국 가톨릭 세력의 음모가 실패로 끝났을 때(1605), 이러한 결과들은 하나님께서 영국을 선택하셔서 복주신 것으로 해석되었다. '선택된 국가'에 대한 이러한 메시아적 이해는 신대륙으로 이동하

제15장 종교개혁의 유산   535

그림 15.1 "자유로운 종교의 모형"(Liberae Religionis Typus). 1590년 경에 그려진 반(反)-루터주의 작품. 이 "자유 종교"의 "승리 행렬"은 '가톨릭교도들을 평화와 파괴자였 땅에 파사했던' 개신교의 풍자를 뒤집는다. 루터와 칼뱅이 "자유 종교"의 마차를 잘못 이끌고 있으며, 그에 따라 파괴, 전악함, 반역, 빈곤, 윤리와 권위의 타락 등이 초래된다. 맨 앞의 말에 올라 타 있는 루터와 칼뱅이 "자유 종교"의 마차를 두 명이 마차들은 자신들의 손에 성경을 펼쳐 놓은 채 마차 위에 앉아 있다. 마차들은 뽑개벗은 올리면서 누구나 자신들처럼 성경을 읽을 수 있으며 그에 교회의 권위를 무시할 수 있다'고 선언한다. 마차의 네 귀퉁이에 보이는 네 명의 벌거벗은 마차들은 신앙의 거부와 사회적 혼란을 부르짖는다. 전쟁, 평화, 공의, 이 세 가지 덕은 "자유 종교"의 혼란으로부터 도망친다. 이 만화는 강슈타트의 "마차 만화"(참고 그림 3.3)를 뒤집는 그림이라 할 수 있다.

자료 출처 : Bibliothèque Nationale, Paris.

였고, 미국을 "분명한 뜻에 의해 세워진 언덕 위의 도시"로 보는 관점을 탄생시켰으며, 이와 같은 이해는 계속해서 정치적 영향력을 발휘했다.

정치적 다원주의에 대한 또 다른 반응은 개인적인 양심의 권리들을 주장하는 것이었다. 루터가 1521년 보름스 의회에서 황제에게 했던 다음과 같은 선언은 그 후 다양한 방식으로 반복되어 정치적 목소리를 냈다.

> 제 양심은 하나님의 말씀에 사로잡혀 있습니다. 이 자리에서 저는 아무것도 취소할 수 없고 또 취소하지도 않을 것입니다. 왜냐하면 그것은 위험한 행동이며, 양심에 거슬릴 뿐만 아니라, 저의 신념에도 어긋나기 때문입니다. 제가 여기 서 있습니다. 하나님이여, 도우소서. 아멘(LW 32:112-13).

훗날 루터는 신학적 우파(교황)와 신학적 좌파(칼슈타트와 뮌처)에 맞서서 신앙의 자유를 동일하게 주장했다.

> 나는 그 누구도 강제적으로 제한하지 않을 것이다. 왜냐하면 신앙은 강요 없이 자유롭게 와야 하기 때문이다(LW 51:77; 참고 LW 45:108).

수동적인 저항은 개신교도들에게 제한되지 않았으며, 엘리자베스 시대 영국의 가톨릭교도들과 같이 자신들의 통치자의 종교적 입장과 견해를 달리했던 모든 사람들에게 공통적으로 적용되었다.

만일 통치 권력이 잘못된 길로 가고 있을 경우, 루터는 양심적인 반대를 지지했다.

> 만일 어떤 군주가 잘못된 방향으로 향하고 있다면 어찌할 것인가? 백성들도 그 통치자를 따라가야 하는가? 그렇지 않다. 잘못된 일을 행하는 것은 어느 누구의 의무도 될 수 없다. 우리는 사람에게 순종하기보다는 (올바른 것을 원하시는) 하나님께 순종해야 한다(행 5:29)(LW 45:125).

얼마 후 루터파 법률학자들과 신학자들은 '황제가 백성들에게 신앙을 강요하는 행위에 대해 지도자들은 저항할 수 있다'는 주장을 위한 법률적이고 신학적인 논거를 발전시켰다. 개신교의 정치 저항은 루터파의 마그데부르크 신앙고백서(Magdeburg Confession, 1550-1)에 표현되었으며, 이는 그 후 프랑스 칼빈주의의 정치사상에 직접적인 영향을 끼쳤다(Whitford 2001a; Whitford 2002b). 위그노들은 왕실의 권력을 제한하고 개인의 양심을 보호하는 입헌주의를 주장했다. 이러한 주장은 프랑수아 호트만(François Hotman)의 『프랑코-갈리아』(*Franco-Gallia*, 1573), 테오도르 베자(Theodore Beza)의 『백성들에 대한 지도자들의 권리』(*Du Droit des magistrats*, 1574), 필리프 뒤 플레시 드 모르네(Philippe du Plessis-Mornay)의 보다 급진적인 『독재자를 반대함』(*Vindiciae contra tyrannos*, 1579) 등을 통해 발전되었다. 모르네의 『독재자를 반대함』은 명백히 종교적인 근거에서 개인적인 반란을 승인하였는데, 하나님께서 헌법상의 틀 바깥에서 "새로운 해방자들을 일으키실 것"이라고 주장했다. 영국에서는 존 포이넷(John Poynet)이 『정치권력에 관한 소논문』(*A Short Treatise of Political Power*, 1556)을 썼다. 수동적인 순종이라는 영국의 관념과 처음으로 단절한 이 작품 역시 루터와 마그데부르크 신앙고백서의 영향을 받았다(Schulze 1985:209; Hildebrandt 1980; Hoss 1963; Skinner 1980; Witte 2007b:106-14).

왕의 권위는 왕들 중의 왕이신 하나님 앞에서 상대적이 되었다. 독재자에 대한 저항을 옹호하는 개신교의 주장들은 계속해서 정치적 변화를 촉발시키며 18세기 미국 혁명에까지 영향을 끼쳤다(Whitford 2001b). 이러한 주장들은 "입헌주의를 형성하는 중요한 요소가 되었다. 16세기 사상들의 흔적은 심지어 20세기에까지 남아 있다. 20세기 중반에 현대의 전체주의 체제에 맞서 투쟁하는 가운데 이 사상들이 활용되었다. 그것들은 여전히 우리와 함께 있다"(Kingdon 1988:219). 불의한 정부에 대해 정치적으로 저항할 의무를 가르친 루터의 신학적 설명은 단순히 역사적인 측면에서만 관심 있는 내용이 아니었는데, 노르웨이와 독일은 나치정부(Nazism)에 맞서 저항할 때 이러한 루터의 사상을 사용하였다. 루터와 디트리히 본회퍼(Dietrich Bonhoeffer)가 훌륭하게 표현하였듯, "버스 운전사가 술취해 있다면, 버스 바퀴를 멈춰 세워야 한다"(참고 Duchrow 1987:34, ch.3; De Grouchy 1988:124-30; Berggrav 1951:300-19; Siemon-Netto 1995). 근대 헌법과 인권의 종교개혁적 근원은 오늘날 급성장하는 연구 분야인데, 이에 대한 연구를 이끄는 주요 학자는 법률 역사가 존 위티(John Witte, Jr)이다. "자연법, 대중 통치, 개인들과 단체들의 권리 및 자유에 관한 칼빈주의 이론은" 네덜란드 반란(Dutch revolt)이라는 소동 속에서 발전하였으며, "많은 강력한 신학적 주장들을 초기 미국의 입헌주의로 연결시켰다"(Witte 2007b:150, 31-2; 참고 Witte 2002).

본회퍼로 하여금 히틀러 암살을 시도하게 만들었던 것과 같은 위기 상황과 별개로, 종교개혁가들은 정치적 문제들에 대한 종교적 도전의 시발점을 설교단으로 보았다. 이러한 점은 오늘날 놀랍게 여겨질 수 있는데, 왜냐하면 오늘날에는 '종교가 정치로부터 떨어져 있어야 한다'는 견해가 만연해 있기 때문이다-물론 종교가 선거에 도움이 되는 경우를 제외한다면 말이다. 종교개혁가들은 고전 연구와 성경 연구에서 "솔직한 연설"(frank speech)로 알려진 사항을 전형적으로 보여주었는데, 그들은 교황과 신학자들과 정치가들이 주장하는 권위의 비밀과 거짓말을 폭로하는 일에 있어서 욕설도 주저하지 않았다(Furey 2005:478, 488).

루터에게 있어서 설교의 기능은 "숨겨진 불의를 드러냄으로써 그리스도인들의 영혼을 구원하고, 시민적 의를 세워야 할 세속 권력자들의 의무를 일깨워 주는 것이다"(Oberman 1988:444). 설교자로 부름 받은 사람들은 공개적으로 그리고 담대하게 그와 같은 불의를 폭로했다.

> 하나님께서 맡기신 직분에 의해 이 의무가 시행될 경우, 통치자들을 책망하는 것은 선동적인 일이 아니다…만일 어떤 설교자가 통치자의 죄를 책망하지 않는다면 그것이 훨씬 더 선동적인 행위가 될 것이다. 왜냐하면 통치자의 죄를 책망하지 않음으로써 독재자들의 사악함이 더 강해지고 백성들이 악한 행동에 참여하게 되기 때문이다(LW 13, 4-50).

1529년에 행한 설교에서 루터는 다음과 같이 말했다.

> 통치자가 웃든지 아니면 분노하든지 간에, 우리는 그의 악을 씻으며 그의 입을 깨끗하게 닦아야 한다. 그리스도께서 우리 설교자들에게 가르치신

내용은 "진리를 통치자로부터 감추라"는 것이 아니라 "통치자의 불의를 꾸짖고 훈계하라"는 것이었다…우리는 진리를 고백하고 악을 훈계해야 한다… 그리스도인은 진리를 증언하며 진리를 위해 죽어야 한다. 하지만 그가 먼저 진리를 고백하지 않았다면 어떻게 진리를 위해 죽을 수 있겠는가?(WA 28:360-1).

1968년, 마르틴 루터 킹(Martin Luther King, Jr.) 목사는 미국의 인종주의와 제국주의와 베트남 전쟁과 관련된 설교를 한 후 암살당했다.

정치에 끼친 종교개혁의 유산은 불의에 대한 선지자적 항거만이 아니었다. 종교개혁의 교리 중 많은 내용들이 민주주의적인 정신의 등장에 기여하였다. 이것은 시대착오적으로(anachronistically) 이해되어서는 안 된다. 르네상스는 수 세기 동안 "'민주주의'를 훈련받지 않고 교육받지 않은 군중들의 선동 정치'로 보았던 전통적인 정치사상을 강화했었다(Kingdon 1973:187).

하지만 루터는 성경을 번역하고 성경을 읽기 위한 일반적인 교육을 강조하였고, 그 결과, 하나님의 말씀(Word)과 인간의 말들(words)을 독점적으로 통제했던 엘리트들의 특권을 빼앗기 시작했다. 다른 종교개혁가들 역시 이러한 루터의 길을 뒤따랐다. 만인 제사장 교리 역시 '안수 받은 사제나 목사가 모든 다른 그리스도인들과 구별되는 부분은 직분뿐이다'라고 선언했다.

> 교회 안에는 평신도도 성직자도 존재하지 않고, 오직 하나님께서 주신 서로 다른 직무을 가지고 있는 세례 받은 그리스도인들이 있을 뿐이다(Wengert 2008:5).

루터에게 있어서 교회는 더 이상 위계적인 기관이 아니라 "어느 누구도 자기 자신을 위하지 않고 사랑 안에서 다른 사람들을 돌보는" 신자들의 공동체이다. 이러한 이유에서 그는 헬라어 에클레시아(ekklesia)를 "교회"(Kirche)가 아니라 "공동체"(Gemeinde), "회중"(Gemeine), "모임"(Versammlung) 등으로 번역했다. 그리고 그가 1523년에 쓴 소책자 『성경에 근거하여 모든 가르침을 판단하고 교사들을 초청, 임명, 해임할 수 있는 기독교 공동체의 권리와 권세』(The Right and Power of a Christian Congregation or Community to Judge All Teaching and to Call, Appoint, and Dismiss Teachers, Established and Proved from Scripture)는 공동체의 평등과 자율을 '터무니없을 정도로 승인한' 작품으로 간주되어 왔다(Ozment 1985:9). 교회를 언약 공동체로 본 칼빈주의 사상은 사회 계약 사상에 기여했다. 이처럼 반(反)-위계적이고 수평적인 과정들은 교회 구조 뿐 아니라 정치 구조도 잠식했다. 윌리엄 틴데일(William Tyndale)은 다음과 같이 표현했다.

> 대장장이의 기도는 추기경의 기도만큼 훌륭하고, 푸줏간 주인의 기도는 주교의 기도만큼 훌륭하다. 또한 진리를 아는 제빵사의 축복은 우리의 가장 거룩하신 교황의 축복만큼 효력이 있다(Richardson 1994:29).

종교적 평등주의는 사회적이고 정치적인 평등주의로 이어질 수 있었다. 정치적인 측면에서, 종교개혁가들의 목표는 교제(communion)를 사회적으로 경험하는 것이었다. 존 낙스(John Knox)는 다음과 같이 선언했다.

> 우리에게서 집회의 자유를 빼앗는다면, 당신은 우리에게서 복음을 빼앗는 것이다(Spitz 1971:552).

이러한 많은 신학적 주제들이 근대의 정치 발전과의 연관성을 암시하기는 하지만, 우리는 또한 '고백주의 시기가 절대주의 시기와 일치하며, 어떤 특정한 신앙고백들이 정치적 발전들과 단순하게 동일시될 수 없다'는 사실을 기억해야 한다. "특정한 신앙고백과 특정한 정치 형태 사이에는 단순한 연결관계가 존재하지 않는다. 최근의 연구가 보여주듯이, 우리는 반(反)-종교개혁을 절대주의 국가와, 루터주의를 정치적 순응주의(conformity)와, 그리고 칼빈주의를 민주적인 공화주의와 연결시켰던 전통적인 견해를 다시 생각해 보아야 한다"(Hsia 1989:53; Schilling 1986:21). 그럼에도 불구하고, 위티(Witte)의 놀라운 작품 『법과 개신교주의』(*Law and Protestantism*)가 분명히 밝힌 것처럼,-인권에 대한 오늘날의 이해를 포함하여-근본적인 법적 제도와 권리들은 루터의 신학적 가르침으로부터 깊은 영향을 받았다(Witte 2002:298-303).

3. 문화

종교개혁은 직업, 경제, 미술, 문학, 음악 등 문화의 모든 분야에 영향을 끼쳤다. 오직 믿음을 통하여 그리고 오직 은혜로 말미암아 의롭게 된다는 교리는 이제까지 다음 세상을 얻기 위해 쏟았던 노력을 이 세상에 쏟도록 해방시켜 주었다. 살아 있는 자들은 더 이상 죽은 자들을 섬기는 일에 매이지 않았다. 새로운 소명 의식을 고취시킴으로써, 종교개혁가들은 거룩한 일과 세속적인 일을 나누었던 중세의 이원론을 극복했다. 중세 시대에 세속적인 직업에 종사하는 사람들은 보다 열등하거나 하나님께서 덜 기뻐하시는 일을 하는 것으로 여겨져 왔다. 하지만 종교개혁가들은 '한 사람이 세상 안에서 이웃을 섬기고 인간 공동체를 세워가는 일을 한다면 그 일이 무엇이건 간에 하나님이 기뻐하신다'고 강조했다. 기저귀를 가는 것부터 법을 개정하는 일에 이르기까지 이 세상의 모든 일들은 종교적 의미를 갖게 되었는데, 이는 인간의 행위를 통해 구원이 얻어지기 때문이 아니라 하나님께서 이웃에 대한 섬김을 원하시기 때문이다. 루터는 한 때 자신의 사역에 대한 비유로 다음과 같이 묘사했다.

> 젖소가 우유를 생산해 내는 것은 천국에 들어가기 위해서가 아니라, 그 일을 위해 창조되었기 때문이다(Bainton 1957:299).

4. 종교개혁과 여성

이러한 소명 의식이 중세적 삶에 가장 폭발적으로 적용된 영역은 성(性)과 결혼이었다. 오즈먼트(Ozment 1980:381)에 따르면, "종교개혁으로 인해 발생한 제도적인 변화를 가장 분명하게 보여준 사건, 개혁에 대한 중세 후기의 호소에 반응하며 새로운 사회적 태도에 이바지한 사건은 개신교 성직자의 결혼이었다." 앞에서 살펴본 바와 같이, 정말로 성직자의 결혼은 "종교개혁 교리를 공개적으로 고백하는 행위가 되었으며, 개신교와 가톨릭 사이의 화해를 가로 막았던 기본적인 논쟁점 중 하나였다"(Wunder 1998:45).

로퍼(Roper 2001:294)에 따르면, 비록 이러한 개혁의 충격에 관한 수많은 연구들이 여성과 관련해 이루어져왔지만, "-이론상 독신이었던-남성 성직자라는 특별한 성적 계층을 폐지한 것은 동일하게 큰 충격을 초래했다." 루터의 경우에서 본 것처럼, 종교개혁을 받아들인 성직자들은 아내도 또한 받아들이라는 압력을 받았다. 사제에서 목사로 바뀐 1세대 사람들은, 한 편으로, '사생활이 줄어들고 책임감이 늘어나며 경제적인 압박에 놓이는 등'의 결혼 생활에 잘 준비되지 못했다. 이러한 문제가 만연해 있었다는 사실은 종교개혁가들이 남긴 수많은 편지에 분명히 드러난다. 종교개혁가들은 각 교구의 사람들이 자신들의 목사를 위해 적어도 생계를 이어갈 수 있을 정도의 생활비를 지급해야 한다고 주장했다.

다른 한 편으로, 결혼 생활의 유익한 점은 동반 관계와 가족에 대한 새로운 기쁨을 맛보게 된 것이었다. 부겐하겐의 아내 발푸르가(Walpurga)는 남편이 함부르그(Hamburg), 뤼벡(Lübeck), 코펜하겐(Copenhagen) 등의 지역에서 행한 사역에 동참하고 지원하였는데, 루터는 그녀를 "여자 목사"라고 불렀을 정도였다. 개혁가 우르바누스 레기우스(Urbanus Rhegius)의 아내 안나 레기우스(Anna Rhegius)는 히브리어를 알았으며, "종교개혁 신학 및 성경 해석과 관련하여 남편과 정확한 토론을 벌일 수 있을 정도로 실력이 있었다"(Mager 2004:30-1, 33). 뛰어난 종교개혁가들의 아내들은 종교개혁에 있어 중요한 부분을 차지했다. 우리는 이미 루터가 케이티(Katie)를 높이 평가했다는 사실을 살펴보았다. 다른 종교개혁가들의 사역 역시, 카타리나 멜랑히톤(Katharina Melanchthon), 안나 츠빙글리(Anna Zwingli), 이들레트 칼빈(Idelette Calvin), 엘리자베스 부처(Elizabeth Bucer), 마가렛 브렌츠(Margarete Brenz) 등 "아내들의 도움이 없었다면 불가능했을 것이다." 비브란디스 로젠블랏(Wibrandis Rosenblatt)이라는 이름의 한 여인은 훨씬 더 두드러졌는데, 그녀는 "요하네스 오이코람파디우스(Johannes Oecolampadius), 볼프강 카피토(Wolfgang Capito), 마르틴 부처(Martin Bucer) 등 세 명의 종교개혁가와 결혼했으며, 그에 따라 바젤, 스트라스부르그, 영국에서의 종교개혁 운동에 참여하였다"(Jung 2002:11; Bainton 1974:79-95).

결혼한 성직자에게 발생한 또 다른 근본적인 변화는 그들의 자녀들이 "더 이상 사생아로 여겨지지 않았다는 사실이다. 종교개혁 이전의 성직자들이 사생아의 아버지가 됨으로써 치렀던 심리적 댓가가 어떠했는지를 우리는 추측할 수밖에 없다. 에라스무스 알베루스(Erasmus Alberus)가 했던 다음의 말은 우리에게 하나의 단서를 제공한다. '이제 경건한 복음주의 사제의 자녀는 창녀의 아이가 아니라 존귀한 아이로 불린다. 이 훌륭한 일로 인해 우리는 하나님께 더 이상 감사할 수 없을 정도이다!'"(Roper 2001:295-6).

종교개혁가들은 로마 교회가 성직자와 수도사와 수녀에게 독신을 강요하는 것에 대해 강경하게 비판하였는데, 이는 독신을 구원에 기여하는 선행으로 보았기 때문만은 아니다. 오히려 독신으로 인해 남자와 여자가 이웃을 섬길 기회가 사라지고, 결혼이라는 신적인 명령이 위배되며, 하나님께서 창조하신 성(性)의 선함이 부인되기 때문이었다.

루터와 칼빈에게 있어서, 결혼은 단순히 성적인 관계를 정당화시키는 것만이 아니라, 고통과 기쁨을 모두 공유하는 인간 공동체에 대한 새로운 의식을 의미했다. "결혼은 단순히 여자와 같이 자는 것만이 아니다-그것은 누구나 할 수 있는 일이다! 오히려 결혼은 가정을 지키고 자녀를 양육하는 것이다"(LW 54:441). 루터를 따른 사람들은 결혼을 통해 단순히 성적인 관계를 새롭고 즐겁게 누렸을 뿐 아니라, 동반자로서의 여성에 대한 새로운 존경심을 가졌다. 루터는 여성이 없는 삶을 상상할 수 없었다.

> 가정, 도시, 경제적 삶, 정부는 사실상 사라질 것이다. 남자는 여자 없이 아무 것도 할 수 없다. 설령 남자에게 아이를 출산하는 능력이 있다고 하더라도, 여자 없이는 여전히 이 일을 할 수 없다(LW 54:161).

루터는 여성의 지성, 경건, 윤리를 높이 보았다. 이 당시의 수많은 결혼 논문들은 결혼에 대한 새로운 사상을 가르치려 했던 노력을 보여준다. "예를 들어, 요한 피스카르트(Johann Fischart)는 『결혼 훈련서』(Book of Marital Discipline, 1578)에서 남자들에게 '결혼은 합법적인 성관계를 누릴 수 있는 유일한 장소일 뿐 아니라 사랑의 장소'라는 사실을 확신시키려고 노력했다"(Wunder 1998:49).

하지만 그렇다고 해서 중세의 가부장주의와 여성차별주의가 완전히 사라진 것은 아니었다. 그러한 모습은 종교개혁에서도 계속 나타났다. 오늘날 사람들의 귀에 거슬리는 다른 주제들과 마찬가지로 이 주제에 있어서도, 우리는 시대착오적이지 않아야 한다. "유럽의 모든 사람들은, 심지어 대부분의 여성들까지도, 계속해서 여성을 남성보다 열등한 존재로 보았다. 종교개혁이 이러한 태도에 대한 변화를 주장하기는 했지만 실질적인 변화를 가져오지는 못했다"(Karant-Nunn 1989:40). 이에 따라 스페인의 인문주의자 후안 루이스 비베스(Juan Luis Vives)는 '여성들이 잠잠한 채로 남아 있는 한 그들을 교육해도 된다'고 주장했다. "여성이 '본성적으로 병든 동물'이라고 생각하는 가운데, 비베스는 '학식 있고 말을 잘하는 여자보다는 착하고 정직한 여자를 갖는 것이 더 중요하다'고 결론 내렸다." 또한, 완벽한 아내에 대해 묘사한 16세기 후반의 작품『완벽한 배우자』(La perfecta casada)에서 루이스 데 레온(Luis de León)은 다음과 같이 말했다.

> 여성은 하나님께서 재고 끝에 만드신 피조물이다. 여성은 남성에 대한 조력자와 위안일 뿐이며, 지속적으로 속죄해야 할 필요성을 가진 존재인데, 이는 '여자를 통하여 죄가 시작되었으며, 여자로 인해 우리 모두가 죽게 되었기 때문'이다(Costa 1989:90).

이러한 여성차별주의적인 견해들은 가톨릭교도들에게만 국한되지 않았다. 칼빈주의자들 중 존 낙스(John Knox)는, 비록 그의 장모의 영향 때문이기는 했지만, 여성 통치자에 대해 "혹평"한 것으로 악명 높다(Healey 1994; Frankfurter 1987). 칼빈 자신도 여성의 통치가 "정당한 자연 질서와 전적으로 모순되며…하나님의 심판을 받는 대상이 된다"고 믿었다(Duke et al. 1992:40). 하지만 이렇게 말한 칼빈은 개혁과 관련하여 귀부인들과 광범위하게 서신을 교환했으며, 교회 내에서 여성 목사를 안수하는 문제에 있어서 실제적으로는 아니라 하더라도 신학적으로는 열린 태도를 보였다(Douglas 1985; Thompson 1992). 여성에 대한 가장 극단적인 차별주의의 실례는 뮌스터(Münster)에서 강제적으로 시행된 일부다처제임에 틀림없다. 하지만, 남성의 통치를 강화하고자 하는 소망과 더불어, 이러한 일부다처제는 성(性)을 '선택받은 종족을 증가시키려는 목적'만을 가진 것으로 보는 일종의 금욕주의였다라는 제안도 있었다(Marr 1987:353). 이로 인해 재세례파들은 전통적인 가톨릭주의와 마찬가지로 인간의 성을 부정적으로 평가하였고, 성관계를 하나님의 창조 선물로 본 주류 종교개혁가들의 긍정적인 평가를 거부하였다. 뿐만 아니라, 교회의 순결성을 강조했던 재세례파는 배교한 배우자와의 관계를 끊으라고 명령했다. "실제적인 측면에서 볼 때, 재세례파 여성들이 동등한 대접을 받은 경우는 그들이 순교했을 때뿐이었다"(Wiesner 1988:153).

자주 제기되는 질문은 '종교개혁이 여성과 관련하여 어떠한 변화를 초래했는가' 하는 것이다. 종교개혁은 여성에게 도움을 주었는가 아니면 방해가 되었는가? 위스너(Wiesner 2008:397)는 다음과 같이 지적한다.

> '종교개혁이 여성들에게 득이 되었는가 해가 되었는가?'의 질문에 제대로 답변하는 학자는 거의 없다. 대부분의 학자들은 이 질문에 대해 '상황에 따라 달랐다'라고 대답한 후 여성의 경험에 대한 차이점을 장황하게 논의할 뿐이다.

결혼이라는 영역에 있어서 종교개혁가들은 결혼을 성례가 아니라 "세속적인 일"로 강조했다. '이러한 신학적 변화가 여성들에게 유익했는지 아니면 남성의 지배를 지속하거나 혹은 더 강화했는지'에 관한 역사가들의 해석은 매우 대립된다(참고, Scharffenorth 1983; Lindberg 2000b; Karant-Nunn 1997:6-42; Wiesner-Hanks 2008; Wunder 1998:44-62; "Marriage in Early Modern Europe"). 하지만 결혼을 성례가 아니라 계약으로 보기 시작하면서 종교개혁은 이혼과 재혼의 가능성을 열어 주었다(Witte 1997). 이는 이혼과 재혼을 금지했던 교회법을 뒤집는 새로운 혁신이었다. 부처(Bucer)는 '사랑과 상호성이 결여된 결혼은 파괴적이고 비성경적이며 따라서 배우자들은 이혼한 후 재혼할 수 있다'고 주장했다(Witte 2002:229, 254-5; Kingdon 1995; Witte and Kingdon 2005).

중세에는 수도원이 지상의 낙원 즉 "그리스도의 신부들"이 구원을 얻을 수 있는 최적의 상황으로 여겨졌던 반면, 종교개혁가들은 수도원을 여성의 영혼을 위태롭게 만드는 "바벨론 포로 상태"로 보았다(Steinke 2006:1-2). 이러한 "바벨론 포로 상태"로부터 해방된 것을 기뻐했던 여성들도 분명히 있었다. 뮌스터베르그의 우르술라(Ursula of Münsterberg)는 자신의 사촌들인 작센의 게오르그(George) 공작과 하인리히(Heinrich) 공작에게 자신이 수도원을 떠난 사실을 설명하면서, "이제 믿음만이 우리의 유일한 구원이기에, 우리는 그동안 우리를 가두어 두었던 바벨론 포로 상태를 벗어났다"라고 편지했다(Wiesner-Hanks and Skocir 1996:61, 45). 우르술라와 두 명의 다른 수녀들은 1528년에 루터 부부의 집에 몇 주간 머물렀으며, 루터는-당연히!-우르술라의 편지 "프라이베르그(Freiberg)의 수녀회를 폐지해야 할 기독교적인 이유"에 서문을 써 주었다. 물론 루터의 아내 캐더린 폰 보라(Katherine von Bora)는 "배반한 수녀들"의 대표적 인물이다.

또 다른 인물은, 스스로의 능력으로 신학자가 된 마리 덴티에르(Marie Dentière, 1495-1561)였다. 루터의 글을 통해 회심한 후, 그녀는 투르네(Tournai)에 있는 어거스틴파 수녀회를 떠났다. 그녀는 전직 사제였던 자신의 남편 시몽 로베르(Simon Robert)와 함께 프랑스의 개혁 교회에서 목회 사역을 수행했다. 1533년에 남편이 죽은 후, 그녀는 다른 개혁파 목사와 결혼하여 제네바로 이주했다. 이곳에서 덴티에르는 수녀들이 종교개혁을 받아들이고 자신들의 수녀회를 떠나도록 열심히 설득했다. 그녀는 또한 교회 내에서 여성의 신학적 역할을 지지하는 글을 썼고, 칼빈이 스트라스부르그에 피신해 있는 동안에는 그를 옹호하는 글을 썼다. 나바르의 여왕 마르그리뜨(Marguerite, Queen of Navarre)에게 쓴 편지에서 그녀는 '남자를 위한 복음과 여자를 위한 복음이 따로 존재하느냐'고 예리하게 지적했다. 그녀는 계속해서 '여성들은 하나님께서 자신들에게 계시하신 것들을 숨기지 말아야 한다'고 주장했다. "자유와 공의와 여성의 신학적 역할 등의 문제에 깊은 관심을 가졌던 마리는, 자신의 기독론(갈 3:26-28)과 성경에 나타나는 여성들의 실례에 근거하여, 여성들이 신학자로서 성경을 해석하며 설교하는 등 공적인 목소리를 낼 수 있다고 주장했다." 더 나아가서 그녀는 예수를 배반한 사람들, 이단자들, 거짓 선지자들은 남자였지 여자가 아니었다고 지적했다. 이 마지막 주장에 대해서는 칼빈이 기뻐하지 않았다!(참고 Stjerna 2009:135-47, 141에서 인용)

종교개혁의 초창기에 설교자들과 친척들과 시 관계자들은 여성들에게 수녀회를 떠나라고 강력히 촉구했다. 수녀회 내에서는 여성들이 사업이나 경영이나 교육 등에 참여할 기회가 있었지만, 수도원을 폐지함으로써 여성들의 선택은 아내와 어머니로만 제한되었다는 주장이 제기되어 왔다. "수도원 내에서의 상대적인 독립과 자율성을 의식하는 가운데, 수녀들은 자신들이 수도원을 떠날 경우 이러한 것들을 포기해야 한다는 사실을 알았을 것이다…여성들이 수도원에 들어갔던 실제적인 이유가 더 많이 있었다. 그 중 하나는 원치 않는 결혼이나 출산의 위험으로부터 피하는 것이었다. 수녀들의 평균 수명은 수도원 바깥에 있던 여성들의 수명보다 높았는데, 이는 기본적으로 너무나 많은 여성들이 출산 과정에서 사망했기 때문이고, 또 수녀들이 많은 일반적인 질병을 피했기 때문이었다"(Leonard 2005:148).

하지만 수도원에 계속 남아 있으려 했던 가장 주요한 원인은 종교적인 것이었다. "그들은 그곳에서 하나님을 섬기며 영적인 삶을 이끌고자 했다" (Leonard 2005:148). 한 예로, 아우구스부르그에 있는 캐더린(Katherine) 수녀회의 캐더린 렘(Katherine Rem)은 자신의 오빠가 수도원적인 삶을 공격한 것을 두고 '성경에 위배되는 무가치한 자기중심적 일'이라고 비난했다. "우리가 우리의 소망을 수녀회와 우리의 일에 둘 정도로 어리석다고 생각하지 마십시오. 우리는 하나님께 소망을 둡니다…하나님의 은혜와 도움으로 말미암아, 세상에서보다는 수도원에서 우리는 하나님을 더 기꺼이 섬깁니다." 그녀는 오빠로부터의 어떠한 판단이나 간청도 받아들이지 않겠다고 덧붙여 말한다 (Wiesner-Hanks and Skocir 1996:37, 29, 31).

자신들의 수녀회를 옹호했던 유명한 두 인물은 쟌 드 쥐씨(Jeanne de Jussie, 1503-61)와 카리타스 피르크하이머(Caritas Pirckheimer, 1467-1532)이다. 제네바의 가난한 클라라(Poor Clares) 수녀회의 귀부인이던 쟌 드 쥐씨는, 수녀들이 제네바로부터 강제 추방되어 자신이 수녀원장이 된 안네시(Annecy)로 옮기기 전, 종교개혁에 대한 강력한 반대를 이끌었다. 흥미롭게도 마리 덴티에르는 수녀회를 폐지하는 문제로 쟌과 논쟁했던 최초의 사람이었다. 쟌은 수녀회가 파괴되어 자신들이 추방당했던 상황을 인상적이고 신랄하게 기록하여 『제네바의 칼빈주의적 세균 혹은 이단의 기원』(*Calvinist Germs or the Beginning of Heresy in Geneva*)이라는 제목의 작품을 남겼다(참고 Kingdon 1974:87-95; Lindberg

2000a:168-9). 그녀는 성상파괴운동으로 인해 자신의 수도원이 파괴된 기간 동안 수녀들이 느꼈던 공포감 및 제네바로부터 강제적으로 추방당한 상황에 대해서 묘사했다.

뉘른베르그(Nuremberg)의 성 클라라(St. Clara) 수녀회의 수녀원장이었던 카리타스 피르크하이머는 성공적으로 자신의 수도원을 지켰다. 헬라어와 라틴어를 잘 배웠던 그녀는 종교개혁이 일어나기 전 이미 한 사람의 인문주의자로 존경받았으며, 그녀가 제국의 계관 시인 콘라드 켈티스(Conrad Celtis) 및 화가 뒤러(Dürer)와 주고받은 서신들은 여전히 남아 있다. 뉘른베르그 시의회는 그녀의 수녀원을 폐지하기 위해 온 힘을 쏟았다. 마침내 그들은 협상을 성공하기 위해 멜랑히톤을 데리고 왔다. 카리타스는 멜랑히톤에게 '수녀들은 자신들의 행위가 아니라 하나님의 은혜를 의지한다'고 설득했으며, 멜랑히톤은 '복음이 강요될 수는 없다'는 원리를 반복함으로써 상황을 진정시켰다. '기존의 수녀들은 죽을 때까지 수녀원에 남아 있도록 허용되지만 새로운 수녀를 받아들이지는 않는다'는 해결책으로 상황은 종결되었다.

레오나드(Leonard 2005:9, 106, 108)의 흥미로운 주장에 따르면, 스트라스부르그와 뉘른베르그 등 몇몇 종교개혁 지역에서 살아남았던 수녀원들은 "종교개혁에 대한 주도적인 역사 서술 중 하나인 고백주의 논제(confessionalization thesis)에 도전한다." 이 지역들에서는 두 가지 다른 신앙고백을 지지하는 사람들 사이에 조정이 이루어졌는데, 이러한 사실은 "근대 초기 국가와 협력하는 가운데 종교적으로 구별된 문화가 발전했다"는 주장과 충돌한다. 어린 소녀들을 교육하고 사회복지를 제공하는 등 수녀들이 공공의 선에 다양하게 기여함에 따라, 수녀원과 시의회 사이의 긴장은 느슨해졌다. "(루터파 성직자에게 있어서는 유감스럽게도, 적어도 스트라스부르그 시의 지도자들에게 있어서) 진정으로 기독교적인 사회를 형성하는 요소는 아우구스부르그 신앙고백서에 대한 필연적인 결속이 아니라 도시 공동체의 필요였다."

사회적 역할의 성(性, gender)에 대한 최근의 연구는 이 주제에 대한 새로운 접근을 제공한다. "젠더"(Gender)라는 개념으로 인해, 남성과 여성 그 자체에 끼친 종교개혁의 영향을 뛰어넘어, '남성적이거나 여성적이라는 말이 사회적으로 어떠한 의미를 갖게 되었는지'에 관한 방향으로 연구가 확대되었다.

"생물학적인 성과 달리, 젠더는 사회적으로 형성되며 사회에 따라 다양하다" (Wiesner 1992:159). 힉커슨(Hickerson)은 튜더 왕조 시대에 영국에서 순교한 여성들에 대한 연구를 통해 젠더의 역할을 탐구한다. 폭스(Foxe)의 『순교자 열전』(Acts and Monuments)에서 여성 순교자들은 "불순종의 본보기이자, 정치적으로 위험한 상징"으로 나타난다. 뿐만 아니라, 폭스가 묘사하는 여성 순교자들 중 많은 이들은 "출신이 미천하고, 직설적이며, 분명하고, 예민하며, 박식하다…그들은 덕스럽고 인간적인 여성성의 모델이 아니라…박해받는 참된 교회의 모델이다. 왜냐하면 참된 교회는 그리스도의 신부로서 여성적이며, 자신의 남편을 위해 모든 위험을 담대하게 감수하기 때문이다." "불순종은 (그리고 그와 같은 저항은) 그러할 자격이 가장 없는 사람들로부터 나올 때 가장 전복적이다."

이처럼 여성들은, 특히 "비천한 출신"일 경우, 남성들보다 더 위험스러운데, 이는 그들이 사회와 정치의 질서를 침해하며 "젠더와 계급의 위계질서라는 개념으로 둘러싸인 체제를 위협하는" 것으로 여겨졌기 때문이다. "개신교의 대표적 상징으로서 이러한 여성들은, 여성의 덕스러운 행동에 관한 근대 초기의 사상들과 관련하여, 역사서술적인 기대에 도전한다"(2005: 160-3). 하지만, 폭스의 작품이 지속적으로 개정되고 축소되는 가운데, 이러한 '사회적 성역할의 전복'(gender subversion)은 "수동성을 주입하는 방향으로 길들여졌다. 한 때 성경에 대한 박식함이 있던 곳에서 이제는 교만과 단순한 신앙이 존재했으며, 한 때 자기-표현이 있던 곳에서 이제는 침묵이 존재했다. 폭스의 가톨릭 비판가들이 여성 순교자들을 곤란한 존재로 보았었다면, 수많은 폭스의 추종자들 역시도 마찬가지였다." 여성의 "의로운 불순종"이 "여성의 덕스러운 행동"으로 바뀌었다(Hickerson 2005:178-9).

루터 자신은 여성차별주의자가 아니었다. 그는 남성과 여성에 대한 이중적인 기준을 주장하지도 않았다. '모든 여자들은 불이 나간 전구와 같다'는 저속한 속담에 대응하여, 루터는 남자들도 마찬가지라고 답했으며, 여성을 모욕한 사람들을 비난했다(WA 54:174-5). 그는 자신의 사회가 올바른 남성적 행동 혹은 올바른 여성적 행동이라고 보았던 관점을 재정의하려고 애썼다. 예를 들어, 어거스틴과 토마스를 뒤따라 중세의 사회와 신학은 매춘 및 창녀촌을 '하수구가 쓰레기를 내보내듯 남성의 지나친 성적 에너지를 처리해 주는 배출구'로 보고 승인하였다. 교회는 매춘에 대해 관대했는데, 이는 사회적 성(gender)의 가치가 자연적 성(sex)을 훼손하였으며, '남성의 성욕은 통제할 수 없을 정도로 강력하여 하나의 배출구가 제공되지 않을 경우 고귀한 여성들이 오염될 수 있다'고 가정되었기 때문이다. 공공의 창녀촌으로 인해 간음과 강간이라는 더 큰 악이 방지된다고 여겨졌다.

루터와 그의 동료들의 반응은 도덕적이라기보다는 오히려 '남성에 관한 당시의 사회적 전제를 공격하는' 것이었다. 그들의 요점은 질병(남성의 성욕)보다 그 치료책(매춘)이 더 악하다는 것이었다. 1520년에 쓴 『기독교 귀족들에 대한 호소』(Address to the Christiani Nobility)에서 루터는 매춘에 대한 관용을 개탄한다. 그는 이를 허용하는 이론적 근거를 알고 있었다. 하지만 "세속적인 동시에 기독교적인 정부는 그와 같은 이교도적인 방식으로 이러한 악이 방지될 수 없다는 사실을 깨닫지 못하는가?"(LW 44:214-15). 성에 관한 주제를 재정의하려던 루터의 지속적인 노력은 그가 생애 말년에 했던 창세기 강의에서도 분명하게 나타난다.

> 큰 도시들이 허용하고 있는 창녀촌에 관한 실례는 논의할 가치가 없다. 왜냐하면 그것은 하나님의 율법에 명백히 위배되기 때문이다…이러한 방식으로 방탕과 간음이 줄어들 것이라는 그들의 생각은 어리석다…이러한 방식은 성욕을 치료하기보다는 증가시킨다(LW 3:259; Ozment 1983:56).

이러한 관점들이 어느 정도 영향을 끼쳤다는 사실은 츠빅카우(Zwickau)에서 발생한 사건들에서 나타난다. 이 도시에는 이미 1497년에 매독(syphilis)이 존재했지만, 1526년이 되기까지 창녀촌이 계속 성행했다. "성병 자체는 창녀촌을 닫도록 만들지 못했지만, 종교개혁은 창녀촌을 문닫게 만들었다"(Karant-Nunn 1982:24). 루터와 그의 추종자들은 남성의 사회적 성역할에 대한 정의를 '통제할 수 없는 충동'으로부터 '사회적 책임'으로 바꾸려 노력했다(Lindberg 2000b:137). 여기에는 배우자에 대한 학대를 줄이려는 노력이 포함되었다(Wengert 2007:337-9). 하지만 우리는 다음의 사실을 기억할 필요가 있다.

"사회적 평등과 여성의 지위라는 주제는 개혁가들의 궁극적인 관심사가 아니었다. 그들의 주된 관심사는 영혼을 구원하고 기독교 교회를 구하는 것이었다. 새롭게 갱신된 종교적 가치들을 보호하기 위해, 사회적 문제들과 성역할 관계들에 있어서 기존의 질서를 유지하는 것이 필수적으로 여겨졌다…이 이야기에 있어서 여성들의 측면은 이상과 현실 사이의 모호한 관계를 상기시킨다"(Stjerna 2009:222).

5. 관용 및 "타자"(他者, Other)

관용은 종교개혁이 보여준 장점이 아니었다. "'궁극적이고 근본적인 충성을 부인하는 사람들에 대한 적절한 보상은 그들을 가장 잔인한 형태로 사형시키는 것이다'라는 신념이 그 당시의 모든 신념들과 법들 가운데 확고히 서 있었다…물론, 우리는 지상에 있는 그리스도의 교회의 진리에 대하여 다양한 견해들을 가질 수 있다. 실제로 사람들이 그러했다. 하지만 '그러한 다양한 견해의 대표자들이 궁극적인 처벌의 필요성에 대해 동의했다'는 사실을 우리는 인식해야 한다"(Elton 1977:206-7). 물론, 종교적 자유를 옹호했던 몇몇 프랑스인들과 카스텔리오(Castellio), 그리고 종교적 경험을 강조했던 신령주의자들(Spiritualists)에게서 예외가 나타나기는 했다. 세바스찬 프랑크(Sebastian Franck)는 후자의 경우를 대표하는데, 그는 "나는 터키인들, 교황주의자들, 유대인들, 그리고 모든 사람들 중에서도 형제를 가지고 있다. 이는 그들이 터키인, 교황주의자, 유대인, 분파주의자이기 때문이 아니라, 그들이 저녁시간에 부름을 받고 포도원으로 들어와 나와 동일한 삯을 받을 것이기 때문이다"라고 말했다(Edwards 1988:v).

마찬가지로, 보카치오(Bocaccio, 1313-75)의 『데카메론』(*Decameron*)에 나오는 '세 개의 반지' 전설도 관용을 옹호했다. 이 전설에 따르면, 한 위대한 주인은 '자신이 이전에 꼈던 반지를 소유한 사람을 후계자로 임명하겠다'고 선언했다. 죽기 전 그는 자신의 반지를 복사하여, 각각 세 아들들에게 똑같이 나누어 주었고, 그 아들들은 자신이 상속자라고 각각 믿었다. 1559년에 메노치오

(Menocchio)는 이 이야기를 바탕으로 '하나님께서 그분의 법을 그리스도인, 터키인, 유대인에게 주셨다'고 자신의 이단심문관에게 이야기했다. 각자가 모두 자신들이 유일한 상속자라고 믿지만, 우리는 누가 진정한 상속자인지를 구별할 수 없다. 따라서 메노치오는 이단자들에게까지도 관용이 확장되어야 한다고 주장했다. 그의 이러한 통찰력의 댓가는 이단심문소에 의한 처형이었다(Ginzburg 1982:49-51).

프랑크가 보여준 예외적인 경우를 제외하면, 사람들은 터키인들을 단순히 "타자"로서 뿐 아니라 남부와 중부 유럽을 군사적이고 영적으로 위협하는 적그리스도의 세력으로 두려워하였다. 역설적인 사실은, 찰스 5세가 터키의 군사적 위협에 너무 관심을 기울이는 바람에 종교개혁을 강력하게 반대할 수 없었다는 점이다. 이처럼 순전히 정치적인 관점에서만 본다면, 루터는 터키인들을 교황주의에 대항하는 동지로 볼 수도 있었을 것이다. 하지만 루터의 기본 관심사는 정치가 아니라 신학이었고, 따라서 그는 터키 민족을 하나님께서 죄악된 제국을 징계하시는 도구로 보았으며, '그리스도께서 하나님의 아들이며 세상의 구세주'라는 사실을 모하메드(Mohammed)가 부인한다는 이유로 이슬람을 하나님의 원수로 적대시했다.

하지만, 흥미롭게도, 루터는 뮌처가 옹호했던 폭력에 대한 종교적 처벌을 반대했던 것과 동일한 근거에서 터키인들에 대한 십자군 요청도 거부했다. 복음이 확장되거나 보호되는 것은 강제력에 의해서가 아니기 때문이었다. 터키에 대한 무장 투쟁은 오직 자신의 국가를 방어하는 차원에서 통치자들에 의해서만 이루어질 수 있다. "누구든 전쟁을 시작하는 쪽이 잘못된 쪽이다"(LW 46:118). "십자군도 성전(聖戰)도 허용될 수 없었다. 이러한 입장은 중세 신학의 주류로부터 벗어나는 중요한 지점이었다. 그레고리 1세(604년 사망) 이후, 신학자들은 이단들의 압제를 정당한 전쟁의 원인으로 보았다"(Miller 2002b:48, 50; Miller 2007:52-3). 루터는 '터키의 군사적 위협에 맞서 정당한 싸움을 요청하는 것은 이슬람과 기독교 사이의 싸움과 동일시될 수 없다'는 점을 인식했다(Ehmann 2007:91).

루터에게 있어서, 터키의 위협은 기본적으로 '기독교 신앙에 대한 이슬람의 도전'이라는 종교적 문제였다. 따라서 루터는 테오도르 비블리안더

(Theodore Bibliander)가 1542년에 코란(Koran)을 번역할 수 있도록 영향력을 발휘했으며, '코란을 알 때에만 그것을 논박할 수 있다'고 주장했다(Miller 2004:188-9; Rajashekar and Wengert 2002). 레이몬드 룰(Raymond Lull)과 구사의 니콜라스(Nicholas of Cusa)를 비롯한 중세의 이슬람 해석가들과는 달리, 루터는 이슬람을 일종의 "익명의 기독교"나 기독교의 한 종파로 보지 않았다. 루터로서는 '인류의 구속주이신 예수 그리스도를 인정하지 않는' "다른 사람들"과 종교간의 대화를 벌일 수 없었다(Kandler 1993:8). "유대인들의 경우에서와 마찬가지로, 루터는 그가 완고하다고 믿었던 터키인들을 회심시키는 데 관심이 없었으며, 기독교인들을 일깨우는 데 관심을 가졌다"(Brecht 1993:354; Kaufmann 2006:75-6). 종교개혁은 기독교와 이슬람 사이의 싸움을 하나님과 사탄 사이의 종말론적 대결로 보았는데, 이러한 관점은 오늘날의 몇몇 개신교 집단들에게 계속해서 해로운 영향을 끼친다. "(아랍에서 터키로, 기독교인에서 서구 세계로) '전투병들'의 성격이 바뀌었음에도 불구하고, 실상 이러한 거대담론은 궁극적으로 두 선수들, 즉 기독교와 이슬람만을 가정하며, 둘 사이에서 공격을 주고받는다. 이와 같은 기독교-이슬람 역사 이야기가 가지고 있는 힘을 예측하는 것은 어렵지 않다"(Miller 2005:156).

종교개혁과 "타자"의 관계에 있어서 가장 예민했던 주제는 유대인에 대한 처리이다. 물론 유대인들에 대한 기독교적인 적대심은 종교개혁에서 자체적으로 발생한 것이 아니었다. 그것은 신약 시대와 초대 교회에까지 거슬러 올라가는 오랜 역사를 가지고 있다. 종교개혁 직전에 이르러 유대인들은 예수를 부인하고 십자가에 못박은 일로 인해 하나님으로부터 버림받았다고 여겨졌을 뿐 아니라, 흑사병의 원인으로 비난받았고, 그리스도인 젊은이들을 살해하며 성체(聖體)를 더럽힌다는 이유로 고소당했으며, 기독교 세계를 파괴하려는 음모를 세웠다는 의심을 받았고, 여러 경제적인 이유들로 분노의 대상이 되었다(Robinson 1992:9-22). '유대인들이 예수의 십자가형을 모방하는 가운데 성 금요일에 기독교인 소년들을 사로잡아 학살한 후 자신들의 의식을 위해 소년의 피를 사용한다'는 전설 이야기들이 12세기에 확산되기 시작했다. "유대인 의식 살해(ritual murder) 이야기들은 12세기가 될 때까지 성인들의 삶, 순교자들에 관한 책, 교리문답 및 기타 여러 책들에 출판되어 평신도들을 교육했다. 이러한 책들은 교황들이 의식 살해에 관해 제기하였던 의문점들을 무시하였다.

가톨릭교회는 마침내 이러한 종류의 순교자 숭배를 멀리했고, 제2차 바티칸 공의회(1962-5)에서 이를 금지했다"(Wenzel 2006:412). 이러한 신화, 전설, 분노심 등은 구체적인 그림의 형태로 나타나, 편견을 구체적으로 보여주었다. 4차 라테란 공의회(1215)는 유대인들을 쉽게 확인하고 사회적으로 구별하기 위하여 유대인들에게 노란 뱃지를 달도록 의무화하였다(이 관습은 나치 시대에 비극적으로 부활했다). 11세기가 될 때까지, 회당과 교회를 의인화한 조각 작품들이 나타났다. 유럽의 고딕식 성당들 안에 여전히 남아 있는 이 조각 작품들에 따르면, 하나님으로부터 버림받은 유대교는 '율법의 돌판을 떨어트린, 눈이 가리워져 있고 풀이 죽은 여인'의 모습으로 표현된 반면, 승리한 교회는 '분명하게 볼 수 있고 관을 썼으며, 한 손에는 깃발을 다른 한 손에는 성배를 든 여인'의 모습으로 그려졌다(Edwards 1988:22; Mellinkoff 1993:I, 48-9). 가장 비열한 그림에서는 유대인들이 돼지와 배설물과 관련하여 표현되었다. 13세기의 유덴자우(Judensau, '암퇘지 유대인'을 뜻하는 합성어-역주) 그림은 유대인들이 암퇘지의 젖을 빨고 있는 모습을 묘사했으며, 15세기에는 유대인들이 동물의 뒤에서 배설물을 먹고 마시는 모습이 여기에 추가되었다(Mellinkoff 1993:I, 108; II, pl. IV, 24; Schöner 2006:362, 382; Wenzel 2006:416).

이러한 시각적인 이미지들은 행동을 유발시켰다. 유대인들은 한 번에 수천명씩 학살당했으며, 영국(1290), 프랑스(1306), 스페인(1492), 포르투갈(1497)에서 대대적으로 추방당했다. "1555년에 바오로 4세(Paul IV)는 로마에 유대인 강제 거주지역(ghetto)을 만들었고, 이탈리아 전역에서 유대인들의 자유를 가장 강하게 제한하기 시작했으며, 유대인들에 대한 사법적인 잔혹 행위를 묵인하였다"(O'Malley 1993:188). 독단적이지 않은 기독교를 주장했던 인문주의의 왕자 에라스무스조차도 "유대인들을 절대적으로 혐오하는" 정서로 물들어 있었다(Friedman 1992:144; Pabel 1996). 하지만, 근대의 인종주의적 반(反)-유대인주의에 대한 선례는 스페인 이단재판소에서 제정했던 순혈법(純血法, pure blood laws)이었다. 이 법에 따르면 "타락한 유대인들의 피는 세례와 은혜가 뚫고 들어갈 수 없었다…따라서, 유대인됨(Jewishness)은 신앙의 진술이나

제15장 종교개혁의 유산 555

(a)

(b)

그림 15.2 (a) 비텐베르그 교구 교회의 처마 아래에 놓여 있는 14세기초의 유덴자우(Judensau) 부조 그림. 훗날 유대인들을 비방할 때 루터는 이 그림을 언급했다.
(b) 유대인 대학살이라는 끔찍한 사건을 기념하는 비석이 1988년에 이 교회의 벽 아래에 놓여졌다. 독일어 본문은 다음과 같다. "하나님의 참된 이름/모욕을 당한 셈-함포라스(Schem-Hamphoras)/그리스도인들 앞의 유대인들/표현할 수 없을 정도로 거룩함을 지켰던/600만의 유대인들이 학살되다/십자가 표시 아래에."

자료 출처 : Carter Lindberg

인종적인 관례가 아니라 생물학적인 측면에서 고려되었다"(Friedman 1987:16).

이러한 전통에 비추어 볼 때 놀라운 사실은 루터가 처음에 중세적인 반-유대교 유산으로부터 탈피했다는 사실이다. 1523년에 쓴 "예수 그리스도는 유대인으로 태어나셨다"(That Jesus Christ Was Born a Jew)라는 논문에서, 루터는 '하나님께서 유대인들을 어느 민족보다도 높이 보셨으며 따라서 그리스도인들 역시 유대인들을 형제로 대해야 한다'고 강조했다(LW 45:200-1). 뿐만 아니라, 기독교인과 유대인 사이의 결혼을 금지했던 중세의 교회법에 반대하여, 루터는 다음과 같이 주장했다.

> 내가 이교도, 유대인, 터키인 혹은 이단자와 더불어 먹고 마시고 걷고 마차를 타고 물건을 사며 대화를 할 수 있는 것과 마찬가지로, 나는 그와 결혼하여 결혼관계를 지속할 수도 있다. 이 결혼을 금지하는 바보들의 계명에 귀를 기울이지 말라. 당신은 많은 그리스도인들이 유대인이나 이교도나 터키인이나 혹은 이단자보다 더 악하다는 사실을 알게 될 것이다. 한 사람의 이교도는 하나님의 선한 피조물이며, 해이한 가짜 그리스도인들은 말할 것도 없고, 바울이나 베드로나 성 루시(St Lucy)와 동일한 남자 혹은 여자이다(LW 45:25).

이에 따라 루터의 추종자 우르바노스 레기우스(Urbanus Rhegius, 1489-1541)는 유대인들을 동료 시민들로 보고 관용을 베풀어야 한다고 주장했다 (Hendrix 1990). 뉘른베르그(Nuremberg)의 루터파 개혁가였던 안드레아스 오시안더(Andreas Osiander, 1496-1552)는 유대인들이 의식 살해(ritual murder)를 행한다는 비난이 거짓말이라는 사실을 폭로하는 논문을 썼다. 하지만 오시안더는 자신이 유대인과 동맹관계를 맺고 있다는 비난을 피하기 위해 이 논문을 익명으로 출판했다. 요하네스 엑크(Johannes Eck)는 오시안더의 주장을 "반박하는" 논문을 썼다(Wenzel 2006:412; Kammerling 2006:234-47).

비극적이고 부끄럽게도, 루터는 자신의 생애 말년에 유대인들에 대해 분노하여, 그들의 시민적 권리를 금지할 뿐 아니라 그들의 집, 회당, 책들도 불태우라고 주장했다. 나치가 이러한 후기의 소위 반-유대적 작품들을 사용한 것에 비추어 볼 때, 다른 복음주의 작가들과 로마 가톨릭 작가들 뿐 아니라 루터 역시도 그 역사적 상황 안에서 이해되어야 한다는 사실을 강조해야 한다 (Oberman 1984; Lindberg 1994; Rowan 1985; Nijenhuis 1972:38-72). 또한, 보다 중요하게는, '유대인들에 대한 루터의 적대심은 인종차별적인 것이 아니라 신학적인 것이었다'는 점을 기억할 필요가 있다. "루터는 한 사람의 유대인을 확인할 때 그의 종교적 신념을 고려했지 그 사람의 인종에 근거하지 않았다. (어떠한 경우라 하더라도, 유대인을 인종에 근거해서 확인하는 것은 16세기에 낯선 개념이다). 만일 어떤 유대인이 기독교로 개종한다면, 그는 그리스도 안에서 동료 형제 혹은 자매가 되었다. 하지만 인종적인 반(反)-유대주의에서는 종교적 신념이 그다지 중요하지 않다"(Edwards 1983:139). 터키인들에 관해 쓴 글에서와 마찬가지로, 루터는 자신이 유대교의 신학적 오류라고 생각했던 내용들을 유대인들이 아니라 그리스도인들을 대상으로 썼던 것이다(Hagen 1999). 그럼에도 불구하고 "르네상스와 종교개혁 인물들이 행하였던 적대적인 진술들은, 그 원래의 상황에서보다 '아우슈비츠(Auschwitz) 비극을 경험한' 오늘날에 훨씬 더 끔찍하게 보일 것이다"(Edwards 1988:51-2; 참고 Kaufmann 2006:103-4).

종교개혁은 국내에서 뿐 아니라 국외에서도 "타자"를 만났다. 예수회 선교사들은 중국과 일본에서 활발하게 활동했으며, 오늘날 "문화이식"(inculturation)이라고 불리는 것의 첫 단계를 시작하였다(Moran 1993; Witek 1988). 그들은 그 지역의 옷을 입고 그 지역의 관습을 따랐다. 예수회의 최초 회원이었던 프란시스 사비에르(Francis Xavier, 1506-52)는 기독교 신앙을 비서구적인 문화에 소개하는 일과 관련된 문제들에 민감해졌다. 그의 작업은 그 다음 세대에 마테오 리치(Matteo Ricci, 1552-1610; Spence 1984)를 통해 더욱 진전되었다. "브라질에서 예수회 선교사들은 노예 약탈이라는 악습에 대해 용기 있게 반대하였으며, '포르투갈 사람들 중에 자신들을 옹호하는 이들이 있다'는 말이 정글 전역에 신속하게 확산됨으로 인해 원주민들은 크게 놀랐다"(O'Malley 1993:78).

스페인의 원주민 착취에 반대했던 가장 유명한 인물은 바르톨로메 데 라스 카사스(Bartolomé de las Casas, 1474-1566)이다. 이 스페인 출신 도미니크회 수도사는 신대륙과 스페인 법정 모두에서 스페인 정착민들의 잔혹 행위를 폭로하며 반대했다. 그는 자신의 주장을 발전시켜 『인디언들의 파괴에 대한 간략한 설명』(*The Brief Account of the Destruction of the Indies*, 1552; Las Casas 2003)과 『인디언들을 변호하여』(*In Defense of the Indians*, ca. 1550)를 저술했다. 안타깝게도, 라스 카사스는 유럽중심적이지 않은 비전과 모든 이들의 형평성을 거의 혼자서 외롭게 주장했다(Friede and Keen 1971; Hanke 1974).

로마 가톨릭의 16세기 선교 활동과는 대조적으로, 개신교 선교사들이 신대륙의 원주민들에게 복음을 전한 활동은 17세기의 청교도들에 의해 시작된 것으로 알려진다. 하지만, 비록 짧게 끝나긴 했지만, 칼빈의 후원을 받은 제네바의 선교 활동이 16세기 중반에 브라질에서 이루어졌다. 종교 전쟁으로부터 피할 수 있는 피난처를 찾고자 하는 동기와 '모든 사람들이 그리스도의 재림 이전에 복음을 들어야 한다'는 종말론적인 동기가 결합하여 이러한 선교 활동이 촉진되었다(Lestringant 1995). 스웨덴의 루터파 목사 요한 캄파니우스(Johan Campanius)는 1643년부터 1648년까지 델라웨어(Delaware) 인디언들을 대상으로 사역했다. 그는 루터의 소교리문답을 레니-레나페(Lenni-Lenape) 원주민어로 번역하였는데, 이 작품은 "유럽인이 북아메리카 인디언의 언어를 글로 옮긴 최초의 시도였다"(Skarsten 1988:59).

6. 경제, 교육 및 과학

소명에 대한 종교개혁가들의 강조가 근대 세계에서 가장 크게 주목받은 지점은 아마도 종교와 경제가 만나는 부분이었을 것이다. 막스 베버(Max Weber)의 『개신교 윤리와 자본주의 정신』(*The Protestant Ethic and the Spirit of Capitalism*)이 출판된 이후로, 자본주의와 칼빈주의를 관련시키는 일이 일반적이었다. 소위 "베버 논제"(Weber thesis)에 따르면, 칼빈주의 신학은 예정을 매우 강조했고, 이에 따라 불안감을 가졌던 신자들은 사업을 비롯한 세상에서의 성공에서 '하나님이 선택하셨다'는 증거를 찾기 시작했다.

근대화 이론들에 끼친 베버의 영향과 관련하여, 우리는 '이익 경제 혹은 초기 형태의 자본주의가 종교개혁보다 먼저 일어났으며, 칼빈은 하나님 앞에서의 개인들의 지위와 물질적인 성공을 연결시키지 않았다'는 사실에 주목해야 한다(참고 Schilling 1992:240, 305, 356-7; Green 1959; Eisenstadt 1968). 예정과 섭리에 대한 칼빈의 이해는 개인주의적이지 않았고, 공동체적이며 세계사(世界史)적이었다. 예정 교리는 '악과 고난에도 불구하고 세상과 역사의 궁극적인 운명이 하나님의 선하시고 확실한 손길에 달려 있다'는 사실의 선언이다.

자신의 신학이 개인주의적이지 않고 공동체적이었기 때문에, 칼빈은 부유함을 하나님의 복으로 인식하되 하나님 앞에서 개인의 위치를 승인해주는 것으로서가 아니라 전체 공동체와 함께 공유해야 할 하나님의 복으로 인식했다. 반대로 말하면, 가난은 개인을 향한 하나님의 진노가 아니라 죄에 대한 징벌로 공동체 전체에게 내리시는 진노의 표현이며, 따라서 공동체 전체가 가난한 자들을 후원해야 한다. "피해자를 비난하고 성취가를 칭찬하는" 근대의 이념은 언약신학이 세속화되고 개인주의화되어 '세속적인 실패나 성공을 도덕적인 덕과 연결시킴으로 인해' 나타난 결과이다.

'실패와 가난의 원인을 본래적인 성품의 결함에 돌리고 성공의 원인을 도덕적 성취에 돌리는' 이러한 형태의 "신명기적 역사"(Deuteronomic history)에 대한 성경적인 답변은 욥기이다. 욥은 하나님과의 언약을 완전히 지킨 이상적인 사람임에도 불구하고, 엄청난 고난을 겪는다. '선은 보상을 가져오고 죄는 징벌을 유발한다'고 믿었던 그의 친구들은 욥이 틀림없이 범죄했을 것이라고 주장한다. 그러한 친구들이 옆에 있다면, 원수가 따로 필요치 않을 것이다! 욥과 같은 경우에 대한 루터와 칼빈의 답변은 '하나님께서 친히 고난당하셨으며 따라서 그리스도인들 역시 장밋빛 인생을 기대하지 말아야 한다'는 것이다. 이미 1518년의 하이델베르그 논쟁(Heidelberg disputation)에서 루터는 신앙과 세속적인 성공은 동의어가 아니라고 주장했으며, "영광의 신학"(theologies of glory)의 모든 주장을 공격했다.

경제의 영역에 있어서 루터와 칼빈은 자본주의를 '억제되지 않은 탐욕'으로 보고 강력하게 공격했으며, 정부가 자본주의를 통제해야 한다고 요청했다. 다른 한 편으로, 루터, 츠빙글리, 칼빈 모두는 근대적인 사회복지의 발전에 기여했다. 비고용의 구조적인 원인들, 직업 훈련의 필요성, 그리고 빈곤을 경감시키고 방지해야 할 시민적 책임 등에 민감하게 반응하는 가운데, 도시와 국가의 복지 프로그램들이 제정되었다.

종교개혁의 칭의 교리 및 소명 교리는 또한 교육과 과학의 발전에도 영향을 주었다. 인문주의자들의 기여에 기초하여, 종교개혁가들은 교육을 '사람들이 전체 공동체를 섬길 수 있도록 준비시키는 자원'으로 강조했다. 앞에서 언급한 바와 같이, 종교개혁가들은 엘리트 집단이 독점하고 있던 하나님의 말씀(Word)과 인간의 말들(words)을 해방시켰다. 모든 신자들이 제사장이라고 한다면, 모든 사람들이-여성을 포함하여-글을 읽을 수 있어야 한다. 글을 읽는 능력으로 인해 여성들의 자긍심이 높아졌으며, 그 결과 기존의 남성 중심 사회는 위협을 느꼈다. 이에 따라 헨리 8세는-성공하지는 못했지만-여성들에게 성경을 금지하려 했다. 글을 읽고 쓰는 일이 스코틀랜드와 독일의 개신교 지역들에서 보편적으로 이루어졌다는 사실은 우연이 아니었다. 멜랑히톤이 선언하였듯, "우리가 직면하는 궁극적인 목표는 개인적인 덕의 고양만이 아니라 사회적 복리의 증진이다." 1560년이 되기까지, 낙스와 그의 동료들은 스코틀랜드의 국가적 교육 체계를 기획하였다.

하지만, 루터의 가장 큰 기여는 '도시가 학교와 공공 도서관을 세워야 하고 부모들이 자녀들을 학교에 보내야 한다'는 등 실제적인 내용들을 제안한 것이 아니라, '새로운 사고방식을 출현시킨 것'이라는 주장이 가능할 것이다. 오늘날에는 생각과 관련하여 일어난 큰 변화를 "패러다임의 전환"(paradigm shift)이라고 부르는 일이 유행이 되었다. 루터는 아리스토텔레스와 고전적인 "권위들"을 철저하게 거부했는데, 이 일은 본문상의 권위들로부터 연역(deduction)을 추구했던 중세의 인식론으로부터 귀납(induction)과 경험의 인식론으로 바꾼 패러다임의 전환이었다. 물리학(physics)이 형이상학(metaphysics)으로부터 자유로워졌다. 자신의 신학적 상황 안에서 루터는 "한 사람이 신학자가 되는 것은 읽고 이해하고 추론하는 활동을 통해서가 아니라 삶을 통해서 그리고 진실로 죽음과 저주를 통해서 이루어진다"고 말했다(WA 5:163). 루터는 또한 다음과 같이 말하기도 했다.

그 어떤 기술도 실습 없이는 습득될 수 없다. 어떤 의사가 학교에만 늘 머물러 있는다면 어떠한 종류의 의사가 되겠는가? 그가 자신의 의술을 마침내 사용하고 점점 더 현실을 다룰 때, 그는 비로소 자신이 아직 이 기술에 정통하지 못했다는 사실을 알게 될 것이다(LW 54:50-1).

연역에서 귀납으로의 이러한 전환은 독립적인 의사 파라셀수스(Paracelsus, 1493-1541)를 "의사계의 루터"라고 불렀던 동시대인들에 의해서도 인식되었다. 파라셀수스 역시 권위에 대한 루터의 관점을 공유했다. 마찬가지로, 영국의 사상가 프란시스 베이컨(Francis Bacon, 1561-1626)은 아리스토텔레스를 적그리스도와 비교했으며, 그리스 철학자들이 과학적인 지식을 자연 안에서 찾기보다는 자신들의 머리에서 끄집어냈다고 비난했다. 형이상학에 대한 의심은 르네 데카르트(René Descartes, 1596-1650)가 중심이 된 근대 합리주의로 이어졌다. 기계적인 규칙성의 관점에서 데카르트는 증거와 수학을 세상을 이해하는 핵심 요소로 보았다.

제도적인 관점에서 볼 때, 루터와 멜랑히톤은 비텐베르그 대학에서 의학부가 발전하는 데 영향을 주었다. 개인적인 차원에서 루터의 아들 폴(Paul)은 저명한 의사가 되었다. 멜랑히톤의 사위 카스퍼 포이처(Caper Peucer, 1525-1602) 역시 신학자였을 뿐 아니라 의사이기도 했다. 17세기에 이르러 비텐베르그 대학은 의학부로 유명해졌다. 옛 권위들을 탈피하는 전환적인 모습들은 해부학 연구에 기여했던 살로몬 알베르티(Salomon Alberti, 1540-1600)와 식물학 연구에 기여했던 그의 동료들에게서도 분명히 나타났다.

역설적이게도, 루터가 죽은 이후에 발생한 신학 논쟁들 또한 과학의 발전에 기여했다. 예를 들어, 요한 케플러(Johann Kepler, 1571-1673)는 자신의 성찬 신학이 정통교리로 받아들여지지 않음으로 인해 목사 안수를 받지 못했다. 그 후 그는 덴마크의 루터파 천문학자 티코 브라헤(Tycho Brahe, 1546-1601)의 조수가 되었다. 사역자가 되지 못한 것에 대해 실망하였던 케플러는 자신의 첫 번째 출판물에서 다음과 같이 고백했다.

> 나는 신학자가 되기를 원했다. 오랫동안 나는 동요했다. 하지만 이제, 나의 노력을 통해, 하나님이 어떻게 천문학에서 찬양 받으시는지를 보라.

케플러는 뉴턴(Newton)에게 영향을 주었으며, 코페르니쿠스(Copernicus)가

프톨레미의(Ptolemaic) 천동설 이론을 뒤집어엎는 데에도 기여했다.

마찬가지로, 런던의 왕립협회(Royal Society)가 과학적인 연구에 집중했던 이유는 그들이 교조주의(dogmatism)와 회의주의(skepticism) 모두로부터 자유로워졌기 때문이었다. 하지만 케플러는 당대의 많은 동료 과학자들을 대변하며 과학자들을 "하나님의 생각을 따라 사고하는 사람들"로 묘사하였다. 대체적으로 그들은 자연 안에 나타난 하나님의 역사들을 발견하고 찬양하는 일에 열심을 가진 종교적인 사람들이었다.

7. 문학과 예술

종교개혁이 처음 발생한 순간부터 역사서술(historiography)은 중요한 역할을 감당했다. 루터는 당시의 교황제도가 초대 교회로부터의 일탈이라는 점을 주장하기 위해 역사를 사용했다. 존 폭스(John Foxe)를 비롯한 순교학자들은 자신들의 진리 주장을 뒷받침하고 개신교주의를 증거하기 위해 역사를 선택적으로 사용했다. 급진주의자들은 교회가 4세기 콘스탄틴 황제 치하에서 공인된 후 타락했다고 주장했다. 교회 역사에 대한 최초의 종합적인 서술이 이러한 상황에서 이루어졌다. 루터파 신학자 매튜 플라키우스(Matthew Flacius, 1520-75)의 지도하에 만들어진 "마그데부르그 연대기"(*Magdeburg Centuries*)는 교회의 처음 13세기 동안의 역사를 열 세 권의 책으로 기술하였는데, 이 작품의 기본적인 관점은 '교황이 적그리스도이며 교황의 제국인 로마 교회가 하나님의 역사를 한결같이 반대했다'는 것이었다. 카이사르 바로니우스(Caesar Baronius, 1538-1607)가 쓴 『교회 연감』(*Ecclesiastical Annals*) 역시 가톨릭교회의 입장에서 역사를 기록하였다. 『교회 연감』은 1588년과 1607년 사이에 여러 권의 책으로 출판되었다. 비록 이러한 역사들이 자신들 각각의 신학을 뒷받침하는 용도로 사용되기는 했지만, 이로 인해 역사적인 비평이 발전하는 계기가 되었다.

처음부터 종교개혁은 당시의 자국어들에 근거하였고 자국어 사용을 촉진했던 문학적인 사건이었다. 종교개혁은 "읽고 쓰는 것에 관한 이야기이다…

이전의 종교적 인물이 치유의 능력이나 기적을 행한 것으로 존경을 받았다면, 루터는…본문을 제공한 것으로 존경을 받았다…루터의 문학적 활동은 그의 신앙을 이해하는 데 있어서나 더 나아가서는 종교개혁 전반을 이해하는 데 있어서 필수적이다"(Cummings 2002:9). 에벨링(Ebeling 1964:1-17)은 루터를 "일종의 언어-사건"으로("Luther als Sprachereignis") 묘사했는데, 이 용어는 번역 과정에서 그 의미가 사라진다. "루터의 언어적 혁신"(Ebeling 1970:13-26). 종교개혁이 문학과 문법에 기여한 바들은 놀라울 정도이다.

신앙을 자국어로 표현하고자 했던 각 종교개혁가들의 영향으로 국가적인 문학작품들이 나타났다. 그들이 남긴 수많은 기여는 여기에서 다 열거할 수 없을 정도인데, 그 대표적인 실례는 엘리자베스 시대의 극작가 윌리엄 셰익스피어(William Shakespeare, 1564-1616)이다. 셰익스피어의 문학적 탁월함과 인생에 대한 통찰력은 여전히 최고로 남아 있다. 종교개혁으로 촉진된 많은 문학적 열매의 배후에는 자국어 성경이 있었다. 자국어 성경은 "위대한 문학 전체를 만들어 내는 산파 역할을 했다. 그것은 베드포드(Bedford)의 땜장이로 하여금 『천로역정』(*The Pilgrim's Progress*)을 만들게 했다. 밀턴(Milton)이 '하나님께서 영국인들을 그분의 특별한 과업을 위해 선택하셨다'고 믿을 수 있었던 시대에, 성경은 올리버 크롬웰(Oliver Cromwell)의 용기를 북돋웠고 뉴 잉글랜드(New England) 개척자들의 정신을 강하게 하였다"(Dickens 19991:157). 자국어 성경들은 각 언어들을 규범화시키는 일에 있어서도 중요했다. 루터의 성경은 독일에서 지금도 계속 출판되며, 1604년 햄튼 궁정(Hampton Court)에서 제임스 1세(James I)의 명령에 따라 만들어진 킹 제임스 성경(King James Bible)은 영국의 언어와 표현들에 오늘날까지 영향을 주고 있다.

종교개혁은 또한 종교 예술에 관한 격렬한 논쟁을 촉발시켰다. 루터는 성상파괴운동을 반대하였으며, 예술이 신앙과 정치에 끼치는 기여를 높이 평가했다(Hofmann 1983; Zapalac 1990). 1524년판 비텐베르그 찬송가의 "서문"에서 루터는 다음과 같이 말했다.

> 몇몇 가짜-신앙인들이 주장하는 바와 달리, 나는 복음이 모든 예술작품들을 파괴해서는 안 된다고 생각한다. 나는 모든 예술이, 특히 음악이, 그것을 만드셨고

우리에게 주신 하나님을 섬기는 일에 사용되기를 원한다(LW 53:316).

종교개혁가들의 주요 주장 중 하나는 '교회 내의 성상들이 우상숭배를 조장하거나 혹은 적어도 그러한 유혹을 일으킨다'는 것이었다. 그들은 또한 교회 예술에 사용된 돈이 가난한 자들을 돕는 일에 사용되어야 한다고 주장했다. 반면, 종교적 예술품을 의뢰했던 사람들은 그러한 작품이 구원에 기여한다고 생각했다. 성상파괴적인 성향은 인쇄물의 금지로까지 확장되지는 않았는데, 이는 인쇄물들은 우상숭배로 이끌 위험이 덜하다고 여겨졌기 때문이다. "뿐만 아니라, 인쇄물들을 생산하고 배포하는 일은 돈이 많이 들지 않는 쉬운 일이었으며, 인쇄물들은 가르침을 위한 이상적인 매개체 역할을 했다…알브레히트 뒤러(Albrecht Dürer), 한스 발둥 그리엔(Hans Baldung Grien), 루카스 크라나흐(Lucas Cranach the Elder), 한스 홀바인(Hans Holbein) 등은 인쇄의 걸작품들을 만들어냈다." 성인들의 형상에 대한 종교개혁가들의 비판으로 인해 작품의 주요 주제는 하나님과의 중보자들이 아니라 살아 있는 자들에 대한 묘사로 바뀌었다(Baumann 2008:51-2).

종교개혁이 만인제사장 교리를 강조하고 소명을 '창조 영역 내에서 일상을 누리는 것'으로 이해한 것의 영향으로, 초상화 뿐 아니라 자연 세계에 관한 미술적 관심 또한 증가했을 것이다. 교회 미술에서 세속 미술로 전환되는 가운데, 예술에 대한 교회의 후원인들이 줄어들었고 따라서 예술가들은 세속 후원자들을 찾아야 했다. 흥미롭게도 루터는 '개인적인 시민들에게는 예술을 후원할 만큼의 자원이 대체적으로 풍부하지 않기 때문에 정부가 예술의 후원에 앞장서야 한다'고 제안했다(Leaver 2007:38-9).

종교개혁과 관련하여 아마도 가장 자주 연상되는 미술가들은 루카스 크라나흐 부자(Lucas Cranach the Elder 1472-1553, Lucas Cranach the Younger 1515-86)일 것이다. 그들의 작업실은 비텐베르그에 있었다. 아버지 크라나흐는 루터의 가까운 친구였으며, "그리스도와 적그리스도의 수난"(Passional Christi et Antichristi)이나 "율법과 복음의 알레고리"(Allegory of Law and Gospel) 등의 작품을 통해 종교개혁 신학을 표현했다. 보니 노블(Bonnie Noble, 2003; 2006)은 크라나흐의 제단 벽화(altarpiece)가 중세 가톨릭의 제단 벽화와 뚜렷한 차이를 보인다고 지적한다.

　중세 가톨릭의 제단 벽화는 일반 사람들과 구별하여 성인들과 미사에 초점을 맞춘 반면, "비텐베르그 제단 벽화"(1547)는 성찬을 사제의 희생제사보다는 성도들간의 교제로 묘사한다. 이 그림에 묘사되는 사람들은 루터, 멜랑히톤, 부겐하겐 등을 포함한 실제의 지역 주민들이었다. 평신도의 옷을 입고 있는 루터는 포도주 잔을 받는데, 이 모습은 성찬이 온 회중을 위해 두 종류로 (즉, 빵과 포도주로) 시행되어야 한다는 점을 강조한다. 그림의 한 쪽 측면에서 평신도 멜랑히톤은 한 아이에게 세례를 베풀며, 다른 한 쪽에서는 비텐베르그 교회의 목사인 부겐하겐이 죄 용서를 선언하고 있다. 성찬 그림의 아래 부분에서는 루터가 자신 앞에 펼쳐진 성경을 사용하여 설교하고 십자가 상의 그리스도를 가리키고 있으며, 비텐베르그 지역의 회중은 반대쪽에 그려져 있다. "이 그림에서 묘사된 인물들과 그들을 바라보는 회중들은 같은 땅 위에 서서, 즉 비텐베르그 시 교회라는 동등한 공간에서 서로를 바라본다"(Noble 2006:108).

　루터파 제단 벽화는 "거룩한 장소를 나타냈는데, 이 장소는 성직자만이 아니라 성직자와 평신도가 함께 성례를 시행하는 장소였다. 이 그림은 '성유물을 수집하고, 기적을 행하고, 환상을 고취시키는' 등의 방식이 아니라 '복음적인 구원을 가르치는' 방식을 통하여 종교적 경험을 이끌었다. 가장 중요한 사실은, 그림 그 자체가 거룩하게 여겨져 숭배의 대상이 되는 것이 아니라, 교육적인 도구로 사용되었다는 점이다"(Noble 2003:1027).

　음악에 있어서도, 종교개혁이 촉진한 작품들은 오늘날의 삶을 계속해서 부요하게 해준다. 모든 개신교 종교개혁가들은 사람들로 하여금 예전(liturgy)에 접근할 수 있도록 만드는 일에 힘썼다. 하지만 모든 개혁가들이 미술과 음악을 하나님의 영광스러운 선물로 보며 예전에 활용했던 것은 아니었다.

　루터는 복음을 위하여 음악을 사용했으며, 모든 성도의 참여를 이끄는 찬송곡을 지었다(Brown 2005). 찬송곡은 "하나님의 말씀을 노래로 옮겼으며," 1524년에 이르러 회중과 성가대를 위한 비텐베르그 찬송가가 완성되었다. 이 찬송가에는 루터의 음악적 동료 요한 발터(Johann Walter)가 만든 다성(多聲, polyphonic) 음악 악보가 나타난다(Leaver 2007:19). 루터는 종종 "하나님의 말씀 다음으로 음악이 가장 높은 평가를 받을 만하다"고 주장했다(LW 53:323). 정말로 음악은 마귀를 쫓아내며 "고요하고 즐거운 마음을 제공한다." "근심스러운 걱정과 혼란스러운 염려를 조장하는 마귀는, 신학의 말씀 앞에서 도망치는 것과 거의 마찬가지로, 음악 소리 앞에서도 도망친다"(LW 49:427-8; Leaver 2007:93, 65-70).

루터는 노래를 작곡하는 데 있어 거의 경쟁자가 없을 정도였다. "우리가 루터파 합창곡으로 알고 있는 것들은 많은 점에 있어서 루터가 만든 작품이었다. 16세기의 많은 찬송가들의 표지에는 '마르틴 루터와 그밖의 사람들이 만든 찬송들'이라는 글이 적혀 있다"(Leaver 2007:59). 16세기가 끝나기 전까지 4000 여곡의 개신교 찬송가가 만들어졌다. "독일의 예수회 회원 아담 콘첸(Adam Contzen)은 1620년에-예수회의 관점에서 볼 때-'마르틴 루터가 그의 모든 저술과 설교를 통해서보다 그의 찬송가를 통해서 더 많은 영혼들을 파괴했다'고 한탄했다"(Brown 2005:1). "내 주는 강한 성이요"를 비롯하여 루터가 지은 찬송가 중 많은 곡들이 오늘날에도 잘 알려져 있으며 널리 불린다. 그의 합창곡들은 미카엘 프라이토리우스(Michael Praetorius, 1571-1621), 하인리히 슈츠(Heinrich Schütz, 1585-1672), 디트리히 북스테후데(Dietrich Buxtehude, ca. 1637-1707), 그리고 바로크 음악과 루터교 합창곡의 대가인 요한 세바스찬 바흐(Johann Sebastian Bach, 1685-1750) 등의 작품들에 영향을 주었다.

북스테후데와 바흐의 시기에 이르러, 루터파의 음악적 예배 전통은 "풍부한 음악적, 예전적, 영적 경험으로 꽃피웠으며, 회중 음악, 합창곡, 성가곡, 오르간 및 관현악 등 넓은 범위로 발전하였다"(Leaver 1990:157; TRE 18:602-29). 바흐 자신의 음악이 루터의 신학과 루터파 예전에 뿌리를 내리고 있다는 사실은, 그가 루터의 저작 선집(選集)에 주석을 달았을 뿐 아니라 루터파의 주제들을 사용했다는 점에서 분명히 나타난다. 오직 믿음을 통한 칭의, 율법과 복음, 십자가의 신학 등 종교개혁의 잘 알려진 주제들은 바흐의 음악과 가사 모두에서 되풀이된다(Chafe 1985; Lee 1985; Leaver 2007:277-304). "음악은 루터파의 정체성을 형성하는 중요한 부분이었다…루터는…자신의 교회에서 신학 다음의 자랑스러운 위치를 노래에 부여했다"(Oettinger 2001:209).

반면, 츠빙글리주의와 칼빈주의 종교개혁에서는 이러한 모습이 나타나지 않았다. 취리히에서 츠빙글리는 '예배는 말씀만으로 이루어져야 하며 음악은 예배를 어수선하게 만든다'고 생각하여 모든 형태의 노래를 금지했고 1524년에는 오르간 사용을 금했다(Garside 1966:44). 베른(Bern) 역시 이 조치를 따랐다. 앞에서 우리는 클레망 마로(Clement Marot)와 칼빈이 시편찬송과 위그노 찬송가의 발전에 기여했다는 사실을 살펴본 바 있다. 하지만 오르간과 악기의 사용은 제네바 교회에서도 금지되었다. "성경이 다성 음악(즉 여러 화음으로 이루어진 음악), 오르간의 사용, 새로운 찬송의 자유로운 작곡 등에 대해 어떠한 것도 구체적으로 말하지 않는다는 이유에서, 그들의 교회는 오직 성경의 자료들(대개 시편 가사들)만을 교회 음악에 사용했다. 칼빈의『제네바 시편찬송』(Geneva Psalter)을 비롯한 이러한 찬송가들은 음악적인 면에서 중요한 기여를 남겼지만, 그것은 제한적인 기여였다"(Noll 2007:16-17).

음악에 대한 관점에 있어서 스위스 개혁주의자들은 자신들이 일반적으로 가졌던 성상파괴적인 경향과 일치했다. '유한이 무한을 표현할 수 있다'는 루터파와 가톨릭의 성례적 신념과 대조적으로, 개혁주의자들의 성례 신학은 "실제 임재"를 부인했으며, 그 결과 성상을 파괴하는 노력을 벌였고 예술을 세속적인 영역에만 엄격히 제한시켰다(Irwin 1993:28). 칼슈타트가 성상의 폐지를 주장했던 것과 마찬가지로, 칼빈 역시 구약 성경이 형상을 금지한다고 주장했다. 성상을 사용하는 것은 언제나 우상숭배로 연결된다. "따라서, 오직 눈으로 볼 수 있는 것들만을 조각하고 그려야 한다. 눈으로 볼 수 없는 하나님의 위엄의 경우, 부적절한 표현을 통하여 그 가치를 떨어뜨려서는 안 된다"(McNeill and Battles 1960:I, 112).

개혁주의 교회들은 성상을 완전히 없애야 했다. "시각적 예술에 대한 개혁주의 태도를 형성한 것은 반(反)-우상숭배적 추진력이었다"(Benedict 1999:30). "반-우상숭배적 추진력"은 개혁주의 교회로 하여금 십계명의 순서를 재배열하게 만들었다. 루터교회와 가톨릭교회는 중세의 전통에 따라 우상숭배 금지 규정을 제 1계명에 포함시켰다. 반면 개혁교회는 1계명을 둘로 나누어 형상의 금지 규정을 독립적인 명령으로 만들었다. 중세 시대에는 탐심의 대상을 9계명과 10계명으로 나누었던 반면, 개혁교회는 이 둘을 하나로 묶어서 10계명으로 만들었다(참고 "하이델베르그 교리문답;" Noll 1991:156-

8). 십계명을 수정함으로써 성상파괴운동을 위한 성경적 근거가 마련되었고, 형상들을 불태워 파괴하라는 신적인 명령을 언급하는 일련의 구약 본문들(신 7:5, 신 12:3, 민 33:52)이 제시되었다. 칼빈은 이러한 구약 본문들을 십계명의 제 2계명과 조화시켰다(Aston 1993:292-3). 1530년의 『4개 도시 신앙고백』(Tetrapolitan Confession)으로부터 1560년의 『스코틀랜드 권징서』(Scottish Book of Discipline)에 이르기까지, 모든 개혁주의 신앙고백들은 우상숭배와 성상에 대한 반대를 강조하였다.

하지만 계몽을 위해서나(예:구약 성경의 장면에 대한 묘사), 선전을 위해서는 (예:크라나흐의 "그리스도와 적그리스도의 수난"과 같은 풍자화) 시각 미술이 여전히 사용될 수 있었다. 네덜란드의 종교 미술에서 묘사된 가장 인기 있는 두 가지 성경 이야기는, 하나님의 무조건적인 은혜를 보여주는 탕자의 비유(렘브란트[Rembrandt]의 작품)와 하나님의 은혜 및 개혁에 대한 요청을 표현한 세리 마태의 부르심 장면이다. 개혁주의 신앙을 받아들인 미술가, 조각가, 금세공인에게 미친 경제적 충격은 상당했다. 왜냐하면 그들의 작업을 위한 교회의 후원이 즉시 그쳤기 때문이다. 하지만, 베네딕트(Benedict 1999:35-8)는 개혁주의 예술가들이 종종 로마 가톨릭의 작품 의뢰를 받아들였다고 지적한다. "어떠한 그림의 신학적 의미와 그 작품을 만든 미술가의 종교적 신념 사이에 단순한 관계를 가정할 수 없다고 한다면, '개혁주의 종교개혁이 승리한 곳마다, 미술과 관련된 후원과 생산의 조건들이 즉각적으로 그리고 실질적으로 바뀌었다'는 사실을 의심할 수 없을 것이다."

성상파괴주의는 '영과 물질이라는 플라톤적 이원론의 영향을 받아 외형화된 종교를 공격했던 이전의 인문주의자들의 비판'을 반영했고, "보는 것을 통해 구원을 얻는다"라는 원리에 따라 성찬의 참여보다는 성유물과 성체의 숭배로 이끌었던 '중세의 시각화'(visualization)를 거부했다. "본질적으로 개혁주의 전통에서는 언어적인 방식을 매우 중요하게 강조했기 때문에 시각적인 측면은 거부되었다…성찬에 있어서, 단순히 교제의 식탁 하나만으로 충분했다. 이에 따라, 예배의 시선은 달랐어도, 모든 사람들은 듣는 것에만 집중했다-보고, 맛보며, 냄새 맡는 등의-다른 감각들은 중요치 않았다. 시각이라는 매개체가 아니라 말이라는 매개체를 통하여 들려지는 말씀에만 집중해야

그림 15.3 "율법과 복음"(The Law and the Gospel) 혹은 "율법과 은혜의 알레고리"(Allegory of Law and Grace). 비텐베르크 화가 루카스 크라나흐(Lucas Cranach the Elder)가 1530년 무렵에 그린 작품. 루터의 신학을 예술적으로 가장 잘 표현한 작품 중 하나이다. 왼쪽 편에서는 마귀와 죽음과 율법이 아담을 지옥으로 내몰고 있다. 오른쪽 편에서는 세례 요한이 아담에게 십자가에 달리신 그리스도, 곧 온 세상의 죄를 담당하신 어린 양을 보여준다. 이 그림은 인간의 운명과 그리스도의 사건을 연결시키며, 핵심적인 성경 구절들을 제공하고 있다. 이 그림은 루터교회의 제단, 성경, 그밖의 곳에서 수없이 반복되었다.

자료 출처: Photo Eberhard Renno, Weimar Schlossmuseum

한다"(Dillenberger 1999:190). 교회를 장식하는 것보다는 가난한 자들을 돕는 것이 더 바람직하다는 윤리적인 동기도 있었다. 에라스무스는 다음과 같이 말했다.

얼마나 많은 초들이, 심지어 한낮에도, 아무런 목적 없이 성모에게 바쳐지고 있는가? 반면 자선과 검소와 사랑 등 영적인 일에 바쳐진 초는 얼마나 적은가? (Hofmann 1983:8; Wandel 1995)

칼빈주의자들은 '교회의 참된 장식은 값비싼 물질이 아니라 절제, 경건 및 개혁된 삶으로 이루어진다'고 강조함으로써 "아름다움을 도덕화시켰다"(moralizing beauty, TRE 20:282). 종교개혁은 "이론적으로는 예술의 거룩성을 제거함으로써, 실제적으로는 예술의 교회적 기능을 축소시킴으로써, 서구 예술의 세속화를 결정적으로 이끌었다"(TRE 20:284).

트렌트 공의회는 그 마지막 회기(1563)에서 "기원, 숭배, 성인들의 유물, 그리고 거룩한 형상들에 관하여"(On the Invocation, Veneration, and Relics of Saints, and on Sacred Images)라는 결정을 발표함으로써 개신교의 성상파괴주의에 대응했다. 트렌트 공의회는 예술을 우상숭배적으로 잘못 사용하는 것에 대해 우려를 표현했으며, 존경과 숭배는 성상들이 표현하고 있는 주제들에게 돌려져야 한다고 강조했다. 그리스도, 마리아, 성인들에 대한 형상들은 사람들에게 하나님의 은혜를 상기시키며, 성인들과 순교자들의 생애로부터 삶과 죽음의 모범을 제공한다. 후자와 관련하여, 십자가 및 순교자들의 죽음에 나타난 공포와 고난이 강조되어 실제적으로 묘사되었다. 그러한 묘사들의 목적은 제자도와 모방을 격려하고 가르치는 것이었다. 가톨릭의 성찬을 공격했던 개신교에 대한 반응으로, 반(反)-종교개혁 미술은 예수님이 친히 성례를 거룩하게 구별하시는 모습을 보여줌으로써 화체설을 선언했다. "성례의 승리를 극적인 방식으로 축하하고 성체(聖體)나 성배(聖杯)를 높이 들어 보여주는 모습 등 여러 비유적인 표현들을 통해 동일한 교리적 핵심이 분명하게 선포되었다"(Christensen 1996:78). 자주 반복된 또 다른 주제는 고해성사의 변호였는데, 이는 특히 막달라 마리아나 베드로와 같은 인물들이 참회하는 모습들을 통하여 표현되었다.

트렌트 공의회는 또한 예술 안에 들어 있는 "외설성"을 줄이려고 노력했다. 이와 같은 단정함에 대한 관심이 가장 분명하게 표현된 예는 미켈란젤로의 위대한 작품 "세상의 심판"(Judgment of the World)에서 벌거벗은 채로 그려

그림 15.4
"종교개혁가들에 의해 다시 불붙은 복음의 빛"(The Light of the Gospel Rekindled by the Reformers). 1630년경에 그려진 작품. 종교개혁의 승리를 묘사한다. 루터가 복음전도자, 성인, 덕의 귀감, 심지어는 율법을 주는 모세의 역할로 그려지며 중심적인 역할을 차지하고 있다. 이 네덜란드판 인쇄물 그림은, 종교개혁의 "선구자"였던 위클리프와 후스를 포함하여, 유럽의 주요 종교개혁가들의 조화로운 연합을 표현하는데, 이 모습은 마치 최후의 만찬 장면을 연상시킨다. 그리스도의 자리인 중앙에는, 성경을 펼쳐 놓은 루터, 칼빈, 그리고 이탈리아 종교개혁가 히에로니무스 잔키(Hieronymus Zanchi) 세 사람이 마치 "삼위일체"처럼 앉아 있다. 그 반대쪽 유다의 자리에는 가톨릭의 잘못된 신앙을 4중적으로 대표하는 추기경, 마귀, 교황, 수도사가 앉아 있다. 식탁의 중앙에는 촛불이 성경 위에 세워져 타고 있는데, 이는 종교개혁가들에 의해 신적인 빛의 진리가 드러났음을 상징한다(마 5:15). 종교개혁가들은 참된 신앙의 신적인 빛을 보호하고, 확산시키고, 심지어는 그것을 위해 순교한 사람들로 묘사되는 반면, 가톨릭 반대자들은 이 촛불을 불어서 꺼트리려 하지만 실패한 어둠의 일꾼들로 묘사된다.
자료 출처 : Kunstsammlungen der Veste Coburg

진 인물들 위에 덧칠한 것이었다. 그럼에도 불구하고, 로마 가톨릭주의는 '성상이 선포된 하나님의 말씀을 떠올리도록 사람들의 마음을 움직일 수 있다'는 신념을 유지하였고, 바로크 미술을 통해 이러한 넘치는 자신감을 드러내 보였다(참고 Mullett 1999:196-214).

8. 다시 미래를 향하여: 종교개혁과 근대성

종교개혁과 근대성(modernity)의 관계는 상당한 기간 동안 논쟁되어 왔으며, 두 시대 모두의 해석과 관련하여 수많은 질문들을 제기한다. 과거에 주도적이었던 지성적이고 신학적인 해석을 비판하는 역사가들은 '종교개혁이 근대를 출현시켰다'는 단순한 주장들을 거부한다. 종교개혁은 그 자체로 이해되어야 하며 오늘날의 역사적이고 종교적인 추론을 위해 (잘못) 사용되어서는 안 된다. 이는 종교개혁에 관한 "휘그적인"(Whiggish) 해석, 즉 '종교개혁이 진리의 승리를 향한 필연적인 진보의 출발점이었다'는 해석을 경고한다. "종교개혁은 무엇보다도 종교개혁으로 남아 있으며, 그것을 근대 시대와 관련시키는 것은 잘못된 시도이다. 역사가들은 겸손할 필요가 있다"(Nipperdey 1987:539).

하지만, 만일 역사를 연구하는 목적에 "역사의 압박감"으로부터 우리를 해방시키는 것이 포함된다면, 과거에 대한 우리의 연구는 골동품을 수집하는 것 이상이 되어야 할 것이다. "우리가 16세기의 탐욕과 어리석음과 광신주의에 대해 슬퍼하는 일을 끝냈을 때, 종교개혁은 서구 기독교라는 풍경을 가로지르는 거대한 산으로 여전히 서 있다. 종교개혁은 우리를 여전히 분열시키며 당혹스럽게 만드는 중요한 주제들과 관련되었다"(Dickens 1991:394-5). 역사가들은 '종교개혁이 그것의 종교적 관심사를 뛰어넘어 보편 역사에 있어서도 중요한 전환점이었다'는 사실을 점점 더 기꺼이 주장한다. 이러한 중요성은 탈신성화(desacralization)와 탈의식화(deritualization) 등으로 묘사되어 왔으며, 제도와 위계질서를 비판하는 가운데 개인적인 자기-결정, 규율의 내면화, "시민화 과정" 등을 위한 공간을 제공하였다(Hsia 1989:183; Rublack 1993; Blaschke 1993:511). 부차적인 것에 궁극성을 돌리려 했던 모든 노력들에 대한 예언자적 비판은 과거를 위한 힘이 아니었으며, 오히려 근대화를 향한 지적, 사회적, 정치적 추진력을 해방시켰다(Schilling 1992:ch.7). 그 결과 새로운 형태의 사상과 정치-사회적 삶이 나타났다. 오늘날의 의학적인 개념을 빌려 표현하자면, 마치 하나의 신드롬(syndrome)이 상호관계를 통해 특정한 결과들을 만들어내는 것처럼, 종교적이고 정치적이고 사회적인 영향력들은 다함께 작용하였다(Schilling 1988:86).

분명코 루터는 사회를 근대화하거나, 근대기를 시작하거나, 사회적 혁명을 일으키지 않았다. 루터가 자비로우신 하나님을 찾기 위해 종교적인 투쟁을 벌이던 때, 근대 시기는 이미 진행 중이었다. 하지만, 근대 세계의 완전한 돌파구를 가로막고 있던 장애물들을 제거한 것은 '하나님 앞에서의 의로움은 획득되는 것이 아니라 주어지는 것'이라는 루터의 종교적 발견이었다(Blaschke 1993:520).

의미론적인 익살을 부려본다면, 이는 부적절함의 적실성(relevance of irrelevance)을 제시한다. 자신들의 사회의 엔진을 잘 다듬어서 사회가 더 잘 움직이도록 만드는 일에 관심을 가졌던 동시대인들과는 달리, 루터와 그의 동료 종교개혁가들은 '더 잘 움직이는 것이 아니라 올바른 방향으로 움직이는 것이 문제'라는 결론에 도달했다. 이러한 결론은 그들의 사회가 가졌던 목표와 성취가 아니라 그 사회의 근원에 관한 연구로부터 말미암은 것이었다. 우리는 분명코 16세기로부터 멀리 떨어져 있지만, 몇 가지 동일한 문제들에 있어서는 매우 가까이 있다. 비록 이제는 종교적인 영역이 아니라 세속적인 영역에서 두드러지긴 하지만, 우리 역시도 성취지향적인 경건에 뿌리내리고 살아간다. 경제의 구원(salvation of the economy)에 관한 오늘날의 관심은 구원의 경제(economy of salvation)에 관한 중세의 관심만큼이나 절실하다. 오늘날 자본주의와 기타 이데올로기들의 대성당들은, 중세 시대와 마찬가지로, 개인적 희생이라는 "선행"을 요구한다. 이처럼 종교개혁이라는 먼 세계에 대한 연구는 현재를 이해하는 하나의 관점을 제공한다. "그것은 오늘날의 실존에 대한 자기 확신에 의문을 제기한다. '단순히 멀리 떨어져 있다'고 해서 그것이 '완전히 시대에 뒤떨어져 있다'는 것을 필연적으로 의미하지는 않는다"(Nipperdey 1987:535).

물론 종교개혁 시대는 황금기가 아니었다. 좋았던 옛 시절을 동경하는 사람들은 종종 그 시절의 삶이 어떠했는지를 완전히 이해하지 못하는 때가 있다. 하지만 과거를 망각할 경우 현재를 이해하기가 어려워진다. 두 가지 간략한 예를 통하여 이 점이 충분히 설명될 것이다. 오늘날의 서구인들은 '경제와 정치 이상의 무엇인가가 최근의 테러 행위나 타문화에 대한 국내외의 정책에 영향을 끼칠 수 있었다'는 사실을 파악하지 못한 것처럼 보인다. 우리의 선조들이 종교적 신념에 근거하여 기꺼이 상대를 죽이거나 죽음을 받아들였다는 사실을 우리는 잊어버렸다. 위태롭게도 우리는 종교적 역동성을 간과한다. 또한, 우리 자신의 문화 안에서 우리는 개인적인 권리들을 사생활 중심주의(privatism)의 수준에까지 끌어올렸고, 이로 인해 공동체 전체의 공동선은 손상되었다. 그 결과 우리는 제네바 컨시스토리(Geneva Consistory)가 시행했던 권징을 징계적인 사회 통제로만 생각한다. 이와 동시에 우리는 대도시에서의 소외와 사회적 관계의 붕괴를 의아해 하는데, 이는 규범의 부재(anomie)로부터 유래한 현상이다. 한 사람의 시선이 그밖의 모든 사람들에게까지 확장되었던 공동체들이 전체 공동체를 돌보고 섬기는 건설적인 목표를 가졌었다는 사실을 우리는 잊어버렸다(참고 Kingdon 1993b:679; 1994:34).

종교개혁이 오늘날의 세계의 발전에 어떠한 기여를 남겼는지에 대해 알게 될 때, 우리는 우리가 어떻게 이 지점에 이르렀는지를 이해하며 그 결과들을 비판적으로 평가하게 된다.

Suggestions for Further Reading

Dean Phillip Bell and Stephen G. Burnett, eds., *Jews, Judaism, and the Reformation in Sixteenth-Century Germany*. Leiden: Brill, 2006.

Christopher Boyd Brown, *Singing the Gospel: Lutheran Hymns and the Success of the Reformation*. Cambridge, MA: Harvard University Press, 2005.

Jane Dempsey Douglass, *Women, Freedom and Calvin*. Philadelphia: Westminster, 1985.

John Edwards, *The Jews in Christian Europe 1400–1700*. London: Routledge, 1988.

R. Po-Chia Hsia, *Social Discipline in the Reformation: Central Europe 1550–1750*. London: Routledge, 1989.

Amy Leonard, *Nails in the Wall: Catholic Nuns in Reformation Germany*. Chicago: University of Chicago Press, 2005.

Heiko A. Oberman, *The Roots of Anti-Semitism in the Age of the Renaissance and Reformation*. Philadelphia: Fortress Press, 1984.

Steven Ozment, *When Fathers Ruled: Family Life in Reformation Europe*. Cambridge, MA: Harvard University Press, 1983.

Heinz Schilling, *Religion, Political Culture and the Emergence of Early Modern Society: Essays in German and Dutch History*. Leiden: E. J. Brill, 1992.

Kirsi Stjerna, *Women and the Reformation*. Oxford: Blackwell, 2009.

Merry Wiesner-Hanks, "Society and the Sexes Revisited," in Whitford 2008, 396–414.

Electronic resources

"Other Women's Voices: Translations of women's writing before 1700":
http://home.infionline.net/~ddisse/index.html
Images of the church and synagogue:
www.bluffton.edu/~sullivanm/strasbourg/strasbourg.html
http://sprezzatura.it/Arte/Ecclesia_Synagoga/res/art1.htm
Images of the "Judensau":
www.aihgs.com/images/Judensau1.jpg

THE EUROPEAN REFORMATIONS

Teresa de Cepeda y Ahumada

1515년 3월 28일 - 1582년 10월 4일

연대표(Chronology)

1294-1303	교황 보니파스 8세: 교서 「유일한 거룩」(*Unam sanctam*, 1302), "로마의 주교에게 복종하는 것이 구원을 위해 필수적이다."
1309-77	교황청의 아비뇽 유수("교회의 바벨론 포로")
ca. 1320-84	존 위클리프(교황의 수위권을 거부하고, 독립적인 영국 국가교회를 요구했으며, 성경의 유일한 권위를 주장했다)
1324	파두아의 마르실리오가 「평화의 수호자」(*Defensor pacis*)를 씀.
1337-1453	프랑스와 영국 사이에 100년 전쟁 발발. 이 전쟁의 결과 영국은 칼레(Calais) 지역만을 유지함.
1348	프라하 대학 설립.
1348-52	유럽 전역에 흑사병 발생.
1356	황금칙서(Golden Bull). 교황을 제외한 일곱 명의 선제후들이 황제를 선출하도록 규정한 선거법
1365	비엔나 대학 설립.
1370-1415	얀 후스(위클리프의 사상을 체코 교회의 개혁과 국가적인 목표에 적용함. 1415년에 열린 콘스탄스 공의회에서 처형)
1379	에어푸르트 대학 설립.
1381	와트 타일러(Wat Tyler)와 존 볼(John Ball)의 주도 하에 영국의 농민 반란 발생.
ca. 1405-57	로렌초 발라(Lorenzo Valla): "콘스탄틴의 기증"이라는 문서가 위조되었음을 밝힌 이탈리아 인문주의자

1409	라이프치히 대학 설립.
1414-18	콘스탄스 공의회. 교회의 대분열이 종결됨. 공의회의 권위가 교황보다 우위에 있다고 선언했으며, 공의회의 정기적인 개최를 결정함. 후스가 이 공의회에서 처형됨.
1419-36	후스파 전쟁. 교황과 황제는 (자유로운 설교, 평신도에게 포도주 잔을 허락함, 성직자의 가난, 교회에 맞서는 세속 법정의 역할 등) 후스파의 요구사항들을 거부함.
1431-49	바젤 공의회. 프라하 계약(Prague compact)이 평신도에게 포도주 잔을 제공함. 공의회가 분열된 후 장소가 페라라(Ferrara)로 이동함. 페라라-플로렌스 공의회(1437-39)에서 그리스 교회와의 연합을 제안했지만 실현되지 않음.
1438	부르쥬의 실용적 규약: 프랑스 교회의 자유가 확립됨.
1438-1806	합스부르그 가문 출신의 황제들
1439	『지기스문트의 개혁』(*Reformatio Sigismundi*): 익명으로 출판된 개혁 논문. 세속적이고 교회적인 악습을 강력히 비판함.
ca. 1450	이동가능한 금속 활자를 사용한 인쇄술 발명(구텐베르그); 옛 방식(via antiqua, 토마스주의와 스코투스주의)과 새로운 방식(via moderna, 옥캄주의) 사이의 논쟁.
1452-1519	레오나르도 다 빈치
1453	콘스탄티노플의 함락.
1455-85	영국의 장미 전쟁. 랭캐스터 가문(빨간 장미)과 요크 가문(흰 장미) 사이의 전쟁. 많은 고위 귀족들이 사망함. 그 결과 헨리 7세에 의한 튜더 가문이 세워짐.
1455-1522	요한 로이힐린(독일 인문주의자)
1456	성직자들의 악습에 대한 정치적 저항의 시작. 독일 국가의 『진정서』(*Gravamina*)
1458-64	교황 피우 2세
1466-1536	로테르담의 에라스무스: 유럽 인문주의의 "왕자"
1471-1528	알브레히트 뒤러
1473-1543	니콜라스 코페르니쿠스
1474-1566	바르톨로메 데 라스 카사스
1475-1564	미켈란젤로
ca. 1480-1541	안드레아스 보덴슈타인 폰 칼슈타트
1481-	스페인 이단재판소(발도파, 카타리파, 유대인, 이슬람교도들에 대한 심문)

1483-1546	마르틴 루터
1484-1531	울리히 츠빙글리
1486-1525	작센의 선제후 지혜자 프리드리히
ca. 1489-1525	토마스 뮌처
1489-1556	토마스 모어
ca. 1491-1556	이그나티우스 로욜라
1492	스페인에서 아랍의 통치가 종결됨. 콜럼버스의 신대륙 발견. 스페인에서 유대인들 추방됨.
1492-1503	교황 알렉산더 6세(로드리고 보르쟈)
1493	스페인과 포르투갈이 "신대륙"을 분할함.
1493-1519	막시밀리안 1세, 신성 로마제국 황제
1496-1561	메노 시몬스
1497	포르투갈에서 유대인들 추방됨.
1498	플로렌스의 도미니크회 수도사 사보나롤라(1452년 출생)가 화형당함.
1500-58	황제 찰스 5세
1502	비텐베르그 대학 설립.
1503-13	교황 율리우스 2세. 세속 군주들과 비견될 정도로 영토의 군주로 활동한 교황. 로마의 성 베드로 성당 건축을 위한 면죄부 발행(1507).
1506	성 베드로 성당 건축 시작.
1509-47	헨리 8세. 그의 아내는 다음과 같다. 메리 여왕의 어머니, 아라곤의 캐더린(1509-33). 엘리자베스 1세의 어머니, 앤 볼린(1533-6). 에드워드 6세의 어머니, 제인 세이모어(1536-7). 클레베의 앤(1540 1월-6월). 캐더린 하워드(1540-2). 캐더린 파(1543-, 헨리보다 오래 살았던 아내).
1509-64	존 칼빈
1512-17	5차 라테란 공의회: 공의회주의를 정죄함.
1513-21	교황 레오 10세
1515	토마스 울지(ca. 1475-1530): 추기경, 영국의 대법관, 교황의 특사.
1515-47	프랑스의 프란시스 1세
1516	프란시스 1세와 교황 레오 10세 사이에 볼로냐 정교협약이 체결됨. 그 결과 프랑스 국가교회 수립.
1517	루터의 "95개조 반박문"

1519	엑크와 벌인 라이프치히 논쟁. 찰스 5세가 독일의 왕으로 선출되고, 1520년에 황제가 됨. 스페인의 멕시코 정복이 시작됨.
1520	루터의 종교개혁 선언 작품들. 『독일의 기독교 귀족에게 고함』, 『교회의 바벨론 포로』, 『그리스도인의 자유』, 『선행에 관한 논문』 등. 교황의 교서가 루터를 위협함.
1521	최초의 종교개혁 조직신학 작품인 필립 멜랑히톤의 『신학총론』(Loci communes). 레오 10세가 루터를 파문함. 보름스 의회와 보름스 칙령. 루터가 바르트부르그 성에 은신함. 헨리 8세가 루터에 반대하여 『7성사에 대한 주장』을 출판함. 이로 인해 교황 레오 10세로부터 "신앙의 수호자"라는 칭호를 받음.
1521-2	비텐베르그 혼란기
1521-6	1차 합스부르그-발루아 전쟁
1522	취리히에서의 종교개혁. 터키가 로드(Rhodes)를 정복함.
1522-3	교황 아드리안 6세
1523	독일에서 기사들의 반란 발생.
1523-34	교황 클레멘트 7세
1524-6	독일에서 농민 전쟁 발생.
1525	세례에 관한 취리히 논쟁. 취리히에서 최초의 신자 세례 시행됨.
1526	처음으로 취리히 시의회가 재세례파에 대한 사형을 명령함. (최초의 개신교 대학인) 마부르그 대학 설립. 모하치 전투. 헝가리의 루드비히 2세가 터키군에 의해 살해당한 후, 오스트리아의 페르디난드가 왕위를 승계함.
1526-9	2차 합스부르그-발루아 전쟁
1527	취리히에서 만츠가 처형됨. 슐라이타임 조항. 제국 군대에 의해 로마가 약탈당함.
1528-42	교회와 학교를 개혁하기 위한 부겐하겐의 교회 규칙서들이 작성됨.
1529	루터의 소교리 문답 및 대교리 문답. 영국에서는 울지를 대신하여 토마스 모어가 대법관이 됨. 슈파이어 의회에서 복음주의 영주들이 "항의"함. 터키의 비엔나 포위. 마부르그 회담.
1530	찰스 5세가 볼로냐에서 황제로 즉위함. 아우구스부르그 의회. 아우구스부르그 신앙고백서와 논박.
1531	개신교 방어를 위한 슈말칼트 동맹 형성. 2차 카펠 전투에서 츠빙글리 사망.
1532	토마스 모어의 퇴임. 제네바에서의 종교개혁.
1534	영국에서 수장령 발표.

1534-5	뮌스터에서 재세례파 왕국 세워짐.
1535	모어와 피셔가 처형됨.
1536	영국 작은 수도원들에 대한 압제 정책. 앤 볼린의 처형. 틴데일의 성경 번역 출판. 비텐베르크 협약. 덴마크와 노르웨이에서 종교개혁 발생. 칼빈의 『기독교 강요』 초판.
1536-8	3차 합스부르그-발루아 전쟁. 칼빈의 첫 번째 제네바 체류.
1538-41	칼빈의 스트라스부르그 체류.
1539	영국의 큰 수도원들에 대한 압제 정책. 6개 법령
1540	크롬웰의 처형. 교황 바오로 3세가 예수회를 승인함.
1540-1	제국 내의 신앙고백적 분열을 극복하기 위해 종교 회담이 열림. (그란벨, 엑크, 멜랑히톤, 칼빈이 참석한) 보름스 회담이 성과 없이 끝났고, 레겐스부르그 회담으로 이어짐.
1541	바젤에서 칼슈타트 사망. 칼빈의 제네바 귀환.
1542-4	4차 합스부르그-발루아 전쟁. 크레피(Cre'py) 평화협약으로 전쟁 종결.
1542	아일랜드 왕국이 세워져 스코틀랜드와 전쟁을 벌임. 솔웨이 모스에서 제임스 5세가 패배함. 로마 이단재판소
1545-7	트렌트 공의회의 첫 번째 회기.
1546	루터 사망.
1546-7	슈말칼트 전쟁. 뮐베르그에서 개신교 패배.
1547	프란시스 1세 사망. 앙리 2세 즉위. 이단의 심문을 위한 "불타는 방" 설치. 헨리 8세 사망.
1547-53	에드워드 6세 통치. 6개 법령의 폐지.
1548-52	아우구스부르그 잠정협약. 일반 공의회에서의 결정이 내려지기 전까지는 제국의 합의 공식이 효력을 발휘함. 개신교 영주들의 거부.
1549	스위스에서 "취리히 공동신앙고백서"(Consensus Tigurinus) 발표. 영국에서 첫 번째 기도서 발표.
1550	마그데부르그 신앙고백서
1551	42개조 (크랜머)
1551-2	트렌트 공의회 2차 회기.
1553	미카엘 세르베투스가 제네바에서 화형당함. 영국에서 두 번째 기도서 발표.
1533-8	메리 튜더의 통치. 가톨릭 주교들이 복권됨. 제인 그레이 처형됨.
1554	메리 튜더와 스페인의 필립의 결혼.
1555	칼빈이 최종적으로 제네바에서 승리함. 아우구스부르그 제국의회. 아우구스부르그 신앙고백서(1530)가 가톨릭 신앙과 함께 제국 내에서 승인됨.

1556	황제 찰스 5세가 자신의 황제직을 동생 페르디난드에게 이양함.
1557	영국이 스페인을 도와 프랑스와 전쟁을 벌임. 폴란드에서 칼빈주의적인 설교 시작.
1558	찰스 5세 사망(9월 21일).
1558-1603	엘리자베스 튜더의 통치. 메리의 가톨릭 법들이 철회됨. 헨리 8세의 수장령과 일치령을 다시 시행함.
1559	칼빈의 『기독교 강요』 최종판. 제네바 아카데미의 설립. 프랑스의 앙리 2세 사망. 최초의 금서목록 발행.
1560	멜랑히톤 사망. 앙부아즈 음모. 프란시스 2세 사망 후 왕위에 오른 샤를 9세를 대신하여 캐더린 드 메디치가 섭정이 됨. 프랑스에서 첫 번째 관용령 발표. 찰스 보로메오(1538-84)의 지도하에 가톨릭 갱신 운동이 밀란에서 나타남.
1561	프와시 회담. 메리 스튜어트가 스코틀랜드로 귀환함. 벨직 신앙고백서.
1561-3	트렌트 공의회 3차 회기.
1562	1차 프랑스 종교전쟁. 기즈 공이 바시에서 위그노교도들을 학살함. 프랑스인들이 플로리다에 정착함.
1562-98	프랑스의 종교전쟁.
1563	앙부아즈의 평화협약으로 1차 종교전쟁 종결. 위그노교도들이 제한적으로 관용됨.
1564	칼빈 사망.
1564-1616	윌리엄 셰익스피어
1564-1642	갈릴레오
1566	로마 교리문답서
1567	메리 스튜어트가 왕위를 포기하고 그녀의 아들 제임스 6세가 즉위함. 스페인이 네덜란드를 점령함.
1568	2차 프랑스 종교전쟁이 끝나고 3차 종교전쟁이 시작됨.
1568-1648	네덜란드가 스페인으로부터의 해방을 위해 투쟁함.
1570	생 제르망 평화협약으로 3차 종교전쟁 종결.
1571-1630	요한 케플러
1572	성 바돌로매 축일 대학살. 4차 종교전쟁 시작.
1573	4차 종교전쟁 종결. 앙주의 공작 앙리가 폴란드의 왕으로 선출됨. 프란시스 호트만의 『프랑코갈리아』(Francogallia)
1574	샤를 9세 사망. 앙주의 공작 앙리 3세가 프랑스 왕으로 즉위. 5차 종교전쟁.
1575	프랑스에서 개신교도들과 정치파(polotiques)가 연합함.

1576	나바르의 앙리가 개신교적인 주장을 선언함. 관용이 허락됨. 가톨릭의 신성 동맹 형성.
1577	프랑스의 6차 종교전쟁. 영국과 네덜란드의 동맹.
1580	프랑스의 7차 내전.
1582	그레고리의 달력 개혁. 마테오 리치의 중국 선교. 아빌라의 테레사 사망.
1584	앙주의 공작이 사망하고, 나바르의 앙리가 프랑스 왕위에 오름.
1585	스페인이 프랑스 가톨릭 동맹과 연합함. 교황 식스투스 5세가 나바르의 앙리를 파문함.
1586	프란시스 드레이크(Francis Drake) 경이 서인도 제도를 탐험함.
1587	나바르의 앙리가 왕실 군대를 패배시킴. 가톨릭 동맹의 음모. 메리 스튜어트의 처형.
1588	"바리케이드의 날"(Day of Barricades)이 앙리 3세를 파리에서 몰아냄. 앙리가 가톨릭 동맹의 지도자들인 기즈 공과 기즈 추기경을 암살함. 영국이 스페인 무적함대를 물리침.
1589	앙리 3세의 암살. 나바르의 앙리가 부르봉 왕조를 시작함.
1590	앙리 4세가 파리를 포위함. 마옌 공작이 경쟁적인 정부를 설립함.
1592	영국 군대가 노르망디에서 나바르를 지원함.
1593	나바르의 앙리가 가톨릭주의로 전향함.
1594	앙리의 파리 입성. 위그노에 대한 관용.
1595	앙리 4세 암살 시도. 프랑스가 스페인에 대해 전쟁을 선언함. 클레멘트 7세가 앙리를 로마 교회로 되돌리고 그를 프랑스 왕으로 인정.
1596	프랑스가 영국과 네덜란드와 연합하여 스페인을 공격함.
1596-1650	르네 데카르트
1598	프랑스와 스페인 사이에 평화조약 체결. 낭트 칙령으로 위그노교도들이 관용과 자유를 획득함.
1603	엘리자베스 1세 사망.
1603-25	(스코틀랜드의) 제임스 6세이자 (영국의) 제임스 1세의 통치기. 영국과 스코틀랜드가 연합됨.
1605	영국의 의회를 전복시키려는 가톨릭의 음모. 테오도르 베자 사망.
1606-69	렘브란트
1608-74	존 밀턴
1610	앙리 4세 암살당함. 루이 13세 즉위 후 마리 드 메디치가 섭정이 됨.

1611	킹 제임스 성경의 완성.
1618-19	네덜란드에서 도르트 총회 개최.
1618-48	30년 전쟁.
1620	메이플라워 호의 항해. 메사추세츠에 필그림 정착.
1633	갈릴레오가 이단재판소 앞에서 코페르니쿠스 이론을 비난함.
1636	하버드 대학 설립.
1642-9	영국의 내전

계보(Genealogies)

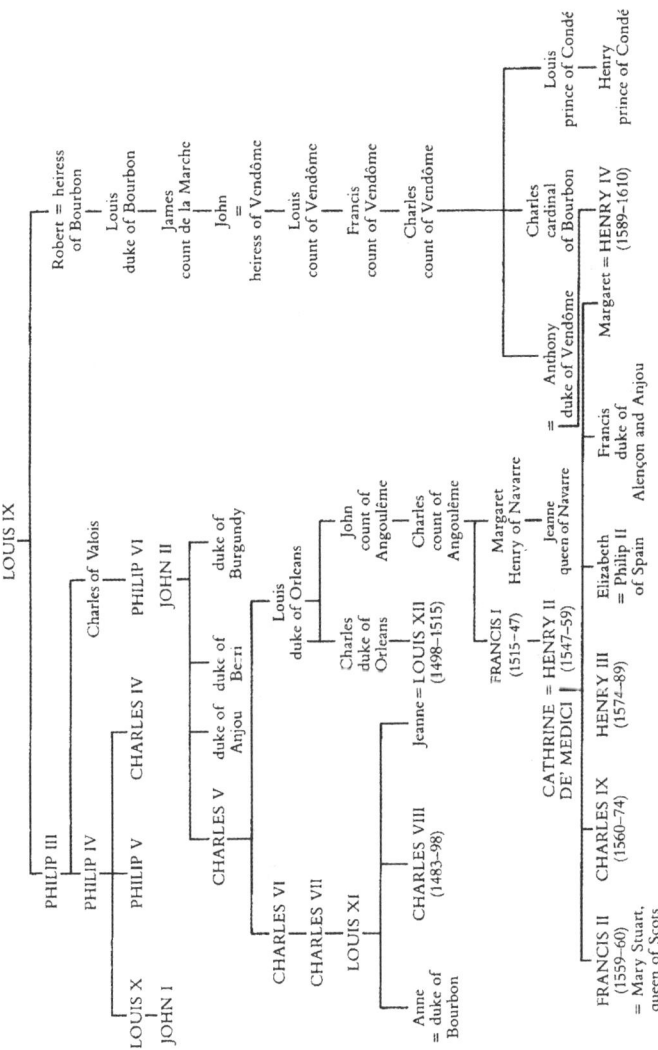

The House of Valois and Bourbon, to 1610

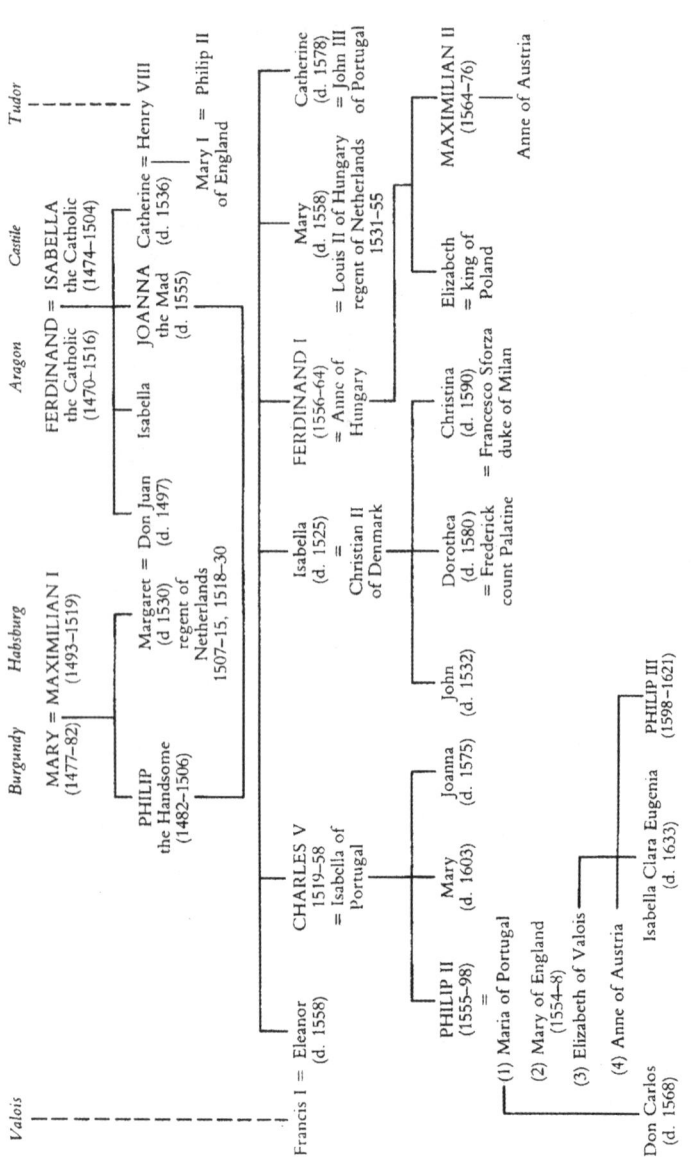

The family of Charles V

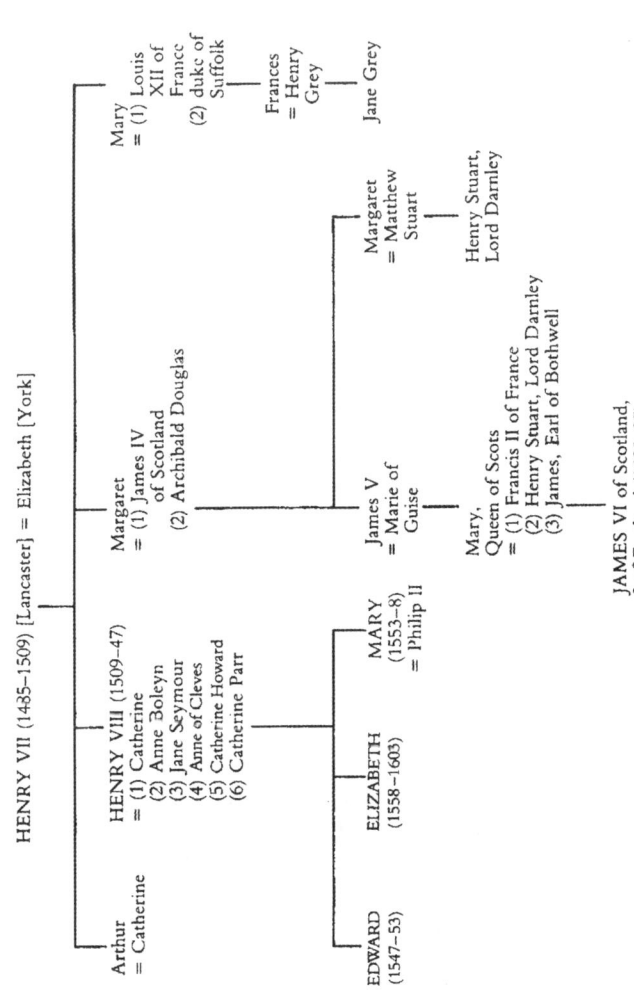

The English crown, 1485–1603

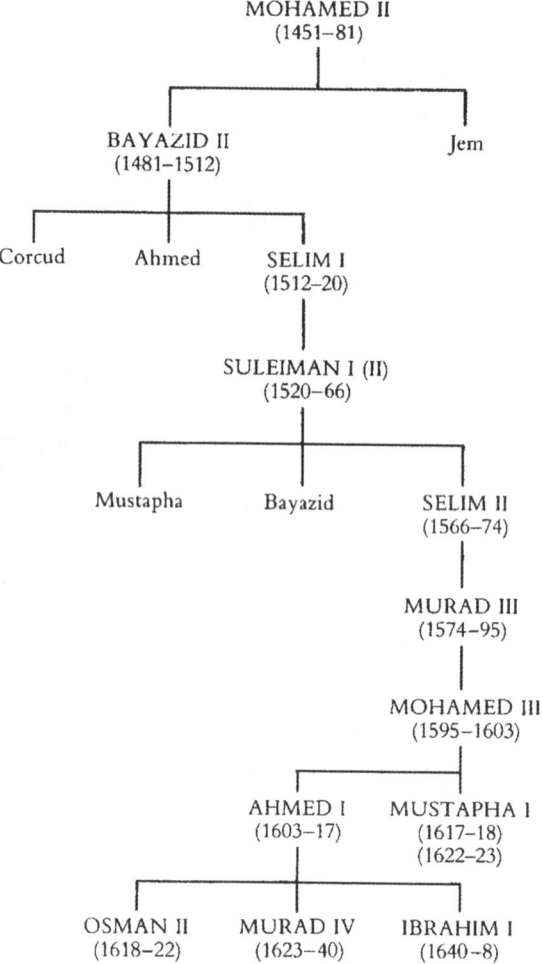

Ottoman sultans, 1451–1648

Alexander VI (Borgia), 1492–1503
Pius III, 1503
Julius II (della Rovere), 1503–13
Leo X (Medici), 1513–21
Hadrian VI (Dedel), 1522–3
Clement VII (Medici), 1523–34
Paul III (Farnese), 1534–49
Julius III (del Monte), 1550–5
Marcellus II (Cervini), 1555
Paul IV (Caraffa), 1555–9
Pius IV (Medici)*, 1559–64
Pius (Ghislieri), 1566–72
Gregor XIII (Boncompagni), 1572–85
Sixtus V (Peretti), 1585–90
Urban VII (Castagna), 1590
Gregory XIV (Spondrato), 1590–1
Innocent IX (Fachinetti), 1591
Clement VIII (Aldobrandini), 1592–1605

*Not related to the Florentine Medici popes, Leo X and Clement VII.

Popes, 1492–1605

지 도(Maps)

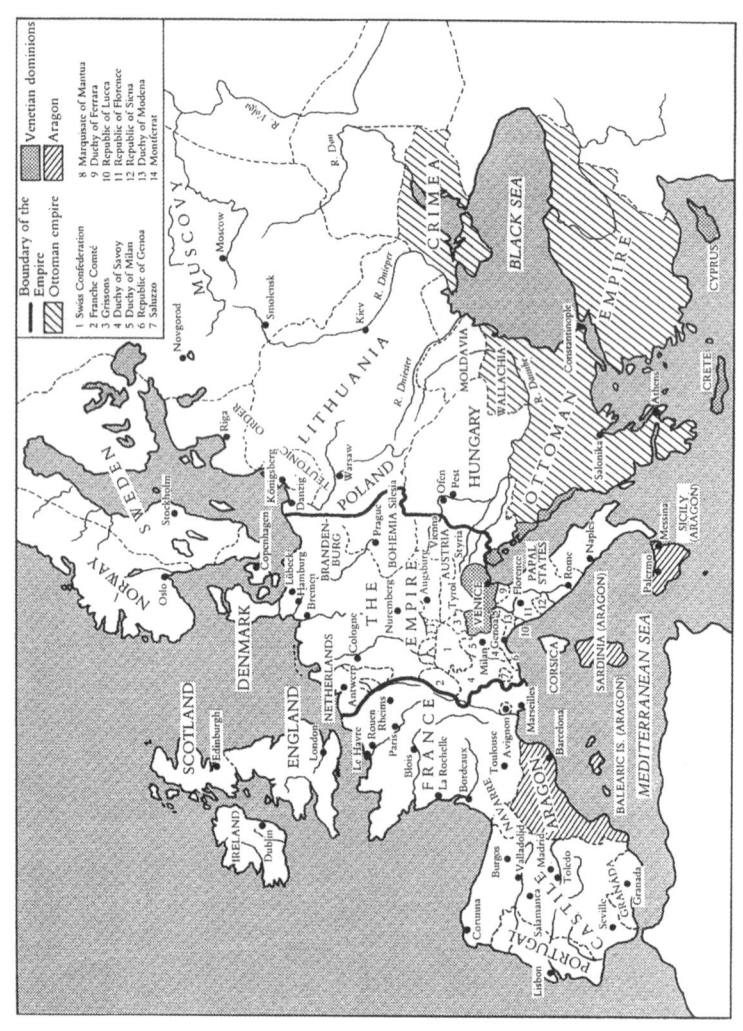

Europe about 1500

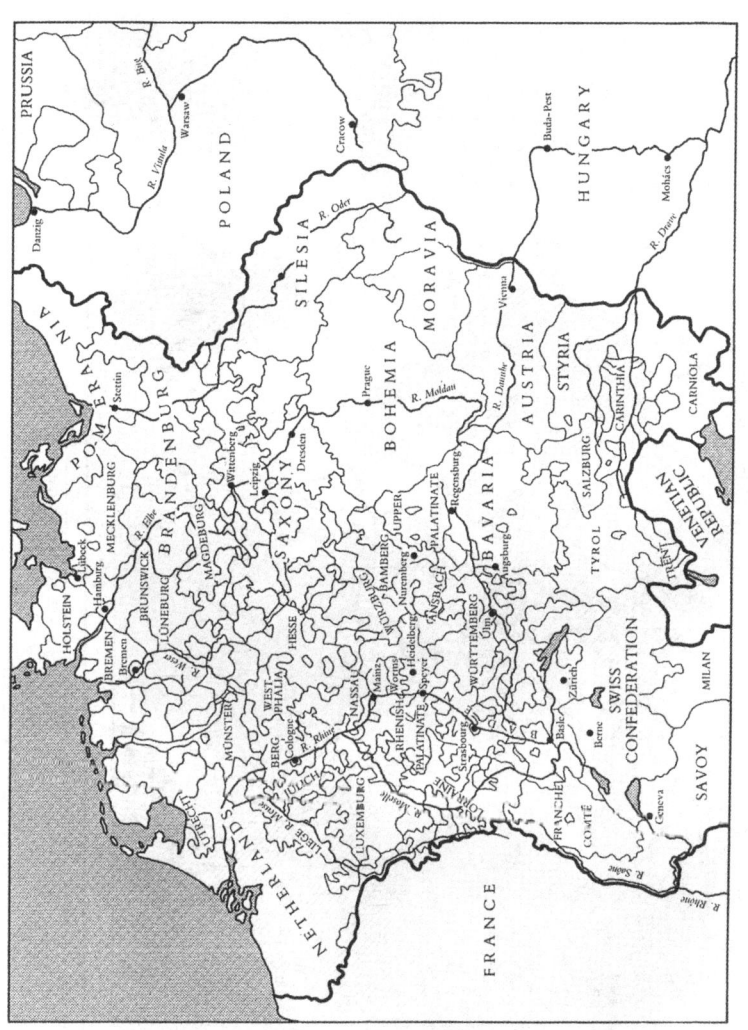

Germany at the time of the Reformations

592 유럽의 종교개혁

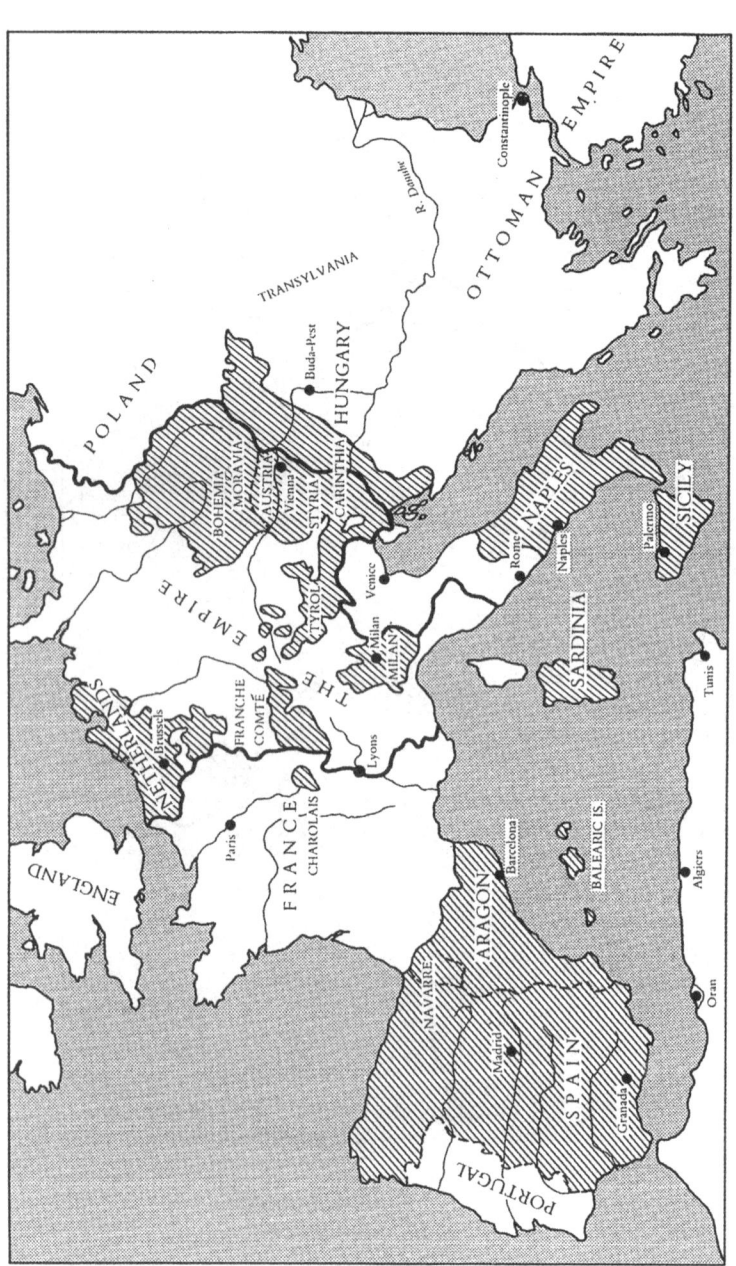

The Empire of Charles V

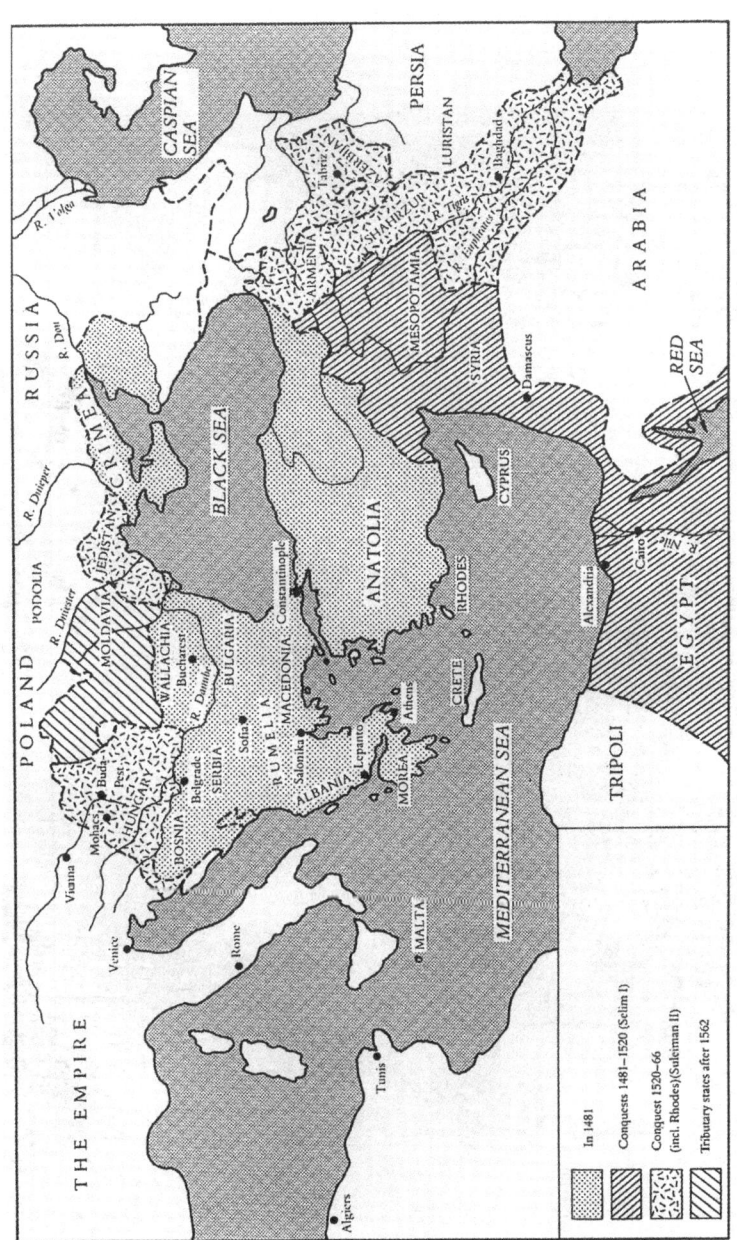

The Ottoman Empire

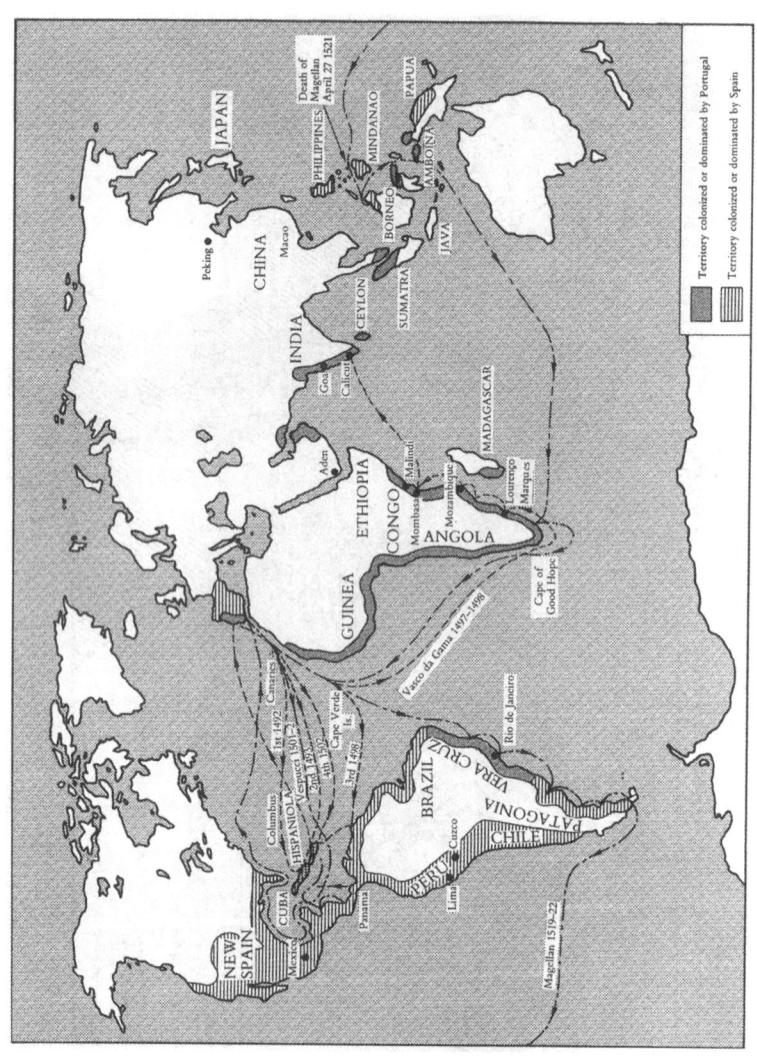

The Portuguese and Spanish overseas empires

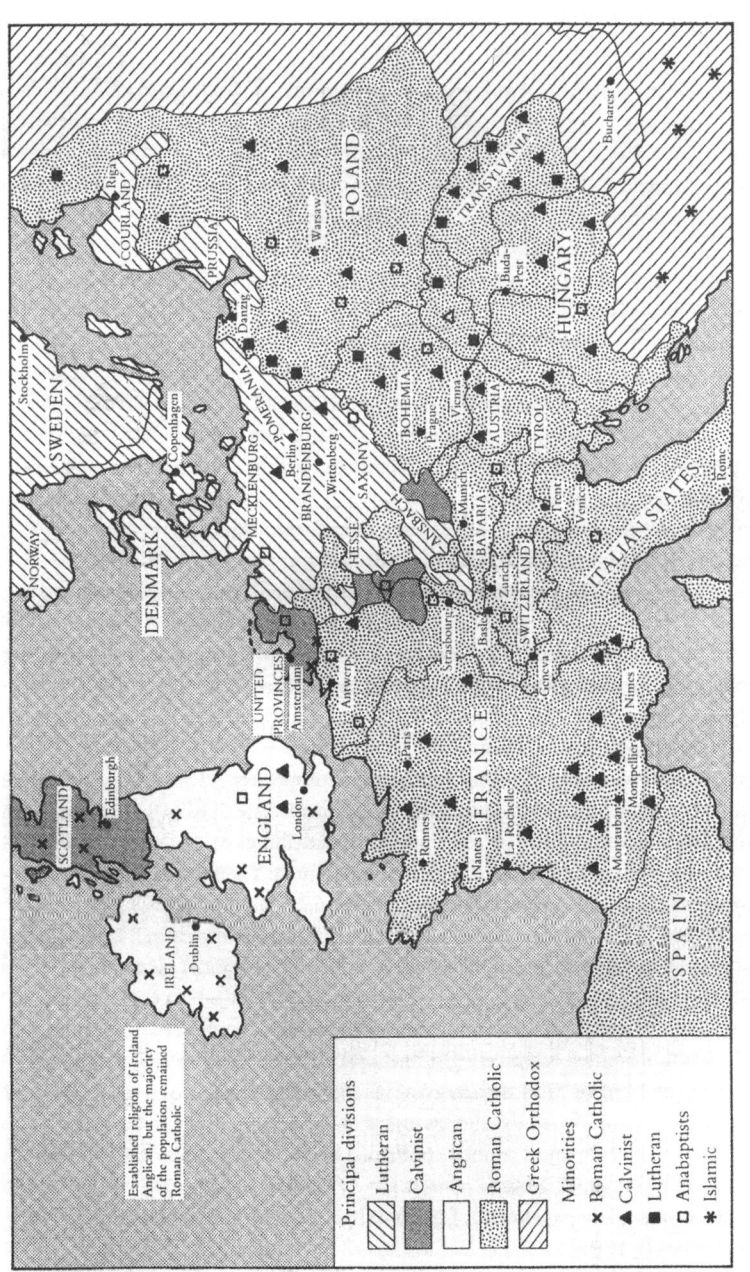

Religious divisions in Europe about 1600

용어 해설

아디아포라(adiaphora): 신앙과 실천에 있어서 성경이 금지하지도 않고 명령하지도 않은 "대수롭지 않은 문제들"

뉘우침(attrition): 하나님의 징벌에 대한 두려움을 바탕으로 죄를 회개하는 것

성직록(benefice): 기금을 부여받은 교회 직책

교황 교서(bull): 라틴어 bulla에서 유래함. 교회의 인장과 함께 교황의 명령이 기록된 문서

교회법(canon law): 신앙, 윤리, 교회의 조직 등을 규정하는 법률. 주교, 교황, 공의회의 선언으로 구성됨.

독신(celibacy): 12세기 이후로 서양의 성직자에게 요구되었던 결혼하지 않은 상태. 종교개혁가들에 의해 거부됨.

속성의 교통(communicatio idiomatum): 속성들의 주고받음. 기독론 논쟁이 한창이던 때, 알렉산드리아의 키릴(Cyril of Alexandria)에 의해 발전된 교리. 비록 그리스도의 인성과 신성이 분리되어 있지만, 그리스도의 하나의 위격 안에서 연합되기 때문에, 한 쪽의 속성이 다른 쪽의 속성으로 진술될 수 있다는 주장. 이 교리가 종교개혁의 성찬 논쟁에서 전면으로 부각됨.

공의회주의(conciliarism): 교회의 최종적인 권위가 공의회에 있다는 교리. 콘

스탄스 공의회(1414-18)와 바젤 공의회(1431-49)에서 주장됨.

공의회(council): 신앙과 규율에 관한 문제들을 결정하기 위해 개최된 공식적인 교회 회의. 지방 공의회에는 대주교와 여러 주교들이 함께 모였고, 교구 회의에는 주교와 그 교구 소속 성직자들이 함께 모였으며, 일반 공의회 혹은 전교회적 공의회에는 교황이나 황제의 감독 하에 있는 모든 주교들이 모임. 일반 공의회의 결정사항들은 황제의 확증을 받았고, 교회 내에서 가장 높은 권위를 가짐(참고, 공의회주의).

정욕(concupiscence): 소진되어야 마땅한 이 세상의 것들을 즐기는 것, 이성의 통제를 받지 않는 육체적 욕망, 죄

고백(confession): (1) 죄를 개인적으로 혹은 공적으로 인정하는 것 (2) 공적인 통치자들 앞에서 자신들이 믿는 신앙의 원리들을 공적으로 선언하는 것(예, 아우구스부르그 신앙고백서)

컨시스토리(consistory): 신앙과 윤리를 감독하기 위해 세워진 개혁주의(칼빈주의) 교회의 교회법정. 1541년 제네바에서 최초로 세워짐.

통회(contrition): 하나님을 사랑하는 마음에서 죄를 회개하는 것

"통치자의 종교가 그 지역의 종교"(cuius regio, eius religio): 아우구스부르그 평화협약(1555)에 의해 세워진 공식. 자신들의 영토가 로마 가톨릭이 될 것인지 아니면 루터교회가 될 것인지를 통치자들이 결정함.

도나투스주의(Donatism): 4세기에 북아프리카에서 발생한 분열주의적인 갱신 운동. 교회의 기룩 성을 강조하는 가운데 '말씀과 성례의 효력은 사제의 도덕적 순결성에 달려 있다'고, 즉 메시지가 메신저에게 달려 있다고 주장함.

성찬(eucharist): 헬라어로 "감사"를 의미하며, 예배의 중심적인 활동을 지칭하는 용어. 성찬(communion), 주의 만찬(Lord's Supper), 미사(mass) 등으로도 불림. 미사라는 용어가 로마 가톨릭 교회의 성찬적 희생제사와 관련되었기 때문에, 개신교도들은 결국 이 용어를 사용하지 않음.

인효성(人效性, exopere operantis): 성례의 효력은 성례를 받는 사람의 주관적

인 마음 상태와 관련됨. 정통적인 해석에 따르면, 올바른 마음 상태가 성례 자체를 뛰어넘어서 은혜를 제공함. 이단적인 해석에 따르면, 올바른 마음 상태가 성례의 효력을 위해 반드시 필요함(참고, 도나투스주의).

사효성(事效性, exopere operato): 성례의 효력은 의식의 시행 자체에 달려 있음. 성례의 객관적인 효력은 성례를 행하는 사제나 성례를 받는 신자의 주관적인 태도로부터 독립적임.

"최선을 다하라"(facerequod in se est): 은혜의 도움을 받지 않은 본성적인 능력 안에서 할 수 있는 모든 것을 행하라는 권면. 하나님을 그 어떤 것보다 사랑하면, 그에 따라 은혜의 최초의 주입을 얻게 된다는 개념

성상(icon): 그리스도나 성인에 대한 그림 혹은 거룩한 형상

성상파괴주의(iconoclasm): 성상들을 파괴하는 것

면죄부(indulgence): 죄를 용서받은 후 남아 있는 현세적인 형벌을 면제해 주는 로마 가톨릭 교회의 허가. 부과된 고해성사에 대한 대체.

예전(liturgy): 헬라어의 문자적 원래 의미는 "사람들의 일." 일반적으로 예전은 교회가 규정한 예배 의식, 특히 예배의 가장 중요한 순서인 성찬을 지칭함.

천년주의(millenarianism): 천년동안 복된 통치가 이루어질 것이라는 신념. (참고, 요한계시록 20:4-6).

니고데모주의(Nicodemism): 박해에 대한 두려움으로 자신의 신앙을 숨기는 행위. 이 용어는 예수님을 밤중에 찾아옴으로써 자신의 관심을 드러냈던 니고데모(요 3:1-3)로부터 유래함.

고해성사(penance): 로마 가톨릭 교회의 7성사 중의 하나로, 죄의 고백, 죄의 사면, 고행 등으로 구성됨. '형벌'을 의미하는 라틴어 포에나(poena)에서 유래함. 이 용어는 죄를 대속하는 행동 뿐 아니라 죄악된 감정들을 통제하고 제거하려는 목적에서 추구하는 금욕적인 활동들을 또한 지칭함.

종교인(religious): 하나의 명사로서, (빈곤, 순결, 순종에 대한) 서약을 통해 수도원적인 삶에 묶여 있는 사람들을 일반적으로 가리키는 용어. 즉,

수도사, 참사회 회원, 탁발 수사, 수녀 등을 일컬음.

성직매매(simony): 교회의 직분을 사고파는 행위. 이 용어는 마술사 시몬(행 8:18-24)로부터 유래함.

화체설(transubstantiation): 성찬의 빵과 포도주의 실체가 그리스도의 살과 피의 실체로 완전히 바뀐다는 성찬 교리. 4차 라테란 공의회(1215)에서 확정됨.

교황지상주의(ultramontanism): 문자적인 의미는 "산들을 뛰어넘어"(beyond the mountains). 국가적인 혹은 교구적인 독립성을 부여하는 것과 대조적으로, 교황에게 권위와 영향력을 집중시키는 것을 지칭함.

옛 방식(via antiqua), 새로운 방식(via moderna): '옛 방식'은 중세 절정기의 신학인 토마스주의(Thomism)를 가리키며, '새로운 방식'은 중세 후기의 유명론(Nominalism) 혹은 옥캄주의(Occamism)를 가리킴.

불가타(Vulgate): 제롬(420년 사망)의 번역으로부터 유래한 라틴어 성경. 1590년 교황 식스투스 5세(Sixtus V)에 의해 유일하게 권위 있고 결정적인 성경 본문으로 선언됨.

부 록: 종교개혁 연구 보조자료

Orientation to the Field

James E. Bradley and Richard A. Muller, *Church History: An Introduction to Research, Reference Works, and Methods*. Grand Rapids: Eerdmans, 1995.
Norman F. Cantor, *Inventing the Middle Ages: The Lives, Works, and Ideas of the Great Medievalists of the Twentieth Century*. New York: William Morrow, 1991.
Chris Cook and Philip Broadhead, *The Routledge Companion to Early Modern Europe 1453–1763*. London/New York: Routledge, 2006.
A. G. Dickens and John M. Tonkin, *The Reformation in Historical Thought*. Cambridge, MA: Harvard University Press, 1985.
Mark Greengrass, *The Longman Companion to the European Reformation c. 1500–1618*. London/New York: Longman, 1998

Dictionaries and Encyclopedias

F. L. Cross and E. A. Livingstone, eds, *The Oxford Dictionary of the Christian Church*. Oxford: Oxford University Press, 1984.
Enzyklopädie Deutscher Geschichte. Munich: Oldenbourg. For those with reading ability in German, this excellent series presents major interpretive perspectives and research work with comprehensive bibliographies. The following volumes are pertinent to Reformation studies: Peter Blickle, *Unruhen in der ständischen Gesellschaft 1300–1800* (1988); Hans-Jürgen Goertz, *Religiöse Bewegungen in der Frühen Neuzeit* (1993); Heinz Schilling, *Die Stadt in der Frühen Neuzeit* (1993); Heinrich Richard Schmidt, *Konfessionalisierung im 16. Jahrhundert* (1992).

Hans J. Hillerbrand, ed., *Encyclopedia of the Reformation*, 4 vols. New York: Oxford University Press, 1996.
G. Krause and G. Müller, gen. eds, *Theologische Realenzyklopädie*. Berlin: Walter de Gruyter, 1977–. NB: Although in German, the articles of this excellent reference work include multilingual bibliographies.
Robert Benedetto, gen. ed., *The New Westminster Dictionary of Church History*, vol 1: *The Early, Medieval, and Reformation Eras*. Louisville: Westminster John Knox, 2008.

Online Resources

Thousands of sites available; useful starting points are sites maintained by history departments, e.g., *www.uwm.edu/Dept/History/links.htm* and *http://history.cc.ukans.edu/history*
Biographische-Bibliographisches Kirchenlexikon *www.bautz.de/*
Christian Classics Ethereal Library. Includes searchable works from Reformation period: *www.ccel.org*
English Reformation: *http://members.shaw.ca/reformation/*
Luther Museum Wittenberg: *www.martinluther.de*
Thrivent Reformation Research Program at Luther Seminary: *www.staupitz.luthersem.edu*
Richard C. Kessler Reformation Collection, Pitts Theology Library, Candler School of Theology: Digital Image Archive contains more than 7,000 images from Reformation period: *www.pitts.emory.edu*
Project Wittenberg: Online collection of Luther's writings in English, German, and Latin: *http://iclnet.org/pub/resources/text/wittenberg/wittenberg-home.html*
Iter Gateway to the Renaissance: *http://iter.library.utoronto.ca/iter/index.htm*
The official Vatican website: *www.vatican.va*

Surveys of the Reformation

John Bossy, *Christianity in the West 1400–1700*. Oxford: Oxford University Press, 1985.
Thomas Brady, Heiko A. Oberman, and James Tracy, eds, *Handbook of European History 1400–1600*, 2 vols. Leiden: E. J. Brill, 1994–5.
Euan Cameron, *The European Reformation*. Oxford: Clarendon Press, 1991.
G. R. Elton, ed., *The Reformation 1520–1559*, 2nd edn (New Cambridge Modern History, II). Cambridge: Cambridge University Press, 1990.
Merry E. Wiesner-Hanks, *Early Modern Europe, 1450–1789*, Cambridge: Cambridge University Press, 2006.
Scott Hendrix, *Recultivating the Vineyard. The Reformation Agendas of Christianization*. Louisville/London: Westminster John Knox, 2004.

Hans J. Hillerbrand, *The Reformation: A Narrative History Related by Contemporary Observers and Participants*. New York: Harper & Row, 1964.
Hans J. Hillerbrand, *The Division of Christendom. Christianity in the Sixteenth Century*. Louisville/London: Westminster John Knox, 2007.
R. Po-chia Hsia, ed., *A Companion to the Reformation World*. Oxford: Blackwell, 2004.
Erwin Iserloh, Joseph Glatzik, and Hubert Jedin, *Reformation and Counter Reformation* (*History of the Church*, Hubert Jedin and John Dolan, eds, vol. V). New York: Crossroad, 1986.
Diarmaid MacCulloch, *Reformation. Europe's House Divided. 1490–1700*. London: Penguin Books, 2003.
Alister McGrath, *Reformation Thought: An Introduction*, 2nd edn. Oxford: Blackwell, 1993.
Steven Ozment, *The Age of Reform 1250–1550*. New Haven: Yale University Press, 1980.
Andrew Pettegree, *Europe in the Sixteenth Century*. Oxford: Blackwell, 2002.
Andrew Pettegree, ed., *The Reformation World*. London/New York: Routledge, 2000.
Alec Rylie, ed., *Palgrave Advances in the European Reformations*. Basingstoke: Palgrave Macmillan, 2006.
R. W. Scribner, *The German Reformation*. Atlantic Highlands: Humanities, 1986.

Bibliographies and Guides to Research

Archive for Reformation History: Literature Review. An annual supplement containing annotated multilingual reviews of recent research.
Kenneth Hagen, ed., *Luther Digest: An Annual Abridgement of Luther Studies*. Fort Wayne: Luther Academy, 1993–.
Hans J. Hillerbrand, ed., *A Bibliography of Anabaptism, 1520–1630: A Sequel 1962–1974*. St Louis: Center for Reformation Research, 1975.
Lutherjahrbuch. An annual with extensive multilingual bibliography.
William Maltby, ed., *Reformation Europe: A Guide to Research*. St Louis: Center for Reformation Research, 1992.
John W. O'Malley, SJ, ed., *Catholicism in Early Modern Europe: A Guide to Research*. St Louis: Center for Reformation Research, 1988.
Steven Ozment, ed., *Reformation Europe: A Guide to Research*. St Louis: Center for Reformation Research, 1982.
David M. Whitford, ed., *Reformation and Early Modern Europe: A Guide to Research*. Kirksville: Truman State University Press, 2008.

Chronological Tables, Charts, and Maps

Kurt Aland, *Kirchengeschichte in Zeittafeln und Überblicken*. Gütersloh: Gerd Mohn. 1984.
C. Anderson, *Augsburg Historical Atlas of Christianity in the Middle Ages and Reformation*. Minneapolis: Augsburg, 1967.

Robert Walton, *Chronological and Background Charts of Church History.* Grand Rapids: Zondervan, 1986.

Pertinent Journals

Archive for Reformation History
Catholic Historical Review
Church History
Journal of Ecclesiastical History
Lutherjahrbuch
Lutheran Quarterly
Mennonite Quarterly Review
Revue d'histoire ecclesiastique
Sixteenth Century Journal
Theologische Literaturzeitung
Zeitschrift für Kirchengeschichte

Collected Studies of Reformers

David Bagchi and David C. Steinmetz, eds, *The Cambridge Companion to Reformation Theology.* Cambridge: Cambridge University Press, 2004.
B. A. Gerrish, *Reformers in Profile: Advocates of Reform 1300–1600.* Philadelphia: Fortress Press, 1967.
Hans-Jürgen Goertz, ed., *Profiles of Radical Reformers: Biographical Sketches from Thomas Müntzer to Paracelsus.* Kitchener: Herald, 1982.
Carter Lindberg, ed., *The Reformation Theologians.* Oxford: Blackwell, 2002.
Jill Raitt, ed., *Shapers of Religious Traditions in Germany, Switzerland, and Poland, 1560–1600.* New Haven: Yale University Press, 1981.
David C. Steinmetz, *Reformers in the Wings.* Philadelphia: Fortress Press, 1971.

참고문헌

Abray 1985: Lorna Jane Abray, *The Peoples' Reformation: Magistrates, Clergy, And Commons in Strasbourg, 1500–1598*, Ithaca: Cornell University Press.
Akerboom 2005: Dick Akerboom, "Katherina von Bora und ihr Einfluss auf Martin Luther," Lutherische Kirche in der Welt, (Jahrbuch des Martin-Luther-Bunde, Folge 52). Erlangen: Martin-Luther-Verlag, 2005: 83–119.
Aland 1965: Kurt Aland, Martin Luther's 95 Theses. St Louis: Concordia.
Altmann 1992: Walter Altmann, *Luther and Liberation: A Latin American Perspective*. Minneapolis: Fortress Press.
Anderson 1968: Charles S. Anderson, "Robert Barnes on Luther," in Pelikan 1968: 35–66.
Armstrong 1991: Brian G. Armstrong, "The Pastoral Office in Calvin and Pierre du Moulin," in Spijker 1991, 157–67.
Assion 1971/2: Peter Assion, "Matthias Hütlin und sein Gaunerbüchlein, der 'Liber vagatorum'," in *Alemannisches Jahrbuch*: 74–92.
Aston 1984: Margaret Aston, *Lollards and Reformers: Images and Literacy in Late Medieval Religion*, London: Hambledon.
Aston 1993: Margaret Aston, *Faith and Fire: Popular and Unpopular Religion 1350–1600*, London: The Hambledon Press.
Bagchi 1991: David V. N. Bagchi, *Luther's Earliest Opponents: Catholic Controversialists 1518–1525*. Minneapolis: Fortress Press.
Bagchi and Steinmetz 2004: David Bagchi and David C. Steinmetz, eds, *The Cambridge. Companion to Reformation Theology*. Cambridge: Cambridge University Press.
Bainton 1941: Roland Bainton, "The Left Wing of the Reformation," *Journal of Religion* 21, 124–34.
Bainton 1951: Roland Bainton, *The Travail of Religious Liberty: Nine Biographical Studies*. Philadelphia: Westminster.
Bainton 1957: Roland Bainton, *Here I Stand: A Life of Martin Luther*. New York: Mentor.
Bainton 1960: Roland Bainton, *Hunted Heretic: The Life and Death of Michael Servetus 1511–1553*. Boston: Beacon.

Bainton 1965: Roland Bainton, ed. *Concerning Heretics, Whether they are to be persecuted ...* New York: Octagon.

Bainton 1974: Roland Bainton, *Women of the Reformation in Germany and Italy.* Boston: Beacon Press.

Baker 1979: Derek Baker, ed., *Reform and Reformation: England and the Contintent c. 1500–c. 1750.* Oxford: Blackwell.

Baker 1980: J. Wayne Baker, *Heinrich Bullinger and the Covenant: The Other Reformed Tradition.* Athens: Ohio University Press.

Baker 1988: J. Wayne Baker, "Calvin's Discipline and the Early Reformed Tradition: Bullinger and Calvin," in Schnucker 1988: 107–19.

Bakhuizen 1965: J. N. Bakhuizen van den Brink, "Ratramn's Eucharistic Doctrine and its Influence in the Sixteenth Century," in G. J. Cuming, ed., *Studies in Church History*, 11, 54–77. London: Nelson.

Balke 1981: Willem Balke, *Calvin and the Anabaptist Radicals.* Grand Rapids: Eerdmans.

Barge 1968: Hermann Barge, *Andreas Bodenstein von Karlstadt*, 2 vols. Leipzig: Brandstetter, 1905; repr. Nieuwkoop: De Graaf, 1968.

Barker 1995: Paula S. Datsko Baraker, "Caritas Pirckheimer: A Female Humanist. Confronts the Reformation," *SCJ* 26/2 (1995), 259–72.

Baumann 2008: Priscilla Baumann, "Art, Reformation," *NWDCH*, 51–2.

Bayer 1990: Oswald Bayer, "Luther's Ethics as Pastoral Care," *LQ* 4, 125–42.

Bayer 2007: Oswald Bayer, *Theology the Lutheran Way*, J. C. Silcock and M. C. Mattes, eds and trs. Grand Rapids: Eerdmans.

Baylor 1991: Michael G. Baylor, ed. and tr., *The Radical Reformation.* Cambridge: Cambridge University Press.

Bedouelle 2002: Guy Bedouelle, OP, "Jacques Lefèvre d'Etaples (c. 1460–1536)," in Lindberg 2002: 19–33.

Beilin 1996: Elaine V. Beilin, ed., *The Examinations of Anne Askew.* New York: Oxford University Press.

Bekenntnisschriften 1963: *Bekenntnisschriften der evangelisch-lutherischen Kirche*, 5th edn. Gottingen: Vandenhoeck & Ruprecht.

Bell and Burnett 2006: Dean Phillip Bell and Stephen G. Burnett, eds, *Jews, Judaism, and the Reformation in Sixteenth-Century Germany.* Leiden: Brill.

Benedict 1999: Philip Benedict, "Calvinism as a Culture?" in Paul Corby Finney, ed., *Seeing Beyond the Word. Visual Arts and the Calvinist Tradition.* Grand Rapids: Eerdmans, 19–45.

Benedict 2002a: Philip Benedict, *Christ's Churches Purely Reformed: A Social History Of Calvinism.* New Haven: Yale University Press.

Benedict 2002b: Philip Benedict, "Confessionalization in France? Critical reflections and New evidence," in Raymond Mentzer and Andrew Spicer, eds, *Society and Culture in the Huguenot World 1559–1685.* Cambridge: Cambridge University Press, 2002.

Benert 1988: Richard Benert, "Lutheran Resistance Theory and the Imperial Constitution," *LQ* 2, 185–207.

Berger 1969: Peter Berger, *The Sacred Canopy: Elements of a Sociological Theory of Religion.* Garden City: Doubleday Anchor.

Berger and Luckmann 1967: Peter Berger and Thomas Luckmann, *The Social Construction of Reality: A Treatise in the Sociology of Knowledge*. Garden City: Doubleday Anchor.
Berggrav 1951: Eivand Berggrav, *Man and State*. Philadelphia: Muhlenberg.
Berthoud 1973: Gabrielle Berthoud, *Antoine Marcourt: Réformateur et Pamphlétaire du "Livres des Marchans" aux Placards 1534*. Geneva: Droz.
Beza, Theodore, *The Life of John Calvin*. Durham: Evangelical Press, 1997.
Bireley 1999: Robert Bireley, *The Refashioning of Catholicism, 1450–1700: A Reassessment Of the Counter Reformation*. Washington, DC: The Catholic University of America Press.
Blaisdell 1982: Charmarie Jenkins Blaisdell, "Calvin's Letters to Women: The Courting of Ladies in High Places," *SCJ* 13, 67–84.
Blaschke 1993: Karlheinz Blaschke, "Reformation und Modernisierung," in Hans R. Guggisberg and Gottfried Krodel, eds, *Die Reformation in Deutschland und Europa: Interpretationen und Debatten*, 511–20. Gütersloh: Gütersloher Verlagshaus.
Blickle 1981: Peter Blickle, *The Revolution of 1525: The German Peasants' War from a New Perspective*. Baltimore: Johns Hopkins University Press.
Blickle 1982: Peter Blickle, *Die Reformation im Reich*. Stuttgart: Ulmer.
Blickle 1992: Peter Blickle, *Communal Reformation: The Quest for Salvation in Sixteenth-Century Germany*. Atlantic Highlands: Humanities.
Blickle 1997: Peter Blickle, *Obedient Germans? A Rebuttal. A New View of German History*, tr. by Thomas A. Brady, Charlottesville: University of Virginia Press.
Blickle et al. 1985: Peter Blickle et al., *Zwingli und Europa*. Zurich: Vandenhoeck & Ruprecht.
Bluhm 1965: Heinz Bluhm, *Martin Luther, Creative Translator*. St Louis: Concordia.
Bluhm, 1983: Heinz Bluhm, "Luther's German Bible," in Brooks 1983, 177–94.
Boekl 2000: Christine M. Boeckl, *Images of Plague and Pestilence. Iconography and Iconology*, Kirksville: Truman State University Press.
Boer 2001: Wietse De Boer, *The Conquest of the Soul. Confession, Discipline, and Public Order in Counter-Reformation Milan*. Leiden: Brill.
Boettcher 2004: Susan R. Boettcher, "Review Essay: Luther Year 2003. Thoughts on an Off-Season Comeback," *SCJ* 35/3 (2004), 795–09.
Boockmann 1987: Hartmut Boockmann, *Stauferzeit und spätes Mittelalter: Deutschland 1215–1517*. Berlin: Siedler.
Bornkamm 1970: Heinrich Bornkamm, *Luther im Spiegel der deutschen Geistesgeschichte*, Göttingen: Vandenhoeck & Ruprecht.
Bornkamm 1983: Heinrich Bornkamm, *Luther in Mid-Career, 1520–1530*. Philadelphia: Fortress Press.
Bossy 1983: John Bossy, "The Mass as a Social Institution 1200–1700," *PP* 100, 29–61.
Bossy 1985: John Bossy, *Christianity in the West 1400–1700*. Oxford: Oxford University Press.
Bossy 1999: John Bossy, "The Counter-Reformation and the People of Catholic Europe," in Luebke 1999: 86–104; reprint from *PP* 97 (1970).
Bottigheimer and Lotz-Heumann 1998: Karl S. Bottigheimer and Ute Lotz-Heumann, "The Irish Reformation in European Perspective," *ARG* 89 (1998), 269–309.

Bouwsma 1980: William J. Bouwsma, "Anxiety and the Formation of Early Modern Culture," in Barbara C. Malament, ed., *After the Reformation: Essays in Honor of J. H. Hexter*, 215–46. University Park: University of Pennsylvania Press.
Bouwsma 1988: William J. Bouwsma, *John Calvin: A Sixteenth-Century Portrait*. New York: Oxford University Press.
Bradshaw 1996: Christopher Bradshaw, "David or Josiah? Old Testament Kings as Exemplars in Edwardian Religious Polemic," in Gordon 1996b: 77–90.
Brady 1978: Thomas A. Brady, Jr, *Ruling Class, Regime and Reformation at Strasbourg 1520–1555*. Leiden: E. J. Brill.
Brady 1979: Thomas A. Brady, Jr, "'The Social History of the Reformation' between 'Romantic Idealism' and 'Sociologism': A Reply," in Wolfgang Mommsen, et al., *The Urban Classes, The Nobility and the Reformation: Studies in the Social History of the Reformation in England and Germany*, 40–3. Stuttgart: Klett-Cotta.
Brady 1982: Thomas A. Brady, Jr, "Social History," in Ozment 1982: 161–81.
Brady 1985: Thomas A. Brady, Jr, review of Spitz 1985, *SCJ* 16, 410–12.
Brady 1987: Thomas A. Brady, Jr, "From Sacral Community to the Common Man: Reflections on German Reformation Studies," *Central European History* 20, 229–45.
Brady 1998: Thomas A. Brady, Jr., *The Protestant Reformation in Germany*, with a comment by Heinz Schilling. Washington, DC: German Historical Institute.
Brady, Oberman, and Tracy 1994–5: Thomas A. Brady, Heiko A. Oberman, and James D. Tracy, eds, *Handbook of European History 1400–1600. Late Middle Ages, Renaissance and Reformation*, 2 vols. Leiden: E. J. Brill.
Brandt 2008: Reinhard Brandt, *Lasst ab vom Ablass: Ein evangelisches Plädoyer*. Göttingen: Vandenhoeck & Ruprecht.
Braudel 1972: Fernand Braudel, "History and the Social Sciences," in Peter Burke, ed., *Economy and Society in Early Modern Europe*, 11–42. New York: Harper & Row.
Bräuer and Junghans 1989: Siegfried Bräuer and Helmar Junghans, eds, *Der Theologe Thomas Müntzer: Untersuchungen zu seiner Entwicklung und Lehre*. Berlin: Evangelische Verlagsanstalt.
Bray 1994: Gerald Bray, ed., *Documents of the English Reformation*. Minneapolis: Fortress Press.
Brecht 1985: Martin Brecht, *Martin Luther, I: His Road to Reformation 1483–1521*. Minneapolis: Fortress Press.
Brecht 1990: Martin Brecht, *Martin Luther, II: Shaping and Defining the Reformation 1521–1532*. Minneapolis: Fortress Press.
Brecht 1993: Martin Brecht, *Martin Luther, III: The Preservation of the Church 1532–1546*. Minneapolis: Fortress Press.
Brecht 1995: Martin Brecht, "Luther's Reformation," in Brady, Oberman, and Tracy, II, 1995: 129–59.
Brigdon 1992: Susan Brigdon, *London and the Reformation*. Oxford: Clarendon.
Bromily 1953: G. W. Bromily, tr., *Zwingli and Bullinger*, (Library of Christian Classics, 24). Philadelphia: Westminster.
Brooks 1965: Peter Newman Brooks, *Thomas Cranmer's Doctrine of the Eucharist*. London: Macmillan.

Brooks 1983: Peter Newman Brooks, ed., *Seven-Headed Luther: Essays in Commemoration of a Quincentenary 1483–1983*. Oxford: Clarendon.

Brown 2005: Christopher Boyd Brown, *Singing the Gospel: Lutheran Hymns and the Success of the Reformation*. Cambridge, MA: Harvard University Press.

Brown 1959: Norman O. Brown, *Life Against Death: The Psychoanalytic Meaning of History*. New York: Vintage.

Brown 1975: Peter Brown, *Augustine of Hippo: A Biography*. Berkeley: University of California Press.

Bubenheimer 1977: Ulrich Bubenheimer, *Consonantia Theologiae et Iurisprudentiae: Andreas Bodenstein von Karlstadt als Theologe und Jurist zwischen Scholastik und Reformation*. Tubingen: J. C. B. Mohr (Paul Siebeck).

Bubenheimer 1981a: Ulrich Bubenheimer, "Andreas Bodenstein von Karlstadt," in Martin Greschat, ed., *Gestalten der Kirchengeschichte: Die Reformationszeit*, 105–16. Stuttgart: Kohlhammer.

Bubenheimer 1981b: Ulrich Bubenheimer, "Gelassenheit und Ablösung: Eine psychohistorische Studie über Andreas Bodenstein von Karlstadt und seinen Konflikt mit Martin Luther," *ZKG* 92, 250–68.

Bubenheimer 1989: Ulrich Bubenheimer, *Thomas Müntzer: Herkunft und Bildung*. Leiden: E. J. Brill.

Bubenheimer 1991: Ulrich Bubenheimer, "Andreas Bodenstein genannt Karlstadt (1486–1541)," in Alfred Wendehorst, ed., *Fränkische Lebensbilder*, XIV, 47–64. Neustadt/Aisch: Degener.

Buck and Zophy 1972: L. P. Buck and J. W. Zophy, eds, *The Social History of the Reformation*. Columbus: Ohio State University Press.

Buckwalter 1998: Stephen E. Buckwalter, "Konkubinat und Pfarrerehe in Flugschriften der frühen Reformation," in Bernd Moeller with Stephen Buckwalter, eds, *Die frühe Reformation in Deutschland als Umbruch*, 167–80. Gütersloh: Gütersloher Verlag.

Bujnoch 1988: Josef Bujnoch, ed. and tr., *Die Hussiten: Die Chronik des Laurentius von Brezová 1414–1421*. Graz: Verlag Styria.

Burgess 1980: Joseph A. Burgess, ed., *The Role of the Augsburg Confession: Catholic and Lutheran Views*. Philadelphia: Fortress Press.

Büsser 1968: Fritz Büsser, *Das katholische Zwinglibild: Von der Reformation bis zur Gegenwart*. Zurich.

Büsser 1989: Fritz Büsser, "Zwingli the Exegete: A Contribution to the 450th Anniversary of the Death of Erasmus," in McKee and Armstrong 1989: 175–96.

Cameron 1991: Euan Cameron, *The European Reformation*. Oxford: Clarendon.

Campi 1996: Emidio Campi, "Bernardino Ochino's Christology and 'Mariology' in his Writings of the Italian Period (1538–42)," in Bruce Gordon, ed., *Protestant History and Identity in Sixteenth-Century Europe*, vol. 1, 108–22. Aldershot: Scolar Press.

Cantor 1991: Norman F. Cantor, *Inventing the Middle Ages: The Lives, Works, and Ideas of the Great Medievalists of the Twentieth Century*. New York: William Morrow.

Cargill Thompson 1979: W. D. J. Cargill Thompson, "The Two Regiments: The Continental Setting of William Tyndal's Political Thought," in Baker 1979: 17–33.

Castellio 1975: Sebastian Castellio, *Advice to a Desolate France*. Shepherdstown: Patmos.
Carlson 1998: Eric Josef Carlson, ed., *Religion and the English People 1500–1640: New Voices New Perspectives*. Kirksville: Thomas Jefferson University Press.
Cavendish 1964: George Cavendish, "The Life and Death of Cardinal Wolsey," in Sylvester and Harding 1964: 3–193.
Chafe 1985: Eric T. Chafe, "Luther's Analogy of Faith in Bach's Church Music," *Dialogue* 24, 96–101.
Chatellier 1989: Louis Chatellier, *The Europe of the Devout: The Catholic Reformation and the Formation of a New Society*. Cambridge: Cambridge University Press/Paris: Éditions de la Maison des Sciences de l'Homme.
Chiffoleau 1980: Jacques Chiffoleau, *La Comptabilité de l'Au-delà: Les Hommes, la Mort et la Religion dans la Région d'Avignon à la Fin du Moyen Age (vers 1320–1480)*. Rome: École Française de Rome.
Chrisman 1982: Miriam U. Chrisman, *Lay Culture, Learned Culture: Books and Social Change in Strasbourg 1480–1599*. New Haven: Yale University Press.
Christensen 1996: Carl C. Christensen, "Art," in *OER* 1: 74–80.
Clebsch 1964: William A. Clebsch, *England's Earliest Protestants 1520–1535*. New Haven: Yale University Press.
Clendinnen 2003: Inga Clendinnen, *Ambivalent Conquests: Maya and Spaniard in Yucatan, 1517–1570*, 2nd edn. Cambridge: Cambridge University Press.
Coats 1994: Catherine Randall Coats, "Reactivating Textual Traces: Martyrs, Memory, and the Self in Theodore Beza's Icones (1581)," in Graham 1994: 19–28.
Cochrane 1966: Arthur C. Cochrane, ed., *Reformed Confessions of the Sixteenth Century*. Philadelphia: Westminster.
Cohn 1961: Norman Cohn, *The Pursuit of the Millennium: Revolutionary Messianism in Medieval and Reformation Europe*. New York: Harper Torchbooks.
Collinson 1967: Patrick Collinson, *The Elizabethan Puritan Movement*. Berkeley: University of California Press.
Collinson 1997: Patrick Collinson, "The English Reformation, 1945–1995," in Michael Bentley ed., *Companion to Historiography*. London: Routledge.
Collinson 2002: Patrick Collinson, "Night schools, conventicles and churches: continuities and discontinuities in early Protestant ecclesiology," in Marshall and Ryrie 2002: 209–35.
Comerford and Pabel 2001: Kathleen M. Comerford and Hilmar M. Pabel, eds, *Early Modern Catholicism: Essays in Honour of John W. O'Malley, S.J.* Toronto: University of Toronto Press.
Cosgrove 1993: Richard A. Cosgrove, "English Anticlericalism: A Programmatic Assessment," in Dykema and Oberman 1993: 569–81.
Costa 1989: Milagros Ortega Costa, "Spanish Women in the Reformation," in Marshall 1989, 89–119.
Courvoisier 1963: Jacques Courvoisier, *Zwingli: A Reformed Theologian*. Richmond: John Knox.
Creasman 2002: Allyson F. Creasman, "The Virgin Mary against the Jews: Anti-Jewish Polemic in the Pilgrimage to the Schöne Maria of Regensburg, 1519–25," *SCJ* 33/4, 963–80.

Crew 1978: Phyllis Mack Crew, *Calvinist Preaching and Iconoclasm in the Netherlands 1544–1569*. Cambridge: Cambridge University Press.

Cummings 2002: Brian Cummings, *The Literary Culture of the Reformation: Grammar and Grace*. Oxford: Oxford University Press.

Cunningham and Grell 2000: Andrew Cunningham and Ole Peter Grell, *The Four Horsemen of the Apocalypse: Religion, War, Famine and Death in Reformation Europe*. Cambridge: Cambridge University Press.

Daniell 2000: David Daniell, "William Tyndale, The English Bible, and the English Language," in O'Sullivan 2000: 39–50.

Davis 1977: Kenneth R. Davis, "The Origins of Anabaptism: Ascetic and Charismatic Elements Exemplifying Continuity and Discontinuity," in Lienhard 1977: 27–41.

Davis 1974: Natalie Zemon Davis, "Some Tasks and Themes in the Study of Popular Religion," in Charles Trinkaus and Heiko A. Oberman, eds, *The Pursuit of Holiness in Late Medieval and Renaissance Religion*, 307–36. Leiden: E. J. Brill.

Davis 1976: Natalie Zemon Davis, *Society and Culture in Early Modern France*. Stanford: Stanford University Press.

Day 1994: John T. Day, "William Tracy's Posthumous Legal Problems," in John A. R. Dick and Anne Richardson, eds, *William Tyndale and the Law*. Kirksville: Sixteenth Century Journal Publishers.

De Grouchy 1988: John De Grouchy, ed., *Dietrich Bonhoeffer: Witness to Jesus Christ*. San Francisco: Collins.

Delumeau 1984: Jean Delumeau, *Le Péché et la Peur: La culpabilisation en Occident XIIIe–XVIIIe siècle*. Paris: Fayard.

Delumeau 1989: Jean Delumeau, *Rassurer et protéger: le sentiment de sécurité dans l'Occident d'autrefois*. Paris: Fayard.

DeMolen 1984: Richard L. DeMolen, ed., *Leaders of the Reformation*. Selinsgrove: Susquehanna University Press.

Deppermann 1987: Klaus Deppermann, *Melchior Hofmann: Social Unrest and Apocalyptic Visions in the Age of the Reformation*. Edinburgh: T. & T. Clark.

Deppermann et al. 1975: Klaus Deppermann, Werner Packull, and James Stayer, "From Monogenesis to Polygenesis: The Historical Discussion of Anabaptist Origins," *MQR* 49, 83–121.

Derschowitz 1991: Alan Derschowitz, *Chutzpah*. Boston: Little, Brown.

Dickens 1974: A. G. Dickens, *The German Nation and Martin Luther*. New York: Harper & Row.

Dickens 1982: A. G. Dickens, *Reformation Studies*. London: Hambledon.

Dickens 1987: A. G. Dickens, "The Shape of Anti-clericalism and the English Reformation," in Kouri and Scott 1987: 379–410.

Dickens 1991: A. G. Dickens, *The English Reformation*, 2nd edn. University Park: University of Pennsylvania Press.

Dickens and Tonkin 1985: A. G. Dickens and John M. Tonkin, *The Reformation in Historical Thought*. Cambridge, MA: Harvard University Press.

Diefendorf 1991: Barbara Diefendorf, *Beneath the Cross: Catholics and Huguenots in Sixteenth-Century Paris*. New York: Oxford University Press.

Diefendorf 2004: Barbara Diefendorf, "The Religious Wars in France," in Hsia 2004: 150-68.
Dillenberger 1999: John Dillenberger, *Images and Relics: Theological Perceptions and Visual Images in Sixteenth-Century Europe*. New York: Oxford University Press.
Dixon 1999: C. Scott Dixon, ed., *The German Reformation: The Essential Readings*. Oxford: Blackwell.
Dommen and Bratt 2007: Dommen, Edward and James D. Bratt, eds, *John Calvin Rediscovereed: The Impact of His Social and Economic Thought*. Louisville: Westminster John Knox, 2007.
Douglass 1985: Jane Dempsey Douglas, *Women, Freedom, and Calvin*. Philadelphia: Westminster.
Douglass 1993: Jane Dempsey Douglas, "A Report on Anticlericalism in Three French Women Writers 1404-1549," in Dykema and Oberman 1993: 243-56.
Dowey 1994: Edward A. Dowey, Jr, *The Knowledge of God in Calvin's Theology*, expanded edn. Grand Rapids: Eerdmans.
Duchrow 1987: Ulrich Duchrow, *Global Economy: A Confessional Issue for the Churches?* Geneva: World Council of Churches.
Duffy 1992: Eamon Duffy, *The Stripping of the Altars: Traditional Religion in England 1400-1580*. New Haven: Yale University Press.
Duke, 1992: Alastair Duke, "The Netherlands," in Pettegree 1992: 142-65.
Duke et al. 1992: Alastair Duke, G. Lewis, and A. Pettegree, eds and trs, *Calvinism in Europe 1540-1610: A Collection of Documents*. Manchester: Manchester University Press.
Dykema and Oberman 1993: Peter A. Dykema and Heiko A. Oberman, eds, *Anticlericalism in Late Medieval and Early Modern Europe*. Leiden: E. J. Brill.
Ebeling 1964: Gerhard Ebeling, *Luther: Einführung in sein Denken*. Tübingen: Mohr.
Ebeling 1970: Gerhard Ebeling, *Luther: An Introduction to his Thought*, tr. by R. A. Wilson. Philadelphia: Fortress Press.
Edwards 1988: John Edwards, *The Jews in Christian Europe 1400-1700*. London: Routledge.
Edwards 1975: Mark U. Edwards, Jr, *Luther and the False Brethren*. Stanford: Stanford University Press.
Edwards 1983: Mark U. Edwards, Jr, *Luther's Last Battles: Politics and Polemics 1531-46*. Ithaca: Cornell University Press.
Edwards 1994: Mark U. Edwards, Jr, *Printing, Propaganda, and Martin Luther*. Berkeley: University of California Press.
Ehmann 2007: Johannes Ehmann, "Türken und Islam – Luthers theologische Unterscheidung. Überlegung zu ihrer Aktualität," *Luther* 78/2 (2007), 89-94.
Eire 1979: Carlos M. N. Eire, "Calvin and Nicodemism: A Reappraisal," *SCJ* 10/1, 45-69.
Eire 1986: Carlos M. N. Eire, *War Against the Idols: the Reformation of Worship from Erasmus to Calvin*. Cambridge: Cambridge University Press.
Eire 1995: Carlos M. N. Eire, *From Madrid to Purgatory: The art and craft of dying in sixteenth-century Spain*. Cambridge: Cambridge University Press.
Eisenstadt 1968: S. N. Eisenstadt, ed., *The Protestant Ethic and Modernization: A Comparative View*. New York: Basic.

Eisenstein 1979: Elizabeth L. Eisenstein, *The Printing Press as an Agent of Change: Communications and Cultural Transformations in Early Modern Europe*. Cambridge: Cambridge University Press.

Elton 1966: G. R. Elton, *Reformation Europe 1517–1559*. New York: Harper & Row.

Elton 1967: G. R. Elton, *The Practice of History*. New York: Thomas Crowell.

Elton 1969: G. R. Elton, *England Under the Tudors*. London: Methuen.

Elton 1977: Geoffrey R. Elton, "Thomas Cromwell Redivivus," *ARG* 68, 192–208.

Elton 1990: G. R. Elton, ed., *The Reformation 1520–1559*, 2nd edn (New Cambridge Modern History, 14). Cambridge: Cambridge University Press.

Elwood 1999: Christopher Elwood, *The Body Broken: The Calvinist Doctrine of the Eucharist and the Symbolization of Power in Sixteenth-Century France*, New York: Oxford University Press.

Elwood 2002: Christopher Elwood, *Calvin for Armchair Theologians*. Louisville: Westminster John Knox.

Erasmus 1968: *The Julius Exclusus of Erasmus*, tr. Paul Pascal; intro. and notes J. Kelley Sowards. Bloomington: Indiana University Press.

Erikson 1958: Erik H. Erikson, *Young Man Luther: A Study in Psychoanalysis and History*. New York: Norton.

Evennett 1965: H. Outram Evennett, "The Counter-Reformation," in Hurstfield 1965: 58–71.

Evennett 1970: H. Outram Evennett, *The Spirit of the Counter-Reformation*, ed. with postscript John Bossy. Notre Dame: University of Notre Dame Press.

Fenlon 1971: Dermot Fenlon, *Heresy and Obedience in Tridentine Italy: Cardinal Pole and the Counter Reformation*. Cambridge: Cambridge University Press.

Fichtner 1989: Paula Fichtner, *Protestantism and Primogeniture in Early Modern Germany*. New Haven: Yale University Press.

Firpo 2004: Massimo Firpo, "The Italian Reformation," in Hsia 2004: 169–84.

Fischer 1983: Robert H. Fischer, "Doctor Martin Luther, Churchman. A Theologian's Viewpoint," in Brooks 1983, 77–103.

Fischer 1982: Wolfram Fischer, *Armut in der Geschichte*. Gottingen: Vandenhoeck & Ruprecht.

Ferguson 1948: Wallace K. Ferguson, *The Renaissance in Historical Thought: Five Centuries of Interpretation*. Cambridge, MA: Houghton Mifflin.

Frankfurter 1987: A. Daniel Frankfurter, "Elizabeth Bowes and John Knox: A Woman and Reformation Theology," *CH* 56, 333–47.

Friede and Keen 1971: Juan Friede and Benjamin Keen, eds, *Bartolomé de Las Casas in History: Towards an Understanding of the Man and His Work*. Dekalb: Northern Illinois University Press.

Friedman 1987: Jerome Friedman, "Jewish Conversion, the Spanish Pure Blood Laws and Reformation: A Revisionist View of Racial and Religious Antisemitism," *SCJ* 18, 3–30.

Friedman 1992: Jerome Friedman, "Jews and New Christians in Reformation Europe," in Maltby 1992: 129–57.

Fuchs 2006: Martina Fuchs, "Martin Luther – Protagonist moderner deutscher Literatur?" *Lutherjahrbuch* 73 (2006), 171–94.

Furcha 1985: E. J. Furcha, ed., *Huldrych Zwingli, 1484–1531: A Legacy of Radical Reform*. Montreal: McGill University Press.
Furcha 1995: E. J. Furcha, tr. and ed., *The Essential Carlstadt:Fifteen Tracts by Andreas Bodenstein (Carlstadt) from Karlstadt*, Waterloo: Herald Press.
Furey 2005: Constance M. Furey, "Invective and Discernment in Martin Luther, D. Erasmus, and Thomas More," *Harvard Theological Review* 98/4, 469–88.
Gäbler 1983: Ulrich Gäbler, *Huldrych Zwingli: Leben und Werk*. Munich: C. H. Beck. Eng. trans. *Huldrych Zwingli: His Life and Work*. Philadelphia: Fortress Press, 1986.
Gadamer 1975: Hans-Georg Gadamer, *Truth and Method*. New York: Continuum.
Galpern 1974: A. N. Galpern, "Late Medieval Piety in Sixteenth-Century Champagne," in Charles Trinkaus and Heiko A. Oberman, eds, *The Pursuit of Holiness in Late Medieval and Renaissance Religion*, 141–76. Leiden: E. J. Brill.
Garnett, 1994. George Garnett, ed. and tr., *Vindiciae, Contra Tyrannos*. Cambridge: Cambridge University Press.
Garside 1966: Charles Garside, *Zwingli and the Arts*. New Haven: Yale University Press.
Geisser et al. 1982: Hans Friedrich Geisser et al., *Weder Ketzer noch Heiliger: Luthers Bedeutung für den Ökumenischen Dialog*. Regensburg: Pustet.
George 1988: Timothy George, *Theology of the Reformers*. Nashville: Broadman.
George 1990: Timothy George, ed., *John Calvin and the Church: A Prism of Reform*. Louisville: Westminster/John Knox.
Gerrish 1967a: B. A. Gerrish, ed., *Reformers in Profile: Advocates of Reform 1300–1600*. Philadelphia: Fortress Press.
Gerrish 1967b: B. A. Gerrish, "John Calvin," in Gerrish 1967a: 142–64.
Gerrish 1968: B. A. Gerrish, "John Calvin on Luther," in Pelikan 1968: 67–96.
Gerrish 1992: Brian A. Gerrish, "The Lord's Supper in the Reformed Confessions," in Donald K. McKim, ed., *Major Themes in the Reformed Tradition*, 245–58. Grand Rapids: Eerdmans.
Gerrish 1993: B. A. Gerrish, *Grace and Gratitude: The Eucharistic Theology of John Calvin*. Minneapolis: Fortress Press.
Gilmont 1996: Jean-François Gilmont, "Books of Martyrs," in Hillerbrand 1996: I, 195–200.
Ginzburg 1982: Carlo Ginzburg, *The Cheese and the Worms: The Cosmos of a Sixteenth-Century Miller*. New York: Penguin.
Ginzburg 1985: Carlo Ginzburg, *Night Battles: Witchcraft and Agrarian Cults in the Sixteenth and Seventeenth Centuries*. New York: Penguin.
Gleason 1978: Elizabeth G. Gleason, "On the Nature of Sixteenth-Century Italian Evangelism: Scholarship, 1953–1978," *SCJ* 9, 3–25.
Gleason 1981: Elizabeth G. Gleason, ed. and tr., *Reform Thought in Sixteenth-Century Italy*. Chico: Scholars.
Gleason 1993: Elizabeth G. Gleason, "Sixteenth-Century Italian Spirituality and the Papacy," in Dykema and Oberman 1993: 299–307.
Goertz 1967: Hans-Jürgen Goertz, *Innere und Äussere Ordnung in der Theologie Thomas Müntzers*. Leiden: E. J. Brill.
Goertz 1982: Hans-Jürgen Goertz, ed., *Profiles of Radical Reformers: Biographical Sketches from Thomas Müntzer to Paracelsus*. Kitchener: Herald.

Goertz 1987: Hans-Jürgen Goertz, *Pfaffenhass und gross Geschrei: Die reformatorischen Bewegungen in Deutschland 1517–1529*. Munich: C. H. Beck.
Goertz 1988: Hans-Jürgen Goertz, *Die Täufer: Geschichte und Deutung*. Berlin: Evangelische Verlagsanstalt.
Goertz 1993a: Hans-Jürgen Goertz, *Religiöse Bewegungen in der frühen Neuzeit*. Munich: Oldenbourg.
Goertz 1993b: Hans-Jürgen Goertz, *Thomas Müntzer: Apocalyptic Mystic and Revolutionary*. Edinburgh: T. & T. Clark.
Goertz 2004: Hans-Jürgen Goertz, "Radical Religiosity in the German Reformation," in Hsia 2004: 70–85.
Gordon 1996a: Bruce Gordon, ed., *Protestant History and Identity in Sixteenth-Century Europe*, vol. 1. Aldershot: Scolar Press.
Gordon 1996b: Bruce Gordon, "'This Worthy Witness of Christ': Protestant Uses of Savonarola in the Sixteenth Century," in Gordon, 1996a: 93–107.
Gordon 1996c: Bruce Gordon, ed., *Protestant History and Identity in Sixteenth-Century Europe*, vol. 2, Aldershot: Scolar Press.
Gordon 2002: Bruce Gordon, *The Swiss Reformation*. Manchester: Manchester University Press.
Gordon and Marshall 2000: Bruce Gordon and Peter Marshall, eds, *The Place of the Dead Death and Remembrance in Later Medieval and Early Modern Europe*. Cambridge: Cambridge University Press.
Gottfried 1983: Robert S. Gottfried, *The Black Death. Natural and Human Disaster in Medieval Europe*. New York: The Free Press.
Graham 1994: W. Fred Graham, ed., *Later Calvinism: International Perspectives*. Kirksville: Sixteenth Century Publishers.
Graham 2000: Michael F. Graham, "Scotland," in Pettegree 2000: 410–30.
Grane 1987: Leif Grane, *The Augsburg Confession: A Commentary*. Minneapolis: Augsburg.
Grane 1994: Leif Grane, *Martinus Noster: Luther in the German Reform Movement 1518–1521*. Mainz: Zabern.
Graus 1969: Frantisek Graus, "Das Spätmittelalter als Krisenzeit: Ein Literaturbericht als Zwischenbilanz," *Mediaevalia Bohemica* (Supplement I), Prague.
Graus 1971: Frantisek Graus, "The Crisis of the Middle Ages and the Hussites," in Ozment 1971: 76–103.
Graus 1993: Frantisek Graus, "The Church and its Critics in Time of Crisis," in Dykema and Oberman 1993: 65–81.
Gray 1983: Janet Gray, "The Origin of the Word Huguenot," *SCJ* 14, 349–59.
Green 1959: Robert W. Green, ed., *Protestantism and Capitalism: The Weber Thesis and its Critics*. Lexington: D. C. Heath.
Greengrass 1987: Mark Greengrass, *The French Reformation*. Oxford: Blackwell.
Gregory 1999: Brad S. Gregory, *Salvation at Stake: Christian Martyrdom in Early Modern Europe*. Cambridge: Harvard University Press.
Grell 1994: Ole Peter Grell, "Merchants and Ministers: The Foundations of International Calvinism," in Pettegree et al. 1994, 254–73.

Grell and Cunningham 1997: Ole Peter Grell and Andrew Cunningham, eds, *Health Care and Poor Relief in Protestant Europe 1500–1700*. London: Routledge.
Greyerz 1985: Kaspar von Greyerz, "Stadt und Reformation: Stand und Aufgaben der Forschung," *ARG* 76, 6–63.
Grimm 1973: Harold J. Grimm, *The Reformation Era 1500–1650*. New York: Macmillan.
Gritsch 1983: Eric W. Gritsch, *Martin – God's Court Jester: Luther in Retrospect*. Philadelphia: Fortress Press.
Gritsch 1989: Eric W. Gritsch, *Thomas Müntzer: A Tragedy of Errors*. Minneapolis: Fortress Press.
Gritsch 1990: Eric W. Gritsch, "Joseph Lortz's Luther: Appreciation and Critique," *ARG* 81, 32–49.
Gritsch and Jenson 1976: Eric W. Gritsch and Robert W. Jenson, *Lutheranism: The Theological Movement and Its Confessional Writings*. Philadelphia: Fortress Press.
Grossmann 1975: Maria Grossmann, *Humanism in Wittenberg 1485–1517*. Nieuwkoop: B. De Graaf.
Guggisberg and Krodel 1993: Hans R. Guggisberg and Gottfried Krodel, eds, *The Reformation in Germany and Europe: Interpretations and Issues* (*ARG* special volume). Güitersloh: Gutersloher Verlagshaus.
Hagen 1974: Kenneth Hagen, *A Theology of Testament in the Young Luther: The Lectures on Hebrews*. Leiden: E. J. Brill.
Hagen 1999: Kenneth Hagen, "Luther's So-Called *Judenschriften*: A Genre Approach," *ARG* 90 (1999), 130–57.
Haigh 1987: Christopher Haigh, ed., *The English Reformation Revised*. Cambridge: Cambridge University Press.
Haigh 1993: Christopher Haigh, *English Reformations: Religion, Politics, and Society under the Tudors*. Oxford: Clarendon.
Haigh 2004: Christopher Haigh, "The Reformation in England to 1603," in Hsia 2004: 135–49.
Haile 1980: H. G. Haile, *Luther: An Experiment in Biography*. Princeton: Princeton University Press.
Hall 1979: Basil Hall, "The Early Rise and Gradual Decline of Lutheranism in England (1520–1600)," in Baker 1979: 103–31.
Hall 1994: Basil Hall, "Martin Bucer in England," in Wright 1994: 144–60.
Hallmann 1985: Barbara Hallmann, *Italian Cardinals, Reform, and the Church as Property*. Berkeley: University of California Press.
Hamm 1988: Berndt Hamm, *Zwinglis Reformation der Freiheit*. Neukirchen-Vluyn: Neukirchener Verlag.
Hamm 1999: Berndt Hamm, "What was the Reformation Doctrine of Justification?" in Dixon 1999: 53–90.
Hamm, Moeller, and Wendebourg 1995: Berndt Hamm, Bernd Moeller, and Dorothea Wendebourg, *Reformationstheorien. Ein kirchenhistoriker Disput über Einheit und Vielfalt der Reformation*. Göttingen: Vandenhoeck & Ruprecht.
Hanawalt and Lindberg 1994: Emily Albu Hanawalt and Carter Lindberg, eds, *Through the Eye of a Needle: Judeo-Christian Roots of Social Welfare*. Kirksville: Thomas Jefferson University Press.

Hanke 1974: Lewis Hanke, *All Mankind is One: A Study of the Disputation between Bartolomé de Las Casas and Juan Cine's de Sepulveda in 1550 on the Intellectual and Religious Capacity of the American Indians*. Dekalb: Northern Illinois University Press.

Hauschild 1981: Wolf-Dieter Hauschild, *Lübecker Kirchenordnung von Johannes Bugenhagen 1531*. Lübeck: Schmidt-Romhild. (Asterisked references in the text indicate primary text; non-asterisked references indicate Hauschild's commentary.)

Headley 1987: John M. Headley, "The Reformation as Crisis in the Understanding of Tradition," *ARG* 78, 5–23.

Heal 2003: Felicity Heal, *Reformation in Britain and Ireland*, Oxford: Oxford University Press.

Healey 1994: Robert M. Healey, "Waiting for Deborah: John Knox and Four Ruling Queens," *SCJ* 25, 371–86.

Heck 1997: Christian Heck, *L'Échelle Céleste dans l'Art du Moyen Âge. Un Histoire de la Quête du Ciel*. Paris: Flammarion.

Held and Hoyer 2004: Wieland Held and Siegfried Hoyer, eds, *Quellen zu Thomas Müntzer*, vol. 3, *Thomas-Müntzer-Ausgabe. Kritische Gesamtausgabe*, ed. by Helmar Junghans, Leipzig: Verlag der Sächsischen Akademie der Wissenschaften zu Leipzig.

Hendrix 1981: Scott Hendrix, *Luther and the Papacy: Stages in a Reformation Conflict*. Philadelphia: Fortress Press.

Hendrix 1990: Scott Hendrix, "Toleration of the Jews in the German Reformation: Urbanus Rhegius and Braunschweig (1535–1540)," *ARG* 81, 189–215.

Hendrix 1993: Scott Hendrix, "Considering the Clergy's Side: A Multilateral View of Anticlericalism," in Dykema and Oberman, 1993: 449–59.

Hendrix 1994: Scott Hendrix, "Loyalty, Piety, or Opportunism: German Princes and the Reformation," *Journal of Interdisciplinary History* 25, 211–24.

Hendrix 2000: Scott Hendrix, "Rerooting the Faith: The Reformation as Re-Christianization," *CH* 69/3, 558–77.

Hendrix 2004a: Scott Hendrix, *Recultivating the Vineyard: The Reformation Agendas of Christianization*. Louisville: Westminster John Knox Press.

Hendrix 2004b: Scott Hendrix, "Review Essay: Reflections of a Frustrated Film Consultant," *SCJ* 35/3, 811–14.

Héritier 1967: Jean Héritier, "The Massacre of St Bartholomew: Reason of State and Ideological Conflict," in Salmon 1967: 48–53.

Hertzsch 1957: Erich Hertzsch, ed., *Karlstadts Schriften aus den Jahren 1523–25*, 2 vols. Halle [Saale]: Niemeyer.

Hickerson 2004: Megan L. Hickerson, "Gospelling Sisters 'goinge up and downe': John Foxe and Disorderly Women," *SCJ* 35/4, 1035–51.

Hickerson 2005: Megan L. Hickerson, *Making Women Martyrs in Tudor England*. Basingstoke: Palgrave Macmillan.

Higman 1984: Francis Higman, "Les traductions françaises de Luther, 1524–1550," in J-F. Gilmont, ed., *Palaestra typographica*, 11–56. Aubel: Geson.

Higman 1992: Francis Higman, *La Diffusion de la Réforme en France 1520–1565*. Geneva: Labor et Fides.

Higman 1993: Francis Higman, "Bucer et les Nicodemites," in Krieger and Lienhard 2: 644–58.
Hildebrandt 1980: Esther Hildebrandt, "The Magdeburg Bekenntnis on a Possible Link between German and English Resistance Theory in the Sixteenth Century," *ARG* 71, 227–53.
Hillerbrand 1964: Hans J. Hillerbrand, ed., *The Reformation: A Narrative History Related by Contemporary Observers and Participants.* New York: Harper & Row.
Hillerbrand 1986: Hans J. Hillerbrand, ed., *Radical Tendencies in the Reformation: Divergent Perspectives.* Kirksville: Sixteenth Century Journal Publishers.
Hillerbrand 1993: Hans J. Hillerbrand, "'The Radical Reformation': Reflections on the Occasion of an Anniversary," *MQR* 67, 408–20.
Hillerbrand 1996: Hans J. Hillerbrand, ed., *The Oxford Encyclopedia of the Reformation*, 4 vols. New York: Oxford University Press.
Hillerbrand 2003: "Was There a Reformation in the Sixteenth Century?" *CH* 72/3, 525–52.
Hillerbrand 2007: *The Division of Christendom. Christianity in the Sixteenth Century.* Louisville: Westminster John Knox.
Hinson 1976: Edward Hinson, ed., *Introduction to Puritan Theology: A Reader.* Grand Rapids: Baker Book House.
Hofmann 1983: Werner Hofmann, ed., *Luther und die Folgen für die Kunst.* Munich: Prestel-Verlag.
Hofstadter 1968: Richard Hofstadter, *The Progressive Historians.* New York: Knopf.
Holbor 1961: Hajo Holborn, *A History of Modern Germany: The Reformation.* New York: Knopf.
Homza 2006: Lu Ann Homza, ed. and tr., *The Spanish Inquisition 1478–1614: An Anthology of Sources.* Indianopis: Hackett Publishing Company.
Hoss 1963: Irmgard Hoss, "Zur Genesis der Widerstandslehre Bezas," *ARG* 54, 198–214.
Hsia 1987: R. Po-chia Hsia, "The Myth of the Commune: Recent Historiography on City and Reformation in Germany," *Central European History* 20, 203–15.
Hsia 1988: R. Po-chia Hsia, ed., *The German People and the Reformation.* Ithaca: Cornell University Press.
Hsia 1989: R. Po-chia Hsia, *Social Discipline in the Reformation: Central Europe 1550–1750.* London: Routledge.
Hsia 1998: R. Po-chia Hsia, *The World of Catholic Renewal 1540–1770.* Cambridge: Cambridge University Press.
Hsia 2004: R. Po-chia Hsia, ed., *A Companion to the Reformation World.* Oxford: Blackwell.
Hudson 1988: Anne Hudson, *The Premature Reformation: Wycliffite Texts and Lollard History.* Oxford: Clarendon.
Hughes 1966: Philip E. Hughes, *The Register of the Company of Pastors in the Time of Calvin.* Grand Rapids: Eerdmans.
Hughes 1984: Philip E. Hughes, *Lefèvre: Pioneer of Ecclesiastical Renewal in France.* Grand Rapids: Eerdmans.
Huizinga 1956: Johan Huizinga, *The Waning of the Middle Ages: A Study of the Forms of Life, Thought and Art in France and the Netherlands in the Dawn of the Renaissance.* Garden City: Doubleday Anchor.

Hurstfield 1965: Joel Hurstfield, ed., *The Reformation Crisis*. London: Edward Arnold.
Irwin 1993: Joyce L. Irwin, *Neither Voice nor Heart Alone: German Lutheran Theology of Music in the Age of the Baroque*. New York: Peter Lang.
Iserloh 1968: Erwin Iserloh, *The Theses Were Not Posted: Luther Between Reform and Reformation*, tr. Jared Wicks, SJ. Boston: Beacon.
Iserloh et al. 1986: Erwin Iserloh, Joseph Glazik, and Hubert Jedin, eds, *Reformation and Counter Reformation* (*History of the Church*, ed. Hubert Jedin and John Dolan, V). New York: Crossroad.
Ishida 1984: Yoshiro Ishida, "Luther the Pastor," in Lindberg 1984: 27–37.
Jackson 1972: Samuel Macauley Jackson, ed., *Ulrich Zwingli (1484–1531): Selected Works*. Philadelphia: University of Pennsylvania Press (repr.; first publ. 1901).
Jackson 1987: Samuel Macauley Jackson, ed., *Ulrich Zwingli: Early Writings*. Durham: Labyrinth (repr.; first publ. 1912).
Janz 1982: Denis Janz, *Three Reformation Catechisms: Catholic, Anabaptist, Lutheran*. New York/Toronto: Edwin Mellon.
Jedin 1957: Hubert Jedin, *A History of the Council of Trent*, 2 vols. St Louis: B. Herder.
Jedin 1973: Hubert Jedin, "Katholische Reformation oder Gegenreformation?" in Ernst Walter Zeeden, ed., *Gegenreformation* (Wege der Forschung, CCCXI), 46–81. Darmstadt: Wissenschaftliches Buchgesellschaft.
Joestel 1992: Volkmar Joestel, *Legenden um Martin Luther und andere Geschichten Aus Wittenberg*. Berlin: Schelzky & Jeep.
Joestel 1996: Volkmar Joestel, "Einleitung: Die Gans und der Schwan. Eine Allegorie auf Jan Hus und Martin Luther," in *Luther mit dem Schwan – Tod und Verklärung eines grossen Mannes*, Katalog zur Ausstellung in der Lutherhalle Wittenberg, 9–12. Berlin: Schelzky & Jeep.
Johnson 1977: Roger Johnson, ed., *Psychohistory and Religion: The Case of Young Man Luther*. Philadelphia: Fortress Press.
Johnson 2006: Trevor Johnson, "The Catholic Reformation," in Ryrie 2006a: 190–211.
Jones 2004: Ken Sundet Jones, "Luther at the Movies," *LQ* 18/3, 342–47.
Jones 1998: Norman Jones, "Negotiating the Reformation," in Carlson 1998: 273–80.
Jung 2002: Martin H. Jung, *Nonnen, Prophetinnen, Kirchenmütter. Kirchen- und Frömmigkeitsgeschichtliche Studien zu Frauen der Reformationszeit*, Leipzig: Evangelisches Verlagsanstalt.
Junghans 1983: Helmar Junghans, ed., *Leben und Werk Martin Luthers von 1526 bis 1546: Festgabe zu seinen 500. Geburtstag*, 2 vols. Berlin: Evangelische Verlagsanstalt.
Junghans 1984: Helmar Junghans, *Der junge Luther und die Humanisten*. Weimar: Hermann Bohlaus Nachfolger.
Junghans 2003: Helmar Junghans, "Luther's Wittenberg," in McKim 2003: 20–35.
Jütte 1988: Robert Jütte, *Abbild und soziale Wirklichkeit des Bettler-und Gaunertums zu Beginn der Neuzeit*. Cologne: Bohlau.
Jütte 1994: Robert Jütte, *Poverty and Deviance in Early Modern Europe*. Cambridge: Cambridge University Press.
Kamen 1985: Henry Kamen, *Inquisition and Society in Spain in the Sixteenth and Seventeenth Centuries*. Bloomington: Indiana University Press.

Kamen 1998: Henry Kamen, *The Spanish Inquisition: A Historical Revision*, New Haven: Yale University Press.
Kammerling 2006: Joy Kammerling, "Andreas Osiander, the Jews, and Judaism," in Bell and Burnett 2006: 219–47.
Kandler 1993: Karl-Hermann Kandler, "Luther und der Koran," *Luther* 64, 3–9.
Kaplan, 1994. Benjamin Kaplan, ,"'Remnants of the Papal Yoke': Apathy and Opposition in the Dutch Reformation," *SCJ* 25 (1994), 653–69.
Karant-Nunn 1982: Susan Karant-Nunn, "Continuity and Change: Some Aspects of the Reformation on the Women of Zwickau," *SCJ* 13, 17–42.
Karant-Nunn 1989: Susan Karant-Nunn, "The Women of the Saxon Silver Mines," in Marshall 1989: 29–46.
Karant-Nunn 1997: Susan Karant-Nunn, *Reformation of Ritual: An Interpretation of Early Modern Germany*. London: Routledge.
Karant-Nunn and Wiesner-Hanks 2003: Susan Karant-Nunn and Merry Wiesner-Hanks, eds, *Luther on Women. A Sourcebook*. Cambridge: Cambridge University Press.
Karant-Nunn, et al. 2006: Susan Karant-Nunn, et al., "Focal Point/Themeschwerpunkt: Post-Confessional Reformation History," *ARG* 97, 276–306.
Karlstadt 1522: *Von Abtuhung der Bilder und das keyn Bedtler unthen den Christen seyn sollen*, ed. Hans Lietzmann. Bonn: Kleine Texte, no. 74.
Karlstadt 1980: *Andreas Bodenstein von Karlstadt: 500-Jahr-Feier. Festschrift der Stadt Karlstadt zum Jubiliiumsjahr 1980*. Karlstadt.
Kaufmann 2002: Thomas Kaufmann, "Die Reformation als Epoche?" *Verkündigung und Forschung* 47/2, 49–63.
Kaufmann 2006: Thomas Kaufmann, "Luther and the Jews," in Bell and Burnett 2006: 69–104.
Kidd 1941: B. J. Kidd, ed., *Documents Illustrative of the History of the Church*. New York: Macmillan.
King 2004: John N. King, ed., *Voices of the English Reformation: A Sourcebook*. Philadelphia: University of Pennsylvania Press.
Kingdon 1956: Robert M. Kingdon, *Geneva and the Coming of the Wars of Religion in France, 1555 1563*. Geneva: Droz.
Kingdon 1967: Robert M. Kingdon, *Geneva and the Consolidation of the French Protestant Movement, 1564–1572*. Geneva: Droz.
Kingdon 1972: Robert M. Kingdon, "The Control of Morals in Calvin's Geneva," in Buck and Zophy 1972: 3–16.
Kingdon 1973: Robert M. Kingdon, "Calvinism and Democracy," in John H. Bratt, ed., *The Heritage of John Calvin*, 172–92. Grand Rapids: Eerdmans.
Kingdon 1974: Robert M. Kingdon, ed., *Transition and Revolution: Problems and Issues of European Renaissance and Reformation History*. Minneapolis: Burgess.
Kingdon 1988: Robert M. Kingdon, *Myths about the St Bartholomew's Day Massacres, 1572–1576*. Cambridge, MA: Harvard University Press.
Kingdon 1991: Robert M. Kingdon, "Popular Reactions to the Debate between Bolsec and Calvin," in Spijker 1991: 138–45.

Kingdon 1993a: Robert M. Kingdon, "Social Control and Political Control in Calvin's Geneva," in Guggisberg and Krodel 1993, 521–32.
Kingdon 1993b: Robert M. Kingdon, "Calvinist Discipline in the Old World and the New," in Guggisberg and Krodel, 1993: 665–79.
Kingdon 1994: Robert M. Kingdon, "The Geneva Consistory in the Time of Calvin," in Pettegree et al. 1994: 21–34.
Kingdon 1995: Robert M. Kingdon, *Adultery and Divorce in Calvin's Geneva*. Cambridge, MA: Harvard University Press.
Kingdon 2007: Robert M. Kingdon, "Calvin and Church Discipline," in Dommen and Bratt 2007: 25–31.
Kittelson 1976: James M. Kittelson, "Humanism and the Reformation in Germany," *Central European History* 9, 303–22.
Kittelson 1982: James Kittelson, "Successes and Failures in the German Reformation: The Report from Strasbourg," *ARG* 73, 153–74.
Kittelson 1985: James Kittelson, "Visitations and Popular Religious Culture: Further Reports from Strasbourg," in Kyle C. Sessions and Phillip N. Bebb, eds, *Pietas et Societas: New Trends in Reformation Social History. Essays in Memory of Harold J. Grimm*, 89–101. Kirksville: Sixteenth Century Journal Publishers.
Kittelson 1986: James M. Kittelson, *Luther the Reformer: The Story of the Man and His Career*. Minneapolis: Augsburg.
Klaasen 1981: Walter Klaasen, ed., *Anabaptism in Outline: Selected Primary Sources*. Waterloo: Herald.
Klaasen 1993: Walter Klaasen, "From the Pillars of Hercules to the Gates of Alexander: George H. Williams and The Radical Reformation," *MQR* 67, 421–8.
Koenigsberger 1990: H. G. Koenigsberger, "The Empire of Charles V in Europe," in Elton 1990: 339–76.
Koenigsberger 1994: H. G. Koenigsberger, "The Politics of Philip II," in Thorp & Slavin 1994: 171–89.
Kolb 1987: Robert Kolb, *For All the Saints: Changing Perceptions of Martyrdom and Sainthood in the Lutheran Reformation*. Macon: Mercer University Press.
Kolb 1999: Robert Kolb, *Martin Luther as Prophet, Teacher, and Hero. Images of the Reformer, 1520–1620*. Grand Rapids: Baker.
Kolb 2008: Robert Kolb, *Martin Luther: Pastor, Professor, Confessor*, Oxford: Oxford University Press.
Kolb and Wengert 2000: Robert Kolb and Timothy J. Wengert, eds, *The Book of Concord. The Confessions of the Evangelical Lutheran Church*. Minneapolis: Fortress Press.
Kouri 1987: E. I. Kouri, "For True Faith or National Interest? Queen Elizabeth I and the Protestant Powers," in Kouri and Scott 1987: 411–36.
Kouri and Scott 1987: E. I. Kouri and Tom Scott, eds, *Politics and Society in Reformation Europe: Essays for Sir Geoffrey Elton on his Sixty-Fifth Birthday*. New York: St Martin's.
Krieger and Lienhard 1993: Christian Krieger and Marc Lienhard, eds, *Martin Bucer and Sixteenth-Century Europe*, 2 vols. Leiden: E. J. Brill.

Kühne 2001: Hartmut Kühne, "'… je Stück einhundert Tage Ablass,' Reliquien und Ablasspraxis in Mitteldeutschland," in Peter Freybe, ed., *"Gott hat noch nicht genug Wittenbergisch Bier getrunken." Alltagsleben zur Zeit Martin Luthers*. Wittenberg: Drei-Kastanien-Verl.

Las Casas 2003: Bartolomé de Las Casas, *An Account, Much Abbreviated, of the Destruction of the Indies, with Related Texts*, Franklin W. Knight, ed., Andrew Hurley, tr. Indianoplis: Hackett.

Laube 1983: Adolf Laube, ed., *Flugschriften der frühen Reformationsbewegung*, 2 vols. Vaduz: Topos.

Laube 1986: Adolf Laube, "Radicalism as a Research Problem in the History of the Early Reformation," in Hillerbrand 1986: 9–23.

Le Goff 1981: Jacques Le Goff, *La naissance du Purgatoire*. Paris: Gallimard.

Le Goff 1988a: Jacques Le Goff, *Medieval Civilization 400–1500*. Oxford: Blackwell.

Le Goff 1988b: Jacques Le Goff, *Your Money or Your Life. Economy and Religion in the Middle Ages*, New York: Zone Books.

Leaver 1990: Robin A. Leaver, "Lutheran Vespers as a Context for Music," in Paul Walker, ed., *Church, Stage, and Studio: Music and Its Contexts in Seventeenth-Century Germany*, 143–61. Ann Arbor: UMI Research Press.

Leaver 2007: Robin A. Leaver, *Luther's Liturgical Music: Principles and Implications*. Grand Rapids: Eerdmans.

Lee 1985: Robert E. A. Lee, "Bach's Living Music of Death," *Dialogue* 24, 102–6.

Leff 1971: Gordon Leff, *History and Social Theory*. New York: Doubleday Anchor.

Leith 1989: John H. Leith, *John Calvin's Doctrine of the Christian Life*. Louisville: Westminster John Knox.

Leonard 2005: Amy Leonard, *Nails in the Wall: Catholic Nuns in Reformation Germany*. Chicago: University of Chicago Press.

Leppin 2007: Volker Leppin, "Geburtswehen und Geburt einer Legende. Zu Rörers Notiz vom Thesenanschlag," *Luther* 78/3, 145–50.

Lesnick 1989: Daniel Lesnick, *Preaching in Medieval Florence: The Social World of Franciscan and Dominican Spirituality*. Athens: University of Georgia Press.

Lestringant 1995: Frank Lestringant, "Geneva and America in the Renaissance: The Dream of The Huguenot Refuge 1555–1600," *SCJ* 26/2 (1995), 285–95.

Lewis 2001: Mark A. Lewis, "Recovering the Apostolic Way of Life: The New Clerks Regular of the Sixteenth Century," in Comerford and Pabel 2001: 280–96.

Lienhard 1977: Marc Lienhard, ed., *The Origins and Characteristics of Anabaptism/Les Débuts et les characteristiques de l'Anabaptisme*. The Hague: Nijhoff.

Lietzmann 1912: Hans Lietzmann, ed., *Johannes Bugenhagens Braunschweiger Kirchenordnung 1528*. Bonn: Marcus & Weber.

Lindberg 1972: Carter Lindberg, "Prierias and his Significance for Luther's Development," *SCJ* 3, 45–64.

Lindberg 1977: Carter Lindberg, "'There Should Be No Beggars Among Christians': Karlstadt, Luther, and the Origins of Protestant Poor Relief," *CH* 46, 313–34.

Lindberg 1979: Carter Lindberg, "Karlstadt's Dialogue on the Lord's Supper," *MQR* 53, 35–77.
Lindberg 1983: Carter Lindberg, *The Third Reformation? Charismatic Movements and the Lutheran Tradition*. Macon: Mercer University Press.
Lindberg 1984: Carter Lindberg, ed., *Piety, Politics, and Ethics: Reformation Studies in Honor of George Wolfgang Forell*. Kirksville: Sixteenth Century Journal Publishers.
Lindberg 1993: Carter Lindberg, *Beyond Charity: Reformation Initiatives for the Poor*. Minneapolis: Fortress Press.
Lindberg 1994: Carter Lindberg, "Tainted Greatness: Luther's Attitudes toward Judaism and their Historical Reception," in Nancy Harrowitz, ed., *Tainted Greatness: Antisemitism and Cultural Heroes*, 15–35. Philadelphia: Temple University Press.
Lindberg 1996: Carter Lindberg, "Luther's Concept of Offering," *Dialog* 35/4 (1996), 251–57.
Lindberg 1997: Carter Lindberg, "Ein Wunderkind mit weichem Webfelhler? Milder Melanchthon, feuriger Flacius: Konflikt zweier Titanen," *Confessio Augustana* 2 (1997), 17–24.
Lindberg 2000a: Carter Lindberg, ed., *The European Reformations Sourcebook*. Oxford: Blackwell.
Lindberg 2000b: Carter Lindberg, "The Future of a Tradition: Luther and the Family," in Dean O. Wenthe, et al., eds, *All Theology is Christology: Essays in Honor of David P. Scaer*, 133–51. Fort Wayne: Concordia Theological Seminary Press.
Lindberg 2002: Carter Lindberg, ed., *The Reformation Theologians*. Oxford: Blackwell.
Lindberg 2005: Carter Lindberg, ed., *The Pietist Theologians*. Oxford: Blackwell.
Little 1978: Lester K. Little, *Religious Poverty and the Profit Economy in Medieval Europe*. Ithaca: Cornell University Press.
Little 1988: Lester K. Little, *Liberty, Charity, Fraternity: Lay Religious Confraternities at Bergamo in the Age of the Commune*. Northampton: Smith College.
Little 1994: Lester K. Little, "Religion, the Profit Economy, and Saint Francis," in Hanawalt and Lindberg 1994: 147–63.
Litzenberger 1998: Caroline Litzenberger, "Local Responses to Religious Changes: Evidence from Gloucestershire Wills," in Carlson 1998: 245–70.
Loades 1992: David Loades, *Revolution in Religion: The English Reformation 1530–1570*. Cardiff: University of Wales Press.
Locher 1979: Gottfried Locher, *Die Zwinglische Reformation im Rahmen der europäischen Kirchengeschichte*. Göttingen: Vandenhoeck & Ruprecht.
Loewenich 1963: Walther von Loewenich, *Luther und der Neuprotestantismus*. Witten: Luther Verlag.
Loewenich 1976: Walther von Loewenich, *Luther's Theology of the Cross*. Minneapolis: Augsburg.
Lohse 1986: Bernhard Lohse, *Martin Luther: An Introduction to his Life and Work*. Philadelphia: Fortress Press.
Lohse 1991: Bernhard Lohse, *Thomas Müntzer in neuer Sicht: Müntzer im Licht der neueren Forschung und die Frage nach dem Ansatz seiner Theologie*. Göttingen: Vandenhoeck & Ruprecht.

Lortz 1968: Joseph Lortz, *The Reformation in Germany*. London/New York: Herder & Herder.
Lortz 1970: Joseph Lortz, "The Basic Elements of Luther's Intellectual Style," in Jared Wicks, SJ, ed., *Catholic Scholars' Dialogue with Luther*, 3–33. Chicago: Loyola University Press.
Lotz-Heumann 2008: Ute Lotz-Heumann, "Confessionalization," in Whitford 2008: 136–57.
Lowenthal 1985: David Lowenthal, *The Past is a Foreign Country*. Cambridge: Cambridge University Press.
Luebke 1999: David M. Luebke, ed., *The Counter-Reformation: The Essential Readings*. Oxford: Blackwell.
Lukens 1990: Michael B. Lukens, "Lortz's View of the Reformation and the Crisis of the True Church," *ARG* 81, 20–31.
Lutz 1986: Heinrich Lutz, "Europa in der Krise – Sozialgeschichtliche und religionssoziologische Analyse der Wende vom 15. zum 16. Jahrhundert," in Susanne Heine, ed., *Europa in der Krise der Neuzeit: Martin Luther: Wandel und Wirkung seines Bildes*, 11–26. Vienna: Böhlau.
Maag 1999: Karin Maag, ed., *Melanchthon in Europe: His Work and Influence Beyond. Wittenberg*. Grand Rapids: Baker Books.
McCue 1984: James F. McCue, "Double Justification at the Council of Trent: Piety and Theology in Sixteenth Century Roman Catholicism," in Lindberg 1984: 39–56.
MacCulloch 1990: Diarmaid MacCulloch, *The Later Reformation in England 1547–1603*. New York: St Martin's.
MacCulloch 1992: Diarmaid MacCulloch, "England," in Pettegree 1992: 166–87.
MacCulloch 2003: Diarmaid MacCulloch, *Reformation. Europe's House Divided 1490–1700*. London: Penguin Books.
McGoldrick 1989: James Edward McGoldrick, *Luther's Scottish Connection*. Cranbury: Associated University Presses.
McGrath 1985: Alister E. McGrath, *Luther's Theology of the Cross*. Oxford: Blackwell.
McGrath 1993: Alister E. McGrath, *Reformation Thought: An Introduction*, 2nd edn. Oxford: Blackwell.
McKay et al. 1988: John McKay, Bennett Hill, and John Buckler, eds, *A History of World Societies*, 2nd edn, I. Boston: Houghton Mifflin.
McKee 1984: Elsie Anne McKee, *John Calvin on the Diaconate and Liturgical Almsgiving*. Geneva: Droz.
McKee 1999: Elsie Anne McKee, *Katharina Schütz Zell*, Vol. I: *The Life and Thought of a Sixteenth-Century Reformer*; Vol II: *The Writings, A Critical Edition*, Leiden: Brill.
McKee 2002: Elsie Anne McKee, "Katharina Schütz Zell (1498–1562)," in Lindberg 2002: 225–38.
McKee 2006: Elsie Anne McKee, ed. and tr. *Katharina Schütz Zell. Church Mother. The Writings of a Protestant Reformer in Sixteenth-Century Germany*. Chicago: University of Chicago Press.
McKee 2007: Elsie Anne McKee, "A Lay Voice in Sixteenth-Century 'Ecumenics': Katharina Schütz Zell in Dialogue with Johannes Brenz, Conrad Pellican, and Caspar Schwenkfeld,"

in Mack P. Holt, ed., *Adaptations of Calvinism in Reformation Europe: Essays in Honour of Brian G. Armstrong*, 81–110. Aldershot: Ashgate.
McKee and Armstrong 1989: Elsie Anne McKee and Brian G. Armstrong, eds, *Probing the Reformed Tradition: Historical Studies in Honor of Edward A. Dowey, Jr.* Louisville: Westminster/John Knox.
Mackenzie 2006: Paul A. Mackenzie, tr., *Caritas Pirckheimer: A Journal of the Reformation Years, 1524–1528*. Rochester: Boydell & Brewer.
McKim 2003: Donald K. McKim, ed., *The Cambridge Companion to Martin Luther*. Cambridge: Cambridge University Press.
McLaughlin 1986a: R. Emmet McLaughlin, "Schwenckfeld and the South German Eucharistic Controversy, 1526–1529," in Peter C. Erb, ed., *Schwenckfeld and Early Schwenckfeldianism*, 181–210. Pennsburg: Schwenckfelder Library.
McLaughlin 1986b: R. Emmet McLaughlin, *Casper Schwenckfeld: Reluctant Radical. His Life to 1540*. New Haven: Yale University Press.
McNally 1967: Robert McNally, SJ, "Ignatius Loyola," in Gerrish 1967: 232–56.
McNeill 1967: John T. McNeill, *The History and Character of Calvinism*. New York: Oxford University Press.
McNeill and Battles 1960: John T. McNeill, ed., and Ford Lewis Battles, tr., *Calvin: Institutes of the Christian Religion*, Library of Christian Classics, XX–XXI. Philadelphia: Westminster.
McNeill 1964: John T. McNeill, "Alexander Alesius, Scottish Lutheran (1500–1565)," *ARG* 55 (1964), 161–91.
McNeill 1976: William H. McNeill, *Plagues and Peoples*. Garden City: Anchor.
Mager 2004: Inge Mager, "Three Women Watch their Husbands' Backs: Walpurga Bugenhagen, Anna Rhegius, and [Anna] Margarethe Corvin," *LQ* 18/1 (2004), 28–42.
Maltby 1992: William S. Maltby, ed., *Reformation Europe: A Guide to Research*, II. St Louis: Center for Reformation Research.
Manns and Meyer 1984: Peter Manns and Harding Meyer, eds, *Luther's Ecumenical Significance*. Philadelphia/New York: Fortress/Paulist.
Manschreck 1965: Clyde Manschreck, ed., *A History of Christianity*, II. Englewood Cliffs: Prentice Hall.
Mansfield 1979: Bruce Mansfield, *Phoenix of his Age: Interpretations of Erasmus, c. 1550–1750*. Toronto: University of Toronto Press.
Mansfield 1992: Bruce Mansfield, *Man on his Own: Interpretations of Erasmus, c. 1750–1920*. Buffalo: University of Toronto Press.
Marcocchi 1988: Massimo Marcocchi, "Spirituality in the Sixteenth and Seventeenth Centuries," in O'Malley 1988: 163–92.
Marcus 1973: Jacob R. Marcus, *The Jew in the Medieval World. A Source Book: 315–1791*. New York: Atheneum.
Margaret nd: Margaret of Navarre, *The Heptameron*, tr. by Walter K. Kelly, London: Published for the Trade, nd.
Marnef, 1994. Guido Marnef, "The Changing Face of Calvinism in Antwerp, 1555–1585," in Pettegree et al. 1994: 143–59.

Marr 1987: M. Lucille Marr, "Anabaptist Women of the North: Peers in Faith, Subordinates in Marriage," *MQR* 61, 347–62.

"Marriage in Early Modern Europe": Special Issue of *SCJ* 34/2 (2003).

Marsh 1998: "'Departing Well and Christianly': Will-Making and Popular Religion in Early Modern England," in Carlson 1998: 201–44.

Marshall 1996: Peter Marshall, "The Debate over 'Unwritten Verities' in Early Reformation England," in Bruce Gordon, ed., *Protestant History and Identity in Sixteenth-Century Europe*, vol. 1, 60–77. Aldershot: Scolar Press.

Marshall 2002: Peter Marshall, *Beliefs and the Dead in Reformation England*. Oxford: Oxford University Press.

Marshall 2007: Peter Marshall, "Leaving the World," in Matheson 2007: 168–88.

Marshall 2008: Peter Marshall, "England," in Whitford 2008: 250–72.

Marshall 1989: Sherrin Marshall, ed., *Women in Reformation and Counter-Reformation Europe: Public and Private Worlds*. Bloomington: Indiana University Press.

Marshall and Ryrie 2002: Peter Marshall and Alec Ryrie, eds, *The Beginnings of English Protestantism*. Cambridge: Cambridge University Press.

Matheson 1988: Peter Matheson, ed. and tr., *The Collected Works of Thomas Müntzer*. Edinburgh: T. & T. Clark.

Matheson 1995: Peter Matheson, *Argula von Grumbach. A Woman's voice in the Reformation*. Edinburgh: T. & T. Clark.

Matheson 2001: Peter Matheson, *The Imaginative World of the Reformation*. Minneaplis: Fortress Press.

Matheson 2002: Peter Matheson, "Argula von Grumbach (c. 1490–c. 1564)," in Lindberg 2002: 94–108.

Matheson 2007: Peter Matheson, ed., *Reformation Christianity*, Minneapolis: Fortress Press.

Matheson 2008: Peter Matheson, "Martin Luther and Argula von Grumbach (1492–1556/7)," *LQ* 22/1, 1–15.

Maxcey 1979: Carl E. Maxcey, "Double Justice, Diego Laynez and the Council of Trent," *CH* 48, 269–78.

Meissner 1992: W. W. Meissner, SJ, *Ignatius of Loyola: The Psychology of a Saint*. New Haven: Yale University Press.

Mellinkoff 1993: Ruth Mellinkoff, *Signs of Otherness in Northern European Art*, 2 vols. Berkeley: University of California Press.

Menchi 1993: Silvana Seidel Menchi, *Erasmus als Ketzer: Reformation und Inquisition im Italien des 16.Jahrhunderts*. Leiden: E. J. Brill.

Menchi 1994: Silvana Seidel Menchi, "Italy," in Bob Scribner, Roy Porter and Mikulas Teich, eds, *The Reformation in National Context*, Cambridge: Cambridge University Press, 181–201.

Mentzer 2003: Raymond A. Mentzer, "Sociability and Culpability: Conventions of Mediation and Reconciliation within the Sixteenth-Century Huguenot Community," in Bertrand Van Ruymbeke and Randy J. Sparks, eds, *Memory and Identity: The Huguenots in France and the Atlantic Diaspora*. Columbia: University of South Carolina Press.

Meyer 1965: Hans Meyer, SJ, *Luther und die Messe*. Paderborn: Bonifacius Verlag.

Miller 2002a: Gregory J. Miller, "Huldrych Zwingli (1484–1531)," in Lindberg 2002: 157–69.

Miller 2002b: Gregory J. Miller, "Fighting Like a Christian: The Ottoman Advance and the Development of Luther's Doctrine of Just War," in Whitford 2002a: 41–57.
Miller 2004: Gregory J. Miller, "Luther on the Turks and Islam," in Wengert 2004: 185–203.
Miller 2005: Gregory J. Miller, "The Past in the Present Tense: Medieval and Early Modern Christian–Islamic Relations in Current Scholarship," *Religious Studies Review* 31/3–4, 155–61.
Miller 2007: Gregory J. Miller, "Wars of Religion and Religion in War: Luther and the 16th Century Islamic Advance into Europe," *Seminary Ridge Review* 9/2, 38–59.
Minnich 2001: Nelson H. Minnich, "The Last Two Councils of the Catholic Reformation: The Influence of Lateran V on Trent," in Comerford and Pabel 2001: 3–25.
Moeller 1971: Bernd Moeller, "Piety in Germany around 1500," in Ozment 1971: 50–75.
Moeller 1977: Bernd Moeller, *Deutschland im Zeitalter der Reformation*. Göttingen: Vandenhoeck & Ruprecht.
Moeller 1979: Bernd Moeller, "Stadt und Buch: Bemerkungen zur Struktur der reformatorischen Bewegung in Deutschland," in Wolfgang J. Mommsen, ed., *Stadtbürgertum und Adel in der Reformation: Studien zur Sozialgeschichte der Reformation in England und Deutschland*, 25–39. Stuttgart: Klett-Cotta.
Moeller 1982: Bernd Moeller, *Imperial Cities and the Reformation: Three Essays*, ed. and tr. H. C. Erik Midelfort and Mark U. Edwards, Jr. Durham: Labyrinth. (First publ. 1972.).
Moeller 1987: Bernd Moeller, "Luther in Europe: His Works in Translation 1517–1546," in Kouri and Scott 1987: 235–51.
Moeller 1999: Bernd Moeller, "What was Preached in the German Towns in the Early Reformation?" in Dixon 1999: 33–52.
Mollat 1986: Michel Mollat, *The Poor in the Middle Ages: An Essay in Social History*, tr. Arthur Goldhammer. New Haven: Yale University Press.
Monter 1967: William Monter, *Calvin's Geneva*. New York: Wiley.
Monter 1990: William Monter, *Frontiers of Heresy: The Spanish Inquisition from the Basque Lands to Sicily*. Cambridge: Cambridge University Press.
Monter 2002: William Monter, "The Fate of the English and French Reformations, 1554–1563," *Bibliothèque d'Humanisme et Renaissance* 64/1, 7–19.
Moran 1993: J. F. Moran, *The Japanese and the Jesuits: Alesandvo Valignano in Sixteenth-Century Japan*. London: Routledge.
Muller 1978: Richard A. Muller, "Perkins' *A Golden Chaine*: Predestinarian System or Schematized *Ordo Salutis*?" *SCJ* 9, 69–81.
Muller 1999: Richard A. Muller, "*Ordo docendi*: Melanchthon and the Organization of Calvin's *Institutes*, 1536–1543," in Maag 1999: 123–40.
Muller 2000: Richard A. Muller, *The Unaccommodated Calvin: Studies in the Foundation of a Theological Tradition*. New York: Oxford University Press.
Muller 2001: Richard A. Muller, "The Starting Point of Calvin's Theology: A Review Essay," *CTJ* 36 (2001), 314–41.
Muller 2004: Richard A. Muller, "John Calvin and later Calvinism: the identity of the Reformed tradition," in Bagchi and Steinmetz 2004: 130–49.
Mullett 1999: Michael A. Mullett, *The Catholic Reformation*. London: Routledge.

Murray 1974: Alexander Murray, "Religion Among the Poor in Thirteenth-Century France," *Traditio* 30, 285–324.
Naphy 1994: William G. Naphy, *Calvin and the Consolidation of the Genevan Reformation*. Manchester: Manchester University Press.
Neuser 1994: Wilhelm Neuser, ed., *Calvinus Sacrae Scripturae Professor: Calvin as Confessor of Holy Scripture*. Grand Rapids: Eerdmans.
Nicholls 1988: David Nicholls, "The Theatre of Martyrdom in the French Reformation," *PP* 121, 49–73.
Nicholls 1992: David Nicholls, "France," in Pettegree 1992, 120–41.
Niesel 1956: Wilhelm Niesel, *The Theology of Calvin*. Philadelphia: Westminster.
Nijenhuis 1972: W. Nijenhuis, *Ecclesia Reformata: Studies on the Reformation*. Leiden: E. J. Brill.
Nipperdey 1987: Thomas Nipperdey, "The Reformation and the Modern World," in Kouri and Scott 1987: 535–52.
Nischan 1994: Bodo Nischan, "Confessionalism and Absolutism: The Case of Brandenburg," in Pettegree et al. 1994: 181–204.
Nischan 1999: Bodo Nischan, *Lutherans and Calvinists in the Age of Confessionalism*. Aldershot: Ashgate.
Noble 2003: Bonnie J. Noble, "'A work in which the angels are wont to rejoice': Lucas Cranach's *Schneeberg Altarpiece*," *SCJ* 34/4 (2003), 1011–37.
Noble 2006: Bonnie J. Noble, "The *Wittenberg Altarpiece* and the Image of Identity," *Reformation* 11 (2006), 79–129.
Noll 1991: Mark Noll, ed., *Confessions and Catechisms of the Reformation*. Grand Rapids: Baker.
Noll 2007: Mark Noll, "Singing the Word of God," *Christian History & Biography* 95, 15–19.
Nugent 1974: Donald Nugent, *Ecumenism in the Age of the Reformation: The Colloquy of Poissy*. Cambridge, MA: Harvard University Press.
Null 2000: Ashley Null, *Thomas Cranmer's Doctrine of Repentance: Renewing the Power to Love*. Oxford: Oxford University Press.
Nygren 1948: Anders Nygren, "The Role of the Self-Evident in History," *Journal of Religion* 29, 235–41.
Oberman 1963: Heiko A. Oberman, *The Harvest of Medieval Theology: Gabriel Biel and Late Medieval Nominalism*. Cambridge, MA: Harvard University Press.
Oberman 1966: Heiko A. Oberman, *Forerunners of the Reformation: The Shape of Late Medieval Thought Illustrated by Key Documents*. New York: Holt, Rinehart & Winston.
Oberman 1973: Heiko A. Oberman, "The Shape of Late Medieval Thought: The Birthpangs of the Modern Era," *ARG* 64, 13–33.
Oberman 1984: Heiko A. Oberman, *The Roots of Anti-Semitism in the Age of the Renaissance and Reformation*. Philadelphia: Fortress Press.
Oberman 1986: Heiko A. Oberman, *The Dawn of the Reformation: Essays in Late Medieval and Early Reformation Thought*. Edinburgh: T. & T. Clark.
Oberman 1988: Heiko A. Oberman, "Teufelsdreck: Eschatology and Scatology in the 'Old' Luther," *SCJ* 19, 435–50.

Oberman 1989a: Heiko A. Oberman, "Die Gelehrten die Verkehrten: Popular Response to Learned Culture in the Renaissance and Reformation," in Ozment 1989, 43–62.
Oberman 1989b: Heiko A. Oberman, *Luther: Man between God and the Devil*. New Haven: Yale University Press.
Oberman 1992: Heiko A. Oberman, "*Europa afflicta*: The Reformation of the Refugees," *ARG* 83, 91–111.
Oberman 1994: Heiko A. Oberman, "*Initia Calvini*: The Matrix of Calvin's Reformation," in Neuser 1994: 113–54.
Oberman 1994: Heiko A. Oberman, *The Reformation: Roots & Ramifications*. Grand Rapids: Eerdmans.
O'Connell 1974: Marvin R. O'Connell, *The Counter-Reformation 1560–1610*. New York: Harper Torchbooks.
O'Day 1986: Rosemary O'Day, *The Debate on the English Reformation*. London: Methuen.
Oehmig 2001: Stefan Oehmig, "Vorstellungen von einer christlichen Stadt," in Ulrich Bubenheimer/Stefan Oehmig, eds, *Querdenker der Reformation – Andreas Bodenstein von Karlstadt und seine frühe Wirkung*, 151–85. Würzburg: Religion & Kultur Verlag.
Oettinger 2001: Rebecca Wagner Oettinger, *Music as Propaganda in the German Reformation*. Aldershot: Ashgate.
Olin 1966: John C. Olin, ed., *John Calvin and Jacopo Sadoleto: A Reformation Debate*. New York: Harper Torchbooks.
Olin 1990: John C. Olin, *Catholic Reform: From Cardinal Ximenes to the Council of Trent 1495–1563*. New York: Fordham University Press.
Olin 1992: John C. Olin, *The Catholic Reformation: Savonarola to Ignatius Loyola*. New York: Fordham University Press.
Olson 1989: Jeannine Olson, *Calvin and Social Welfare: Deacons and the "Bourse française."* Selinsgrove: Susquehanna University Press.
Olson 1972: Oliver K. Olson, "Theology of Revolution: Magdeburg, 1550–1551," *SCJ* 3, 56–79.
Olson 1981: Oliver K. Olson, "Matthius Flacius Illyricus 1520–1575," in Raitt 1981: 1–17.
Olson 1993: Oliver K. Olson, "Baldo Lupetino, Venetian Martyr," *LQ* 7, 6–18.
O'Malley 1988: John W. O'Malley, SJ, ed., *Catholicism in Early Modern History: A Guide to Research*. St Louis: Center for Reformation Research.
O'Malley 1991: John W. O'Malley, SJ, "Was Ignatius Loyola a Church Reformer? How to Look at Early Modern Catholicism," *CHR* 77, 177–93.
O'Malley 1993: John W. O'Malley, SJ, *The First Jesuits*. Cambridge, MA: Harvard University Press.
O'Malley 2000: John W. O'Malley, SJ, *Trent and All That: Renaming Catholicism in the Early Modern Era*. Cambridge: Harvard University Press.
Orth 1993: Myra D. Orth, "Radical Beauty: Marguerite de Navarre's Illuminated Protestant Catechism and Confession," *SCJ* 24, 383–425.
Osborne 1963: John Osborne, *Luther*. New York: Signet.
O'Sullivan 2000: Orlaith O'Sullivan, ed., *The Bible as Book: The Reformation*. New Castle: Oak Knoll Press.

Oyer 1977: John Oyer, "The Influence of Jacob Strauss on the Anabaptists: A Problem in Historical Methodology," in Lienhard 1977: 62–82.
Ozment 1971: Steven Ozment, ed., *The Reformation in Medieval Perspective*. Chicago: Quadrangle.
Ozment 1973: Steven Ozment, *Mysticism and Dissent: Religious Ideology and Social Protest in the Sixteenth Century*. New Haven: Yale University Press.
Ozment 1975: Steven Ozment, *The Reformation in the Cities: The Appeal of Protestantism to Sixteenth-Century Germany and Switzerland*. New Haven: Yale University Press.
Ozment 1979: Steven Ozment, "Pamphlets as a Source: Comments on Bernd Moeller's 'Stadt und Buch'," in Wolfgang J. Mommsen, ed., *Stadtbürgertum und Adel in der Reformation: Studien zur Struktur der Reformation in England und Deutschland*, 24–8. Stuttgart: Klett-Cotta.
Ozment 1980: Steven Ozment, *The Age of Reform 1250–1550*. New Haven: Yale University Press.
Ozment 1982: Steven Ozment, ed., *Reformation Europe: A Guide to Research*. St Louis: Center for Reformation Research.
Ozment 1983: Steven Ozment, *When Fathers Ruled: Family Life in Reformation Europe*. Cambridge, MA: Harvard University Press.
Ozment 1985: Steven Ozment, "Luther's Political Legacy," in James F. Harris, ed., *German-American Interrelations: Heritage and Challenge*, 7–40. Tübingen: Tübingen University Press.
Ozment 1989: Steven Ozment, ed., *Religion and Culture in the Renaissance and Reformation*. Kirksville: Sixteenth Century Journal Publishers.
Ozment 1992: Steven Ozment, *Protestants: The Birth of a Revolution*. New York: Doubleday.
Pabel 1996: Hilmar Pabel, "Erasmus of Rotterdam and Judaism: A Reexamination of the Evidence," *ARG* 87 (1996), 9–37.
Packull 1977: Werner Packull, *Mysticism and the Early South German-Austrian Anabaptist Movement 1525–1531*. Scottdale: Herald.
Pallier 1977: D. M. Pallier, "Popular Reactions to the Reformation during the Years of Uncertainty 1530–1570," in Felicity Heal and Rosemary O'Day, eds, *Church and Society in England: Henry VIII to James I*, 35–56. London: Macmillan.
Panofsky 1955: E. Panofsky, *The Life and Art of Albrecht Dürer*. Princeton: Princeton University Press.
Parker 1993: Charles H. Parker, "French Calvinists as the Children of Israel: An Old Testament Self-Consciousness in Jean Crespin's *Histoire des Martyrs* before the Wars of Religion," *SCJ* 24, 227–48.
Parker 1963: T. M. Parker, *The English Reformation to 1558*. London: Oxford University Press.
Pater 1984a: Calvin A. Pater, *Karlstadt as the Father of the Baptist Movements: The Emergence of Lay Protestantism*. Toronto: University of Toronto Press.
Pater 1984b: Calvin A. Pater, "Lay Religion in the Program of Andreas Rudolff-Bodenstein von Karlstadt," in DeMolen 1984: 99–133.
Pauck 1959: Wilhelm Pauck, ed., *Melanchthon and Bucer* (Library of Christian Classics, 19). Philadelphia: Westminster.

Payne 1970: John B. Payne, *Erasmus: His Theology of the Sacraments*. Richmond: John Knox.
Pelikan 1964: Jaroslav Pelikan, *Obedient Rebels: Catholic Substance and Protestant Principle in Luther's Reformation*. New York: Harper & Row.
Pelikan 1968: Jaroslav Pelikan, ed., *Interpreters of Luther: Essays in Honor of Wilhelm Pauck*. Philadelphia: Fortress Press.
Pelikan 1971: Jaroslav Pelikan, *Historical Theology: Continuity and Change in Christian Doctrine*. London: Hutchinson.
Pelikan 1984: Jaroslav Pelikan, *The Christian Tradition*, IV: *Reformation of Church and Dogma 1300–1700*. Chicago: University of Chicago Press.
Peters 1991–1995: Albrecht Peters, *Kommentar zu Luthers Katechismen*, 5 vols, ed. by Gottfried Seebass. Göttingen: Vandenhoeck & Ruprecht.
Pettegree 1992: Andrew Pettegree, ed., *The Early Reformation in Europe*. Cambridge: Cambridge University Press.
Pettegree 1994: Andrew Pettegree, "Coming to Terms with Victory: The Upbuilding of a Calvinist Church in Holland, 1572–1590," in Pettegree et al. 1994: 160–80.
Pettegree 2000: Andrew Pettegree, ed., *The Reformation World*. London: Routledge.
Pettegree 2002a: Andrew Pettegree, *Europe in the Sixteenth Century*. Oxford: Blackwell.
Pettegree 2002b: Andrew Pettegree, "Printing and the Reformation: the English exception," in Marshall and Ryrie 2002: 157–79.
Pettegree 2005: Andrew Pettegree, *Reformation and the Culture of Persuasion*. Cambridge: Cambridge University Press.
Pettegree et al. 1994: Andrew Pettegree, Alastair Duke, and Gillian Lewis, eds, *Calvinism in Europe 1540–1620*. Cambridge: Cambridge University Press.
Pollmann 2006: Judith Pollmann, "The Low Countries," in Ryrie 2006: 80–101.
Postel 1980: Rainer Postel, "Sozialgeschichtliche Folgewirkungen der Reformation in Hamburg," in Wenzel Lohff, ed., *450 Jahre Reformation in Hamburg. Eine Festschrift*, 63–84. Hamburg: Agentur des Rauhen Hauses.
Potter 1976: G. R. Potter, *Zwingli*. Cambridge: Cambridge University Press.
Powicke 1965: Maurice Powicke, *The Reformation in England*. London: Oxford University Press, repr; first publ. 1941.
Prien 1992: Hans-Jürgen Prien, *Luthers Wirtschaftsethik*, Göttingen: Vandenhoeck & Ruprecht.
Prestwich 1985: Menna Prestwich, *International Calvinism 1541–1715*. Oxford: Clarendon.
Preus 1974: James S. Preus, *Carlstadt's "Ordinaciones" and Luther's Liberty: A Study of the Wittenberg Movement 1521–22*. Cambridge, MA: Harvard University Press.
Raitt 1981: Jill Raitt, ed., *Shapers of Religious Traditions in Germany, Switzerland, and Poland, 1560–1600*. New Haven: Yale University Press.
Rajashekar and Wengert 2002: J. Paul Rajashekar and Timothy J. Wengert, "Martin Luther, Philip Melanchthon, and the Publication of the Qur'an," *LQ* 16/2 (2002), 221–8.
Ranum 1980: Orest Ranum, "The French Ritual of Tyrannicide in the Late Sixteenth Century," *SCJ* 11, 63–81.
Rasmussen 1988: Niels Krogh Rasmussen, OP, "Liturgy and Liturgical Arts," in O'Malley 1988: 273–97.

Rawlings 2006: Helen Rawlings, *The Spanish Inquisition*. Oxford: Blackwell.
Reid 1971: W. Stanford Reid, "The Battle Hymns of the Lord: Calvinist Psalmody of the Sixteenth Century," *SCJ* 2, 36–54.
Reid 1982: W. Stanford Reid, ed., *John Calvin: His Influence in the Western World*. Grand Rapids: Zondervan.
Reid 1994: W. Stanford Reid, "Reformation in France and Scotland: A Case Study in Sixteenth-Century Communication," in Graham 1994: 195–214.
Rempel 1993: John D. Rempel, *The Lord's Supper in Anabaptism: A Study in the Christology of Balthasar Hubmaier, Pilgram Marpeck, and Dirk Philips*. Waterloo: Herald.
Repgen 1987: Konrad Repgen, "What is a 'Religious War'?" in Kouri and Scott 1987: 311–28.
Richardson 1994: Anne Richardson, "William Tyndale and the Bill of Rights," in John A. R. Dick and Anne Richardson, eds, *William Tyndale and the Law*, 11–29. Kirksville: Sixteenth Century Journal Publishers.
Ridley 1966: Jasper Ridley, *Thomas Cranmer*. Oxford: Clarendon.
Rilliet 1964: Jean Rilliet, *Zwingli: Third Man of the Reformation*, Philadelphia: Westminster.
Roberts 2006: Penny Roberts, "France," in Ryrie 2006a: 102–23.
Robinson 1992: John Hughes Robinson, *John Calvin and the Jews*. New York: Peter Lang.
Roelker 1968: Nancy Lyman Roelker, *Queen of Navavve: Jeanne d'Albret 1528–1572*. Cambridge, MA: Harvard University Press.
Roelker 1972a: Nancy Lyman Roelker, "The Appeal of Calvinism to French Noble Women in the Sixteenth Century," *Journal of Interdisciplinary History* 2, 391–418.
Roelker 1972b: Nancy Lyman Roelker, "The Role of Noblewomen in the French Reformation," *ARG* 63, 168–95.
Roldan-Figueroa 2006: Rady Roldan-Figueroa, "*Filius Perditionis*: The Propagandistic Use of a Biblical Motif in Sixteenth-Century Spanish Evangelical Bible Translations," *SCJ* 37/4, 1027–55.
Roper 1989: Lyndal Roper, *The Holy Household: Women and Morals in Reformation Augsburg*. Oxford: Clarendon.
Roper 2001: Lyndal Roper, "Gender and the Reformation," *ARG* 92 (2001), 290–302.
Roper 1964: William Roper, "The Life of Sir Thomas More," in Sylvester and Harding 1964: 195–254.
Rorem 1988: Paul Rorem, "Calvin and Bullinger on the Lord's Supper," *LQ* 2–3, 155–84, 357–89.
Rorem 1994: Paul Rorem, "The Consensus Tigurinus (1549): Did Calvin Compromise?" in Neuser 1994: 72–90.
Rörig 1967: Fritz Rörig, *The Medieval Town*. Berkeley: University of California Press.
Rosenthal 1972: Joel Rosenthal, *The Purchase of Paradise: Gift-Giving and Aristocracy 1307–1485*. London: Routledge & Kegan Paul.
Rowen and Harline 1994: Herbert H. Rowen and Craig E. Harline, "The Birth of the Dutch Nation," in Thorp and Slavin, 1994: 67–81.
Rowan 1985: Steven Rowan, "Luther, Bucer and Eck on the Jews," *SCJ* 16, 75–90.
Rubin 1991: Miri Rubin, *Corpus Christi: The Eucharist in Late Medieval Culture*. Cambridge: Cambridge University Press.

Rublack 1988: Hans-Christoph Rublack, "The Song of Contz Anahans: Communication and Revolt in Nordlingen, 1525," in Hsia 1988: 102–20.

Rublack 1993: Hans-Christoph Rublack, "Reformation und Moderne: Soziologische, theologische und historische Ansichten," in Guggisberg and Krodel 1993: 17–38.

Rummel 2006: Erika Rummel, "Humanists, Jews, and Judaism," in Bell and Burnett 2006: 3–31.

Rupp 1953: Gordon Rupp, *The Righteousness of God: Luther Studies*. New York: Philosophical Library.

Rupp 1966: Gordon Rupp, *Studies in the Making of the English Protestant Tradition*. Cambridge: Cambridge University Press.

Rupp 1969: Gordon Rupp, *Patterns of Reformation*. Philadelphia: Fortress Press.

Ryrie 2002a: Alec Ryrie, "The Strange Death of Lutheran England," *Journal of Ecclesiastical History*, 53/1, 64–92.

Ryrie 2002b: Alec Ryrie, "Counting sheep, counting shepherds: the problem of allegiance in the English Reformation," in Marshall and Ryrie 2002: 84–110.

Ryrie 2006a: Alec Ryrie, ed., *Palgrave Advances in the European Reformations*, New York: Palgrave Macmillan.

Ryrie 2006b: Alec Ryrie, "Britain and Ireland," in Ryrie 2006a: 124–46.

Salmon 1967: J. H. M. Salmon, ed., *The French Wars of Religion: How Important Were the Religious Factors?* Lexington: D. C. Heath.

Scarisbrick 1984: J. J. Scarisbrick, *The Reformation and the English People*. Oxford: Oxford University Press.

Schaff 1919: Philip Schaff, ed., *The Creeds of Christendom*, 3 vols. New York: Harper & Brothers.

Scharfenberg 1986: Joachim Scharfenberg, "Martin Luther in psychohistorischer Sicht," in Susanne Heine, ed., *Europa in der Krise der Neuzeit*, 113–28. Vienna: Bohlau.

Scharffenorth 1982: Gerta Scharffenorth, *Den Glauben ins Leben ziehen ... : Studien zu Luthers Theologie*. Munich: Chr. Kaiser.

Scharffenorth 1983: Gerta Scharffenorth, *Becoming Friends in Christ: The Relationship between Man and Woman as Seen by Luther*. Geneva: Lutheran World Federation.

Schilling 1986: Heinz Schilling, "The Reformation and the Rise of the Early Modern State," in Tracy 1986: 21–30.

Schilling 1988: Heinz Schilling, *Aufbruch und Krise: Deutschland 1517–1648*. Berlin: Siedler.

Schilling 1991: Heinz Schilling, *Civic Calvinism in Northwestern Germany and the Netherlands*. Kirksville: Sixteenth Century Journal Publishers.

Schilling 1992: Heinz Schilling, *Religion, Political Culture and the Emergence of Early Modern Society: Essays in German and Dutch History*. Leiden: E. J. Brill.

Schilling 1994: Heinz Schilling, "Luther, Loyola, Calvin und die europaische Neuzeit," *ARG* 85, 5–31.

Schmidt 1992: Heinrich Richard Schmidt, *Konfessionalisierung im 16.Jahrhundert*. Munich: Oldenbourg.

Schmidt 2000: Heinrich Richard Schmidt, "Emden est Partout: Vers un modèle interactif de la confessionalisation," in *Francia. Forschungen zur Westeuropäischen Geschichte* 26/2, ed. Deutschen Historischen Institut Paris. Stuttgart: Thorbecke Verlag.

Schnucker 1988: Robert V. Schnucker, ed., *Calviniana: Ideas and Influence of Jean Calvin*. Kirksville: Sixteenth Century Journal Publishers.

Schoenberger 1977: Cynthia Grant Schoenberger, "The Development of the Lutheran Theory of Resistance: 1523–1530," *SCJ* 8, 61–76.

Schöner 2006: Petra Schöner, "Visual Representations of Jews and Judaism in Sixteenth-Century Germany," in Bell and Burnett 2006: 357–91.

Schultze 1985: Winfried Schultze, "Zwingli, Lutherisches Widerstandsdenken, monomachischer Widerstand," in Peter Blickle, Andreas Lindt and Alfred Schindler, eds, *Zwingli und Europa*, 199–216. Zurich: Vandenhoeck & Ruprecht.

Schutte 1977: Anne Jacobson Schutte, *Pier Paolo Vergerio: The Making of an Italian Reformer*. Geneva: Droz.

Schwiebert 1950: E. G. Schwiebert, *Luther and his Times: The Reformation from a New Perspective*. St Louis: Concordia.

Scott 1989: Tom Scott, *Thomas Müntzer: Theology and Revolution in the German Reformation*. New York: St Martin's.

Scott and Scribner 1991: Tom Scott and Bob Scribner, eds, *The German Peasants' War: A History in Docnments*. Atlantic Highlands: Humanities Press.

Scribner 1981: R. W. Scribner, *For the Sake of Simple Folk: Popular Propaganda for the German Reformation*. Cambridge: Cambridge University Press.

Scribner 1986: R. W. Scribner, *The German Reformation*. Atlantic Highlands: Humanities Press.

Scribner 1987: R. W. Scribner, *Popular Culture and Popular Movements in Reformation Germany*. London: Hambledon.

Scribner 1990: R. W. Scribner, "Politics and the Institutionalization of Reform in Germany," in Elton 1990: 172–97.

Scribner 1993: Bob Scribner, "Anticlericalism and the Cities," in Dykema and Oberman 1993: 147–66.

Scribner and Benecke 1979: Bob Scribner and Gerhard Benecke, eds, *The German Peasant War of 1525 – New Viewpoints*. London: Allen & Unwin.

Seaver 1982: Paul Seaver, "The English Reformation," in Ozment 1982: 271–96.

Séguenny 1987: André Séguenny, *The Christology of Caspar Schwenckfeld: Spirit and Flesh in the Process of Life Transformation*. Lewiston: Edwin Mellen.

Selinger 1984: Suzanne Selinger, *Calvin Against Himself An Inquiry in Intellectual History*. Hamden: Archon.

Shaffern 1992: Robert W. Shaffern, "Learned Discussions of Indulgences for the Dead in the Middle Ages," *CH* 61/4 (1992), 367–81.

Shagan 2003: Ethan Shagan, *Popular Politics and the English Reformation*, Cambridge: Cambridge University Press.

Shirer 1960: William Shirer, *The Rise and Fall of the Third Reich*. New York: Simon & Schuster.

Sider 1974: Ronald J. Sider, *Andreas Bodenstein von Karlstadt: The Development of His Thought 1517–1525*. Leiden: E. J. Brill.

Sider 1978: Ronald J. Sider, ed., *Karlstadt's Battle with Luther: Documents in a Liberal – Radical Debate*. Philadelphia: Fortress Press.

Siemon-Netto 1995: Uwe Siemon-Netto, *The Fabricated Luther: The Rise and Fall of the Shirer Myth*. St Louis: Concordia.

Skarsten 1988: Trygve Skarsten, "Johan Campanius, Pastor in New Sweden," *LQ* 2, 47–87.

Skinner 1980: Quentin Skinner, "The Origins of the Calvinist Theory of Revolution," in Barbara C. Malament, ed., *After the Reformation: Essays in Honor of J. H Hexter*, 309–30. University Park: University of Pennsylvania Press.

Smith 1999: Jeannette C. Smith, "Katharina von Bora through Five Centuries: A Historiography," *SCJ* 30/3, 745–74.

Snoek 1995: G. J. C. Snoek, *Medieval Piety from Relics to the Eucharist. A process of Mutual Interaction*. Leiden: J. J. Brill.

Southern 1970: R. W. Southern, *Western Society and the Church in the Middle Ages*. Baltimore: Penguin.

Southern 1974: R. W. Southern, *The Making of the Middle Ages*. New Haven: Yale University Press.

Spaans 2004: Joke Spaans, "Reform in the Low Countries," in Hsia 2004: 118–34.

Spalding 1992: James C. Spalding, ed. and tr., *The Reformation of the Ecclesiastical Laws of England, 1552*. Kirksville: Sixteenth Century Journal Publishers.

Spence 1984: Jonathon D. Spence, *The Memory Palace of Matteo Ricci*. New York: Viking Penguin.

Spijker 1991: Willem van't Spijker, ed., *Calvin: Erbe und Auftrag. Festschrift fur Wilhelm Neuser zu seinem 65. Geburtstag*. Kampen: Kok Pharos.

Spijker 1993: Willem van't Spijker, "Bucer and Calvin," in Krieger and Lienhard 1993, I: 461–70.

Spijker 1994: Willem van't Spijker, "Bucer's Influence on Calvin: Church and Community," in Wright 1994: 32–44.

Spijker 2001: Willem van't Spijker, *Calvin* in Bernd Moeller, ed., *Die Kirche in ihrer Geschichte Ein Handbuch*, 3. Göttingen: Vandenhoeck & Ruprecht.

Spitz 1962: Lewis W. Spitz, ed., *The Reformation: Material or Spiritual?* Boston: D. C. Heath.

Spitz 1971: Lewis W. Spitz, *The Renaissance and Reformation Movements*. Chicago: Rand McNally.

Spitz 1985: Lewis W. Spitz, *The Protestant Reformation 1517–1559*. New York: Harper & Row.

Spruyt, 1991. Bart J. Spruyt, "Listrius *lutherizans*: His *Epistola theologica adversus Dominicanos Suollenses* (1520)," in *SCJ* 22, 727–51.

Stam 2006: Frans Pieter van Stam, "The Group of Meaux as First Target of Farel and Calvin's Anti-Nicodemism," *Bibliothèque d'Humanisme et Renaissance* 68/2 (2006), 253–75.

Stauffer 1967: Richard Stauffer, *Luther as Seen by Catholics*. Richmond: John Knox.

Stayer 1972: James M. Stayer, *Anabaptists and the Sword*. Lawrence: Coronado.

Stayer 1980–1: James Stayer, "Polygamy as 'Inner-Worldly Asceticism': Conceptions of Marriage in the Radical Reformation," *Documenta Anabaptistica Neerlandica* 12–13 (1980–1).

Stayer, 1990: James M. Stayer, "The Anabaptists and the Sects," in Elton 1990, 118–43.

Stayer 1991: James M. Stayer, *The German Peasants' War and Anabaptist Community of Goods*. Montreal: McGill-Queen's University Press.
Stayer and Packull 1980: James M. Stayer and Werner O. Packull, eds, *The Anabaptists and Thomas Müntzer*. Dubuque/Toronto: Kendall/Hunt.
Steinke 2006: Barbara Steinke, *Paradiesgarten oder Gefängnis? Das Nürnberger Katharinenkloster zwischen Klosterreform und Reformation*. Tübingen: Mohr Siebeck.
Steinmetz 1971: David C. Steinmetz, *Reformers in the Wings*. Philadelphia: Fortress Press.
Steinmetz 1976: David C. Steinmetz, "The Necessity of the Past," *Theology Today* 33, 168-76.
Steinmetz 1986: David C. Steinmetz, *Luther in Context*. Bloomington: Indiana University Press.
Steinmetz 1990: David C. Steinmetz, "Calvin and his Lutheran Critics," *LQ* 4, 179-94.
Steinmetz 1995: David C. Steinmetz, *Calvin in Context*. New York: Oxford University Press.
Stephens 1986: W. P. Stephens, *The Theology of Huldrych Zwingli*. Oxford: Clarendon.
Stephens 1992: W. P. Stephens, *Zwingli: An Introduction to his Thought*. Oxford: Clarendon.
Stjerna 2002: Kirsi Stjerna, "Katie Luther: A Mirror to the Promises and Failures of the Reformation," in Whitford, 2002a : 27-39.
Stjerna 2009: Kirsi Stjerna, *Women and the Reformation*, Oxford: Blackwell.
Stock 1982: Ursala Stock, *Die Bedeutung der Sakramente in Luthers Sermonen von 1519*. Leiden: E. J. Brill.
Stolt 1994: Birgit Stolt, "Martin Luther on God as Father," *LQ* 8/4 (1994), 385-95.
Strauss 1963: Gerald Strauss, *Historian in an Age of Crisis: The Life and Work of Johannes Aventinus 1477-1534*. Cambridge, MA: Harvard University Press.
Strauss 1971: Gerald Strauss, ed. and tr., *Manifestations of Discontent in Germany on the Eve of the Reformation*. Bloomington: Indiana University Press.
Strauss 1978: Gerald Strauss, *Luther's House of Learning: Indoctrination of the Young in the German Reformation*. Baltimore and London: Johns Hopkins University Press.
Strauss 1995: Gerald Strauss, "Ideas of *Reformatio* and *Renovatio* from the Middle Ages to the Reformation," in Brady, Oberman, and Tracy 1995: 1-28.
Strehle and Kunz 1998: Jutta Strehle and Armin Kunz, eds, *Druckgraphiken Lucas Cranachs d. Ä*. Wittenberg: Stiftung Luthergedenkstätten.
Strohm 1989: Theodor Strohm, "'Theologie der Diakonie' in der Perspektive der Reformation," in Paul Philippi and Theodor Strohm, eds, *Theologie der Diakonie*, 175-208. Heidelberg: Heidelberger Verlagsanstalt.
Sunshine 1994: Glenn S. Sunshine, "Reformed Theology and the Origins of Synodal Polity: Calvin, Beza and the Gallican Confession," in Graham 1994: 141-58.
Sutherland 1967: N. M. Sutherland, "Calvin's Idealism and Indecision," in Salmon 1967: 14-24.
Sutherland 1978: N. M. Sutherland, "Catherine de Medici: The Legend of the Wicked Italian Queen," *SCJ* 9, 45-56.
Sutherland 1980: N. M. Sutherland, *The Huguenot Stvuggle for Recognition*. New Haven: Yale University Press.

Sylvester and Harding 1964: Richard S. Sylvester and Davis P. Harding, eds, *Two Early Tudor Lives*. New Haven: Yale University Press.
Swanson 1995: R. N. Swanson, *Religion and Devotion in Europe, c.1215–c.1515*. Cambridge: Cambridge University Press.
Tedeschi 1991: John Tedeschi, *The Prosecution of Heresy: Collected Studies on the Inquisition in Early Modern Italy*. Binghamton: Medieval and Renaissance Texts and Studies.
Tentler 1977: Thomas N. Tentler, *Sin and Confession on the Eve of the Reformation*. Princeton: Princeton University Press.
Thompson 1992: John Lee Thompson, *John Calvin and the Daughters of Sarah: Women in Regular and Exceptional Roles in the Exegesis of Calvin, His Predecessors, and His Contemporaries*. Geneva: Droz.
Thorp and Slavin 1994: Malcolm Thorp and Arthur J. Slavin, eds, *Politics, Religion and Diplomacy in Early Modern Europe: Essays in Honor of De Lamar Jensen*. Kirksville: Sixteenth Century Journal Publishers.
Tillich 1960: Paul Tillich, *The Protestant Era*. Chicago: Phoenix.
Tjernagel 1965: Neelak Tjernagel, *Henvy VIII and the Lutherans: A Study in Anglo–Lutheran Relations from 1521 to 1547*. St Louis: Concordia.
Torrance 1994: James B. Torrance, "The Concept of Federal Theology: Was Calvin a Federal Theologian?" in Neuser 1994: 15–40.
Tracy 1986: James D. Tracy, ed., *Luther and the Modern State in Germany*. Kirksville: Sixteenth Century Journal Publishers.
Tracy, 1993. James D. Tracy, "Public Church, *Gemeente Christi*, or *Volkskerk*: Holland's Reformed Church in Civil and Ecclesiastical Perspective, 1572–1592," in Guggisberg and Krodel 1993: 487–510.
Treu 2007: Martin Treu, "Der Thesenanschlag fand wirklich statt. Ein neuer Beleg aus der Universitätsbibliothek Jena," *Luther* 78/3, 140–44.
Trueman 1994: Carl R. Trueman, *Luther's Legacy: Salvation and English Reformers, 1525–1556*. Oxford: Clarendon Press.
Vandiver et al. 2002: Elizabeth Vandiver, Ralph Keen, and Thomas D. Frazel, *Luther's Lives: Two Contemporary Accounts of Martin Luther*. Manchester: Manchester University Press.
Vogt 1867: Karl A. T. Vogt, *Johannes Bugenhagen Pomeranus. Leben und ausgewählte Schriften*. Elberfeld: R. L. Friedrichs.
Walker 1969: Williston Walker, *John Calvin: The Organiser of Reformed Protestantism (1509–1564)*. New York: Schocken.
Walton 1967: Robert C. Walton, *Zwingli's Theocracy*. Toronto: University of Toronto Press.
Walton 1984: Robert C. Walton, "Zwingli: Founding Father of the Reformed Churches," in DeMolen 1984: 69–98.
Wandel 1990: Lee Palmer Wandel, *Always Among Us: Images of the Poor in Zwingli's Zurich*. Cambridge: Cambridge University Press.
Wandel 1995: Lee Palmer Wandel, *Voracious Idols and Violent Hands: Iconoclasm in Reformation Zurich, Strasbourg, and Basel*. Cambridge: Cambridge University Press.
Watanabe 1994: Nobuo Watanabe, "Calvin's Second Catechism: Its Predecessors and its Environment," in Neuser 1994: 224–32.

Weber 1999: Alison Weber, "Little Women: Counter-Reformation Misogyny," in David M. Luebke, ed., *The Counter-Reformation: The Essential Readings*, 143–62. Oxford: Blackwell. Reprint from Alison Weber, *Teresa of Avila and the Rhetoric of Feminity*, Princeton: Princeton University Press, 1990.

Wendel 1963: François Wendel, *Calvin: Origins and Development of His Religious Thought*. New York: Harper & Row.

Wengert 1997: Timothy J. Wengert, *Law and Gospel: Philip Melanchthon's Debate with John Agricola of Eisleben over Poenitentia*. Grand Rapids: Baker Books.

Wengert 1999: Timothy J. Wengert, "'We Will Feast Together in Heaven Forever': The Epistolary Friendship of John Calvin and Philip Melanchthon," in Maag 1999: 13–44.

Wengert 2004: Timothy J. Wengert, ed., *Harvesting Martin Luther's Reflections on Theology, Ethics, and the Church*. Grand Rapids: Eerdmans.

Wengert 2007: Timothy J. Wengert, "Martin Luther on Spousal Abuse," LQ 21/3 (2007), 337–9.

Wengert 2008: Timothy J. Wengert, *In Public Service: Priesthood, Ministry and Bishops in Early Lutheranism*. Minneapolis: Fortress Press.

Wenzel 2006: Edith Wenzel, "The Representation of Jews and Judaism in Sixteenth-Century German Literature," in Bell and Burnett 2006: 393–417.

Whitford 2001a: David M. Whitford, *Tyranny and Resistance: The Magdeburg Confession and the Lutheran Tradition*. St. Louis: Concordia.

Whitford 2001b: David M. Whitford, "John Adams, John Ponet, and a Lutheran Influence on the American Revolution," LQ 15/2 (2001), 143–57.

Whitford 2002a: David M. Whitford, ed., *Caritas et Reformatio. Essays on Church and Society in Honor of Carter Lindberg*. St. Louis: Concordia.

Whitford 2002b: David M. Whitford, "The Duty to Resist Tyranny: The Magdeburg *Confession* and the Reframing of Romans 13," in Whitford 2002a: 89–101.

Whitford 2008: David M. Whitford, ed., *Reformation and Early Modern Europe: A Guide to Research*. Kirksville: Truman State University Press.

Wicks 1970: Jared Wicks, SJ, ed., *Catholic Scholars' Dialogue with Luther*, Chicago: Loyola University Press.

Wicks 1978: Jared Wicks, SJ, *Cajetan Responds: A Reader in Reformation Controversy*. Washington, DC: Catholic University of America Press.

Wiedermann 1983: Gotthelf Wiedermann, "Cochlaeus as a Polemicist," in Brooks 1983: 195–205.

Wiesner 1988: Merry Wiesner, "Women's Response to the Reformation," in Hsia 1988: 148–171.

Wiesner 1992: Merry Wiesner, "Studies of Women, The Family, and Gender," in Maltby 1992: 159–87.

Wiesner-Hanks 2006: Merry Wiesner-Hanks, *Early Modern Europe, 1450–1789*. Cambridge: Cambridge University Press.

Wiesner-Hanks 2008: Merry Wiesner-Hanks, "Society and the Sexes Revisited," in Whitford 2008: 396–414.

Wiesner-Hanks and Skocir 1996: Merry Wiesner-Hanks and Joan Skocir, eds and trs, *Convents Confront the Reformation: Catholic and Protestant Nuns in Germany.* Milwaukee: Marquette University Press.
Wiley 1990: David N. Wiley, "The Church as the Elect in the Theology of Calvin," in George 1990: 96–117.
Wilken 1972: Robert Wilken, *The Myth of Christian Beginnings: History's Impact on Belief.* New York: Doubleday Anchor.
Wilkinson 2001: John Wilkinson, *The Medical History of the Reformers Luther, Calvin and Knox*, Edinburgh: The Handsel Press.
Wilks 1963: Michael Wilks, *The Problem of Sovereignty in the Later Middle Ages.* London: Cambridge University Press.
Williams 1992: George H. Williams, *The Radical Reformation*, 3rd edn. Kirksville: Sixteenth Century Journal Publishers.
Williams and Mergal 1957: George Williams and Angel Mergal, eds, *Spiritual and Anabaptist Writers* (Library of Christian Classics, 25). Philadelphia: Westminster.
Willis-Watkins 1989: David Willis-Watkins, "Calvin's Prophetic Reinterpretation of Kingship," in McKee and Armstrong 1989: 116–34.
Witek 1988: John W. Witek, SJ, "From India to Japan: European Missionary Expansion, 1500–1650," in O'Malley 1988: 193–210.
Witte 1997: John Witte, Jr, *From Sacrament to Contract: Marriage, Religion, and Law in the Western Tradition.* Louisville: Westminster John Knox Press.
Witte 2002: John Witte, Jr, *Law and Protestantism: The Legal Teachings of the Lutheran Reformation.* Cambridge: Cambridge University Press.
Witte 2007a: John Witte, Jr, "Marriage Contracts, Liturgies, and Properties in Reformation Geneva," in Philip L. Reynolds and John Witte, Jr, eds, *To Have and to Hold: Marriage and its Documentation in Western Christendom, 400–1600.* Cambridge: Cambridge University Press, 453–88.
Witte 2007b: John Witte, Jr, *The Reformation of Rights: Law, Religion, and Human Rights in Early Modern Calvinism.* Cambridge: Cambridge University Press.
Witte and Kingdon 2005: John Witte, Jr and Robert M. Kingdon, *Sex, Marriage, and Family in John Calvin's Geneva*, vol. 1: *Courtship, Engagement, and Marriage.* Grand Rapids: Eerdmans.
Wohlfeil and Goertz 1980: Rainer Wohlfeil and Hans-Jürgen Goertz, *Gewissensfreiheit als Bedingungen der Neuzeit. Fragen an der Speyerer Protestation von 1529.* Göttingen: Vandenhoeck & Ruprecht.
Wolfe 1993: Michael Wolfe, *The Conversion of Henvi IV: Politics, Power, and Religious Belief in Early Modern France.* Cambridge, MA: Harvard University Press.
Wolgast 1985: Eike Wolgast, "Reform, Reformation," in Otto Brunner et al., eds, *Geschichtliche Grundbegriffe. Historisches Lexikon zur politisch-sozialen Sprache in Deutschland*, V, 313–60. Stuttgart: Klett-Cotta.
Wright 1993: D. F. Wright, "Martin Bucer and England and Scotland," in Krieger and Lienhard 1993, II: 523–32.

Wright 1994: D. F. Wright, ed., *Martin Bucer: Reforming Church and Community*. Cambridge: Cambridge University Press.

Wright 2004: D. F. Wright, "The Scottish Reformation: theology and theologians," in Bagchi and Steinmetz 2004: 174–93.

Wunder 1998: Heide Wunder, *He is the Sun, She is the Moon: Women in Early Modern Germany*, tr. Thomas Dunlap. Cambridge, MA: Harvard University Press.

Wunder 2001: Heide Wunder, "Frauen in der Reformation: Rezeptions- und Historiegeschichtliche Überlegungen," *ARG* 92 (2001), 303–20.

Wuthnow 1989: Robert Wuthnow, *Communities of Discourse. Ideology and Social Structure in the Reformation, the Enlightenment, and European Socialism*. Cambridge, MA: Harvard University Press.

Zachman 2000: Randall C. Zachman, "What Kind of Book is Calvin's *Institutes*?" *CTJ* 35 (2000), 238–61.

Zapalac 1990: Kristin E. S. Zapalac, *"In His Image and Likeness": Political Iconography and Religious Change in Regensburg, 1500–1600*. Ithaca: Cornell University Press.

Zeeden 1973: Ernst Walter Zeeden, ed., *Gegenreformation*. Darmstadt: Wissenschaftliches Buchgesellschaft.

Ziegler 1969: Philip Ziegler, *The Black Death*. London: Penguin.

Zuck 1975: Lowell H. Zuck, ed., *Christianity and Revolution: Radical Christian Testimonies 1520–1650*. Philadelphia: Temple University Press.

Zur Mühlen 1999/I–II: Karl-Heinz zur Mühlen, *Reformation und Gegenreformation*, 2 vols, Göttingen: Vandenhoeck & Ruprecht.

Zwierlein 2005: Cornel Zwierlein, "L'Importance de la *Confessio* de Magdebourg (1550) pour Le Calvinisme: Un Mythe Historiographique?" *Bibliothèque d'Humanisme et Renaissance* 67/1 (2005), 27–46.

THE EUROPEAN REFORMATIONS

Martin Luther
1483년 11월 10일~1546년 2월 18일

색인

번호

1차 취리히 논쟁 263
2차 취리히 논쟁 312
『4개 도시 신앙고백』 349, 377, 568
4차 라테란 공의회 276, 554, 599
5차 라테란 공의회 491, 497
6개 법령 457, 465, 469
13개조 456
30년 전쟁 346, 351, 533
39개조 471, 478, 479
42개조 456, 471, 479
100년 전쟁 55, 66, 67, 75

ㄱ

가난 177, 178, 312, 414, 453, 559, 564
가브리엘 츠빌링 166
가스파로 콘타리니 502
가스파르 드 콜리니 415

가이사랴의 유세비우스 28
가톨릭 동맹 429, 430
가타나라 134
간음 383, 394, 550
개신교 451, 454, 456, 457, 460, 461, 466, 469, 500, 502, 530
개신교 자유주의 228
개신교 정통주의 533
개신교주의 467, 470, 472, 497, 503
개인주의 16, 57, 77, 92, 329, 492, 559
게하르트 베스터부르그 박사 213
겔라쎈하이트 153
겔른하우젠의 콘라드 86
결혼 107, 260, 541, 542
계몽주의 45, 329, 427, 516, 533
고리대금 77, 223
고마루스주의자 448
고문 238, 317, 318, 328, 329, 466, 507
고백 164, 200, 201, 214, 233
고백주의 527, 529, 530, 531
고트샬크 홀렌 279

고트프리트 아르놀트 32
고해성사 255, 274, 280, 307, 570
공동 금고 187, 188, 190, 194, 204
공동기도서 470, 471, 479
공동생활 형제단 100, 497
공동신앙고백서 397
공의회주의 85, 86, 87, 90, 92, 128, 353, 497, 518, 524
공작령 작센의 게오르그 340
공존(concomitance) 교리 279
관용 213, 329, 364, 393, 551, 556
관용령 483
교리문답 107, 200, 201, 204, 368
교부 102, 224, 504
교육 177, 189, 197, 198, 199, 494, 497, 501, 516
교황 무오 90, 463
교황의 국가 96
교황의 허락 112
교황제도 31, 307, 501, 562
교회 299, 492, 530
교회 권징 383, 447
교회 규칙 187, 188, 194, 197
교회 규칙들 191
교회법 154, 156, 160, 210, 257, 302, 381, 382, 448, 471, 481, 499, 545, 556
『교회 연감』 31, 562
교회연합주의 353, 377
「교회의 개혁에 관한 조언」 499
교회의 돌봄 338
교회적 유보 359
구걸 101, 181, 183, 186, 187, 189, 190

구사의 니콜라스 553
구원 27, 102, 104, 116, 117, 118, 120, 125
국가주의 88, 342, 352
국교회적인 정착 477
국토회복운동 505
그레고르 브뤽 350
그레고리 1세 104, 139
그레고리 9세 503
그레고리 11세 82, 84
그레고리 13세 428
그리스도 35, 102, 107, 120, 258, 263, 264, 272, 274, 275, 276, 277, 389
『그리스도의 은혜』 500, 501, 504
근대화 558, 572, 573
금서목록 503, 504
기도회 494, 495
기독교 세계 358, 360, 377
기독교 세계 57, 69, 78, 134, 239, 335, 392, 529, 534
기독론 271, 272, 284, 288, 291
기 드 브레 442
기사들의 반란 75, 142, 351
기욤 브리소네 403, 495
기적의 해 444
기즈 가문 416, 422, 424, 425, 429, 486
기즈 가문 출신 로렌의 메리 486

ㄴ

나바르의 여왕 마르그리뜨 404, 546
나사우의 루이스 413

나사우의 모리스 445
나싸우의 백작 윌리엄 347
나치정부 537
낭트 칙령 430, 431
네스토리우스주의 272
"논박" 348
농민 211
농민반란 67, 236
농민 전쟁 75, 174, 216, 220, 236, 240, 245, 246, 249, 317, 319, 340
뉘른베르그(1524) 165, 332
뉘른베르그에서 열린 제국 의회 170, 242
뉘른베르그 "휴전" 352
뉴턴 561
니고데모주의 367, 442, 502, 598
니엠의 디트리히 87
니케아 공의회 29, 139, 518
니콜라스 갈루스 355
니콜라스 쉬토르취 168
니콜라스 암스도르프 355
니콜라스 콥 311, 367
니콜라스 파랑 411
니클라스 히우스만 229
"니클라샤우젠의 피리부는 사람" 240

ㄷ

다빈치 75
다원주의 534
단리 경 헨리 스튜어트 489
단테 알리기에리 81

대자보 사건 405, 413
대학 34, 85, 86, 88, 463
덕의 사다리 116
데이비드 리치오 489
데이비드 비튼 485
덴마크의 왕 크리스찬 3세 145
도나투스주의 273, 283, 307, 597
도르트 총회 448, 533
도미니크회 127, 128, 493, 509, 557
독신 107, 156, 157, 160, 162, 203, 224, 260, 267, 268, 474, 543
『독재자를 반대함』 428, 445, 537
동성애 508
디에고 라이네즈 421, 513, 522
디트리히 본회퍼 356, 537
디트리히 북스테후데 566
디트리히 콜데 109

ㄹ

라 로셸 총회 412, 418
라벨라이스 363
라이덴의 얀 326, 328
라이스니히 규칙 187, 189, 195
라이프치히 논쟁 29, 139, 142, 152, 224, 403
라이프치히 잠정협약 355
라트람누스 275, 276
라티머 449, 455, 472, 474, 482
라파엘로 95
람버트 토른 434

랑겐슈타인의 헨리 86
레겐스부르그 회담 378, 522
레오 10세 97, 99, 127, 131, 402, 461, 491
레오 주드 217, 257, 312
레이몬드 룰 553
레지날드 폴 472
렘브란트 568
「로마 교황의 선언」 143
로마법 68, 80
로마의 약탈 341, 344
로버트 더들리 476
로버트 반즈 454, 455
로버트 브라운 481
로이엔베르그 일치협약 532
롤라드파 452, 470
루이 9세 415
루이 14세 431
루이 드 베르켕 404
루이 드 콩데 417
루이스 데 레온 544
루이스 햇처 312
루이즈 드 몽모랑시 415
루카스 크라나흐 부자 564
루터파 공작인 울리히 352
뤼벡 지역을 위한 부겐하겐의 교회 규칙 195
르나타 500
르네 데카르트 561
르네상스 34, 93, 402, 498, 539
르페브르 데타플 311, 403
리돌피(Ridolfi) 음모 482
리들리 449, 455, 472, 474, 482
리에주의 수녀 줄리아나 278
리차드 후커 481

ㅁ

마가렛 오시안더 470
마가렛 튜더 486
마그데부르그 100, 132, 159, 355
마그데부르그 신앙고백서 355, 356, 537
마그데부르그 연대기 31, 355, 562
마녀 106, 107
마르셀루스 2세 358
마르코 폴로 71
마르쿠스 토마이 168
마르크스주의 39, 52, 220, 243
마르틴 5세 88, 89
마르틴 루터 95, 99, 100, 109, 177
마르틴 루터 킹 539
마르틴 부처 135, 165, 191, 217, 292, 349, 367, 374, 377, 470
마르틴 폴리히 150
마리 369
마리 덴티에르 546, 547
마리아 61, 259, 383
마부르그 회담 271, 284, 285, 291, 337, 397
마일스 카버데일 460
마지스테리움 38
마키아벨리 78, 94
마테오 리치 517, 557
마티아스 374, 375

막시밀리안 131, 132, 138, 357, 497
만인제사장 244, 247, 376, 461, 564
매독 60, 550
매춘 156, 530, 549, 550
매튜 파커 468, 478
매튜 플라키우스 일리리쿠스 30, 355
메노 시몬스 295, 296, 328, 409, 440
메노주의자 295, 296, 329, 440
메리 스튜어트 468, 482, 484, 486, 487, 488, 489
메리 튜더 357, 462, 472, 488
멜키오르주의자 324, 325
멜키오르 호프만 217, 298, 324, 439
면죄부 66, 77, 95, 105, 526, 532, 598
모랑 380
모리코스 505
모하메드 552
모하치 전투 341
몽모랑시 가문 415, 416
묵시적 439, 491
문제자들의 의회 444
문화투쟁 91
뮌스터 296, 324, 325, 326, 328, 439
뮌스터베르그의 우르술라 546
뮐버그 전투 354
미사 64, 65, 66, 85, 105
미셸 드 로피탈 418, 419
미카엘 세르베투스 389, 390
미카엘 자틀러 320
미카엘 프라이토리우스 566
미켈란젤로 95, 491, 501, 570
믿음 70, 148, 178, 225

밀턴 563
밀티츠 138

ㅂ

바다 거지 445
바르톨로메 데 라스 카사스 557
바르톨로뮤 베른하르디 157
바르트부르그 성 145, 147, 154
바시의 학살 422
바오로 3세 498, 500, 503, 509, 515, 523
바오로 4세 358, 495, 503, 509, 510, 554
바오로 6세 496, 509
바이트 루드비히 폰 젝켄도르프 35
바젤 공의회 90, 597
바텐부르그파 439
반(反)-성직주의 80, 93, 166, 167, 227, 228, 240, 243, 244, 246, 306, 321, 407, 451, 452, 453, 454
반(反)-유대주의 557
반(反)-율법주의 320
반(反)-종교개혁 492
발도파 168, 216
발렌틴 바이겔 219
발루아 가문 360, 415, 476
발루아의 마르그리뜨 424
발타자르 후브마이어 236, 242, 298, 315
방종주의자 386, 391, 447
베네딕트 16세 532
베네딕트 수도회 규칙 515
베르나디노 오치노 495

베르나르드 삼손 259
베르나르트 로트만 325
베르니니 525
베버 논제 413, 558
베스트팔리아 조약 437, 446
베일(Bale) 455
벨직 신앙고백서 433, 442, 443
보니파스 8세 80, 81, 83, 93
보니파스 9세 86
보니파치우스 아머바흐 217
보르쟈 94, 95, 96, 493
보름스 의회 41, 45, 134, 143, 151, 154, 339, 340, 343, 536
보름스 칙령 102, 145, 155, 336, 341, 342, 343, 438
보카치오 59, 503, 551
볼로냐 협약 402, 403
볼테르 240
볼프강 카피토 215, 374, 542
부르봉 가문 415, 417, 429, 430
부르봉의 안토니 418, 422
부르쥬의 실용적인 규약 90
불타는 방 411
브라만테 95
브라운슈바이그 교회 규칙 194
브라운슈바이그의 하인리히 354
브란다노 다 피에트로이오 494
브레이의 교구 목사 477
블루아의 피터 23
비테르보의 자일스 491, 492
비텐베르그 교회 규칙 177
비텐베르그 협약 217, 352, 378

비텐베르그 혼란 170
빈민구제 193, 206, 214
빈센트 페라 84
빌헬름 로이블린 315

ㅅ

사보이 왕가 371, 372
사보이의 공작 찰스 3세 371
살로몬 알베르티 561
삼위일체 교리 272, 362, 390
상인 217, 223, 227
새로운 방식 48, 599
샤를 9세 415, 418, 423, 428, 429
샤를마뉴 25, 80
서방교회의 분열 80, 85
선교 506, 515, 517, 558
선행 105, 118, 120, 133, 180, 183, 493, 543, 573
성(sex) 550
성경 435, 438, 440, 442, 452, 453, 458, 459, 460, 467, 479, 480, 481, 495, 500, 508, 516, 518, 520, 539, 568
성경과 전통 519
성례형식주의자 276, 283, 297
성 바돌로매 축일 대학살 413, 423, 425, 427, 445, 482
성 베드로 성당 128, 131, 132
성 빅토르의 휴 274
성상 104, 168, 169, 173, 211, 212, 213, 263, 564, 567

색 인   647

성상파괴주의 568, 570
성 세바스찬 185
성 안나 110, 185
성 어거스틴 26
성유물 44, 126, 135, 155, 170, 277, 565, 568
성인 124, 408, 409, 415, 524
성 제롬 224
성직매매 94, 124, 499, 599
성직자 결혼 159, 160
성직자 의복 논쟁 480
성체축일 346
성 키리아쿠스 222
성 프란시스 178
성화 219, 253
세례 117, 123, 158, 164, 296, 300, 302, 303, 439
세바스찬 로처 247
세바스찬 카스텔리오 392
세바스찬 프랑크 219, 331, 332, 392, 551
세비야의 이시도레 275
세속화 534, 559, 570
소명 157, 158, 200, 201, 202, 203, 204
속성교통 284
솔웨이 모스(Solway Moss) 전투 486
수도원주의 157, 328, 329, 465, 515
수장령 463, 464, 479
수정된 아우구스부르크 신앙고백서 378
순교자 85, 318, 388, 401, 409, 414, 433, 434, 435, 549, 553, 570
순교학 30, 494, 562
슈말칼트 동맹 351, 353, 354, 378, 456

슈타우피츠 111, 112
슈파이어 의회(1526) 339, 340
슈파이어 의회(1529) 339, 342
슈팔라틴 139, 159
슐라이타임 조항 297, 301, 320, 322
스위스 연방 256, 259, 261, 268, 270, 293, 301, 371
스칸디나비아 17, 83, 148, 192, 353, 406
스코틀랜드 신앙고백서 487
스코틀랜드의 여왕 메리 스튜어트 486
스콜라주의 30, 104, 128, 138, 150, 152, 263, 522, 533
스트라스부르그 191, 204, 373
스티븐 가디너 467
스페인의 무적함대 446, 482, 534
시몬 슈툼프 313, 315
시몬 피쉬 453
시몽 굴라르 409
시에나의 성 캐더린 84
시찰 204, 212, 338, 342
신대륙 394, 534, 557, 558
신령주 212, 213, 214, 219, 278
신령주의자 219, 296, 329, 330, 332, 551
신발끈동맹 241
신비주의 153, 213, 219, 225, 226, 407, 508, 525
신앙고백적인 지위 356
신자 세례 317, 328
실베스터 마쫄리니 127
실베스터 폰 샤움부르그 142
십자가의 요한 493, 525

ㅇ

아담 콘첸 566
아드리안 6세 497
아드리안 플로리스존 497
아디아포라(adiaphora) 354, 480
아라곤 83, 389, 462, 473, 505
아르굴라 폰 그룸바흐 164
아르미니우스주의자 448
아리스토텔레스 81, 101, 113, 115, 116, 279, 560, 561
아리우스주의 272
아미 페랭 385
아빌라의 요한 508
아빌라의 테레사 493, 496, 509, 525
아우구스부르그 (1518) 136
아우구스부르그 신앙고백서 150, 292, 335, 344, 345, 347, 348, 349, 350, 351, 352, 359, 378, 455, 548
아우구스부르그 의회(1530) 344
아우구스부르그 의회(1548) 354
아우구스부르그 의회(1555) 358
아우구스부르그 잠정협약 354, 356, 470, 523
아우구스부르그 평화협약 36, 293, 336, 353, 358, 359, 445, 597
아우슈비츠 557
안나 라인하르트 260
안나 베인스 438
안나 뷔링 196, 197
안드레아스 오시안더 470, 556
안드레아스 칼슈타트 210, 215, 216

안젤라 메리치 495
알레안더 142, 143
알렉산더 5세 86
알렉산더 6세 94, 493
알렉산더 알레시우스 484
알렉산드리아의 키릴 272, 284, 288, 596
알룸브라도스 508, 516
알바 공 444
알브레히트 105, 127, 132, 133, 135, 340
알브레히트 뒤러 564
알사키우스 제호퍼 164
알폰소 살메론 513
암브로스 274
앙굴렘의 마르그리뜨 404, 415, 483
앙리 2세 358, 411, 413, 415
앙리 3세 429
앙리 4세 430
앙부아즈의 음모 424
앙투안 369
액튼 경 27
앤드류 멜빌 480
앤 볼린 462, 466, 468
앤 애스큐 164, 467
앤트워프 총회 443
야곱 사돌레토 379
야콥 그레벨 319
야콥 푸거 134
야콥 프롭스트 434
야콥 호팅거 312
야콥 후터 328
얀 라스키 440, 469
얀 마티스 325, 439

양심적인 반대 536
어거스틴 53, 92, 113, 124, 152, 153, 273, 274, 275, 281, 303, 304, 330
어거스틴파 110, 112, 166
언약신학 559
에드먼드 보너 467
에드워드 6세 170, 442, 456, 458, 461, 469, 470, 471
에드워드 세이모어 469
에드워드 폭스 459
에띠엔 402
에라스무스 494, 496, 504, 520
에라스무스 알베루스 543
에라스투스주의 463, 464
에릭 14세 476
엔드레스 켈러 306
엘 그레코 525
엘리자베스 1세 456, 475
엘리자베스식 해결 479, 481
여성 327, 376, 466, 467, 495, 496
여성차별주의 544, 549
여우 레이날드 78, 132
역사서술 23, 37, 243, 450, 549, 562
연옥 438, 453, 454, 520, 521, 526
영국 가톨릭 세력의 음모 534
『영성 훈련』 512, 515, 516
영적인 사람들 500, 501, 502
예배 179, 180, 183, 184
예수회 409, 483, 510, 511, 513, 515, 525, 557
예술 284, 289, 290, 562, 563, 564, 567, 568, 570

예언모임 262
예정 387, 388, 389, 419, 558, 559
오렌지의 윌리엄 413, 444, 445, 447
오베 필립스 439
오스트리아의 섭정 마가렛 436
오스트리아의 페르디난드 360
옥캄의 윌리엄 81
올리버 크롬웰 563
외국인 교회들 469, 470
외스타슈 데샹 55
요스 프리츠 241
요아킴 바디안 311
요하네스 라기우스 아이스티캄파니우스 224
요하네스 브렌츠 287
요하네스 브뢰틀리 315
요하네스 슐레이다누스 44
요하네스 에그라누스 226
요하네스 오이코람파디우스 215, 441, 542
요한 22세 81
요한 23세 86, 87
요한 로이힐린 149
요한 발터 565
요한 부겐하겐 189, 192
요한 세바스찬 바흐 289, 566
요한 에스 434
요한 엑크 138, 164, 300
요한 캄파니우스 558
요한 케플러 561
요한 코클라이우스 43
요한 파버 269
요한 프리드리히 133, 347, 354, 358, 485

요한 피스카르트 543
우르바누스 레기우스 542
우르반 4세 278
우르반 6세 82, 83
울리히 츠빙글리 59, 255, 256
울리히 후텐 142
월터 트래버스 480
위그노 371, 401, 409, 410, 411, 414, 415, 416, 418, 419, 420, 422, 423, 424, 425, 427, 429, 445, 447
위기 56, 57
윌리엄 세실 477
윌리엄 셰익스피어 563
윌리엄 알렌 483
윌리엄 트레이시 460
윌리엄 틴데일 165, 457, 461, 540
윌리엄 파렐 270, 369, 404
윌리엄 퍼킨스 533
유대인 61, 63, 106, 277, 356, 413, 504, 505, 553, 554, 556, 557
유덴자우 554, 555
유명론 48
유스티니아 법전 316
유아 세례 168, 211, 296, 298, 300, 304, 306, 308, 310, 317, 390
유언 196, 460, 461
유언의 신학 119
「유일한 거룩」 83, 93
유진 6세 89
율리우스 2세 94, 95, 96, 131, 462, 492, 497
율리우스 3세 358, 503, 523

은혜의 보고 124, 157
음악 541, 563, 565, 566, 567
의복 479
이그나티우스 로욜라 509, 510, 514
이단 86, 88, 90, 127, 128, 129, 131, 133, 135, 138, 145, 220, 229, 264, 267, 270, 332, 339, 345, 347, 372, 392, 393, 404, 411, 412, 416, 419, 421, 426, 427, 435, 437, 444, 455, 457, 469, 503, 505, 508, 513
이단자 136, 408, 410, 422, 425, 433, 443, 464, 504, 506
이단재판소 503, 504, 505, 506, 509, 510
이들레트 드 뷰레 379
이솝 101
이슬람 505, 552, 553
이슬람 교도 505
이탈리아 복음주의 500
인권 16, 359
인문주의 363, 364, 402, 403, 453
인쇄 71, 72, 458, 494, 501, 564
인종분리 정책 356
인종주의 505, 517, 539, 554
일부다처제 326, 327, 544, 545
일치령 479

ㅈ

자본주의 16, 52, 69, 223, 362, 558, 559, 573
「자비로운 하나님」 380, 524

자비로운 하나님
자선 177, 178, 179, 180, 181, 183, 495, 508
자크 그루에 386
자크 클레망 429
자클린 드 롱그위 415
작센의 모리츠 353, 354, 358
잔다르크 66
잔 달브레 415, 418
잘츠부르그(Salzburg) 개신교도 359
장 게르송 86
장 메쉬노 55
장미 전쟁 461
장 슈투름 378
장 크레스팽 409
재세례파 215, 218, 229, 296, 297, 298, 299, 300, 302, 306, 307, 309, 317, 319, 320, 321, 343, 434, 439, 440, 443
쟌 드 쥐씨 547
저항권 350, 351, 355, 356
저항운동 279
적그리스도 130, 233, 306, 318, 320, 355, 391, 552, 561
절대주의 540
점성술 107
정치파 429, 430
제1차 바티칸 공의회 90, 94
제2차 바티칸 공의회 554
제노바의 성 캐더린 494
제롬 볼섹 363, 387
제인 그레이 472
제인 세이모어 468
제임스 1세 483, 490, 563

제임스 5세 468, 486
제임스 6세 490
제임스 보스웰 489
제임스 비튼 484
젠더(gender) 연구 548
조지 블라우록 316
조지 위셔트 485
존 낙스 361, 382, 471, 477, 485, 486, 488, 540, 544
존 더들리 472
존 램버트 454
존 로크 482
존 볼 68
존 위클리프 84, 452
존 주얼 481
존 콜렛 453
존 포이넷 537
존 폭스 26, 409, 458, 482, 562
존 프로벤 403
존 프리스 454, 461, 484
존 피셔 454
존 후퍼 471, 479
종교개혁가들의 아내 542
종교개혁의 권리 341
종교적 경험 309, 551, 565
종교 전쟁 393, 410, 417, 421, 422, 425, 426, 430
종교회담 353, 509
죄 121
죄렌 키에르케고르 306
주의 만찬 597
죽음의 예술 107

죽음의 춤 63, 65, 107
중도 정책 475, 477, 480
중생 154, 174, 219, 220
지기스문트 84, 87
지롤라모 사보나롤라 95, 493
지롤라모 세리판도 522
지안 마테오 지베르티 497
지안 피에트로 카라파 495
지오다노 다 피사 180
지옥 78, 125, 138, 507
지혜자 프리드리히 71, 74, 105, 164
질 베르딕트 433

ㅊ

찬송가 72, 403, 434, 435, 525, 563, 565, 566, 567
찰스 4세 58
찰스 5세 36, 44, 74, 131, 134, 143, 186, 203, 242, 270, 292, 336, 339, 340, 353, 358, 360, 369, 391, 416, 433, 434, 435, 436, 437, 456, 463, 473, 497, 502, 523, 552
창녀촌 549, 550
채찍질 고행자 61
「처음부터의 허락」 509
천국 64, 77, 96, 102, 116, 125, 126, 138, 521
청교도 452, 471, 479, 480, 481
청교도주의 150, 153, 173
「최고의 통치」 482

축첩 260
취리히 266, 267, 286, 310
츠빅카우 예언자들 167, 168, 228, 231
칭의 205, 213, 244, 330, 348, 353, 380, 407, 493, 501, 520, 521, 522, 560
칭의교리에 대한 공동선언서 532

ㅋ

카를로 보로메오 524
카리타스 피르크하이머 161, 547, 548
카스파르 슈뱅크펠트 217, 283, 331
카스파르 헤디오 374
카스퍼 포이처 561
카시오도로 데 레이나 469
카에탄 129, 130, 136, 137, 138
카이사르 바로니우스 31, 562
카타리 317, 504
카타리나 슈츠 374
카토-캉브레 336, 416
카펠(Kappel) 전투 258, 293, 352
칼리스투스 3세 94
칼 마르크스 41
칼빈 202, 264, 270, 284, 290, 298, 361, 362, 363, 441, 442, 481, 485, 487, 500, 501, 544, 546
칼케돈(Chalcedon) 공의회 288
캄페지오 498
캐더린 133, 161
캐더린 드 메디치 416, 486
캐더린 렘 547

캐더린 파 469
캐더린 하워드 469
커스버트 턴스톨 457
컨시스토리 383, 384, 385, 386, 394, 527, 574
코냑 동맹 341
코란 553
콘라드 그레벨 311
콘라드 슈미트 313
콘라드 켈티스 256, 548
콘라드 펠리칸 257
콘베르소 504, 505
콘스탄스 공의회 84, 85, 86, 87, 88, 89, 94, 353, 596
콘스탄틴 황제 32, 131, 338, 562
콘스탄틴의 기증 80
크리스토프 샤펠러 247
크리스토프 켈라리우스 31
크리스토프 퓌러 223
크리스토프 프로샤우어 255
클라우스 호팅거 310
클레망 마로 413, 567
클레멘트 7세 83, 340, 341, 349, 415, 463, 491, 494, 498
클레멘트 8세 430
클레베의 앤 468
클로드 마르 425

ㅌ

타울러 225

터키 322, 337, 341, 344, 552, 553, 556
터툴리안 224, 272
테오도르 베자 363, 417, 419, 427, 480, 537
테오도르 비블리안더 552
테오도시우스 법전 317
테첼(Tetzel) 124
토마스 드레히젤 168
토마스 모어 66, 453, 455, 459, 463
토마스 뮌처 219, 220, 242, 328
토마스 아퀴나스 108, 117, 282
토마스 에라스투스 463
토마스 와이어트 경 473
토마스 울지 453
토마스주의 48, 128, 150, 152, 257
토마스 카트라이트 480
토마스 칼라일 529
토마스 크랜머 165, 279, 460, 463, 468, 470
토마스 크롬웰 451, 460, 463
토마스 홉스 56
통치자의 종교가 그 지역의 종교 293, 359, 360, 597
투르농 419
투르의 베렝가 276
트렌트 공의회 94, 274, 347, 354, 357, 377, 421, 430, 495, 497, 503, 517, 518, 519, 520, 521, 522, 523, 524, 526, 532, 570
티코 브라헤 561

ㅍ

파두아의 마르실리오 81, 464
파라셀수스 561
파르마의 마가렛 444
파리의 요한 81
「파문」 89
파비아 전투 404
파스카시우스 라드베르투스 275
패트릭 해밀턴 484
페라라 공의회 90
페퍼코른 127
펠릭스 만츠 215, 311, 316
평화주의 301, 320, 324, 329, 345, 375, 470
폴 틸리히 344
푸거 은행 134
푸아티에의 다이안 413
프라하의 제롬 85
프란시스 1세 133, 292, 311, 336, 340, 364, 367, 369, 402, 405, 502
프란시스 베이컨 561
프란시스 사비에르 513, 517, 557
프란시스 월싱엄 477
프란체스코 구치아르디니 494
프란체스코회 177, 178, 227, 494, 506
프란츠 폰 직켕겐 142
프랑소아 파브르 385
프랑수아 호트만 427, 537
프랑스 신앙고백서 412, 442
프랑스-이탈리아 전쟁 75
프랑스주의 90
프랑크푸르트 회의 377

프리드리히 엥겔스 52, 220
프릿췌 클로제너 61
프와시 회담 418, 419, 421
플라톤 285, 289, 305, 568
플로렌스 공의회 274
플로렌스 나이팅게일 496
플로리몽 드 레몽 377
피난민 328, 361, 362, 367
피난민 교회 374, 442
피사 공의회 86, 87
피에르 다이 86
피에르 비레 408
피에르 아모(Pierre Ameaux) 385
피에르 올리베탕 404
피우 2세 89, 90
피우 4세 523
피우 5세 483, 504
피우 10세 509
피치노 224
피터 다미안 124, 274
피터 롬바르드 274
피터 마터 버미글리 469, 495
피터 브루겔 79
피터 카니시우스 504
피핀의 기증 80
필리프 뒤 플레시드 모르네 428, 537
필립 2세 360, 428, 437, 442, 473, 474
필립 6세 66
필립 멜랑히톤 15, 149, 165

ㅎ

하이델베르그 논쟁 135, 287, 377, 559
하인리히 불링거 283, 397, 470
하인리히 슈츠 566
하인리히 파이퍼 236
한스 그라이펜베르거 215
한스 뎅크 215
한스 루터 100, 109
한스 밀러 241
한스 발둥 그리엔 564
한스 뵈하임 240
한스 작스 145
한스 크리스토프 폰 하제 356
한스 홀베인 564
한스 후트 298
함부르그 교회 규칙 195
합스부르그 112, 131, 132, 133, 134, 270, 349, 352, 353, 357, 360, 507
합스부르그-발루아 전쟁 416, 511
햄튼 궁정 협약 422
헤로니모 나달 515
헤쎄의 필립 271, 337, 340, 343, 352, 353, 354
헤인리히 푸스 434
헨리 7세 461, 462, 486
헨리 8세 133, 402, 421, 456, 457, 460, 461, 462, 464, 469, 472, 477, 483, 484, 486, 498, 560
헨리 브링클로우 454
헬베틱 신앙고백서 485
혁명 238, 240, 243, 248, 249

형제단체 184, 185, 196
호헨촐레른 132, 135
화체설 276, 292, 570, 599
황금칙서 111, 131
후스, 얀 84
후스파 75, 85, 141, 168, 229, 279
후안 데 발데스 500
후안 루이스 비베스 544
후터파 329
휴고 폰 호헨란드버그 261
흑사병 55, 58, 59, 60, 61, 63, 553
히메네즈 데 치스네로스 494
히스 455
히에로니무스 보쉬 106, 182
히에로니무스 휠첼 215
히틀러 42, 356, 538

유럽의 종교개혁

The European Reformations

2012년 8월 30일 초판 발행
2018년 9월 30일 초판 2쇄 발행

지은이 | 카터 린드버그

펴낸곳 | 기독교문서선교회
등 록 | 제16-25호(1980. 1. 18)
주 소 | 서울시 서초구 방배로 68
전 화 | 02) 586-8761~3(본사) 031) 942-8761(영업부)
팩 스 | 02) 523-0131(본사) 031) 942-8763(영업부)
홈페이지 | www.clcbook.com
이메일 | clckor@gmail.com
온라인 | 기업은행 073-000308-04-020, 국민은행 043-01-0379-646
         예금주: 사)기독교문서선교회

ISBN 978-89-341-1217-4 (93230)

* 낙장 · 파본은 교환해 드립니다.